中国循环经济年鉴

2015

总第8卷

张 勇 主编

北 京
冶 金 工 业 出 版 社
2016

内容简介

为全面记载我国循环经济的发展历程，促进经济发展方式的转变，建设资源节约型和环境友好型社会，由国家发展和改革委员会副主任张勇主编，国务院有关部委局、行业协会和各省、区市发改委、工信委共同参与编辑出版大型典籍《中国循环经济年鉴》。

《中国循环经济年鉴 2015》主要载述2014年重要论述，国家相关法律法规、政策文件、规划方案，科技支撑、试点示范，国务院各部委局、重点行业与各省（区、市）、试点单位循环经济发展状况、经验、成效，专题报告、大事记以及有关数据资料，内容丰富、详实，图文并茂，具有权威性、可靠性和较高的实用价值。

《中国循环经济 2015》可作为各级党政机关、企事业单位、高等院校、科研院所专家学者及有关人员在进行决策与规划制定、科研、教学、管理等的重要依据和查考、借鉴。

图书在版编目（CIP）数据

中国循环经济年鉴. 2015 / 张勇主编. —北京：冶金工业出版社，2016. 4

ISBN 978-7-5024-7220-7

Ⅰ. ①中… Ⅱ. ①张… Ⅲ. ①自然资源—资源经济学—中国—2015—年鉴 Ⅳ. ①F124.5-54

中国版本图书馆CIP数据核字（2016）第048342号

出 版 人 谭学余
地　址 北京市东城区嵩祝院北巷39号 邮编 100009 电话 (010)64027926
网　址 www.cnmip.com.cn 电子信箱 yjcbs@cnmip.com.cn
责任编辑 曾 媛 美术编辑 孔令刚 版式设计 孔令刚
责任校对 张 之
ISBN 978-7-5024-7220-7
冶金工业出版社出版发行；各地新华书店经销；廊坊市长岭印务有限公司印刷
2016年4月第1版，2016年4月第1次印刷
210mm×297mm；29印张；50彩页；1204千字；413页
380.00元

冶金工业出版社 投稿电话 (010)64027932 投稿信箱 tougao@cnmip.com.cn
冶金工业出版社营销中心 电话 (010)64044283 传真 (010)64027893
冶金书店 地址 北京市东四西大街46号（100010） 电话 (010)65289081（兼传真）
冶金工业出版社天猫旗舰店 yjgycbs.tmall.com

必须坚持节约资源和保护环境的基本国策，坚持可持续发展，坚定走生产发展、生活富裕、生态良好的文明发展道路，加快建设资源节约型、环境友好型社会，形成人与自然和谐发展现代化建设新格局，推进美丽中国建设，为全球生态安全作出新贡献。

推动低碳循环发展。实施循环发展引领计划，推行企业循环式生产、产业循环式组合、园区循环式改造，减少单位产出物质消耗。加强生活垃圾分类回收和再生资源回收的衔接，推进生产系统和生活系统循环链接。

全面节约和高效利用资源。坚持节约优先，树立节约集约循环利用的资源观。

——《中共中央关于制定国民经济和社会发展第十三个五年规划的建议》

2014年11月20日，国家发展改革委、农业部在安徽省阜阳市召开“全国农业循环经济现场会”

2014年国家“城市矿产”示范基地建设经验交流会在河南长葛召开

主题为“发展循环经济，建设生态文明，促进经济转型”2014中国循环经济发展论坛在北京举行

2014年6月24日，国家发展改革委、住房城乡建设部在江苏省苏州市联合召开“全国餐厨废弃物资源化利用和无害化处理现场会”，总结、交流试点经验，推动餐厨废弃物资源化利用和无害化处理

曹妃甸首钢京唐钢铁厂开发出新一代可循环钢铁流程，建成国际领先的可循环钢铁流程示范企业

甘肃省金昌市积极探索出循环经济“金昌模式”，推进了资源循环回收利用，初步探索出一条资源型城市可持续发展的路子

青海海西盐湖化工特色循环经济创新型产业集群已建立50多个国家级和省级科技创新平台，在企业科技创新、新产品开发中发挥了积极作用

年产15万吨合成气制油的榆煤化合成气制油循环经济示范项目填补了国内煤制油领域钴系催化剂工业化的空白

青岛董家口循环经济区着力拉长产业链，提升附加值，打造国家级循环经济示范区

苏州市建成了电子废弃物综合利用、石化废弃物综合利用、冶金（钢铁）余热余压循环利用、电厂废弃物脱硫副产品循环利用、污泥资源化利用、餐厨废弃物处置、生活垃圾焚烧发电等多条成熟的循环经济产业链，为城市发展增添了后劲

《中国循环经济年鉴》编辑委员会

诸大建　同济大学可持续发展与管理研究所所长
齐建国　中国循环经济与环境评估预测中心主任
周宏春　国务院发展研究中心社会发展研究部室主任
杨春平　国家发改委循环经济研究中心主任
王吉位　中国有色金属工业协会再生金属分会秘书长
张玉梅　北京市发展和改革委员会资源节约和环境保护处处长
田国栋　天津市发展和改革委员会环资气候处处长
黄建梅　河北省发展和改革委员会环资处调研员
侯秉让　山西省发展和改革委员会资源节约和环境保护处处长
迟瑞平　内蒙古自治区发展和改革委员会资源节约和环境保护处处长
吕继辉　吉林省发展和改革委员会资源节约和环境保护处处长
张力扬　黑龙江省发展和改革委员会资源节约和环境保护处处长
开　恳　上海市发展和改革委员会资源节约和环境保护处副处长
韩兵祥　江苏省经济和信息化委员会节能与综合利用处副调研员
史佩钊　山东省经济和信息化委员会循环经济与清洁生产处处长
洪小波　江西省发展和改革委员会资源节约和环境保护处处长
谭怀生　湖南省发展和改革委员会资源节约和环境保护处处长
吴万洲　广西壮族自治区发展和改革委员会资源节约和环境保护处处长
王秀好　海南省工业和信息化厅节能与资源综合利用处处长
曾义平　四川省发展和改革委员会资源节约和环境保护处处长
王代良　贵州省发展和改革委员会资源节约和环境保护处处长
索朗卓嘎　西藏自治区发展和改革委员会资源节约和环境保护处处长
王社宁　甘肃省发展和改革委员会资源节约和环境保护处处长
黄建雄　青海省发展和改革委员会资源节约和环境保护处处长
麦欣甫　宁夏回族自治区经济和信息化委员会节能与综合利用处处长
马　缨　新疆维吾尔自治区发展和改革委员会资源节约和环境保护处处长
张晓青　新疆建设兵团发展和改革委员会资源节约和环境保护处处长
李文杰　深圳市发展和改革委员会能源与循环经济处副处长
成英俊　大连市发展和改革委员会资源节约和环境保护处处长
钱国权　甘肃省城市发展研究院副院长、甘肃省循环经济研究会会长
黄建平　广东省清洁生产协会会长
季昆森　安徽省循环经济研究院院长
韩　冰　北京现代循环经济研究院副院长
芶在坪　北京现代循环经济研究院副院长
刘兴利　北京现代循环经济研究院原院长
王林森　北京现代循环经济研究院原副院长
侯　静　北京现代循环经济研究院院长助理
徐怡珊　中国环境监测总站高级工程师

《中国循环经济年鉴》编辑部

编辑部地址：北京市东城区北三环东路37号华世隆国际公寓B座410室

邮　　编：100029

电　　话：（010）84119310（兼传真）

电 子 邮 箱：gzp1616@126.com

编辑说明

一、《中国循环经济年鉴》是全面记载我国循环经济发展历程的大型典籍工具书，坚持以习近平为总书记的党中央提出的绿色发展理念，推动绿色发展、循环发展、低碳发展，建设生态文明和美丽中国。

二、《中国循环经济年鉴》从2008年出版发行以来，受到了各方面的欢迎和赞许，给了我们继续努力编辑出版《中国循环经济年鉴》以巨大鼓舞和鞭策。

三、《中国循环经济年鉴 2015》内容是2014年度中国循环经济的发展状况，采用文章、条目、报表和图片相结合的体例。

四、《中国循环经济年鉴 2015》具有一些明显特点，如载入的事件、信息、数据、资料、图片等都来自官方和公开出版物，具有权威性、真实性；内容比较全面、系统、完整，从中央到地方，以至企业、园区、各个行业、领域，言论、重大活动和事件、法规、政策、科技、典型案例，多层次、全方位，涉及循环经济的方方面面，丰富、翔实；收录了反映我国循环经济的图片，具有较强的可视性、生动性和可读性。

五、《中国循环经济年鉴 2015》载入了循环经济试点单位实践经验，从而增加了交流和借鉴的价值。

六、《中国循环经济年鉴 2015》在编辑出版过程中，得到了国务院有关部委（局），各省、市、自治区、计划单列市，国家各重点行业及其协会、循环经济试点单位的大力支持，在此深表感谢！

七、《中国循环经济年鉴》编辑部设在北京现代循环经济研究院。

八、由于缺乏经验和水平所限，存在的疏漏乃至错误，敬请不吝指正。

Preface

The Chinese Circular Economy Yearbook is a large-sized reference book to comprehensively record recycle economy history in our country. It adheres to the philosphy of green growth proposed by the general secretary of the CPC Central Committee Xi Jinping and promotes green growth, circular economy, low carbon economy, the consrtuction of ecological civilization and bertuful China.

Since Chinese Circular Economy Yearbook is published for the first time in 2008, it is always welcomed and praised. Those compliments strongly encourage us to keep making endeavors to edit Chinese Circular Economy Yearbook.

The Chinese Circular Economy Yearbook 2015 records the development of Chinese Circular Economy in 2014 with the text mode combining with articles, entries, forms and pictures.

The Chinese Circular Economy Yearbook 2015 has some distinct characteristics, such as all the affairs, information, data, materials and pictures inside coming from official resources or publications with authority and reality; It is comprehensive, systematic and full content covers from the central government to local government and enterprises, industrial parks, every industries, areas, speeches, important events and affairs, laws, policies, sciences and typical cases; It involves in every aspects of the recycle economy from different levels and all orientations; It collects nearly portraying the recycle economy in our country and hence it is interesting to see and read.

The Chinese Circular Economy Yearbook 2015 records experiences from recycle economy experimental units which enhances its reference value.

During the edition of the Yearbook, it is highly appreciated for the strong support from the ministries and commissions of the State Department, every province, cities, municipalities and cities specifically designated in the state plan, Guiyang City, the Development and Reform Commission of Xinjiang Production and Construction Corps of CPLA, every national important industries and their associations, recycle economy experimental units.

The newsroom of the Yearbook is located in Beijing Modern Recycle Economy Academy (010-84119310, gzp1616@126.com).

Due to limited experiences and level, please don't hesitate to let us know if there's any omission and error.

目 录

试点示范

试点示范单位展示

拉萨市 甘肃省 贵阳市 湛江市 曹妃甸工业区 白银市 聊城市 洮南市 蒲江县 延庆县
宁海县 托克托县 安乡县 鄯善县 新疆天业集团 上海临港再制造产业示范基地
天津子牙循环经济产业区 大同煤矿集团塔山循环经济园区 青岛董家口循环经济区
鞍山经济开发区 长寿经济开发区 上海青浦工业园区 湖北金洋冶金股份有限公司
宜昌循环经济示范园区 铜川董家河循环经济产业园 贵州红果经济开发区
大冶有色再生资源循环利用产业园 江苏戴南科技园区 海城后英集团 岳阳绿色化工产业园
武汉科技大学绿色制造与节能减排科技研究中心 横琴新区

重要论述

中共中央总书记、国家主席习近平重要论述

在北京考察时的讲话

像北京这样的特大城市，环境治理是一个系统工程，必须作为重大民生实事紧紧抓在手上。大气污染防治是北京发展面临的一个最突出的问题。要坚持标本兼治和专项治理并重、常态治理和应急减排协调、本地治污和区域协调相互促进，多策并举，多地联动，全社会共同行动。要深入开展节水型城市建设，使节约用水成为每个单位、每个家庭、每个人的自觉行动。

环境治理是一个系统工程，必须作为重大民生实事紧紧抓在手上。大气污染防治是北京发展面临的一个最突出的问题。要坚持标本兼治和专项治理并重、常态治理和应急减排协调、本地治污和区域协调相互促进，多策并举，多地联动，全社会共同行动。

要加大大气污染治理力度，应对雾霾污染、改善空气质量的首要任务是控制PM2.5，要从压减燃煤、严格控车、调整产业、强化管理、联防联控、依法治理等方面采取重大举措，聚焦重点领域，严格指标考核，加强环境执法监管，认真进行责任追究。

（2014年2月25日）

听取京津冀协同发展专题汇报时的讲话

着力扩大环境容量生态空间，加强生态环境保护合作，在已经启动大气污染防治协作机制的基础上，完善防护林建设、水资源保护、水环境治理、清洁能源使用等领域合作机制。

（2014年2月26日）

参加江西代表团审议时的讲话

环境就是民生，青山就是美丽，蓝天也是幸福。要像保护眼睛一样保护生态环境，像对待生命一样对待生态环境。对破坏生态环境的行为，不能手软，不能下不为例。

（2013年3月6日）

参加贵州代表团审议时的讲话

小康全面不全面，生态环境质量是关键。保护生态环境就是保护生产力，绿水青山和金山银山绝不是对立的，关键在人，关键在思路。现在一些城市空气质量不好，我们要下决心解决这个问题，让人民群众呼吸新鲜的空气。

要创新发展思路，发挥后发优势。因地制宜选择好发展产业，让绿水青山充分发挥经济社会效益，切实做到经济效益、社会效益、生态效益同步提升，实现百姓富、生态美有机统一。

（2014年3月7日）

在2014年国际工程科技大会上发表主旨演讲

我们将继续实施可持续发展战略，优化国土空间开发格局，全面促进资源节约，加大自然生态系统和环境保护力度，着力解决雾霾等一系列问题，努力建设天蓝地绿水净的美丽中国。

（2014年6月3日）

在APEC欢迎宴会上致辞

希望北京乃至全中国都能够蓝天常在、青山常在、绿水常在，让孩子们都生活在良好的生态环境之中，这也是中国梦中很重要的内容。

（2014年11月10日）

在江苏调研时的谈话

经济要上台阶，生态文明也要上台阶。我们要下定决心，实现我们对人民的承诺。

解决好厕所问题在新农村建设中具有标志性意义，要因地制宜做好厕所下水道管网建设和农村污水处理，不断提高农民生活质量。

（2014年12月13～14日）

中共中央政治局常委、国务院总理李克强重要论述

在陕西考察时的谈话

面对不断加剧的环境污染，我们要直面问题，向污染宣战！

（2014年1月27日）

给陕西初中女孩江欣桐的回信

如何兼顾发展与环境，是一个非常复杂的“方程”，我们正在想办法给这个方程寻找“最优解”，走绿色发展道路，让人与自然和谐相处。

（2014年2月25日）

在十二届全国人大二次会议上的政府工作报告

2014年工作总体部署

加快产业结构调整。鼓励发展服务业，支持战略性新兴产业发展，第四代移动通信正式商用。积极化解部分行业产能严重过剩矛盾。推进节能减排和污染防治，能源消耗强度下降3.7%，二氧化硫、化学需氧量排放量分别下降3.5%、2.9%。

努力建设生态文明的美好家园。

生态文明建设关系人民生活，关乎民族未来。雾霾天气范围扩大，环境污染矛盾突出，是大自然向粗放发展方式亮起的红灯。必须加强生态环境保护，下决心用硬措施完成硬任务。

出重拳强化污染防治。以雾霾频发的特大城市和区域为重点，以细颗粒物（PM2.5）和可吸入颗粒物（PM10）治理为突破口，抓住产业结构、能源效率、尾气排放和扬尘等关键环节，健全政府、企业、公众共同参与新机制，实行区域联防联控，深入实施大气污染防治行动计划。今年要淘汰燃煤小锅炉5 万台，推进燃煤电厂脱硫改造1500万千瓦、脱硝改造1.3亿千瓦、除尘改造1.8亿千瓦，淘汰黄标车和老旧车600 万辆，推广新能源汽车，在全国供应国四标准车用柴油。实施清洁水行动计划，加强饮用水源保护，推进重点流域污染治理。实施土壤修复工程。整治农业面源污染，建设美丽乡村。我们要像对贫困宣战一样，坚决向污染宣战。

推动能源生产和消费方式变革。加大节能减排力度，控制能源消费总量，今年能源消耗强度要降低3.9%以上，二氧化硫、化学需氧量排放量都要减少2%.要提高非化石能源发电比重，发展智能电网和分布式能源，鼓励发展风能、太阳能、生物质能，开工一批水电、核电项目。实施建筑能效提升、节能产品惠民工程，发展清洁生产、绿色低碳技术和循环经济，提高应对气候变化能力。强化节水、节材和资源综合利用。加快开发应用节能环保技术和产品，把节能环保产业打造成生机勃勃的朝阳产业。

（2014年3月5日）

在节能减排及应对气候变化工作会议上的讲话

2013年节能减排取得新进展，但今年的任务更加艰巨，要在保持经济增长7.5%左右的情况下，实现单位GDP能耗下降3.9%的目标，十分不易。尽管经济存在下行压力、稳增长面临挑战，我们仍要坚定不移地推进节能减排。这是给自己压“担子”，必须努力走出一条能耗排放做“减法”、经济发展做“加法”的新路子，对人民群众和子孙后代尽责。

必须看到，节能减排与促进发展并不完全矛盾，关键是要协调处理好，找到二者的合理平衡点，使之并行不悖、完美结合。淘汰落后产能，关停高耗能、高排放企业，会对增长带来影响，但其中也蕴含着很大商机，会为新能源、节能环保等新兴产业成长提供广阔空间。我们要善抓机遇，进退并举，控制能源消费总量，提高使用效率，调整优化能源结构，积极发展风电、核电、水电、光伏发电等清洁能源和节能环保产业，开工一批新项目，大力推广分布式能源，发展智能电网，逐步把煤炭比重降下来。尤其是要着力发展服务业特别是生产性服务业。服务业总体能耗低，又是就业最大容纳器，对推动发展潜力巨大。要加快有序放宽市场准入、加大政策激励，提升服务业在国民经济中的比重，确保今年继续超过二产，使其成为促进产业结构优化、推动节能减排和低碳发展的关键一招。

《政府工作报告》已对今年节能减排工作作出部署。要加强政策引导，更多引入和运用市场机制，推进工业、建筑、交通运输、公共机构等重点领域和重点单位节能，加大污染特别是大气污染治理，努力改善重点地区雾霾状况。建立和实施能效“领跑者”等制度，增强全社会特别是企业节能减排的内在动力。

必须用硬措施完成节能减排硬任务。要强化责任，把燃煤锅炉改造、淘汰黄标车、电厂脱硫脱硝除尘等任务指标分解到各地区，对完不成任务的，要加大问责力度。严格执法，对非法偷排、超标排放、逃避监测等“伤天害人”行为和监管失职渎职重拳打击，对相关企业、单位和责任人严惩不贷。今年国务院要组织明察暗访，发现问题一查到底，决不放过。

应对气候变化与节能减排相辅相成，是人类的共同责任。中国作为负责任的大国，愿主动积极作为，与世界各国一道，在坚持共同但有区别的责任原则、公平原则、各自能力原则的基础上，为应对气候变化的挑战作出更大努力。

（2014年3月21日）

在博鳌亚洲论坛2014年年会开幕式上的主旨演讲

我们还将积极推动绿色工业、新能源、节能环保技术和产品开发，形成新的增长点，在此过程中坚决淘汰落后产能，缓解资源环境的瓶颈约束。扩大国家新兴产业创投引导资金的规模，发挥创新驱动发展的作用，促进我国产业从中低端向中高端迈进，着力提高生产要素产出率。

（2014年2月8日）

主持召开国务院常务会议研究部署进一步加强雾霾等大气污染治理

国务院总理李克强2月12日主持召开国务院常务会议，研究部署进一步加强雾霾等大气污染治理，审议通过《医疗器械监督管理条例（修订草案）》。

会议认为，打好防治大气污染的攻坚战、持久战，是改善民生的当务之急，是转方式、调结构的关键举措，也是推进生态文明建设的重大任务。自去年9月国务院印发《大气污染防治行动计划》以来，各地区、各部门迅速行动，定目标、建机制、强监管，在大气污染综合治理上迈出了新的步伐，得到社会的广泛关注和认同。但大气污染是长期积累形成的，必须充分认识防治工作面临的严峻形势，坚持不懈付出努力。要立足国情、科学治理、分类指导，以雾霾频发的特大城市和区域为重点，以PM2.5和PM10治理为突破口，抓住能源结构、尾气排放和扬尘等关键环节，不断推出远近结合，有利于标本兼治、带动全局的配套政策措施，在大气污染防治上下大力、出真招、见实效，努力实现重点区域空气质量逐步好转，消除人民群众“心肺之患”。

会议要求在抓紧完善现有政策的基础上，进一步推出以下措施：一是加快调整能源结构。实施跨区送电项目，合理控制煤炭消费总量，推广使用洁净煤。促进车用成品油质量升级，今年年底前全面供应国四车用柴油。推行供热计量改革，开展建筑节能，促进城镇污染减排。加快淘汰老旧低效锅炉，提升燃煤锅炉节能环保水平。提前一

年全面完成“十二五”落后产能淘汰任务。二是发挥价格、税收、补贴等的激励和导向作用。对煤层气发电等给予税收政策支持。中央财政设立专项资金，今年安排100亿元，对重点区域大气污染防治实行“以奖代补”。制定重点行业能效、排污强度“领跑者”标准，对达标企业予以激励。完善购买新能源汽车的补贴政策，加大力度淘汰黄标车和老旧汽车。大力支持节能环保核心技术攻关和相关产业发展。三是落实各方责任。实施大气污染防治责任考核。健全国家监察、地方监管、单位负责的环境监管体制。完善水泥、锅炉、有色等行业大气污染物排放标准。规范环境信息发布。会议强调，要以更大的决心，更加注重运用市场和法治手段，更好发挥社会力量和科技支撑的作用，围绕结构调整、重点行业综合整治和重污染天气监测预警应急体系建设，加大工作力度，加快制定修订相关法规，推动形成全社会“同呼吸、共奋斗”、齐心协力防治大气污染的治理格局，以实实在在的成效保护和改善生态环境、造福全体人民。

致生态文明贵阳国际论坛2014年年会贺信

生态文明源于对发展的反思，也是对发展的提升，事关当代人的民生福祉和后代人的发展空间。中国把生态文明建设放在国家现代化建设更加突出的位置，坚持在发展中保护、在保护中发展，健全生态文明体制机制，下大力气防治空气雾霾和水、土壤污染，推进能源资源生产和消费方式变革，继续实施重大生态工程，把良好生态环境作为公共产品向全民提供，努力建设一个生态文明的现代化中国。

人类只有一个地球。保护生态环境、促进绿色发展是各国利益的汇合点。中国把生态环保作为对外开放的重要领域，将继续加强同世界各国、国际组织的环境合作，深入推进国际环境公约的履约，携手应对气候变化，共同推动人类环境与发展事业。

（2014年7月11日）

在2014年夏季达沃斯开幕式上的致辞

中国经济还处在发展中的阶段，但环境资源的矛盾已经十分突出，必须加大节能环保的力度，应对气候变化，既是中国作为一个负责任大国应尽的义务，也是我们自身发展的迫切需要。可以说，这也是从中国根本利益出发的。必须加强生态文明建设，发展绿色产业，我们已经提出向污染宣战，并认真履行相应的国际责任，也正在研究到2030年前后，中国控制温室气体排放的行动目标。这其中包括二氧化碳的排放峰值、碳排放强度比例的下降值、非化石能源比重的上升值，中国推进绿色、循环、低碳发展，不仅有决心而且有能力，我们将紧紧地依靠科技创新进行艰苦卓绝、持续不断地努力来加大环境治理的力度，发展节能环保产业的速度，着力完成节能减排的任务，与世界各国一道应对气候变化，并采取实实在在的行动。

（2014年9月10日）

中共中央政治局常委、国务院副总理张高丽重要论述

在北京出席国合会2014年年会开幕式并讲话

中国历来高度重视生态环境保护，把节约资源和保护环境确立为基本国策，实施可持续发展战略，将生态文明建设纳入中国特色社会主义事业总体布局。中国国家主席习近平强调，良好生态环境是最公平的公共产品，是最普惠的民生福祉；保护生态环境就是保护生产力，改善生态环境就是发展生产力；走向生态文明新时代，建设美丽中国，是实现中华民族伟大复兴的中国梦的重要内容。国务院总理李克强指出，必须加强生态环境保护，下决心用硬措施完成硬任务。中国生态环境保护正在一步一个脚印、扎扎实实向前推进。

中国将不断创新体制机制，自觉推动绿色发展，努力建设美丽中国。一是强化环境准入、环境标准硬约束，发展壮大节能环保等战略性新兴产业，从严控制高耗能、高排放行业发展，充分发挥优化经济结构的治本作用。二是深化生态环保领域改革创新，加快自然资源及其产品价格改革，大力发展环保市场，推行环境污染第三方治理，充分发挥市场机制的激励约束作用。三是加快建设生态文明法律制度，建立健全自然资源产权法律制度，切实抓好新修订的《环境保护法》的贯彻实施，充分发挥环境法治的规范保障作用。四是抓好关键环节和重点领域工作，严格按照主体功能区定位推动发展，加快划定生态保护红线，着力解决大气、水、土壤污染等突出环境问题，充分发挥政府的统领引导作用。五是推动形成多元共治局面，倡导良好生态环境人人共建、人人有责、人人共享，充分发挥社会公众的参与监督作用。

（2014年12月1日）

在华东七省市党委主要负责同志座谈会上的讲话

习近平指出，协调发展、绿色发展既是理念又是举措，务必政策到位、落实到位。要采取有力措施促进区域协调发展、城乡协调发展，加快欠发达地区发展，积极推进城乡发展一体化和城乡基本公共服务均等化。要科学布局生产空间、生活空间、生态空间，扎实推进生态环境保护，让良好生态环境成为人民生活质量的增长点，成为展现我国良好形象的发力点。

（2015年5月27日）

文论

深入开展全民节约行动 加快凝聚节俭养德的正能量

徐绍史

一、节俭节约既是时代要求更是历史传承

党中央、国务院对资源节约和环境保护高度重视，坚持节约资源、保护环境的基本国策，坚持节约优先、保护优先的基本方针，积极倡导节约资源和保护环境的生产方式、生活方式，资源节约和环境保护工作取得了积极成效。但也要看到，在经济快速发展的同时，经济社会发展与人口、资源、环境之间的矛盾日益凸显，对发展的制约不断强化。我们应该在这样的时代大背景下，来理解和把握加强节约、开展全民节约行动的重要性和紧迫性。

一方面，现实逼迫我们必须把节约放在更加重要的位置。当前，我国正处于工业化、城镇化、信息化和农业现代化同步发展的历史阶段，资源消耗刚性增长和环境容量遭遇挑战。同时由于我国特殊的国情，使得许多问题相互交织、相互叠加，矛盾更加突出，既凸显了解决这些问题的紧迫性，也加大了解决这些问题的复杂性。一是资源禀赋并不优越。我国资源总量不小，但人均占有量低，人均耕地占有量只有世界平均水平的43%，淡水是28%，石油和天然气是7%，铁矿石为17%，即使是最丰富的煤炭资源，也只有世界平均水平的67%。二是资源利用效率不高。2012年，我国国内生产总值约占世界的11.4%，却消耗了全球21.3%的能源、45%的钢、43%的铜、54%的水泥。目前，我国主要工业产品能耗比国外先进水平要高10到20个百分点。三是奢侈浪费现象严重。有的贪大求洋、大拆大建、盲目攀比，有的讲排场、摆阔气、未富先奢。长此以往，我们的资源难以为继，环境难以容纳，发展难以持续，“两个百年”的奋斗目标就有可能落空。

另一方面，中华民族有着节俭养德的优良传统。古人这方面的论述很多。比如，一粥一饭，当思来之不易；半丝半缕，恒念物力维艰。又比如，历览前贤国与家，成由勤俭败由奢。这些古训不仅是持家守业的金玉良言，更是治国理政的重要理念。在中华民族伟大复兴的征程上，我们必须大力弘扬勤俭节约的传统美德，大力提倡艰苦奋斗、勤俭节约的优秀传统。组织开展节俭养德全民节约行动，核心就是要传承传统文化的精髓，赋予新的时代内涵，融入新的时代风尚。

总之，崇尚节约、开展节俭养德全民节约行动，既是缓解现实矛盾的重要举措，也是促进长远发展的客观需要，既传承传统美德，又紧扣时代主题，正逢其时、势在必行。

二、加强节约必须多管齐下综合施策

要以开展节俭养德全民节约行动为契机，进一步把节俭节约纳入生产、流通、消费各个环节，融入每一个家庭、每一个公民衣食住行各个方面，提升全社会厉行节约、反对浪费的思想自觉和行动自觉。

一是要坚持节约优先的理念。理念是思想的基础、行动的指南。只有在指导思想上彻底摒弃传统的不可持续的发展方式和消费模式，才能在生产、流通、消费各个领域自觉遵循节约优先的方针，才能在日常生活中切实体现节约优先的要求。要紧密结合培育社会主义核心价值体系，加大宣传教育力度，特别是要从娃娃抓起，真正使得节约优先的理念入心入脑，在生产生活中自觉践行。

二是要推行节约型生产方式。大力调整产业结构，优化生产力布局，淘汰落后产能、技术和设备，核心是严控“两高”行业发展，积极发展资源消耗较少的服务业、高技术产业，大力发展节能环保产业。完善技术创新转化体系，以企业为主体，以市场为导向，以重点工程为依托，组织重大资源节约和综合利用技术示范，加快成熟适用技术推广应用。推动资源利用方式根本转变，构筑链接循环的产业体系，努力实现土地集约利用、能源梯级利用、废物交换利用、废水循环利用。通过多方面的努力，闯出一条适合我国国情的低投入、低消耗、低排放、高效率的经济发展方式。

三是要践行绿色生活方式。要从家庭、社区、学校、医院、军营等社会单位，从衣、食、住、行、游等生活环节，从教育、科普、宣传等方面着手，引导形成节约资源的消费理念和行为方式。要结合曝光泔水缸、绿色照明、人人节水、一张纸献爱心、闲置物品共享等专项行动，积极倡导全社会节粮、节水、节能、节电和循环利用资源，购买节能节水产品，适度点餐剩余打包，合理设置空调温度，多乘公交和地铁，减少使用一次性用品，鼓励自备购物袋，垃圾分类不乱扔等等。通过这些点滴小事，引导节约消费、适度消费，反对铺张浪费，推动形成简约适度、绿色低碳、文明健康的绿色生活方式和消费模式。

四是要加大政策支持力度。要综合运用经济政策、标准规制、规划引导等，逐步形成有利于资源节约、环境保护的体制机制和政策体系。经济政策方面，要严格落实居民用电、用水阶梯价格，推行居民用气阶梯价格，研究扩大基于能耗、环保标准的非居民用电阶梯价格实施范围，形成多用资源成倍支付费用的机制；对资源综合利用等给予税收优惠；加大资金投入，支持节能减排技术改造、高效节能环保产品推广等，推行政府绿色采购。标准规制方面，要加快标准制修订工作，提高产业准入门槛，推行公共机构能耗限额管理。规划引导方面，要坚持底线思维，合理设定土地、水、能源、矿产等资源消耗上限，将经济社会发展的相关活动严格限定在资源环境承载能力范围之内。

三、发展改革系统要积极组织参与全民节约行动

发展改革委作为节俭养德全民节约行动的联合主办单位，将配合中央宣传部，主动作为、积极参与，确保这项行动取得预期成效。重点抓好3方面工作。

一是把节约优先的理念贯穿到发展改革工作各个领域各个方面。坚持把资源节约融入到经济建设的全过程，用节约理念指导规划编制、政策制定、体制改革、价格管理、投资安排、项目建设等各项工作，加强政策支持，加大资金投入，强化准入管理，严把能评关口，完善能效标准，大力推广节能技术和产品，促进绿色发展、循环发展、低碳发展，努力实现可持续发展。

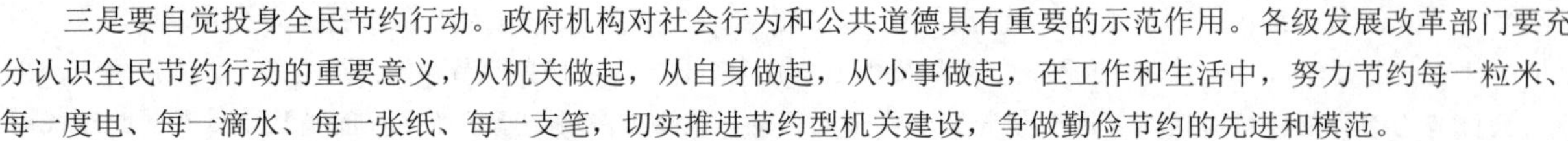

二是总结经验、发掘典型，配合宣传部门为全民节约行动营造良好氛围。为探索绿色循环低碳发展新路子，我们从不同层面、不同领域开展了循环经济、低碳城市（家庭、社区）、节约型公共机构、生态文明等示范试点，有些已经开花结果，要全面总结、系统梳理这些工作，归纳成功经验和有效做法，形成可复制可推广的典型模式，加大推广力度。要把群众总结出来的节约“好点子”进行广泛宣传，增强节约能力。要把节能宣传周、低碳日活动与全民节约行动有机结合起来，通过多种方式的集中宣传，运用典型的榜样力量和负面案例的警示作用，进一步增强全社会的资源忧患意识，凝聚全民节约的正能量，使节俭节约在全社会蔚然成风。

三是要自觉投身全民节约行动。政府机构对社会行为和公共道德具有重要的示范作用。各级发展改革部门要充分认识全民节约行动的重要意义，从机关做起，从自身做起，从小事做起，在工作和生活中，努力节约每一粒米、每一度电、每一滴水、每一张纸、每一支笔，切实推进节约型机关建设，争做勤俭节约的先进和模范。

（徐绍史：国家发展和改革委员会主任，在节俭养德全民节约行动电视电话会议上的讲话，2014年5月27日）

在全国发展改革系统资源节约和环境保护工作电视电话会议上的讲话（节录）

张 勇

2015年的环资工作要全面落实党中央、国务院的决策部署，按照全国发展和改革工作会议的安排，明确目标任务，扎扎实实推进。

2014年，在党中央、国务院的坚强领导下，在各地区、各部门的大力支持下，全国发展改革（经信）系统资源节约和环境保护工作围绕中心、服务大局，加快推进生态文明建设，强力推进节能减排，大力发展循环经济，加大环境保护力度，全国单位国内生产总值能耗降低4.8%，成为新常态下的新亮点。

在新的发展阶段，生态文明建设地位更加突出，经济新常态为环资工作注入了新动力，但资源环境问题仍然是制约我国发展的硬约束，环资工作本身也面临许多新挑战。要切实增强政治责任感和时代使命感，大力推进生态文明建设，努力提高发展的质量和效益。

2015年的环资工作要全面落实党中央、国务院的决策部署，按照全国发展和改革工作会议的安排，明确目标任务，扎扎实实推进。

一是加强生态文明制度创新。抓好《关于加快推进生态文明建设的意见》的贯彻实施，办好生态文明先行示范区。

二是强力推进节能降耗，确保实现“十二五”节能目标任务。

三是推动循环经济做大做强，加快推广典型模式，提高资源产出率。

四是加快环境基础设施建设，治理突出环境问题，推广环境污染第三方治理，努力改善环境质量。

五是大力发展节能环保产业，努力把节能环保产业打造成新的支柱产业。

六是深入开展节能减排全民行动，推动形成勤俭节约、绿色低碳、文明健康的生活方式和消费模式。

各级发展改革部门要奋发有为，狠抓落实。一是加强重大问题研究，谋划好“十三五”。二是转变政府职能，切实推进简政放权。三是加强项目管理，切实提高投资效益。四是加强队伍建设，增强工作能力。五是加强系统联动，形成整体合力。

（张勇：国家发展和改革委员会副主任，2015年4月10日）

发展循环经济 促进绿色转型（节录）

解振华

发展循环经济是实现资源节约、环境保护、经济增长有机统一的经济发展模式，可从源头和生产过程解决我国可持续发展面临的资源环境约束，是建设生态文明的必由之路，也是适应经济发展新常态的必然要求。当前我国经济增长逐步由高速发展阶段转向中高速发展阶段，要适应经济发展新常态，需要加快发展循环经济，破解资源环境瓶颈约束，转变发展方式，提升发展质量。

党中央、国务院高度重视循环经济发展，国家采取一系列强有力的政策措施，推动循环经济从理念变为行动，得到迅速发展，不仅为经济绿色转型探索出了有效模式和实现路径，也培育了新的产业。解振华总结了我国十年来在推动循环经济发展方面取得的成功经验和有效做法：健全法律规范、强化制度约束；统筹规划、做好顶层设计；政策驱动、建立激励机制；科技支撑、注重技术引领；示范试点引路，带动全面发展。

要贯彻党的十八届四中全会精神，发挥法制的引领和规范作用，加快健全循环经济发展的制度、政策、机制。一是加强制度建设，抓紧修订《循环经济促进法》，加快建立生产者责任延伸制、押金回收制、再生产品标识管理、生产企业强制使用一定比例再生资源等制度；二是开展循环经济评价，建立以资源产出率为核心的评价指标体系，纳入经济社会发展规划；三是完善政策机制，研究完善促进循环经济发展的财政、税收、价格、产业、投资、金融等政策措施；四是强化技术支撑，加快关键共性技术研发和先进实用技术产业化，实现重点领域关键链接技术突破；五是加大示范推广，实施园区循环化改造、建筑垃圾资源化、餐厨废弃物资源化、生产过程协同处置废弃物、农业循环经济等示范工程，继续开展国家循环经济示范城市建设工作，选择1000家企业开展示范并实施资源产出率提升工程。

（解振华：时为国家发改展和改革委员会副主任，在“2014中国循环经济发展论坛”的主旨讲话，2014年11月1日）

推进园区循环化发展的构建与改造（节录）

何炳光

一、深刻认识推进园区循环化发展的重要意义

党中央国务院高度重视发展循环经济，将发展循环经济作为国家的一项重大战略。经过近10年的实践探索，循环经济作为一种新的经济发展模式，已从理论走向实践，得到社会广泛认同。推进园区循环化发展是发展循环经济重要内容，逐渐成为一些园区重新规划、二次创业、改造升级、破解资源环境约束、增强活力、提高竞争力的有效途径。

首先，园区转型发展是促进国民经济转型发展的重要基石。

其次，园区循环化发展是实现园区转型升级的必然选择。

第三，推进园区循环化发展是践行依法治国理念的具体要求。

二、全面把握推进园区循环化发展的基本要求

推进园区循环化发展包括对新建园区的循环化构建和对现有园区的循环化改造两个方面。由于2003年国务院办公厅印发《关于暂停审批各类开发区的紧急通知》(国办发明电(2003)30号)要求“各省、自治区、直辖市人民政府和国务院有关部门，一律暂停审批新设立和扩建各类开发区”，因此新建园区的构建应重点针对各地规划的产业集聚区，推进其按照循环经济理念规划建设。现有园区的改造主要针对国家正式批复的经开区、高新区、保税区、出口加工区等，推进其按照循环经济减量化、再利用、资源化的要求，优化空间布局，调整产业结构，推行清洁生产，合理延伸产业链并循环链接，搭建共享基础设施和公共服务平台。

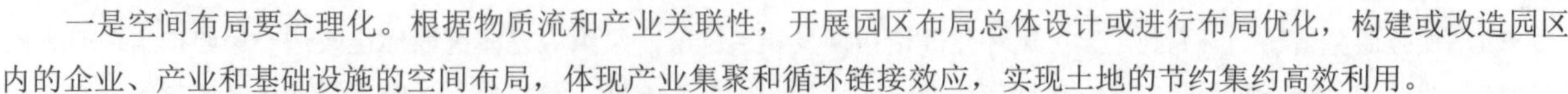
但是，不管是循环化构建还是循环化改造，都要按照“布局优化、企业集群、物质循环、集约发展”的要求做好顶层设计，牢牢抓住空间布局、产业结构、产业链接、资源利用、污染治理、基础设施、运行管理这七个关键环节，统筹规划，整体推进。

一是空间布局要合理化。根据物质流和产业关联性，开展园区布局总体设计或进行布局优化，构建或改造园区内的企业、产业和基础设施的空间布局，体现产业集聚和循环链接效应，实现土地的节约集约高效利用。

二是产业结构要最优化。结合本区域产业和资源的比较优势，考虑园区环境承载力和地方发展需求，围绕提高园区资源产出率和综合竞争力，加大传统产业改造升级力度，培育和发展战略性新兴产业，不断调整和优化园区产业结构。

三是产业链接要循环化。按照“横向耦合、纵向延伸、循环链接”原则，建设和引进产业链接或延伸的关键项目，合理延伸产业链，实现项目间、企业间、产业间首尾相连、环环相扣、物料闭路循环，物尽其用，促进原料投入和废物排放的减量化、再利用和资源化，以及危险废物的资源化和无害化处理。

四是资源利用要高效化。按照循环经济减量化优先的原则，推行清洁生产，促进源头减量；开发能源资源的清洁高效利用技术，开展清洁能源替代改造，提高可再生能源利用比例；推动余热余压利用、企业间废物交换利用和水的循环利用；推进水资源替代，沿海地区的园区适当开展海水淡化，减少淡水的使用。

五是污染治理要集中化。加强污染集中治理设施建设及升级改造。培育专业化废弃物处理服务公司，实行园区污染集中治理。强化园区的环境综合管理，开展企业环境管理体系认证，构建园区、企业和产品等不同层次的环境治理和管理体系，最大限度地降低污染物排放水平。

六是基础设施要绿色化。对园区内运输、供水、供电、照明、建筑和环保等基础设施进行绿色化、循环化构建或改造，促进各类基础设施的共建共享、集成优化，降低基础设施建设和运行成本，提高运行效率，使园区生态环境优美。

七是运行管理要规范化。建立园区循环化改造指导协调机制；建设园区废物交换平台，以及循环经济技术研发及孵化中心等公共服务设施；制定并实施循环经济相关技术研发和应用的激励政策；制定入园企业、项目的准入标准和招商引资指导目录，实行产业链招商、补链招商；强化对园区内企业资源节约、环境保护的执法监管；开展宣

传教育，促进公众参与，形成优美、清洁、和谐的环境和氛围。

各类园区只要真正达到以上“七化”要求，就能实现绿色转型，形成低消耗、低排放、高效率、能循环的现代产业体系，成为“经济快速发展、资源高效利用、环境优美清洁、生态良性循环”的循环经济示范园区。

三、多措并举推进园区循环化发展

2011年以来，国家发改委、财政部在总结园区循环经济试点经验基础上，启动了园区循环化改造工作，印发了《关于推进园区循环化改造的意见》，明确了园区循环化改造的目标任务、工作重点和推进措施。同时，我委、财政部开展了园区循环化改造示范试点工作，目前已累计确定了四批75个园区循环化改造示范试点，安排循环经济发展专项资金50多亿元支持园区关键链接和公共服务平台等重点项目建设，带动社会投资1500多亿元。据初步评估，75个园区改造完成后，大部分园区资源产出率都将提高16%以上，工业固体废物综合利用率将提高到90%以上、工业用水重复利用率将提高到85%以上，园区循环经济产业链关联度将达到80%以上，基本实现能量梯级利用、水的循环利用、物质交换利用和废弃物的再生利用。

下一步，我们将把园区循环化发展作为循环经济的主阵地，继续加大力度，由点到面，采取积极有效措施予以推进：

一是做好统筹规划。系统总结“十二五”园区循环化改造经验，研究制定“十三五”园区循环化发展的目标、重点任务和推进措施。研究园区循环化改造工作考核机制，探讨将园区循环化改造推进情况纳入节能减排目标考核内容。

二是深化示范试点。继续选择一批园区开展循环化改造示范试点，安排循环经济发展专项资金支持循环化改造关键补链项目和公共服务设施项目建设。研究制定《园区循环化改造中期评估考核验收办法》，逐步开展园区循环化改造示范试点中期评估和考核验收工作，提出合理化改进建议，督促各地加大改造力度。

三是创新政策机制。研究促进园区循环化改造的金融信贷支持政策，协调出台对实现废水“零排放”园区减征污水处理费的政策。创新园区循环化改造模式，培育和扶持一批为园区循环化改造提供规划、设计、建设、改造、运行的专业化服务公司，鼓励园区引进或培育专业化公司为园区废物管理提供“嵌入式”服务。鼓励创新环境服务模式，积极推进污水、垃圾处理等基础设施建设和运行的专业化、社会化。

四是加强服务指导。研究制定园区循环化改造指南及相关标准，组织成立园区循环化改造专家咨询组，召开园区循环化改造现场会，加大对各地园区循环化改造的指导和服务。近期，我们将启动园区循环化改造院士专家巡诊活动，充分发挥院士专家的群体优势、技术优势、知识优势，赴部分园区开展现场巡诊咨询活动。

五是加强宣传推广。对循环化改造成效明显的园区，优先确定为“国家循环经济示范园区”，对其好做法、好经验及时进行总结凝炼，组织新闻媒体进行深度报道，积极推广一批园区循环化改造范式和管理模式。

国家开展园区循环化改造示范试点仅是从点上推进，而全国1500多个园区，仅靠国家一个点一个点的推进难以完成改造。推进园区循环化改造，责任在地方，落实也在地方。目前一些地方已经把园区循环化改造作为园区升级的重要抓手加以推进。江苏、浙江、山东、江西、广东等地制定了全省园区循环化改造推进工作方案，相继开展了本省园区循环化改造示范试点工作。如江苏在推进工作方案中提出，“十二五”期间力争70%以上的国家级开发区和50%以上的省级开发区完成循环化改造任务。

浙江省对2006年印发的循环经济发展专项资金管理暂行办法进行了修订，将省级循环化改造示范试点园区建设纳入重点支持范围，每个园区最高可获补助资金2500万元。这些做法都很好。下一步，我们将要求各省都从本省实情出发，制定本省推进园区循环化改造的总体方案。一些园区比较集中的城市可以将多个园区集合在一起，制定一个综合性的循环化改造方案，予以整体推进，实现园区内、园区间的循环链接。我们也将研究创新中央财政资金支持方式，对全市整体开展园区循环化改造的予以“打包”支持，逐步推进园区循环化改造由点到面转变。

园区循环化发展是发展循环经济，建设生态文明，打造中国经济“升级版”的重要抓手，让我们共同努力推进园区循环化发展，促进园区升级发展，为生态文明建设做出应有贡献。

（何炳光：国家发展和改革委员会资源利用与环境保护司司长，2014年11月1日在“2014中国循环经济发展论坛上的主旨演讲）

循环型生产方式构建循环型体系（节录）

马　荣

推行循环型生产方式，构建循环型产业体系，是大力发展循环经济的重中之重，是资源环境约束持续强化背景下我国经济社会发展的必然选择。国家“十二五”规划纲要明确提出把“推行循环型生产方式”作为循环经济发展的重要任务，党的十八大把“依靠节约资源和循环经济推动”作为加快转变经济发展方式的五个主要依靠之一，表明了循环经济在当前我国经济发展中的重要作用。2013年1月，国务院发布的《循环经济发展战略及近期行动计划》(国发[2013]5号)，明确提出了构建循环型工业、农业、服务业体系的发展任务，并做出具体规划和部署。下面我围绕推行循环型生产方式、构建循环型产业体系谈几点看法。

一、构建循环型产业体系是经济新常态下的产业发展方向

过去30多年，我国一直处于工业化、城镇化高速发展的阶段，目前已成为世界上最大的制造业大国和贸易出口国，但在全球分工中我们处于产业链的中低端，重化工产业、劳动密集型产业占比过高，资源消耗大、产品附加值低、环境污染重，高投入、高消耗、高排放、低效率特征仍比较明显。在经过30多年高速发展后，从2012年开始，我国经济逐步由高速发展阶段向中高速发展阶段减速换挡，进入新的发展常态中。新常态就是告别过去传统粗放的高速增长阶段，进入高效率、低成本、可持续的中高速增长阶段。适应新常态要经历一个改造适应过程，是一次凤凰涅槃。习近平总书记指出：“我国发展仍处于重要战略机遇期，我们要增强信心，从当前我国经济发展的阶段性特征出发，适应新常态，保持战略上的平常心态。在战术上要高度重视和防范各种风险，早作谋划，未雨绸缪，及时采取应对措施，尽可能减少其负面影响。”

新常态下必须实现经济增长方式由粗放型向集约型的转变产业特征从“三高一低”向“三低一高”进化。循环型产业体系强调产业合理布局，要求在生产源头减少资源消耗和废物排放，在生产过程控制污染物产生和排放，在生产末端对废弃物进行资源化利用，使传统意义上的废弃物变成再生资源回到生产源头，各项生产要素按照循环经济理念进行配置，形成资源节约、环境友好的经济技术范式，实现经济、资源、环境综合效益最大化，突出特征是低消耗、低排放、低投入、高效率，是新常态下产业发展的基本方向。

二、构建循环型产业体系的主要方面

构建循环型产业体系，首要任务是要加强产业的循环式布局，实现产业间的循环共生。要在加强物质流分析和管理的基础上，科学规划，根据资源禀赋和废弃物特征，统筹产业带、产业园区和基地的空间布局，推进产业集聚发展，合理布局建设项目，减少大范围、长距离运输，降低废弃物交换成本，鼓励企业间、产业间建立物质流、资金流、产品链紧密结合的循环经济联合体，促进工业、农业、服务业等产业间循环链接、共生耦合。基本要求是要在各个产业全面推行循环经济理念，构建循环型工业体系、循环型农业体系、循环型服务体系。

（一）在工业化的全过程体现循环经济要求

按照“存量改造、增量构建”的原则，在工业生产的全过程和各个环节全面推行“源头减量、过程控制、末端再生”的循环型生产方式。在资源开采环节，实施绿色开采，对具有工业价值的共生、伴生和低品位矿实行综合开采、合理利用；在加工制造环节，推动生产过程节能降耗，开展绿色设计、改善工艺流程、提高技术和装备水平、淘汰落后产能；在生产末端环节，加强工业废弃物综合利用，鼓励企业对废渣、边角料、废水、废气、余热余压等进行资源化利用，加强水的分质利用和废水处理后循环利用。通过实施清洁生产，推行资源综合利用，合理延伸产业链条，结合产品、副产品、废物的交换和利用，打造各具特色的循环经济产业链，形成“纵向延伸、横向耦合、系统复合、设施共享”的生产体系，实现企业循环式生产、园区循环式发展、产业循环式组合。

（二）以循环发展促进农业现代化

在农业生产领域，要通过推行资源利用节约化、生产过程清洁化、产业链接循环化、废物处理资源化、农林牧渔多业共生、农工社产业复合发展的循环型农业生产方式，推动农业向产业化、市场化、功能多元化、标准化等方向发展，促进农业现代化。要加强种植业、畜牧业、林业、渔业、农产品加工业、生物质产业之间的联系，通过多层次产业间的物质和能量交换，提高资源能源的利用效率和农业有机物的再利用，减少环境污染，提升农业附加值。支持集成养殖深加工模式，发展饲料生产、畜禽养殖、畜禽产品加工及深加工一体化复合型产业链；推进种植、养殖、农产品加工、农林废弃物循环利用、旅游等循环链接，构建粮、菜、果、茶、畜、林、加工、物流、旅游一体化和一、二、三产业联动发展的现代工农复合型循环经济产业体系。

（三）构建循环型服务业体系

服务业是链接生产与消费的桥梁，要以企业为主体，以零售批发、住宿餐饮、交通运输、物流、旅游业等行业为重点，推进服务主体生态化、服务过程清洁化、消费模式绿色化。科学规划流通业布局，减少流通环节，发展多式联运，积极发展连锁经营、统一配送、电子商务等现代流通方式。提高仓储业利用效率和土地集约利用水平。发展绿色流通业，限制高耗能、高耗材产品流通，鼓励绿色产品采购和销售。加强零售批发业节能环保改造，倡导开展绿色服务。推进餐饮住宿业绿色循环发展，实施绿色设计，绿色采购、节能降耗、废弃物资源化利用等。大力发展生态旅游，推进旅游景区建设和管理绿色化，引导低碳旅游和绿色消费。

三、构建循环型产业体系应着力抓好的重点环节

构建循环型产业体系，需要企业结合自身条件，从优化产业链管理角度出发，拉长拉细产业链，也需要政府从宏观上优化生产力布局，科学制定产业布局规划，按照产业链招商，还需要针对重点环节，采取切实有效措施，予以推进。下一步，我们将重点抓好以下几个环节。

（一）把推进园区循环化改造作为构建循环型产业体系的重要阵地

产业园区是我国经济发展的重要支撑，也是我国推行循环型生产方式的重点领域。要按照“布局优化、企业集群、产业成链、物质循环、集约发展”的要求，推动各类产业园区实施循环化改造，指导各类新建园区建设，实现企业、产业之间的循环链接，提高园区产业关联度和资源利用水平。一方面，要努力构建园区循环经济产业链，推进园区资源高效循环利用，实施清洁生产，促进源头减量；另一方面，要推动园区内企业废物交换利用、废水循环利用、能源梯级利用、土地节约集约利用，推进园区生活污水再生利用，建设雨水收集利用设施。此外，要推行园区基础设施绿色化，对园区内公共基础设施实施绿色化改造，促进共建共享、集成优化，鼓励园区创新环境服务模式，推进污水、垃圾设施建设和运行专业化、社会化。

（二）把关键补链技术的研发和产业化推广作为构建循环型产业体系的重要支撑

构建循环型产业体系，要求我们完善循环经济产业链条，使上一环节的废弃物成为下一环节的原料，这必须依赖技术进步来实现。要加快共性关键技术开发，加强产学研用结合，研究解决循环经济关键和共性技术问题，引进、消化、吸收和再创新循环经济关键技术和装备。此外，要加快先进适用技术推广应用，建立循环经济技术遴选、评定及推广机制，发布国家鼓励的循环经济技术、工艺、设备名录，探索通过政府买断的方式对先进适用技术进行推广应用，加快具有竞争力的循环经济关键技术装备的出口；还要加强技术装备产业化示范，重点支持共伴生矿和尾矿综合开发和回收利用、废物资源化利用、可回收利用材料、有毒有害原材粒替代、再制造、再生资源高值利用、延长产业链和相关产业链接、“零排放”等关键技术和装备产业化示范。

（三）把构建生产与生活系统的循环链接作为构建循环型产业体系的重点领域

在新型城镇化背景下推行循环型生产方式，应当在生产系统和生活系统之间建立循环链接的关系，构建布局合理、资源节约、环保安全、循环共享的生产生活共生体系。在能源利用方面，要推动生产系统的余能、余热等在社会生活系统中的循环利用，推动煤层气、沼气、高炉煤气和焦炉煤气等资源在城市居民供热以及出租车等方面的应用，鼓励在有条件的地区发展煤层气公共汽车。在水资源利用方面，要推动中水在社会生活系统中的应用，提高城市生活污水在工业生产系统中的应用水平。完善再生水用于农业浇灌的标准，开展示范应用。推动矿井水用作生活、生态用水。在废弃物处理方面，要推进钢铁、电力、水泥行业等生产过程协同资源化处理废弃物，将生活废弃物作为生产过程的原料、燃料。

（四）把加强循环经济信息、交易体系建设作为构建循环型产业体系的重要基础

构建循环型产业体系，离不开配套体系和平台的支撑保障作用。要大力发展循环经济服务产业，培育和扶持一批循环经济咨询、设计、服务专业化机构，为循环经济发展提供规划编制、项目设计、技术咨询、人员培训等方面的服务，为企业和园区提供废弃物管理外包式、嵌入式服务。推动建立产业废物、再生资源交易的信息平台，建设全国性、区域性、行业性的废弃物交易平台、交易中心或交易市场，促进全社会的资源循环利用。鼓励建立循环经济产品、技术、装备等的展示展览交易平台，推动循环经济产品、技术、装备的交易。希望中国循环经济协会等有关协会，充分发挥服务职能，为企业提供市场信息、技术信息、供求关系信息、政策信息等，加强全行业的信息交流，成为助力循环经济发展的重要支撑和保障平台。

（马荣：国家发展和改革委员会资源利用与环境保护司副司长，2014年11月）

能源行业循环经济发展现状、技术方向及走势

李 冶

循环经济发展模式是突破我国能源行业发展瓶颈的关键。某种程度上讲，这是一个国家对能源资源的掌控和使用的能力表现，也代表这个国家在经济社会上发展的空间。目前，我国是全世界最大的能源生产和消费国，能源行业具有“一薄，一大，一重，一低，一高”的特点。所谓薄，就是人均家底薄，我们目前常用三种资源，煤炭、石油和天然气，分别占有世界人均水平的55%，11%和3%。所谓大，消费总量大，2013年我国能源消费总量达到了37.5亿标准，占全世界20%。所谓重，就是结构重，我国整个能源消费当中，还是以化石能源占主导比例，占一次能源比例超过90%，煤炭占能源比重高大66%，比全世界平均水平高37个百分点。所谓低，就是能效低，我国能源消费量占全世界总量的22%，但是GDP占全世界的11.5%，这一点可以看出我们单位GDP的能耗比全国平均水平高一倍以上。所谓高就是排放高，我国的二氧化硫，氮氧化物和细颗粒物，也就是PM2.5的排放均在世界的前列，碳排放也是居全球的首位，2013年我们碳排放接近100亿吨，现在超过欧盟和美国的总和，为此我们节能减排的压力非常巨大。

关于如何推进能源行业的循环经济发展，或者说能源行业的循环发展和资源的综合利用，如何实现我们能够掌控的自然资源的循环和能量的梯级利用，是提升能源行业能效和水平的核心问题。根据不同能源的利用水平和应用范围，践行循环经济和资源综合利用的理念。具体分三个方面，第一方面废弃物的回收利用，如煤矸石发电，城市垃圾发电等；第二方面，大宗能源加工转化过程中，对大中原料或资源如何实现梯级利用，如低温余热发电；第三方面，广义循环经济理念，如何在大范围多层次的条件下实现整个能源系统的统筹和优化。

下一步能源行业大力推动能源生产和消费，提高能效，要从以下三方面着手。第一坚持节能优先。制定循环经济和能源战略规划，开展能源经济形势和系统的规划，探讨如何构建高效的能源体系。当前，各个行业都在启动“十三五”规划，国家能源局也在组织有关行业力量，在“十三五”的各项能源规划制订研究过程中，如何把循环经济作为重要的指导思想，融入整体规划和某一个专项规划研究当中去，把节约统筹的办法渗透到每一个技术环节，有效的驱动行业的能效和资源综合利用水平，破解遇到高速发展的瓶颈问题。第二是重点做好研判工作。提高能源综合利用的研发和示范。不管单项废弃物的利用，现有能源生产加工过程当中循环使用，还是大的能源物流系统当中的统一调配，技术装配，针对节能增效有重点突出意义的领域，加大研发投入，搭建创新平台，开展工程示范，力求“十三五”期间，在生物质、煤炭化工、煤炭深加工，现在电网关键等取得突破性的进展，沉淀一批重点技术，研发和实现国产化一批重大的技术装备，建成一批有世界先进水平的工程，为下一步产业化打下坚实的基础。第三个是创新工作思路，加强政策激励和后续的监管。通过实施差别化的财政政策，调动市场主体的积极性，开展循环经济能效提升，加大研发投资力度，吸取行业的力量，实现能源行业发展的目标，对与循环经济相关的重大科研、重大示范、重大项目实施专项的监管，形成从战略规划到研究实施，再到后续监管的闭合能源行业管理体系，准确地掌握实施进度。能源行业要充分认识、充分重视大力发展循环经济的过程，把这种理念贯穿技术创新每一个领域，产业技术每一个环节，抓好关键核心技术研发示范，切实推动能源供给与消费，对支撑我国国民经济和社会发展及生态文明建设做出能源行业应有的贡献。

（李冶：国家能源局总经济师，2014年11月）

中国农业循环经济发展现状与对策措施（节录）

王衍亮

发展循环经济是我国经济社会发展的一项重大战略任务，是推进生态文明建设的重要途径和基本方式，是加快转变经济发展方式，建设资源节约型、环境友好型社会，实现可持续发展的必然选择。发展农业循环经济，转变农业发展方式，是农业农村经济持续健康发展的有效保障，对建设现代农业，拓展发展空间、提高发展质量，推进环境友好型和资源节约型社会建设具有重要意义。

一、发展现状和存在问题

近年来，农业部门积极采取措施，发展农业循环经济，从大产业、大生态、大农村的角度，大力普及农村沼气，实施农村清洁工程，推进人畜粪便、农作物秸秆、生活垃圾和污水的资源化利用，推广测土配方施肥、农药减施、旱作节水、免耕栽培等节肥、节药和节水技术，提高资源和投入品利用效率，取得了明显成效。

(一)以农村沼气建设为重点，推进畜禽粪便循环利用。近年来，农业部门按照大力推进生态文明建设和资源节约型和环境友好型社会建设的总体要求，积极发展农村沼气，推进畜禽粪便循环利用。在尊重农民意愿和需求的前提下，重点在丘陵山区、老少边穷和集中供气无法覆盖的地区，因地制宜发展沼气运用；在农户集中居住、新农村建设等地区，建设村级沼气集中供气站；在养殖场或养殖小区，发展大中型沼气工程。各地按照循环经济的理念，把沼气建设与种植业和养殖业发展紧密结合，形成了以户用沼气为纽带的“猪沼果”、“四位一体”、“五配套”等畜禽粪便循环利用模式和以规模化畜禽养殖场沼气工程为纽带的循环农业模式，实现了种植业、养殖业和沼气产业的循环发展。目前，全国沼气用户达到4200 多万户，大中型沼气工程15000 多处，小型沼气工程76 万多处，全国沼气年生产量为150 多亿立方米。

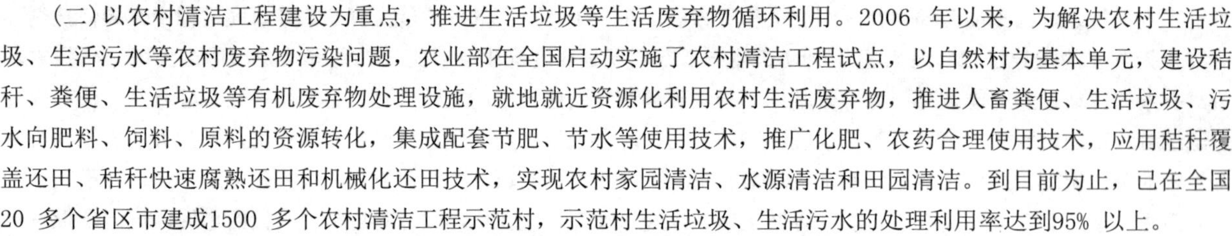

(二)以农村清洁工程建设为重点，推进生活垃圾等生活废弃物循环利用。2006 年以来，为解决农村生活垃圾、生活污水等农村废弃物污染问题，农业部在全国启动实施了农村清洁工程试点，以自然村为基本单元，建设秸秆、粪便、生活垃圾等有机废弃物处理设施，就地就近资源化利用农村生活废弃物，推进人畜粪便、生活垃圾、污水向肥料、饲料、原料的资源转化，集成配套节肥、节水等使用技术，推广化肥、农药合理使用技术，应用秸秆覆盖还田、秸秆快速腐熟还田和机械化还田技术，实现农村家园清洁、水源清洁和田园清洁。到目前为止，已在全国20 多个省区市建成1500 多个农村清洁工程示范村，示范村生活垃圾、生活污水的处理利用率达到95% 以上。

(三)以农作物秸秆综合利用为重点，推进农业生产废弃物循环利用。近年来，农业部门积极开展秸秆肥料化、饲料化、基料化利用，推进秸秆循环利用。通过推广机械粉碎还田、保护性耕作、腐熟还田、秸秆堆沤、秸秆生物反应堆等技术，秸秆肥料化利用率逐年提高，全国秸秆肥料化利用量达到2亿多吨，占秸秆可收集量的26.4%；通过秸秆青贮、氨化、微贮或生产颗粒饲料等技术，全国秸秆饲料化利用量近2.2亿吨，占秸秆可收集量的27.8%；通过秸秆制沼气、秸秆固化成型燃料、秸秆热解气化、直燃发电和秸秆干馏等方式，将秸秆转化为清洁能源，全国秸秆能源化利用量达到1亿多吨，占秸秆可收集量的13.6%；利用秸秆作为基料栽培的食用菌品种有平菇、双子包菇、香菇、金针菇、木耳、鸡腿菇、杏鲍菇等，发展十分迅速，全国秸秆基料化利用量达到2300 多万吨，占秸秆可收集量的2.9%。

(四)以环境友好技术应用为重点，推进农业清洁生产。紧紧围绕农业发展方式转变，以提高资源利用效率为核心，以节地、节水、节肥、节药、节种、节能为重点，大力推广应用节约型技术，实现农业清洁生产。大力推广测土配方施肥，全国测土配方施肥技术推广面积12亿亩以上，受益农户1.7亿户。推广化肥机械化深施、精准化施肥、诊断施肥、水肥一体化等技术，提高肥料利用率；淘汰落后施药机械，推广使用高效、低毒、低残留农药，大力推广物理、化学、生物防治技术，提高病虫害综合防治水平；实施生态拦截工程，改造修建生态拦截沟，减少农田氮磷流失；大力发展旱作节水农业，建设集雨补灌设施，推广保埔固土、生物节水、农田护坡拦蓄保水、普及管道输水、膜下滴灌等节水技术，支持旱作农业示范基地建设，发展保护性耕作。

经过多年的努力，我国农业循环经济发展取得了明显进展，但还存在一些困难和不足。

一是农业循环经济发展政策和法规不完善。我国已颁布《节约能源法》、《清洁生产促进法》、《环境保护法》和《环境影响评价法》等法律法规，但主要侧重末端治理或分段治理，过于强调污染发生后的被动措施，某些条款仅有一些方向性和概念性的笼统表述，对包含循环经济思想的农业发展只作了一些原则性的规定，可操作性不强。同时，并未出台规范农业循环经济发展的法律法规。

二是政策支持力度不够。现行政策中考虑资源综合利用与环境保护的财政补贴仅限于少数几项间接补贴，如利润不上缴、减免税收、先征后返等，缺乏针对性和灵活性，影响补贴效果。农业循环经济方面税收优惠手段还比较单一，对涉及农业循环经济技术进步与创新的优惠不足，优惠政策过于零散，相互之间的协调配合作用难以充分发挥。发展农业循环经济的资金缺乏、信息闭塞、技术落后的农户，投资基础薄弱，难以支撑农业循环经济长远发展。

三是技术推广面临一定困难。农业循环经济技术缺乏统一的规程和标准，使得技术的大面积推广存在一定的困难。同时，农民的文化素质、科技素质、经营管理素质相对较低，与科学技术的快速发展和经济社会高速发展的需求形成较大反差，使农业清洁生产与废弃物资源化利用技术推广难度大。

二、切实把握发展循环农业的方向和关键环节

农业循环经济既是农业发展新的理念和策略，更是一种新的增长方式，是实现人口、资源、环境相互协调发展的新的农业经济发展方式。其核心是利用可持续发展思想、循环经济理论与产业链延伸的理念，通过农业技术创新和组织方式的变革，调整和优化农业生态系统内部结构及产业结构，延长产业链条，提高农业系统物质能量的多级循环利用，最大程度地利用生产中的每一个物质环节，倡导经济生活和节约消费，严格控制外部有害物质的投入和农业废弃物的产生，最大程度地减轻环境污染和生态破坏，实现生态的良性循环与农村地区的和谐发展。

发展农业循环经济，推动农业由单向式资源利用向循环梯级利用、粗放高耗型向节约高效型转变，从根本上转变农民的生产生活方式，应科学把握农业循环经济发展的方向。

一是在发展理念上，改变目前重增长轻发展、重生产轻环境、重数量轻质量的思路，从大产业、大生态、大农业的角度，用循环农业的理念指导农业生产，摒弃依靠消耗资源来发展经济的做法，优化配置资源，提高资源的利用率，实现低消耗、高增长、可持续发展，逐步形成符合循环经济理念的绿色生产和绿色消费模式，建立有利于节约资源和保护环境的生产、生活方式。

二是在发展过程中，要实现农业产业结构优化，合理配置农业生产要素，提高资源利用效率，解决农业生产过程中造成的污染，推进农作物秸秆、农村生活垃圾和污水、畜禽粪便等废弃物资源的循环利用，解决农村脏乱差，走出一条科技含量高、经济效益好、资源消耗低、环境污染少的发展路子。

三是在发展功能上，要拓展农业发展的内涵和外延，延伸农业的食物营养、工业原料、就业增收、生态保障功能，拓展发展领域；对农产品进行深度加工，大力发展农业生物质产业。同时，在大中城市郊区引导发展旅游观光农业。

四是在发展途径上，要由粗放型高耗型向节约高效型转变，推广节约型农业技术，在促进农业发展的同时，切实保护好耕地、草原、生物资源，不以牺牲资源与环境为代价，实现资源的永续利用和可持续发展。

发展农业循环经济，必须要高度重视的几个关节点：

一是关于政策法规。逐步建立相关限制性法规和生态补偿性政策体系。在敏感地区，要出台农业生产的限制性法规和标准，规范农业生产活动，引导农民采取循环农业技术；对农作物秸秆利用、畜禽粪便处理、配方施肥等重大农业技术，要采取财政补贴制度；对从事农村垃圾、污水处理的企业，要给予税收、贷款方面的优惠；要发挥市场机制的作用，保护农业资源稀缺利用，加大对环境成本核算力度等。

二是关于科学规划。在科学分析和全面调研基础上，总结适宜不同类型地区的循环农业发展模式和技术，按照自然资源状况和经济社会条件，考虑各地区农业生产结构和生产方式，优先在高度集约农区、生态脆弱地区、重要水源地开展循环农业建设。

三是关于投入保障。要制定有利于循环农业发展的措施和政策，发挥政府的政策和资金引导作用，调动各方面参与循环农业建设的积极性。鼓励企业、集体和个人投入，建立多渠道、多元化的资金投入机制。要以建立农业生态补偿、技术补贴机制和绿色农业经济核算体系为切入点，完善循环农业发展的投入保障体系。

四是关于工作机制。在工作方式上，要实现由行政指挥向项目调动、市场引导转变，通过分类指导、典型带动，推进社会化、市场化、专业化发展，构建农民自我服务、自我发展的长效机制。以龙头企业和农民专业合作社、合作组织为依托，把农业产业化经营贯穿于循环农业发展的全过程，建立灵活高效的农技协作机制，为农民提供从生产资料供应、技术培训到产品经销一体化的服务，提高循环农业发展的组织化、规模化和标准化水平。

三、发展对策措施

发展农业循环经济，既要遵循农业发展的一般规律，又要从我国国情出发，必须牢牢把握以下几个原则：

一是坚持从实际出发，探索不同发展模式。

二是坚持资源高效利用，转变农业增长方式。

三是坚持科技创新，发挥科技的支撑引领作用。

四是坚持农民主体地位，调动农民的积极性。

当前，我们认为要从以下几个方面着手，把农业循环经济抓实、抓好。

(一)大力发展节约型农业。农业要实现可持续发展，必须紧紧围绕增长方式转变的目标，提高资源利用和综合循环利用率，以节地、节水、节肥、节药、节种和节能为突破口，大力加强节约型农业建设。

一是改革耕作制度。对耕地进行分等定级动态管理，加强基本农田建设，加快改造中低产田，我们全国耕地的中低产田占2/3。

二是节约用肥。依托测土配方施肥项目，普及科学施肥知识，大力开展测土配方施肥技术指导与服务，优化配置肥料资源，合理调整施肥结构，提高肥料利用率。推广节药技术。推广使用高效、低毒、低残留农药，实行统一防治、承包防治等措施，提高农药的利用率。

三是推广节水农业技术。提高自然降水利用率和灌溉用水利用效率，缓解资源型缺水的紧迫状况和季节性干旱对农业生产的威胁。

四是推广农业节能技术。加快省柴节煤灶(炕)的升级换代，大力发展节油、节电、节煤等农业机械和渔业机械技术，降低农业装备耗能。

(二)抓好农业产业链条延伸。循环农业是产供销、贸工农相结合的产业体系，必须加强农产品加工，拓展和延伸产业链，依托小农户，对接大市场。一是积极发展“一村一品”。“一村一品”是充分挖掘资源优势、以农民为主体发展循环农业的有效形式，是实现小农户与大市场紧密对接促进农民增收的重要载体。二是着力培育一批竞争力、带动力强的龙头企业和企业集群示范基地，推广龙头企业、合作组织与农户有机结合的组织形式，形成以农产品加工转化企业为龙头，与农户结成利益共同体，推动构建市场牵龙头、龙头建基地、基地连中介、中介带农户的格局。支持农产品加工龙头企业为农户提供培训和营销等服务。三是发展农产品深加工，延长产业链，提高农业质量和效益。

(三)抓好废弃物资源化利用。要大力普及农村沼气。在北方适宜地区建设“四位一体”能源生态模式；在南方适宜地区建设“猪-沼-果”能源生态模式；在集约化养殖场和养殖小区，建设大中型沼气工程，推广生态养殖模式。加快实施农村村清洁工程，以自然村为基本单元，建设秸秆、粪便、生活垃圾等有机废弃物处理设施和农田有毒有害废弃物收集设施，减少农村生产生活废弃物造成的环境污染，实现农村家园清洁、水源清洁和田园清洁。大力推进秸秆综合利用，开展秸秆肥料化、饲料化、基料化、能源化利用，解决秸秆资源浪费和露天焚烧造成环境污染问题。

(四)抓好农业资源保护与利用。要加强耕地资源的保育，加快启动实施土壤有机质提升行动，扩大保护性耕作实施规模，探索建立生态补偿机制，保护和改善耕地质量；加强草原生态建设保护，实施退牧还草，建设草原围栏，改良草原，使严重退化区、生态脆弱区和重要江河源头的草原植被有所恢复；实施禁渔区、禁渔期制度，建立渔业种质资源保护区，开展渔业资源增殖放流，实现重要渔业资源的恢复与增殖；从原位保护、异位保护、开发利用等环节，加强农业野生植物资源保护和利用；强化外来入侵生物防治，使外来生物入侵加剧的趋势得到初步的遏制，不断的提高资源的质量，增强资源支撑农业可持续发展的能力。

（王衍亮：农业部科技教育司副司长，2014年11月）

综合报告

中国资源综合利用年度报告(2014)

国家发展和改革委员会

前言

为贯彻落实党的十八大精神，大力推进生态文明建设，促进循环经济发展，客观、全面反映我国各领域、各部门、各行业资源综合利用工作开展情况和取得成绩，国家发展改革委环资司组织有关方面编写本年度报告。

本报告汇总2013年以来，各部门组织开展的本领域资源综合利用工作情况，有关政策信息和数据得到了科学技术部(社发司)、工业和信息化部(节能司)、财政部(经建司、税政司)、国土资源部(规划司)、环境保护部(污防司)、住房城乡建设部(节能科技司、城建司)、交通运输部(规划司)、农业部(科教司)、商务部(流通业发展司)、国家税务总局(政法司)、国家质检总局(检验监管司)、国家统计局(能源司)、国家林业局(规财司)、国家能源局(科技司、煤炭司、新能源司)等单位的大力支持。

本报告发布截止到2013年的资源综合利用数据，有关行业发展情况和相关统计数据得到了中国循环经济协会、中国建筑材料联合会、中国电力企业联合会、中国纺织工业联合会、中国石油和化学工业联合会、中国矿业联合会、中国钢铁工业协会、中国有色金属工业协会、中国橡胶工业协会、中国磷肥工业协会、中国造纸协会、中国物资再生协会、中国再生资源回收利用协会、中国废钢铁应用协会、中国轮胎翻修与循环利用协会、中国煤炭加工利用协会等单位的大力支持。

一、我国资源综合利用总体情况

2013年以来，随着我国转变经济发展方式步伐加快以及国家促进资源综合利用发展各项相关政策的出台和落实，资源综合利用产业继续保持平稳健康发展态势，利用规模稳步增长，利用水平不断提升，资源环境效益进一步显现。

(一)综合利用规模逐步扩大

2013年，我国矿产资源利用水平总体较好，部分重点大中型露天煤矿、露天铁矿开采回采率达到95%以上，部分矿山铜矿、铅矿、锌矿等有色金属矿种的选矿回收率达到80%以上。工业固体废物综合利用量20.59亿吨，利用率达到62.3%。农作物秸秆年利用量约6.4亿吨。废钢铁、废有色金属、废塑料等主要再生资源回收总量达1.6亿吨，回收总值4817亿元，回收企业10万余家，行业从业人员1800多万人。主要再生有色金属产量占当年十种有色金属总产量的26.6%。

(二)综合利用技术水平不断提升

2013年，资源综合利用领域国家科技支撑计划、863计划共立项4项，安排国拨经费1.2亿元，全面推进资源综合利用科技创新体系建设。863计划项目典型尾矿资源清洁高效利用技术及装备研究与示范取得了多项技术突破,全尾矿废石骨料高性能混凝土预制件生产技术和全尾矿废石骨料预拌泵送混凝土生产技术取得关键突破并大范围推广应用。采用“预脱硅-碱石灰烧结法”利用高铝粉煤灰提取氧化铝20万吨/年示范项目达产。我国首条年产3000吨废旧服装再生切片生产线稳定运行。钒钛磁铁矿、铁-稀土多金属共伴生资源得到综合开发，废塑料、废橡胶、废旧金属等再生资源综合利用技术均取得产业化突破。

(三)综合利用效益显著增长

2013年，资源综合利用产值达到1.3万亿元。通过开展资源综合利用，减少固体废物堆存占地14万亩以上。全国煤矸石、煤泥等低热值燃料综合利用发电机组总装机容量达3000万千瓦。生物质发电装机规模达到850万千瓦，年发电量370亿千瓦时。水泥混凝土行业利用废渣量超过10亿吨。综合利用废钢铁、废有色金属等再生资源，与使用原生资源相比，可节约2.5亿吨标准煤，减少废水排放170亿吨、二氧化碳排放6亿吨、固体废弃物排放50亿吨。我国废旧纺织品综合利用量约为300万吨，相当于节约原油380万吨，节约耕地340万亩。充分利用国外资源，共进口废钢铁、废有色金属、废纸、废塑料等废物原料5514万吨，货值337亿美元。

二、矿产资源综合利用

2013年，我国主要矿产资源综合利用水平不断提升，矿产资源总回收率和共伴生矿产综合利用率稳步提高。矿产资源综合开发利用关键技术得到快速推广，重点矿山矿产资源开采回采率、选矿回收率和综合利用率(以下简称“三率”)逐步成为矿产资源开发利用的约束性指标。矿产资源节约与综合利用评价指标体系基本建立。

(一)共伴生矿产

1.共伴生矿产

2013年，我国部分矿山铜矿、铅矿、锌矿、镍矿、铝土矿、锑矿、钼矿、钨矿、锡矿等有色金属矿种的选矿回收率达到80%以上，其中大型矿山的选矿回收率达到85%。部分重点大中型露天煤矿、部分露天铁矿开采回采率达到95%以上。大中型矿产共伴生元素利用不断增多，金、银、硫、钼回收率分别达到66.7%、71.4%、76.7%和47.0%。

钒钛磁铁矿资源综合利用、铁-稀土多金属共伴生资源综合利用、镍铜多金属共伴生资源综合利用、锡和铅锌铟等复杂多金属共伴生资源综合利用、非金属矿资源高效综合利用等方面均取得技术研究和产业化突破，红土镍矿生产镍铁技术、中低品位高镁磷矿直接生产高浓度磷复肥及资源化利用关键技术取得进展。国土资源部组织实施《矿产资源节约与综合利用鼓励、限制和淘汰技术目录》，提高资源开发利用效率与水平。印发《关于推广先进

适用技术提高矿产资源节约与综合利用水平的通知》，分两批公布了99项先进适用技术推广目录。首次将矿山企业合理开发利用矿产资源、“三率”情况纳入矿产开发利用年度检查内容。全国油气、煤炭、铁等重要矿产资源“三率”调查评价基本工作全面完成。

2.煤层气

2013年，我国煤层气(煤矿瓦斯)抽采量156亿立方米，利用量66亿立方米，分别同比增长10.6%和13.8%。其中，井下瓦斯抽采量126亿立方米、利用量43亿立方米，利用率达34.1%;地面煤层气产量30亿立方米、利用量23亿立方米，利用率达76.7%。截止到2013年年底,全国累计施工煤层气井15000口，形成产能85亿立方米，探明地

质储量7000亿立方米。煤矿瓦斯用户近300万户，瓦斯发电装机容量130万千瓦，煤层气燃料汽车10000余辆。中低浓度瓦斯氧化利用成套技术、含氧煤层气液化LNG技术和低浓度瓦斯发电技术取得突破。

国务院办公厅印发了《关于进一步加快煤层气(煤矿瓦斯)抽采的意见》，针对制约煤层气抽采利用的突出问题，从加大政策扶持、完善体制机制、推进科技创新、强化组织协调等方面进一步明确了相关目标任务和政策措施。国家发展改革委发布了《煤层气产业政策》，明确了今后一个时期煤层气产业发展目标、规划布局、勘探开发生产、技术创新、资源协调开发等方面的政策导向。

(二)尾矿及废石

2013年，我国尾矿产生量16.49亿吨，同比增长1.73%，其中铁尾矿8.39亿吨，铜尾矿3.19亿吨，黄金尾矿2.14亿吨，其他有色及稀贵金属尾矿1.38亿吨，非金属矿尾矿1.39亿吨。尾矿综合利用量为3.12亿吨，同比增长7.96%，综合利用率为18.9%。截止到2013年底，我国尾矿累积堆存量达146亿吨，废石堆存量达438亿吨。

从尾矿中回收有价组分约占尾矿利用总量的3%，有价金属资源回收量超过1000万吨，生产建筑材料约占尾矿利用总量的43%，充填矿山采空区约占尾矿利用总量的53%，其他途径利用约占1%。

2013年，我国金属矿采矿废石总产生量为49.47亿吨，综合利用量为4.68亿吨，尾矿和废石综合利用年产值达到936亿元。有关方面开展尾矿资源高效利用技术研究，全国尾矿综合利用领域的发明专利共授权213项。在铁锰尾矿有价组分提取、有色金属尾矿有价组分高效分选回收、石墨尾矿有价组分回收、尾矿制备新型建筑材料等方面取得较大技术突破。完成尾矿大规模代替水泥原料用于制造水泥技术、锰尾矿硫酸和微生物联合浸出技术中试;铅锌尾矿回收铅、锌、硫、铁实验室研究取得突破。

国土资源部颁布了《关于铁、铜、铅、锌、稀土、钾盐和萤石等矿产资源合理开发利用“三率”最低指标要求(试行)的公告》，要求铁尾矿综合利用率不低于20%。国家安监总局等部门联合发布了《深入开展尾矿库综合治理行动方案》。有关部门颁布了《尾矿设施设计规范》(GB50863-2013)和《尾矿设施施工及验收规范》(GB50864-2013)等相关国家标准。

三、工业“三废”综合利用

2013年，我国工业固体废物利用量达20.59亿吨、利用率达到62.3%。粉煤灰、煤矸石、工业副产石膏等大宗固废资源综合利用规模稳步提高，资源综合利用产业结构进一步优化，产业集中度、规模化和规范化程度明显提高，科技创新取得一定成效。

(一)粉煤灰

2013年，我国的粉煤灰产生量约5.8亿吨，综合利用量4.0亿吨，综合利用率为69%。其中，用于生产水泥1.76

亿吨，占利用总量的44%;用于生产商品混凝土6400万吨，占利用总量的16%;用于生产墙体材料1.12亿吨，占利用总量的28%，用于筑路、农业和提取矿物等高附加值利用各占5%、3%和4%。

近年来粉煤灰综合利用不断向精细化、高技术化发展，综合利用量和利用率稳步增长，在我国东部部分经济发达地区出现粉煤灰供不应求局面。粉煤灰综合利用方式开始逐步从粗放型利用转变为集约型利用。以粉煤灰为主要原料作为胶结充填采矿的主要材料取得关键技术突破和产业化应用。高铝粉煤灰提取氧化铝及尾渣深度综合利用技术取得关键技术突破，为我国氧化铝行业开辟新的资源供给途径。2013年，国家发展改革委等部门联合颁布的《粉煤灰综合利用管理办法》正式实施，也是自1996年颁布该办法以来的首次修订。该办法进一步明确了粉煤灰综合利用管理体制，与现有法律法规体系进行了对接，清晰界定了粉煤灰的范围，增加了全过程管理的要求，对在新的形势下推动粉煤灰综合利用的有序健康发展产生积极作用。

(二)煤矸石

2013年，我国煤矸石产生量约7.5亿吨，综合利用量4.8亿吨，同比增长7.6%。煤矸石综合利用率为64%。煤矸石、煤泥等综合利用发电机组总装机容量达3000万千瓦，发电量超过1600亿千瓦时，年利用煤矸石、煤泥量1.5亿吨，占利用总量的32%;生产建材产品利用煤矸石5600万吨，占利用总量的12%;用于填坑筑路、土地复垦和塌陷区回填等途径的煤矸石量达2.6亿吨，占利用总量的56%。

目前，我国煤矸石累计堆放量约为45亿吨，规模较大的煤矸石山达2600多座。随着单机600MW超临界循环流化床发电机组的投入运行，为煤矸石、煤泥等综合利用发电机组高参数、大型化奠定了基础。135MW及以上单机容量煤矸石发电机组已占煤矸石发电总装机容量70%以上。构建了煤矸石发电-高铝粉煤灰深度脱硅-莫来石制备-白炭黑生产等特色资源化产业链。

国家发展改革委组织开展了《煤矸石综合利用管理办法》修订工作。国家能源局、财政部、国土资源部、环保部联合下发了《煤矿充填开采工作指导意见》，推动煤炭行业以矸换煤技术的推广和应用。颁布实施了《煤矸石分类》(GB/T29162-2012)和《煤矸石利用技术导则》(GB/T29163-2012)标准。

(三)工业副产石膏

2013年，我国工业副产石膏产生量1.84亿吨，其中磷石膏7000万吨，脱硫石膏7550万吨，其他工业副产石膏3808万吨。工业副产石膏年综合利用量8830万吨，综合利用率达到48.1%。同比增长9.4%。其中磷石膏、脱硫石膏综合利用率分别达到27%和72%。

目前，工业副产石膏主要用作水泥缓凝剂和生产纸面石膏板，二者消耗量约占工业副产石膏总利用量的96%。工业副产石膏生产高强石膏、石膏机喷抹灰砂浆、石膏模盒及免煅烧胶凝材料等技术得到快速推广，市场增长较快。2013年，水泥生产利用工业副产石膏6000万吨，纸面石膏板行业利用工业副产石膏2430万吨，墙体材料生产利用工业副产石膏400万吨。

我国不同地域工业副产石膏综合利用情况差异较大。京津冀、珠三角及长三角等地区工业副产石膏综合利用率高，部分地区甚至出现供不应求的局面，而内蒙古、西南、西北等地区综合利用率相对较低，累计堆存量较大。由于我国不同地区磷矿成分变化较大，大型磷化工企业集中在西南地区等因素影响，导致磷石膏综合利用率远低于脱硫石膏综合利用率。

相关行业发布了《磷石膏安全处置及综合利用“十二五”实施方案》，提出了“十二五”期间磷石膏综合利用率达到30%，安全处置率超过90%的总体目标。编制了《脱硫石膏污染控制技术规范》和《磷石膏渣场污染防治技术指南》。起草了《烟气脱硫石膏》、《磷石膏土壤调理剂》等国家标准和《磷石膏砖》、《石膏模盒》和《GRG玻璃纤维增强石膏制品》等行业标准。

(四)冶炼废渣

1.钢铁行业冶炼废渣

2013年，我国钢铁行业冶炼废渣产生量约4.16亿吨，其中高炉渣2.41亿吨、钢渣1.01亿吨、含铁尘泥5960万吨、铁合金渣1390万吨。

2013年，我国冶金渣综合利用量为2.28亿吨，综合利用率为67%，同比增长6%。其中高炉渣综合利用率为82%，同比增长4%，钢渣综合利用率为30%，同比增长8%。钢铁行业冶炼废渣目前主要用于水泥、混凝土掺合料、路基料以及钢渣砖、透水砖、免烧砖、砌块等各种建材制品的生产。

钢铁企业积极推进冶炼废渣资源化利用工作，建立了国内首套全功能冶金除尘灰资源化装置。钢渣矿渣复合粉的生产和应用取得关键技术突破，为钢渣大规模用于建筑领域减少水泥用量奠定了新的基础。全国重点大中型钢铁企业新增高炉渣和钢渣粉生产线90余条，年处理高炉渣、钢渣能力显著提高。

有关部门颁布实施了《钢铁渣粉》(GB/T28293-2012)、《钢渣复合料》(GB/T28294-2012)和《钢渣处理工艺技术规范》(GB/T29514-2013)等一系列冶金渣综合利用国家标准。

2.有色行业冶炼废渣

2013年，有色行业冶炼废渣产生量1.28亿吨，综合利用量2240万吨，综合利用率17.5%。赤泥产生量约为7300万吨，利用量约290万吨，利用率为4%左右。由于近年来铝土矿的品位降低，导致拜耳法赤泥的产生量逐年增加，目前我国赤泥的累计堆存量已达3亿多吨。铜渣、铅锌渣产生量分别为1240万吨、708万吨，基本得到综合利用。

环境保护部发布了《铅锌冶炼工业污染防治技术政策》。赤泥低成本处理及资源化利用关键技术及示范课题研究工作取得阶段性进展，年处理30万吨赤泥砂化脱水制备水泥铁质校正剂中试完成。利用燃煤锅炉酸性烟气对拜耳法赤泥进行脱碱取得初步突破。赤泥胶凝材料、赤泥基多孔蜂窝材料、赤泥固硫剂、赤泥塑料等技术均取得技术突破。

(五)化工废渣

2013年，我国电石渣产生量2011万吨，综合利用率已达100%，主要用于生产水泥、碳化砖、粉煤灰砖、室内装饰材料等建材产品，近年来扩展到用于工业脱硫及生产碳酸钙、氯化钙、硫酸钙等化工产品。纯碱白泥利用量300万吨，利用率16%，主要用于工程土、锅炉脱硫剂、建筑材料等领域，保险粉残渣利用已进行中试。

2013年，我国铬盐废渣(含铬废渣、含铬铝泥、含铬芒硝)产生量90万吨，综合利用率100%，其中含铬废渣解毒后用于烧结炼铁、水泥矿化剂，含铬铝泥在厂区内生产铬粉，含铬芒硝用于生产硫化碱。黄磷渣产生量960万吨，综合利用率95%，主要用于生产水泥混合材、免烧砖、矿渣棉等。钡业生产废渣产生量48万吨，综合利用率20%左右。主要用于生产蒸压砖、水泥添加砖等。

(六)建筑垃圾

2013年，我国建筑垃圾产生量约为10亿吨，其中拆除建筑产生的建筑垃圾约7.4亿吨，建筑施工产生的建筑垃圾约为2.6亿吨。建筑垃圾综合利用量5000万吨，其中利用建筑垃圾年生产再生骨料等建材制品约3000万吨，其他用途约2000万吨。目前，我国建筑垃圾资源化利用率仅为5%。

我国北京、上海等20多个省市均已开展建筑垃圾资源化工作。吉林省、广州市、青岛市、昆明市、许昌市等省市相继出台了建筑垃圾综合利用的条例和规章。已建成并具备年生产能力在100万吨/年以上的生产线20余条。交通运输部组织开展利用建筑垃圾生产粗细骨料和再生填料工作，规模化运用于路基填充、路面底基层、临时设施等高速公路建设过程，目前已在陕西省西咸北高速公路实施了建筑垃圾循环利用示范工程。相关行业颁布实施了《工程施工废弃物再生利用技术规范》(GB/T50743-2012)。

(七)废旧路面材料

2013年，我国国省道干线公路大中修工程年产生沥青路面旧料达1.8亿吨，水泥路面旧料达4000万吨，综合利用率约40%。交通运输部印发了《关于加快推进公路路面材料循环利用工作的指导意见》，加快路面材料循环利用技术研发和推进沥青、水泥路面再生技术规模化应用。颁布了《厂拌热再生沥青混合料生产技术规范》(DB53/T507-2013)和《公路水泥混凝土路面再生利用技术细则》(JTG/TF31-2014)等行业标准规范。

(八)废水

2013年，全国新增矿井水利用量2亿立方米，矿井水利用量达44亿立方米/年，利用率达65%。全国新增海水淡化能力16万吨/日。全国工业废水排放量为209.8亿立方米，再生水广泛应用于工业用水、市政用水和景观用水。

国家发展改革委、国家能源局印发了《矿井水利用发展规划》，强调了重点产煤矿区、大涌水量矿区和严重缺水矿区等重点矿区的矿井水利用工作，结合各地区矿井水资源及利用条件，提出了矿井水利用发展方向和重点。国家发展改革委公布海水淡化试点单位名单，深圳市等8家单位和青岛市等2家单位分别被命名为第一批和第二批海水淡化试点单位。有关方面成立了国家海水淡化产业联盟。

(九)废气

1.钢铁行业废气

2013年，我国高炉煤气综合利用率达96.62%,同比提高1.39个百分点;转炉煤气综合利用率达99.94%，同比提高1.35个百分点，吨钢转炉煤气回收量102立方米，同比增长4.4%;焦炉煤气综合利用率达98.69%，同比降低0.76个百

分点。

2.化工行业废气

2013年，全国黄磷尾气排放量约26亿立方米，利用率约50%。内燃式电石炉生产电石排放废气12亿立方米，其中密闭式电石炉产生的炉气全部得到综合利用。

3.二氧化碳

2013年，我国二氧化碳回收利用产能近1000万吨，参与回收的企业近300家。回收提纯的产品主要用于金属加工、注井采油、食品添加剂、化工产品加工等。

四、农林废物综合利用

2013年，我国农林废弃物综合利用量大幅上升，原料化、能源化技术得到较快发展。生物质发电装机容量达到850万千瓦，年发电量约370亿千瓦时，其中热电联产超过100万千瓦，生物质成(一)秸秆

2013年，我国秸秆可收集量约8.3亿吨，综合利用量约6.4亿吨，综合利用率达77.1%。新增机械化秸秆还田面积3600万亩以上，新增秸秆粉碎还田机4.2万台、秸秆捡拾压捆机0.4万台。秸秆直接还田量约为2.4亿吨，占总量的28.7%。

国家发展改革委、农业部、环保部联合发布了《关于加强农作物秸秆综合利用和禁烧工作的通知》。农业部、财政部制定了《2013年土壤有机质提升补贴项目实施指导意见》。秸秆腐熟还田面积不断增加。积极开展秸秆压块成型、秸秆气化等秸秆生物质能源技术及其他技术，大力发展秸秆养畜。开展高粱秸秆酵、工农复合纤维类生物质废物处理与资源化研究。

(二)林业三剩物和次小薪材

2013年，我国林业三剩物及次小薪材产生量约为2.1亿吨，其中采伐剩余物约占15%、造材剩余物约占5%、木材加工剩余物约占50%，综合利用量为2亿吨，综合利用率达95%以上。主要用于造纸、生产人造板、养殖食用菌和生物质能源化利用等方面。林业剩余物能源化利用取得较大进展，现已形成以成型燃料、液体燃料、热电联产、气体燃料等为主的多元化格局。生物合成液体燃料先进技术取得重大突破，以灌木平茬物为燃料的林业生物质热电联产机组已投产运营，木质纤维素转化乙醇技术研发取得较大进展，年产5000吨生产示范线建成投产。

(三)畜禽养殖废弃物

目前，我国畜禽养殖废弃物年产生量约38亿吨，处理率约42%。2013年，通过中央预算内投资支持，建设户用沼气47.8万户、大中型沼气540处、养殖小区和联户沼气8520处、乡村服务网点7251处。全国新增农村沼气用户80万户左右。截止到2013年年底，全国沼气用户达4300万户，年处理畜禽养殖废弃物2亿吨左右，规模化沼气工程已发展到10万处，年可处理粪污17亿吨。

(四)海洋与水产品加工废物

2013年，我国海洋与水产品加工废物利用较快发展，产业技术应用和推广不断加快。利用海洋与水产品加工废物生产海鲜调味品、饲料等技术工艺日趋成熟，利用贝壳等废物生产高档陶瓷制品、工艺品技术得到快速发展。中外合作承担的“水环境污染、水产食品安全及废弃物综合利用技术研究”项目，在水产品加工废弃物的高值化加工利用技术、水产品及水体中重金属脱除关键技术方面取得重大突破。

加快科研平台和人才建设，支撑循环经济发展

科学技术部社会发展科技司

科技部高度重视循环经济相关科技工作，将“综合治污与废弃物循环利用”等列为优先主题，明确“开发废弃物等资源化利用技术，建立发展循环经济的技术示范模式”。2012年， 2012年5月，科技部会同发改委、工信部、环保部、住建部、商务部和中科院等国务院七部门联合印发《废物资源化科技工程“十二五”专项规划》（以下简称《规划》），该规划是贯彻落实《国家中长期科学和技术发展规划纲要（2006-2020年）》、《国民经济和社会发展第十二个五年规划纲要》和《国家“十二五”科学和技术发展规划》，指导和推进全国废物资源化科技创新，支撑循环经济建设的重要举措。

根据《规划》部署，科技部在再生资源、工业固废、垃圾与污泥三类大宗固废资源化方面部署重大科研项目，在关键装备和资源化产品方面取得了重大进展，并积极推广应用相关科技成果，取得了较好的经济效益和社会效益。“十二五”期间，科技部部署了“废物资源化科技工程”重点专项，有力提升了我国废物资源化理论基础、工艺技术和装备制造水平。

一、有力推动循环经济相关科研平台和人才建设

截至2014年，废物资源化重点专项已部署项目16项，国拨经费7.7亿元，参与实施单位450家（其中，科研院所占20%、大专院校19%、企业46%、其他单位类别15%），参与人员2200余人次（其中，高级职称占43%，中级职称占27%，初级职称占9%），培养博士、硕士研究生156名，青年科技人才87名，组建了16支高水平的废物资源化创新科研队伍。

通过废物资源化科技工程专项的实施，相关国家重点实验室、国家工程技术研究中心等研究平台得到快速发展，培养了一批工程经验丰富、创新能力强、具有国际视野的人才队伍，支撑了废物资源化产业发展，培育了众多骨干企业和大型基地。一批重大技术与装备加速产业化，初步形成了门类较为齐全的战略性新兴产业体系，我国资源循环利用产业产值已超过1.4万亿元。

二、取得多项成果创新，有力推动循环经济系统建设

（一）城市与工业有机废物资源化技术取得显著进步，推动构建城市资源清洁循环利用综合系统

突破了包括污泥预处理、干法厌氧消化、湿法厌氧消化优化、沼气纯化、沼液MVR浓缩、双床热解气化、两段低焦油热解气化和富氧热解气化、甜菊废渣生物转化高蛋白单细胞饲料、餐厨废弃油脂副产生物柴油/甘油等关键技术20项；形成污泥除砂及热化学处理设备、卧式发酵仓、干发酵搅拌器、沼液MVR浓缩设备、沼气提纯制备燃气设备、“带式挤压+浆叶干燥”脱水装备、合成气输送床/固定床甲烷化装备、热解气化设备等关键装备22项。完成污泥厌氧消化示范工程2座、餐厨垃圾厌氧消化示范工程2座、生活有机垃圾干法厌氧消化示范工程4座、沼气纯化制备燃气示范工程2座、沼渣土地利用示范工程1座，4万吨/年白酒糟双床热解气化生成和利用工业用生物质燃气示范工程1座、1万吨/年中药渣流化床两段热解气化生产工业用生物质燃气示范工程1座，并建成中试装置26套。

重要的阶段性技术突破和成果转化情况如下：

1.城市有机质高效厌氧制气集成技术。针对我国城市生活垃圾、餐厨垃圾、市政污泥厌氧制气缺少技术支撑现状，重点突破了城市有机质的预处理技术、高效厌氧消化产气技术、生物沼气制备燃气技术、消化产物的污染控制技术，形成了以城市生活垃圾、餐厨垃圾、污泥为主要处理对象的干法厌氧消化制备生物质燃气成套技术。重点解决了生活垃圾的分拣预处理、有机垃圾的进出料、干法厌氧消化的搅拌、安全监控、沼气纯化以及市政污泥除砂及热化学预处理、污泥厌氧消化自动控制等关键技术，并开发了一批成套化装备，打通了生活垃圾、餐厨垃圾、市政污泥制备生物燃气的技术路线。

针对我国城市垃圾和餐厨垃圾，城市有机垃圾厌氧制气系统实现了有机质降解率＞70%，制气率＞0.40m^3燃气/kgVS（降解）。针对我国低有机质市政污泥的高效厌氧制气系统，实现了有机质降解率＞40%，制气率＞0.45m^3燃气/kgVS（降解），反应器容积负荷可达3～5kgVS/m^3。主要性能指标均达到世界先进水平。依托重点专项建成的城市有机质厌氧消化制备生物质燃气示范工程简况见表1。

表1 城市有机质厌氧消化制备生物质燃气示范工程简况

示范工程名称及地点	工程规模	运行情况
重庆市餐厨垃圾厌氧生物制气	250吨/天	日产沼气2万m^3，实现赢利经营；
北京市有机垃圾厌氧生物制气	250吨/天	日产沼气1万 m^3，建成并稳定运行；
山东省莱西市生活垃圾厌氧生物制气工程	300吨/天	日产沼气3万 m^3/d
上海南汇城市有机垃圾与污泥联合厌氧生物制气	25吨/天	日产沼气1000m^3，沼液全部用于周围菜园的灌溉，沼渣制备有机肥利用；

我国已经成为世界上有机废物产生量最大、污染最为集中的国家。目前有机垃圾产量超过1.5亿吨/年，其中餐厨垃圾超过4000万吨/年。通过生物制气技术可以把生活垃圾转化为生物燃气，生产清洁能源，实现生活垃圾的减量化和高值循环利用，是生活垃圾处理和资源化利用的发展方向。

如果能够实现我国城市有机质废物中生物质能（生物燃气）的有效利用，仅城市污泥与餐厨垃圾两项，即可每年产生总计超过60亿m^3生物燃气，可为730个标准车用燃气加气站提供清洁燃料，产生直接经济效益170亿元，还可带动机械制造业实现产值290亿元。同时，促进生物燃气产业的形成和发展，促进城市社会经济的可持续发展，改善和提高城市居民的生活质量，并带动相关传统产业的发展，具有明显的社会效益；项目的实施每年可实现生活垃圾减排8500万吨，甲烷和二氧化碳等温室气体减排65亿m3，以及显著减少目前垃圾处理造成的二次环境污染问题。

2.城市及工业生物质废物热化学制气集成技术。针对我国典型城市与工业难降解生物质废物的理化特性与收运现状，开发生产工业用生物质燃气的先进热解气化成套技术及装备，突破利用热解气化生产生物CH4及生物H2的关键技术，形成可产业化的工业生物质废物生产工业用生物质燃气的成套技术、装备及标准规范，并通过设计、设备制造、经营、科研等构建适应于我国国情的产业化运营模式，为发展热解气化生产和应用生物质燃气产业提供支撑。

该技术创新了双床热解气化集成燃气清洁燃烧、流化床两段气化、化学链热解气化燃气重整制H2、输送床/固定床两段甲烷化等新技术工艺，开展了生物脱水、“带式挤压+浆叶干燥”脱水、以及项目涉及热解气化及燃气利用技术的中试，建立甲烷化催化剂制备中试试产线，针对白酒糟、中药渣和工业混合生物质废物，形成了联合核心技术提供单位、设计院、装备加工制造、工程安装与调试的完整产业化队伍和能力，并结合示范工程的实施编制了各环节必要的规范及标准。工业生物质废物高效热解系统能够适应废物含水率在80%~30%之间波动、干基低位热值≥9000kJ/kg，技术水平均达到国际先进水平。依托重点专项建成的工业生物质废物热解气化制备生物质燃气示范工程简况见表2。

表2 城市与工业生物质废物热解气化制备生物质燃气示范工程简况

示范工程名称及地点	工程规模	运行情况
四川泸州白酒糟双床热解气化生成和利用工业用生物质燃气示范工程	4万吨/年	已建成，每年减排4万吨废物，相当于年节煤4000吨、利用废物产蒸汽2500吨，年减排1.2万吨CO_2
宛西制药中药渣流化床两段热解气化生产工业用生物质燃气并集成燃烧利用、替代部分煤炭锅炉燃煤的示范工程	1万吨/年	已建成，每年减排1万吨废物，相当于年节煤1000吨、利用废物年产蒸汽6500吨，年减排2500吨CO_2。

本项成果使我国生物质废物热解气化燃气化形成2-3套可产业化、支撑相关产业形成和发展的先进技术与装备，建立了稳定运行、可复制的产业化技术及生物质废物燃气化利用模式的示范工程，支撑进一步的产业化推广。同时，产生了2-3项自主创新、技术水平国际先进或领先的热解气化或生物CH4、生物H2制备的燃气化核心技术。通过示范工程与大型工业园区和特征化城市产业聚集区的建设相结合，形成可在城市和工业园区大量推广的生物质废物燃气化利用的模式。

（二）突破多项大宗固废综合利用技术，减少污染的同时促进资源综合利用

突破了新型硅酸盐生产高填料文化用纸、钢渣强化碳酸化制备超细碳酸钙、含铬钢渣制备微晶玻璃、盐化工废渣太阳池蒸发相分离、富氧直浸和砷盐净化技术，高砷钴镍渣中砷回用技术、有色冶炼高铁含铅固废富氧强化还原造锍熔炼关键技术及装置等关键技术与装备66项，形成资源化产品55项。建成15万吨/年高铝粉煤灰预脱硅制备硅酸钙新型填料、20万吨/年氰化渣硫铁金梯级分离富集制酸、6000/年含铬废皮渣生产工业蛋白粉、1500吨/年镉高

效回收和200吨/年砷资源化利用、1万吨/年污酸渣改性制备冶炼熔剂、20万立方/年含β-C2S的烟化炉渣生产加气混凝土胶凝建筑材料等示范工程9项；并建成关键技术中试装置29套。

重要阶段性技术突破和成果转化情况如下：

1. 高铝粉煤灰提取氧化硅生产高填料文化用纸技术。针对高铝粉煤灰提取氧化铝过程中伴生硅资源的大规模利用问题，突破了粉煤灰提取非晶态氧化硅生产新型硅酸盐造纸填料过程中杂质旋流分离、微晶成核控制等关键技术；针对高填料文化用纸生产工艺技术，突破了传统再生纸浆生产过程中填料添加量的瓶颈，形成了完整的高铝粉煤灰中硅资源大规模利用技术路线。

通过高铝粉煤灰制备新型硅酸钙填料技术与装备的研究，实现填料白度>85，非晶态氧化硅提取率>80%，产品含水率<70%；完成了粉煤灰低苛碱预脱硅工艺与设备优化，实现了年产15万吨新型硅酸盐填料稳产达产目标，年可消耗60万吨粉煤灰(表3)。

表3 高铝粉煤灰提取氧化硅生产高填料文化用纸示范工程简况

示范工程名称及地点	工程规模	运行情况
内蒙古大唐国际再生资源开发有限公司高铝粉煤灰提取非晶态氧化硅制备新型硅酸盐填料技术示范工程	15万吨/年	高铝粉煤灰提取氧化硅生产硅酸钙填料示范工程建成，实现稳定运行；可年消化处理粉煤灰15万吨，新增产值1.5-2.0亿元

在高填料文化用纸生产工艺技术与装备研究方面，实现了新型填料在纸张中40%以上的加填量，打破了传统再生纸浆生产过程中20%添加量的瓶颈；采用新型硅酸盐造纸填料开展了两次高速轮转印刷（36000印/h）和平版印刷（12000印/h）实验，灰分达到37%能够满足静电复印纸的性能指标要求；灰分达到30%能够满足双胶纸的性能指标要求，且纸机设备能够稳定运行。采用工业化生产的静电复印纸在两家印刷厂开展了两次高速轮转印刷和平版印刷实验，通过现场观察，印刷过程顺畅，未出现印刷运转性问题。该技术如达到年产2000万吨高填料文化用纸的规模，则每年消化处理粉煤灰3000万吨，节约原生木浆600万吨，减排CO2 5600万吨，新增产值约1500亿元，新增利润约125亿元，经济、环境与社会效益十分显著，为高铝粉煤灰伴生硅资源利用开辟新途径。

3. 氰化尾渣硫铁富集与多金属分离技术。针对我国黄金生产产生的高毒性、难处理氰化渣缺乏梯级分离和高附加值利用技术的现状，重点解决了氰化渣硫铁富集、高硫精矿制酸联产铁精粉、氯化焙烧法处理硫酸烧渣提取贵金属等技术难题。利用基于新型多功能复合调整剂的氰化渣活化脱氰富集硫铁技术分离出含硫高于48%的高品位硫精矿；开发了高品位硫精矿经过流态化弱氧焙烧制酸技术，实现反应中铁组分价态控制，生产处高附加值的硫酸和符合炼铁原料要求的铁精粉，金银在铁精粉中得到二次富集，余热提高30-40%；采用氯化焙烧法处理含金高铁硫酸烧渣，有效分离硫酸烧渣中的贵金属和有色金属，同时获得一级标准的氧化球团，为氰化渣资源化利用提供了良好的解决方案和技术支撑。依托重点专项建成的20万吨/年氰化渣硫铁分离富集-高硫精矿弱氧焙烧制酸联产铁精粉示范工程简况见表4。该示范工程已实现稳定运行，年新增效益5000万元以上，将进一步扩大到50万吨/年。

表4 氰化渣硫铁分离富集示范工程简况

示范工程名称及地点	工程规模	运行情况
山东招远氰化渣硫铁分离富集示范工程	20万吨/年	已建成，每年减排12万吨低品位硫酸渣，制酸系统余热提高30-40%，每年产生可发电蒸气13.5万吨，可发电2700万度，节约标准煤1.09万吨。

我国黄金行业氰化尾渣每年排放量超过500万吨，含酸性、碱性、剧毒氰根离子和重金属成分，直接焙烧制酸产生大量低品位硫酸烧渣无法利用。本技术实现了氰化尾渣中硫铁金梯级分离提取，为氰化尾渣源头减排、高值化、无害化利用提供了解决方案，符合国家关于废弃物资源化和节能减排的政策，将实现对高污染废弃物氰化尾渣的高值化和无害化利用，解决困扰我国黄金行业多年的氰化尾渣利用难度大、产品附加值低的行业共性难题。

4. 硫磺分解磷石膏制硫酸技术。针对我国大宗工业固废－磷石膏年处理量不足，且以生产低档建材产品为产业链主体的利用现状，建立规模化处理、低成本生产磷石膏制酸的技术体系是磷化工行业的迫切需求。本技术针对现

有磷石膏制酸技术的问题（分解温度高、能耗高、烟气SO2浓度低、对磷石膏质量要求高），研发了硫磺低温分解磷石膏制酸的关键技术和装备并建立万吨级工业示范工程，实现磷石膏中硫钙资源循环利用，为磷石膏大量化消纳和资源化利用奠定基础，打破制约磷化工发展的瓶颈，推动磷化工行业的可持续发展。重点突破了3项关键技术：节能化煅烧β半水石膏技术；硫磺低温分解磷石膏制高浓SO2技术；磷石膏脱硫残渣制饲料级磷酸氢钙、轻质碳酸钙、碳酸钙晶须及高纯氧化钙技术。重点专项建成了20万吨/年磷石膏节能化煅烧β半水石膏生产线及400吨/年回转窑(流化床)磷石膏分解制硫化钙扩试装置，共减排利用磷石膏22万吨，形成220万元经济效益。依托项目建成的示范工程简况见表5。

表5 硫磺分解磷石膏制硫磺示范工程简况

示范工程名称及地点	工程规模	运行情况
四川宏达股份有限公司β半水磷石膏煅烧装置煅烧成本低于35 kg标煤/吨	20万吨/年	实现一年以上运行；

（三）突破多项再生资源高值清洁利用技术，推动再生资源新兴产业发展

突破了废杂铜直接制杆、废铝易拉罐保级还原再利用、废旧机械设备绿色清洗及关键零部件再制造、废旧稀土和稀贵金属的分离及提纯、胶粉活化改性和涤纶及涤棉废旧纺织品再生利用关键技术与装备42项，形成资源化产品45项。已建成示范工程14项，包括12万吨/年废杂铜直接制杆、1万吨/年废铝易拉罐处理、30万吨/年废电机（废电线电缆、废五金）处理、5000吨/年钨高合金钢电渣连铸高速钢型材和复合轧辊生产、500吨/年废硬质合金涂层刀具生产、500台/年激光再制造增压器零部件处理、500吨/年废旧稀土永磁体处理、1500吨/年汽车催化剂处理、500吨/年有机及炭载体催化剂处理、50吨/年高温合金回收利用、3000吨/年废钨回收利用、10万吨/年废轮胎胶粉改性沥青、5000吨/年纯涤废旧纺织品、5000吨/年涤棉废旧纺织品回收利用工程。

重要阶段性技术突破和成果转化情况如下：

1.废铝易拉罐保级还原成套技术。废铝易拉罐一般混杂少量废杂铝、废杂铜和废杂铁等，分选难度大，多降级再利用于门窗用铝合金或用于钢铁冶金的还原剂，不仅降低了材料品级和回收率，而且因铝片内外表面有机物燃烧产生严重的二噁英等污染。针对上述问题，重点突破了废铝易拉罐保级还原再利用技术，攻克了废铝易拉罐环热脱漆、铝片液下熔炼、成分在线调整、变质处理和铸造产业化成套技术，申请了国家发明专利3项、国际PCT专利1项，建成了具有自主知识产权的年处理废铝易拉罐1万吨示范生产线（详见表6），实现了保级循环再利用。

表6 废铝易拉罐还原保级示范工程简况

示范工程名称及地点	工程规模	运行情况
广东肇庆废铝易拉罐动态热脱漆示范工程	1.2万吨/年	已建成，每年处理1万吨废铝易拉罐，相当于减少有机物燃烧800吨，减排二噁英120余公斤
广东肇庆年产1万吨铝合金罐料示范工程	1万吨/年	已建成，相当于年节能1.55亿度、减排11.6万吨CO_2

随着经济和社会的发展，我国铝易拉罐消费量急剧增长，据不完全统计，2012年我国废铝易拉罐总量近60万吨。本项目研发的废铝易拉罐保级还原再利用产业化技术集成了废铝易拉罐破碎分选技术、低氧动态热脱漆技术、蓄热室双室炉液下冶炼技术、除杂除气技术、铝液在线成分调控技术等，在国内首次实现了废铝易拉罐“Can to Can”的产业化应用。

2.废旧稀土荧光粉收集和稀土高效回收技术。针对我国大量废旧CRT中稀土荧光粉回收的技术难题，采用全自动切割机把管屏部分的屏玻璃和锥玻璃分开，采用真空吸尘器和刷子相结合的干法吸取CRT屏玻璃上的绝大多数荧光粉，并且安装了空气抽取和过滤装置，可以防止荧光粉的逸散，妥善收集荧光粉，荧光粉收集≥90%，处理废旧CRT为75万台/年，产生荧光粉为54吨/年，示范工程简况见表7。其中，开发的除硅铝杂质预处理技术，可去除废旧荧光粉中的硅铝杂质约80%，稀土损失率低于3%，有效提高稀土回收率，整体工艺闭路循环，节能减排效果显著，生产成本低。研发了废旧稀土发光材料两代酸解工艺，可大大减少碱熔时烧碱的用量，缓解后期萃取分离提纯压

力，减轻氯化稀土的萃取量。

表7 废旧稀土荧光粉收集和回收示范工程简况

示范工程名称及地点	工程规模	运行情况
湖北荆门拆解回收稀土荧光粉示范工程	拆解30万件/年荧光灯和75万台CRT/年	已建成，正常运行，年回收废旧发光材料16吨
湖北荆门年处理100吨废旧稀土荧光粉示范工程	100吨/年	在建

（撰稿：孙岩，科学技术部社会发展科技司资源与环境处）

2014年工业节能减排与循环经济

工业和信息化部节能与综合利用司

2014年，工业节能与综合利用工作要按照三中全会关于深化改革的要求，结合全国工业和信息化工作会议部署，以工业绿色低碳转型为目标，以工业绿色发展专项行动为抓手，以改革创新为突破口，在政策、机制、法规、制度方面，加强调查研究，探索推进节能减排长效机制建设，重点开展节能降耗、清洁生产、循环经济和资源综合利用等各项工作，促进工业转型升级，单位工业增加值能耗及二氧化碳排放量下降了4.5%，万元工业增加值用水量下降了7%，工业固体废物综合利用率得到进一步提高，重点行业污染物排放强度明显下降。

一、工业绿色发展专项行动

（一）工业绿色低碳转型城市试点。

修改完善工业绿色低碳转型城市试点总体方案，在全国选定了内蒙古（包头）、湖北（黄石）、河南（济源）、山西（朔州）、江西（鹰潭）、安徽（铜陵）、河北（张家口）、四川（攀枝花）、甘肃（兰州）、辽宁（鞍山）10个地级市（重化工业城市）先行编制工业绿色转型试点实施方案，指导编制、批复工业绿色低碳转型城市试点方案，开展区域工业绿色转型试点工作。明确城市转型的目标任务和路径，突出改革创新，强化政策引导、标准约束和市场推动，探索工业绿色低碳转型发展的模式和途径。

（二）京津冀及周边地区清洁生产水平提升计划。

为贯彻落实国务院《大气污染防治行动计划》（以下简称《大气十条》），加快推进京津冀及周边地区大气污染综合防治工作，促进区域大气环境质量持续改善，根据《京津冀及周边地区落实大气污染防治行动计划实施细则》，制定并发布了《京津冀及周边地区重点工业企业清洁生产水平提升计划》，实施期限为2013年至2017年。

组织京津冀地区的钢铁、水泥、焦化、化工、石化、有色金属冶炼等重点企业开展清洁生产技术改造，推广先进、成熟、适用的清洁生产技术装备，削减二氧化硫、氮氧化物、烟（粉）尘和挥发性有机污染物，为改善区域大气环境质量做出了显著贡献。

（三）持续落实电机能效提升计划。

重点推进生产企业贯标、专项工程推广实施和政策机制建设。会同质检总局实施电机生产企业贯标核查，严格执行电机强制性能效标准；培育一批提供一体化解决方案的规范化、规模化合同能源管理公司，整合资源，完善市场化推广模式。

为推广应用先进实施电机节能技术，能效提升计划提供技术途径、为提升电机系统终端用能设备能效水平，为地方组织实施电机能效提升计划提供技术途径，经地方各地区工业和信息化主管部门推荐、专家评审及网上公示，编制完成并发布了《国家重点推广的电机节能先进技术目录（第一批）》。

二、工业节能降耗

（一）提升能效

在工业锅炉系统、变压器、内燃机等终端用能产品方面提升能效，落实内燃机节能减排指导意见，发布内燃机产品燃油消耗限值及测量方法标准，组织实施非道路车辆及发动机高效清洁行动计划、工业锅炉系统节能减排行动计划、变压器能效提升计划，推广锅炉、变压器等节能技术及产品。持续推进重点用能行业开展能效水平对标达标活动，不断提升能效水平。

开展了组织开展2014年度“能效之星”产品评价，针对于消费类产品（电动洗衣机、热水器、液晶电视、房间空气调节器和家用电冰箱等）和工业装备（在我部印发的《节能机电设备（推荐）目录》的基础上，选择能效水平领先的产品），并发布能效之星产品目录。启动了节能产品惠民工程高效节能台式微型计算机、单元式空气调节机和冷水机组推广信息核查工作，组织地方工业和信息化主管部门、第三方核查机构对高效节能产品推广信息进行核查。

（二）节能管理

强化工业能评，研究以负面清单方式推动开展能评的新机制；强化标准约束，会同有关部门实施好百项能效标准推进工程，编制《电石、铁合金能耗限额标准贯彻实施方案（2014－2015年）》，开展以节能标准促进“两高”

行业过剩产能退出试点，组织制修订重点产品能耗限额强制性国家标准；开展省市工业节能与综合利用管理干部专业培训及重点用能企业能源管理岗位和负责人培训，健全工业节能监察体系，充分发挥了节能监察队伍对重点专项工作的支撑作用。

推进了全国工业节能监测系统及平台建设（第一阶段），促进了国家系统与地方系统联网、地方系统与企业信息系统连接，为实现节能数据共享，建立覆盖全国工业领域的统一、高效、实用节能监测平台，奠定了良好的基础。为充分发挥能效标准、标识和行业能效标杆在促进工业企业持续提升能效方面的引领作用，组织制定并发布了《全国工业能效指南（2014年版）》。研究制定了《能效“领跑者”制度实施方案》。

（三）推进节能技术进步

编制和发布了高耗能落后机电设备淘汰目录和先进节能技术装备产品目录，开展落后机电设备淘汰情况的监督检查。推进企业能管中心的建设，组织编制了重点行业企业能源管理中心实施方案。开展了绿色数据中心试点工作的研究，绿色数据中心技术调研和筛选，制定了绿色数据中心试点实施方案，研究确定了绿色数据中心评价指标和评价方法。

（四）促进工业低碳发展

会同发展改革委推进了国家低碳工业园区试点，组织编制试点园区实施方案和园区评价指标体系，制定国家低碳工业园区管理办法，建立绩效考评制度，研究制定重点用能企业温室气体排放评价通则。推进了山西、陕西、甘肃和等地甲醇汽车试点，加强数据收集及试验测试工作，并研究扩大甲醇汽车试点的工作方案。

三、组织实施工业节水技术标准提升计划

（一）提升节水技术装备水平

发布国家鼓励的工业节水工艺技术装备目录，指导企业推广应用先进适用的节水技术装备；组织编制了钢铁、造纸等高耗水行业落后用水工艺装备淘汰目录，实施强制性淘汰。

（二）提高重点企业用水效率标准

发布重点行业用水效率标杆企业和标杆指标，深入推进钢铁、石化等重点行业节水型企业创建工作。制修订了部分行业取（用）水定额标准，组织制订了石油化工、味精等行业节水型企业评价国家标准。

（三）建立工业节约用水约束机制

研究推进基于取（用）水定额标准的惩罚性水价政策，明确政策思路和方案。研究和组织起草了《工业节水管理办法》，进一步规范了重点用水企业管理、节水技术推广、用水项目投资准入、节水基础能力建设等。

（四）推进节水技术改造及产业化示范

组织各地区尤其是缺水地区，创新工业节水技术改造的政策思路，编制了节水技术推广实施方案。引导实施一批对行业有重大影响和突出效果的关键技术产业化示范工程项目。

四、推进节能环保产业发展

（一）组织实施节能环保国家级示范工程建设

结合国家节能减排重点和高耗能、高污染行业节能减排需要，提出示范工程建设工作方案，与有关部门协商，部署启动。在示范工程基础上，深入研究提出了节能环保技术装备推广的政策和机制，发挥了示范工程引领作用，从根本上了带动节能环保产业发展。

（二）发展了一批重大节能环保技术装备

选择了一批技术水平先进、工艺路线清晰、节能环保效果突出、推广意义重大、具有行业代表性的技术装备，提出绿色发展重大工程项目，开展了产业化示范；组织编制并发布了节能、环保、综合利用技术装备目录，如《国家鼓励发展的重大环保技术装备目录》。

（三）培育了一批节能环保产业园区

为加强对新型工业化产业示范基地中节能环保装备基地的指导。积极扶持了节能环保产业集中、特色鲜明的工业园区建设，重点支持和培育，形成了一批节能环保产业园区。

（四）开展节能环保技术交流与合作

依托相关组织和机构，支持筹办了中国国际节能环保技术装备交易展，打造了市场化、国际化的节能环保技术装备展示交易平台。落实与联合国工业发展组织合作方案，开展了相关人才交流和能力建设。利用联合国工发组织合作伙伴计划平台，支持和鼓励国内节能环保企业“走出去”，推进了国内技术向国外交流。

五、实施清洁生产水平提升计划

（一）组织编制了工业领域大气污染防治实施方案

以落实大气污染防治计划为重点，组织编制了工业领域落实国务院《大气污染防治行动计划》的具体实施方案，进一步强化了源头预防措施，加强技术和标准支撑，健全激励约束机制，推进了重点行业、重点区域和重点领域大气污染防治。

（二）实施重点区域工业企业清洁生产水平提升计划

指导“三区十群”工业主管部门编制实施清洁生产水平提升计划，推进京津冀及周边地区等重点区域、重点流域、重点行业工业企业提升清洁生产水平。编制了钢铁、建材、有色、化工等重点行业清洁生产技术推行方案，引导采用先进适用清洁生产技术实施绿色升级改造。

（三）开展高效清洁用煤重点技术试点示范和推广应用

筛选了一批推广潜力大、节煤效果好、污染物排放少的高效清洁用煤工艺技术，并编制发布相关目录。落实了一部分重点行业、重点地区开展焦化、煤化工、工业窑炉、锅炉清洁化高效用煤技术试点示范工程建设，推进了煤炭清洁高效利用，对减少煤炭使用量和大气污染物排放量起到促进作用。

（四）组织实施汞削减、铅削减、高毒农药替代清洁生产重点工程实施计划

开展清洁生产技术产业化示范，优先支持行业重大关键共性清洁生产技术攻关和产业化应用。编制重点区域、重点流域和产业集聚区清洁生产水平提升计划，指导企业开展绿色改造，促进改善重点区域大气环境质量、重点流域水环境质量和重点行业清洁生产水平。

（五）实施“双百”工程

编制发布了百个清洁生产技术示范案例，总结提炼了典型清洁发展模式，指导工业企业实施清洁生产技术改造。开展了百家工业企业产品生态设计试点，探索了我国产品生态设计的激励机制和推行模式，引导企业树立全生命周期污染控制理念，促进了工业污染防治从末端治理向全生命周期控制转变。

六、推进工业循环经济和资源综合利用

（一）推进资源循环利用体系建设

以战略性稀贵金属、有色金属、钢铁、橡胶等行业为重点，组织实施了一批资源再生利用示范工程，发布了第四批再制造产品目录。推进废钢铁加工、废旧轮胎综合利用等再生资源行业准入管理，培育行业骨干企业。加强环保核查、行业准入与许可证更新发放政策之间的衔接，实施了再生铅企业准入公告，促进了铅酸蓄电池和再生铅行业规范发展。在区域铅资源循环利用体系建设试点的基础上，推进了铅酸蓄电池回收基金制度的研究和设计，探索了生产者责任延伸制度的新模式。推广了一批资源综合利用先进适用技术装备，并遴选和发布了典型技术成果案例。

（二）资源综合利用试点示范

以提升大宗工业固废资源综合利用率为目标，重点推进了工业固体废物综合利用基地建设试点和综合利用示范工程建设。推动大宗工业固废综合利用基地建设取得实质性进展，梳理了12个基地建设试点地区试点工作现状，努力搭建服务平台，提供技术、融资、合作方引进等不同解决方案。实施了一批资源综合利用示范工程，在赤泥、磷石膏、电解锰渣等难利用大宗工业固体废物领域推进综合利用，联合国家安全生产总局实施好尾矿综合利用示范工程建设。推进水泥窑协同处置生活垃圾，支持综合利用废渣发展高标号水泥和特种水泥。

（三）发展机电产品再制造产业

推进重点领域再制造产业规模化发展，进一步扩大再制造试点示范领域和范围，开展逆向物流体系建设试点，加强再制造集聚区及示范园建设。积极推进废旧电机、内燃机、机床、工程机械等机电产品再制造及流程工业机械装备在役再制造，发布了机电产品再制造目录。

中国住房城乡建设领域2014年以来循环经济发展报告

住房和城乡建设部节能与科技司

2014年以来，住房和城乡建设部认真贯彻落实绿色建筑行动方案，推进建筑节能与供热计量改革，推进低碳生态城市试点示范，落实大气污染防治工作，扩大超低能耗绿色建筑试点，发展可再生能源建筑应用，加强城市建设与管理，积极开展国际合作，宣传循环经济成果，住房城乡建设领域循环经济发展取得了积极进展。

一、进一步完善循环经济相关政策法规

（一）出台建筑节能与绿色建筑、绿色建材相关政策

2014年及2015年上半年，我部修订发布了《绿色建筑评价标准》，对绿色建筑“四节一环保”以及建筑健康、舒适度等方面做出更为严格的要求；制定发布了《绿色商店建筑评价标准》，进一步完善了绿色建筑标准体系；修订发布了《公共建筑节能设计标准》，优化完善了公共建筑节能设计指标。我部会同工业和信息化部出台了《绿色建材评价标识管理办法》、《促进绿色建材生产和应用行动方案》，引导绿色建材发展。

（二）城乡规划应对气候变化相关政策

目前，我部正在研究制定城市总体规划编制审批办法，其中，将要求各地在城市总体规划编制时，将城市湿地、林地、风景区、自然保护区等，划定为禁止建设区和限制建设区，并明确生态空间管制要求，推进城市生态建设。

为了推进城市绿色发展、循环发展、低碳发展，目前我部正在制定国家标准《城市环境规划规范》和行业标准《城市人口规模预测规程》，将在标准中分别明确有关城市生态环境规模、布局，以及城市人口预测的技术方法等相关技术要求，确保城市发展建设符合资源环境承载力要求。

（三）城镇建设循环经济相关政策法规

2014年，根据国务院办公厅对大气污染防治行动计划实施情况考核的要求，住房城乡建设部与环保部等部门印发了《大气污染防治行动计划实施情况考核办法（试行）实施细则》（环发〔2014〕107号），对供热计量工作考核提出了具体要求。

2014年，住房城乡建设部会同发展改革委印发了《关于进一步加强城市节水工作的通知》，要求各地按照“优水优用，就近利用”的原则合理布局污水处理再生利用设施，并积极推广建筑中水利用，鼓励居民住宅使用建筑中水。

2014年，国务院办公厅下发《关于加强城市地下管线建设管理的指导意见》（国办发〔2014〕27号），2015年，国务院办公厅下发《关于推进城市地下综合管廊建设的指导意见》（国办发〔2015〕61号），要求切实加强城市地下管线建设管理，推进城市地下综合管廊建设，提高管线安全水平和防灾抗灾能力，提高城市适应气候变化能力。

全面开展建筑垃圾资源化利用工作。完善相关政策措施，着手起草《关于促进建筑垃圾资源化利用工作的指导意见》。

二、建筑节能与绿色建筑应对气候变化作用日益显现

（一）新建建筑执行节能强制性标准效果显著

截至2014年底，全国城镇新建建筑全面执行节能强制性标准，新增节能建筑面积16.6亿平方米，可形成1500万吨标准煤的节能能力。全国城镇累计建成节能建筑面积105亿平方米，约占城镇民用建筑面积的38%，共形成1亿吨标准煤节能能力。

（二）北方采暖地区既有居住建筑供热计量及节能改造

财政部、住房城乡建设部安排2014年度北方采暖地区既有居住建筑供热计量及节能改造计划1.75亿平方米，截至2014年底，各地共计完成改造面积2.1亿平方米。“十二五”前4年累计完成改造面积8.3亿平方米，超额完成国务院下达的“十二五”期间7亿平方米的改造任务。2015年安排改造任务共计1.6亿平方米，截至7月底，已落实具体改造项目1.67亿平方米，已开工1.08亿平方米，其中已完工2173万平方米。夏热冬冷地区既有居住建筑节能改造稳步推进，2014年共计完成改造面积1521万平方米，累计完成改造面积7090.58平方米，超额完成国务院下达的“十二五”5000万平方米改造任务。

（三）国家机关办公建筑和大型公共建筑节能监管体系建设继续深入

截至2014年底，全国累计完成公共建筑能源审计12900余栋，对13000余栋建筑能耗情况进行了公示，在33个省（区、市）建设公共建筑能耗动态监测平台，对7400余栋建筑进行了能耗动态监测。全国完成公共建筑节能改造面积3927.5万平方米，其中天津、上海、重庆、深圳四个公共建筑节能改造重点城市完成改造面积1656万平方米，改造项目总体节能效果达到预期目标。

（四）绿色建筑发展迅速

截至2015年6月底，全国共有3241个项目获得了绿色建筑评价标识，总建筑面积超过3.7亿平方米。绿色建筑强制推广工作稳步推进，住房城乡建设部会同国家发展改革委、国家机关事务管理局印发了在政府投资公益性建筑及大型公共建筑建设中全面推进绿色建筑行动的通知。北京、重庆、江苏、浙江、深圳等地开始在城镇新建民用建筑中强制执行绿色建筑标准，累计强制推广绿色建筑面积近4亿平方米。

三、积极推广超低能耗绿色建筑

1. 实施超低能耗绿色建筑试点示范。到目前为止，全国共有河北、黑龙江、辽宁、山东、江苏、浙江、福建、湖南、青海等9省，28个单位40个超低能耗绿色建筑项目列入住房城乡建设部科学技术计划。项目类型包括居住、公共建筑、既有建筑改造等，所在地包括涉及严寒、寒冷、夏热冬冷、夏热冬暖4个气候区。其中山东2014年组织了11个示范项目，并申请财政资金6000万元用于支持示范项目。

2. 开展高标准建筑节能工程示范。依托中美“清洁能源联合研究中心建筑节能领域合作项目”，开展近零能耗建筑工程示范。中国建筑科学研究院近零能耗示范楼竣工，建筑面积4025m²，通过先进节能技术设计与设备集成，实现“冬季不使用传统能源供热、夏季供冷能耗降低50%，建筑照明能耗降低75%”的能耗控制指标。

3. 组织开展相关技术研究。组织编制超低能耗绿色建筑技术要求，现已完成初稿。

四、开展“海绵城市”建设

2014年，住房城乡建设部制定印发了《海绵城市建设技术指南（试行）》，指导各地从雨水单一“快排”的传统模式转向“渗、滞、蓄、净、用、排”的多目标全过程综合管理模式，促进雨水收集、净化、利用；并与财政部印发了《关于开展中央财政支持海绵城市建设试点工作的通知》，对海绵城市建设试点城市给予资金补助，加快推进海绵城市建设。目前，确定的16个试点城市海绵城市建设稳步推进。各试点城市在规划建设管控制度方面进行了积极探索，政府统筹协调，道路、园林、水利等相关部门通力协作，积极推进试点工程建设。通过海绵城市，大幅提高城市适应气候变化的能力。

五、国际合作引导低碳生态城市的发展

1. 继续推进双边低碳生态城市试点示范。为了学习发达国家低碳生态城市建设经验和技术，住房城乡建设部开展中美、中德、中加、中欧、中芬低碳生态城市试点示范工作。与美方联合推进廊坊、潍坊、日照、合肥、鹤壁、济源等6个试点城市的试点工作，举办了3次中美低碳生态试点城市技术研讨与交流活动，完成试点城市调研报告并反馈城市。与德方联合评审确定河北省张家口市（含怀来县新兴产业示范区）、山东省烟台市（高新技术产业开发区）、江苏省宜兴市和海门市（新城区）、新疆维吾尔自治区乌鲁木齐市（高铁片区）作为中德低碳生态试点示范城市，召开了试点示范工作会，与德方确定了试点示范工作方案。与加拿大合作确定天津滨海新区为中加低碳生态试点示范城区，并推进试点工作。2014年，住房城乡建设部与芬兰环境部签署《关于建设环境合作谅解备忘录》，启动中芬低碳生态城市试点。

2. 启动实施“中欧低碳生态城市合作项目”。成立项目管理办公室，确定指导委员会管理架构，制定了项目整体工作计划和第一年工作计划，组织项目试点城市申报工作。启动中欧低碳生态城市网络平台建设。

3. 开展低碳生态城市相关研究。组织实施世界银行/全球环境基金“中国城市建筑节能与可再生能源应用”项目，开展低碳宜居城市相关研究与示范，开展低碳生态理念下的城乡规划标准再梳理研究、中国低碳宜居城市形态研究。与英国合作开展的“低碳生态城市规划方法研究”、“城市低碳更新战略研究与试点”项目。

4. 开展低碳生态城市能力建设活动。启动中德“建筑节能与气候变化领域关键参与者能力建设项目”，开展培训师培训。组织召开多次低碳生态城市领域国际研讨会，促进技术与管理经验交流。

六、可再生能源建筑规模应用继续不断扩大

截至2014年底，全国城镇太阳能光热应用面积27亿平方米，浅层地能应用面积4.6亿平方米，太阳能光电建筑装机容量达到2500兆瓦。可再生能源建筑应用示范市县已开工示范项目建筑面积约1.6亿平方米，已竣工示范项目建筑面积约4.5亿平方米，总体完工比例80%。有33个示范城市、86个示范县全部完成示范任务。山东、江苏两省省级重点推广区完工比例为124%和74%。

七、大力推动大气污染防治工作

结合我部“2014年建筑节能与绿色建筑行动实施情况专项检查工作”，组织开展对包括京津冀在内有北方采暖地区省级人民政府供热计量工作的考核。

配合环保部对全国各省份开展“大气十条”2014年实施情况考核，形成考核报告，并要求各地针对考核发现的问题制定解决措施，同时督促各地进一步加大环卫投入，适度提高道路机械化清扫比例，加强对建筑工地、渣土车运输等环节的监管，减少城市道路扬尘；2015年7月25日在宁夏银川、中卫市召开全国城市环卫保洁工作现场会，在全国开展“学习中卫经验清洁城市环境”活动，要求各地制定活动方案逐步推进，在中国建设报开设专栏，定期报道各地落实情况，进一步提高道路机械化清扫水平；在河南、吉林省开展建筑垃圾管理及资源化利用试点省建设工作；在西安开展建筑垃圾资源化利用与处理培训班，进一步提高行业管理人员专业水平。

八、鼓励村镇低碳绿色发展

2014年、2015年我部继续会同国家发改委、财政部结合农村危房改造支持“三北”地区和西藏自治区开展建筑节能示范。中央对建筑节能示范每户增加2500元补助，主要用于支持农户在墙体、门窗、屋面、地面等维护结构和采暖、照明等室内用能设施采用节能措施。2014年、2015年中央分别支持了14万户、35万户结合农村危房改造开展建筑节能示范。通过实施建筑节能示范，有效提高了农房居住舒适度，降低了冬季采暖支出，推动了农房降低能耗、节约资源和减少环境污染。下一步，我部将会同有关部委结合农村危房改造加大建筑节能示范力度。不断完善政策和监管措施，加强技术指导与监管，进一步提高建筑节能示范质量和技术水平，引导更多农户采用节能措施建房。

发展农业循环经济 促进农业可持续发展

农业部科技教育司

2014年，农业部按照建设资源节约型、环境友好型社会要求，遵循“减量化、资源化、再利用”的循环经济理念，以保护农业资源、减少投入品使用、推进农业废弃物资源化利用为手段，大力推进农业发展方式转变，有效破解农业可持续发展的资源环境约束，农业生态文明建设取得积极成效。

一、加强农业生物资源保护

（一）推进农业野生植物保护与利用

2014年，农业部继续开展农业野生植物原生境保护建设项目，新建农业野生植物原生境保护点（区）10处，新增保护面积7767.7亩，并组织对已建成的168个原生境保护点进行日常管理与监测。组织在全国28个省（区、市）开展国家重点保护农业野生植物资源调查，定位分布点580余个，拍摄图像资料9100余份，基本查清了各调查物种的分布状况与生境数据，补充完善了农业野生植物资源空间分布数据库。抢救性收集农业野生植物资源2079份，新收集2个野生苎麻品种，新建3个热带珍稀野生果树种质资源圃。强化优异资源和基因的鉴定评价与利用，筛选出抗稻瘟病野生稻、抗重金属污染野生苎麻等一批优异农业野生植物资源。

（二）深入开展草原生态保护建设

2014年国家继续加强草原生态保护建设力度。一是中央财政投入160.694亿元草原补奖资金，在河北、山西、内蒙古等地区继续落实草原生态保护补助奖励政策；投入资金20亿元在内蒙古、辽宁、西藏、甘肃等地继续实施退牧还草工程；投入8.6亿元资金实施京津风沙源草地治理工程。二是国家投入资金3亿元启动实施南方现代草地畜牧业推进行动，在保护生态环境的前提下，合理开发利用南方草山草地资源。2014年，全国落实承包草原面积2.94亿公顷，占全国草原总面积的74.76%；禁牧草原面积1.06亿公顷，草畜平衡面积1.81亿公顷，划定基本草原1.78亿公顷；全国重点天然草原的平均牲畜超载率为15.2%，较上年下降1.6个百分点；草原工程区植被盖度比非工程区平均高出8个百分点，高度平均增加63%，鲜草产量平均增加40.5%，其中退牧还草工程区草原植被盖度较非工程区高出6个百分点，高度、鲜草产量分别增加53.6%、30.8%。

二、推广应用清洁型农业生产技术

（一）实施保护性耕作

2014年，中央财政投入资金3000万元在东北一熟区、黄淮海两熟区、西北地区、南方水旱轮作区、南方双季稻区、南方丘陵山区、北方生态脆弱区、盐渍土壤区开展保护性耕作，实施项目县84个、试验监测基地10个。我国保护性耕作技术推广面积不断扩大，由一年一熟区推广到一年两熟区，由北方地区推广到西南季节性旱作区，由小麦/玉米轮作区逐步推广到稻（油）/麦轮作区，由主要粮食作物推广到其它经济作物和牧草的种植。截至2014年底，全国机械化秸秆还田面积达6.47亿亩，保护性耕作面积达1.29亿亩，可以减少农田风蚀6450万吨，减少扬尘1548万吨以上，减少524.46-1091.95万吨CO2排放。

（二）持续开展渔业节能减排技术试验示范

2014年以来，农业部积极组织开展渔业节能减排工作，取得了积极成效。一是大力推进渔船节能减排产品技术示范。在辽宁、天津、山东、江苏、浙江和广西等地开展渔船节能示范与推广，设计研发了2种玻璃钢新船型，推广建造103艘，优化设计22种远洋渔船船型，开展渔船双燃料和电力推进等新型动力研发改造试点，推广节能型柴油机等渔船节能装置218台（套），综合节油率10%以上；开展渔船技术发展规划研究、小型渔船船型标准化方案制定及重点地区试点工作，以及液化天然气和电力推进等新型能源在渔船应用研究等工作。二是完善推广水产养殖节能减排新技术。在江苏、福建、山西等地开展池塘生态工程化养殖、气动式循环水养殖、工厂化循环水养殖、高位虾池循环水养殖和精准投喂技术等养殖节能减排技术与模式的示范推广，并集成示范推广至天津、辽宁、浙江、福建、湖北、重庆等14个省份，推广面积达5万余亩。这些养殖模式和技术，可实现节水80%以上、节能50%以上，有的可实现池塘全年不换水，产量可比对照塘提高50%。三是开展水产品加工综合利用技术示范。在广东省开展罗非鱼片加工技术、鱼皮胶原蛋白提取技术等水产品加工综合利用技术示范，试验示范点每吨罗非鱼片加工可实现节电15度、节水12立方米、减排污水12立方米、节约成本314元，为推进水产品加工综合利用进行了有效探索。四是不断加大渔业节能减排宣传培训力度。2014年在重点渔区举办10期渔业节能减排知识培训班，共计培训渔民和渔业管理人员2000余人次；编印《渔船节能减排宣传手册》《水产养殖节能减排实用技术》《渔业节能减排通讯》等资料；搜集编译美国、欧盟、澳大利亚、日本等国外渔业发达国家和地区渔业节能减排相关新产品、新技术和先进的管理方法等资料，供广大渔业科研、管理和从业人员学习借鉴。

（三）大力发展农村清洁能源

2014年，全国农村能源建设成效显著，发展迅速，沼气数量稳步增长、功能不断拓展、服务体系日益完善。目前，全国沼气用户已达4383.16万户，沼气工程10.3万处，年总产气量155.04亿立方米；农村太阳能热水器推广面积达到7782.85万平方米、太阳房2527.59万平方米，太阳灶229.96万台；推广省柴节煤炉灶炕1.69亿台；同时开展秸秆沼气集中供气、秸秆气化和秸秆固化成型示范。通过这些技术的推广，年节能能力相当于1.04亿吨标准煤，可减排二氧化碳2.41亿吨。农村能源建设取得了显著的经济、社会和生态环境效益，受到社会各界的广泛关注和农民群众的普遍欢迎，已经成为发展低碳农业、推动农村生态文明建设和创建“美丽乡村”的重要抓手。

三、推进农业废弃物资源化利用

（一）开展畜禽废弃物综合利用

2014年1月，农业部会同国务院法制办、环境保护部召开《畜禽规模养殖污染防治条例》宣传贯彻视频会，安排部署贯彻落实工作。2014年在畜禽养殖主产区新创建347个，累计创建了3694个国家级畜禽养殖标准化示范场，发挥示范场辐射带动作用，提升了畜牧业生产标准化水平。2014年，农业部、财政部在江苏、内蒙古、重庆等9省（区、市）启动实施畜禽粪污等农业农村废弃物综合利用试点项目。同时，大力推进畜禽标准化规模养殖，将“粪污处理无害化”纳入创建标准体系，总结推广了“粪便污水贮存＋农田利用”、“沼气发酵＋综合利用”、“三改两分再利用”、发酵床养殖、水泡粪等一批畜禽粪污处理技术模式，规模养殖场废弃物处理设施条件不断改善，粪污处理和综合利用能力不断提高。

（二）推进农业清洁生产示范建设

2014年，农业部高度重视地膜回收和资源化利用为主的农业清洁生产示范项目，大力支持开展加厚地膜推广、地膜回收网点和废旧地膜加工能力建设。一是继续实施农业清洁生产示范项目。国家发展改革委、财政部和农业部继续实施农业清洁生产示范项目，2014年落实中央经费2.88亿元，在新疆、甘肃、山西、河北、山东、辽宁、吉林和黑龙江8省73个县实施地膜回收利用为主要内容的农业清洁生产示范项目，新增地膜加工能力66775吨，新增回收地膜面积2131.8万亩，以有效解决北方旱作农业区农田残膜污染问题。同时对2012年度农业清洁生产示范项目进行验收，进一步加强已启动示范项目的监督管理。二是开展农业清洁生产技术试点示范。农业部投入财政专项资金1000万元，继续在新疆、甘肃、北京、天津、湖南、广西等省市建设10个地膜回收利用、蔬菜清洁生产、生猪清洁养殖示范区。积极探索一批实用的农业清洁生产技术模式和工程措施，为不断深化农业清洁生产示范建设提供理论和技术支撑。三是开展地膜污染防治试点示范。农业部投入财政专项资金各100万元支持新疆、甘肃两省区，用于开展农田地膜污染防治试点示范，推广标准地膜使用，建立废旧地膜回收体系，实施机械改造及回收作业等工作，积极探索农田残膜污染综合防治的有效机制。推动甘肃省出台《甘肃省废旧农膜回收利用条例》，条例规定严禁生产、销售和使用厚度小于0.008毫米的农用地膜，为遏制农用地膜“白色污染”提供了有利的保障。

（三）推动农作物秸秆资源化利用

为积极推进农作物秸秆资源化利用，我国积极推广秸秆成型燃料、秸秆气化、秸秆炭化、秸秆液化和秸秆发电等技术，不仅产生了大量的可再生能源，减少了对环境的影响，而且提高了农作物秸秆的综合利用水平。2014年，国家发展改革委、农业部实施秸秆综合利用项目，中央投资7.5亿元，重点支持京津冀等地区开展秸秆还田、养畜、秸秆沼气、秸秆代木、秸秆炭化等方面工作。截至2014年底，我国累计建成秸秆固化成型燃料厂1147处，年产量590多万吨；累计建成秸秆热解气化集中供气工程821处、秸秆沼气集中供气工程458处；已累计建设秸秆炭化工程103处，年产秸秆炭27.7万吨。

四、典型案例

（一）北安市扎实推进粮豆轮作试点项目开展

北安市位于黑龙江省北部，以第四积温带为主，上下各跨半个积温带，是大豆、玉米、小麦、水稻等粮食作物主产区，农业机械化水平较高，是国家级生态示范区、全国粮食高产创建示范县、全国绿色食品大豆原料标准化

生产基地。2014年，北安市粮豆轮作试点项目共落实粮豆轮作面积4万亩，比下达的任务多1.3万亩。项目区大豆最早于5月1日开始播种，6月3日出苗，目前株高在10厘米左右，长势良好。为保障试点效果，主要开展了以下五方面工作。一是加强组织领导。成立了由主管农业副市长任组长，农业、财政等相关部门为成员单位的领导组织，制定下发了《粮豆轮作补助试点项目实施方案》和《大豆生产技术规程》，并严格按照方案和技术规程高标准组织实施。二是明确补助范围。在试点区域方面，选择大豆面积萎缩较快的石泉、杨家、东胜和城郊等四个乡镇作为试点乡镇;在经营主体方面，按照“四优先”（上年种植玉米面积大的优先、今年改种大豆的优先、农户自愿申请的优先、规模经营连片种植的农机合作社优先）进行确定。遵循公开、公平、公正的原则，通过自主申报、资格审查、优中选优和张榜公示等程序，最终确定4个机械化、标准化水平较高的合作社作为项目实施主体。落实面积最多的有1.4万亩，最少的落实0.6万亩。三是强化项目管理。严格资金使用，由市农业部门统一采购种子、肥料等物资，发放给试点项目经营主体；市、乡、村三级均建立项目实施台账，做到“六有”，即有经营主体、有轮作作物、有种植规模、有自愿申请表、有土地流转合同、有实施方位图。四是加大宣传引导。在大豆播种季到来之前，通过广播、电视、报纸、培训、明白纸、宣传册等形式广泛宣传粮豆轮作的经济效益和社会效益，详细解读试点项目的政策内容和操作方式，让基层广大农民群众家喻户晓，充分调动了农民开展粮豆轮作的积极性。五是严格生产标准。制定标准化的技术规程，并严格按照技术规程进行操作，在统一深松整地、统一优良品种、统一播种、统一施肥、统一种子包衣处理、统一田间管理等方面做到了“六统一”，有效地保证了技术的到位率，确保了项目的实施效果。从目前的情况看，在粮豆轮作补助政策的带动下，取得了初步成效。北安市今年大豆种植面积达到183万亩，比上年增加54万亩，增幅达42%。

（二）山东省齐河县创新推进粮食绿色增产模式攻关

山东省齐河县素有“鲁北黄河粮仓”之称，拥有耕地面积126万亩，常年粮食播种面积220万亩以上，是全省三个20亿斤超级产粮大县之一。齐河县委、县政府把粮食生产作为党委、政府的一把手工程来抓，在2014年20万亩增产模式攻关核心区实现全年“吨半粮”的基础上，2015年启动建设绿色增产模式攻关80万亩高产高效示范区，推动粮食生产绿色、高产、高效、可持续发展。

一、实施高标准粮田建设，搭建绿色增产平台。采取集中整合项目资金和县乡财政投入相结合的方式，投资9.7亿元，启动了绿色增产模式攻关80万亩高产高效创建示范区建设工程，建成区内实现了“田成方、林成网、路相通、渠相连、旱能浇、涝能排”。同时，各乡镇（街道）均建成3-5万亩“大方田”，设立了千亩乡镇长指挥田、百亩高产示范片和十亩高产攻关田，形成了以示范区、核心区和乡镇示范方，带动全县整建制高产创建的格局。

二、狠抓标准化生产技术落实，推动粮食绿色增产。为推动粮食生产实现高产、高效、绿色、生态、可持续发展，齐河县坚持不断转变农业发展方式，大力开展农业科技创新与集成，大力推广绿色增产标准化生产技术，开展新型农民培育工程、良种优化工程、病虫害绿色防控工程、耕地质量保护与提升工程、农机农艺融合工程、放心农资下乡进村工程“六大工程”，良种覆盖率达到100%，病虫统防统治减少投入30%，用药量减少20%以上，效率提高5倍以上，增产幅度5%-10%。全县小麦深耕深松面积达到60%以上，秸秆还田比率达到100%，促进土壤地力升级和永续利用。全县农机保有量达到5.2万台（套），总动力达230万千瓦，粮食生产基本实现全程机械化，位居德州市首位。

三、培育新型经营主体，推进农业产业化经营。着力培育新型农业经营主体，积极推进农村承包地确权颁证工作，努力推动土地流转，推进粮食生产规模化、集约化，截至目前，全县土地流转面积达38万亩，占耕地总面积的31%。形成了种粮大户、农民专业合作社共同支撑粮食发展的新型格局。推进农业产业化经营，鼓励龙头企业投资前移，开展订单生产，建立粮食生产基地，实施“龙头企业+基地”，推进订单农业，订单面积达60万亩。积极推进农业社会化服务，主要粮食作物耕种收综合机械化水平达97.6%，其中小麦玉米实现耕种收全过程机械化。

（三）河北省推广水肥一体化技术促进水肥资源高效利用

近年来,为实现水肥资源高效利用，缓解水资源紧缺形势，河北省深入调研、多方研讨，提出了全省节水农业的工作目标，以小麦、蔬菜高耗水作物为重点，以种植大户、农民专业合作社和示范区建设为主要抓手，探索不同类型区水肥一体化集成技术和推广模式，实现了水肥同步管理和高效利用。

1.重点技术。一是小麦/玉米微喷灌水肥一体化技术示范推广。2011年以来，河北省在石家庄、保定、邯郸、邢台等市开展小麦玉米两茬连作区域微喷灌水肥一体化技术试验示范，配合水溶性配方肥料对小麦/玉米水分养分需求特征和水肥耦合优化效应以及农技、农艺配套技术等进行集成，不断优化节水灌溉制度和施肥制度，形成了较为成熟的技术体系。在技术推广过程中，河北省结合新增千亿斤粮食田间工程项目和地下水超采综合治理试点项

目，按照“广泛布点、试验示范、突出重点、逐步推广”的原则，以粮食产能大县为重点，通过改造机井，埋设地下主管道，田间铺设喷灌带，配套可溶性肥料等措施，建设了一批以“机井”为单元的示范方，推广小麦玉米微喷灌水肥一体化技术。二是蔬菜膜下沟灌、滴灌、微灌水肥一体化技术示范推广。河北省针对张承坝上露地菜产区地势不平坦、土地结构不良、地面灌溉水肥利用率低的问题，大力示范推广膜下滴灌技术，实现生菜节水60%以上，大萝卜节肥40%以上。针对设施蔬菜用水用肥量大的问题，示范推广膜下滴灌、微喷灌水肥一体化技术，进行作物的精确灌溉，实现节水30-60%，节肥30%以上。此外，还重点推广投资少、操作简便的膜下沟灌技术。

2.保障措施。一是强化组织管理。二是培育示范主体。三是做好宣传培训。

3.应用效果。试验示范结果表明，在小麦和玉米上实施“微喷灌水肥一体化技术”，具有“两节两省两增”的明显效果。一是节水。水肥一体化示范区，沙质土壤亩节水100～50方以上，壤质土壤亩节水50-60方左右。二是节地。水肥一体化示范区，由于不需要垄沟和畦背，比传统灌溉方式每亩可增加有效种植面积60-70平方米。三是省工。由于省去了清垄沟、扒畦背、扒变埂、施肥等工作，每次灌溉周期可省时3-5天，小麦、玉米两茬平均每亩省工1.2个。四是省肥。应用水肥一体化技术，有效减少肥料淋溶和挥发，肥料利用率可提高5-10%。特别能有效解决夏玉米中后期追肥难的问题。五是增产。据统计，藁城市应用水肥一体化技术，小麦平均增产10%，夏玉米增产15%-20%以上。六是增效。应用微喷灌水肥一体化技术，小麦每亩节本增效80～100元，夏玉米每亩节本增效100～200元。

（四）四川省大力推广病虫害绿色防控技术

扎实推进农药使用量零增长行动

四川省农业部门转变农作物病虫害防控方式，依靠科技进步，依托新型农业经营主体和专业化服务组织，大力推广农作物病虫害绿色防控技术，扎实推进农药使用量零增长行动，化学农药使用量明显减少。据四川省农业厅统计，全省2000万亩绿色防控核心示范区，亩均减少化学农药用量0.25公斤，累计减少化学农药用量5000吨以上。

（一）强化责任落实。四川省高度重视农作物病虫害绿色防控，把绿色防控作为现代农业产业基地建设的重要内容，层层落实责任，各级加大投入。2009年以来，省农业厅每年与各市（州）签订病虫防控目标责任书，各市（州）再与所辖县（市、区）签订目标责任书，将病虫绿色防控示范任务层层分解落实。省财政从2010年起每年安排专项补助经费支持示范推广绿色防控技术，大多数市、县财政也加大投入力度。

（二）集成技术模式。针对主要农作物病虫害发生危害特点，综合应用生态调控、理化诱杀、天敌释放等绿色防控技术，因地制宜集成适合不同地区、不同作物、不同季节的绿色防控技术模式，并逐步总结完善，形成了以作物为单元的绿色防控技术标准（规程），为有效控制病虫害、减少化学农药用量提供技术支撑。据四川省农业厅统计，近年来通过省质量技术监督局批准发布的农作物病虫害防治技术规程省级地方标准达30个。目前，“以螨治螨”防控柑橘红蜘蛛防效达75%以上，“赤眼蜂+病毒”控制玉米螟防效达73%以上。

（三）加强示范引导。四川省各级农业部门结合现代农业示范园区建设、粮油作物高产创建、现代农业千亿示范工程等重大项目，建设一批绿色防控示范区，引领带动大面积推广应用。2009年以来，全省先后在90多个县（市、区）累计建立绿色防控示范区2000万亩，在其辐射带动下，每年新增绿色防控应用面积1000多万。2015年，又在60个现代植保示范县分别建立农作物病虫专业化统防统治与绿色防控融合示范区，进一步加快绿色防控推广应用步伐。

（四）广泛宣传培训。省植保机构先后与中央电视台七套、省农业宣传中心合作，摄制《柑橘以螨治螨》《农作物病虫害绿色防控》等科普专题片，并制作成光盘下发各地；多次与《四川日报》和《四川农村日报》等主流媒体合作，宣传病虫绿色防控的成效和经验工作。此外，通过举办农民田间学校、召开现场会和培训会等多种方式，普及绿色防控技术，提高了绿色防控技术的入户率和到位率。累计培训绿色防控技术骨干5000多人次，培训农民25万人次。

（五）湖南重金属污染耕地修复治理和农作物种植结构调整试点初见成效

2014年，中央财政安排11.56亿元专项资金，在湖南省长沙、株洲、湘潭3市170万亩耕地开展重金属污染耕地修复治理和农作物种植结构调整试点。2015年，中央财政继续安排15亿元专项资金，加大对湖南重金属污染修复治理和农作物结构调整试点支持力度，试点面积达到200多万亩。湖南省政府和各试点县市政府高度重视试点工作，各级农业部门精心组织、落实技术措施，探索了工作机制和技术路径，取得初步成效。

一、健全工作机制

一是成立领导小组。成立以副省长任组长，发改、财政、农委等省直有关部门负责人及长株潭3市政府分管领导为成员的试点工作领导小组。二是落实工作责任。明确市县两级政府的主体责任，并对农委、财政、发改等省直有关部门的职责进行分工。三是制定实施方案。各地结合专家编制的规划和技术规范，细化实施方案，将试点工作任务分解落实到村组、田块。四是加强指导培训。成立由全国重金属防控领域知名专家组成的试点工作技术指导小组，与科研院所、高校合作，逐级培训，确保修复治理和种植结构调整技术措施落实到田间地头。五是定期调度督察。试点工作办公室每月对试点工作调度1次，省农委、财政等部门联合开展督察，及时掌握工作进展和存在问题。

二、强化工作措施

一是开展VIP技术试点和机理研究。在试点区布设58个VIP降镉技术试验点、4个千亩和1个万亩示范片，重点研究镉污染耕地治理修复机理和关键技术。二是推进镉低积累品种筛选、选育与推广。依托省农科院，开展镉低积累水稻、旱粮油料作物、食用经济作物品种筛选，并开展大面积镉低积累品种的种植示范。三是实施耕地质量提升与污染修复。按照调酸降活、培肥提质和水肥调控的修复治理技术路径，在达标生产区和管控专产区推广石灰施用技术156.82万亩、种植绿肥50万亩、增施商品有机肥51.51万亩、落实农田优化水分管理技术79.9万亩、推广叶面肥76.3万亩，有序推进耕地质量提升和污染耕地修复。四是探索管控专产区“四专一封闭”工作。制定了管控专产区“四专一封闭”粮食收储处置实施方案，确认了株两优819、湘早籼32号、湘早籼24号、湘晚籼13号等应急性专用品种。对超标粮食按照国家相关规定实行封闭运行，确保不进入口粮市场。五是积极落实农作物种植结构调整。在替代种植区开展非食用、非口粮作物替代种植，改种棉花、玉米、高粱、蚕桑、花卉苗木及其它特色作物和种子种苗生产等。

三、取得初步成效

一是机理研究和技术攻关有进展。初步探讨了土壤-作物系统镉转移积累机理，构建了镉污染防控技术体系。二是修复治理技术措施有效果。试点区经一年应急性治理，土壤pH值有所提高，土壤镉有效性呈下降趋势，稻米镉含量达标率均有提高。三是低镉品种筛选和推广有前景。初步筛选出66S/中嘉早17等50个稻谷高产、优质的镉低积累新品系，也筛选出西甜瓜、葡萄和猕猴桃等食用经济作物的镉低积累品种。四是农作物种植结构调整有突破。稳步推进非食用、非口粮作物代替，有效降低试点区农作物质量安全风险。

（六）湛江农垦大力发展三大产业　构建循环经济产业链

湛江农垦主要发展甘蔗、橡胶、生猪养殖三大产业，并建立了两个循环经济主产业链：一是养猪→有机肥→甘蔗种植→制糖→沼气（+生物肥）→生物质发电；二是养猪→有机肥→橡胶种植→橡胶制品→沼气→生物质发电。上游产业或生产环节的废弃物（副产物）以及余热大多能够被下游产业或生产环节所承接，实现了资源和能源的高效利用。糖厂的水和余热均回用到生产过程中，其中水的循环利用率达到75%以上；蔗渣和蔗叶用作糖厂锅炉的燃料或用于生物质发电，滤泥也用作生产生物有机肥；废糖蜜等副产物用于生产酒精，酒精糟液用于厌氧发酵生产沼气，可替代酒精厂煤耗的10%；利用酒精厂锅炉余热发电，可以满足酒精厂全部用电。养猪场排放的废水用于沼气生产，形成一定的生物质发电能力，废渣则用于制造生物有机肥。菠萝罐头厂副产物菠萝芯用于制作果脯，菠萝皮可提取菠萝酶，废渣回用处理后用作奶牛饲料，可提高产奶量15%。剑麻生产过程中的废水和废渣均可用于生物制药。整个垦区固体废物综合利用率达到100%，有效促进了资源在种养业和工业之间的良性循环，减少了化肥和农药的施用量，综合效益十分显著。

（撰稿：曹子祎、韩允垒、强少杰、陈明全、黄涛、于秀娟、王国占、陈建光、黎光华，农业部科技教育司资源环境处）

2014年中国再生资源回收利用

商务部流通发展司

一、行业发展基本状况

2014年，我国经济发展进入新常态，受国内外市场环境影响，主要品种再生资源价格持续下跌，再加上原材料、劳动力成本上涨较快，再生资源回收企业经济效益低迷，行业发展环境日益严峻。

（一） 总体分析

1.回收总量基本情况

截至2014年底，我国废钢铁、废有色金属、废塑料、废轮胎、废纸、废弃电器电子产品、报废汽车、报废船舶、废玻璃、废电池等十大类别的再生资源回收总量约为2.45亿吨，同比增长5.0%。其中，增幅最大的是报废船舶，同比增长109.6%。

2.回收总值基本情况

2014年，我国十大品种再生资源回收总值为6446.9亿元，同比下降0.4%。其中废纸降幅最大，同比下降17.2%；报废船舶增幅最大，同比增长91.2%。

3.主要品种进口基本情况

2014年，我国废钢铁、废有色金属、废塑料、废纸、报废船舶五大类别的再生资源共进口4132.4万吨，同比下降8.9%。其中降幅最大的是报废船舶，同比下降57.1%。只有废塑料进口略有增长，增幅为4.7%。

1.创新型回收模式不断涌现

近年来，随着再生资源回收行业的快速发展，企业着力创新回收模式，提高回收水平。如杭州富伦生态科技有限公司通过与火车站合作回收废弃物中复合纸包装减排垃圾，实现了回收人员、火车站、利用企业多方共赢的创新回收模式；深圳泰力废旧电池回收技术有限公司与笔记本电脑、手机制造商合作，通过快递公司上门回收，执行废旧电池回收认证方案模式；上海燕龙基再生资源利用有限公司三级回收网络回收废玻璃模式；武汉格林美资源循环有限公司采用回收箱、回收超市相结合的废旧电池多渠道回收模式；上海森蓝环境资源有限公司废弃电器电子产品“5H”回收模式；北京盈创再生资源回收有限公司将物联网技术与再生资源回收体系相结合，通过自主研发的饮料瓶智能回收机，开创了中国首例将物联网技术与再生资源回收体系结合的先例。

2.“互联网”思维日益渗透

近期，“互联网”思维成为公众讨论热点。传统再生资源回收产业，通过嫁接互联网进行升级改造，不仅可有效减少行业中间环节，使信息更加透明化，还有助于降低企业经营成本，提高资金使用效率。随着再生资源产业的不断发展，产业转型升级迫在眉睫，在各种回收和交易模式的演变过程中，涌现了一批并走在时代前端的互联网企业。如深圳淘绿信息科技有限公司将互联网思维融入传统回收行业，构建了专注于再生资源行业（废旧手机）的回收服务第一平台，集线上回收交易平台、二手商城平台、拆解物交易平台、积分系统为一体的三大平台一个系统。

3.兼并重组加剧，产业集中度进一步提高

再生资源资本市场风起云涌，并购重组相继发生，东江环保股份有限公司发布公告收购并增资湖北天银循环经济发展有限公司后，中国再生资源开发有限公司重组秦岭水泥也已获得证监会核准通过，桑德环境资源股份有限公司发布公告称收购电子废弃物处置优质企业湖南省同力电子废弃物回收拆解利用有限公司70%股权，电子废弃物处置行业龙头企业深圳市格林美高新技术股份有限公司以及首创环境控股有限公司、珠海格力电器股份有限公司，通过资本力量整合，目前共形成了6家与电子废弃物处置行业相关的上市企业。目前，在上海、深圳和香港上市的再生资源企业主要包含格林美、桑德环境、东江环保、华宏科技、山鹰纸业等15家企业。随着兼并重组加剧，行业集中度进一步提高，推动行业向规范化、有序化方向发展。

4.再生资源价格普遍下跌，企业利润呈下降趋势

受国内外经济环境和市场需求持续低迷的影响，2014年主要品种再生资源价格一直呈下行走势。以重型废钢铁平均采购价为例，一季度平均价格为2470元/吨，二季度平均价格2360元/吨，环比下降110元/吨，降幅4.5%；三

季度平均价格2260元/吨，环比下降100元/吨，降幅4.2%；四季度平均价格2050元/吨，环比下降210元/吨，降幅9.3%。2014年全年平均价格2290元/吨，比2013年下降350元/吨，降幅13.3%。

此外，受经济下行压力影响，生产企业减少再生资源消耗，造成前期投资几千万或几个亿建设的再生资源回收加工企业经营规模缩减，产能无法全部释放，经济效益下滑，再生资源回收加工量减少。大批中小型企业处于停产或半停产的状态，一些大型企业的开工率也不足60%。据调查2014年京津冀17家大型废钢铁加工企业回收加工量大幅减少，其中四家企业全年停止废钢铁经营业务。目前，再生资源回收企业盈利情况不断恶化，再生资源回收行业在艰难的环境中运行。

5.从业人员结构发生变化，拾荒流动人员增多

2014年，伴随着新型城镇化的建设，人本城镇化和生态环境城镇化水平的不断提升，产业发展的劳动成本和环境保护成本提升，导致人工成本的大幅上涨，正规回收业经营困难，部分回收企业投资引进机械化回收分拣线替代工人的手工劳动，造成部分分拣线上的工人分流。 此外，还有部分回收企业转投其他行业，也造成一部分从业人员分流。而随着废弃物产生量的持续增加，大批非正规再生资源回收者（拾荒者）活跃于再生资源回收领域，再生资源从业人员结构发生变化。据不完全统计，从业人员数量从去年的约1800万人减少到约1500万人，而城镇拾荒人员新增200多万人。

（三） 各主要品种分析

1.废钢铁回收情况分析

2014年，全国粗钢产量82270万吨，同比增长5.6%。同年，我国回收废钢铁为15230万吨，同比增长1.0%。其中，重点大型钢铁企业回收废钢铁8830万吨，同比增长3.0%；其他行业回收废钢铁6400万吨，同比下降1.7%。

受国内外经济环境和钢材市场持续低迷的影响，2014年废钢铁价格一直呈下行走势，下半年的降幅高于上半年，反映废钢铁市场运行态势日趋低迷。钢铁企业废钢铁应用量下降的局面并未扭转，实现多吃废钢，精料入炉的目标任重道远。

2.废有色金属回收情况分析

2014年我国十种有色金属产量为4417万吨，同比增长7.2%，再生有色金属工业主要品种（铜、铝、铅、锌）总产量约为1153万吨，同比增长7.5%。其中再生铜产量约295万吨，同比增长7.3%，占精铜产量的37%；再生铝产量约565万吨，同比增长8.7%，占原铝产量的23%；再生铅产量约160万吨，同比增长6.7%，占铅产量的38%；再生锌产量133万吨，同比增长3.9%，占锌产量的23%。

2014年国内主要废有色金属回收量约为798万吨，占再生金属原料供应量60%以上，其中废铜回收量约为135万吨，废铝回收量约为370万吨，废铅回收量约为160万吨，锌回收量约为133万吨。

2014年，中国共进口含铜废料387.5万吨（实物量），同比下降11.4%，金额为110.8亿美元，同比下降19.7%，连续两年大幅下降。进口含铝废料230.6万吨（实物量），同比下降7.9%，金额为34.6亿美元，同比下降11.6%，自2011年以来已连跌四年。含铜废料和含铝废料主要来自美国、香港、澳大利亚、马来西亚、日本、德国等国家和地区，主要从广州、宁波、杭州、天津、青岛等关区进口。

3.废塑料回收情况分析

2014年，我国塑料加工业仍位于合理区间运行，稳步增长，塑料制品产量为7387.78万吨，同比增长7.44%，塑料表观消费量达到9325.4万吨，国内塑料使用量约为6785.37万吨。据估算，我国2014年塑料回收再生利用量达到2825.43万吨，国内废塑料回收利用量约为2000万吨，同比增长46.4%。

随着环保法实施，塑料行业转型升级，企业需要投入更多的物力与财力来提高自身技术、装备以及管理水平，无形中增加了再生塑料加工成本。据了解再生塑料企业利润持续走低，由2012年的500元/吨左右降至2014年的200元/吨左右。再生料由于环保频频施压生产成本逐步提高，新料因原油暴跌价格大幅下行，两者价差进一步缩小，迫使部分企业放弃或减少再生料使用，再生塑料行业发展更是举步维艰。

4.废纸回收情况分析

2014年，我国生产机制纸及纸板1.18 亿吨，同比增长2.80 %，全国制浆造纸及纸制品业企业数量比去年同期减少5%左右，工信部公布的两批各地淘汰落后的460万吨造纸产能中大部分是瓦楞原纸和箱纸板企业。2014年纸及纸板产量与上年基本持平，由于我国各类商品出口增速下降，箱纸板和瓦楞原纸市场需求减弱。

2014年废纸市场是近几年来行情较为低迷的一年，废纸价格上半年震荡下跌，下半年基本稳定。受环保政策及

综合成本要素等因素影响，2014年国产原生纸浆产量减少，各类商品纸浆进口量增加，同时废纸进口减少，国内回收废纸的利用比例有所提高。2014年，国内回收利用废纸4400万吨，同比增长0.5%。

5.废轮胎回收情况分析

2014年全国轮胎产量超过5.62亿条，其中子午线轮胎产量超过5.11亿条（全钢胎1.12亿条、半钢胎3.99亿条），子午化率90%。

我国废轮胎回收利用行业主要是旧轮胎用于翻新，废轮胎制造再生橡胶、橡胶粉和热裂解。旧轮胎翻新是废旧轮胎综合利用的首选，2014年，我国废旧轮胎年产生量约1000万吨，无害化利用率约60%，其中翻新轮胎约1400万条，由于国家标准《机动车运行安全技术条件》（GB7258）和“三不包”（不包修、不包换、不包退）轮胎的影响，轮胎翻新企业近70%处于停产或半停产状态，给企业造成很大的经济损失。

受天然橡胶价格的影响，造成再生橡胶的需求量大大降低，又由于再生橡胶生产受环保的制约，大、中型企业引用环保的再生脱硫设备，小的不规范的再生橡胶企业处于停产整顿或倒闭的状态。2014年，再生橡胶产量约350万吨，橡胶粉产量约30万吨，其中用于生产改性沥青15万吨。

我国废旧轮胎回收利用设备由原来的引进到现今基本实现国产化，已达到国际先进水平，并出口到美国、俄罗斯、澳大利亚等国。

6.废弃电器电子产品回收情况分析

2014年中国家用电冰箱产量为9337万台，同比下降0.04%；生产房间空气调节器1.57 亿台，同比增长11.46%；洗衣机产量7114.33万台，同比下降1.2%；生产微型计算机3.51亿台，同比下降0.8%；彩电产量15541.94万台，同比增长10.8%。2014年家电业主营业务收入为1.41万亿元，增幅达到10%，共完成利税总额1407.3亿元，利润总额931.6亿元，分别比去年增长19.5%和18.4%。

2014年，我国五种主要废弃电器电子产品的回收量约为13583万台，约合31万吨。其中废电视机回收量为5860万台；废电冰箱回收量为1332万台；废洗衣机回收量为1420万台；废房间空调器回收量为1961万台；废微型计算机回收量为3010万台。

2014年6月，财政部发布第四批获得废弃电器电子产品处理基金补贴企业名单。至此，全国一共有106家处理企业具有废弃电器电子产品处理基金补贴资格。废弃电器电子产品不属于危险废物，可以跨省收集和运输。废弃电器电子产品处理企业间的竞争主要集中在原料的竞争。从2014年下半年开始，废弃电器电子产品的回收价格在僧多粥少的情况下继续上涨，导致处理企业的处理成本不断增加，利润空间越来越小。

7.报废汽车回收情况分析

根据国家统计局发布的《2014年国民经济和社会发展统计公报》，2014年末全国民用汽车保有量达到15447万辆(包括三轮汽车和低速货车972万辆)，同比增长12.4%。为推动各地加快黄标车的淘汰工作，环境保护部联合发展改革委、公安部、财政部、交通运输部、商务部等六部门印发了《2014年黄标车及老旧车淘汰工作实施方案》，并自2014年下半年开始，实行黄标车和老旧车淘汰工作月调度制度，每月通报各地淘汰任务进展。各地纷纷出台相关配套政策措施，有力地推动了淘汰工作。2014年我国回收拆解报废汽车220万辆，其回收量占汽车保有量的1.42%。

2014年我国报废汽车回收拆解行业发展稳步推进，全国获得拆解资质的企业数量达597家，同比增加3.65%；隶属回收网点2432个，同比增长1.4%。报废汽车回收网点已覆盖全国80％以上的县级行政区域。

8.报废船舶回收情况分析

2014年，我国拆船业在船舶拆解量上继续稳居世界前两位。大量的废旧船舶得到安全环保拆解，为加速国内老旧运输船舶淘汰、消解过剩运力、促进航运节能减排提供了有力支持，拆船业贡献了良好的社会效益。但受国内经济增速放缓，内需拉动有限，制造业景气度下滑，钢铁产业结构性过剩，废钢及拆船下游市场需求不旺且价格持续下跌等因素影响，拆船业的经济效益则表现不佳，企业拆船物资大量积压，资金周转困难，用工和财务成本大幅增长，已经导致连续三年处于亏损状态。

2014年，国内拆船企业拆解国内外各类废船251艘193万轻吨（约合830万载重吨），同比下降22.4%。其中，国内废船109万轻吨，同比增长111.8%；进口废船85万轻吨，同比下降57.2%。

9.废玻璃回收情况分析

2014年我国生产平板玻璃79262万箱，同比增长1.1%，日用玻璃器皿及包装容器产量2500万吨左右。我国玻璃企业主要分布在辽宁、河北、山东、江苏、浙江、广东、福建等中东部地区。废玻璃产生渠道主要有两个方面：一

是玻璃生产企业生产过程中产生的边角料、企业定期停产产生的废玻璃，二是人们日常生活中丢弃的玻璃包装瓶罐及打碎的玻璃窗碎片。2014年，我国废玻璃回收量为855万吨，同比增长0.7%。

10.废电池回收情况分析

2014年我国电池产量约476.8亿只，其中，锂离子电池累计完成产量52.87亿只，同比增长10.9%；原电池产量312.5亿只，同比增加0.15%。电池出口总量296.3亿只，进口电池总量47.4亿只，电池消费量227.9亿只。

2014年废电池（铅酸电池除外）回收量约为9.5万吨，其中：废一次电池回收量约为3万吨，废二次电池回收量约为6.5万吨。

二、行业发展存在的问题

（一） 行业整体水平较低

目前，再生资源回收行业80%以上从业企业是“夫妻店”、“小作坊”，规模化企业数量少，缺乏现代管理制度和现代化经营组织方式。行业内技术研发普遍投入不足，大多数企业以手工拆解、简单拆解为主，设备简陋、技术落后，行业整体技术装备水平不高；多数企业对优质再生资源的加工利用水平差，分拣加工产生的产品附加值低，产品结构单一，科技含量少，增值水平低，同质化现象明显。回收企业出于逐利考虑，对回收品种“利大抢收，利小不收”，废纸、废金属等价值较高的品种回收率可达70%，废玻璃等价值低的品种回收率仅20%左右，大量可用资源无人问津，造成严重浪费。

（二） 政策环境不完善

近年来，各部门、各级地方人民政府出台了一系列促进循环经济发展的政策措施，但由于缺乏统筹性和系统性设计，政策没有形成合力。同时，我国缺乏对回收环节的政策激励机制，大多数政策仅针对资源综合利用企业，回收行业多次提出财税政策支持弱、企业用地难、回收车辆进城难等问题，一直没有妥善解决。此外，再生资源回收企业不公平竞争的问题依然存在，2011年再生资源回收行业增值税优惠政策取消后，各省份的增值税地方留成返还比例不一致，甚至有地区对企业实行包税制，导致各地企业的实际税负不一样，企业不能在同一起跑线上公平竞争，为了生存就会出现跨省流动，不利于行业的健康有序发展。

（三） 法律体系不健全

发达国家的基本经验是在生产、回收、利用多个环节均有法可依，依法管理。而我国虽有一些循环经济、节能环保领域的法律法规，但法规体系不完善，针对回收环节的专门性法律文件仅有一部部门规章《再生资源回收管理办法》，法律效力低、规范力度小，部分条款已不适应行业发展的需要；生产、利用环节的相关法律法规中，也缺乏鼓励再生资源回收与利用的较为系统的规定。我国除对废弃电器电子产品初步建立起生产者责任制度以外，其他品种的生产者、销售者、消费者责任制度尚未建立，政府、企业、个人各方责任义务也未划分清楚，造成废弃物产生、回收、利用、监管无人负责、责任不明的局面。

三、行业发展趋势分析

（一） 对行业发展环境及相关因素分析

1.我国经济下行压力对行业发展提出挑战

当前，世界经济正处于深度调整之中，复苏动力不足，地缘政治影响加重，不确定因素增多，推动调整结构成为国际社会共识。展望2015年，我们认为由于全球经济复苏基础仍然较弱，房地产调整远未到位，一些领域存在较大的金融风险，我国经济下行压力还在加大，发展中深层次矛盾凸显，2015年面临的困难可能比2014年还要大。我国发展面临“三期叠加”矛盾，资源环境约束加大，劳动力等要素成本上升，高投入、高消耗、偏重数量扩张的发展方式已经难以为继，我国经济发展进入新常态。新常态不仅意味着经济增长转向中高速，而且伴随着深刻的结构变化、发展方式变化和体制变化。而结构、方式和体制的变化不断推进、显现，正是新常态下中国经济新动力所在，机遇所在。

2.国家宏观调控带动再生资源行业发展

2015年国家将再取消和下放一批行政审批事项，全部取消非行政许可审批，建立规范行政审批的管理制度。2015年政府将坚持有保有压，化解过剩产能，支持企业兼并重组，在市场竞争中优胜劣汰。2015年国家将继续实行结构性减税和普遍性降费，进一步减轻企业特别是小微企业负担。完善出口退税负担机制，增量部分由中央财政全额负担，让地方和企业吃上“定心丸”。新环保法实施按日计罚、行政拘留、引咎辞职等新处罚制度，增加了再生资源回收利用企业的不环保经营的“违法成本”。铁矿石资源税征收比例下调，废钢铁行业将受到较大影响。推进社会信用体系建设，建立全国统一的社会信用代码制度和信用信息共享交换平台。积极发展循环经济，大力推进工业废物和生活垃圾资源化利用。2005年底前注册营运的黄标车要全部淘汰。制定“互联网＋”行动计划，推动移动互联网、云计算、大数据、物联网等与现代制造业结合，促进电子商务、工业互联网和互联网金融健康发展，引导互联网企业拓展国际市场。上述的国家宏观调控措施将带动再生资源行业发展。“一带一路”的建设，也将有利于各国共建国际大通道和经济走廊，对经济、产业、资本市场都有重大利好，也将推动我国再生资源的产业发展。

3.出台一系列政策法规助力行业回收水平提升

2011年国务院办公厅发出的《关于建立完整的先进的废旧商品回收体系的意见》（国办发［2011］49号）。《意见》中提出，坚持市场主导与政府引导相结合；循环发展与科技创新相结合；多渠道回收与集中分拣处理相结合；全面推进与因地制宜相结合。到2015年，初步建立起网络完善、技术先进、分拣处理良好、管理规范的现代废旧商品回收体系，各主要品种废旧商品回收率达到70%。2015年1月26日商务部、发展改革委、国土资源部、住房城乡建设部和供销合作总社制定的《再生资源回收体系建设中长期规划（2015-2020年）》发布。《规划》中介绍，到2020年，在全国建成一批网点布局合理、管理规范、回收方式多元、重点品种回收率较高的回收体系示范城市，大中城市再生资源主要品种平均回收率达到75%以上，实现85%以上回收人员纳入规范化管理、85%以上社区及乡村实现回收功能的覆盖、85%以上的再生资源进行规范化的交易和集中处理。培育100家左右再生资源回收骨干企业，再生资源回收总量达到2.2亿吨左右。行业规模化经营水平大幅提升，技术水平显著提高，规范化运行机制基本形成。根据我国有关部门的相关政策指引，我国再生资源的回收利用将进入系统化、规范化阶段，政策的指引有望带动再生资源回收市场的迸发。

（二） 行业整体及各品种趋势预测

2015年是“十二五”规划收官之年，也是我国经济平稳转入新增长阶段的关键时期。宏观政策需要顺应目前调整的趋势，并对短期意外冲击保持警惕，将经济波动控制在较小范围内。综合内外条件，2015年政府消费退出、房地产及其相关消费增速快速下降后，新消费热点的培育将进一步加强。包括新能源汽车在内的汽车产业正处于较快发展阶段，国家加大对汽车生产和消费领域的支持。进一步加大信息化基础设施投资，降低信息消费门槛，以信息消费带动传统商业和产业的信息化改造升级。

2015年是规划年，而且“十三五”规划具有“承上起下”的重要作用。“十三五”时期是实现第一个100年目标的冲刺阶段。着力推动中国经济由中低端向中高端转换。积极推进科技创新和体制创新，显著提高一些战略性产业（汽车、节能环保产业）的自主创新能力。支持已形成一定新的优势产业（如高铁、光伏产业、造船业和支线飞机）继续做大做强。钢铁、煤炭、平板玻璃、水泥、电解铝、光伏等行业产能过剩严重，控制增量优化存量，积极稳妥推进产业转型升级，淘汰落后产能工作也在有序推进，如河北省削减钢铁产能达数千万吨。

预计2015年我国再生资源回收总量将小幅增长；部分再生资源价格将继续维持震荡下跌趋势；传统再生资源企业经营将更加困难，一些具有创新型商业模式的再生资源回收企业将不断出现；企业间的兼并重组将进一步加快，对于化解产能过剩将起到积极的促进作用；“互联网+”思维将给传统再生资源回收注入新的活力。具体分品种看：

1.废钢铁回收趋势预测

2015年，国内经济运行对钢材消费强度减弱，钢材市场供大于求，低价位、低效益的局面仍会延续。废钢铁产业发展的外部条件不会发生大变化。我国废钢铁产业的发展将继续在“消耗下降的低谷期、价格下滑的低迷期、企业生存发展调整期”的新常态阶段运行。

2015年，粗钢产量小幅增长，废钢铁消耗总量略有提升，废钢铁价格小幅下降的走势仍将延续，钢铁企业废钢铁消耗下降局面很难改观，废钢铁加工企业经营状况日趋艰难。

2.废有色金属回收趋势预测

在经济步入“新常态”，国内有色金属产能延续过剩的格局下，2015年中国再生有色金属的需求量不会有显著增加，市场价格也不会有明显提高。加之近年进口含铜、铝废料价格持续倒挂，更多采用国内回收废有色金属将是接下来几年中不可逆转的趋势。

国内有色金属制品的消费量和社会积蓄量不断增加，初步估算，2015年国内废有色金属回收量将继续保持稳定，大幅增长的可能性较小。

随着政府进一步加大简政放权力度，2015年，有色金属回收利用市场环境有望进一步优化。《资源综合利用产

品及劳务增值税优惠政策目录》即将修订出台，更多有色金属再生利用企业有望享受到增值税优惠政策，有利于提高企业竞争力；《再生资源回收体系建设中长期规划(2015-2020)》的颁布，也将加速我国的废旧商品回收体系建设，对采用国内废料生产的再生金属企业的发展将起到积极作用。

3.废塑料回收趋势预测

2015年塑料市场需求不足，塑料加工业下行压力加大，将直接影响废塑料再生利用量的增长。但是2015年国家实施新的经济政策，塑料加工业将受惠于重点领域项目建设而有所作为。近期石油价格低位运行，塑料原料价格大幅回落趋于稳定，其他影响企业经营的因素变化不明显，可为塑料加工企业带来短期利好。

未来几年，亚洲特别是中国将继续担当全球聚合物市场增长的引擎，持续的城市化进程和经济发展将加快塑料的需求增长步伐。这些国家正以繁荣的国内及再出口市场为后盾，积极提升再生塑料加工能力。日本、韩国等成熟市场的再生塑料生产商将通过提升产业链，进军细分的差异化市场，逐渐让出低端市场份额。

4.废纸回收趋势预测

由于经济发展放缓，需求增长下降在短期内难以得到有效改善，造纸行业景气度不会快速回升，加上部分产品存在结构性、阶段性产能过剩问题，预计2015年国内制浆造纸及纸制品行业生产和消费情况将会延续2014年的态势，废纸回收行业总体会保持平稳，但市场不会有太大起色，整体表现应会略好于2014年。

5.废弃电器电子产品回收趋势预测

2015年，我国废弃电器电子产品中首批目录产品（四机一脑）的理论报废量将继续增长。而黑白电视机的理论报废量仍将持续下降。由于首批目录产品中，电视机处理量巨大、且补贴标准高，导致处理基金收支严重失衡。目前，财政部正在研究调整处理基金征收和补贴标准。预计2015年，在新的基金征收和补贴标准下，首批目录产品的回收处理数量较2014年持平或略有下降。

随着财政部第四批获得处理资金补贴的企业名单的发布，绝大部分具有资质的处理企业已经进入废弃电器电子产品回收处理行业。处理企业间的原料竞争将进一步加剧。此外，随着人工成本和管理成本的不断增加，处理行业的利润空间将不断缩小。企业间的兼并重组将更加活跃。

6.废轮胎回收趋势预测

2015年，我国废旧轮胎年产生量约1100万吨，受国家标准《机动车运行安全技术条件》（GB7258）和“三不包”（不包修、不包换、不包退）轮胎的影响，轮胎翻新企业近70%处于停产或半停产状态，轮胎翻新数量预计将同比减少50%以上。由于受天然橡胶价格和环保的影响，造成再生橡胶的需求量大大降低，再生橡胶生产将比2014年下降30%左右，规模大管理规范的企业将受到国家的支持。橡胶粉产量约35万吨，其中用于生产改性沥青15万吨。

2015年我国旧轮胎的进口在原有试点数量的基础上，扩大试点的数量，以缓解国内胎体紧张的局面。

7.报废汽车回收趋势预测

2015年，国内宏观经济增速继续减弱，市场需求复苏动力不足，尤其是我国钢铁行业仍在进行结构调整，导致钢材产能下降，废钢价格低迷不振，也将对报废汽车回收拆解销售产生不利影响。但2015年又是报废汽车回收拆解行业面临经营困难与发展机遇并存的一年，预计报废汽车回收量可达到280万辆，同比增长27.3%，企业经济效益也会进一步提升。

对报废汽车回收拆解行业产生利好最大影响的因素：一是2015年是政府实施强制淘汰黄标车的关键一年，将促进报废汽车回收拆解行业发展；二是拆解材料市场价格低位回升，拆解可回用零部件再利用率有望提升，拉动报废汽车回收拆解企业经济效益增长。

8.报废船舶回收趋势预测

2015年，世界经济增长动力不足的局面依旧难以改变，国际环境依然充满复杂性和不确定性。从废船供应市场分析，近几年国内外航运业仍然是低迷徘徊，运力过剩状况难以扭转，加上香港公约（HKC）、欧盟拆船法案（EU SRR）、船舶能效设计指数（EEDI）的生效以及新船交接等影响，国际老旧船舶退出市场的脚步短时间内不会停止。在我国，加速老旧运输船舶淘汰等政策的继续实施，2015年地方航运企业依旧会有大量的废船面临淘汰拆解。

预计国内拆船业2015年废船拆解量仍将继续呈现下滑的态势，预计将回落20%以上。

9.废玻璃回收情况分析

回顾2014年玻璃现货市场走势，整体表现为“价格走势低于预期，新增产能继续增加，区域间竞争加剧，酝酿新一轮整合行情”。目前，玻璃现货价格和年初大部分业内人士所预测的大相径庭，主要原因是下游房地产等行业对玻璃的需求减量过多和新增产能的冲击。据国家统计局公布的数据显示，玻璃行业经济运行形势严峻，22%企业处于亏损状态，亏损额超过了37亿元，增长67%。由此可见，2015年玻璃行业行情不容乐观。2015年，国内规模以上日用玻璃生产企业工业总产值将达到 2000 亿元左右，总产量将达到2800万吨左右。预计2015年废玻璃回收量较上年将小幅下降，回收价格将震荡下跌。

10.废电池回收情况分析

2014年新能源汽车生产78499辆，销售74763辆，比上年分别增长3.5倍和3.2倍。其中纯电动汽车产销分别完成48605辆和45048辆，比上年分别增长2.4倍和2.1倍；插电式混合动力汽车产销分别完成29894辆和29715辆，比上年分别增长8.1倍和8.8倍。预计2015年的新能源汽车销量能够翻番，达到15万辆。新能源汽车产销两旺带动了锂离子电池产量将大幅提高，2015年废电池回收量将与2014年基本持平。

2014～2015年中国石油和化工行业循环经济

中国石油和化学工业联合会

一、2014～2015年石油化工行业发展概况

2014年，石油和化工行业规模以上企业29134家，行业增加值增幅8.3%，同比回落1个百分点；行业主营业务收入14.06万亿元，同比增长5.4%；利润总额7911.1亿元，同比下降8.1%，分别占全国规模工业主营收入和利润总额的12.8%和12.2%。上缴税金9849.5亿元，增长8.6%，占全国规模工业税金总额的20.3%。完成固定资产投资2.33万亿元，增长10.7%，占全国工业投资总额的11.4 %。资产总计11.49万亿元，增幅8.0%。进出口贸易总额6754.8亿美元，增长3.8%，占全国进出口贸易总额的15.7%；逆差2819.8亿美元，同比缩小2.8%。全国石油天然气总产量3.21亿吨（油当量），同比增长2.7%；主要化学品总产量增幅约6.3%。

2014年和2015年前十个月，石油和化工行业经济运行总体平稳，结构调整继续深化。一是专用化学品、涂（颜）料等精细化学品等在经济增长中贡献率上升；二是非公经济和私营经济在经济总量中的比重继续增加；三是消费结构出现新变化，天然气和汽油消费保持较快增长，柴油持续低迷，有机化学原料、合成树脂等消费热度不减，市场消费特别是化工产品消费，正向差异化、个性化、品质化方向发展。

但是，在石油和化工行业经济运行中的也出现一些新情况、新问题。一是价格持续疲软，2015年10月份，石油和化工行业价格总水平继续低位运行，特别是化学工业，价格指数继续刷新金融危机以来最低值；二是成本高位运行，近两年来，石化化工企业用工成本、融资成本、物流成本、环保成本、用电成本等呈上升趋势，在当前效益下滑背景下，企业倍感压力；三是投资出现下降，2015年10月，石油和化工行业固定资产投资增幅继续回落，出现历史上的首次下降。

二、2014～2015年石油和化工行业发展循环经济所做的主要工作

2014~2015年，为推动石油和化工行业循环经济的发展，各级政府部门、行业组织和企业采取了多种措施，开展了大量卓有成效的工作。

（一）建章立制，制订法律法规和政策文件

2015年4月14日，国家发展改革委印发《2015年循环经济推进计划》，要求各部门根据本计划，抓紧细化落实，加大工作力度，强化协调配合，深入推进循环经济各项工作，确保完成2015年循环经济发展目标任务。

《推进计划》多处涉及石油和化工行业。一是要求深化循环型工业体系建设，组织实施《煤层气勘探行动计划》，建设沁水盆地和鄂尔多斯盆地东缘煤层气产业化基地，推进煤矿瓦斯抽采利用规模化矿区建设，鼓励采用煤与瓦斯共采方式，推广低浓度瓦斯发电，提高煤层气利用水平，2015年，抽采量达到179亿立方，利用量达到83亿立方。二是要推进资源综合利用，实施资源综合利用“双百工程”，重点开展赤泥、磷石膏、尾矿、冶炼和化工废渣等产业废物综合利用，培育一批示范基地和骨干企业。三是要开展园区循环化改造，制定发布《园区循环化改造示范试点中期评估及考核验收管理办法》，完善园区循环化改造评估标准，对已实施循环化改造的部分园区进行中期评估。四是深化再制造试点示范工作，鼓励废旧轮胎翻新，加强石油、矿山、铁路、办公设备等领域再制造技术交流和产品推广应用。

2014年5月23日和12月23日，工业和信息化部公布了两批符合《轮胎翻新行业准入条件》、《废轮胎综合利用行业准入条件》企业名单，第一批包括轮胎翻新、再生橡胶和胶粉企业共23家，第二批共9家。这些入选企业符合《轮胎翻新行业准入条件》、《废轮胎综合利用行业准入条件》及《废旧轮胎综合利用行业准入公告管理暂行办法》，经企业申报、主管部门初审、专家复审及网上公示等程序，并征得环境保护部同意，然后予以公布。这两批企业的公布对于规范轮胎翻新行业和废轮胎综合利用行业具有直接的推动作用。

2014年12月31日，国家发改委、科技部、工信部、财政部、环保部、商务部等六部委联合发布了《重要资源循环利用工程（技术推广及装备产业化）实施方案》。此工程主要涵盖资源循环利用产业中的城市矿产（再生资源）、再制造、产业废弃物资源化利用以及废旧商品回收体系建设四个领域。对于石油和化工行业，实施方案针对废橡胶和工业副产石膏提出了具体要求。在废橡胶行业，研发废橡胶新型环保再生技术与装备、废轮胎常温粉碎和

深加工技术与装备、活化胶粉改性道路沥青技术与装备；推广废旧轮胎回收精细胶粉全自动设备、硫化橡胶粉常压连续脱硫成套装备。在工业副产石膏行业，研发脱硫石膏质量在线监测技术，加强低能耗磷石膏制硫酸钾副产氯化铵等技术和利用副产石膏改良土壤的技术研发；推广湿法磷酸萃取工艺控制和优化技术、低能耗磷石膏制硫酸联产水泥技术、磷石膏制硫酸钾副产氯化铵技术、低品质磷石膏生产矿井充填专用胶凝材料技术。

这些法规和政策的出台，有力的加强了政府对于石油和化工行业发展循环经济的指导力度，为全行业循环经济工作指明了方向。

（二）调整产业产品结构，提高资源综合利用水平

2014年，面对复杂多变的宏观经济形势，化工行业在效益大幅下滑，投资动力不足的背景下，稳步推进转型升级，积极化解产能过剩，生产稳步增长，出口势头良好，市场供需总体稳定，节能减排取得积极进展。从上游能源生产领域看，页岩气、煤层气、煤制气等非常规油气产量大幅增长，所占比重持续攀升。2014年全国天然气产量1329亿立方米，净增长132亿立方米，同比增长10.7%。其中，常规天然气产量1280亿立方米，净增长114亿立方米，同比增长9.8%，连续4年保持1000亿立方米以上；煤层气产量36亿立方米，同比增长23.3%；页岩气产量13亿立方米，同比增长5.5倍。炼油领域，1-12月，原油产量20949万吨，同比增长0.6%；原油加工量45642万吨，增长2.8%，成品油产量28491万吨，增长4.4%；成品油表观消费量26928万吨，增长2.0%，其中汽油增长8.3%，柴油下降3.9%。在下游化工领域，受益于汽车工业的快速增长，专用化学品、涂（颜）料等精细化学品等在经济增长中贡献率上升。2014年专用化学品对化学工业收入增长的贡献率最高，达到36.3%，同比大幅提高13.2个百分点；涂（颜）料制造贡献率为8.5%，同比上升2.8个百分点。从利润看，涂（颜）料制造和专用化学品增幅分别达到14.6%和11.7%，显著高于行业平均水平，利润增量也主要来自专用化学品和涂（颜）料制造业。化学工业中，有机化学原料、合成树脂等消费热度不减。2014年，合成材料产量1.15亿吨，增长7.9%；全年合成树脂产量6950.7万吨，增长10.3%;我国煤化工产业正在快速发展，但是仍然面临严峻挑战，主要的挑战是与其他原料的竞争，尤其是当前国际油价已经跌至50美元/桶以下。此外环保和水资源紧缺也将继续影响中国煤化工产业的发展。中国新的环保法已经于2015年1月1日生效。一些企业或许需要搬迁至指定的工业区，一些需要改造生产设施以满足新的排放标准，另外一些将被迫关停装置以缓解严重的空气污染。

在大力整合和延长产业链的同时，石油和化工行业继续淘汰落后产能。2014年石化行业新增产能明显减少，部分过剩产品产能快速增长的势头基本得到遏制，产量也出现下降。其中尿素行业退出落后产能500万吨，烧碱产能退出33万吨，聚氯乙烯产能退出21万吨，电石行业淘汰落后产能192万吨。2014年前10个月化肥总产量同比下降13.3%，价格开始止降回稳，效益持续恶化的局面一定程度上得到了缓解;无机酸和无机碱制造业2014年的利润也实现了正增长。

（三）进一步促进我国化工园区科学化、规范化发展，鼓励开展智慧化工园区的试点工作

园区化是当前全球石化产业发展的一个重要特征，也是我国石化行业近年来着力推进的一大举措。在全行业的努力下，我国化工园区发展已取得显著成就，成为行业转型发展的一个突出亮点，对优化产业布局，提高产业集中度，提升行业安全环保水平，促进行业健康和可持续发展，发挥了重要作用。

据中国石化联合会统计，2014年底，全国重点化工园区或以石油和化工为主导产业的工业园区共有381家。其中，国家级化工园区(包括国家级经济技术开发区、国家级高新技术产业开发区)共有42家，省级化工园区221家，地市级化工园区118家。这381家化工园区2013年的工业总产值合计超过5万亿元人民币，约1.2万家规模以上石化和化工企业进入化工园区，企业入园率达到45%左右。一批体现了行业较高发展水平的企业和技术已进入园区，比如大型炼化一体化装置、国内第一套外购甲醇制烯烃装置、第一套煤制油装置、第一套自主知识产权的非光气法聚碳酸酯项目等。为了鼓励先进、树立典型，进一步促进我国化工园区科学化、规范化发展，2015中国化工园区与产业发展论坛表彰了“2015中国化工园区20强”和“2015中国化工潜力园区10强。

2015年9月，智慧化工园区试点工作启动，标志着石油和化工行业以“互联网＋”为基础的智能化、信息化建设迈出新步伐。近年来，行业出现了一批新的典型循环经济园区，嘉兴港区则是典型园区之一。

嘉兴港区：项目引领加快转型发展

截至2014年底，园区内已集聚新材料相关企业36家，累计吸引外资投入超过15亿美元，外商投资企业涉及多个国家和地区，英荷壳牌、日本帝人星等一批国际知名企业已相继落户园区。截至2014年，园区内60%的企业建立了规范的信息化制度，超过55%的企业有长期的企业信息化发展规划。

企业两化融合度高

近年来，中国化工新材料（嘉兴）园区深入推进工业化和信息化“两化”融合，目前园区生产型企业100%实现了生产过程自动化控制，通过运用分布式控制系统（DCS）、数据采集与监控系统（SCADA）、可编程控制器（PLC）等控制系统，实现生产过程的实时监测、故障诊断、质量控制和调度，大幅降低了企业生产过程的风险。截至2014年，园区内60%的企业建立了规范的信息化制度，超过55%的企业有长期的企业信息化发展规划。

嘉兴港区应急响应中心占地19.2亩，总投资约5000万元，已建有危险化学品企业重大危险源实时监控、环境监测数据实时监控等系统，通过点对点光纤直接接入、外网IP地址接入和高空　望监控等形式，对港区所有已正式投产的危化企业实施24小时实时监控。截至2014年，已有212个重大危险源视频监控探头和179个模拟量信号接入中心，监控范围已覆盖所有已正式投入生产的36家危化企业。

3.8亿元改造计划出炉

中国化工新材料（嘉兴）园区创建智慧园区坚持以“政府主导、企业主体”为根本原则，秉承“安全、创新、绿色、智能、协调”的发展理念，充分利用云计算、物联网和移动互联网等技术，整合园区安防、管理和服务。园区建设拟投资3.8亿元，力争一年出形象，三年出优势、五年达目标，在一年内基本建成四大智慧管理系统，三年内完成智慧港口、智慧物流等配套设施建设，五年内全面实现智慧园区各体系的提升与完善，最终实现园区“基础设施智能化、园区管理精细化、生产管理信息化、物流运输一体化、产业发展现代化”的总体目标，使化工园区跻身全国智慧化工园区示范行列。

具体建设内容主要包括以下四个方面：一是加强信息基础设施建设。大力推进传感器网络建设；着力打造智慧化工园区公共云服务平台，有效整合和配置园区公共服务资源。二是推进智慧管理系统建设。智慧综合安防系统。智慧环境监测系统。智慧能源监测系统。智慧地理信息系统。三是加快智慧产业建设。产品项目一体化。优化整合产业链，着重延伸发展环氧乙烷、聚碳酸酯、合成橡胶、硅材料等领域产业链。四是加强运行主体建设。港区应急响应中心是智慧园区运行的主体，将围绕智慧化工园区的建设需求，对现有各系统进行整合升级，全面实现园区企业生产标准化、自动化、信息化。

下一步中国化工新材料（嘉兴）园区将积极探索嘉兴港区与中国航天科技集团的合作模式的创新，坚持规划导向、突出项目引领、强化技术支撑、统筹智慧港口、智慧城市等建设，努力把嘉兴港区化工园区建设成为全省领先、全国一流的智慧园区。

（四）发展绿色循环经济技术，促进企业成为技术创新主体

发展循环经济应当改变过去财政依赖的状况，让循环经济真正创造经济价值，着重经济效益。绿色可持续发展是发展方式的重大变革，是石油和化工行业实现转型升级的必然要求。另外，发展循环经济还离不开“创新”两个字。福泉市就从“创新”两个字里发掘出了财富。福泉市磷化工企业每年都会产生大量的磷石膏废渣。磷石膏含有大量的砷、镉、汞等有害化学物质,如果处理不当,将对环境造成严重污染。

贵州泰福石膏有限公司通过自主技术创新,攻克了磷石膏产品易吸水受潮的技术难关,利用磷石膏废渣生产纸面石膏板系列产品。目前,该公司在磷石膏综合利用自主研发上拥有3项发明专利和3项实用新型专利,在同行业中率先达到全部以磷石膏废渣为原料进行生产,开发出21个纸面石膏板系列产品。其产品具有质轻、防潮、防火、抗震、保温隔热、加工性能好、拆装快捷、施工方便、装饰效果佳等优点,全国市场占有率达47%,贵州市场占有率达90%以上。

泰福公司纸面石膏板生产线每年消耗磷石膏废渣40多万吨,节约矿渣堆存用地40余亩。2014年,公司实现销售收入1.2亿元、利税2764万元。

三、2014～2015年石油和化工行业发展循环经济的典型子行业、企业和园区

（一）江西黑猫:不断创新的行业领跑者

黑猫股份发展初期，依托着景德镇市焦化工业集团，有着其他单一炭黑生产企业无法比拟的资源综合利用及循环经济优势。首先是炼焦炭副产的煤焦油，可直接作为炭黑和煤焦油精制的生产原料，而炭黑生产过程中产生的尾气作为炼焦过程中所需的加热源，不仅解决了炭黑尾气排放问题，又节约了能源，有效提高了经济效益;其次是炼焦生产过程中的副产品焦炉煤气可作为煤焦油精制的加热源和炭黑生产的燃料;再次是炼焦过程产生的煤焦油经煤焦油精制产生的蒽油是炭黑生产的优质原料油。

如今，黑猫股份投用的2条年产30万吨和1条年产20万吨的焦油精制生产线，可从焦油中提炼生产轻油、脱酚

油、蒽油、洗油、沥青等，其中蒽油又可供炭黑生产，洗油供粗苯生产。

为延长循环经济产业链条，实现吃干榨尽，实现效益最大化，黑猫股份开发了尾气发电及余热锅炉项目。该项目是利用黑猫股份新工艺炭黑生产过程中排放的尾气余热资源进行回收发电，实现了综合利用，变废为宝，使电站蒸汽锅炉不再消耗一次能源，既改善了环境，又提高了企业的经济效益，使企业产业链形成循环经济的发展模式。

黑猫股份新建的子公司如邯郸黑猫、乌海黑猫均为16万吨/年炭黑新工艺生产装置，约产生16万立方米/小时的炭黑尾气，其低热值为2816千焦/立方米，完全燃烧每小时可以产生150吨5.3兆帕、485℃蒸汽。为此，公司配套建设了两台75吨/小时的炭黑尾气锅炉，同时匹配两台15兆瓦凝汽式汽轮发电机组。燃烧后的烟气由80米的烟囱直接排入大气，排出的SO2浓度可控制在492.1毫克/立方米以下，CO等有害成分经燃烧后为微量，炭黑粉尘经燃烧后浓度<18毫克/立方米。这套设施不但充分利用了炭黑尾气这一有效资源，而且改善了企业周边环境，达到了节能减排的效果。

（二）昊华骏化构建4条循环经济链

昊华骏化集团适时调整产品结构，构建起4条较为完善的产业链，循环经济初具格局。截至2014年8月5日该公司统计数据显示，企业不仅上半年业绩较为理想，节能减排指标也在行业内居领先地位。

该集团依托煤气化平台，大力发展循环经济，拉长产业链条，目前已形成合成氨—尿素—三聚氰胺—三聚氰胺发泡树脂、三聚氰胺尾气联产纯碱氯化铵、合成氨—硝酸—硝基复合肥、甲醇和羰基—醋酸—乙醇和醋酸乙酯、甲醇—有机胺4条较为完善的产业链，各种产品生产装置均具经济规模，部分装置产能位居行业前列。其中，羰基合成醋酸、羰基一步法合成有机胺生产技术、终端污水处理技术、加压改良气相淬冷合成三聚氰胺工艺技术、三聚氰胺尾气综合治理联产纯碱氯化铵技术达到国内领先水平。

该集团目前吨合成氨平均消耗煤炭（折标）已由1.33吨降至0.98吨，消耗燃料煤由0.281吨降至0.041吨，耗电由1450千瓦时降至1180千瓦时，万元工业总产值能耗从3.4吨标煤降至2.5吨标准煤，万元工业增加值能耗从23.99吨标准煤降到19.29吨标准煤，年节约标准煤12万吨，年可减排废气3106万立方米、废水43581吨，废渣已实现零排放，能耗指标处于行业领先地位。

（三）南京化工园循环经济率先标准化

南京化学工业园区国家级循环经济标准化试点项目于2011年3月经国家标准委、发改委批准立项。经过3年的建设，园区重点延伸和完善了碳-产业链循环经济，制定修订了国家标准6项、行业标准12项、地方标准1项、企业标准106项，新增通过清洁生产审核的企业44家；在全国首创了“3+1”循环经济标准工作模式（“3”为组织实施管理的3个层次，即试点工作的决策层、管理层和实施层；“1”为技术咨询层），构建了企业内的节能、节水、综合利用的小循环，企业间的能量和物料的循环利用的中循环；强化了园区废弃物的循环利用，使园区的资源能源利用率得到最大化，废弃物的排放最小化。

通过开展循环经济标准化试点项目建设，同试点前相比，园区产值提高了42.6%，工业用水重复利用率、工业固体废物综合利用率、工业废气处理率分别提高了8.2%、5%和2%，万元工业增加值取水量、单位工业增加值COD排放量以及单位工业增加值能耗分别降低了53%、15.4%和19.5%，其中，工业废气处理率、二氧化硫和氮氧化物的排放达标率、危险废弃物集中处理率均达到100%，有效促进了园区循环经济发展，实现了良好的经济效益、环境效益和社会效益。

四、今后一段时期内石油和化工产业循环经济发展前景展望

（一）石油和化学工业循环经济发展面临的问题

我国石油和化学工业循环经济发展面临的问题主要有两个，一是石油和化工行业整体工艺技术水平落后，发展循环经济的技术支撑体系还不完善。目前，在整个石油和化学工业体系中，高新技术产业所占比重偏低，传统产业仍居主导地位。目前，我国石油和化工经济总量位居世界前列，但拥有自主知识产权的先进成套技术很少，出口产品大多是低档的初级原料，而且以重污染、高耗能为代价。从化工行业的状况看，大批高能耗、高物耗、高污染的落后工艺和设备还在运行；环保投入少，设施落后，生产过程缺少控制；资源再生、能源回收利用技术较少，产品深度开发力度小。虽然有了一批比较成熟的能源节约、清洁生产和“三废”综合利用的新工艺和新技术，但总体上讲数量比较少，水平也比较低，特别是缺乏关键共性技术，难以形成发展循环经济的有力支撑。二是结构不合理，行业发展与资源、环境的矛盾十分突出。据统计，目前石油和化工行业炼油、乙烯、氮肥、纯碱、烧碱、电石、黄磷等高耗能产业的能耗，约占行业总能耗的60%。这些高耗能产业，单位产品能耗与国外平均水平比都有较大的差

距，在消耗大量能源的同时，又产生大量的“三废”，给环境造成严重的危害。产业结构、产品结构和能源消耗结构的不合理造成的巨大浪费和环境压力，进一步加剧了行业发展与资源环境的矛盾。

（二）石油和化工产业循环经济的发展前景与政策建议

1、促进清洁生产技术的开发和应用

在实施循环经济时最重要环节之一是推广清洁生产技术。我国还是一个发展中国家，整体工业技术水平比发达国家的水平相差数十年。我国目前最重要的任务是在保护生态环境的前提下，努力发展生产，增强国家的综合经济实力。而实现经济和环境双赢的唯一途径是清洁生产。在推行循环经济中一定要突出大力推行清洁生产，积极采用清洁生产技术，既高速度发展经济，又减小对生态环境的影响，遏制生态环境恶化的趋势。

对于氮肥行业，应采用先进的水煤浆气化、干粉煤气化、灰熔聚粉煤气化等技术替代固定层气化装置，或替代以油和天然气为原料的合成氨生产装置，调整原料结构，从根本上降低氮肥生产成本，减少环境污染；对于磷肥行业，要大力推广磷石膏渣综合利用技术，如磷石膏制硫酸联产水泥、磷石膏制建材等；对于氯碱行业，要继续鼓励离子膜法烧碱的发展，积极推广干法乙炔技术，电石渣废液治理要大力推广电石渣制水泥，电石渣上清夜回用于生产技术；对于纯碱行业，纯碱生产的蒸氨废渣要采用废清夜综合利用制氯化钙和再制盐，废液晒盐或掺兑晒盐，废渣制钙镁多元复合肥，废渣制工程土，蒸氨废渣制水泥或建筑胶凝材料，废渣制脱硫吸收剂，废渣制抹灰砂浆等技术进行处理；对于铬盐行业要推行无钙焙烧工艺，逐步淘汰有钙焙烧工艺；对于染料行业，一是用先进的化工机械来装备染料行业；二是采用清洁生产技术，如相转移催化技术、金属化合物催化技术、分子筛催化技术等；三是开发新的染料商品剂型，以满足用户在自动化和环保等方面的要求，如可发低粉尘的颗粒型染料和液体染料；对于农药行业，要开发低毒、可降解的新品种，开发生物杀虫剂、除草剂等；对于橡胶工业，要大力推广动态脱硫法再生胶生产技术和废旧轮胎的常温粉碎技术。

2、继续建设以石油和化学工业为核心的大型工业园区

建议相关部门按照循环经济理念来建立化工园区。这是解决资源环境发展矛盾的理想模式。一是通过采取措施规范石油和化工园区管理，引导园区按照循环经济模式进行规划、建设和改造。石油和化工园区的建设要通过对区内产品项目、公用辅助、物流运输、环境保护和管理服务的整合，做到专业集成、投资集中、资源集约、效益集聚。二是积极探索总结园区循环经济实践模式，园区建设除要求入园企业物料、废物实现内部循环外，还要促进园区内上下游企业之间副产品或废产物的相互利用，通过企业间的物质集成、能量集成和信息集成，形成产业间的代谢和共生耦合关系，使一家工厂的废气、废水、废渣、废热、废弃物式副产品成为另一家化工厂的原料和能源。使园区内形成必要的生产循环，以减少浪费，有效提高企业和企业之间资源循环利用和污染综合防治的水平，大大提高经济效益。三是要组织经验交流，积极开展咨询服务，不断提高园区技术水平和管理水平，促成园区各个企业共享资源和互换副产品的产业组合形式，形成园区实现物质闭环循环、能量多级利用的模式，逐步实现公用辅助一体化、物流运输一体化、环境保护一体化和管理服务一体化。四是要制定严格的石油和化工园区环境保护政策。在石油和化工园区的发展过程中，有一部分石油和化工园区的环境治理工作没有跟上，园区内和园区周围地区的环境污染严重，甚至成为当地居民和有关部门冲突的导火索。有关部门需要制定严格的化工园区环境保护政策，采取切实可行的措施来促使石油和化工园区的负责部门改善园区的环境。五是要鼓励和支持吸引中小企业入驻的石油和化工园区。中小型石油和化工企业本身的资金限制，很难独自建立起一套生产的基础设施，如供气、供暖、“三废”处理等。

（撰稿：李永亮，中国石油和化学工业联合会产业发展部）

2014年废钢铁循环利用

中国废钢铁应用协会

废钢铁的循环利用在我国再生资源综合利用行业中具有重要的地位，回收利用的数量和价值居其它回收品类之首。对我国的经济建设和生态文明建设做出重大贡献。

从中国废钢铁利用协会成立的1994年到2014年，我国钢铁工业共消耗废钢铁11.66亿吨，占同期粗钢产量76.67亿吨的15.2 %。废钢铁的循环利用即节约了大量的铁矿资源，又减轻了能源环境的压力。

用11.66亿吨废钢铁代替铁矿石炼钢，共节省原煤11.66亿吨或4.66亿吨焦炭；减少18.66亿吨CO2排放；减少约35亿吨冶金固体废物的排放；节省19.72亿吨铁精矿粉，少开采铁矿石50.14亿吨。

新常态时期，协会坚持为会员服务、为行业服务、为政府服务的宗旨，在政府和企业之间发挥好桥梁和纽带作用。积极反映会员企业的诉求，争取国家部门对废钢铁产业的关注和支持，热心为会员企业服务，办实事解难题，提高协会的凝聚力。

2014年，钢铁市场低迷运行态势，对废钢铁产业的发展带来很大冲击。重点钢铁企业废钢铁消耗下滑的局面持续发展，废钢铁加工企业产能无法全部释放，经营成本升高，一些企业面临生存的危机。在困境中全行业积极应对诸多不利因素，努力推进废钢铁加工配送体系建设，废钢铁产业保持了持续发展的势头。

一、适应新常态，全力推进废钢铁产业发展

1.推动行业规范发展　提升产业整体水平

协会把落实准入，加快行业规范作为一项重要工作，全力配合工信部宣传47号文件精神，协助相关企业按标准进行新建和改、扩建工作，并组织企业搞好准入申报。

在2014年上半年，协会受工信部委托组织了专家小组到申报企业现场检查验收，到年底已有130家废钢铁加工企业跨进准入门槛，加工能力已超过5000万吨，提前实现废钢铁产业“十二五”发展规划目标。

协会组织的废钢铁加工配送中心和示范基地建设又有新进展，到2014年底，全国被协会授牌的废钢铁加工企业已达63家。这些企业绝大多数进入准入的行列，废钢铁产业的面貌发生很大的变化。

2.反映行业困境　争取政策扶持

2011年国家财政部税务总局取消对废钢铁的优惠政策后，新兴的废钢铁产业在诸多外部不利因素的冲击下步履艰难。四年来协会以锲而不舍的精神，各种不同的方式，积极反映会员企业的诉求。

2014年初在协会的请求和推动下，中国科学院和工程院四名院士，联名给国务院办公厅提报《关于对新兴的规模化、工业化废钢铁产业实施税收政策扶持的建议》。

两会期间，联系相关行业人大代表联合提议案，反映废钢铁产业遇到的困难，国家应给予税收政策支持的诉求。

2014年4月份，在国家部委分别召开的征求《再生资源综合利用产品和劳务增值税优惠的目录》意见的座谈会议上，协会代表会员的呼声，坚决要求把废钢铁纳入优惠目录中。

2014年6月，协会秘书处会同中国循环经济循环等五家协会，联合撰写题为“关于申请将废钢铁列入《再生资源综合利用产品和劳务增值税优惠的目录》的报告，呈送国家相关部委。

2014年10月和11月，协会协助财政部、税务总局、发改委、工信部、商务部，分别在山东和江苏两个废钢铁加工企业召开座谈会，推进废钢铁税收优惠政策的落实。

3.积极主动承担国家课题任务，发挥行业协会作用

2014年，按时完成了社科院“循环经济发展报告”，商务部“再生资源综合利用发展报告”，中国钢铁协会“钢铁年鉴”等刊物中关于年度废钢铁产业发展情况文稿的撰写工作。协助工信部组织编写废不锈钢行业标准工作，现已上报待审批。圆满完成工信部“废钢铁综合利用准入管理”课题任务。2014年5月国家发改委下达“‘十三五’资源综合利用规划前期重大课题研究”任务，协会精心准备，分别报送了“十三五”废钢铁综合利用、冶金渣开发利用、直接还原铁生产技术的规划建议，为政府部门制定中长期产业发展规划提供了有价值　的信

息资料。

4.履行服务职能，多渠道提供交流平台

2014年8月在北京召开“第七届中国金属循环应用国际研讨会暨五届三次会员大会”，组织会员企业聆听国内外专家对宏观经济和钢铁产业发展走势的分析。同时，各专业工作委员会积极开展交流活动，推动协会各项工作的深入发展。直接还原铁工作委员会分别于2014年3月和9月召开两次专业会议，研讨直接还原铁技术工艺；2014年10月底中国钢铁协会、中国金属学会、废钢协会三家联合召开钢渣粉生产工艺技术现场推进会，促进钢渣的综合利用；2014年12月3—5日，废钢铁、冶金渣统计信息工作会议暨废钢铁加工准入网络管理培训在杭州举行；2014年11月10—21日中国金属学会废钢分会在马鞍山召开“中国废钢铁资源及其综合利用学术会议”，各种会议的交流活动都取得了良好的效果。

2014年协会组团赴欧盟、美国和日本进行考察交流，接待国际回收局（BIR）秘书长Alexandre Delacoux一行和其他外资企业到协会的访问，交流活动增强了相互了解，学习了国外先进技术和管理经验，有助于促进我国废钢铁产业的发展。

二、2014年废钢铁产业运行概况

2014年全球经济继续在缓慢复苏的轨道上运行，中国经济进入平稳增长的新常态。钢铁工业在探索化解过剩产能和环保整治的道路上艰难运行，钢材市场低迷态势无明显改变。废钢铁产业面临严峻考验，全行业经过艰辛的努力，废钢铁消耗量比2013年小幅增长，为钢铁工业的绿色发展做出贡献。

（一）2014年废钢铁回收利用情况

1.2014年，全国炼钢废钢铁消耗总量同比小幅增加

根据废钢协会统计资料，2014年全国炼钢消耗废钢铁8830万吨，比2013年的8570万吨增加260万吨，增幅3%。全国炼钢废钢铁综合单耗107kg/T，同比下降3kg/T。其中转炉废钢铁单耗66kg/T，同比下降1kg/T；电炉废钢铁单耗584kg/T，同比增加25kg/T。

表1　2006—2014年我国炼钢废钢铁平均消耗统计表　　单位：万吨

类别 \ 年份	2006	2007	2008	2009	2010	2011	2012	2013	2014
综合单耗（kg/T）	160	140	144	145	138	133	117	110	107
环比增减量（kg/T）	-18	-20	4	1	-7	-5	-16	-7	-3
炼钢废钢比（%）	16	14	14.4	14.5	13.8	13.3	11.7	11	10.7
转炉单耗（kg/T）	79	75	82	76	81	80	69	67	66
环比增减量（kg/T）	-12	-4	7	-6	5	-1	-11	-2	-1
电炉单耗（kg/T）	548	549	546	658	640	623	602	559	584
环比增减量（kg/T）	-108	1	-3	112	-18	-17	-21	-43	25

2014年炼钢废钢铁消耗总量比前一年略有增长，原因在于粗钢产量的增加，实际炼钢废钢比低于2013年0.3个百分点，“总量增加。单耗下降”的走势仍在延续。重点钢铁企业废钢铁应用量下降的局面并未彻底扭转，实现多吃废钢，精料入炉的目标任重道远。

2014年，钢铁企业无法摆脱低价格低效益的困扰，尽管废钢铁价格一再下降，仍未能激发起钢厂多用废钢铁的积极性。另外进口铁矿石价格的大幅下滑，促使钢厂继续把少用废钢铁作为降低成本的一项重要措施。短流程的电炉企业采用热铁水代替废钢铁炼钢，发展势头不减。

表2　2006—2014年重点钢铁企业电炉热铁水消耗情况

类别 \ 年份	2006	2007	2008	2009	2010	2011	2012	2013	2014
热铁水（KG/T）	425	416	436	484	498	499	560	577	614
生铁块(KG/T)	120	107	90	105	72	62	76	58	47
合计（KG/T）	545	523	526	589	570	561	636	635	661

2.2014年，废钢铁资源有所增长

2014年企业自产废钢铁4100万吨，比同期增加250万吨，增长6.5%；社会采购废钢铁4740万吨，比同期增加90万吨，增长1.9%；进口废钢铁补充180万吨，比同期减少200万吨，下降52.6%。2014年废钢铁总资源量9210万吨，扣除调出废次材140万吨，增加库存50万吨，其余用于炼钢消耗。

表3　2006—2014年我国废钢铁资源平衡情况表　　单位：万吨

类别＼年份	废钢铁消耗量	废钢铁资源构成				
		企业自产量	社会采购量	进口补充量	废次材调出量	库存变化量
2006	6720	2750	3980	340	310	40
2007	6850	2780	4230	120	270	10
2008	7200	2860	4200	260	220	-100
2009	8310	3040	4580	1020	200	130
2010	8670	3300	5190	440	160	100
2011	9100	3560	5080	510	200	-150
2012	8400	3650	4420	370	150	-110
2013	8570	3850	4650	380	170	140
2014	8830	4100	4740	180	140	50

2014年废钢铁资源量同比增长，为粗钢产量的增长提供了一定保障，是废钢铁加工企业和钢厂在困境中积极努力共同开创的成果，保证了废钢铁消耗小幅的增长。

3.2014年我国进口废钢同比减少

2014年全国进口废钢256万吨，比同期减少190万吨，降幅42.6%。进口废钢铁主要来源于日本213.8万吨，美国12.2万吨，两国占进口总量的88.3%。

表4　2006—2014年我国进口废钢统计表　　单位：万吨

年份＼国家地区	2006	2007	2008	2009	2010	2011	2012	2013	2014
总量合计	539	339	359	1369	585	677	497	446	256
其中:美国	114.9	21.2	57.5	489.9	171.3	278	107	118	12.2
日本	110.7	50.6	72.6	446.4	268.2	233	308	261	213.8
哈萨克斯坦	61.9	37.9	30.5	17.6	10.9	8.7	4.5	3.9	
俄罗斯	24.1	6.9	3.8	10.7	7.3	8.6	1.3	1.7	0.1
澳大利亚	47.9	27.9	5.8	66.8	19.1	40.5	19	16.6	2.8
吉尔吉斯斯坦	8.9	1.3	2.7	2.4	2.8	4.4	1,5	0.09	
朝鲜	3.2	2.8	1.4	3.7	1.4	—	0.3	0.1	
德国	9.9	3.8	1.3	10.4	3.5	1.9	2.1	0.6	0.95
加拿大	1.5	1.9	1.9	9.1	3	2.7	1.3	2.6	0.7
中国香港	42.5	53.4	131.7	154.5	37.2	30	16.8	20.1	4.9
中国台湾	7.4	4.1	2.3	6.5	2.8	1,4	2.0	0.7	0.99

我国进口废钢集中在沿海地区，其中浙江省进口208.3万吨，江苏省进口30.8万吨，广东省进口4.1万吨，三省约占全国进口总量的95.%。

进口废钢铁的减少，一是由于国内钢铁企业废钢铁消耗量的缩减，二是国外废钢铁价格居高不下，2014年进口普通废钢铁平均价格与国内同类废钢铁价格差距较大，进口企业必然减少国外废钢铁的采购。

4.2014年国内外废钢铁市场价格反差较大

（1）.2014年国内废钢铁价格继续呈下滑趋势

受国内外经济环境和钢材市场持续低迷的影响，2014年废钢铁价格一直呈下行走势，下半年的降幅高于上半年，反映废钢铁市场运行态势日趋低迷。

以重型废钢铁平均采购价为例，一季度平均价格为2470元/T，二季度平均价格2360元/T,环比下降110元/T,降幅4.5%；三季度平均价格2260元/T，环比下降100元/T,降幅4.2%；四季度平均价格2050元/T，环比下降210元/T,降幅9.3%。2014年全年平均价格2290元/T，比2013年下降350元/T,降幅13.3%。

炼钢生铁一季度平均价格2650元/T，二季度平均价格2540元/T,环比下降110元/T，降幅4.2%；三季度平均价格2390元/T，环比下降150元/T，降幅5.9%；四季度平均价格2160元/T，环比下降230元/T,降幅9.6%。2014年全年平均价格2450元/T，比2013年下降300元/T,降幅11%。

（2）.进口废钢价格高于同期

2014年进口普通废钢平均到岸价649美元/T，比同期上涨72美元/T，涨幅12.5%。

表5　2009-2014年普通废钢进口价格统计表　　单位：美元/T

年份	2009	2010	2011	2012	2013	2014
价格	346	496	580	598	577	649
比较	-	150	84	18	-21	72

2014年进口废钢价格与国内价格相逆而行，最高月份达710美元/T，最低月份为590美元/T，均高于2013年普通废钢进口价格。

（二）全球发达国家废钢铁回收利用行业概况

全球废钢铁循环利用量小幅增长。

2013年全球粗钢产量16.07亿吨，同比增长3.9%。中国粗钢产量7.79 亿吨，为全球粗钢总量的48.5%。2013年全球消耗废钢铁5.8亿吨，同比增长1.8%；中国炼钢消耗废钢铁8570万吨，占世界消耗总量的14.8%。

表6　2005—2013年全球炼钢金属料消耗情况表

年份 类别	2005	2006	2007	2008	2009	2010	2011	2012	2013	2014
粗钢产量（亿吨）	11.44	12.47	13.46	13.41	12.35	14.32	15.29	15.47	16.07	16.65
转炉钢产量（亿吨）	7.48	8.20	9.01	8.90	8.63	9.87	10.65	10.74	11.39	12.28
电炉钢产量（亿吨）	3.65	3.95	4.16	4.09	3.44	4.11	4.49	4.52	4.52	4.26
电炉钢比（%）	31.9	31.7	30.9	30.5	27.9	28.7	29.4	29.2	28.1	25.8
生铁量（亿吨）	8.0	8.80	9.61	9.49	9.33	10.34	10.35	11.05	11.67	12.19
铁钢比（%）	69.9	70.6	71.4	70.8	75.5	72.2	67.7	71.4	72.6	73.2
废钢量（亿吨）	4.62	5.0	5.4	5.3	4.4	5.3	5.7	5.7	5.8	5.85
废钢比（%）	40.4	40.1	40.1	39.5	35.6	37	37.3	36.8	36.1	35.1
直接还原铁量（万吨）	5700	6000	6700	6800	6400	7000	7200	7300	7600	7800
直接还原铁比（%）	5.0	4.8	5	8.1	5.2	4.9	4.7	4.7	4.7	4.7
金属料消耗总量（亿吨）	13.19	14.4	15.68	15.47	14.37	16.34	16.77	17.48	18.23	18.82
金属料单耗（kg/T）	1153	1155	1165	1154	1164	1141	1097	1130	1134	1130

表7　世界主要国家和地区废钢出口情况　　单位：万吨

年份 国 家	2005	2006	2007	2008	2009	2010	2011	2012	2013	2014
美国	1300	1398	1664	2171	2244	2056	2437	2140	1850	1534
欧盟	924	1008	1057	1280	1579	1900	1881	1921	1683	1686

日本	758	765	645	534	940	647	544	846	813	735
俄罗斯	1265	980	786	513	120	239	404	435	371	569
加拿大	310	314	410	408	479	515	483	425	452	452
澳大利亚	130	—	150	171	193	164	175	225	220	236
南非	40	—	75	127	114	122	144	163	149	149

近几年世界废钢消耗处于平稳时期，2010年至2013年四年间，炼钢废钢比徘徊在37%左右。2013年美国消耗废钢6300万吨，与同期持平，土耳其消耗废钢3240万吨同比增长5.1%；欧盟消耗废钢8990万吨同比降低4.6%；日本消耗废钢3670万吨，同比增长3.4%；俄罗斯消耗废钢2010万吨同比降低4.4%；中国消耗废钢8570万吨,同比增长2 %。

表8　世界主要国家和地区进口废钢情况　　单位：万吨

年份/国家	2005	2006	2007	2008	2009	2010	2011	2012	2013	2014
土耳其	1332	1101	1714	1742	1567	1919	2146	2242	1973	1907
韩　国	681	562	689	732	780	809	863	1013	926	800
印　度	491	336	301	458	534	464	618	818	564	567
中　国	1014	539	339	359	1369	585	677	497	447	256
中国台湾	342	446	542	554	391	536	533	496	445	427
美　国	384	481	369	357	299	378	400	371	388	422
欧　盟	791	729	514	481	327	365	371	341	310	314
加拿大	160	150	144	167	141	223	191	234	175	512
印度尼西亚	—	—	126	190	148	164	252	194	240	214
马来西亚	—	—	369	229	168	229	205	182	192	—
泰　国	—	—	181	314	132	128	188	170	96	138

（三）2014年废钢铁加工配送体系建设情况

国家“十二五”钢铁产业发展规划指出：加快建立适应钢铁工业发展要求的废钢循环利用体系。依托符合环保要求的国内废钢加工配送企业，重点建设一批废钢加工示范基地，完善加工回收配送产业链，提高废钢加工技术装备水平和废钢产品质量。

2014年，尽管废钢铁市场运行遇到较大的困难，但废钢铁产业规范化发展的步伐并未停步，全行业的积极适应新常态，迎难而进，废钢铁加工配送体系建设又迈向一个新台阶。

1.产业规范建设持续发展，准入企业队伍不断扩大

2012年底国家工信部发布《废钢铁加工行业准入条件》以来，在各级政府的扶助和大力支持下，克服各种困难，积极创造条件，按准入标准建设、改造自身企业，提升企业整体素质，发展势头不减。在2014年已有130家废钢铁加工企业跨入准入行业的门槛，为行业的规范化发展树立了典范。加工能力已达到5000万吨以上，提前实现废钢铁产业“十二五”发展规划的目标，中国废钢铁产业的面貌发生很大变化

2.培育废钢铁加工龙头企业，加快产业化进程

“十五”末期，协会积极引导废钢铁加工企业规范发展，向规模化、产品化、区域化的产业目标迈进。适时制定了《中国废钢铁应用协会加工配送中心和示范基地标准》，组织企业创建新型的废钢铁加工配送体系。到2014年底已有63家废钢铁加工企业被协会授予废钢铁加工配送中心和示范基地的称号，年加工能力在3000万吨以上，这些企业绝大部分已跨入国家行业准入门槛，见证了协会积极配合政府部门规范废钢铁产业健康发展的显著成果。对提升加工企业规模，打造行业的龙头企业提供了有力的条件。扩大企业规模，提高产业的集中度，将提升企业在市场的抗风险能力，增强产业链中的话语权。

3.积极推进互联网平台建设，提升行业科技水平

2014年，废钢铁电子信息管理平台建设工作取得新进展。协会积极组织相关技术人员完善信息平台的功能，满

足对准入企业日常动态管理的需要，并组织对废钢铁加工企业相关人员的培训，为今后相关政府机构对企业实施日常业务管理提供完整的信息资料。信息化的管理将促进加工企业提高内部管理，规范健康发展，提升行业的运行水平。

4.加强产需衔接，提升装备国产化水平

近年来，我国废钢铁产业装备水平提高较快。形成了工厂化以机械加工为主的生产方式，废钢铁破碎生产线和大型剪切机引领废钢铁产业装备的发展方向。到2014年底，被协会授予废钢铁加工配送中心和示范基地的63家企业，已配置1000马力功率以上的废钢铁破碎生产线40余条，大中型门式剪切机60余台。呈现出国内设备为主导，中外合资、国外设备为辅的格局。湖北力帝和江苏华宏，成为国内废钢铁破碎机和各类型号剪切机、打包机的龙头企业。废钢铁防辐射检测设备和装载设备的应用不断增加。

（四）2014年冶金渣开发利用情况

“十二五”以来，在钢铁产量不断增加的情况下，钢铁渣年产生量已超过3亿吨。加快钢铁渣的开发利用，减轻环境压力成为钢铁行业的一项重大任务。2014年钢铁企业在新常态下，积极贯彻化解产能过剩和绿色生产的方针，在困境中加大钢铁渣综合利用的力度，减少对环境的压力，同时也节省原生资源的投入。

2014年钢铁渣产生量3.57亿吨，比2013年增加0.15亿吨。其中高炉渣2.42亿吨，比同期增加0.01亿吨；钢渣1.15亿吨，比同期增加0.14亿吨。

2014年钢铁渣开发利用量2.23亿吨，综合利用率65.2%。比2013年下降1.8百分点。其中高炉渣利用率81.8%，同比下降0.2个百分点；钢渣利用率21.9%，同比下3.1个百分点。

2014年钢铁渣综合利用率略有下降，主要是外部经济环境和市场的影响。企业在钢铁渣综合利用的投入财力不足，关键设备国内还不能满足生产需要，相关激励政策未到位，影响企业的积极性。2015年是“十二五”收官之年，要实现两部委“十二五”规划综合利用率70%和75%的目标，还有一定的差距。特别是钢渣的开发利用率较低，需要全行业继续努力，用创新技术突破难点，加快开发利用的步伐，同时需要国家在关键设备技术加大投入和相关政策的支持。

表9　2009—2014年钢铁渣产生量　单位：万吨

年份/类别	2009	2010	2011	2012	2013	2014
高炉渣	18500	20067	21420	22134	24105	24194
钢渣	7950	8147	9042	9300	10127	11518
合计	26450	28214	30462	31434	34232	35712

表10　2009年—2014年钢渣的利用率和堆存量

年份 种类	2009年		2010年		2011年		2012年		2013年		2014	
	利用量（万吨）	利用率（%）	利用量（万吨）	利用率（%）	利用量（万吨）	利用率（%）	利用量（万吨）	利用率（%）	利用量（万吨）	利用率（%）	利用量（万吨）	利用率（%）
高炉渣	14189	77	15251	76	16708	78	17265	78	19792	82	19791	81.8
钢渣	1749	22	1011	21	1989	22	2046	22	2532	25	2522	21.9
当年堆存量（万吨）	10594		11952		11765		12123		11909		9950	
累积堆存量（万吨）	80625		92577		104342		116465		128374		138324	

钢铁渣的开发利用是钢铁工业实现可持续发展不可忽视的重大课题。2011—2014年钢铁渣的综合利用不断深化发展，钢铁企业在行业不景气的形势下，投入人力、财力，创新开发技术，为实现钢铁渣“零排放”的目标不懈努力。四年中，钢铁渣产生量约13.2亿吨，开发利用量约8.3亿吨，综合利用率62.9%

钢铁渣尾渣综合利用约80%用于水泥工业，2011—2014年约有6.6亿吨钢铁渣被水泥行业开发利用。1吨钢铁渣可替代1.1吨石灰石和0.18吨粘土质原料。四年来，钢铁渣仅在水泥行业的开发利用，就减少7.26亿吨原生石灰石和1.19亿吨原生粘土质原料的开采。

堆放1万吨钢铁渣要占地0.5亩，四年来开发利用8.3亿吨钢铁渣，减少占地41500亩。

三、2014年废钢铁产业发展存在的主要问题和建议

2014年在钢铁工业严峻形势的影响下，废钢铁产业的困境无明显改变，废钢加工企业面临生存和发展的考验。

1.由于重点钢铁企业减少废钢铁消耗，造成前期投资几千万或几个亿投资建设的废钢铁加工企业经营规模缩减，产能无法全部释放，经济效益下滑，总体废钢铁的回收加工量减少，挫伤了废钢铁加工企业的积极性，对废钢铁行业的规范化建设带来不利影响。据调查2014年京津冀17家准入企业，大多数废钢铁加工企业回收加工量减少，其中四家企业全年停止废钢铁经营业务；

2.2011年，财税157号文件税收优惠取消，废钢铁加工企业税负较重，几乎又无抵扣项目，增加了废钢铁回收加工企业的运营成本，反映四年的诉求至今无结果；

3.废钢铁市场不公平竞争的问题依然存在，“两头不开票”的灰色交易模式还在运作，使规范的钢铁企业和废钢铁回收加工企业在市场竞争中处于劣势，造成优质的废钢铁资源流向的不合理，国家税收的流失及带来建筑市场的安全隐患；

4.行业统计机制不健全，部分钢铁企业拒报废钢铁统计信息，影响废钢铁统计资料的科学性、权威性，不利于国家宏观调控和产业管理；

5.钢铁渣产品的推广应用缺乏力度，特别是钢渣微粉的使用需要政府支持。

几点建议：

1.建议政府有关部门对废钢铁产业的现状应予重视，采取措施缓解企业的困境，扶助和支持废钢铁产业的发展；

2.建议对规范的钢铁企业多用废钢铁给予差别电价，减免环保费用、节能基金补贴等项政策，鼓励钢厂多用废钢铁，少用铁矿石；

3.建议政府有关部门加强执法督察，促进企业依法自觉披露企业应报信息，扩大应纳入统计范围企业的数量，增加废钢铁统计信息的覆盖面；

4.建议对钢渣微粉的应用加大支持力度，调动产需双方的积极性。

（撰稿：刘树洲，中国废钢铁应用协会）

2014年橡胶行业循环经济

中国橡胶工业协会

2014年，是橡胶行业充满风险和挑战的一年。国内经济增长减缓，市场需求不畅，轮胎等橡胶制品结构性过剩矛盾突出，同质化竞争加剧。国外经济深度调整，国际贸易保护主义严重，我国轿车轮胎和轻卡轮胎遭遇美国反倾销、反补贴“双反”调查，贸易壁垒高筑，国内外市场压力进一步加大。同时，天然橡胶、合成橡胶价格与轮胎等产品价格攀附波动，橡胶原材料市场、橡胶产品市场双双受挫，库存积压。而人工、能源、环保、资金、物流等成本走高，行业及企业经济效益走低，企业所面临的生产经营形势复杂严峻。

面对多重困难和挑战，全行业积极应对，协会发挥了重要作用。根据行业特点开展工作。引导行业立足当前，对成本、市场、生产做全面分析、调整，抓重点部位和薄弱环节，提升管理水平和经营效率，防范和化解生产经营风险。同时兼顾长远，推进行业加快结构调整和转型升级的步伐，寻找和把握新的增长点和突破口，制订可持续发展战略，为转型升级、由大向强发展谋篇布局。

根据中国橡胶工业协会对轮胎、力车胎、胶管胶带、橡胶制品、胶鞋、乳胶、炭黑、废橡胶综合利用、橡胶机械模具、橡胶助剂、骨架材料11个分会413家重点会员企业的统计，2014年完成现价工业产值3382.96亿元，同比增加2.54%；实现销售收入3129.30亿元，同比增加1.50%；实现出口交货值983.09亿元，同比增加7.40%；出口率（值）为29.06%，与上年度相比上升1.31个百分点。347家重点企业（不包括助剂、骨架），实现利税238.54亿元，同比减少0.89%；实现利润156.22亿元，同比增加0.09%；销售收入利润率5.67%，与上年度相比下降0.08个百分点；其中有36家亏损，亏损面10.37%；亏损额9.22亿元，同比减少4.02%；库存286.49亿元，同比增加14.57%。

一、废橡胶综合利用行业基本情况

2014年，面对国际金融危机后，世界经济由危机前的快速发展期进入深度转型调整期。我国橡胶行业面对全球经济各种不确定因素，艰难负重爬坡，增长速度持续低迷，市场扩张速度明显放缓，国际贸易保护主义重新抬头，继续依靠扩大出口拉动经济增长的难度明显增大。

废橡胶（含废旧轮胎，下同）的来源主要是废橡胶制品，即报废的轮胎、力车胎、胶管、胶带、胶鞋、工业杂品，以及橡胶产品生产过程中产生的边角余料和废品。由于轮胎产品消耗生胶约占橡胶消费量的65%，其它产品占35%，因此废橡胶70%来自废旧轮胎。

由于全球经济进入后金融危机时期，经济复兴滞后，直接影响到大宗原材料的需求，天然橡胶、合成橡胶价格一直处于低位徘徊，致使再生胶，胶粉价格跌降频频；天然橡胶由年初每T1.6万元左右降到目前1.2万元左右，降幅达30%左右，通用型丁苯橡胶、顺丁橡胶价格每T在0.98万元～1.1万元左右，降幅达到25%以上。受此影响废橡胶综合利用行业的再生橡胶产量、销售受阻，整个废橡胶利用行业出现亏损趋势。

2014年实现现价工业产值55.15亿元，同比减少6.56%；实现销售收入57.52亿元，同比减少7.87%。生产再生胶77.23万吨，同比减少5.13%；生产胶粉35.75万吨，同比增加17.89%。实现出口交货值2.86亿元，同比增加11.19%；出口率（值）为5.18%，与上年度相比上升0.83个百分点。实现利税9.60亿元，同比减少18.24%；实现利润3.49亿元，同比减少4.52%；销售收入利润率6.06%，与上年度相比上升0.21个百分点。库存1.40亿元，同比减少3.56%。

中国是世界上最大的橡胶消费国，世界近四分之一的橡胶在中国消费；中国是一个橡胶资源非常匮乏的国家，80%天然橡胶依赖进口；中国是世界废橡胶产生量最多的国家，每年仅废旧轮胎产生量就超过1000万吨以上；中国是世界再生胶生产大国，2014年生产的再生胶产量达到410万吨，占世界再生胶产量72%左右；我国也是世界上胶粉生产大国，生产再生橡胶的主要材料是胶粉，410万吨再生胶需350万吨胶粉，连同直接应用胶粉55万吨，胶粉产量达405万吨。

表1　2008～2014年中国橡胶消耗量　（万t）

项目＼年份	2008年	2009年	2010年	2011年	2012年	2013年	2014年
天然橡胶	253	270	300	320	345	420	470
增长/%	7.7	6.7	11.1	6.67	7.81	21.7	11.9
合成橡胶	297	318	345	370	385	410	400
增长/%	10.0	7.1	8.5	7.25	4.05	6.49	-0.97
合计	550	588	645	690	730	830	870
增长/%	8.9	6.9	9.7		5.8	13.7	4.82

表2　2008～2014年中国废旧轮胎处理量　（万t）

项目＼年份	2008	2009	2010	2011	2012	2013	2014
再生胶	245	250	270	300	350	380	410
硫化橡胶粉	25	25	30	36	40	50	55
合计	270	275	300	336	390	430	465
处理废旧轮胎	324	330	396	403.2	468	516	558
废旧轮胎产生量	740	765	860	970	1018	1080	1145
占比/%	43.8	43.1	46.0	41.6	46.0	47.8	48.7

表3　2008～2014年中国废橡胶利用主要产品　（万t）

项目＼年份	2008年	2009年	2010年	2011年	2012年	2013年	2014年
再生胶	245	250	270	300	350	380	410
增长/%	25.6	2.0	8.0	11.1	16.7	8.6	8.5
硫化橡胶粉	25	25	30	36	40	50	55
增长/%	0	0	20.0	20.0	11.1	25	10
合计	270	275	300	336	390	430	465
增长/%	22.7	1.85	9.1	12.0	16.07	10.26	8.14

充分利用废橡胶生产胶粉、再生胶，将其成为可利用的橡胶再生资源，对缓解生胶资源短缺，避免废橡胶带来的环境污染，成为我国橡胶工业科学发展的必然选择。

将废橡胶变废为宝，生产再生胶、胶粉使其成为可再生利用的资源，是我国废橡胶综合利用的主要方式。自上个世纪90年代，我国自主完成“动态脱硫新工艺”研发，使我国再生胶生产得到了快速发展，产量每年增幅都保持在10%左右，成为世界上再生胶生产与应用最大的国家。

表4　2014年再生胶利用率

行业分类		消耗量/%	数 量/万t
轮胎		30.00	123.00
非轮胎		70.00	287.00
其中	力车胎	40.00	164.00
	胶管胶带	15.00	61.50
	胶鞋	5.00	20.50
	橡胶制品	10.00	41.00

2014年实现现价工业产值55.15亿元，同比减少6.56%；实现销售收入57.52亿元，同比减少7.87%。生产再生胶77.23万吨，同比减少5.13%；生产胶粉35.75万吨，同比增加17.89%。实现出口交货值2.86亿元，同比增加11.19%；出口率（值）为5.18%，与上年度相比上升0.83个百分点。实现利税9.60亿元，同比减少18.24%；实现利润3.49亿元，同比减少4.52%；销售收入利润率6.06%，与上年度相比上升0.21个百分点。库存1.40亿元，同比减少3.56%。

从全年统计分析，再生胶出口交货值同比增长11.19%，说明低附加值的再生胶出口还有一定的市场空间；微利产品的胶粉产量同比增长17.89%，显示废橡胶回收价格下跌，引发低门槛胶粉生产量有所加大；全员劳动生产率（人）同比提高0.25，表现生产自动化水平有所提高；产业亏损主要表现在下半年，因此产业结构调整，提高环保型再生橡胶生产。满足国内外用户对绿色再生橡胶资源的需求是2015年的关键。据不完全统计，2014年全行业完成再生胶、硫化橡胶粉产量465万t，其中再生胶完成410万t、硫化橡胶粉完成55万t。

表5　2014年再生胶、胶粉主要经济技术指标完成情况

项　目	2014年	2013年	同比/%
工业总产值（按现行价）/万元	551494.07	590241.46	-6.56
其中：再生胶产值//万元	354389.63	396680.76	-10.66
工业销售产值（按现行价）/万元	570803.21	599473.43	-4.78
产品出口交货值（现价）/万元	28550.45	25676.84	11.19
工业增加值/万元	137873.52	147560.37	-6.56

表6　2014年再生胶、胶粉主要经济技术指标完成情况

项　目	2014年	2013年	同比/%
胶粉产量（合计）/t	357541.91	303275.84	17.89
产品销售率/%	95.68	95.74	-0.06
应收账款/万元	90815.07	85152.56	6.65
产成品库存（按现行价）/万元	14011.06	14527.9	-3.56
产品销售收入/万元	575234.53	624344.85	-7.87
实现利润总额/万元	34868.62	36521.14	-4.52
实现利税总额/万元	96012.36	117434	-18.24
全员劳动生产率（人）/万元	95.13	94.89	0.25

二、国家鼓励，政策支持

2014年1月27日，工业和信息化部寄发“工信厅装函[2014]75号《工业和信息化部办公厅关于推荐新时期重大技术装备项目的通知》，广泛征集新时期需加紧研制的重大技术装备项目。

2014年2月18日，国家发改委在网上公开征求《再生橡胶清洁生产评价指标体系》意见。“指标体系”要求，清洁生产必须采用先进的工艺技术与设备，同时改善管理，加强综合利用，从源头削减污染，提高资源利用效率，减少或避免在产品生产和使用过程中污染物的产生和排放，以减轻或者消除对人类健康和环境的危害。特别对再生橡胶行业清洁生产评价制定了严格的否决项内容。包括：使用矿物系焦油作为再生软化剂企业；企业污染物排放总量控制或能源消耗总量未达到国家相关规定要求；企业近3年发生过重大环境污染事故。该“指标体系”将作为再生橡胶制造业和硫化橡胶粉制造业清洁生产水平评价、清洁生产审核的依据。

2014年2月18日，国家工信部推进重点行业企业实施清洁生产技术改造，组织编制了《重点行业清洁生产技术推行方案》（征求意见稿）。

2014年5月23日，工信部对符合《轮胎翻新行业准入条件》、《废轮胎综合利用行业准入条件》企业名单（第一批）23家企业进行了公告。

2014年6月9日，国家发改委召开《财政部、国家税务总局关于印发<资源综合利用产品及劳务增值税优惠政策

目录>的通知（征求意见稿）》座谈会。胶粉、再生橡胶、翻新轮胎，被列入“享受增值税优惠政策的资源综合利用产品目录”，将享受增值税50%即征即退税收优惠政策。

2014年10月9日，国家发改委发布《中国资源综合利用年度报告（2014）》，显示2013年，我国废旧轮胎产生量约1000万吨，其中翻新轮胎约1400万条，再生橡胶产量约380万吨，胶粉产量约25万吨，用于生产改性沥青15万吨。废旧轮胎综合利用已成为与天然橡胶、合成橡胶并列的橡胶资源渠道。

2014年12月16日，国家发改委领导在“中日合作城市典型废弃物循环利用体系建设及示范试点项目成果发布会”上，就再生资源回收包括废旧轮胎回收问题进行解释，对正规企业的扶持，通过增值税、所得税优惠，项目资金扶持等措施，拉大与不正规企业的距离，倒逼不正规企业走向规范。

2014年12月31日，国家发展改革委、科技部、工业和信息化部、财政部、环境保护部、商务部联合发布《重要资源循环利用工程（技术推广及装备产业化）实施方案》的通知“发改环资[2014]3052号”；废橡胶列入重点任务和领域，其中关键技术与装备研发：研发废橡胶新型环保再生技术与装备、废轮胎常温粉碎和深加工技术与装备、活化胶粉改性道路沥青技术与装备。先进技术与装备推广：推广废旧轮胎回收精细胶粉全自动设备、硫化橡胶粉常压连续脱硫成套装备。

三、行业支持

2014年1月、9月和12月，中国橡胶工业协会派员分别参加了由国家发改委、中国社会科学院、日本协力机构组织的中日合作“中国城市典型废弃物循环利用体系建设及示范试点项目”办公室，在青岛、嘉兴、北京召开的废旧轮胎循环利用专家会议。对“青岛废旧轮胎回收和利用管理办法”、规范青岛市废旧轮胎回收和综合利用，扭转废旧轮胎回收利用过程中的二次环境污染，对废旧轮胎等城市典型废弃物循环利用体系建设和国家与地方层面的循环经济法制建设议题进行探讨。

2014年1月4日，中日合作“中国城市典型废弃物循环利用体系建设及示范试点项目”办公室组织行业专家对青岛汽配城、新天地崂山区分拣中心和即墨市废旧轮胎回收集散地进行的调研得出，由于2013年废橡胶、废旧轮胎销售价格一路走低，从事废橡胶回收业的2/3从业人员已有退出。

2014年8月，分会在广州对惠州润泰橡塑材料有限公司考察时介绍，由于国家严厉打击废橡胶、废轮胎非法土炼油措施到位，使得废轿车轮胎基本无人回收，废卡车轮胎多由山东省和河北省回收，每吨不足1000元。可以看出，在国家加大环境保护的态势下，废橡胶和废旧轮胎作为有价物质商品的形式正在发生变化。

2014年1月21日，中国橡胶工业协会与世界可持续发展工商理事会在京交流有关废轮胎环保议题。中橡协废橡胶综合利用分会用《中国废旧轮胎回收与利用现状》PPT从中国机动车保有量现状、中国废旧轮胎产生量现状、中国废旧轮胎回收、利用方式、中国政府出台的有关政策等五个方面介绍了中国废轮胎情况，希望加强合作，结合中国国情，探讨借鉴参照国外科学可行的ELT成功经验，防止废旧轮胎大量产生对中国环境造成危害，为实现无害化回收、环保型利用而作进一步努力。

根据国家发改委要求，按时完成《关于“十三五”废橡胶综合利用规划前期重大课题研究的汇报》、《关于我国废橡胶综合利用行业现状与“十三五”发展目标建议》，就我国废旧轮胎产生量和再生橡胶生产量数据，被国家发改委再一次采纳，汇编到《中国资源资源综合利用年度报告（2014）》中。

2014年10月28日，根据国家环保部科技标准司项目进度要求，组织推荐唐山、南回、舜合等企业在青岛参加2014全国石油和化学工业环境保护、清洁生产新技术、新产品、新设备交流会，参与中国石油和化学工业联合会、中国橡胶工业协会组织编制的《橡胶工业污染防治技术政策》（征求意见稿）的讨论修改，使技术政策编制更加科学完善，将有效指导企业的污染防治工作。

2014年12月2日，接待了《人民日报》内参部记者，就制约企业发展的主要原因需要提出多项政策建议：一是加快废橡胶、废旧轮胎回收立法与回收网络建设，健全废橡胶、废旧轮胎资源循环利用回收体系；二是解决废橡胶、废旧轮胎的利废企业进项增值税发票的问题，将废橡胶、废旧轮胎作为特殊商品予以管理，实行政府审批制度和许可证制度，使得废橡胶、废旧轮胎回收综合利用领域在法制条件下健康发展；三是建议参照发达国家的做法，建立废橡胶、废旧轮胎处理补偿机制，对废橡胶、废旧轮胎处理企业给予相应补贴；四是鼓励橡胶产品生产企业承担对产生的废橡胶进行回收和利用；五是鼓励橡胶产品生产企业对使用胶粉、再生橡胶的研究与应用；六是励废橡胶综合利用企业加快清洁生产、节能减排、产业转型研发的投入；七是鼓励废橡胶综合利用企业加强再生橡胶的延伸产品研发；八是鼓励废橡胶综合利用企业加大胶粉、再生橡胶出口。特别强调了废橡胶废旧轮胎回收都没有发票，

利用企业没办法做帐，销售都要开具增值税发票，由此加大胶粉、再生胶承担的税赋，使行业税赋高达13%-15%个点，这是没有哪一个制造业有这么高的税负！同时废橡胶综合利用属于国家鼓励的再生资源综合利用行业。由此，对废橡胶利用企业是致命性的打击，使企业存在着巨大的税务风险，同时也无力进行清洁生产和节能减排设备改造投入。

贯彻国务院2013《关于加快发展节能环保产业的意见》精神，落实谁污染谁治理政策；按《废旧轮胎综合利用准入条件》要求，提高门槛；尽快建立废橡胶资源回收的准入制度，帮助有资质的企业在各地级市建立城市废橡胶绿色回收站，纳入城镇化发展规划，依法规范个体回收行为，最终形成全国废橡胶回收利用网络体系。在完善废橡胶回收政策的基础上，采取经济补偿或税收杠杆两个政策再立体式加以系统地执行，从根本上解决废橡胶回收环节上的发票问题，成为规范的关键。

四、编写《中国橡胶工业强国发展战略研究》

中国已经成为世界橡胶工业产品制造大国，但大而不强，引发的资源浪费成为现实，改变这种不利于橡胶工业发展现状，中国橡胶工业协会及时启动“中国橡胶工业强国发展战略研究”，对行业情况进行梳理，研究。通过总会组织的学习，对废橡胶综合利用行业发展与世界发达国家的差距有了较为清晰的认识，找出距离，制定行业“十三五”、“十四五”发展目标规划。对此及时组织撰写小组，贯彻落实任务。分别召开了大小五次会议。群策群力，发动专家、企业家的智慧，结合互联网的信息作用，在总会名誉会长范仁德的指导下，按时完成了《中国橡胶工业强国发展战略研究》废橡胶综合利用篇内容编写。

10月16日，在青岛举办的“2014世界橡胶论坛暨信息发布会”的中国橡胶工业强国发展论坛暨《中国橡胶工业强国发展战略研究》新书发布会上，分会作了“橡胶工业循环经济的目标和战略”PPT演讲。

五、行业自律绿色发展

（一）改变脱硫方式

2014年2月20日，根据行业转变再生胶脱硫工艺热点问题，常压连续脱硫设备与工艺技术高峰论坛在唐山兴宇橡塑工业有限公司召开。会议一致认为，硫化橡胶粉常压连续脱硫再生工艺，是继动态脱硫生产再生胶后又一次在技术上的重大突破。推进常压连续脱硫设备与工艺技术是废橡胶综合利用行业贯彻落实发改委、环保部、科技部、工信部2012年6月1日第13号公告《国家鼓励的循环经济技术、工艺和设备名录》关于改变脱硫工艺的重要举措，是推动再生橡胶脱硫、胶粉塑化设备和工艺转型升级的关键，是实现橡胶工业强国规划中废橡胶综合利用行业发展战略的重要环节之一。

9月24日在山东临沂召开了“2014全国废橡胶利用信息与技术交流研讨会”，分别组织与会代表参观了莒县东盛橡胶有限公司、山东舜合胶业有限公司的塑化机的应用，对推动塑化机的应用推广起到很好的作用。10月20日，上海肖友橡胶有限公司研发的“常压联动环保再生橡胶装备及技术”和台州中宏废橡胶综合利用有限公司研发的“废橡胶资源化、无害化、智能化螺杆挤出再生新技术”被中国石油和化学工业联合会、中国化工环保授予“石油和化工行业环境保护与清洁生产重点支撑技术（设备）”。

目前，都江堰市新时代工贸有限公司、山东金山橡塑装备科技有限公司、莒县东胜橡胶有限公司、平陆康乐橡塑科技开发有限公司、江阴迈森金属制品有限公司、台州中宏废橡胶综合利用有限公司、江西国燕高新材料科技有限公司、山东新智机械有限公司、山东青岛科技大学高分子材料加工机械研究所等多家企业和高校，进一步完善硫化胶粉常压连续脱硫成套设备，改进设备环保、安全的脱硫方式在行业中得到近百家企业应用，还被引进到韩国、印度、马来西亚、新加坡、泰国、越南、土耳其、阿尔及利亚、加拿大、西班牙、法国和美国等众多国家。

通过废橡胶综合利用行业的共同努力，安全、环保的废橡胶脱硫方式已经深入人心。设备制造与应用厂家相互配合，不断研究、创新、改进，使我国常压连续脱硫设备和工艺在生产再生橡胶和塑化胶粉方面，取得了长足的进步。

（二）淘汰煤焦油

近几年，由于再生橡胶产业和橡胶制品行业观念与理念进入误区，70%以上的再生橡胶产品在高强力、高复原橡胶含量等指标的误导下，一味追求高物化性能指标误区，大量采用煤焦油系列软化剂等原材料，使再生橡胶多环芳烃含量严重超标。成为污染型系列再生橡胶产品被广泛应用在橡胶制品中，造成转型生产符合欧盟REACH法规多环芳烃指标限量要求的再生橡胶产品难度加大。

2014年6月，根据中国橡胶工业协会《关于组织编制环保型再生橡胶协会自律标准的通知》号的要求，以淘汰污染严重的煤焦油使用为目的，参照欧盟标准和我国GB/T 13460-2008《再生橡胶》标准，启动了制定环保型再生橡胶自律规范标准程序。

为使再生橡胶产品满足“产品安全、使用安全”的要求，符合欧盟REACH法规重金属、多环芳烃限量规定，依据协会推荐品牌产品工作的通知要求，对再生橡胶产品通过SGS、普尼、华测等检测机构检测，推出莱芜市福泉橡胶有限公司“新飞亚”牌、唐山兴宇橡塑工业有限公司“兴宇”牌、上海肖友橡胶有限公司“肖友”牌符合欧盟REAXH法规再生橡胶作为2014度协会推荐品牌。

（三）淘汰“小三件”

造成上千人断指残疾的“小三件”被淘汰的步伐正在加快，使用安全的常温自动粉碎设备的企业正在增加。

2014年，通过四川亚西、乐山亚联、广州联冠、浙江菱正、东莞运通、徐州永冠、江苏瑞赛克等设备制造企业的废轮胎常温机械法制取橡胶粉生产线、江阴耐驰废旧轮胎精细胶粉生产线、丹东富润轮胎胎圈下圈设备研、宜兴成宏常温橡胶精细粉碎生产线设备研、浙江平湖华达480精细粉碎机等废橡胶利用设备等项目研发实施和完成，建立了废轮胎破碎、粉碎新技术，打造了新工艺设备制造企业的平台。

目前，丹东富润、唐山兴宇、福建奥翔、江西亚中、江西国燕、湖北华亿通、潍坊城矿、临沭中泰、莒县东盛、杭州新邦、天台荣坤、苏州角直等近百家企业都选择了轮胎自动破碎粉碎设备，在提升废轮胎的破碎、粉碎工艺的整体安全、自动化水平迈出了踏实的一步。

但应该看到，由于中国轮胎制造为迎合国内超载超速的特殊需要，形成国内每吨废旧轮胎只有15～16条，与国外每吨达到22条左右相比，中国废旧轮胎每条重量超出国外废旧轮胎达30%以上。超厚的胶层和加量的钢丝编织层势必引起轮胎破碎刀具使用寿命，因此刀具的使用寿命和中轴的耐用性成为行业关注的重点。为此，台湾远记公司针对中国市场废旧轮胎现状进行了结构调整，增加了刀片合金厚度，调整了应用功率、加强了主轴的扭矩，确保设备与刀具的耐用性和可修复性，虽然设备售价高达200万美元以上，但依然受到国内高端客户的欢迎。

六、展望

2015年是“十二五”最后一年，也是我国转变经济发展方式的关键阶段。新环境保护法执行，倒逼废橡胶综合利用行业加快环保理念改变，国务院发布的《关于加快发展节能环保产业的意见》、《关于推行环境污染第三方治理的意见》以及财政部与国家税务总局将实施的《资源综合利用产品及劳务增值税优惠政策目录》（对再生橡胶和胶粉增值税给予优惠政策），都将为废橡胶综合利用产业的可持续发展带来动力。

2015年2月26日，国家统计局发布了《2014年国民经济和社会发展统计公报》。《公报》显示，2014年末全国民用汽车保有量达到15447万辆(包括三轮汽车和低速货车972万辆)，比2013年末增长12.4%。汽车保有量的增加，加速废旧轮胎产生量的增加，据测算，2015年我国废旧轮胎产生量将达到3.30亿条，总量约1200万吨。

随着社会经济和汽车工业的发展，橡胶工业对橡胶资源的需求将会进一步扩大。中国橡胶资源短缺现象的必然不能改变，为再生橡胶成为橡胶资源的补充有着更加合理的市场。防止废橡胶堆积，引发环境污染事件发生的社会责任感，是我国保护环境，橡胶资源再生利用的一项长期发展战略，成为国家在橡胶行业鼓励、政策支持的重点，是中国橡胶工业循环经济发展不可或缺的重要一环。

突出再生胶橡胶烃含量、炭黑含量和多环芳烃限量成为重新对再生胶的认知，是废橡胶综合利用新的历史使命。加大再生胶环保质量的提高，认清环保形势，行业绿色转型势在必行。围绕与国际接轨推动生产者责任延伸制的落实，强化保护环境与再生资源同行。在国家产业政策指导下，引导无害化回收环保型利用理念，确保在“绿色、安全、高效、环保、节能”的实施中得到稳定健康发展。

（撰稿：曹庆鑫，中国橡胶工业协会废橡胶综合利用分会）

2014年中国拆船业循环经济

中国拆船协会

一、我国拆船业发展循环经济概况

2014年，我国拆船业在船舶拆解量上继续保持在世界前列，大量废旧船舶得到安全环保拆解，为加速国内老旧运输船舶淘汰、消除过剩运力、促进航运节能减排以及循环利用废钢铁资源做出了贡献，取得了较好的社会效益。受国内经济增速放缓，钢材市场以及废钢价格持续下跌，拆船成本较高等因素影响，国内拆船企业经营继续呈现亏损状况。

据统计，2014年，国内会员拆船企业（下称：拆船企业）成交国内外各类废船251艘193万轻吨，约合830万载重吨，轻吨量同比下降22.4%。其中，成交国内废船108万轻吨，同比增长111.8%；成交进口废船85万轻吨，同比下降57.2%。贸易额近40亿元人民币；上交关税和进口环节增值税合计约8亿元人民币。拆船数量连续六年在高位运行，并继续保持世界拆船国前列地位。

从经济效益来看，2014年受废船成交价较高，国内钢材及废钢市场价格低迷且持续下行等因素影响，拆船盈利能力继续下降，总体呈现经营亏损。据不完全统计，全年拆船企业经营亏损超过3亿元人民币，同比增幅有所加大。拆船业税费高、环保投入多、劳动力成本增大、物资销售缓慢、库存占压资金周转率低、融资及财务成本居高，生产经营压力越来越大，亏损成为企业不得不接受的现实，这也是近几年来拆船业发展所面临的主要问题。

2014年成交废钢船资源数量前五名企业是：江阴市夏港长江拆船厂、舟山长宏国际船舶再生利用有限公司、江门市新会双水拆船钢铁有限公司、江门市银湖拆船有限公司、江门市中新拆船钢铁有限公司。前五名企业成交废船轻吨量占全年总量的64.8%。

（一）循环利用大量废金属等资源

据测算，2014年拆船企业回收并循环利用金属资源预计180万吨，其中，回收利用拆船板材88万吨，拆船废钢81万吨，各类机电设备9万吨，有色金属1.8万吨。拆船业循环利用废金属资源连续6年在历史高位运行，为我国发展循环经济贡献了力量。

（二）为节能减排做出新贡献

各类废钢船经过环保、规范的拆解，可获得大量多规格、少杂质、无放射性的废船板、废钢及废有色金属等再生资源，金属量在90%以上。废钢是电炉炼钢的主要原料。按直接生产成本计算，虽然废钢炼钢成本要高于生铁炼钢，但是与用铁矿石和生铁炼钢相比，用废钢铁炼1吨钢，可减少近1.6吨碳排放，钢铁企业多用废钢，既有利于保护资源，又有利于节约能源、减少环境污染，社会效益和综合效益十分可观。据测算，与使用铁矿石相比，用废钢炼钢可节约能源60%，节水40%，减少排放废水76%、废气86%、废渣72%。换算成实物量每用1吨废钢可减少炼铁渣0.35吨，尾矿2.6吨，加上烧结焦化产生的粉尘，约减少3吨固体废物的排放。多“吃”废钢，具有较大的节能减排效果。

（三）重视安全环保，规范管理。

2014年，在持续经营困难的形势下，拆船行业认真贯彻落实国务院《循环经济发展战略及近期行动计划》、《船舶工业加快结构调整促进转型升级实施方案》、商务部等八部委《关于规范发展拆船业的若干意见》和交通运输部等四部委《老旧运输船舶和单壳油轮提前报废更新实施方案》文件精神，建立了规范的管理体系和规章制度，加强了安全环保和职工健康工作。截止2014年底，拆船企业全部通过ISO9001质量管理体系、ISO14001环境管理体系和OHSMS18001职业健康与安全三项管理体系认证有20家，有8家企业部分通过管理体系认证。主要拆船企业均获得不同级别的“绿色拆船企业”称号。

2014年，在拆船业面临较大经营困难的情况下，大部分拆船企业没有放松对安全、环保的投入，不断加强安全、环保意识，优化废钢船拆解技术和工艺，关注职工健康和劳动保障。据初步统计，2014年拆船企业在环保安全方面投入资金近百万元人民币。

二、循环经济试点企业的发展状况

江门市新会双水拆船钢铁有限公司是拆船行业国家级发展循环经济第一批试点单位，并于2015年再次通过国家有关部门的验收。该公司成立于上世纪80年代初，是国内拆船历史悠久、循环利用废钢资源量大、再制造产品较多且质量较好的重点拆船企业。经过30年多的发展，公司从单一的拆船，已发展为集拆船、轧钢、加工集装箱箱角等型钢、生产无缝钢管、拆解汽车等于一体的大型综合加工利用企业。

自2005年成为国家第一批循环经济试点企业以来，该公司按照国家发改委《循环经济试点工作实施方案》，充分利用拆船废钢资源，形成了"拆解——加工——资源再循环"的产业链，并取得了显著的经济效应和社会效益。公司利用废钢生产箱角年均120万套（折合废钢11万吨/年）、集装箱内角柱及各类规格型材20万吨、各种规格的无缝钢管10万吨；年拆解废钢船能力100万轻吨，深加工利用率为35%。

2014年，该公司大力发展循环经济，循环利用废钢铁资源，提高了废钢深加工率和附加值。全年成交并拆解国内外废钢船12艘23.8万轻吨，获取废钢板约11万吨，废钢约10万吨，有色金属近0.23万吨。

该公司还开展了多项建设项目：一是按照国家工信部的标准要求，建设年处理量30万吨的废钢配送加工基地；二是开发湖南株洲车辆厂的火车配件铸件、电涡流缓速器的铸钢件和热轧法兰项目；三是与广东南粤集团、澳思实业公司合作成立广东南粤生态环境科技有限公司，将澳门废旧汽车、摩托车、家用电器集中处理，开展拆解、深加工等循环利用业务，形成拆解废旧汽车30万辆和拆废旧家电5万吨的能力；四是积极争取"城市矿产"立项审批，构建便利的"城市矿产"资源的综合利用网络，进而形成有效的"生态循环经济产业链"。

该公司是拆船行业最早通过ISO14001环境管理体系和OHSMS18001职业安全健康管理体系认证的单位；是首批获得AAAA级绿色拆船称号的企业；通过广东省清洁生产审核验收；授予"废钢铁加工配送中心示范基地"称号；被首批批准为符合《废钢铁加工行业准入条件》和定点拆解国内老旧船舶和单壳油轮的企业。

2014年，该公司仅拆船业务实现工业总产值近6.8亿元，上交利税近945万元，企业经济效益和社会效益处拆船行业前列 。

三、拆船业发展循环经济的展望

2015年是实现国家"十二五"规划和落实《拆船业"十二五"发展规划》的最后一年。拆船行业要实现规范、稳定和持续发展，应做好以下几方面工作。

（一）加强行业建设,实现规范发展。要认真贯彻落实国家八部委《关于规范发展拆船业的若干意见》，协助制订拆船业准入条件和相关行业标准，抓好产业定位。完成《拆船厂准入条件指导意见》、《中国拆船协会拆解废船买卖标准合同》的审定以及拆船企业信息库的建立工作。全面实行废钢船定点和规范拆解。

（二）强化行业自律，倡导绿色拆船，提高企业管理水平。同时要提高拆船业的循环利用率和节能减排能力；加大人员培训力度，提高队伍整体素质；强化拆船企业建立质量管理、环境管理和职业安全健康管理体系；落实《拆船业行规公约》要求，履行社会责任，建立行业诚信体系；继续推动创建"绿色拆船企业"活动。

（三）研究拆船业的可持续发展。坚持发展循环经济理念，研讨拆船业发展循环经济的基本模式；鼓励拆船企业加大对下游产品的开发力度。继续争取行业发展的技术咨询服务与课题立项，完成正在进行的有关项目课题调研和推广应用工作。

（四）积极推动拆船业发展循环经济。根据国家发改委《产业结构调整指导目录》和《2015循环经济推进计划》要求，研究开发拆船物资设备及零部件的深加工和再制造；确立考核拆船企业发展循环经济的指标体系；建设有利于拆船业发展的平台和网络体系；加大国内外废船拆解物资的循环利用力度，提高废船资源的综合利用水平。

（五）落实产业政策，淘汰落后拆船方式。要彻底淘汰落后的"废旧船舶滩涂拆解工艺"，加强技术改造，杜绝环境污染，推广绿色拆船工艺和规范，进一步提升拆船业的环保安全水平。

（六）做好行业发展的"十三五"规划的前期调研、文件草拟和广泛征求意见工作。

总之，中国拆船业将按照国家发展循环经济的方针和绿色、规范发展的要求，积极有效的应对国内外形势的变化和挑战，提振精神，苦练内功，贵在坚持，进一步促进我国拆船业的稳定、规范和可持续发展。

（撰稿：管建军，中国拆船协会市场信息部）

2014：中国循环经济发展走向新常态

北京现代循环经济研究院

发展循环经济是节约资源、保护环境的基本途径，也是建设美丽中国、实现中华民族永续发展的必然要求。党中央、国务院高度重视循环经济发展，近十年来采取一系列强有力的政策措施，统筹规划，做好顶层设计；健全法律规范，强化制度创新；政策驱动，建立激励机制；科技支撑、注重技术引领；示范试点引路："10年树木"，我国循环经济发展从理念到实践，不断取得重大进展，已经从落地生根，长成参天大树，成为中国经济新的增长极。

"十一五"期间，我国资源循环利用总产值年均增长率达到15%，超出国内GDP增长率4个百分点。

"十二五"期间，随着工业化、城镇化进程的加快，我国资源的刚性需求进一步加大，资源综合利用作为战略性新兴产业重要组成部分，重要意义突显。为贯彻落实党的十八大精神，大力推进生态文明建设，进一步促进循环经济发展，各地、各有关部门积极开展资源综合利用，利用规模逐步扩大，利用水平不断提升，资源环境效益进一步显现。2013年，我国资源综合利用产值达1.3万亿元，部分矿山有色金属矿种的选矿回收率达到80%以上，工业固废综合利用量达20.59亿吨，主要再生资源回收量达1.6亿吨，回收总值4817亿吨，其中主要再生金属产量占当年十种有色金属总产量的26.6%。通过开展资源综合利用，减少堆存占地14万亩以上。农作物秸秆年利用量约6.4亿吨，生物质发电装机规模达到850万千瓦，年发电量达到370亿千瓦时。废钢铁、废有色金属、废塑料等主要再生资源回收总量达1.60亿吨，废钢铁利用量占当年粗钢产量的11%，废纸浆消耗量已占到总纸浆消耗量的65%以上。再生资源回收企业数已达10万余家，行业从业人员达到1800多万人。

2014年3月19日国家统计局发布消息称，以2004年为基期计算，2013年中国循环经济发展指数达到137.6，平均每年提高4个点，循环经济发展成效明显。

2014年以来，我国循环经济又获得重大突破，资源循环利用产业年产值超过1万亿元，就业人数超过2000万人，走向了发展新常态。

一、党和国家持续推进常态化，成为循环经济发展的巨大动力

战略构想，顶层设计，科学规划，无疑是发展循环经济的重要前提。国家"十一五"、"十二五"都把发展循环经济作为一项重大战略任务，纳入国民经济和社会发展规划。

在"十一五"时期，我国提出了建设资源节约型和环境友好型社会的目标。并通过各个层面全面部署，加强规划指导、加大资金投入、完善政策立法、加快技术开发，特别是从重点行业、重点领域、产业园区、省市区域四个方面开展了两批国家循环经济试点工作，取得了明显成效，形成了一些典型模式，并积累了一些成功经验。

进入"十二五"时期，发展循环经济被作为国民经济和社会发展的重大战略，提到了前所未有的高度。国家国家及其各部委制定了一系列重大规划，大力发展循环经济。《国民经济和社会发展第十二个五年规划纲要》将"大力发展循环经济"单列一章，提出了我国发展循环经济的总体要求，首次提出"资源产出效率提高15%"的目标，提出推行循环型生产方式、健全资源循环利用回收体系、推广绿色消费模式、强化政策和技术支撑；在党的十八大报告中，将生态文明建设纳入"五位一体"，循环经济又作为建设生态文明的根本路径之一，强调着力发展循环经济，促进生产、流通、消费过程的减量化、再利用、资源化。

根据这两项文件，进一步制定规划、计划，完善政策措施，大力发展循环经济。2011年8月31日，国务院印发《"十二五"节能减排综合性工作方案的通知》，对发展循环经济的安排进行了细化，要求循环经济从六个方面突破，提出了实施循环经济重点工程，包括建设100个资源综合利用示范基地，80个废旧商品回收体系示范城市，50个"城市矿产"示范基地，5个再制造产业集聚区，100个城市餐厨废弃物资源化利用和无害化处理和园区循环化改造。

2012年3月2日，工业和信息化部发布《大宗工业固体废物综合利用"十二五"规划》，3月21日，国家发展改革委、财政部联合发布《关于推进园区循环化改造的意见》；4月19日，国家发改委、住建部、环保部联合印发的《"十二五"全国城镇生活垃圾无害化处理设施建设规划》，4月24日，住房和城乡建设部公布《"十二五"绿色建筑和绿色生态城区发展规划》以及国家发改委、建设部、环保部 《“十二五”全国城镇污水处理及再生利用设施建设规划》；工信部制定的《工业清洁生产推行“十二五”规划》、《工业循环经济重大示范工程》（第一批）、《大宗工业固体废物综合利用“十二五”规划》等。

2013年1月23日，国务院发出《关于印发循环经济发展战略及近期行动计划的通知》（国发〔2013〕5号），这是我国制定的第一部循环经济发展规划，分析了现状与形势；提出了发展循环经济的指导思想、基本原则和主要目标。明确循环经济发展的中长期目标是：循环型生产方式广泛推行，绿色消费模式普及推广，覆盖全社会的资源循环利用体系初步建立，资源产出率大幅提高，可持续发展能力显著增强。到“十二五”末的目标（近期目标）是：主要资源产出率比“十一五”末提高15%，资源循环利用产业总产值达到1.8万亿元；就构建循环型工业体系、循环型农业体系、循环型服务业体系和推进社会层面循环经济发展等进行了全面规划，实施循环经济“十百千”示范行动，提出了8个方面共计26项保障措施。

《行动计划》提出重要的抓手是实施“十百千”示范工程。其目的是在全国范围内推广循环经济典型模式，构建循环经济产业体系。

“十”是指十大示范工程，包括：资源综合利用示范工程、产业园区循环化改造示范工程、再生资源回收体系示范工程、“城市矿产”基地建设示范工程、再制造产业化示范试点工程、餐厨废弃物资源化利用和无害处理示范试点工程、生产过程协同资源化处理废弃物示范工程、农业循环经济示范工程、循环型服务业示范工程、资源循环利用技术产业化示范和推广工程。

“百”是指百个循环经济示范城市（县），就是选择100个左右城市（县），示范在全部行政管辖范围内实现循环化发展，并与管辖区外实现物质流科学循环管理的模式与运行机制，示范城市（县）要全面推行循环型生产方式和绿色消费模式，率先构建起覆盖全社会的资源循环利用体系，资源产出率提高超出全国平均水平，探索实现经济发展模式向循环化转型发展经验。

“千”是指千家循环经济示范企业（园区），就是选择1000家不同行业不同类型的骨干企业或园区，在示范企业内部或园区范围内实现基于循环型基础设施建设的物质资源循环利用模式，使资源产出率、土地产出率、单位产值能耗、物耗、水耗、产业废弃物综合利用率、工业用水重复利用率等指标达到国内领先水平和国际先进水平。

循环经济“十百千”示范行动，以试点示范主体自主投资为主，各级政府通过现有政策和资金渠道给予必要的资金支持，重点支持相关公益性基础设施、公共服务平台、重点项目、能力建设、关键共性技术产业化示范及推广应用等。引导金融和投资机构投向循环经济重大工程。鼓励企业通过自有资本、银行贷款、上市融资、发行债券等方式实施循环经济重大工程。

《行动计划》提出了8个方面的保障措施。一是要完善国家促进循环经济政策，具体包括产业、投资、价格和收费、财政、税收、金融等方面的支持政策。二是健全法规和标准，完善《循环经济促进法》相关配套法规规章，研究制定限制商品过度包装条例、循环经济发展专项资金管理办法、汽车零部件再制造管理办法等，建立健全循环经济相关标准和计量检测体系。三是加强循环经济管理和监督，实行生产者责任延伸制度，加强循环经济管理，探索市场化管理机制，加强监督检查。四是强化循环经济技术和服务支撑，加快共性关键技术开发，加大技术装备产业化示范，加快先进适用技术推广应用，健全循环经济服务体系。五是建立循环经济统计评价制度，建立统计核算制度和数据发布制度，制定循环经济评价指标体系，把资源产出率作为评价循环经济发展成效的综合性指标，加强统计能力建设。六是强化循环经济宣传教育和人才培养，普及循环经济知识，宣传典型案例，推广示范经验，在全国建设一批循环经济教育示范基地，把循环经济理念和知识纳入基础教育、职业教育和高等教育相关课程。七是加强循环经济交流与合作，利用各种国际交流平台，创新合作方式，宣传循环经济理念和模式，建设中日韩循环经济示范基地，共同推动绿色发展。八是加强循环经济组织领导，国务院建立健全发展循环经济组织协调机制，研究有关重大问题，部署重大任务，把握实施进度和效果，进行定期监督检查。

2013年4月8日，中共中央总书记、国家主席、中央军委主席习近平在海南博鳌与参加博鳌亚洲论坛2013年年会的企业家代表座谈时进一步强调，我们确定了“两个一百年”的奋斗目标，中国将把推动发展的着力点转到提高质量和效益上来，下大力气推进绿色发展、循环发展、低碳发展。生态文明贵阳国际论坛2013年年会7月20日在贵阳开幕，中共中央总书记、国家主席习近平向论坛发来贺信。中共中央政治局常委、国务院副总理张高丽出席开幕式、宣读习近平的贺信并发表讲话。习近平在贺信中强调，走向生态文明新时代，建设美丽中国，是实现中华民族伟大复兴的中国梦的重要内容。中国将按照尊重自然、顺应自然、保护自然的理念，贯彻节约资源和保护环境的基

本国策，更加自觉地推动绿色发展、循环发展、低碳发展，把生态文明建设融入经济建设、政治建设、文化建设、社会建设各方面和全过程，形成节约资源、保护环境的空间格局、产业结构、生产方式、生活方式，为子孙后代留下天蓝、地绿、水清的生产生活环境。10月2日，国务院总理李克强签署国务院令，公布《城镇排水与污水处理条例》，自2014年1月1日起施行。为促进污水再生利用，条例规定了以下六方面的内容：一是规定县级以上政府鼓励、支持城镇排水与污水处理科学技术研究，推广应用先进适用的技术、工艺等，促进污水的再生利用。二是将污水处理与再生利用作为地方城镇排水与污水处理规划的一项重要内容。三是规定地方政府应当依据规划，统筹安排再生水利用等设施的建设和改造。四是规定国家鼓励污水处理再生利用，工业生产、城市绿化、道路清扫、车辆冲洗、建筑施工以及生态景观等，应当优先使用再生水。五是规定地方政府应当根据当地水资源和水环境状况，合理确定再生水利用规模，制定促进再生水利用的保障措施。六是将再生水纳入水资源统一配置，地方政府水行政部门应当依法加强指导。

经国务院批准，国家发展改革委发出了《关于加大工作力度确保实现2013年节能减排目标任务的通知》，明确要求大力发展循环经济，并提出了具体任务，即：做好《循环经济发展战略及近期行动计划》宣传贯彻，编制循环经济年度推进计划。印发《关于加快发展农业循环经济的指导意见》、《关于促进生产过程协同资源化处理城市及产业废弃物的指导意见》。深化循环经济统计试点，发布国家层面资源产出率指标。继续开展循环经济“十百千”示范行动，2013年启动20个循环经济示范城市（县）、10个国家“城市矿产”示范基地、17个餐厨废弃物资源化利用城市试点和28个再制造试点，以及20个园区循环化改造。继续开展再生资源回收体系试点城市建设，建设分拣加工示范基地。开展消费者交回旧件并以置换价购买再制造产品的工作。完善老旧汽车淘汰和回收拆解体系，支持和培育回收拆解骨干企业，鼓励有条件地区建立区域性破碎示范中心。推进在工业生产过程中协同处理城市生活垃圾和污泥。深入推进清洁生产，编制国家清洁生产推行规划，发布清洁生产评价指标体系，加快重大清洁生产技术应用，建设一批清洁生产技术服务中心。发布《关于开展工业产品生态设计的指导意见》，选择汽车、电子等产品开展工业产品生态设计试点。开展铅循环利用体系建设试点。深入推进资源综合利用百个示范基地和百家骨干企业建设，新增粉煤灰等大宗固体废弃物综合利用能力1.6亿吨。编制实施赤泥、磷石膏等专项方案，开展工业固体废弃物综合利用基地建设试点，修订资源综合利用目录。推进墙体材料革新工作，完成183个城市限制粘土制品、397个县城禁止使用实心粘土砖任务。大力推进建筑废物和废旧路面材料再生利用。继续抓好农作物秸秆综合利用，加快秸秆收集储运体系建设，严格农作物秸秆焚烧监管。启动第三批国家级绿色矿山试点，推动首批40家矿产资源综合利用示范基地建设。全面落实最严格水资源管理制度，推进节水型社会建设，加快发展海水淡化产业。“通知”同时将上述任务、分解落实到国家发展改革委、财政部、国土资源部、工业和信息化部、环境保护部、住房城乡建设部、交通运输部、商务部、水利部、农业部负责。

2013年，按照党中央、国务院部署，国家各部委、各地区大力推进循环经济发展。2013年3月， 国家发改委环资司会同农业部科教司在河南省郑州市、江苏省南京市分别召开十三个粮食主产省（区）农作物秸秆综合利用规划中期评估座谈会。听取粮食主产省（区）农作物秸秆综合利用规划实施进展情况，研究提出秸秆综合利用目标完成倒逼机制和下一步工作措施，确保各地农作物秸秆综合利用规划顺利实施。4月13日，科技部、发展改革委、工业和信息化部、环境保护部、住房城乡建设部、商务部、中国科学院联合发出《关于印发“废物资源化科技工程十二五专项规划”的通知》，指导和推进全国废物资源化科技创新，支撑资源节约型和环境友好型社会建设明确了六大重点领域：城市矿产资源化技术、大宗工业废物资源化技术、废物资源化基础理论与前沿技术、生物质废物资源化技术、创新能力人才队伍、废物资源化决策与服务支撑。5月14日　国家发展改革委、农业部、环境保护部发出《关于加强农作物秸秆综合利用和禁烧工作的通知》（发改环资[2013]930号），要求加强组织领导，加大政策支持力度，严格执行相关标准，强化禁烧监管。10月12日，工业和信息化部关于印发《内燃机再制造推进计划》的通知（工信部节〔2013〕406号），推动内燃机再制造产业规模化、规范化发展，促进内燃机工业形成循环型生产方式和消费模式。10月30日，国家发展改革委解振华副主任带队赴浙江省诸暨市调研浙江富源再生资源有限公司废旧军服综合利用示范项目建设情况，并召开座谈会，听取有关单位关于推进我国废旧纺织品综合利用工作的经验介绍，就存在的问题和政策建议，与有关单位负责同志进行了深入探讨，研究部署下一步工作。

国务院及有关部门还相继印发了《“十二五”国家战略性新兴产业发展规划》、《“十二五”节能环保产业发展规划》、《矿产资源节约与综合利用“十二五”规划》、《关于加快发展节能环保产业的意见》等文件，在充分分析我国资源综合利用发展所取得的成效以及当前面临形势的基础上，提出了资源综合利用的中长期目标。国家发展改革委组织编写了《产业废弃物资源化利用实施方案》，纳入了战略性新兴产业发展规划。国家发展改革委会同有关部门发布了《煤炭工业发展“十二五”规划》、《页岩气发展规划（2011-2015）》、《钒钛资源综合利用和产业发展“十二五”规划》、《海水淡化产业发展“十二五”规划》等。国家能源局制定了《生物质能发展“十二五”规划》，商务部组织起草了《再生资源回收体系建设中长期规划（2014-2020）》，资源综合利用政策体系得到进一步完善。

2014年3月10日，国务院给各省、自治区、直辖市人民政府，国务院各部委、各直属机构发出《国务院关于支持福建省深入实施生态省战略加快生态文明先行示范区建设的若干意见》（国发〔2014〕12号），提出主要目标“到2015年，单位地区生产总值能源消耗和二氧化碳排放均比全国平均水平低20%以上，非化石能源占一次能源消费比重比全国平均水平高6个百分点；城市空气质量全部达到或优于二级标准；主要水系Ⅰ—Ⅲ类水质比例达到90%以上，近岸海域达到或优于二类水质标准的面积占65%；单位地区生产总值用地面积比2010年下降30%；万元工业增加值用水量比2010年下降35%；森林覆盖率达到65.95%以上。到2020年，能源资源利用效率、污染防治能力、生态环境质量显著提升，系统完整的生态文明制度体系基本建成，绿色生活方式和消费模式得到大力推行，形成人与自然和谐发展的现代化建设新格局。”“积极推进循环经济发展。加快构建覆盖全社会的资源循环利用体系，提高资源产出率。加强产业园区循环化改造，实现产业废物交换利用、能量梯级利用、废水循环利用和污染物集中处理。大力推行清洁生产。加快再生资源回收体系建设，支持福州、厦门、泉州等城市矿产示范基地建设。推进工业固体废弃物、建筑废弃物、农林废弃物、餐厨垃圾等资源化利用。支持绿色矿山建设。”

2015年4月20日，国家发改委印发《2015年循环经济推进计划》，提出要加快构建循环型产业体系、大力推进园区和区域循环发展、推行绿色生活方式等。其中有三大亮点，一是提出在加快构建循环型产业体系工作中，促进生物质能发展、深化农林废弃物资源化利用，制定《促进生物质能供热发展的指导意见》；国家发展改革委、农业部、林业局要研究出台《关于加快发展农业循环经济的意见》；在农林废弃物资源化利用方面，起草并报国务院印发《关于进一步加强秸秆综合利用和禁烧工作的通知》，重点在京津冀等大气污染防治区、粮棉主产区等区域构建秸秆收、储、运、用体系，到2015年底，秸秆综合利用率达到80%以上。二是，在推动社会层面循环经济发展工作中，针对废旧资源回收难的问题，提出了推动和引导回收模式创新，探索“互联网+回收”的模式及路径，目标是积极支持智能回收、自动回收机等新型回收方式发展；三是首次涉及循环经济工作的国务院各部门之间的分工协作，把《计划》提出的每一项工作都分解落实到国务院各相关部门，任务分工明确，责任明确，可控、可操作、可检查督促和问责。

2015年5月5日，中共中央、国务院印发《关于加快推进生态文明建设的意见》。文件共9个部分35条，包括总体要求；强化主体功能定位，优化国土空间开发格局；推动技术创新和结构调整，提高发展质量和效益；全面促进资源节约循环高效使用，推动利用方式根本转变；加大自然生态系统和环境保护力度，切实改善生态环境质量；健全生态文明制度体系；加强生态文明建设统计监测和执法监督；加快形成推进生态文明建设的良好社会风尚；切实加强组织领导。在“总体要求”中，“大力推进绿色发展、循环发展、低碳发展”作为指导思想提出；“全面促进资源节约循环高效使用，推动利用方式根本转变”部分，专列了一条：“发展循环经济。按照减量化、再利用、资源化的原则，加快建立循环型工业、农业、服务业体系，提高全社会资源产出率。完善再生资源回收体系，实行垃圾分类回收，开发利用“城市矿产”，推进秸秆等农林废弃物以及建筑垃圾、餐厨废弃物资源化利用，发展再制造和再生利用产品，鼓励纺织品、汽车轮胎等废旧物品回收利用。推进煤矸石、矿渣等大宗固体废弃物综合利用。组织开展循环经济示范行动，大力推广循环经济典型模式。推进产业循环式组合，促进生产和生活系统的循环链接，构建覆盖全社会的资源循环利用体系。”由此可见党和国家对发展循环经济是何等重视。

二、持续推进各类试点，大力发挥示范作用，全面推广提升

10年来，国家在重点行业、重点领域，从省、市、园区、企业等多个层面开展循环经济示范试点，探索出了循环经济发展模式，总结凝练了60个循环经济典型模式案例。2006年以来，国家累计支持了900多个循环经济示范试点项目，支持建设了45个“城市矿产”示范基地，20个循环经济教育示范基地，75个产业园区进行循环化改造，83个城市开展餐厨废弃物资源化利用。这些项目全部实施后，每年可资源化利用各类废弃物约2亿吨，与利用原生资源相比，相当于节能近1亿吨标煤。

（一）推进、总结、验收两批国家循环经济示范试点工作

2005年和2007年，经国务院批准，国家发展改革委，原国家环保总局、科技部、财政部、商务部、统计局等

六部委组织开展了两批国家循环经济示范试点工作，试点范围涉及重点行业（企业）产业园区、重点领域以及省市，共计178家单位。示范试点工作得到了各地及各试点单位高度重视，制定了发展循环经济的实施方案和规划，推动了技术进步和节能减排，促进了新兴产业发展，在各自领域探索循环经济发展路径和模式，取得了良好的经济社会环境效益，为建设资源节约型、环境友好型社会发挥了重要作用。2013年7月30日，国家发展改革委、环境保护部、科学技术部、工业和信息化部、财政部、商务部、国家统计局发出《关于组织开展国家循环经济示范试点单位验收工作的通知》（发改环资[2013]1471号），对包括国家发展改革委正式批复实施方案（或规划）的循环经济试点单位，进行验收评估。通过验收，全面了解循环经济试点工作的推进情况，总结发展循环经济的成功经验，探索发展循环经济的不同途径，找出发展循环经济的瓶颈难点并提出解决思路，总结凝炼一批循环经济发展的典型模式。2014年11月5日，国家发展改革委、环境保护部、科学技术部、工业和信息化部、财政部、商务部、国家统计局发出2014年 第19号公告，称：根据《关于组织开展循环经济试点（第一批）工作的通知》（发改环资[2005]2199）、《关于组织开展循环经济示范试点（第二批）工作的通知》（发改环资[2007]3420）的要求，国家发展改革委、环境保护部、科学技术部、工业和信息化部、财政部、商务部、国家统计局组织开展了国家循环经济试点示范单位的验收工作，现将通过验收的单位名单（第一批）予以公布。

（二）启动100个循环经济示范城市（县）创建工作

2013年9月4日，国家发展改革委发出《关于组织开展循环经济示范城市（县）创建工作的通知》（发改环资[2013]1720号），到2015年，选择100个左右城市（区、县）开展国家循环经济示范城市（县）创建活动。通过创建活动，创建城市（县）的循环型生产方式初步形成，率先构建起覆盖全社会的资源循环利用体系，各主要品种废旧商品回收率高于全国平均水平，城市建筑、交通和基础设施基本实现绿色化，生产系统与社会生活系统的循环化程度明显提高，绿色生活方式普遍推行，形成浓厚的绿色循环文化氛围，循环经济发展长效机制基本建立，循环型社会建设取得实质性进展，生态文明建设取得阶段性成果。通过创建，各创建城市（县）的资源产出水平提高幅度超出国家平均水平，节能减排的约束性指标完成情况优于上级政府分解指标。

通过各省市区申报，组织专家评审、公示，12月31日，国家发展改革委确定北京市延庆县等40个地区为2013年国家循环经济示范城市（县）创建地区。

为把循环经济示范城市（县）真正打造成发展循环经济的典型，做到可衡量、可评价、可推广，创建工作以提高资源产出率为核心，从社会经济发展水平、资源产出水平、减量化、再利用和资源化、污染减量及效果、基础设施与生态环境、绿色消费、循环文化、保障条件等9个方面，制定了包含41个建设评价类别、67项具体评价内容的指标体系。这些指标涵盖经济、文化、社会建设各方面和全过程，按照这些指标创建，不仅可以把循环经济示范城市（县）打造成全国循环经济发展的示范，也将为生态文明建设做出典范。这项工作的全面展开，标志着我国循环经济工作重心由点（企业、园区）、线（重点行业）为重点，向点、线、面全面推进的战略调整。

（三）推进再制造产业试点和规模化、集聚化、体系化、常态化发展

再制造是循环经济“再利用”的高级形式。多年来，我国对再制造产业发展甚为重视。“十一五”时期是我国再制造产业发展起步时期。2005年10月经国务院批准的首批国家循环经济试点就将再制造作为重要领域。2006年4月，国家发展改革委的《关于汽车零件再制造产业发展及有关对策措施建议的报告》，确定了再制造产业的发展基调：推进试点、探索经验、研发技术、修订有关法律法规，汽车零部件再制造产业序幕由此拉开。2008年1月颁布的《中国人民共和国循环经济促进法》第40条规定，国家支持企业开展机动车零部件、工程机械、机床等产品的再制造和轮胎翻新，将再制造纳入法制化轨道。2008年，国家发展改革委选择14家整车、零部件企业及部分专业再制造企业开展再制造试点。短短几年，再制造已经从理念变成行动，产业规模不断壮大。2010年初，国家发展改革委、国家工商总局联合启用汽车零部件再制造产品标识。2010年5月，国家发展改革委、科技部、工信部等11部委联合出台《关于推进再制造产业发展的意见》，明确了今后一段时期我国再制造产业的指导思想、重点领域和主要任务，提出了完善再制造产业发展的政策保障措施。

“十二五”规划《纲要》明确提出要大力发展再制造产业。为实现再制造产业规模化、规范化发展，根据国家发展改革委等部门印发的《关于推进再制造产业发展的意见》（发改环资[2010]911号）和《关于深化再制造试点工作的通知》（发改办环资[2011]2170号）的要求，结合再制造试点工作进展和验收总结情况，国家发展改革委、财政部、工业和信息化部、质检总局组织制定了《再制造单位质量技术控制规范（试行）》；2012年，国家发展改革委扩大了试点范围，有关部门也开展了工程机械、工业机电设备等机电装备再制造试点工作。

2013年1月，国务院印发的《循环经济发展战略及近期行动计划》中，把“再制造”作为重要组成部分，要求建立旧件逆向回收体系，支持建立以汽车4S店，特约维修站点为主渠道，回收拆解企业为补充的企业零部件回收体系。同时，开展消费者交回旧件并以置换价购买再制造产品（以旧换再）的工作，扩大再制造旧件的回收规模。同月，国家发展改革委、财政部、工信部、质检总局联合制订《再制造单位质量技术控制规范》。这是国家层面上第一个对如何保证再制造产品质量提出的要求，该规范在试点企业具有强制性。2月27日，国家发展改革委办公厅发出《关于确定第二批再制造试点的通知》（发改办环资[2013]506号），原则同意北京奥宇可鑫表面工程技术有限公司等28家单位的实施方案，并确定为第二批再制造试点单位。《通知》要求保障产品质量，分类探索推进，严格依法依规，完善支持措施；各级循环经济发展综合管理部门要加强对再制造试点单位的监督管理，确保试点单位严格执行国家产业政策，环保法规标准和职业安全标准。国家发改委将把各试点单位的承诺书在网站上进行公布，接受社会监督，并将会同有关部门不定期组织抽查，对达不到要求的，责令限期整改，经整改仍达不到要求的，取消再制造试点资格。国家发展改革委、财政部、工业和信息化部、商务部、质检总局等五部门还于2013年7月4日发布了《关于印发再制造产业“以旧换再”试点实施方案的通知》，正式启动再制造产品“以旧换再”试点工作。《通知》对推广企业、产品及旧件回收提出了严格的条件，并对“以旧换再”试点企业的确定、试点企业再制造产品的销售、再制造产品推广数据的审核、“以旧换再”补贴资金的拨付、“以旧换再”实施情况的动态监控等推广方式提出了要求。8月，国家发展改革委、财政部、工信部、商务部、质检总局联合印发《再制造“以旧换再”试点实施方案》，选择14家整车、零部件企业及部分专业再制造企业开展再制造试点，对推广企业、产品及旧件回收提出了严格要求，将再制造试点企业生产的部分量大而广、质量性能可靠、节能节材效果明显的再制造产品纳入财政补贴推广范围。9月，为推动再制造，经国家发改委批准，组织了由政府指导、企业积极参与并广泛深入民众的“北京一西藏行”大型活动。途径河北、河南、陕西、甘肃、青海等地，15天约五千公里的实际道路行驶，从东到西，沿途开展的宣传汽车零部件再制造及推进循环经济发展的系列活动。9月，为推动再制造，经国家发改委批准，组织了由政府指导、企业积极参与并广泛深入民众的“北京一西藏行”大型活动。途径河北、河南、陕西、甘肃、青海等地，15天约五千公里的实际道路行驶，从东到西，沿途开展宣传汽车零部件再制造及推进循环经济发展的系列活动。

《2014年循环经济推进计划》，对再制造发展工作又提出明确要求，要求加快建立旧件逆向回收体系，同时加大再制造产品推广力度，严格再制造产品质量管理。并先后公布了两批通过验收的再制造试点企业名单，继续推进试点工作。同时，工信部深化机电产品再制造试点，开展第一批试点单位验收。

经过近10年努力，再制造已在我国“落地生根”，由试点探索，走向规模化、集聚化、体系化、常态化发展。

——规模化。从数量上看，再制造试点企业正在形成规模，据有关行业协会统计，2013年，我国再制造试点和再制造产业示范基地产值已超过40亿元，产值过亿元的企业由2家增加到8家。并且试点外的很多企业也按照试点要求推进相关工作，再制造呈现“百花齐放”的趋势。从种类上看，再制造在我国已不局限于汽车零部件、工程机械再制造，呈现多元化发展趋势，在计算机服务器、机床、办公用品等领域均有了一定发展，一些激光或表面修复技术的专业公司，为钢铁、冶金、化工、能源等领域企业开展再制造专业服务，增速较快。

——集聚化。产业集聚可以在产业间形成产业链条，共享基础设施和配套设施，降低运行成本，发挥协同效应，是经济发展的必然趋势，我国再制造产业也在呈现这种趋势。比如在建设再制造产业示范基地方面，目前我国已有3个地区开展相关建设或启动规划编制工作。张家港是其中的典型代表，在开展再制造产业建设的3年来，张家港在骨干企业入驻、配套体系建设等方面取得了一定进展。

——体系化。再制造自身体系和市场体系逐步完善。经过多年发展，再制造已逐渐由过去的单纯生产线建设转向全体系建设。在自身体系建设方面，加强旧件回收、推动再制造产品销售是再制造企业近两年着力打造的关键，一些再制造企业主动与主机厂对接，将产品纳入其售后体系，积极拓展旧件渠道，发挥售后体系的旧件回收和推广再制造产品的作用。随着再制造产业发展，为再制造提供技术装备、整体设计、旧件回收的专业化公司正在显现，针对我国国内企业量身定做的产品选型和产业配套日趋完善，市场机制在资源配置中的决定性作用正在逐渐发挥。

——常态化。再制造产业正逐步向目前的示范推广进行转化提升，把产品做好做优，把产业规模做大，把市场机制做通，把管理制度做实，向再制造产业常态化发展。

再制造产业在快速发展的同时也存在一些问题。国内消费者存在对于再制造产品接受程度不高的情况，尤其是大城市的私家车主。同时，价格优势并不明显。在国外再制造的整机与新机相比价格低近50%，而目前，国内工程

机械市场上再制造产品的价格大概是新机的80%。

我国再制造产业前景乐观。目前汽车保有量超过了1.2亿辆，工程机械的保有量在世界上首屈一指。从这两方面来看，我国有基础有条件，实现再制造产业形成较大规模，并使其成为我国新型经济产业。

从世界范围看，目前我国多项再制造技术达到国际领先水平，大有后来居上之势。我国汽车零部件再制造技术已达到国际上较为领先水平；以徐滨士院士为领军人物的装备再制造国防科技重点实验室，在表面工程等再制造技术方面取得了突破，以我国自主研发的自动化纳米复合电刷镀等技术为基础，正在发展形成以自主创新技术为依托性能提升型的中国特色再制造产业化道路。

同时，按照“十二五”规划要求，国家将筛选、培育若干再制造产业示范基地，突出“企业集群、产业集聚、物质循环、园区管理”的要求，形成专业化回收、拆解、清洗、再制造、公共平台建设的再制造产业链条，促进产业集聚发展。还将研究完善再制造产业相关政策。如研究支持再制造服务业发展的措施；研究保险领域支持再制造产品推广的政策机制，并探索部分品种的可再制造旧件进口试点方式；鼓励废旧轮胎翻新；推进逆向物流体系建设；研究市场机制下再制造产业的规范管理方式，并更加注重发挥市场主体和社会组织的作用。

（四）再生资源回收体系建设试点

2011年国务院办公厅颁发《关于建立完整的先进的废旧商品回收体系的意见》（国办发[2011]49号）后，2012年开展了回收行业税收政策调研、生活垃圾分类与回收体系建设联动、绿色回收进社区、进机关、进园区、进高校、进商场的“五进”工程等重点工作，取得良好成效，形成了推动再生资源回收体系建设工作的合力。

近年来，商务部发挥政府对市场的引导作用，建立工作机制、强化行业基础工作，开展了再生资源回收体系建设试点，目前已有3批共90个城市列入试点，运用中央财政服务业发展专项资金，支持试点城市新建和改扩建51550个网点、341个分拣中心、63个集散市场，同时支持了123个再生资源回收加工利用基地建设。北京、上海等试点城市推动自助废弃物交售、回收热线等新型回收模式。

（五）推进各领域、各产业试点

国家“城市矿产”示范基地。在前两批试点的基础上，2013年国家发展改革委、财政部又确定了两批 17 个国家“城市矿产”示范基地，累计达到 39 个，新增再生资源加工能力 3566 万吨。2014年4月21日，国家发展改革委办公厅、财政部办公厅发出《关于组织推荐第五批国家“城市矿产”示范基地备选产业园的通知》（发改办环资[2014]855号），组织开展第五批国家“城市矿产”示范基地（以下简称示范基地）建设工作。5月9—10日，在河南省长葛市举召开了国家“城市矿产”示范基地建设经验交流会。

餐厨废弃物资源化利用和无害化处理试点。国家发展改革委、财政部、住房城乡建设部会同环境保护部、农业部确定了两批 33 个餐厨废弃物资源化利用和无害化处理试点城市，累计确定了 66个试点城市，新增餐厨废弃物处理能力 550 万吨/年。2014年4月28日，国家发展改革委办公厅、财政部办公厅、住房城乡建设部办公厅又发出《关于组织推荐第四批餐厨废弃物资源化利用和无害化处理试点备选城市的通知》（发改办环资[2014]892号），选择部分具备开展餐厨废弃物资源化利用和无害化处理条件的设区城市或直辖市市辖区进行试点。2014年6月24-25日，国家发展改革委、住房城乡建设部在江苏省苏州市联合召开“全国餐厨废弃物资源化利用和无害化处理现场会”，总结、交流试点经验，推广典型模式，推动餐厨废弃物资源化利用和无害化处理。66个试点城市就餐厨废弃物资源化利用和无害化处理工作进行了深入交流和探讨。国家发改委、财政部和住建部2015年4月16日联合发文，决定继续开展第五批餐厨废弃物资源化利用和无害化处理试点工作，选择部分具备开展餐厨废弃物资源化利用和无害化处理条件的设区城市或直辖市市辖区进行试点。

绿色矿山试点。国土资源部确定 183 家、239 家矿山为第二批、第三批国家级绿色矿山试点单位（累计 459家），初步形成煤炭、石油、有色、冶金、化工矿产和建材非金属的绿色矿山建设标准。

工业和信息化部还开展 了12 个工业固体废物综合利用试点，会同安监总局组织开展尾矿综合利用示范工程。

三、坚持技术创新，发挥技术驱动作用

发展循环经济，科技创新是支撑，链接技术是关键。国家启动了“清洁生产与循环经济关键技术与示范”和“循环经济决策支持与系统构建关键技术研究与示范”等国家科技支撑重大项目。批准建设了机械产品再制造国家工程研究中心、废弃物资源化利用国家工程研究中心。发布了电力、钢铁、有色金属、建材等10个重点行业循环经济支撑技术和《国家鼓励的循环经济技术、工艺和设备名录》。诸如，2013年国家发展改革委会同有关部门对《产业结构调整指导目录（2011年本）》有关条目进行了调整，强化通过结构优化升级实现节能减排的战略导向。工信部发布了《工业固体废物综合利用先进适用技术目录（第一批）》、《再生资源综合利用先进适用技术目录（第二批）》，积极开展工业固废相关领域先进适用技术推广应用。国土资源部印发了《关于推广先进适用技术提高矿产资源节约与综合利用水平的通知》，对先进适用技术的推广工作做了全面部署，分两批公布了 99 项先进适用技术。2013年1月，农业部农村司在广州召开“十二五”国家科技支撑计划“循环农业科技工程”项目检查交流会。会议交流汇报了项目的总体设计思路、主要进展情况以及18个课题总体设计思路和2012年开展的主要工作和研究进展情况。循环农业科技工程是为了发展资源节约型、环境友好型现代农业以及农业节能减排的重大科技需求，在“十一五”基础上继续组织实施的重大科技支撑计划项目，2012年初启动。该项目体量大、参加单位多，通过一年的实施，项目全面部署核心试验区、示范区和各项研究与示范任务，在农业废弃物高效循环利用关键技术、不同模式物能循环调控与减排技术等方面取得了良好进展，在循环模式集成创新上取得重要突破。4月13日，科技部、发展改革委、工业和信息化部、环境保护部、住房城乡建设部、商务部、中国科学院联合发出《关于印发“废物资源化科技工程十二五专项规划”的通知》，指导和推进全国废物资源化科技创新，支撑资源节约型和环境友好型社会建设。9月7日，交通运输部发出《关于科技创新推动交通运输转型升级的指导意见》（交科技发[2013]540号），要求到2020年，形成开放协调、充满活力的创新发展体制机制，行业创新能力得到新提高，行业创新发展取得新成效。努力在工程建养、运输服务、安全应急、绿色循环低碳交通和信息化等领域共性关键技术研究取得一批国际领先、实用性强的自主创新成果，推动交通运输转型升级，行业科技进步贡献率达到60%。

经过近10年的努力，我国循环经济一些共性关键技术已取得重大突破。北京首创垃圾填埋气制液化天然气。垃圾资源化处理是垃圾处理的方向，以垃圾填埋气为原料制取清洁燃料是国内填埋气资源化利用的新举措，具有环保和节能的双重效应。近年来，北京市着力提升垃圾资源化利用的比例，加大相关技术研发应用，在全国率先研发出垃圾填埋气制液化天然气。该关键技术的创新点主要是：一是采用自主研发的新型高效填埋气收集工艺，强制将填埋气“吸”入厌氧集气罐。二是采取一整套完整的以垃圾填埋气为原料制取清洁燃料的技术路线，建成了填埋气年处理规模560万标方的示范工程。三是在填埋气体深度净化等关键技术方面取得了重要突破，实现对原料气中多重杂质组分的深度脱除、甲烷的回收率不低于95%，制成的清洁能源产品符合国家相关标准，实现了真正意义上的变废为宝。

四、优化配套政策措施，推进法制化、标准化

（一）优化配套政策措施，推进法制化

循环经济发展需要政策措施、规范与法规支撑，保障进入常态化。

——优化配套政策措施。在充分发挥市场决定性作用的前提下，努力建立促进循环经济发展的激励政策。中央财政设立了专项资金，支持实施循环经济重点项目和开展示范试点。深化资源性产品价格改革，实行了差别电价、惩罚性电价、阶梯水价和燃煤发电脱硫、脱硝、除尘加价政策，煤矸石、余热余压、垃圾和沼气发电的优惠政策。制定了鼓励生产和购买使用节能节水专用设备、资源综合利用产品和劳务等的税收优惠政策。出台了支持循环经济发展的投融资政策措施。2013年财政部、国家发展改革委开展了《资源综合利用企业所得税优惠目录（2008 年版）》修订工作，印发《资源综合利用电厂审核认定细化要求》和《资源综合利用电厂认定申报范本》，不断完善资源综合利用认定制度。安排中央预算内投资支持尾矿、煤矸石、粉煤灰、冶炼渣和化工废渣、建筑和道路废物、农作物秸秆等大宗固体废物综合利用项目，形成利用能力 1.7 亿吨/年。商务部会同财政部利用中央财政服务业发展专项资金支持再生资源回收体系建设，支持试点城市新建和改扩建 51550个网点、341 个分拣中心、63 个集散市场，同时支持了 123 个再生资源回收加工利用基地建设。国土资源部、财政部继续推进首批 40 家矿产资源综合利用示范基地建设，2012-2013 年度安排中央财政资金67 亿元，拉动企业投入 350多亿，在突破资源综合利用产业化技术、创新办矿模式、提高资源利用效率等方面进展显著。国家发展改革委出台《关于完善垃圾焚烧发电价格政策的通知》，利用价格杠杆促进垃圾焚烧发电产业健康发展。财政部、国家发展改革委、能源局联合印发了《可再生能源电价附加补助资金管理暂行办法》，对可再生能源电价进行全面的资金补助，进一步激励对可再生能源发电并网收购。国家发展改革委发布实施《煤炭矿区总体规划管理暂行规定》，要求矿区总体规划设计文件和规划评估报告，应包括与煤伴生资源、煤层气、矿井水和煤矸石等资源综合开发利用方案等内容。近两年共批复 25 个矿区总体规划，均对矿区资源综合利用提出明确要求。国土资源部出台了《进一步规范矿产资源补偿费征收管理的通知》，全面实行补偿费征收与开采回采率挂钩，充分发挥补偿费征收政策的引导和调节作用，激励矿山企业提高开发利用水平。

——法制化。循环经济发展过程也是制度创新过程，不断强化法律法规建设，使循环经济成为各级政府和社

会各界普遍遵循的行为规范。《循环经济促进法》于2009年1月1日起施行，这是世界上继日本、德国之后，第三部专门的循环经济法律，将“减量化、再利用、资源化”和“减量化优先”作为中国经济社会发展的一条重要原则。2012年2月29日，十一届全国人大常委会第二十五次会议表决通过了《全国人民代表大会常务委员会关于修改〈中华人民共和国清洁生产促进法〉的决定》。在此前后，公布实施了《废弃电器电子产品回收处理管理条例》、《再生资源回收管理办法》、《粉煤灰综合利用管理办法》、《煤矸石综合利用管理办法》等法规规章，从而使我国循环经济法律法规体系初步形成，循环经济已经进入法制化轨道。

《2015年循环经济推进计划》提出了2015年着手起步的一系列制度建设计划。这些制度是在过去已经出台的制度体系基础上的完善和发展。首先，制定新的法规条例。包括研究制定《餐厨废弃物管理与资源化利用条例》，明确餐饮企业、回收和利用主体的权利义务，严格执法，杜绝“地沟油”、“垃圾猪”；研究起草《节约用水条例》，全面落实最严格水资源管理制度，建立健全覆盖省、市、县三级行政区域的用水总量控制、用水效率控制、水功能区限制纳污“三条红线”指标体系；完善报废机动车回收拆解方面的相关制度，加强对报废机动车回收拆解管理，规范报废机动车零部件再制造。研究出台《强制回收的产品和包装物名录及管理办法》，构建押金回收制度，提高价值低、难回收再生资源的回收利用率。其次，健全标准和认证体系。《计划》提出要制定《循环经济科技创新总体方案(2015~2020)》。制修订工业、服务业领域取水定额国家标准和用水产品水效国家标准。开展园区循环经济绩效评价、固体废物分类及利用、水的分类使用、废气综合利用、能源梯级利用等方面标准的研究制定。加强对循环经济相关领域的检验检测、建立认证评价服务体系，夯实质量评价技术基础，支撑循环经济产业创新发展。

——地方也制定了循环经济促进条例、规章。2004年7月8日贵阳市第十一届人民代表大会常务委员会第十四次会议通过《贵阳市建设循环经济生态城市条例》，9月24日贵州省第十届人民代表大会常务委员会第十次会议批准，9月29日公布，自2004年11月1日起施行。2006年7月1日，《深圳特区循环经济促进条例》实施，成为我国第一个专门关于循环经济的条例。之后，2010年10月1日，《大连市循环经济促进条例》实施。2011年12月1日陕西省颁布实施了全国第一部省级循环经济地方性法规《陕西省循环经济促进条例》。2012年3月28日，甘肃省十一届人大常委会第二十六次会议审议通过了《甘肃省循环经济促进条例》，于2012年6月1日起正式施行。2012年10月1日，《山西省循环经济促进条例》实施。12月26日，厦门制定《厦门市再生资源回收体系建设专项资金管理暂行办法》，设专项资金用于扶持再生资源的回收利用，建成一个城市再生资源回收体系。

青岛市作为国家首批资源综合利用“双百工程”唯一的建筑废物综合利用示范基地，制定了建筑废物综合利用实施方案，提出到2015年，建筑废物综合利用率超过50%，年利用量达到1000万吨，实现资源综合利用年产值10亿元的目标。为加快示范基地建设，全面提高资源综合利用水平，经山东省人大常委会批准，青岛市人大常委会公布了《青岛市建筑废弃物资源化利用条例》，自2013年1月1日起施行。2012年11月1日青岛市第十五届人民代表大会常务委员会第五次会议通过，2012年11月29日山东省第十一届人民代表大会常务委员会第三十四次会议批准，2012年11月29日青岛市人民代表大会常务委员会公告公布，自2013年1月1日起施行。

江苏、山东省《循环经济促进条例》草案目前正在征求意见中。

（二）健全标准和认证体系

标准是一种技术性制度，是保证循环经济规范高效发展的重要基础。

——开展循环经济标准化试点工作，发挥标准的规范、引领和倒逼作用。2007年3月启动37家企业进行国家循环经济标准化试点；2009年，国家标准委依据有关法律法规和国务院文件，联合国家发改委印发《循环经济标准化试点工作指导意见》，提出了试点的指导思想、任务和目标，试点的申报和审批流程，以及试点的管理与考核。2011年国家标准委和国家发改委联合印发《国家循环经济标准化试点考核评估方案（试行）》，考核评估内容分为4个方面：循环经济标准化工作模式、循环经济标准化基础性工作、循环经济标准的宣传及贯彻应用、循环经济标准信息平台建设。循环经济标准化试点项目采用全生命周期管理的理念和方法，依据有关文件，从申报、年度、中期、验收等全生命周期过程实现在线管理，大大提高了试点项目的运行管理效率。试点过程和试点后监管都设计了退出机制。对于试点的绩效评价，一是考核评估，二是编制循环经济标准化典型模式案例的报告，为其他企业、园区或城市提供范例。 据统计，目前已经验收的22家单位，共制定循环经济关键急需的国家和行业标准100多项，企业和园区标准（联盟标准）1000多项，促进了循环经济产业的规范化发展，提升了循环经济国家标准的实施率，大部分试点单位从试点前的70%左右上升到98%以上，促进了国家标准真正得到执行和贯彻落实。

通过试点，各试点单位实现效益化与标准化的有机融合，已验收的22家试点单位中有10多家入选国家发展改

革委发布的全国60个循环经济典型模式案例。南京联合钢铁公司经过3年的试点，实现单位产品综合能耗下降7%，单位产品耗新水下降24%，增加经济效益7亿多元，超额完成政府下达的节能减排任务。同时，试点单位建立了独具特色的循环产业链标准综合体（标准体系），实现系统化与标准化的有机融合。江苏春兴合金集团建立了覆盖废铅酸蓄电池回收、破碎、分选、熔炼制精铅、再生铅废渣提炼锑和锡、铅泥无害化处置等工艺流程的循环经济标准综合体，提供了再生铅资源的回收率，避免了回收过程造成二次污染，为再生资源回收利用行业的循环经济发展提供了很好的范例。试点单位培养了一批既懂循环经济又懂标准化的复合型人才，为企业长期开展循环经济综合标准化工作提供智力支持。湖南省娄底市通过试点，积极推进国家循环经济综合标准化试点城市建设，成立了娄底市循环经济综合标准化技术委员会，构建循环经济标准体系，建立健全包括国家标准、行业标准、地方标准和企业标准在内的有色、钢铁、建材、电力、化工等循环经济标准体系，使“减量化、资源化、再利用”渗透在产品的研发、生产、检验、销售等环节。

——制定和发布循环经济国家标准。10年来，发布了200多项循环经济相关国家标准。2014年2月12日，中国民用航空局航空器适航审定司在京向中国石化颁发了1号生物航煤技术标准规定项目批准书（CTSOA），这标志着备受国内外关注的国产1号生物航煤正式获得适航批准，并可投入商业使用。4月，环保部审议并原则通过锅炉大气污染物、生活垃圾焚烧污染物、工业污染物以及非道路移动机械用柴油机污染物的排放新标准。 同时，环保部对现行的《生活垃圾焚烧污染控制标准》进行修订和完善，

与此同时，有关部门还出台了一系列贯彻落实节约资源和保护环境的产业政策，绿色信贷、绿色保险、绿色电价、生态补偿、排污收费、绿色贸易、排污权交易等也开展了尝试。

总起来来看，我国循环经济取得了重大进展，已经成为我国新的经济增长点，生态文明建设的重要路径和方式。但我们也应当看到我国循环经济发展还在路上，面临不少问题。一是认识方面。一些地方和部门对发展循环经济的重要战略意义和紧迫性认识不足，消费者对循环经济产品的接受度也很高。二是市场在配置资源中还没有达到决定性作用，推动循环经济发展的外在动力和内在利益机制还没有真正形成，一些地方和企业存在“叫好不叫座”现象。有的企业在经济活动中追求利润最大化，不愿意按照循环经济的原则行事，存在“循环经济不经济”问题和现象。三是法律法规方面。目前，我国循环经济法律还不够细化和配套；有关资源环境的法律法规中虽然体现了某些循环经济的内容，但从总体来看存在缺位的情况。

因此，推进我国循环经济向前发展，需要我们形成政府引导、市场驱动、企业主体、全社会共同参与的长效机制和社会大气候。当前，尤其应在以下几方面着力。

一是进一步完善循环经济发展政策体系机制，研究完善促进循环经济发展的财政、税收、价格、产业、投资、金融等政策措施。深化资源性产品价格和税费改革，理顺价格体制，建立反映市场供求和资源稀缺程度、体现生态价值和代际补偿的资源有偿使用制度和生态补偿制度，让市场完全充分地反映出自然资源的成本；形成循环经济发展的激励机制，对采用清洁生产工艺和资源循环利用的企业在税收减免、财政补贴、信贷优惠等方面给予支持，保证其产品的市场竞争力；通过政策调整，使循环利用资源和保护生态有利可图，使企业和个人对生态环境保护的外部效益内部化。

二是加大科研力度，强化技术支撑。贯彻循环经济的减量化、再利用和资源化原则，必须依靠科学进步，依靠先进的处理和转化技术、先进设施设备的开发和更新。必须加快关键共性技术研发和先进实用技术产业化，实现重点领域关键链接技术突破，为循环经济发展提供有力的技术支撑。除了国家组织实施科技重大专项、突破重大技术瓶颈外，还应重点支持科研机构和企业进行有关节约资源、保护环境的技术研究开发和推广应用，更重要的是促使科研机构和企业成为主力军。

三是加强制度建设，抓紧修订《循环经济促进法》，或是由国务院制定实施细则，细化其可控、可操作性，加快建立生产者责任延伸制、押金回收制、再生产品标识管理、生产企业和政府采购等强制使用一定比例再生资源等制度。

四是开展循环经济评价，建立以资源产出率为核心的评价指标体系，并纳入经济社会发展规划。

五是加大示范推广，实施园区循环化改造、建筑垃圾资源化、餐厨废弃物资源化、生产过程协同处置废弃物、农业循环经济等示范工程，继续开展国家循环经济示范城市建设工作。

六是持续广泛开展循环经济宣传教育，扩大公众参与度。循环经济既然属于经济范畴，就要适应市场规律，只有消费者愿意选择循环经济产品，才能形成绿色、低碳消费市场，引导企业发展循环经济。为此，要进一步加大宣传教育力度，使广大消费者树立资源节约型价值观和消费观，养成节约资源的生活习惯和消费行为。

地方报告

北京市2014年循环经济发展报告

北京市发展和改革委员会

一、循环经济各项指标走在全国前列

（一）能效水平居全国省级地区首位

2014年，北京市万元地区生产总值能耗同比下降5.49%，能源消费总量7454.5万吨标准煤，成为全国唯一连续9年完成年度目标的省级地区，万元GDP能耗绝对值全国最低。

（二）资源综合利用水平实现新跨越

完成了本市2014年两批资源综合利用企业认定工作，经对83家企业申报材料审查、现场核查、专家评审及结果公示，共有76家企业通过认定。76家企业资源综合利用产值96亿元，实现利润2.15亿元，减免税5.7756亿元。利用各种固体废物1802万吨。

（三）环境污染防治压力有效缓解

四类主要污染物排放量连续4年下降，二氧化硫、氮氧化物、化学需氧量和氨氮排放总量比上年分别下降9.35%、9.24%、5.40%和3.82%，提前超额完成“十二五”时期污染减排任务。一批污水处理厂建成投运或升级改造，全市新增污水处理能力22万吨/日。

二、循环经济重点工作取得积极成效

（一）加快实施垃圾处理建三年行动方案，推进垃圾市场化进程

研究制定垃圾处理设施市场化支持政策，对生活垃圾焚烧、生化处理设施和餐厨、建筑垃圾处理设施，市政府投资支持比例不超过50%，鼓励采取PPP方式，最大范围吸引社会资本参与垃圾收运和处理设施建设。累计安排市政府固定资产投资10亿元，重点支持了朝阳生活垃圾综合处理厂焚烧中心、海淀区循环经济产业园再生能源发电厂、密云县垃圾综合处理中心等项目建设，制定了阿苏卫垃圾处理设施周边村庄搬迁资金平衡方案，全面启动阿苏卫循环经济园区建设和周边村庄搬迁工作。鲁家山焚烧厂、南宫焚烧厂、高安屯餐厨垃圾处理厂等一批垃圾处理项目建成投产，新增处理能力8000吨/日，城市生活垃圾基本实现无害化处理。截至2014年底，已建成投运26座生活垃圾处理设施，焚烧和生化比例超过50%。

（二）加强城市矿产和园区循环化改造项目建设

1.组织推动循环经济试点工作。组织协调延庆县编制完成创建国家循环经济示范县实施方案，研究推动项目实施。组织完成两批5家国家级循环经济试点单位验收，编制完成北京市创建循环经济试点城市自评报告，通过国家发改委验收。开展循环经济立法前期研究工作。

2.推动亦庄开发区园区循环化改造。组织修改编制经济技术开发区园区循环化改造实施方案，推动园区完成中芯国际热电厂余热利用、集成电路循环用水等3个项目建设，年节约标准煤600吨，节约再生水223万吨。同时，推动京东方数字电视产业热能回收等3个项目开工建设。

3.推动城市矿产基地建设。推动城市矿产示范基地基本完成废旧家电回收体系等4个项目建设，新增再生资源处理能力3万吨。同时，废钢回收处理中心等3个项目正在开展前期手续，预计2015年开工建设。到2014年底，城市矿产示范基地回收能力达到63万吨，处理能力达到36.5万吨，产值突破35亿元。

（三）大力推行全行业清洁生产。组织409家单位开展清洁生产，共完成清洁生产方案2350余项，累计投入资金3.24亿元，年可节能7.84万吨标准煤，减排废水172.11万吨，减排化学需氧量14.81吨，减排氨氮4.34吨，减排废气981.98立方米，减排二氧化硫62.33吨，节能减排效果明显。

（撰稿：费景耀，北京市发展和改革委员会资源节约和环境保护处）

天津市2014年循环经济发展报告

天津市发展和改革委员会

2014年，天津市在市委、市政府的领导和各区县、各部门的共同努力下，在国家发展改革委等有关部委的大力支持下，精心组织，重点部署，深化发展循环经济工作，促进绿色低碳循环发展，推动生态文明建设取得新进展。

一、推进园区循环化改造

（一）把园区循环化改造列为全市循环经济工作重点。依照美丽天津一号工程清新空气行动方案中“到2017年我市50%以上的国家级、30%以上的市级园区要实施循环化改造”的工作目标，我市制定实施了《推进园区循环化改造的实施意见》，按照“布局优化、产业成链、企业集群、物质循环、创新管理、集约发展”要求，推动循环经济产业链接、基础设施、公共服务平台等项目建设，分期分批对各类开发区实施循环化改造，逐步提高全市循环化改造园区覆盖率。2014年，我市有3个园区列入天津市园区循环化改造示范试点范围并获得市级循环经济发展专项资金支持。

（二）发挥国家循环化改造示范试点园区示范引领作用。继天津经济技术开发区之后，2014年我市又有空港经济区入选国家园区循环化改造示范试点，两个园区均坐落于滨海新区，对加快形成以制造业为核心的循环经济产业聚集区具有积极意义。开发区作为国家首批园区循环化改造示范试点，立足综合型的特征，以循环经济模式推进绿色园区的建设，积极实施产业共生项目，围绕电子通讯、装备制造、生物医药、食品饮料、石化产业等支柱产业，通过产业链、产品链和废物链的构建与完善，促进区域循环经济产业链网优化，努力打造清洁高效的绿色产业体系。同时，对《天津市国家园区循环化改造示范试点管理办法》进行了修订，细化了规范项目管理、严格专项资金使用、加强项目考核等要求。

二、推进“城市矿产”示范基地建设

天津子牙循环经济产业区是我市专门从事再生资源产业的园区，吸引280余家企业入驻，重点发展废旧机电产品拆解处理、废旧电子信息产品处理加工、报废汽车拆解处理、废旧橡塑加工、精深加工再制造、节能环保新能源等六大产业板块，并逐步建立完善科技研发、物流、信息、商贸和环保等配套体系，是我国当前唯一以循环经济为主导产业的国家级经济技术开发区。一年来，围绕提升子牙循环经济产业区发展的综合实力，产业链条进一步延伸，以新能源及精深加工等产业为重点，引进淮海控股新能源车辆产业基地等一批大型产业项目，加快建设天津绿色再生资源回收利用项目（格力）、格林美（天津）城市矿产循环产业发展有限公司项目等一批高附加值的精深加工项目。服务环境进一步优化，无水港建设进程加快，“三个一”试点及物流节点合作加快推进。创新能力进一步增强，推进国家863计划“废旧高分子产品回收技术与示范”项目。完成科技型中小企业认定180余家。试点示范进一步深化，子牙园区“报废汽车拆解加工及废塑料回收利用循环经济标准化试点”获得批复，成为国家循环经济标准化试点单位之一。《天津子牙经济技术开发区国家生态工业示范园区规划》通过了专家论证。

三、探索循环型社会建设的重点领域和创新模式

（一）推动农业领域循环发展。加大对肥料化、饲料化、能源化、工业化等秸秆综合利用的支持力度。农作物秸秆综合利用率达到82.6%，同比提高6个百分点，圆满完成国家下达年度目标。引导涉农区县大力发展农业循环经济，探索 “林-菌-禽-肥”、“养殖-沼气-肥料-种植”、全封闭循环水海水鱼养殖、名优花卉节能设施产业化等多种农业循环模式。

（二）推动建筑领域循环发展。把建筑垃圾减量化与推广绿色建筑相结合，逐步推进建筑垃圾资源化综合利用。借鉴兄弟省市经验，研究起草了建筑垃圾资源化综合利用管理工作实施意见，并积极研究整体规划布局及特许经营、产品使用等方面的鼓励政策，推进首批示范项目的前期工作。

（三）推动生活废弃物处理领域循环发展。按照天津市废旧商品回收体系建设规划，着力推动绿色回收进机

关、进校园、进社区、进商场、进园区，提高回收覆盖率和资源再利用率。在和平区、中新生态城开展生活垃圾分类试点，积累在老城区和新城区开展垃圾分类工作的经验，并积极申报国家生活垃圾分类示范城区（县）。

四、加强循环经济的基础能力建设

（一）制定方案、细化任务，形成工作合力。落实国务院《循环经济发展战略及近期行动计划》和国家发展改革委《2014年循环经济推进计划》要求，组织制定并实施《天津市落实循环经济年度推进计划的重点任务及分工》。组织编制《天津市2014-2015年秸秆综合利用实施方案》。

（二）做好试点自查验收及循环经济规划研究等基础工作。按要求完成国家循环经济示范试点自查和验收工作。启动全市循环经济发展“十三五”规划的前期研究。组织编制完成《天津市海水资源综合利用循环经济发展专项规划》，纳入天津海洋经济科学发展示范区规划体系。

（三）加大宣传力度，展示推广我市循环经济特色模式。利用全国低碳日举办了以“践行节能低碳，建设美丽家园”为主题的天津宣传活动，普及低碳循环发展方面的知识。组团参加第三届青岛国际循环经济博览会，重点展示了泰达、子牙、临港、北疆、华明五种特色循环经济发展模式。

五、推进循环经济工作适应新的发展要求

（一）积极落实京津冀协同发展顶层设计，推动京津冀生态环保协同发展。研究起草了我市推进京津冀协同发展生态环境保护规划，将区域循环经济和生态文明列为重点专项工程，谋划实施一批能源梯级利用、水资源循环利用、报废机动车回收拆解、塑料产业基地、废旧家电处理等支撑项目。

（二）积极融入国家生态文明先行示范区建设，做好示范试点先行先试。武清区入选国家首批生态文明先行示范区，建立了工作机制，明确了责任分工，正加快落实生态文明制度创新要求，并将推动实施循环经济、清洁能源使用、水环境综合治理、绿化造林、现代农业等一批重点支撑项目。

（三）积极探索绿色发展的新思路和新模式。国务院批复了中新天津生态城建设国家绿色发展示范区实施方案。中新生态城将按照实施方案，着力推进城市建设绿色化智能化，推动资源节约高效循环利用，加强生态建设与环境保护，培育绿色文化，为探索城市绿色发展提供有益模式。

（撰稿人：唐弢、苏静，天津市发展和改革委员会资源节约和环境保护处）

山西省2014年循环经济发展报告

山西省发展和改革委员会

2014年以来，按照山西省委省政府关于循环经济工作的部署，总结“十二五”循环经济发展，制定循环经济“十三五”发展规划和相关政策，加快循环经济试点向示范转变，积极落实循环经济重点工作，全面推进循环经济深入发展。

山西把推进循环经济作为转型综改试验区建设的重要抓手，以传统产业为核心，以优化产业布局为前提，以园区构建与改造为载体，做强做细循环经济产业链，大力推进产业优化升级，共确定省级循环经济试点单位186个，其中试点企业142个，试点园区20个，基本形成“一市一园”、“一县一企”循环经济试点局面，初步形成了具有山西产业特色的循环经济发展模式。不同领域发展循环经济的特色模式初步形成。

一、2014年山西省循环经济

2014年山西省循环经济发展主要工作有：

（一）《山西省粉煤灰综合利用规划》通过国家发展改革委组织评审

为深入推进煤矸石综合利用健康有序发展，发展循环经济，减少其对土地资源占用和环境污染，提高资源利用效率，促进煤矿安全生产，按照国家发展改革委办公厅给山西省政府办公厅《关于山西省高铝粉煤灰开发利用有关问题的复函》和省政府安排，省发改委组织相关部门对《山西省高铝粉煤灰资源开发利用规划》进一步充实完善，编制完成《山西省粉煤灰综合利用规划》。在报请省政府同意后，于2014年4月将《规划》上报国家发展改革委。省发改委按照专家论证会意见修改完善《山西省粉煤灰综合利用规划》，于10月18日将《规划》报送国家发改委请求批复。该《规划》的实施，为大动作、大手笔打造山西循环工业产业链有深远意义。

（二）太原高新区被列为国家首批低碳工业园区试点

为推进工业低碳转型，工信部、国家发改委组织开展国家低碳工业园区试点，经推荐、遴选和评审我省太原高新技术产业开发区入选，创建特色鲜明、示范意义强的国家低碳园区试点，打造一批掌握低碳核心技术、具有先进低碳管理水平的低碳企业，形成园区低碳发展模式。

（三）公布第一批省循环经济示范单位，5县（市）和10个企业入选

确定孝义市、永济市、介休市、洪洞县、清徐县5个县（市）为第一批循环经济示范县。确定山西潞安矿业（集团）有限责任公司、晋城无烟煤矿业集团有限责任公司、太原钢铁（集团）有限公司、山西焦化集团有限公司、山西阳煤丰喜肥业（集团）有限责任公司、孝义市金岩电力煤化工有限公司、山西平遥峰岩煤焦集团有限公司、朔州市润臻新技术开发有限公司、阳泉天元废旧电器回收处理有限公司、五台云海镁业有限公司10个企业为第一批循环经济典型企业。

（四）朔州市、浮山县入选国家资源综合利用“双百工程”示范基地

山西省朔州市通过综合利用粉煤灰、煤矸石、脱硫石膏等资源，到2018年，粉煤灰、煤矸石、脱硫石膏的综合利用率分别达到92%、95%（含复垦、生态处置）和91%，综合利用量5172万吨，实现资源综合利用产值405亿元。

山西省浮山县通过综合利用尾矿、煤矸石等资源，到2018年，工业固体废物综合利用率达到97.5%，年综合利用量1550万吨，实现资源综合利用年产值45亿元。

（五）举办第四届山西省节能减排低碳发展博览会

山西省发展和改革委员会等十委厅于2014年7月25-27日在山西省展览馆举办“第四届山西省节能减排、低碳发展博览会”。本次博览会以“加快发展节能环保产业、推动山西转型跨越发展”为主题，展会设置了节能减排与低碳发展成果展、工业节能减排技术及产品展、建筑节能（公共机构、民用）展、清洁能源、新能源与新能源汽车展、交通运输节能减排展、节能服务展、绿色照明展及民用节能展共八大展区。

（六）晋中市列入国家第四批餐厨废弃物资源化利用和无害化处理试点

按照《山西省“十二五”城镇生活垃圾无害化处理设施建设实施方案》要求，到2015年，晋中市城区应建成餐厨废弃物处理厂。晋中市餐厨废弃物资源化利用和无害化处理项目，对于从源头上杜绝“地沟油”、“垃圾猪”流向餐桌，减轻餐厨垃圾对城市的危害，保障人民群众身体健康，加快城市生活垃圾处理产业化有着重要意义。

（七）组团参加第三届中国国际循环经济成果交易博览会

由国家发改委等部委主办的第三届中国国际循环经济成果交易博览会（以下简称“循博会”）于9月27日在青岛国际会展中心举行。我省参展代表团荣获优秀展示奖和优秀组织奖两个奖项。

（八）举办2014年循环经济摄影大赛年循环经济摄影大赛。从2014年5月至2014年8月，山西省循环经济促进会与山西省摄影家协会、中国平遥国际摄影大展组委会共同举办山西省循环经济摄影大赛。本次摄影大赛以“发展循环经济、推进生态文明”为主题，以镜头方式生动反映我省循环经济试点企业、试点园区在推进循环经济典型项目、资源综合利用、多元绿色发展、园区循环化改造及生态文明建设等方面的工作成效。

（九）举办2014年全国节能宣传周主题活动年全国节能宣传周主题活动。6月10日，以“携手节能低碳，共建碧水蓝天”为主题的山西省2014年全国节能宣传周和全国低碳日活动在太原龙潭公园举行，省、市发改部门布设了节能和低碳宣传展板，发放了宣传手册和环保手提袋近千余份，展出了节能锅、节能灯等节能产品。节能示范单位还在现场为群众演示节能新技术、新产品，普及节能常识。

（十）山西发布14项节能地方标准。2014年11月1日，山西省发布《煅烧煤系高岭土单位产品综合能耗限额》、《日用陶瓷单位产品综合能耗限额》、《高炉炼铁煤气放散率和炉顶余压发电量定额》、《转炉炼钢煤气和蒸汽回收量定额》等14项节能地方标准，其中8项为推荐性标准，6项为强制性单位产品能耗限额标准。于2014年12月1日起实施。

二、2015年主要工作情况

（一）修编《山西省循环经济“十三五”发展规划》

在总结“十二五”循环经济发展成效及存在问题的基础上，起草完成《山西省“十三五”循环经济发展规划》，并组织部分省“十三五”规划编制专家咨询委员会专家共同讨论，多次修改完善《规划》文本，形成《规划》（初稿）；在征求相关部门意见后，组织召开了《规划》论证会，并充分吸收与会部门和专家意见，形成了《规划》（送审稿）。

（二）制定《<山西省粉煤灰综合利用规划>实施意见》。

按照国家发展改革委对《山西省粉煤灰综合利用规划》的批复文件(发改环资[2014]2763号)及省政府的安排，我委组织专家起草了《<山西省粉煤灰综合利用规划>实施意见》（以下简称《实施意见》）。

（三）加强试点示范引领作用，培育循环经济典型模式

为充分发挥典型的示范引导和辐射带动作用，大力发展循环经济，促进循环经济形成较大规模，按照可复制、可推广、可借鉴的总体要求，省循环节约办组织相关部门及专家对全省试点单位进行了阶段性验收，在专家现场调研、资料审查、综合打分的基础上，结合全省11个地市及循环经济重点行业均衡发展情况，选出了5个县和10家企业作为第一批循环经济示范试点单位。同时，组织开展了省级园区循环化改造示范试点工作，在市县上报及专家评审的基础上，确定了临汾、孝义、交城和绛县四个经济开发区及同煤集团塔山循环经济园区为省级循环化改造示范试点园区。

（四）参加2015 中国循环经济发展论坛

组织参加了由中国循环经济协会组织召开的“2015中国循环经济发展论坛”,论坛主题是，共话“十三五”绿色化背景下的循环经济。论坛分为主论坛和产业循环经济、资源再生利用、再制造、垃圾资源化、清洁生产五个平行分论坛，以及投融资分论坛。论坛重点是展望“十三五”、解读新政策、聚焦新热点，交流新技术、研讨新模式、分享好案例，对接好项目、促进投融资、发布新成果。

（五）组织开展循环经济示范城市（县）建设的申报

按照国家发展改革委、财政部、住建部联合发布的《关于开展循环经济示范城市（县）建设的通知》（发改环资[2015]2154号）的要求，完成“两市一县”（阳泉市、晋城市、孝义市）建设工作实施方案的评审及申报工作，其中晋城市和孝义市是2013年国家发展改革委批复确定的首批国家循环经济示范城市建设地区，根据（发改环资资[2015]2154号）精神，两市对2013年国家批复的实施方案进行了修改完善，对拟实施的重点工程进行了梳理调整。

（六）组织开展资源综合利用“双百工程”评估工作

根据国家发改委《关于组织开展资源综合利用“双百工程”评估工作的通知》的要求，组织对太原钢铁（集团）有限公司、朔州市和浮山县两批资源综合利用示范基地、骨干企业建设情况进行了评估，并形成评估报告。

（七）其他相关工作

起草我省生态文明实施方案，按照中共中央、国务院印发《关于加快推进生态文明的意见》（中发〔2015〕12号）要求，结合我省实际，起草《山西省加快推进生态文明建设的实施方案》（初稿）；积极推进国家生态文明

先行示范区建设，根据国家发改委等六部委《关于开展生态文明先行示范区建设（第一批）的通知》（发改环资[2014]1667号）文件精神，督促娄烦县、芮城县对各自《生态文明先行示范区建设方案》进行了细化，以制度创新为核心任务，进行先行先试、大胆探索；深入推进全民节能行动，与太原市发改委共同组织开展了以“节能有道，节俭有德”为主题的全国节能宣传周及以“低碳城市，宜居可持续”为主题的全国低碳日宣传活动。

三、存在的主要问题

客观上看，我省经过多年循环经济的不断探索和实践，循环经济发展成效显著，走出转型跨越新路，但还存在着一些普遍的共性问题，制约着全省循环经济工作的全面推进。一是政策措施和发展机制仍需完善，重点包括大宗废弃物资源综合利用的资金补贴政策、责权统一的协同联动机制、循环经济标准体系、循环经济考核体系等；二是关键技术亟待突破，循环经济关键的共性技术研发和技术成果转化仍与循环经济发展需求存在较大差距；三是存在着资源型产业发展的趋同化、产品链条短、循环化改造成本高、部分技术应用不成熟、盈利模式不清晰等“循环不经济”的问题。

四、2016年循环经济工作重点和思路

2016年是“十三五”开局之年，站在新起点谋划我省循环经济发展，要以循环经济为引领，把绿色、循环、低碳发展融入到经济社会发展的各个领域，加快构建资源综合利用和能源梯级利用的循环经济产业体系，开展循环经济发展成效的评估，实现高碳资源低碳发展、黑色煤炭绿色发展、资源型产业循环发展，促进循环经济向更高层次、更好目标迈进。

（一）持续推进循环经济相关政策工作

在与《山西省国民经济和社会发展“十三五”规划》对接基础上，修改完善《山西省“十三五”循环经济发展规划》，并上报省政府；上报并组织实施《<山西省粉煤灰综合利用规划>实施意见》，推进我省粉煤灰综合利用产业健康有序发展。

（二）创新体制机制，制定完善的政策体系

要在目前已有的政策基础上，按照山西省《山西省循环经济促进条例》的规定，制定和落实大宗废弃物资源综合利用的资金补贴政策；建立循环经济专项资金，给予关键技术研发和循环经济工程示范等资金支持。在区域、企业之间研究制定循环经济的管理和约束机制，建立责权统一的协同联动机制。大力推动循环经济标准体系，建立循环经济标识制度和组织开展循环经济认证。持续加强循环经济考核评价，把循环经济考核指标纳入政绩考核体系。通过建立健全政策支持措施和推进发展机制，促进循环经济持续健康发展。

（三）开展循环经济发展评价，培育典型模式

准确定位我省循环经济发展水平，组织开展省级循环经济试点示范发展评价工作；深入挖掘和总结推广开展试点建设的经验，在重点行业、重点领域、园区和城市组织开展循环经济及相关领域试点示范创建工作，探索发展循环经济的典型模式，为循环经济发展起到示范引导和辐射带动作用。

（四）探索循环经济科技创新体系建设

探索建立以政府为主导、市场为导向、企业为主体、高校和科研院所为技术支撑的政、产、学、研、用相结合的科技创新体系。鼓励省属国有企业建立国家级技术中心、重点实验室、工程中心、博士后流动站以及创新联盟，支持中小企业以多种形式设立技术开发机构，聚集优势力量和创新要素，突破一批循环经济核心技术和关键共性技术，切实提高传统优势产业的的自主创新能力。强化创新服务，建立和完善创新中介机构的组织制度、运行机制和管理方式，完善科技条件平台共享机制，推动科技创新产业集约化、集群化发展。充分发挥高校和科研院所知识创新体系的源头作用，以产业技术创新战略联盟为载体，重点围绕产业技术创新链的形成和区域支柱产业的发展，推动产学研结合的知识创新体系的建设，为企业创新保驾护航。

（五）实施循环经济重点工程

开展资源综合利用示范工程建设，重点围绕粉煤灰、煤矸石、脱硫石膏、冶炼废渣、化工废渣、共伴生矿、尾矿等工业固体废物及生产过程中产生的可利用废气、废水、余压、余热等进行综合利用，深入挖掘废弃资源对原生资源的补充替代作用，建设一批资源综合利用示范项目，培育扶持一批资源综合利用技术研发中心、中试基地，形成一批具有自主知识产权和核心竞争力的资源综合利用技术和产品。推进园区循环化改造步伐，提高园区企业关联度和产业关联度，形成一批具有山西特色的园区循环化改造典型模式，提升产业园区综合竞争力和可持续发展能力。

（撰稿：侯秉让、魏巍，山西省发展和改革委员会资源节约和环境保护处）

内蒙古自治区2014年循环经济发展报告

内蒙古自治区发展和改革委员会

2014年，内蒙古自治区党委、政府认真贯彻落实党的十八届三中全会和习近平总书记考察内蒙古重要讲话精神，树立持续发展、转型发展、协调发展、和谐发展理念，努力打造祖国北疆经济发展、民族团结、文化繁荣、边疆安宁、生态文明、各族人民幸福生活的亮丽风景线。贯彻落实“8337”发展思路，加快保障首都、服务华北、面向全国的清洁能源输出基地，全国重要的现代煤化工生产示范基地，有色金属生产加工和现代装备制造等新型产业基地，绿色农畜产品生产加工输出基地，体现草原文化、独具北疆特色的旅游观光、休闲度假基地建设步伐。大力推进资源节约环境保护和生态文明建设，以发展循环经济为重要抓手，按照“减量化、资源化、再利用，减量化优先”的原则，加快构建节约资源和保护环境的空间格局、产业结构、生产方式、生活方式，推动集中集聚集约发展和绿色循环低碳发展。

一、强化组织领导，完善制度体系

2014年，内蒙古整合节能降碳领导机构，合并成立了应对气候变化和节能减排工作领导小组，形成了统筹推进工作合力。印发了《关于加快发展工业循环经济的指导意见》，进一步明确了工业循环经济的主要目标、发展重点和主要任务，加快建设煤炭、电力、化工、冶金、建材、农畜产品加工优势特色循环经济产业集群。制定出台了《2014—2015年节能减排低碳发展行动方案》和《能源消费总量控制实施方案》，将能耗强度下降和能耗总量控制目标分解落实到各盟市，形成了节能“双控”新机制。

二、节能降碳工作持续推进，提前完成“十二五”目标任务

2014年，内蒙古认真贯彻国家节能降碳工作部署，强化各项措施落实，节能降碳工作取得新进展。严格落实节能降碳目标责任制，逐级分解目标任务，压实工作责任；按季度发布各盟市节能形势晴雨表，形成约束倒逼机制。严格执行固定资产投资项目节能评估审查制度，高耗能行业增长得到有效控制，从源头上抑制了能耗过快增长。制定实施能源消费等量或减量置换方案，对能耗增量超限额的高耗能项目责成地方政府实行能耗等量或减量置换措施。淘汰落后产能力度进一步加大，“十二五”前四年全区累计淘汰钢铁、焦炭、铁合金、电石、有色金属、水泥、平板玻璃、造纸等落后产能2900多万吨，关停小火电108万千瓦，提前一年完成国家下达的“十二五”目标任务，累计节能近1000万吨标准煤。重点领域节能成效显著。2014年全区单位工业增加值能耗同比下降7.39%，“十二五”前四年累计下降25.1%，有力的推动了全区能耗强度下降；“万家企业”节能低碳行动深入推进，“十二五”前四年全区“万家企业”累计实现节能量1410万吨标准煤，提前一年完成“十二五”目标任务。建筑节能强制标准得到严格执行，全年完成既有居住建筑节能及供热计量改造1582.17万平方米，超额完成年度目标任务，绿色建筑发展步伐进一步加快。开展“车船路港”千家企业低碳交通专项行动，全年淘汰黄标车、老旧车18.75万辆，清洁能源在交通运输中的使用比例进一步提高。公共机构节能取得积极成效，人均能耗和单位建筑面积能耗持续下降，节约型、节水型公共机构示范创建范围进一步扩大。

2014年，全区单位GDP能耗和二氧化碳排放分别下降3.93%和3.39%，均超额完成2.2%的年度目标任务；“十二五”前四年单位GDP能耗和二氧化碳排放累计分别下降15.4%和18.6%，累计节能3900万吨标准煤，减少二氧化碳排放9500万吨，提前一年完成了国家下达的“十二五”目标任务，获得国家通报表扬。

三、以循环发展促转型升级，结构调整迈出新步伐

2014年，内蒙古以循环发展理念推动经济转型升级，产业结构调整迈出新步伐。围绕“五大基地”建设，以增量带动结构调整，以创新促进产业升级，着力提高经济发展质量和效益。抓住国家治理大气污染、化解产能过剩的机遇，突出抓好清洁能源、煤化工基地重大项目建设，规模化、链条化、集群化承接产业转移，培育新的经济增长点。加快传统优势特色产业改造升级，推动产业整合重组，加快提升产业层次，提高精细产品比重，构建产业发展新优势。大力发展非资源型产业和战略性新兴产业，推进云计算和装备制造重点项目建设，加快发展新能源、稀土新材料、生物制药、电子信息、节能环保等产业，做大总量和规模，打造新的支柱产业。大力发展现代服务业，坚持生产性与生活性服务业并重、传统与现代服务业并举，推动服务业发展提速、比重提高、水平提升。

全年地区生产总值达到1.78万亿元，同比增长7.8%；三次产业结构演进为为9.1:51.9:39，与上年相比第三产

业增加值比重提高2.5个百分点，第二产业比重下降2.1个百分点，六大高耗能行业增加值占规上工业增加值的比重同比下降0.2个百分点，三次产业结构和工业内部结构进一步优化。工业转型升级持续推进，现代煤化工等新兴产业快速成长，装备制造、高新技术、有色工业和农畜产品加工业加快发展，对工业增长贡献率提高3.6个百分点；稀土、风电、云计算、单晶硅产业规模保持全国第一。传统产业改造升级步伐加快，技改投入1085亿元。大力发展现代服务业，出台促进养老健康、电子商务发展等政策措施，文化、信息等产业稳步发展，旅游业总收入增长28.7%。

推动能源生产和消费革命，能源结构进一步优化。充分发挥资源禀赋优势，大力发展风电、太阳能发电等非化石能源。截至2014年底，全区风电并网规模达到2070万千瓦，太阳能发电装机达到303万千瓦；风、光、水和生物质发电装机占总装机容量的比重达到27%，同比提高4个百分点，发电量占到全区发电量的18%。非化石能源占一次能源消费量的比重为5.4%，同比提高0.6个百分点。

四、打造循环经济产业集群，培育优势特色典型模式

推动实施自治区《循环经济发展“十二五”规划》和《加快发展工业循环经济的指导意见》，落实国家《2014年循环经济推进计划》，以资源优势地区、重点经济发展区域和重点支柱产业为核心，以“工业园区化、产业集聚化、产品延伸化、资源综合化”为发展方向，打造一批以重点园区、大型企业为支撑，资源循环利用特征明显的产业集群。以呼包鄂为重点，建设稀土、冶金、煤基清洁能源、新型化工和装备制造等循环经济产业集群；以乌海、阿拉善和鄂尔多斯西部地区为重点，发展煤电一体化、煤焦化、盐化工、氯碱化工、精细化工和新型建材等循环经济产业集群；以赤峰、通辽、锡林郭勒为重点，发展煤化工、煤电铝、有色金属冶炼和新能源等循环经济产业集群；以巴彦淖尔、兴安盟、呼伦贝尔为重点，建设农畜产品加工、木材加工等循环经济产业集群。重点培育煤矸石资源化利用、粉煤灰综合利用、煤电铝一体化、稀土新材料、褐煤热解分级综合利用，光伏产业等优势特色循环经济典型模式。

五、积极推进试点示范建设，引领带动循环经济水平提升

积极开展循环经济试点示范建设，充分发挥试点引领、示范带动作用，进一步提升全区循环经济发展水平。2014年，经过精心组织、积极争取，乌海海勃湾工业园列入国家园区循环化改造示范试点，推进园区空间布局优化、产业结构调整、产业链条延伸并循环链接，实现园区资源高效、循环利用和废物“零排放”。包头铝业产业园区列为第五批国家“城市矿产”示范基地，推动报废机电设备、电线电缆、家电、汽车、手机等重点“城市矿产”资源的循环化、规模化和高值化利用。大唐国际再生资源开发有限公司和包钢（集团）西北创业实业发展有限公司列为第二批资源综合利用“双百工程”骨干企业。呼伦贝尔列为第四批餐厨废弃物资源化利用和无害化处理试点城市，推动餐厨废弃物资源化利用和无害化处理，变废为宝，化害为利。包头市成功入选国家节能减排财政政策综合示范城市，推动全市产业低碳化、交通清洁化、建筑绿色化、服务集约化、主要污染物减量化和可再生能源利用规模化。组织开展了自治区第八批工业循环经济试点示范园区（企业）申报评审工作，正蓝旗上都工业园区等13个园区（企业）成功入选。

六、创新推广市场化机制，循环发展增添新动力

在重点用能企业大力推广合同能源管理节能改造新模式，重点支持十大节能重点工程项目，促进节能服务产业发展。2014年申报财政奖励合同能源管理项目8个，下达奖励资金695万元，奖励项目核定节能量2.32万吨标准煤。推进排污权交易试点，累计组织四百余家企业成功进行主要污染物排污权有偿交易，总成交金额1.1亿元。组织开展京蒙跨区域碳排放权交易试点工作，选择呼和浩特市和鄂尔多斯市火电、水泥行业26家重点企业纳入交易试点范围，开展了碳排放历史数据报告等前期工作。开展水权交易试点工作，成立了自治区水权收储交易中心，积极推进鄂尔多斯市、巴彦淖尔市跨盟市水权交易置换，开工建设跨盟市黄河水权转让节水改造一期工程。

七、加强宣传引导，循环发展理念进一步树立

按照国家发改委等14部门《关于2014年全国节能宣传周和全国低碳日活动安排的通知》要求，于2014年6月8日—14日举办了全区节能宣传周和低碳日活动。围绕“携手节能低碳，共建碧水蓝天”主题，充分利用广播电视、报纸、刊物、通信等渠道，全方位、多角度的宣传自治区节能工作取得的成效，大力推广节能降碳、循环经济先进经验，鼓励高效节能低碳产品（设备）的生产、使用和推广，引导全社会共同参与节能降碳和循环经济发展工作，节能环保和循环发展理念进一步树立，形成了良好的社会舆论氛围。积极组织参观第三届中国国际循环经济成果交易博览会，组织40余人次参加循博会五场同期活动。

（撰稿：迟瑞平、王雪峰，内蒙古自治区发展和改革委员会环资气候处）

黑龙江省2014年循环经济发展报告

黑龙江省发展和改革委员会

一、2014年工作主要成效及措施

2014年，在黑龙江省委的领导下，全省上下按照省人大十二届三次会议通过的《政府工作报告》的部署，牢牢把握稳中求进工作总基调，牢固树立生态文明发展理念，坚持把节能减排作为促进实施“五大规划”发展战略、推进十大重点产业发展、加快绿色、循环、低碳发展的重要抓手，认真贯彻落实《黑龙江省2014-2015年节能减排低碳发展行动方案》，全力克服经济下行压力，构建可持续发展新常态，超额完成了2014年度各项工作目标。

（一）“十二五”节能减排主要目标提前一年基本完成

2014年全省GDP比上年增长5.6%，能源消费总量比上年增长0.9%，单位GDP能耗比上年下降4.5%，比计划降幅多1个百分点，完成“十二五”节能目标任务的97.02%，超过进度目标17.02个百分点；化学需氧量、氨氮、二氧化硫、氮氧化物排放量分别比上年下降1.62%、3.2%、3.44%和2.8%，全面完成年初确定目标，分别完成“十二五”目标的135.46%、97.69%、401%和95.16%。

（二）工作力度进一步强化

省委、省人大、省政府、省政协主要领导先后深入基层调研，多次召开专题会议及电视电话会议，研究部署生态文明体制改革和节能减排，工作推进力度持续增强。

（三）工业节能的支撑作用进一步显现

规模以上工业企业万元增加值能耗下降7.6%，超额完成年度预期下降4%的目标；提前一年完成了“十二五”淘汰落后和过剩产能目标任务。

（四）建筑节能继续保持先进水平

完成既有建筑节能改造2538万平方米，新建节能建筑4059万平方米，分别比上年增加55%和57%；全省新建建筑设计和施工阶段节能标准执行率分别达到100%和98.7%。

（五）环境保护工作迈上新台阶

全省累计建成污水处理厂121座，污水处理能力达到411万吨/日，比上年增加7.8%；江河湖泊治理与保护工作取得新成效，全省河流端面达标率为65.6%，比上年提高5.6个百分点；脱硫机组达1700万千瓦，占火电装机容量的86.19%，比上年增加349万千瓦，脱硝机组达988万千瓦，占火电装机容量的50.11%，比上年增加723万千瓦；淘汰黄标车及老旧车20.87万辆，超额完成了国家下达的年度任务。

（六）节能减排市场化机制初步形成

对全省三批共23个集中供热新建热源项目实施公开招标，总投资达220亿元，预计项目建成后新增供热面积11390万平方米；开展主要污染物排污权有偿使用交易试点，累计进行排污权有偿使用和交易776笔，激发了企业减排的内生动力；严格执行差别电价、惩罚性电价，推进污水处理收费改革，全省开征污水处理费的城市已达80%以上。

（七）顺利完成我省5家国家级循环经济试点单位国家验收

形成了牡丹江经济技术开发区、七台河市等5家国家级循环经济试点单位《关于黑龙江省国家循环经济示范试点单位验收报告》。2014年7月，经国家发改委、环保部、科技部、工信部、财政部、商务部等部委联合审定，我省5家国家级循环经济试点单位一次性通过国家评审验收。2014年9月，成功组织我省循环经济园区、节能低碳试点城市、生态文明示范试点等10余家地市和单位参加第三届中国国际循环经济成果交易博览会，获得国家颁发的优秀组织奖。

（八）秸秆综合利用

为切实加大秸秆治理利用工作力度，积极探索当前秸秆治理利用存在的问题及破解之法，着重开展了以下工作内容：一是对全省秸秆资源情况及其利用现状进行量化分析，探寻其变化规律和问题成因；二是借鉴国内外经验与技术成果，研究探讨我省秸秆治理利用的指导思想、利用目标与原则以及主要途径与政策措施；三是按照集中力量、重点突破的原则，研究哈尔滨周边地区秸秆治理利用的方案思路。经数次研讨、修改和完善，形成了《全省暨哈尔滨周边地区秸秆治理利用调研报告》上报省委、省政府主要领导审阅。该报告得到省委、省政府领导充分肯定。

（九）资源综合利用认定

按照委领导对资源综合利用认定工作要突出“依据充分，程序完整，过程公开透明”和“各环节都有标准和规则”的工作要求，组织参与了2014年资源综合利用认定工作。

（十）节能减排各类资金明显增加

争取中央预算内投资和中央财政专项资金31.8亿元，省政府安排专项资金13.84亿元，节能减排各类资金总额比上年增加11亿元。

二、2014年全省节能减排循环经济工作的主要措施

（一）继续严格执行项目节能环保准入政策

严格做好固定资产投资项目节能评估和审查工作，从源头把住关口。不断深化环评审批管理，强化重点区域行业监管，提高煤化工、石油化工、多晶硅、有色冶金等“两高一资”项目环保准入门槛，杜绝已淘汰项目转入省内。对钢铁、水泥、电解铝、平板玻璃等产能严重过剩行业新增产项目，一律严禁进行规划修编和调整，不安排年度用地计划指标，不受理用地预审申请。

（二）强化技术标准体系建设

制定建筑围护结构节能工程等25项地方标准。对40家重点用能单位的61个产品开展采标扶持，现已通过检测验收。

（三）集中力量推动重点领域节能减排

工业领域指导工业企业实施燃煤锅炉节能减排提升、余热余压回收利用等节能技术改造、清洁生产示范工程和电力系统节能减排改造升级三年行动计划；积极推动全省高效节能锅炉产业升级。一是建筑领域。严格执行新建建筑设计和施工阶段节能标准和绿色建筑标准；全年拆并小锅炉1463台，改造供热管网2050公里，超额完成了年度计划目标。二是交通领域继续开展车船路港千家企业低碳交通运输专项行动，加大了对黄标车的巡查、执法力度。三是公共机构领域通过省直机关公共建筑节能监测平台对省直155栋大型建筑水、电、热等能耗进行在线监测，不断提高节能管理水平。四是农业农村领域重点推进清洁生产，农膜等白色污染物回收率提高到90%，实施规模化畜禽养殖污染治理项目522项，水稻节水控制灌溉面积达到869万亩，年节水15亿立方米。

（四）实施差别化节能减排信贷政策

全省银行业金融机构大幅增加节能环保类项目贷款投放规模，总额达679.4亿元，比上年增加101.5亿元。同时，引导金融机构对16家环保违法企业进行信贷限制，并根据环保违法企业整改情况，先后对6家整改合格企业解除信贷限制，要求各金融机构将企业环保守法情况作为授信审查条件，从严审批。

（五）分解落实目标责任

分解确定2014年度市（地）政府及有关部门节能减排目标责任，进一步加大了环境保护考核指标权重。同时，将总量减排的4项指标和大气、水环境质量、饮用水源水质达标率等3项指标纳入省政府对县域经济考核体系之中，将减排考核体系全面覆盖到县（市）。

回首2014年，我们清醒地认识到，全省节能减排、循环经济工作成绩的取得，既是全省上下各方面共同努力的结果，也与我省经济增长放缓、能源需求不足有重大的关联。特别是在工作推进上还有亟待改进的地方。

一是季节性大气污染治理尚未达到全省人民的预期目标。受供热成本制约和利益驱使，全省地级市建成区10蒸吨以下燃煤锅炉淘汰工作任务艰巨，难以完成阶段性目标，加上低热值燃煤大量使用，致使冬季大气质量难以在短期内有根本性好转。由于农作物秸秆综合利用的政策体系尚未建立，秸秆综合利用出口不畅，禁烧措施难以完全落实，加剧了入冬时期大气污染。

二是粗放型增长方式尚未彻底改变，重化工产业结构加大了节能工作的难度。2014年，我省规模以上工业六大高耗能行业能耗占全省规模以上工业能耗比重为70%，比上年上升了3.6个百分点，作为能源资源产品输出大省，重工业比重大，结构调整任重道远，节能基础尚不牢靠。

三是2015年节能减排目标完成情况存在压力。由于石油、煤炭等大宗能源产品价格始终低位徘徊，经济总量低速增长将滞缓2015年全省单位GDP能耗下降幅度。由于经济下行压力较大，地方特别是边远县市及贫困地区无力支

撑治污设施的正常运行。

四是财力不足等因素制约了节能减排工作的推进。地方财力不足，供热设施、老旧管网及既有居住建筑节能改造压力较大；同时受国家政策调整影响，如“十一五”期间，国家对松花江规划项目的补助比例达30%以上，但“十二五”以来补助比例降至10%，导致一些流域规划项目和县区级城镇污水处理厂难以按期建成。企业节能减排融资难的现象依然存在，制约了先进节能减排技术、装备和产品快速推广应用。市场化合同能源管理节能新机制，在我省尚属于发育阶段，未形成较大应用和实施规模。

五是重点用能单位节能工作有待加强。我省列入国家万家企业节能目标责任考核范围的重点用能单位数量现为386家，其中有67家在国家公布考核结果中为“未完成”等级，在简政放权的大环境下，既要充分发挥政府部门的引导作用，更要不断提高公共服务质量。推动重点用能单位节能管理真抓实干，是做好我省节能工作的重点所在。

（撰稿：尹中华，黑龙江发展和改革委员会资源节约和环境保护处）

上海市2014年循环经济发展报告

上海市发展和改革委员会

2014年，在上海市委、市政府领导的正确引领下，上海市以十八届三中全会精神为指导，充分把握生态文明建设的重大战略机遇，将循环经济作为调整经济结构、转变发展方式、建设生态文明、推动科学发展的重要抓手，按照减量化、再利用、资源化的原则，坚持开发节约并重、节约优先的方针，着力推进能源资源节约和环境优化保护，继续推进《上海市循环经济发展“十二五”规划》的实施，全市循环经济发展工作取得长足进步。

一、节能降耗和应对气候变化工作取得显著成效

2014年，上海市能源消费总量1.143亿吨标准煤，比上年下降2.3%，万元生产总值综合能耗为0.497吨标准煤，比2013年下降8.71%，提前一年完成了“十二五”规划目标。主要工作包括以下四方面：

（一）严格落实目标责任，完善工作机制

市政府出台《上海市2014年节能减排和应对气候变化重点工作安排》等文件，指导推进节能减排和应对气候变化工作。不断加大财政投入力度，全年制（修）订出台6项新政策，共安排节能减排专项资金26.6亿元，比2013年增长18%。加强节能评估审查，强化能评的增量约束作用。完善节能减排降碳统计监测体系，加快重点单位能源在线监测系统建设。推进能源管理体系建设，不断完善地方标准体系，全年发布节能减排领域地方标准40余项。加强考核督查，强化执法监察，严格查处违法违规用能行为。

（二）加快实施节能重点工程，推广节能低碳技术

工业领域，替代或关停燃煤（重油）锅炉和窑炉1675台，组织实施节能技改重点项目92个，节能量约22万吨标准煤；实施电机能效提升三年行动计划，推广高效电机2.6万千瓦；

建筑领域，出台本市绿色建筑、装配式猪猪爱等指导性文件。45个项目获得绿色建筑标识，建筑面积大537万平方米；落实装配式建筑面积303万平方米，完成238万平方米公共建筑示范项目节能改造。918栋公共建筑实现能耗在线监测并与市级平台联网，覆盖建筑面积超过4000万平方米。

交通领域，推进“车、船、路、港”千家企业低碳交通运输专项行动，推广新能源汽车1.1万辆，淘汰黄标车和老旧车辆17余万辆，新增LNG车辆343辆；重点支持空客小翼加装等交通节能技改项目40项，年节能7.5万吨标准油；科技创新方面，相关节能减排共性技术研发取得新突破，新能源、智能电网等技术取得新成果，72个产品获得“上海市节能产品”称号。

（三）控制煤炭等高碳能源，优先发展和使用可再生能源和清洁能源

燃煤电厂节能减排持续推进，按照高效机组多发电的原则，对供电煤耗检测验证，优化节能发电调度。市外来电供应总量快速增加，同比提高28%。天然气利用水平不断提高。新能源开发利用成效显著，新增风电装机容量5万千瓦，新增光伏发电超过20兆瓦。

（四）平稳推进碳交易，健全市场化机制

碳市场运行平稳，交易试点企业完成第一个履约年度的碳排放配额清缴，配额累计成交量达到199.7万吨。通过完善制度设计，开放了机构投资者入市交易。8个低碳实践区建设取得新进展，启动首批11个低碳社区创建工作。推动实施合同能源管理重点项目88个，节能量近3万吨标准煤。

二、各领域资源化利用水平不断提升

2014年，上海市加强全社会各类物资节约集约利用，提高各领域废弃物资源化利用水平和能力。

（一）工业领域

全年冶炼渣、粉煤灰、脱硫石膏等大宗工业固体废弃物排放总量1900万吨，利用量1880万吨，综合利用率超过98%；积极推广脱硫石膏资源化、脱硝粉煤灰应用和建筑废弃物再生利用等资源综合利用共性技术和装备，研发和

推广钢渣矿渣微粉深度利用生产低碳型配置水泥；推动固体废弃物信息化管理公共平台试点建设，推动中冶宝钢钢渣利用、城建物资建筑废弃物再生利用等综合利用产业基地建设。

（二）农业领域

大力推进秸秆综合利用，2014年全市秸秆综合利用率达91%。实施秸秆机械化还田面积预计241万亩次，作为有机肥辅料、饲料、食用菌基质料、生物质燃料等秸秆利用数量约12万吨。持续推进畜禽粪尿综合治理，继续在中小型养殖场中推广“三集中一还田”模式，解决中小型养殖场粪尿综合治理问题。推进规模化畜禽养殖场污染减排项目建设。2014年，共批复实施27家规模化畜禽养殖场污染减排工程。合理控制农业投入品的使用，全年共推广应用商品有机肥料21万吨，实施用地养地结合，推广使用种植绿肥52万亩、冬季深耕晒垡8.9亩，有效地减少了农田化肥投入。推进农药减量化，推广应用高效低毒农药，加大病虫害绿色防控技术的推广力度，强化农田病虫监测。

（三）生活垃圾减量

2014年，本市累计推进机关、企事业单位及各类公共场所共6920个，覆盖居民超过275万户。全市生活垃圾日均处置量16869吨，较推进基础年2010年日均降低2035吨。结合减量化奖励政策的实施，制定出台《市生活垃圾目录及相关要求》、《市党政机关生活垃圾分类减量导则》等系列文件，初步奠定了生活垃圾分类减量的政策法规框架。技术系统不断提升。建成了以340辆湿垃圾专用车、69辆有害垃圾收运车以及3000余辆干垃圾与日常生活垃圾车辆构成的分类收运系统。湿垃圾日均末端处置能力达到1900吨以上。此外，社会合力逐渐增强。自2013年“绿色帐户”激励机制试点以来，通过多角度、长时间、广渠道的宣传以及机制性激励，在市分减联办的协同下，生活垃圾分类认同率大大提高。

（四）清洁生产

全年共组织开展自愿清洁生产审核企业256家，强制清洁生产审核企业147家。共完成清洁生产评估224家，验收99家，实施清洁生产无/低费方案1054项，中/高费方案132项，节约标煤1.56万吨，减排二氧化碳3.82万吨、二氧化硫942.8吨，粉尘0.975吨，COD1.673吨。

（五）再生资源回收利用

全面落实《上海市再生资源回收管理办法》，健全“再生资源”回收体系，试点开展废旧灯管、废旧服装等废旧物资回收利用。以“绿色账户”为载体，探索构建前台操作、平台管理、后台支撑的再生资源回收利用“上海模式”。

（六）节水型社会建设

2014年，上海在不断巩固节水型城市创建成果的同时，继续做好节水型社会各类载体的试点建设工作。国家和市级试点区域顺利推进，节水型工业园区、企业（单位）、学校、小区等创建工作稳步开展。根据国家对水资源加强保护和严格管理等相关要求的提高，上海市不断完善节水政策法规体系，出台了一系列节水管理政策法规体系。进一步加大计划用水管理力度，认真做好超计划加价水费的征收和新增用水单位的考核工作。持续开展用水定额修编工作，目前已在全市学校、医院，旅馆参考用水定额下达了用水计划。落实节水器具改造等多项节水措施，全年共落实各类节水措施151项，节水工程性项目26项。通过落实各类节水措施，有效地提高了企事业单位的用水效率。

三、循环经济管理体系不断健全

（一）全面推动循环经济试点示范工作

2014年，上海加快协调推进国家“城市矿产”示范基地项目建设，完成了基地建设方案的调整，一期工程开工建设。扎实推进闵行区国家餐厨废弃物无害化处置和资源化利用试点工作。同时，有序推进伟翔环保科技发展（上海）有限公司建设国家循环经济教育示范基地，加快上海建材集团资源综合利用示范基地国家“双百工程”项目建设，深化沃尔沃等3家第二批国家汽车零部件再制造试点项目。积极推进临港地区国家再制造产业示范基地筹建工作。此外，上海还积极组织参加了国家有关部门举办的以“发展循环经济，建设美丽中国”为主题的2014年第二届中国国际循环经济成果交易博览会，并获得广泛关注。

（二）持续加大政策资金支持

修订完善上海市循环经济发展专项扶持政策。从培育领域龙头企业，加大扶持力度的角度，在提高补贴门槛的同时进一步加大了支持资金的比例和额度。继续支持了一批工业、农业、城建等领域废弃物资源化利用项目，扶持资金近2580万元；安排秸秆综合利用专项扶持资金9437万元，用于支持农作物秸秆还田和综合利用；安排规模化畜禽养殖场污染减排工程建设补贴资金5085万元，补贴一批建设减排工程并通过国家环保部验收的养殖场；安排清洁生产扶持资金1469余万元，对前期实施清洁生产审核并通过验收的项目给予支持；对各领域工作起到了强有力的推进和保障。

（三）落实税收优惠支持政策

2014年，上海积极落实国家有关所得税、增值税税收优惠政策，大力促进节能环保产业发展。一是积极推进环境保护节能节水项目认定，给予相应的设备和项目退税；二是认定资源综合利用企业65家，其中新认定21家，减免所得税3776.69万元，减免增值税587.4万元，综合利用资源201.69万吨、废气26471.63万立方米。

（撰稿：沈洁，上海市发展和改革委员会资源节约和环境保护处）

山东省2014年循环经济发展报告

山东省经济和信息化委员会

2014年，山东省各级各部门及广大企业认真贯彻落实国家和省委、省政府一系列部署和要求，进一步加大工作力度，强化具体措施，各项工作有了新突破，全省循环经济与清洁生产工作取得积极成效。

一、2014年工作情况

（一）大力发展循环经济

1. 扎实推进循环经济制度体系研究和循环经济立法工作。认真落实省委重大改革举措，把循环经济制度体系研究和立法工作，紧握于手，牢记于心，集中人力，集中时间，强力推进。建立和完善了领导小组和起草班子，召开四次由省有关部门、相关专家参加的座谈会，收集国家及省相关制度文件786项，形成了《关于建立促进资源节约和循环利用制度体系积极发展循环经济工作方案》（讨论稿）。开展了《山东省循环经济条例》立法调研，组织省人大法工委、省政府法制办到重点地市和企业开展实地调查，进一步修改完善了《山东省循环经济条例》，完成立法前自评估报告。

2. 抓好重点区域循环经济的发展。一是加快实施园区循环化改造。按照山东省园区循环化改造目标三年计划要求，2014年，20家园区实施循环化改造工作，我省实施园区循环化改造总数达45家，完成了三年目标计划的69%。二是开展省级循环经济示范县（市、区）、“城市矿产”示范园区创建工作。为落实《山东省循环经济发展“十二五”规划》，加快区域经济转型升级，促进生态文明建设，确定平原县、招远市等10个县（市、区）开展省级循环经济示范县（市）创建工作，创建周期1-3年。会同省商务厅、供销社联合开展省级“城市矿产”示范园区建设申报工作。

3. 积极申报国家示范试点。充分利用国家对循环经济发展的政策支持，积极组织国家循环经济示范试点申报工作。今年，7家单位列入国家循环经济示范试点，分别是：日照经济技术开发区列为国家园区循环化改造示范试点；烟台资源再生加工示范区列为国家“城市矿产”示范基地；聊城市列为国家餐厨废弃物资源化利用和无害化处理试点城市；潍坊市、新泰市列为国家循环经济示范城市（县）；日照经济技术开发区、临沂经济技术开发区列为国家低碳工业园区，7家单位先后获得国家财政支持3.34亿元。同时，为加强对示范试点的监督管理，以鲁经信循〔2014〕567号印发了《关于加强对循环经济与清洁生产示范工程示范项目监督检查的通知》，确保示范试点建设顺利推进。

4. 推广循环经济先进经验和技术。优选省级循环经济示范单位，会省住建厅、商务厅、农业厅、教育厅、旅游局等部门分二批遴选259家省级循环经济示范单位，第一批150家，包括示范城市5个，示范园区7个，示范企业138个；第二批109家，包括示范园区13个，示范学校7个，示范企业89个。会同省财政厅、省教育厅、省旅游局确定山东泉林纸业有限责任公司、山东民和生物科技有限公司等12个单位，开展省级循环经济教育示范基地建设工作。在全省范围内组织推广了7项循环经济先进技术。

5. 成功筹办第三届中国国际循环经济成果交易博览会。9月25日-27日，第三届循博会在青岛国际会展中心成功召开，省政府作为循博会主办单位之一，省经信委作为承办单位之一。为办好这次循博会，处里多次开会研究，积极开展各项工作。一是印发《关于做好第三届中国国际循环经济成果交易博览会参展工作的通知》（鲁经信循字〔2014〕264号）、《关于组织参观第三届中国国际循环经济成果交易博览会的通知》，召开青岛市政府、各市节能办参加的专题会议，部署参展布展工作。二是及时与青岛市沟通，了解筹备工作情况和存在的问题，拿出具体解决措施。三是积极与省财政厅对接，山东展区获得财政支持资金60万元；四是组织召开有关地市参加的专题座谈会，研究讨论布展方案及展示重点，确定了山东展馆分为中心展示区、减量化展示区、再利用展示区、资源化展示区和循环经济先进工艺、技术展示区5个展示区，集中展示了110家企业和11项循环经济先进工艺技术，充分体现了我省在循环经济发展中的新亮点、新成就。

6. 推动再制造产业发展。积极贯彻落实国家汽车零部件“以旧换再”有关政策，强力推进济南复强动力有限公司、潍柴动力（潍坊）再制造有限公司国家汽车零部件“以旧换再”试点工作，进一步促进再制造旧件回收，扩大再制造产品市场份额。组织山东临工工程机械有限公司、文登奥文电机有限公司申请再制造产品认定。按照国家发展改革委等部门的要求，组织参加“汽车零部件走进汽配城”济南站活动，向消费者普及再制造产品的知识，传播循环经济理念，宣传再制造产业政策、技术水平、行业发展，让再制造产品深入人心。

7.积极开展循环经济标准化试点工作。为创建循环经济标准化新模式，以标准化促进循环经济产业优化升级，会同省质监局印发《关于做好2014年山东省循环经济标准化试点考核验收工作的通知》（鲁质监标发〔2014〕44号），制定考核评估办法和标准，要求13家省级循环经济标准化试点单位做好自查及验收工作。全年完成济南钢铁集团有限公司、烟台安德利果胶股份有限公司等7家单位的评估考核。

（二）全面推行清洁生产

1.编制清洁生产推行方案和实施计划。为防治大气污染，按照环保部等六部委出台的《关于印发〈大气污染防治行动计划实施情况考核办法（试行）实施细则〉的通知》（环发〔2014〕107号）要求，印发《山东省大气污染防治重点行业清洁生产推行方案》，提出到2015年，全省重点行业中的353家重点企业全部完成清洁生产审核，到2017年，全省重点行业中的325家重点企业实施清洁生产技术改造项目达到415个。按照《工业和信息化部关于印发〈京津冀及周边地区重点工业企业清洁生产水平提升计划〉的通知》（工信部节〔2014〕4号）要求，印发了《山东省重点工业企业清洁生产水平实施计划》，确定了实施计划的基本思路和主要目标，明确了重点任务和保障措施。按照《工业和信息化部关于印发〈大气污染防治重点工业行业清洁生产技术推行方案〉的通知》（工信部节〔2014〕273号）要求，印发了《重点行业清洁生产技术改造实施计划》，确定对钢铁、水泥、化工、石化和有色金属冶炼五个重点行业中的重点企业实施技术改造。

2.深入开展清洁生产审核。年初将清洁生产审核任务目标分解到各市，定期通报审核验收情况。印发《关于公布2014年度拟实施清洁生产审核单位名单（第一批）的通知》，公布了791家拟实施清洁生产单位名单，各市相继完善清洁生产表彰激励制度，对通过清洁生产审核评估验收的企业给予清洁生产资金补助，调动企业实施清洁生产的积极性。全年共有1328家单位通过了清洁生产审核。其中，自愿性审核单位881家，强制性审核单位447家，超额完成了省政府确定的目标任务。

3.推广清洁生产先进技术。组织开展清洁生产先进工艺和技术推广工作，编制《山东省清洁生产技术指南》，遴选15项对行业清洁生产水平带动性强、示范作用明显的新技术、新工艺、新设备，在全省范围内进行推广，提高行业的清洁生产整体水平。

4.组织实施清洁生产示范项目。2014年，我省列入工信部工业清洁生产示范项目和高风险污染物削减项目计划11个，总投资7.1亿元，共计获得国家财政补助资金6690万元，涉及钢铁、纺织、化工等多个行业，项目实施后将减排二氧化硫15900吨、化学需氧量13600吨、氧化亚氮6000吨、氨氮526吨。

5.积极配合做好环境保护工作。参加全省整治违法排污企业保障群众健康环保专项行动检查，牵头检查产业结构调整情况，重点检查落后产能淘汰工作进展情况，国家、省下达的产业结构调整目标任务分解落实和进展情况，形成检查报告报省政府。参加齐鲁环保世纪行，对济南、潍坊市推进循环经济发展和资源综合化利用情况进行采访报道，进一步总结宣传循环经济好经验、好做法，推进全省循环经济工作深入发展。

（三）积极开展资源综合利用

1.规范资源综合利用认定管理。印发《关于进一步明确资源综合利用认定有关要求的通知》、《山东省资源综合利用产品认定申报材料及装订顺序》等文件，进一步优化申报材料，简化认定程序。2014年，国家认定27家企业的56台发电机组为资源综合利用发电机组，省认定420家企业的479个产品为资源综合利用产品，47家企业的71台发电机组为资源综合利用发电机组。结合我省实际，加强对资源综合利用税收优惠政策的研究，并向有关部门提出意见和建议。

2.加强资源综合利用统计分析。组织全省资源综合利用企业按季度填报统计报表，及时进行统计分析，掌握全省资源综合利用产业发展动向，印发资源综合利用产业发展情况通报，为制定有关政策提供决策保障。2014年，全省资源综合利用产业保持稳步发展，重点统计的867家企业实现综合利用产品产值511.54亿元，同比增长7.93%；利用工业固体废物8626.02万吨，同比增长17.29%；利用废水（液）16112.58万吨，同比增长30.14%；利用废气296.73亿立方米，同比增长7.43%，全省工业固体废物综合利用率达到84.10%，比去年同期增长0.53个百分点。

3.抓好再生资源行业准入。落实废钢铁、废旧轮胎、再生铅等再生资源行业准入管理工作，促进我省再生资源产业健康规范发展。2014年新增列入工信部废钢铁加工行业准入公告企业6家，总数达到9家，年可处理废钢铁605

万吨。新增列入废旧轮胎综合利用和轮胎翻新行业准入公告企业3家，年可处理废旧轮胎11万吨，翻新轮胎8.2万条。

4.推进大宗工业固废综合利用。组织对全省氧化铝赤泥、碱渣、黄金尾矿综合利用情况进行调研，摸清全省三大工业固废综合利用情况及其综合利用过程中遇到的困难和问题，并向省政府提出推进三大工业固废综合利用的意见和建议。培育示范工程，3家企业的3个项目列为工信部2014年国家尾矿综合利用示范工程，分别是：山东九曲圣基新型建材有限公司的新型节能墙体砖及多元素金属回收利用项目、山东天玉墙体材料有限公司的蒸压轻质加气混凝土板材项目、中铝山东分公司的氧化铝赤泥综合利用项目。

（撰稿：卢玥，山东省经济和信息化委员会循环经济与清洁生产处）

湖南省2014年循环经济发展报告

湖南省发展和改革委员会

2014年，湖南省委、省政府认真贯彻落实节约资源和保护环境基本国策，以省政府年初印发的《循环经济发展战略及近期行动计划》为纲领，把发展循环经济作为调整经济结构、转变发展方式的重要抓手，大力推动“两型社会”建设，采取一系列强有力的政策措施，取得显著成效。

一、突出工业节能降耗

认真落实“实施转型升级六大专项行动”的要求，狠抓工业节能、清洁生产和资源综合利用等各项工作，全年全省单位规模工业增加值能耗下降11%（高出全国降幅4个百分点），全省规模工业综合能源消费量下降3.4%，以较低的能源消耗支撑了较高的工业经济增长。

（一）抓节能改造

以工业节能促转型，突出重点用能企业，加强全省403家重点用能企业的节能管理，促进工业锅（窑）炉、电机等终端用能产品能效提升。利用省节能专项资金支持重点用能企业建设的节能技术改造项目共362个。突出重点节能政策，推荐南车株洲高速永磁同步变频调速电动机技术，湘潭锅炉有限公司循环流化床燃煤锅炉等列入国家重点推广的电机节能先进技术和设备目录。落实国家电解铝行业阶梯电价政策。突出重点节能措施，对湖南有色金属公司黄沙坪矿业公司等10家企业的技改项目进行节能评估和审查。大力推行合同能源管理模式，推进14个具有示范带动作用的项目建设。

（二）抓清洁生产

坚持以清洁生产促转型，实施《长株潭城市群重点工业企业清洁生产水平三年提升计划》。开展清洁生产审核105家工业企业，共确定中高费方案311项。方案实施后，从源头上控制了污染物的产生，2014年累计实现节能2.03万吨标准煤，削减COD1892吨、二氧化硫371.5吨、氨氮92.8吨、氮氧化物206.3吨、工业粉尘637吨。推进国家低碳工业园区试点示范，湘潭高新区、岳阳绿色化工产业园、益阳高新区成功入选首批55家国家低碳工业园区。组织工业产品生态设计示范企业创建，积极开展清洁低碳技术推广。

（三）抓淘汰落后产能

2014年我省淘汰的落后、过剩工业产能，涉及炼铁、炼钢、铁合金等15大行业，涉及82家企业。安仁县淘汰落后产能工作获国家考核组好评。严格准入门槛，提高产业准入的技术标准和环保标准，禁止国家明令禁止的“十五小”、“新五小”项目和列入国家淘汰产品目录的项目进入。湘潭高新区向“低碳园区”挺进，关闭“五小企业”，清退高污染、高耗能、低效益企业22个，园区废物综合利用率提升至81%，单位生产增加值能耗下降20%。

二、突出环境污染治理

大力推行先进治污技术，鼓励高排放企业加大技改投入，推进各市州环境综合治理。

（一）推进总量减排

《湖南省2014-2015年节能减排低碳发展行动方案》提出了两年节能减排低碳发展的工作目标。2014我省在排污主体上，国家环保重点废水监控企业226家、重点废气监控企业139家、重点监控规模化畜禽养殖场（小区）18家，分别比上年减少53家、7家和15家。2014年全省单位GDP能耗下降6.65%，超额完成2%的年度目标任务，化学需氧量、氨氮、二氧化硫和氮氧化物等主要污染物减排也相继完成年度任务。

（二）推进重点治理

强力推进省政府“一号重点工程”。扎实推进实施湘江保护与治理“第一个三年行动计划”，省、市、县三级联动，推出两岸工业、城镇垃圾和污水及畜禽养殖等重点治理项目1158个，完成率98.7%，项目总数及年度完成率均创历史记录。构建属地政府负责、省直对口部门牵头、多部门配合支持的重点区域整治多方协同机制，清水塘、竹埠港、水口山、三十六湾、锡矿山五大重点区域综合整治取得重大进展，竹埠港28家污染企业全部关停退出。通过强力治污，湘江水质呈好转趋势。

（三）推进环境整治

履行斯德哥尔摩公约能力建设示范省项目通过了环保部对外合作中心的验收，加强无意类POPs污染源排放污染控制和削减。长沙、湘潭、衡阳市进行餐厨垃圾无害化处理厂试点城市建设，2014年日均处理餐厨垃圾量达到330吨，实现全市大中型餐饮企业收集处理全覆盖；竞争立项方式选择18个县（市、区）开展整县推进农村环境综合整治。株洲市攸县探索市场化运营机制，成立资源回收公司和建设回收站点网络，垃圾无害化处理率达到100%，可回收垃圾潜在价值5亿元，通过精细化处理，全年实现产值约10亿元，产生良好的环境、社会和经济效益。

三、突出循环模式推广

截至2014年，我省已有岳阳汨罗、郴州永兴、株洲清水塘等6个国家级循环经济试点，1个国家级“城市矿产”示范点，17家重点企业、7个园区循环经济试点，初步形成了以“长株潭”为核心的有色循环再生产业圈，以及永兴和汨罗南北两大再生资源工业基地。并初步形成“农业资源—农产品—再生资源—加工产品”、“有色金属采矿—选矿—冶炼—回收再利用—处理处置”、“煤—电—废弃物利用”等循环经济特色发展模式。2014年我省有色金属循环再生产业主营业务收入超过1000亿元，有色循环再生产业成为我省有色工业新的增长极。

（一）园区循环化改造

我省共有15个园区纳入省级循环经济试点示范园区循环化改造工作，包括长沙市3个（浏阳经济开发区、望城经济开发区、宁乡经济开发区），湘潭1个（湘潭高新技术开发区）等。2014年，15个园区按照批复的实施方案要求，全部启动了园区循环化改造试点工作，循环经济产业链延链和补链项目，以及公共服务平台建设等210个重大项目建设，共启动投资116亿元。园区资源环境不断改善，湖南岳阳绿色化工产业园2014年产业园工业固废综合利用率达到78.2%，同比增长4.2%；工业用水重复利用率73.6%，同比增长3.6%。循环基础平台日益夯实，循环经济技术研发力量不断增强。厂园共生循环体系日渐成型，厂、园产业发展一体化、基础配套建设一体化正成为现实。国家级再制造产业示范基地——浏阳再制造产业基地和宁乡再制造产业基地，拥有开展再制造业务企业20家，全年再制造实现总产值约13亿元。永兴、汨罗工业园国家“城市矿产”基地累计完成固定资产投资39亿元，实现园区规模工业总产值458亿元。园区综合实力快速壮大，循环经济强势崛起。

（二）农业循环化示范

我省大力推进农业循环经济，推进整县农村环境综合治理试点10个县市区。邵阳市、衡阳市建立了鱼鸭立体生态养殖规模化示范项目，建设技术服务基地和规模化生态养殖厂，构建“鸭-粪-肥-鱼-饲料-鸭”的立体循环养殖模式，建成后年可资源化利用鸭粪3000吨。汨罗市构建“猪-沼-菜”农业循环经济链条项目，建成后年产有机肥4000吨，沼气35万立方米。娄底市农林废弃物生产珍稀食用菌产业化示范园区项目，年可资源化利用农林废弃物约2万吨，年产食用菌鲜菇1.81万吨，有机肥5000吨。促进了农村生产、生活、环境的改善和农村居民生活水平的提高。

（三）资源综合利用

坚持以综合利用促转型，长株潭试验区两型社会建设取得显著成效，资源节约、环境友好和经济社会3个评价领域发展水平均有提高，资源循环利用高于全省平均水平。工业上，全年共有166家企业生产的211项产品被认定为国家鼓励的资源综合利用产品，年可利用工业固体废渣约2600万吨；22家企业的40台机组被认定为资源综合利用机组，装机容量64.4万千瓦；综合利用行业准入工作，推荐湖南合得利橡胶科技有限公司列入国家《废轮胎综合利用行业准入条件》企业名单，邵阳鑫鹏科技有限公司、冷水江市卓超金属回收有限公司列入国家《废钢铁加工行业准入条件》企业名单。农业上，制定了《湖南省2014-2015年度秸秆综合利用实施方案》，全年我省秸秆综合利用总量约为3346.3万吨，综合利用率为77.3%。秸秆综合利用途径呈多元化格局，共有湖南省万木汇生物质燃料有限责任公司年产6万吨秸秆固化成型燃料工程项目等21个项目列入中央预算投资支持项目。农村积极开发可再生能源，湘潭市、衡阳市农村使用沼气池、太阳能热水器、太阳房、太阳温室大棚、太阳光伏发电、微型水电站多种能源。“全国矿产资源综合利用示范基地”湖南柿竹园有色金属有限责任公司新建的柴山3000吨/日采选技改工程，开发出了一整套多金属行业特征污染物的源头削减、过程控制、末端治理技术体系。资兴市围绕东江湖这一知名水源地的“水资源循环利用”开展了一系列工作，水资源贯穿一产、二产、三产和全社会各个层面，废水零排放和水资源综合利用全面落实，形成了独具特色的“水城”循环经济发展模式。

四、突出循环经济保障

积极推进循环经济立法及监察考核制度建设，加强对重点用能企业和重点污染企业的监管和治理，在全市重点用能企业和国控、省控、排污企业中严格落实节能减排责任。

（一）制定战略行动计划

年初，省政府出台《循环经济发展战略及近期行动计划》，提出“十二五”末资源循环利用产业总产值达到1800亿元，到2020年，初步建立循环经济型产业体系。主要资源产出率比“十一五”期末提高15%等15项近期发展主要目标，到2020年，初步建立循环经济型产业体系、资源综合利用体系、资源再生利用体系、科技创新体系。长沙市出台《市环境保护中长期规划（2015-2030）》，对生态文明建设和环境保护工作作出全面部署。

（二）推动循环经济立法

年初成立工作组，同时聘请了相关方面的专家作为技术支撑，赴娄底、岳阳等地市开展了循环经济立法调研。广泛听取了社会各层面的立法意见和建议，形成了实施〈循环经济促进法〉办法初稿。资兴市编制了《“十二五”循环经济发展规划》，出台了《循环经济发展促进办法》、《循环经济促进条例》等多项法规制度，明确了循环经济产业扶持和发展政策措施。

（三）完善监察考核机制

重点加强在节能监察、节能考核、环保执法和监察监测等方面的工作。加强节能考核，对长沙、郴州等7个市州的48家未完成节能目标任务的重点用能单位、省科学技术馆等8家单位夏季室内温控和湖南华良（中意）电器等家电生产企业能效标识执行情况进行了监察；对我省申报2014年中央预算内投资的20个节能技改项目进行核查。严格节能评估，共完成38个固定资产投资项目的节能评审，累计核减能耗约3万吨标准煤，占项目评审前能耗的4.2%。建立了固定资产投资项目节能评审评分制度，试行能评项目节能验收工作。探索建立环境监督计划执法制度，出台了《湖南省环境保护工作责任规定（试行）》、《湖南省重大环境问题（事件）责任追究办法》（试行）》、《湖南省湘江流域生态补偿（水质水量奖罚）暂行办法》，规范了环保监管执法。对全省10个整县推进农村环境综合整治试点县市区进行了执法检查，就大气污染防治工作进行专题询问并通过电视向社会直播。在省内开展为期一年的环境污染隐患大排查，建立污染隐患台帐，对污染隐患和存在问题进行全面梳理、分类整改。

（撰稿：聂仁孝、刘俊，湖南省发展和改革委员会资源节约和环境保护处）

广东省2014年循环经济发展报告

广东省经济和信息化委员会

2014年，广东省积极落实“十八大”关于生态文明建设的部署，大力发展循环经济，推动我省工业绿色发展，提高经济发展绿色竞争力，取得了显著成效。

一、广东省循环经济发展成效

（一）试点示范体系持续完善

积极建设国家级试点。截至2014年底，全省共获得国家有关部委确认的国家级循环经济试点示范单位26个，包括国家循环经济试点单位12个、循环经济模式案例4个、循环经济示范城市1个、园区循环化改造示范试点1个、“城市矿产”示范基地2个、餐厨废弃物资源化利用和无害化处理试点2个、汽车零部件再制造试点3个、机电产品再制造试点1个，作为循环经济领域的佼佼者，极大的带动促进了我省循环经济的发展。

打造我省特色试点示范体系。我省已建立起“省循环经济工业园-省市共建循环经济产业基地-省循环经济试点单位”的试点示范体系，逐步成为我省循环经济发展的名片，截至2014年底，全省共有广东省循环经济工业园21个、省市共建循环经济产业基地28个、广东省循环经济试点单位102个。此外，我省还推动建设13个省级循环化改造试点园区、11个“两型”试点企业，同时公布3个广东省循环经济示范城市（县）创建单位，进一步补充完善了试点示范体系，扩大我省循环经济发展覆盖面。

（二）清洁生产工作逐步深入

我省稳步推进清洁生产工作，制定大气污染防治重点行业清洁生产推进工作方案。截至2014年底，我省共有6000多家企业开展自愿性清洁生产审核，认定公布了十七批1359家家省清洁生产企业、1628家市级清洁生产企业。同时，我省加强与香港环境局合作，推进粤港两地清洁生产，签署《粤港清洁生产合作协议》，在粤港合作联席会议下设立粤港清洁生产合作专责小组，鼓励珠三角地区的港资工厂实施清洁生产审核，截至2014年底，认定了六批647家次粤港清洁生产伙伴企业

（三）资源综合利用稳步推进

我省充分发挥资源综合利用财税优惠政策引导作用，促进产业规模增长，缓解经济发展与资源匮乏之间的矛盾。2008至2014年底，全省累计免征增值税的销售收入141.58亿元，增值税即征即退21.60亿元。现存获认定资源综合利用产品316个、机组68台，年综合利用固体废弃物约3121.31万吨、工业废液约4623.43万吨、废气1187.79亿立方米、余热4403.24万GJ。加强培育资源综合利用龙头企业，认定35家“广东省资源综合利用龙头企业”，龙头企业充分发挥辐射带动作用，有效提升我省资源综合利用产业竞争力。

二、广东省循环经济发展基本经验

（一）突出政策引导，促进循环经济发展

继“十一五”以来，我省出台“三个规划、四个意见、五个办法”后，我省积极落实各项政策规划，着力推动循环经济精细化发展，出台《广东省人民政府关于印发加快我省循环经济发展实施方案的通知》、《广东省经济和信息化委印发广东省推进园区循环化改造工作实施方案的通知》、《广东省经济和信息化委 广东省环境保护厅关于开展大气污染防治重点行业清洁生产推行工作的通知》等，加快各项工作的实施。

（二）突出试点示范，注重模范带头作用

一是推进国家级和省级循环经济试点建设。在国家级循环经济试点创建方面，我省注重特色鲜明、示范带动、优中选优，试点工作进展顺利。广州经济技术开发区成为2014年我省首个国家循环化改造示范试点园区，同年，我省成功推荐广州市万绿达集团有限公司申报国家循环经济教育示范基地。在省级循环经济试点建设上，进一步优化完善“省循环经济工业园—省市共建循环经济产业基地—省循环经济试点单位”的示范体系。

二是积极布局园区循环化改造。根据《广东省经济和信息化委印发广东省推进园区循环化改造工作实施方案的通知》，我省积极推进园区进行循环化改造，探索园区循环发展模式，认定首批13个园区为2014年广东省循环化改造试点园区。

（三）突出行业自律，深化清洁生产发展

一是做好政府职能转移及后续监管。进一步做好审批制度改革工作，发挥第三方服务机构优势和市场主体作用，我省制定制定《省级清洁生产企业认定职能转移方案》，将省级清洁生产企业认定职能转移给广东省清洁生产协会，出台《广东省经济和信息化委 广东省科学技术厅 广东省环境保护厅关于省级清洁生产企业认定职能转移后续监管工作的通知》，取消清洁生产技术服务机构的备案管理，全面放开清洁生产服务市场，进一步优化清洁生产工作结构，加强行业监管。

二是着手重点行业清洁生产推进工作。2014年，广东省加快清洁生产工作推进，制定出台了《广东省经济和信息化委 广东省环境保护厅关于开展大气污染防治重点行业清洁生产推行工作的通知》，在钢铁、水泥、化工、石化以及有色金属冶炼等行业推行清洁生产，并制定清洁生产推行方案。

三是加快推进清洁生产“十百千万工程”。2014年，我省认定公布了162家省级清洁生产企业，实现节约标煤26692.5吨/年，COD减排2383.7吨/年，二氧化硫减排1448.3吨/年，氨氮减排748.1万吨/年。同时，认定公布了3个广东省清洁生产示范园区、41个清洁生产技术中心。继续深化粤港清洁生产合作，会同香港环境局共同认定“粤港清洁生产伙伴”标志企业102家。

（四）突出税收优惠，促进资源综合利用

积极落实国家资源综合利用财税优惠政策，加强培育资源综合利用龙头企业。2014年，我省共认定2批116户144个资源综合利用产品（工艺），认定2批18户26台机组，产品总产值可达106.92亿元，全年利用固体废弃物约1467.12万吨、废液（水）约3608.38万吨、废气约990.64亿立方米、余热36186.62GJ。13家“广东省资源综合利用龙头企业”充分发挥龙头带动作用，有效提升我省资源综合利用产业竞争力。

（五）突出财政激励，大力扶持循环经济

一是节能降耗专项资金支持。根据《广东省省级节能降耗专项资金管理办法》，组织开展2014年省节能降耗专项资金申报工作。经申报单位申报、地市推荐、专家评审，共支持重点项目28个共计6570万元，其中园区循环化改造项目5个共3970万元、清洁生产技术改造项目5个共550万元。

二是积极争取国家财政支持。组织推荐广州经济技术开发区申报2014年国家园区循环化改造，并获得国家财政补助资金2.334亿元，有力的推动基础设施和重点项目建设，促进区域循环经济发展。成功推荐广东兴发铝业有限公司申报2014年工业清洁生产示范项目，获得工信部资金支持。

三、广东省循环经济发展典型经验

（一）湛江经济技术开发区

湛江经济技术开发区是1984年11月经国务院批准成立的经济技术开发区，已经形成了石油化工、造纸和纸制品、电力生产和供应、农副产品加工、纺织服装和生物医药等六大支柱产业，初步形成了石油化工、电力、造纸和特色农海产品循环经济产业链。园区充分利用钢铁、石化两大项目落户同一园区的有利条件，围绕企业间、产业间的物质交换关系，积极开展废弃物的回收利用，实施静脉产业项目，以钢铁、石化产业为主带动其它产业共生耦合发展，建设绿色、循环型园区。

园区将围绕“空间布局合理化、产业结构最优化、产业链接循环化、资源利用高效化、污染治理集中化、基础设施绿色化、运行管理规范化”七个方面开展循环化改造，计划实施一批完善循环经济产业链、产业升级和公共基础服务设施建设项目，累计投资达282.3亿元。实施循环化改造后开发区新增地区生产总值600多亿元，循环经济产业链关联度达90%，大大提高开发区综合竞争能力。

1. 构建钢铁石化两大循环经济产业体系。以东海岛宝钢项目和中科炼化项目为核心，延伸上下游产业链，从石化资源循环利用、铁素资源循环利用、水资源循环利用、能源循环利用及废弃物循环利用五个方面大力发展钢铁石化循环经济产业体系，实现资源的高效循环利用。

2. 完善电力工业循环经济产业链。以湛江京信发电有限公司为依托，实施企业内部“小循环”，支持可再生能源发电和资源综合利用电厂建设，推进资源综合利用，完善“煤－电－建材”循环经济产业链。

3. 完善纺织工业循环经济产业链。通过新技术、新工艺，突出自主创新，延长产业链，提升产品附加值和产业竞争力，推动纺织产业整体结构调整和转型升级，完善纺织工业循环经济产业链。

4. 完善造纸及纸制品工业循环经济产业链。通过加快自主创新，调整产业结构，引进包装、废纸利用、碱白泥利用等企业，促进造纸产业向新材料、包装、印刷、装潢等行业领域延伸，形成“种植业—造纸—印刷—包装—

堆肥”的造纸及纸制品循环经济产业链。

（二）广州市万绿达集团有限公司

广州市万绿达集团有限公司成立于1994年，地处广州经济技术开发区，是国家循环经济典型模式案例单位、国家循环经济教育示范基地、全国循环经济工作先进单位、广东省“城市矿产”示范基地和广东省省市共建循环经济产业基地。公司主要致力于工业废弃物和城市生活废弃物的网络回收、再生加工和循环利用的一体化服务，并积极配合政府进行建筑垃圾回收利用和废旧电器电子产品回收利用的业务拓展，是中国再生资源领域最具影响力的企业之一。

围绕“工业废弃物回收利用、城市生活垃圾处理利用、建筑垃圾回收利用、报废汽车回收拆解利用、环境未来馆建设”等方面，公司创建了独特的“万绿达循环经济模式”——即以业务为依托，以服务为基础，通过不断创新的贴心服务赢得上游客户认可；以管理为保障，通过高效的管理优化配置各项资源，形成可复制的管理模式；以科技为引擎，不断加大科技投入，形成自有技术，持续提高再加工产品质量，拓展消费市场，形成可复制的一种循环经济模式。

公司由分析决策模块、废弃物回收模块、废弃物再加工模块、产品销售模块、管理运营模块五部分组成。公司通过主动介入、零距离无缝对接式服务，使广州经济技术开发区的工业废弃物及时得到处理，形成了一个集利废、科研、物流等于一体的综合性企业。 “万绿达循环经济模式”以“资源化分类”和“再循环利用”为核心，其“伴生型、补环式、平台式、服务创新、规模经营”的特征，适应当前中国工业废弃物回收利用的需求，是国内再生资源回收利用的一面旗帜。

公司作为广东省再生资源行业的龙头企业，万绿达集团公司回收加工利用产品覆盖废塑料、废金属、废纸品、废木料等500多个品种，年处理能力达60万吨，再生原料（产品）品质均达国内先进水平。公司通过自建回收网络、社会回收平台并结合“互联网+再生资源”模式，形成了覆盖面广、效率高、参与广泛的专业再生资源回收网络体系。公司目前已在广州建设了2个专业分拣中心、4个分拣打包中心、300个社区回收亭和5个餐厨垃圾资源化回收利用设施，是广东省“城市矿产”示范基地和广州市再生资源分拣中心示范基地。公司正在积极构建七大再生资源回收利用循环链，包含：废金属回收利用循环链；废塑料再生利用循环链；废纸、杂木回收利用循环链；废纸尿片、卫生巾类处理循环链；废弃软包装再生利用循环链；报废机动车回收拆解循环链；建筑垃圾回收利用循环链。公司再生资源回收利用产业主要是致力于产业领域内的资源快速流通和循环再生利用，有助于提高资源的利用效率，推动节约型社会的建设。

（撰稿：郑威，广东省经济和信息化委员会节能与循环经济处）

广西壮族自治区2014年循环经济发展报告

广西壮族自治区发展和改革委员会

2014年，广西壮族自治区全面贯彻落实党的十八大、十八届三中全会精神，积极应对经济下行持续加大的严峻形势，把发展循环经济作为推进产业转型升级、提升质量效益的重要手段，多措并举，综合施策，推动美丽广西建设，循环经济发展成效显著。

一、主要成效

2014年，我区2014年单位地区生产总值能耗比上年下降3.7%，超额完成下降3%的年度目标。“十二五”前四年累计下降13.7%，完成国家下达我区下降15%目标任务的90.8%。能源消费量比上年增加415万吨标准煤，未超出控制目标的60%。化学需氧量、氨氮、二氧化硫和氮氧化物排放量分别为74.40万吨、7.93万吨、46.66万吨和44.24万吨，比2013年分别下降了2.03%、2.12%、1.13%和12.28%，四项指标均完成了2014年度污染减排目标任务。其中，氮氧化物削减幅度位居全国前列。

二、主要做法、措施

（一）完善支持政策

一是通过购买第三方服务，启动《广西壮族自治区实施〈中华人民共和国循环经济促进法〉办法》立法工作。二是进一步简化行政审批手续，在新修订的《政府核准的投资项目目录（广西壮族自治区2014 年本）》中对符合产业政策的循环经济发展项目实行备案管理。三是自治区财政设立本级循环经济发展专项资金，安排专项资金5000万元，支持循环经济重点工程建设。

（二）加大财政投入

2014年我区共争取到中央资金3.07亿元，自治区本级财政安排9583万元，支持玉林龙潭进口再生资源加工利用园区国家“城市示范”基地、鹿寨经济开发区园区循环化改造、广西福宁工贸有限公司蒸压砖及加气混凝土砌块生产项目等一批循环经济重点工程建设。

（三）开展示范试点建设

一是贺州市平桂管理区成功申报国家第二批资源综合利用“双百工程”示范基地，项目实施后，年综合利用大理石废渣1850万吨，实现工业增加值200多亿元。二是玉林龙潭进口再生资源加工利用园区成功申报第五批国家“城市矿产”示范基地，实施期内，示范基地将新增再生资源加工量54万吨。三是贺州（华润）循环经济产业示范区成功申报国家循环经济教育示范基地，玉林市、富川县成功申报国家生态文明先行示范区。四是南宁市成功申报国家节能减排财政政策综合示范城市，三年共获得中央补助资金15亿元。

（四）加快重点项目建设

一是柳州市国家第一批资源综合利用“双百工程”示范基地建设任务基本完成。两年来，示范基地通过自主创新与引进技术消化吸收相结合等措施推进支撑企业走新型工业化道路，促进资源综合利用科技成果产业化，推进了一批资源综合利用及循环经济项目建设。据初步统计，2014年柳州市工业固体废物产生量1190万吨，综合利用量1129万吨，综合利用率达95%。

二是钦州港经济技术开发区、鹿寨经济开发区循环化改造步伐加快。钦州港经济技术开发区4个关键补链项目有2个基本建成，6个公共服务类项目有3个在建、2个项目已完成前期工作；鹿寨经济开发区14个关键补链项目有7个基本建成，4个公用工程项目已全部完成前期工作。

三是国家“城市矿产”示范基地建设进展顺利。在各级各部门的协调配合下，梧州“城市矿产”示范基地完成项目调整并上报国家审批，再生资源回收体系建设中的困难和问题基本得到解决，示范基地实施方案中的32个项目有10个已建成、22个在建，累计完成总投资的65%；被确定为第五批国家“城市矿产”示范基地的玉林龙潭进口再生资源加工利用园区，已开工建设创兴公司五金电机拆解项目等5个项目。

四是南宁市餐厨废弃物资源化利用和无害化处理试点主体工程建成并试运营。

五是广西贵糖（集团）股份有限公司、广西河池市南方有色冶炼有限责任公司两个国家循环经济试点单位，钦

州市钦南区等9个县（市）农业清洁生产示范项目全部建成并通过考核验收。

（五）加强关键共性技术研发

一是广西碳歌环保新材料股份有限公司利用陶瓷废渣生产超轻质烧结陶瓷保温墙板，具有保温、隔热、抗震、可重复使用等优点，产品畅销全国，在第十六届中国国际工业博览会上荣获银奖，是华南地区获奖的两家企业之一（另一家为深圳华为）。

二是广西鸿生源环保科技有限公司利用生物发酵技术，以生活污水处理厂污泥为原料，生产生物有机肥，实现城镇生活污泥无害化、资源化、减量化。

三是广西华锡集团股份有限公司、广西大学等6家单位联合开展的“金属尾矿资源高效利用和安全处置”重大科技专项研究获得突破，并取得初步成果。

四是“宜州市桑蚕废弃物综合利用与循环经济集成应用示范”、“陆川县养殖废弃物和农村生活垃圾综合整治技术示范项目”等推广基础扎实，应用前景良好，有望列入国家科技惠民计划。

五是广西博世科环保科技股份有限公司、桂林理工大学等多家企业、高校研发的“乡村社区有机废弃物资源化利用系统构建和集成示范”、“乡村垃圾集中收集集成技术与转运装备研发”、“南方重金属超标农田安全利用技术研究与示范”、“以木薯废渣为原料的生物燃气高效制备技术及成套设备的集成与示范”、“铅、镉和砷重金属超标农田原位钝化与农艺调控技术研究”、“镉砷超标水田原位钝化/固定与农艺调控技术研究”等6个项目参加国家视频答辩，被确定为国家科技支撑计划“美丽乡村生产生活综合循环利用技术集成示范”候选技术。

（六）完善循环型产业体系

一是广西三威林产工业有限公司通过验收被授予“自治区工业循环经济示范企业”，28家自治区工业循环经济试点单位和174家制糖、电解铝、火电、水泥、林板生产企业循环经济实施情况通过评估考核，12个市、60家企业的循环经济工作方案实施情况和循环经济各项指标完成情况通过现场评估考核与核定。

二是广西柳工机械股份有限公司再制造试点工作进展顺利，建成零部件再制造基地6300平方米，形成年产10万件零部件再制造能力，实现工程机械零部件再制造批量化生产。

三是河池市工业固废综合利用试点基地建设有序推进，广西河池市南方有色金属集团、广西成源矿冶有限公司等重点企业陆续迁入大任产业园和南丹有色金属新材料工业园区。企业集中、资源能源循环利用的产业体系逐步完善。

（七）开展“美丽广西”乡村建设

从2013年到2020年，广西分四个阶段开展“美丽广西”乡村建设重大活动，每个阶段2年左右时间。第一阶段（2013年4月-2014年12月）以“清洁家园、清洁水源、清洁田园”为主要任务、开展“美丽广西•清洁乡村”活动，已取得显著成效，乡村环境卫生和面貌明显改善。

（八）加强循环经济宣传教育

一是有关单位结合节能宣传周、科技活动周等活动，通过网络、电视、广播、板报、图片等形式，宣传节能减排、环境保护知识，提高社会公众对开展循环经济建设的认同感。

二是将循环经济课程纳入公务员培训内容，结合公务员能力提升需求实施大规模培训，通过网络在线平台——“广西教育培训网”开展循环经济专题培训。

三是编印《广西环境保护及循环经济适用成果推广目录》等资料手册，发放相关企业提供技术指导。

三、存在不足及下一步工作计划

虽然我区循环经济发展取得了一定成绩，但与其它省区市相比，与国家要求，还有很大差距，发展潜力远远挖掘，还存在许多问题和困难：投资渠道不畅，投向循环经济的社会资本还较少；循环经济产业链短，产品多为初级加工档次，附加值低，经济效益不高；循环型生产方式普及率低，企业间、行业间、产业间共生耦合循环链接的产业体系规模还较小；为发展循环经济提供规划、设计、建设、改造、运营的专业化服务公司不多，废弃物逆向物流交易平台、交易中心或交易市场，循环经济产品、技术、装备等的展示、展览、交易平台有待建立健全；循环经济统计和核算方法、评价指标体系和成效评价机制有待完善，统计基础能力还很薄弱。2015年，“以生态经济为抓手推进生态文明建设”被确定为全区年度重点经济工作之一。我区将以发展生态经济为契机，着力推动绿色低碳循环发展。

（一）加快完善发展循环经济法律法规

加快《广西壮族自治区实施<中华人民共和国循环经济促进法>办法》立法工作步伐，制定出台《自治区循环经济示范试点管理办法》和《自治区循环经济发展专项资金管理办法》，使发展循环经济有法可依，项目管理和资金使用更加规范、高效。

（二）加快构建循环型产业体系

一是构建循环型工业体系。贯彻《广西绿色和谐矿山建设管理办法（试行）》，组织19家国家级绿色矿山试点单位开展绿色和谐矿山创建活动，探索广西特色的绿色和谐矿山规划、实施、评价体系和长效机制。协调推进柳州市、贺州市平桂管理区资源综合利用“双百工程”示范基地，南宁高新技术产业开发区国家低碳工业园区试点建设。继续组织创建节水型城市工作，适时组织开展雨水收集利用和海水淡化示范。加快建设鹿寨上大压小热电联产、富川和灌阳等风电项目配套送出工程，合山、钦州、南宁等燃煤电厂煤耗在线监测系统子站，实现并网火电厂机组实时煤耗在线监测及计算。优先安排水电、风电等可再生能源发电上网，积极推进光伏发电、风力发电技术开发。继续在自治区工业循环经济试点单位、主要资源型工业行业开展创建工业循环经济先进企业（园区）活动。二是建设循环型农业体系。组织全州县开展循环农业示范县创建工作。实施太阳能、生物质能等农村新能源试点示范工程，逐步形成农村多能互补的新格局。推广广西东园家酒厂循环型农业生产方式。三是建设循环型服务业体系。加强旅游资源保护性开发，加快旅游景区污水处理、雨水收集、垃圾无害化处理设施建设，推广使用节能环保交通工具，倡导低碳旅游出行方式。推进甩挂运输发展，指导货运企业走规模化、集约化发展道路。开展水运行业应用液化天然气示范，推动内河LNG-柴油双燃料动力船舶试点工作。支持发展电子商务、网络购物等商业服务新业态；发展连锁经营和以城市为中心的公共配送体系。

（三）积极推动园区和区域循环发展。组织编制并协调实施“十二五”园区循环化改造实施方案，择优申报国家园区循环化改造试点。推动一批生态工业园建设。推进梧州市、田东县等创建循环经济示范城市（县）。巩固南宁、北海等节水型城市建设成果，推广节水设施。

（四）加快构建资源循环利用体系。督促指导南宁市、钦州市、梧州市加快再生资源回收利用体系建设。加快梧州、玉林龙潭再生资源利用园区国家“城市矿产”示范基地建设。加强淘汰黄标车和老旧报废汽车监管，支持回收拆解企业规模化利用废旧钢铁、废旧塑料和废旧轮胎等再生资源。加快推进梧州、柳州、桂林等城市开展餐厨废弃物资源化利用和无害化处理试点建设。

（五）完善体制机制。一是完善政策机制。推行居民用水用气阶梯价格，落实可再生能源开发利用优惠政策。推进销售电价结构调整，加大差别电价实施力度，对超过国家强制性能耗限额标准的生产企业，实行惩罚性电价。二是开展PPP模式试点。选取市场发育程度高、政府负债水平低、社会资本相对充裕的市县，在资源环境等设施项目，开展PPP模式试点，探索制度设计，总结运行经验，适时组织推广。

（撰稿：唐志扬，广西壮族自治区发展和改革委员会资源节约和环境保护处）

海南省2014年循环经济发展报告

海南省工业和信息化厅

2014年，海南省循环经济工作紧紧围绕国际旅游岛建设、生态立省的发展战略，坚持省委第六次党代会确立的“坚持科学发展，实现绿色崛起”发展方向和奋斗目标，切实加强领导，完善工作机制，抓好示范试点，不断提高循环发展和资源化利用水平。

一、循环经济工作进展

（一）节能工作取得显著成效

2014年，面对新上项目投产拉动、房地产等低能耗板块增速严重下滑、气温偏高导致全社会用电量居高不下等多重不利因素叠加影响，我省高度重视节能工作，千方百计强化各项节能措施，强力实施预警调控。通过全省上下共同努力，实现万元GDP能耗同比下降2.5%，能源消费总量同比增长5.79%，超额完成了年度节能目标任务。

1.强化节能目标责任

从严开展对各市县政府和重点用能单位2013年度节能目标责任评价考核，向社会公布考核结果，对考核为“未完成等级”的市县政府和企业，由省政府和省应对气候变化及节能减排工作领导小组办公室分别约谈其主要负责人，约谈过程通过媒体曝光，严格奖惩问责。

2.严格执行能评制度

3.严格执行固定资产投资项目节能评估审查制度，提高能评准入门槛，暂停全省新建高耗能项目的能评审批和备案。我省已提前完成国家下达的“十二五”淘汰落后产能任务，2014年为巩固淘汰落后产能成果，组织开展专项监察，严防落后产能死灰复燃。

3.组织实施重点节能及综合利用工程

组织完成了9个省级节能技改及综合利用工程项目建设，形成节能能力约2万吨标准煤/年，省财政安排补助资金1665.67万元。下达2014年省节能专项资金实施计划3519.4万元，支持6个节能技改和综合利用项目建设。下达省节能专项资金实施计划2000万元，支持太阳能热水系统建筑应用项目。5个项目获资源节约和环境保护中央预算内资金支持，完成多个合同能源管理项目建设。

4.开展节能技术产业化示范和推广应用

通过省科技兴海专项、省应用技术研发与示范推广专项等，支持太阳能+热泵烘干槟榔新果、太阳能杀虫灯、蒸压废汽余热二级回收等多项节能环保低碳技术产业化示范。列为科技部和瑞典生物质能源合作示范项目、财政部/农业部2014年大型沼气工程示范的海南车用沼气项目一期工程建成投运。征集发布第二批节能技术和产品目录，组织了多种形式的推广活动。完成305万只财政补贴节能灯推广应用，省财政配套补贴资金1361万元。一汽海马3个车型列入国家节能产品惠民工程节能环保汽车推广目录。

（二）全面完成主要污染物总量减排年度目标任务

2014年，全省把减排工作作为调结构、转方式、保生态、促发展的有力抓手，狠抓工程治理、结构调整、监督管理等减排措施的落实。全省主要污染物化学需氧量、氨氮、二氧化硫、氮氧化物排放量分别为19.60万吨、2.29万吨、3.26万吨、9.50万吨，全部控制在年度总量减排计划范围内，完成年度总量减排目标任务。大力推动9个国家重点减排项目建设，已建成6个，完成率为67%。

1.积极推进水污染防治

完成海口威立雅污水厂和三亚红沙污水厂的脱氮除磷升级改造建设。全省已建成投入运营的城镇污水处理厂30座，设计处理能力达108.4万立方米/日。全年共敷设污水管网119公里，完成投资4.34亿元。在全省范围内开展“截流并网，提高负荷”减排专项行动，城镇污水处理率为78%，污水处理厂平均运行负荷率为77.5%，污水处理率和运行负荷率得到明显提升。

2.全面开展大气污染防治

完成大气污染防治年度实施计划中的所有脱硫脱硝项目建设和重点工业烟粉尘项目建设，完成火电、钢铁与平板玻璃行业12条生产线除尘改造，占总生产线的85.7%。2014年底提前完成了30万千瓦以上燃煤机组脱硝改造任务。落实脱硫脱硝环保电价政策，对脱硫脱硝达标发电企业给予电价补贴，全年共补助3.04亿元。淘汰10蒸吨以下燃煤小锅炉47台，占下达任务指标94%。淘汰黄标车和老旧车3.67万辆，超额完成国家下达任务（2万辆）。采用工况法进行机动车排气污染物检测，机动车环保合格标志发放率达到75.6%，超额完成年度计划目标。

3.加强建设项目管理及环境监察执法力度

全省完成220个建设项目环评报告书审批，其中省重点项目146个。完成1497个建设项目环评报告表审批。严格执行国家产业政策和环保政策，对高耗能、高污染、高排放“三高”和产能过剩项目37个不予审批或暂缓审批。完成525个建设项目竣工环保验收。全面推行清洁生产，对水泥、橡胶加工、化工等42家重点企业开展清洁生产审核和验收。组织开展全省环境保护专项执法检查和整治违法排污企业保障群众健康环保专项行动。全省共出动执法人员9122人次，检查企业3032家次，排查饮用水源地66个。全年受理环境违法举报投诉和巡查发现环境违法线索1793件，立案查处并作出行政处罚决定253宗，共计处罚款2220.26万元。

（三）综合利用水平不断提升

1.推进资源综合利用认定

严格资源综合利用认定管理，进一步完善综合利用认定工作制度，规范综合利用认定工作。年内，完成了海南蓝岛环保产业股份有限公司、海南新星石油服务有限公司等25家企业（项目）资源综合利用考核、评审和认定，帮助企业落实综合利用税收优惠政策，引导和促进企业深入开展资源综合利用。25家企业（项目）年约消化处理工业废渣300多万吨、废气200多亿立方，三剩物、次小薪材30多万立方，可享受资源综合利用税费优惠8000多万元。

2.推行清洁生产

对省内橡胶、制药、水泥等行业的40家企业进行清洁生产评审及验收。共产生清洁生产方案1207项，其中，无/低费方案1062项，中/高费方案145项。方案实施后，可节水1014.77万吨/年，节标煤29672.28吨/年，减少COD排放590.45吨/年，减少氨氮排放量2889.90吨/年，减少SS排放732.99吨/年，产生经济效益16538.97万元/年。

3.启动油气回收改造

全面启动现有储油库、加油站和油罐车的油气污染治理改造工作，完成446家加油站、6家储油库和83辆油罐车油气回收改造，综合完成率达到94.7%。

（四）创建循环经济示范试点

推动洋浦经济开发区、老城经济开发区申报国家示范试点，洋浦经济开发区被列为国家循环化改造示范试点园区，老城经济开发区获批首批国家低碳工业园区试点。组织完成了全省第一批16家、第二批9家循环经济示范试点单位的评定工作。

（五）加大生活垃圾治理力度

2014年投资8.8亿元，建成垃圾卫生填埋场5座，完成垃圾转运站建设72座；在建垃圾处理设施6个，转运站18座。截止2014年底，全省累计建设21座垃圾处理设施，垃圾无害化处理设施能力为4320吨/日，建设乡镇垃圾转运站154座，转运规模7985吨/日。印发了《海南省存量生活垃圾治理规划（2014-2018）》，明确全省存量垃圾治理工作思路、治理方案和治理目标，全省现需治理的存量垃圾场合计143座，匡算总投资为3.9亿元。

（六）生态文明建设成效显著

取消了中部4个市县生产总值考核。生态补偿资金增长11.9%。植树造林20万亩。加强了对森林、水体、大气、海洋的环境保护。开展松涛水库流域环境整治和生态保护工程15项，建成污水处理厂43座、垃圾处理设施22个、垃圾转运站154座。儋州被纳入国家重点生态功能区转移支付范围，鹦哥岭晋升为国家级自然保护区，万宁、琼海被列入国家生态文明先行示范区，红树林湿地保护面积进一步扩大。开展工业尾气及废水污染治理，累计完成国家和省责任书减排项目501个。燃煤电厂和水泥厂脱硫脱硝改造顺利实施，淘汰黄标车和老旧机动车3.67万辆、燃煤小锅炉47台。规范企业用能，强化公共机构节能，单位生产总值能耗和工业增加值能耗实现了双下降，环境质量继续保持全国一流。

二、2015年循环经济工作思路

（一）确保完成“十二五”节能减排目标任务

按照已经下发的《海南省2014～2015年节能减排低碳发展行动方案》，全力抓好落实，深入挖掘节能潜力。进一步提高节能标准，强化标准约束，加大监察查处力度，对超能耗标准的企业实施惩罚性电价；严把新建项目准入

门槛，暂停新建高耗能项目能评审批和备案；按照国家要求，完成落后电机、锅炉及黄标车、老旧车淘汰任务；强化目标责任，将能耗增量控制目标分解落实到各市县，对重点地区实施重点督查，严格考核奖惩，并向全社会公布曝光。

（二）大力推进七大节能减排综合示范工程。

按照已经下发的《海南省节能减排综合示范试点实施方案》继续大力推进七大节能减排示范试点工程，推进情况纳入全省节能减排目标责任评价考核体系。

（三）加强节能基础工作和能力建设。

加快节能法配套法规建设，争取《海南省节约能源条例》颁布实施；进一步完善地方标准体系，制定出台商场超市、水产品加工、交能运输等行业能耗限额标准；加强节能机构队伍建设，争取二分之一的市县设立节能监察机构，海口、三亚要设立能源统计机构。

（四）继续推进循环经济示范试点建设

加快推进洋浦经济开发区国家循环化改造示范试点、老城经济开发区国家低碳工业园区试点建设，开展省内循环经济示范试点单位创建工作，总结循环经济示范试点经验做法，推广循环经济典型模式。

（撰稿：唐俏瑜，海南省工业和信息化厅节能与资源综合利用处）

四川省2014年循环经济发展报告

四川省发展和改革委员会

2014年，四川省坚持把发展循环经济和推进清洁生产作为推进生态文明建设和节能减排的重要抓手，按照“减量化、再利用和资源化”的基本思路，进一步加大工作力度和政策措施落实力度，积极推动重点区域和重点行业循环经济的加快发展，提高资源利用效率，全省循环经济工作取得了积极成效，主要开展了以下几个方面的工作：

一、加强循环经济制度建设

出台《四川省再制造产业发展规划（2013—2017年）》，推进我省再制造产业健康发展。会同农业厅编制上报《四川省秸秆综合利用年度实施方案（2014—2015年）》，印发《四川省2014年度秸秆综合利用实施计划》，将秸秆综合利用纳入全省大气污染防治、循环经济、节能环保产业发展的重要内容，并与各市（州）人民政府签订《秸秆综合利用目标任务完成承诺书》。

二、深入推进循环经济示范试点

积极组织申报国家循环经济试点示范。泸州老窖集团和绵阳游仙经济开发区被确定为国家循环经济教育示范基地，五粮液等7个国家循环经济示范试点单位顺利通过国家验收。广安市国家循环经济示范市、四川西南再生资源产业园区国家循环经济教育示范基地创建工作推进顺利。加快11个省级循环经济示范市（县）、24个省级循环经济示范园区、46户省级循环经济示范企业建设，进一步发挥示范带动作用。

三、加快推进“城市矿产”示范基地建设

坚持以“城市矿产”示范基地建设为重点，推进资源化利用，形成了内江、绵阳、成都、遂宁等废塑料、废旧金属、废弃电子电器产品再生循环利用产业集聚区。国家首批“城市矿产”示范基地—四川西南再生资源产业园区项目建设进展顺利，全部工程进入收尾阶段，目前引入经营业主达120户，回收处理各类再生资源达58万吨。绵阳保和富山再生资源产业园已被列为国家第四批“城市矿产”示范基地，2014年获得中央财政补助资金3500万元；园区已入驻企业13户，累计投入资金16亿元。我省新津昊华等4家省级“城市矿产”示范基地建设取得积极成效，再生资源回收处理规模明显扩大，有力推动了我省“城市矿产”资源化利用。

四、加快实施园区循环化改造

组织开展全国园区循环化改造示范试点工作，达州经济开发区被确定为国家工业园区循环化改造试点示范园区，各项基础设施和公共服务平台以及关键补链项目等建设内容已经全面展开。广安经济开发区国家工业园区循环化改造示范园区建设正稳步推进，实施效果明显，重点支撑项目开展顺利，基础设施和公共服务平台建设基本成型，资源综合利用水平明显提升。安排省预算内资金300万元，支持广安武胜工业园区开展循环化改造。

五、加快推动“双百工程”建设

积极申报国家资源综合利用“双百工程”示范基地和骨干企业工作，德阳市成功获得示范基地称号，重点推动磷石膏资源综合利用建设；攀枝花钢城集团成功获得骨干企业称号，重点推动矿产资源科学、高效开发利用示范建设。以攀枝花市、德阳市以及攀钢集团、川威集团、攀枝花钢城集团等为重点，通过突破技术瓶颈、延长产业链条、拓宽应用领域，实施资源综合利用重点项目，不断提高钒钛稀土资源、磷石膏综合利用水平。截止目前，初步形成了以钒钛资源综合循环利用为代表的矿产资源规模化循环利用，磷石膏综合利用已经全面开展。

六、抓好餐厨废弃物资源化利用和无害化处理试点

积极组织申报国家餐厨废弃物资源化利用和无害化处理试点，绵阳市被确定为第四批试点城市。加快成都国家首批餐厨废弃物资源化利用和无害化处理试点城市建设，成都市出台了《厨废垃圾收运管理办法》，通过公开招标方式确定了餐厨废弃物资源化利用特许经营企业，制定了生物柴油标准及推广使用办法，处置设施建设进展顺利，收运体系正加快完善。推广成都市餐厨废弃物资源化利用和无害化处理的成功经验，在绵阳、自贡、南充、达州等

地开展了餐厨废弃物资源化利用和无害化处理试点工作，推动建立和完善餐厨废弃物收集、运输和处理体系，推广应用资源化技术，建立健全管理制度，提高资源化利用率。

七、积极推动再制造领域循环化发展

稳步按照《四川省再制造产业发展规划（2013-2017年）》推动实施，成都、德阳等地再制造产业开始壮大，汽车零部件、工程机械、机床、航天航空部件等领域再制造开展顺利。积极推进再制造产业试点，发挥对全省再制造产业和循环经济发展的示范带动作用。围绕提高资源利用效率，突出再制造产业化重点，完善支撑体系，实现再制造规模化、产业化发展。

八、加强生活垃圾回收体系建设

在成都市、德阳罗江县、南充阆中市、广安华蓥市、阿坝松潘县等开展城市生活垃圾分类回收体系建设试点，积极探索分类回收、密闭运输、集中处理体系建设，初步建立了“村收集、镇转运、县处理”的垃圾无害化处理模式。建成了成都九江等6座城市生活垃圾环保发电厂，推动了垃圾资源化利用产业发展。

（撰稿：陈敬一，四川省发展和改革委员会环资处）

贵州省2014年循环经济发展报告

贵州省发展和改革委员会

发展循环经济是建设生态文明，实现发展和生态环境保护协同推进的重要途径，贵州省委、省政府始终坚持发展和生态两条底线一起守、两个成果一起要，加快生态文明建设，推进循环经济发展取得成效。

一、循环经济发展概况

2014年，贵州省以建设全国生态文明先行示范区为重要契机，大力推进循环经济示范城市、园区、基地和企业建设，强化节约资源能源管理，从源头减少污染物排放，拓宽废弃物资源化、循环化利用途径，不断壮大循环经济发展规模，一是争取贵州大龙经济开发区、贵阳市列为园区循环化改造示范试点园区、资源综合利用“双百工程”示范基地，全省国家级循环经济示范试点由13个增加到了15个；二是贵阳市、贵州瓮福（集团）有限责任公司、贵州开磷（集团）有限责任公司、贵州赤天化纸业股份有限公司、贵州茅台酒厂有限责任公司5家国家循环经济示范试点单位顺利通过国家发改委等七部委验收。三是积极推进六盘水市创建国家循环经济城市；四是认定贵州岑巩经济开发区、贵州盘江煤电建设工程有限公司等为省级循环经济示范园区、企业；五是实施了一批循环经济重点工程和重大项目。全省资源能源利用水平进一步提高，生态环境持续改善，顺利完成国家下达的节能减排年度目标任务和“十二五”目标进度任务，其中：全省单位地区生产总值能耗和化学需氧量、二氧化硫排放量3项指标提前完成“十二五”节能减排目标任务。

二、发展循环经济的措施及成效

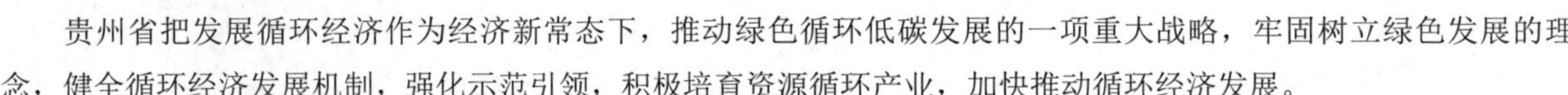

贵州省把发展循环经济作为经济新常态下，推动绿色循环低碳发展的一项重大战略，牢固树立绿色发展的理念，健全循环经济发展机制，强化示范引领，积极培育资源循环产业，加快推动循环经济发展。

（一）健全政策法规，保障循环经济健康持续发展

党的十八届三中全会提出加快生态文明制度建设，健全资源节约利用的体制机制，为保障循环经济持续健康发展明确了路径，我省着力夯实循环经济发展法治基础，健全循环经济发展制度，继续抓好《贵州省节约能源条例》、《贵州省固定资产投资项目节能审查专项资金管理暂行办法》、《贵州省循环经济基地（园区、企业）认定办法》、《贵州省园区循环化改造管理暂行办法》等贯彻落实，相继出台了《贵州省生态文明建设促进条例》、《贵州省“城市矿产”示范基地管理暂行办法》等，法律制度逐步完善、约束力逐渐增强。编制印发《贵州省循环经济发展规划及年度推进计划》，明确循环经济发展目标、指标，细化年度工作任务，确定各级、各部门发展循环经济职责，进一步加强了规划引领作用。

（二）推进示范试点建设，发挥示范试点引领带动的作用

围绕资源产出率这一核心指标，紧密结合国家循环经济“十百千”示范行动，高标准、严要求，扎实推进贵阳市经济技术开发区、遵义经济技术开发区园区循环化改造示范试点园区，贵阳市、遵义市、铜仁市餐厨废弃物资源化利用和无害化处理试点城市，龙里县国家循环经济示范创建县，黔南州国家资源综合利用“双百工程”示范基地等国家示范试点建设，进一步完善贵阳市和贵州开磷集团国家循环经济典型模式，加快省级循环经济示范建设，为发展循环经济探索出了不同类型、不同层次有效模式，提供了可复制、可借鉴、可推广的经验。同时，实施示范试点建设，带来的经济环境效益突出。比如开展黔南州国家资源综合利用“双百工程”示范基地建设以来，该基地已完成投资23.3亿元，建成项目每年可实现利用产业废物481万吨，有效的拉动了投资、促进了经济增长、缓解了环境污染。

（三）继续做好国家循环经济示范试点单位验收，示范试点建设回头看成效明显

我省国家第一批、第二批5个循环经济示范试点，在完成省初步验收的基础上，顺利通过国家发改委等七部委验收，为继续争取国家循环经济示范试点奠定了较好的工作基础。5家单位开展循环经济示范试点建设效果明显，

贵州瓮福（集团）有限责任公司、贵州开磷（集团）有限责任公司形成了较为完善的磷化工循环经济产业链条，贵州赤天化纸业股份有限公司林、浆、纸一体化循环利用模式初步形成，贵州茅台酒厂有限责任公司酒糟综合利用水平有较大提升，贵阳市构建八大循环经济产业基本完成，各示范试点单位较好的完成了实施方案提出的各项目标和工作任务，循环经济试点建设取得了积极成效，达到了预期目标。

（四）大力推进六盘水市创建国家循环经济示范城市，积极探索资源枯竭型城市绿色循环发展

六盘水市是典型的资源型城市，资源大量开发利用在推动经济社会快速发展的同时，也带来了严重生态破坏和环境污染，为实现可持续发展，走绿色循环发展之路，我省大力推进六盘水市创建国家循环经济示范城市，拟定了《六盘水市循环经济发展暨创建循环经济示范城市工作方案》，帮助六盘水市完成创建国家循环经济示范城市实施方案、建设国家循环经济示范城市规划的编制，并邀请国内和省内循环经济领域专家，对六盘水市创建国家循环经济城市实施方案进行了初审，省十部门指导六盘水市进一步修改、完善建设国家循环经济示范城市规划。

（五）大力实施循环经济重点项目，进一步推进资源循环利用规模壮大和水平提升

结合我省资源山地特色，实施了贵州中竹新宇竹业有限公司竹材加工剩余物综合开发利用项目、贵州恒力源林业科技有限公司利用废弃林木生产8万方纤维板项目等一批循环经济、资源综合重点项目，促进了循环经济进一步发展，资源利用水平进一步提高。

（六）加快发展资源循环利用产业,积极培育新的经济增长点

加强节能减排，严格执行各项节能环保政策和标准，大力拓展资源循环利用产业发展空间，大力实施废弃物综合利用、再生资源回收利用、再制造等重大资源循环示范利用及装备制造重大项目，积极引进一批技术含量高、示范带动强的引领性项目，推进资源循环利用产业规模化、集聚化、高端化发展，中节能（贵安新区）环保产业园等一批资源循环利用高端聚集发展平台加快建设。

（七）加强循环经济宣传培训，营造全社会节约资源、保护环境的氛围

让全社会了解、认识、相信循环经济，共同参与、践行循环经济绿色、循环、低碳的理念，才能让循环经济从理念迅速变为行动，我省通过组织开展节能宣传周活动，采用展览展示、技术交流、现场体验等方式，以典型示范、岗位创建、合理化建议等多种形式，加强主题宣传，倡导全社会进一步把绿色、循环、低碳理念转化为全民行动，循环经济理念逐渐融入日常工作、生活，循环经济得到迅速发展。组织贵阳市、遵义市和铜仁市餐厨废弃物资源化利用和无害化处理试点城市参加国家发展改革委、住房城乡建设部在江苏省苏州市联合召开的“全国餐厨废弃物资源化利用和无害化处理现场会”，学习、交流试点建设经验做法，促进试点建设早日发挥效益，有效保障食品安全。

三、发展循环经济的典型案例

案例1：六盘水市建设循环经济示范城市

内容：贵州六盘水号称“江南煤都”“西部煤海”。煤炭在给当地带来经济腾飞的同时，也导致了严重环境污染，上世纪八九十年代，六盘水的森林覆盖率最低跌至7.55%，水土流失面积占了总面积的80%以上；境内小煤窑遍地开花，煤矿、洗煤厂没有经过任何处理的污水，源源不断地排进长江上游的三岔河；空气也受到严重污染，六盘水成为全国酸雨的重灾区；2007年初，六盘水登上国家环保总局“区域限批”名单。为实现由“黑”变“绿”，走绿色发展的道路，六盘水市大力推进循环经济示范市创建。一是实施创新驱动。按照“科技引领、循环发展、项目支撑、园区承载、基地带动”的思路，坚持投资驱动与创新驱动共同推进，大力改进生产工艺、研发高新技术、引进新兴产业，实现科技、知识与经济一体化。推进大企业、大项目向园区聚集发展，中小企业入驻标准厂房，提高资源就地加工转化率、资源循环利用率、原材料就近采购率。二是推进转型升级。按照“一产转型、二产升级、三产优化”的思路，全面推动三次产业结构调整。一产方面，按照产业生态化、生态产业化的要求，促进农业从传统向现代、从分散向集中、从自给向商品转型。二产方面，以实施煤电化、煤电钢、煤电铝、煤电材“四个一体化”为抓手，着力提高资源就地转化率，延长产业链、拓宽产业幅。三产方面，按照新型城市化发展方向，围绕建设国际标准旅游休闲度假 城市目标，充分发挥气候优势、生物资源优势，着力打造“贵州屋脊•中国凉都”旅游品牌。三是建设生态文明。立足“五位一体”总布局，坚持转型发展、统筹发展、持续发展和共享发展，系统构建绿色经

济、宜居城镇、自强文化、友好自然、和谐社会、清明政治“六大生态体系”。

亮点：六盘水市作为典型的资源型城市，逐步摆脱资源依赖，防止了矿竭城衰，叫响了“中国凉都”这个品牌。森林覆盖率由低谷时的7.55%提高到目前的45.4%，营造林每年正以1.8个百分点的速度增加；煤矿数量由2475个减至300个以下，累计淘汰落后产能2000余万吨，走出了一条绿色循环可持续发展的道路。

案例2：中城建恒远（贵州安顺）新型建材有限公司400万m3/年建筑垃圾复合保温砌块生产线项目

内容：以建筑废弃物为原料，建设80万立方米/年再生骨料系统、EPS绝热材料全自动生产系统，全自动复合插入成型系统，项目年利用建筑废弃物54.95万吨。

亮点：一是技术创新形成了新的经济增长点。公司围绕建筑垃圾资源化利用，加强自主创新，形成国家专利技术56项，再生混凝土复合自保温砌块等新型墙体材料，具有绿色、安全、防火、防水等多项功能，带来了较好的经济效益。二是节能环保。符合国家产业政策和市场导向，兼具环保和节能双重作用，能消纳城镇化过程中产生的大量建筑垃圾，变废为宝、化害为利。

（供稿：高伟，贵州省发展和改革委员会环境和资源保护处）

西藏自治区2014年循环经济发展报告

西藏自治区发展和改革委员会

2014年是深入贯彻落实党的十八届三中、四中全会精神和全面深化改革的开局之年，也是实施“十二五”规划各项目标任务的攻坚之年。西藏自治区在国家有关部委关心支持和自治区党委政府正确领导下，认真贯彻落实中央第五次西藏工作座谈会、党的十八大和十八届三中、四中全会以及中央关于西藏工作的一系列指示精神，以“确保生态环境良好”和“建设美丽西藏”为新时期西藏生态环境建设的指导思想和重要任务，认真贯彻落实党中央、国务院关于循环经济工作的部署，着力推进绿色、循环、低碳发展，循环经济工作取得新成效。

一、循环经济指标完成情况

节能减排目标基本实现，2014年我区单位地区生产总值能耗降低率为8.23%，完成年度单位地区生产总值能耗降低率目标和“十二五”节能进度目标。全区废水污染物化学需氧量和氨氮排放量分别为27917吨和3441吨，废气污染物二氧化硫和氮氧化物排放量分别为4250吨和48344吨，上述四项主要污染物排放总量控制在国家环境保护部核定范围内。

对循环经济发展主要预期性指标进行了初次统计，我区水资源产出率28.99元/立方米，新建建筑设计阶段节能标准执行率65%，新型干法水泥产量比重71.27%，主要再生资源回收利用总量26万吨，主要再生资源回收利用总值2.6亿元，工业用水重复利用率89.7%，农业灌溉用水有效利用系数0.41，城市出租车“油改气”执行率78.73%，秸秆综合利用率60%。

二、循环经济工作开展情况

（一）大力开展节能降耗工作，提高能源资源利用效率

1.完善相关政策法规，强化组织领导。自治区人民政府印发实施了《西藏自治区循环经济发展规划（2013-2020年）》、《西藏自治区人民政府关于加快发展节能环保产业的实施意见》和《西藏自治区2014-2015年节能减排低碳发展行动方案》，进一步完善了节能减排和绿色、循环发展相关政策。自治区人民政府及时调整更新自治区节能减排工作领导小组成员单位领导，积极组织相关成员部门研究全区节能减排和循环经济发展的重大战略、方针和对策，协调解决节能减排和循环经济发展工作中的重大问题，进一步推进了我区循环经济工作的开展。

2.加大产业结构调整，加快淘汰落后产能。认真贯彻落实《固定资产投资项目节能评估和审查暂行办法》（国家发展改革委第6号令）和《中华人民共和国环境影响评价法》规定，对新建、改建固定资产投资项目进行节能评估和环境影响评价，严格将节能评估文件及其审查意见、节能登记表及其登记备案意见、环境影响评价及其批复，作为项目审批、核准、备案或开工建设的前置条件，以及项目设计、施工和竣工验收的重要依据，坚持从根本上、全局上和发展源头上注重环境影响、节能降碳、控制污染、保护生态环境。完成了各类节能审批项目165个，组织审查了《藏青工业园总体规划》等16个规划环评。完成全区5家企业清洁生产审核工作，5家企业累计投入资金3275万元，完成清洁生产方案208个，取得经济效益3296.54万元，每年节约用电4040万千瓦时，节约用水7.1万吨。认真贯彻落实《国务院关于化解产能严重过剩矛盾的指导意见》（国发〔2013〕41号），按照“上大关小”、“淘汰落后与调整发展相结合”的原则，自治区向国家申报了西藏高争（集团）昌都水泥有限公司等3家公司年产30万吨水泥立窑生产线落后产能淘汰计划，力争按期完成“十二五”重点行业淘汰落后产能目标任务。

3.调整能源消费结构，大力发展清洁能源。我区大力发展清洁能源，不断提高非化石能源占一次能源消费比重，截至2014年底，全区电力总装机容量1697兆瓦。其中，水电装机容量1056.73兆瓦，太阳能光伏装机容量198.86兆瓦，地热电站装机容量27.18兆瓦，风电装机容量7.5兆瓦，火电（均为燃油机组）装机容量391.23兆瓦，其他机组（余热发电）装机容量15.5兆瓦，清洁能源发电装机容量占比达76%以上，较2013年增长3个百分点。太阳能热水器、太阳灶、被动式太阳房、太阳能供暖等产品和技术得以很好推广和应用。

4.强化重点领域节能，不断提高能效水平。一是强化重点用能单位节能管理。由自治区人民政府办公厅组织自治区发展改革委、工业和信息化厅等部门组成考评组，对我区“万家企业”年度节能目标完成情况和节能措施落实情况进行现场评价考核，敦促相关目标任务落实；二是加快工业节能。制定并上报自治区年度落实产能淘汰工作

计划，全区2014年规模以上工业增加值能耗比2013年降低11.6%，工业节能进展明显；三是稳步推进建筑节能。自治区编制完成《西藏自治区既有建筑节能改造规划》和《西藏自治区既有建筑节能改造导则》，为既有建筑节能改造提供技术支撑；四是做好交通节能。实施了淘汰黄标车和老旧汽车、小型旅游客运车辆强制报废工作，在城市交通运输体系中投入大量公共自行车、纯电动公交车和纯电动出租车，启动了适合高原特点、节能环保的新型营运客车研发生产工作；五是扎实推进公共机构领域节能工作。自治区印发了《西藏自治区公共机构能源资源消费统计工作实施方案》，在全区范围内开展公共机构能源资源消耗统计工作。积极组织开展节约型公共机构示范单位创建工作，经国家机关事务管理局、国家发展改革委和财政部审核，自治区发展改革委等7家单位被列入第二批节约型公共机构示范单位创建名单。

5.加强宣传培训，提高公众参与积极性。一是顺利举办全区节能宣传周活动。我区围绕“携手节能低碳，共建碧水蓝天”活动主题，对2014年节能宣传周和低碳日宣传活动进行了总体部署，发动全区广大干部职工和社会各界人士踊跃参加，顺利举办了2014年节能宣传周活动。二是举办自治区公共机构节能管理领导干部培训班。自治区举办了公共机构节能管理领导干部培训班，自治区各级公共机构的60余名学员参加培训，进一步提高了全区公共机构节能工作人员对当前节能形势的认识，增强做好节能工作的责任感和使命感。三是组织公共机构节能管理远程培训。为切实加快公共机构节能队伍建设，组织全区200余人参加了国家机关事务管理局和清华大学联合开展的公共机构节能管理远程培训。

（二）强化生态保护和建设，加快环境基础设施建设

1. 狠抓生态文明先行示范，建设美丽西藏。着力加强西藏生态环境保护、建设美丽西藏是党中央、国务院对西藏各族干部群众的重托，也是大力推进生态文明建设的重大举措和重要抓手。根据国家发展改革委《关于印发国家生态文明先行示范区建设方案（试行）的通知》（发改环资〔2013〕2420号）精神以及自治区人民政府安排部署，自治区发展改革委、财政厅等相关部门，组织编制西藏“两江四河”流域和拉萨市、林芝等4个地（市）《生态文明先行示范区建设实施方案》。经国家发展改革委、财政部等六部委审核通过，并批复林芝市和山南地区作为我区第一批国家生态文明先行示范区，目前两地区正在按照国家审批的《国家生态文明先行示范区创建方案》加快推进示范区建设。

2.加快项目前期工作，稳步推进环境基础设施建设。自治区发展改革委制定并实施了项目前期工作旬报、月报制度，适时掌握项目前期工作进展情况，不断提高项目建设单位对前期工作的重视程度，全力抓好涉及我区资源节约和环境保护规划建设项目前期工作。加快全区环境基础设施项目建设，逐步提高农户秸秆综合利用、重要生态功能保护、城镇生活垃圾无害化处理和城市污水处理能力，有效促进循环经济有序发展。

（三）促进节能环保产业发展，大力发展循环经济

1.促进节能环保产业发展。自治区发展改革委起草并由自治区人民政府印发实施了《西藏自治区人民政府关于加快发展节能环保产业的实施意见》（藏政发〔2014〕65号）。《意见》明确了：鼓励先进节能技术和设备的应用，推动工业锅炉节能改造，实施污染治理重点工程，积极推广应用非化石能源等重点工作内容，是我区“十二五”时期加快发展节能环保产业的纲领性文件。

2.大力发展循环经济。自治区人民政府印发实施了《西藏自治区循环经济发展规划（2013-2020年）》，分析了西藏循环经济发展现状与面临形势，明确了发展循环经济指导思想、基本原则和主要目标，提出要构建循环型工业、农业和服务业，推进社会层面循环经济发展，实施“六五三”示范行动，加强组织领导、完善经济政策、强化管理监督、开展交流合作等保障措施。《规划》印发实施进一步完善了自治区循环经济发展政策法规，为全区循环经济发展指明了方向。

三、2015年工作重点

2015年是实现“十二五”节能各项目标任务收官之年，我区将紧紧围绕国家关于循环经济工作部署，在自治区党委、政府坚强带领下，认真落实《自治区“十二五”节能减排综合性工作实施方案》和《西藏自治区循环经济发展规划（2013-2020年）》确定的循环经济发展各项目标任务，进一步加大循环经济工作力度，加快美丽西藏建设，确保西藏生态环境良好，2015年将着力做好以下工作：

（一）进一步提高对资源节约和环境保护重要性和紧迫性的认识

我们必须从战略和全局的高度，把思想和行动统一到中央关于节约资源和保护环境的决策和部署上来，牢牢把握“国家重要生态安全屏障”战略定位，始终把资源节约和环境保护工作摆在更加突出的位置，进一步推进生态文

明体制改革，筑牢国家生态安全屏障。

（二）积极落实相关政策、法规，形成绿色循环发展机制

全面落实《西藏自治区“十二五”时期节能规划》等自治区节能减排相关政策文件，促进节能减排各项工作，形成绿色循环发展机制。实施《西藏自治区加快发展节能环保产业实施方案》，推进节能环保产业有序发展。实施《西藏自治区循环经济发展规划（2013-2020年）》，探索城市、产业、社会层面循环经济发展模式。按照国家已审批的林芝市和山南地区《国家生态文明先行示范区创建方案》，加快推进两地区生态文明示范区建设。

（三）加大项目前期工作力度，形成稳定的投资增长机制

加快实施城镇污水垃圾处理建设、秸秆综合利用、生态功能区保护等“十二五”规划项目，敦促项目单位抓紧完善项目前置审批手续，加快可研、初设等前期工作。加大项目衔接力度，争取国家加大我区垃圾污水处理设施规划项目投资力度，满足我区项目建设需要。

（四）做好“十三五”规划编制，形成稳定项目支撑机制

全力做好“十三五”时期《城镇生活污水处理设施建设规划》、《节能规划》等规划编制工作。结合《西藏自治区循环经济发展规划（2013-2020年）》、《西藏自治区加快发展节能环保产业实施方案》和全区节能减排、生态文明先行示范区创建以及垃圾污水处理设施等环境基础设施建设工作实际，协调自治区有关单位，认真梳理全区生态环保项目，形成稳定项目支撑机制。

（五）广泛持久开展宣传、培训，形成全民参与行动机制

组织开展好每年一度的全国节能宣传周、低碳日宣传等宣传活动，宣传节能减排取得的阶段性成效，以及节能环保先进典型等，提高全社会节能环保意识。组织全区各地（市）、各部门、各企事业单位以及社会团体，参与年度培训活动，切实提高从业人员节能环保业务素质，增强各项任务措施实施力度，强化节能环保能力建设。

（撰稿：索朗卓嘎、李宾，西藏自治区发展和改革委员会资源节约和环境保护处）

宁夏回族自治区2014年循环经济发展报告

宁夏回族自治区经济和信息化委员会

2014年，全区上下认真贯彻落实党的十八大关于生态文明建设的方针，坚持把节能降耗和发展循环经济作为促进经济发展方式转变、推动产业转型升级的重要举措，扎实推进各项重点工作落实，取得明显成效。

一、主要指标完成情况

（一）节能降耗指标完成情况。2014年，全区综合能源消费量4593万吨标准煤，万元GDP综合能耗同比下降5.06 %，完成“十二五”进度目标任务的84.86%，超额完成年初确定下降 5%的年度节能任务。

（二）资源综合利用指标完成情况。全区大宗工业固体废物年产生量为3700万吨，年综合利用量2810万吨，资源综合利用率由2010年的63%提高到2014年的75.8%，提前完成“十二五”目标任务。

（三）淘汰落后产能指标完成情况。2014年，全区淘汰19家企业13种产品共计42.66万吨产能，包括铜冶炼、双氰胺、碳化硅、焦炭、造纸等。超额完成年度淘汰落后产能任务。

二、循环经济工作推进情况

一是强化节能压力传导，合理分解节能目标，加强考核。自治区政府制定了《宁夏回族自治区节能降耗行动计划（2014年—2015年）》，将2014、2015年万元GDP能耗下降目标、能源消费总量控制目标、万元工业增加值能耗下降目标分解下达给5市政府和宁东基地管委会，首次实现宁东单列；自治区经信委将产值能耗下降率、节能量指标下达给“万家企业”；各市、县对节能目标进行了层层分解，建立了区—市—县节能目标三级管理体系。组织完成了对5市人民政府、自治区政府有关部门和重点用能企业2013年度节能目标完成情况和节能措施落实情况的现场考核，考核结果向社会进行了通报。6月初，组织完成了国家节能目标考核组对我区2013年度节能目标完成情况的现场考核，考核结果确定为基本完成等级。9月份，组织召开了全区节能工作会议，表彰奖励了节能先进，通报了未完成节能目标的企业。

二是实施项目带动，推进循环经济发展，加强引导。充分发挥各级财政资金引导作用，组织实施了燃煤锅炉（窑炉）改造、余热余压利用、电机变频改造等重大节能项目和节能技术、装备的推广应用。向国家上报了2014年资源节约和环境保护项目，13个项目获得扶持资金6700万元；向财政部、国家发改委申请对7个已完工的节能技术改造财政奖励项目进行清算，预计获得中央财政奖励资金1624万元；1个项目获得工信部清洁生产专项扶持资金670万元；安排自治区节能专项资金6000万元，重点支持了25个已完工节能改造项目。组织实施了高效照明产品推广和节能产品惠民工程，推广完成了高效照明灯具100万只。通过节能改造，实现节能量50多万吨标准煤。

三是夯实节能基础管理，强化能效约束，加强监管。通过实施能源管理体系建设、清洁生产审核、能源利用状况报告制度等，提高企业节能管理水平和效益。制定了自治区“万家企业”能源管理体系建设工作推进方案，完成了80家企业能源管理体系认证。制定了工业企业能效对标管理办法，在高耗能行业确定了10家能效对标企业，通过能效对标管理，带动行业能源利用效率提升。

国家节能考核组来宁夏考核

四是大力发展循环经济，完善法规制度，加强探索。加快循环经济促进条例制定工作，起草了《宁夏回族自治区循环经济促进条例》报自治区政府法制办，列入2015年自治区立法计划。组织完成了宁东、石嘴山市等国家级循环经济试点建设情况验收；组织开展了自治区第三批循环经济试点，目前全区已确定省级试点单位55家，地市级试点单位48家；积极推进国家批复的石嘴山经济开发区和中宁工业园区循环化改造试点。

加强清洁生产审核管理，下达了清洁生产审核企业计划，制定《自治区清洁生产审核机构管理办法》，编制《工业企业清洁生产审核报告编制技术规范》，开展清洁生产审核机构备案管理。

宁夏组织清洁生产审核培训班

五是强化机制创新，促进节能服务产业发展，加强宣传。采取走出去、请进来的办法，鼓励节能服务公司参与企业节能技术改造，为企业提供节能咨询、节能诊断等服务。中卫市2家大型铁合金企业与区内节能服务公司签订了矿热炉余热发电项目建设合同，并开工建设。2家外地节能服务公司在我区实施的2个合同能源管理节能技改项目通过国家审核。1家节能服务公司在贵州开展了铁合金矿热炉余热发电项目，实现了节能技术外输。目前，在自治区备案的外地节能服务公司有14家，通过国家发改委、工信部备案的宁夏节能服务公司有11家。组织开展了2期节能管理、清洁生产培训班，聘请专家授课，累计培训企业500多人次。开展“节能降耗，我们在行动”系列宣传报道，宁夏电视台、宁夏日报等新闻媒体，加大对节能政策法规、节能典型案例的宣传报道和违法用能行为的曝光力度。

三、下一步节能和循环经济工作思路

在“十二五”最后一年，必须进一步强化节能目标的约束性，加强各地区、各部门节能管理责任落实，控制新增能耗增速，挖掘存量能耗潜力，确保完成国家下达的节能目标任务。

（一）强化节能目标责任落实。加强对《宁夏节能降耗行动计划（2014年-2015年）》落实情况的监督检查，实行节奖超罚，以严密的制度、严格的管理和严明的纪律，确保节能压力传导到位，节能政策执行到位。

（二）深入推进产业结构优化升级。以加快推进《宁夏工业转型升级和结构调整实施方案》、《宁夏回族自治区化解产能过剩矛盾实施方案（2013年—2017年）》为依托，加快产业改造升级，大力发展装备制造业、轻工纺织、葡萄酒、清真食品等低能耗产业，稀释能耗。

（三）大力实施循环化改造项目。以铁合金、电石企业余热余压利用为重点，加强企业内部能源有效利用，以园区循环化改造为重点，推动发展循环经济和园区内能源集约利用，促进存量产业提质增效。

（四）加强资金引导。用好自治区节能减排和循环经济发展专项资金，向节能效果好，投入产出高的项目倾斜，鼓励企业加大节能投入，实施节能改造，大力开展资源综合利用，发展循环经济。优选符合国家产业政策的项目上报国家有关部门，争取国家资金支持。

（五）积极推进节能服务产业发展。制定能源审计咨询服务机构管理办法，规范和强化能源审计质量，进一步夯实重点用能企业基础管理。组织开展节能技术推介会或现场交流会，推广节能新技术，促进企业与节能服务公司合作，实施合同能源管理等节能服务项目。

（六）继续加大政策研究力度。加大部门联动力度，积极探索适合我区循环经济、节能降耗工作要求的财税、价格政策改革方向，并提出改革重点内容。

（七）持续推进全社会节能和发展循环经济工作。继续抓好建筑、交通、商业和公共机构等领域节能，形成各行业分头并进、齐抓共管的节能工作局面。加大对节能政策法规、节能典型案例的宣传报道和违法用能行为的曝光力度，营造良好的节能舆论氛围。

（撰稿：姚鑫，宁夏回族自治区经济和信息化委员会节能与综合利用处）

新疆维吾尔自治区2014年循环经济发展报告

新疆维吾尔自治区发展和改革委员会

新疆维吾尔自治区党委、人民政府高度重视发展循环经济，认真落实国家发展循环经济、开展资源节约、节能减排的工作部署，把发展循环经济作为我区牢固树立环保优先、生态立区理念，坚持资源开发可持续、生态环境可持续战略，推进生态文明建设的重要抓手。近年来，通达采取政策、法律、技术、宣传等手段措施，加快推进循环经济发展，并取得了一定成效。

一、循环经济主要指标基本情况

经国家统计局复函确认，扣减我区“三基地一通道”建设项目的能源消费量和增加值后，2014年，全区单位生产总值能耗（以下简称：万元GDP能耗）为1.558吨标准煤，比上年度下降6.3%，超额完成了2014年度万元GDP能耗下降2.09%的目标任务。规模以上工业万元增加值能耗2.87吨标准煤，下降4.39%。全区化学需氧量排放总量57.21万吨，下降0.29%；氨氮排放总量4.07万吨，下降1.35%；二氧化硫排放总量68.39万吨，增长1.25%；氮氧化物排放总量71.36万吨，下降5.39%。四项主要污染物全部完成年度控制目标，氮氧化物首次出现拐点，实现由升转降。工业固体废物综合利用率50%，全区城市污水处理率87.5%，城市生活垃圾无害化处理率84.2%。

二、加强循环经济开展的主要工作

（一）加强循环经济协调领导机制的宏观管理

加强宏观调控，充分发挥自治区循环经济工作领导小组作用。加强循环经济工作领导小组各成员单位的协调与沟通，各成员单位根据责任分工，各司其职，形成统一认识，明确任务，强化措施，加强协作，狠抓落实，形成协调配合、齐抓共管的局面，推进我区循环经济各项工作顺利开展。

（二）加强自治区循环经济试点管理

循环经济是调整经济结构、转变经济发展方式、促进节能减排的重要抓手。按照规划先行，加强指导的原则，经提请自治区人民政府同意，印发了《自治区“十二五”循环经济发展规划》。批复了自治区第四批循环经济试点实施方案，强化自治区87家循环经济试点管理，组织试点单位实施资源高效利用和环境保护的发展模式，努力做到物尽其用。通过试点单位对发展各具特色的循环经济模式的实践探索，新疆天业公司、宝钢集团八一钢铁公司、中泰化学公司等企业循环经济模式已基本形成，并在节能降耗、减排增效、实现资源高效转化利用方面取得明显成效，起到了较好的示范带动作用。

（三）强化国家级循环经济试点工作

加强南疆再生资源综合开发园区建设“城市矿产”示范基地、乌鲁木齐经济技术开发区循环经济改造、乌鲁木齐、克拉玛依市和库尔勒市餐厨废弃物资源化利用和无害化处理等试点工程管理。对列入国家第二批循环经济试点3家单位进行了验收评估，其中库尔勒经济技术开发区、中粮屯河股份有限公司已通过国家评估验收。鄯善县列入国家循环经济示范县；克拉玛依石油化工工业园区列入第五批国家“城市矿产”示范基地；乌鲁木齐甘泉堡经济技术开发区（工业园）、新疆有色金属工业（集团）有限责任公司列入国家资源综合利用“双百工程”示范基地和骨干企业（第二批）。玛纳斯县和特克斯县列入国家首批生态文明先行示范区。乌鲁木齐市列入国家节能减排财政政策综合示范城市。

（四）组织实施资源节约与综合利用及循环经济工程

大力组织节能、节水、资源综合利用、循环化改造等重点工程，争取2014年中央预算内资金和财政奖励资金14.13亿元，支持了重点节能工程、节能监察能力、乌鲁木齐市大气污染治理、污水垃圾处理设施等249个项目建设。中央预算内投资1亿元支持了88个重点节能工程建设，其中：实施了11个燃煤工业锅炉节能技术改造项目，项目建成后可实现年节能量39.5万吨标准煤，减少二氧化硫排放量5695吨。我区在财政资金十分紧张的情况下，2014年自治区节能减排专项资金由年初预算的6600万元增加到1亿元，支持了工业、建筑、公共机构等领域节能工程及节能宣传、能耗统计、节能监察等节能能力项目建设。其中：新追加的3400万元用于支持淘汰装机10万千瓦以下的抽凝式小火电机组共175万千瓦，这些小火电机组淘汰后，可实现节能量437万吨标准煤。

（五）强化节能减排工作，提升循环经济发展水平

一是加强组织领导，全面安排部署节能工作。2014年10月27日，印发了《自治区党委办公厅 自治区人民政府办公厅关于调整自治区节能减排工作领导小组成员的通知》（新党厅字〔2014〕47号），成立了中共中央政治局委员、自治区党委书记张春贤亲任组长的高规格节能减排工作领导小组，进一步明确了各成员单位的责任分工。2014年，自治区党委、人民政府先后召开自治区党委常委（扩大）会议、节能减排工作专题会议、全区节能减排和低碳工作电视电话会议、节能减排领导小组会议等，专题研究并部署全区节能工作。

二是突出抓好重点领域节能减排工作。工业领域：加大力度淘汰落后产能，自治区人民政府印发《关于印发化解产能严重过剩矛盾实施方案的通知》（新政发〔2014〕8号），明确要求今后严禁以任何形式备案、核准或变相审批钢铁、水泥、电解铝、平板玻璃产业新增产能项目。印发了《新疆维吾尔自治区淘汰落后产能财政奖励资金使用管理暂行办法》（新财建〔2014〕93号），加强淘汰落后产能退出管理工作。2014年共淘汰落后和过剩产能总量305万吨，超额完成了工信部下达的淘汰落后和过剩产能目标任务。淘汰钢铁120万吨、水泥84万吨、焦炭85万吨、铜冶炼4万吨、造纸15.6万吨、印染100万米，淘汰燃煤小锅炉1897台共3537.25蒸吨，淘汰装机10万千瓦以下抽凝式小火电机组175万千瓦。对全区在用4蒸吨及以上燃煤锅炉和燃气锅炉开展了能效普查和测试。2014年规模以上工业万元增加值能耗2.8687吨标准煤，下降4.39%，超额完成了规模以上工业万元增加值能耗下降3.2%的目标。

建筑领域：全面完成既有建筑节能改造任务，完成既有居住建筑供热计量及节能改造面积1163万平方米，累计完成8316万平方米。县级以上城市全面执行居住建筑节能设计65%的强制性标准，执行率达到100%。乌鲁木齐市新建居住建筑全面执行节能设计75%的标准。新增节能建筑面积约3000万平方米，累计建成3个共1.68万平方米的超低能耗建筑示范项目。积极推进公共建筑节能，对183栋重点耗能公共机构的水、电、暖、气进行节能改造，完成96个国家机关公共建筑和大型公共建筑能耗统计工作。大力推广绿色建筑，印发了《关于加快推进我区绿色建筑与绿色生态城区发展的意见》（新建科〔2014〕4号），组织实施27个绿色建筑项目（小区），2个绿色生态城区，绿色建筑面积683万平方米。大力开展“城市限粘和县城禁实”工作，全区开展“限粘”城市16个，“禁实”县城59个。

交通领域：加强节能型现代综合交通运输体系建设，加快发展城市公共交通，提高公共交通出行率，引导居民绿色出行。严格执行道路运输车辆燃料消耗量限制标准，组织开展“车、船、路、港”千家企业低碳交通运输专项行动。制定了自治区道路行业天然气车辆总体推进方案，推进天然气汽车在道路运输中应用，更新营运客货运车辆680余辆，实现替代燃油量6.8万吨标油。淘汰黄标车和老旧机动车88016辆。

公共机构领域：贯彻落实自治区公共机构节能条例，印发了公共机构能源资源消费统计制度，全区公共机构能源资源消耗统计实现了全覆盖。加强大型公共建筑节能监管，加大办公楼及相关用能设备节能改造，淘汰高耗能设备。有30家公共机构列入国家第二批节约型公共机构示范单位。对全区14个地州市及自治区10个厅局级节约型公共机构示范单位进行节能考核。2014年全区公共机构人均综合能耗下降3.2%，单位建筑面积能耗下降4%，全面完成了公共机构节能目标任务。

优化能源结构：按照国家将我区建成大型风电基地的战略部署，我区按照“统一规划、合理布局、突出重点、有序开发”的方针，大力开发利用非化石能源。截止2014年，全区非化石能源（风电、水电、光伏发电）装机规模达到1703万千瓦，占全区电力装机总规模的30.7%，比2013年的29.5%提高了1.2个百分点；非化石能源发电量259.34亿千瓦时，占全区总发电量的16.2%，比2013年的15.3%提高了0.9个百分点。通过发展非化石能源，不断优化能源结构，减少煤炭、石油等化石能源消费。

三是强化万家企业节能管理。对列入国家重点监管的278家万家企业2014年度节能目标完成情况进行了考核，全区万家企业完成节能量152.15万吨标准煤，完成年度节能量进度目标的284.71%，2011-2014年累计完成节能量473.72万吨标准煤，完成“十二五”节能量进度目标的177.29%。着手研建了万家企业等重点用能企业能耗数据在线监测平台，推动重点用能企业能源管理体系建设。

四是严格执行节能评估审查制度。严格贯彻落实国家发展改革委《固定资产投资项目节能评估和审查暂行办法》及《新疆维吾尔自治区固定资产投资项目节能评估和审查暂行办法（修订稿）》要求，把节能评估及其审查意见作为项目审批、核准的前置性条件，项目备案的后置性必要附件，项目开工建设以及项目设计、施工和竣工验收的重要依据。严格执行国家单位产品能耗限额标准、产品能效标准、重点行业污染物排放标准，严把新建项目能源消费准入关。2014年审批节能评估报告书（表）105件，节能登记表850余件。

五是加强节能监察能力建设。2014年，自治区成立了全社会节能监察局，全区共新增72个节能监察机构并获得国家资金支持，配备了节能监察执法车辆和仪器设备。全区已成立97个自治区、地、县三级节能监察机构，节能监察能力得到大力加强，为做好我区全社会节能监察奠定坚实基础。

（六）进一步完善和落实循环经济规章制度。

我区从规范节能评估、支持循环经济发展、促进清洁生产、加强万家企业节能管理、规范重点用能单位能源审计、强化节能评估机构管理、完善节能减排资金管理等多领域制定并出台10余项制度和办法，初步形成了科学规范的管理制度体系。加强制度建设，印发了《自治区2014年节能减排工作重点》和《关于进一步做好2014年第四季度节能工作的通知》，明确了节能工作重点和目标任务。修订并实施了《新疆维吾尔自治区实施<中华人民共和国节约能源法>办法》，制订了《离子膜烧碱单位产品能耗限额》、《合成氨单位产品能耗限额》和《吨钢综合能耗限额》等7项单位产品能耗限额自治区标准，严格高载能行业新建项目准入条件，为加快推进循环经济发展提供了有力保障。

（七）加大循环经济的宣传力度。

我区继续围绕“大力发展循环经济，加快建设节约型社会”这一主题，结合节能宣传周、世界水日、地球日、天山环保世纪等活动，采取新闻媒体采访、悬挂横幅、展版等多种形式，加大节能减排、循环经济宣传力度，全社会对发展循环经济重要意义的认识进一步提高，节约资源、保护环境正在变成全体公民的自觉行为，发展循环经济的良好社会氛围也正在形成。同时，绿色服务业，环境标志认证体系、绿色学校、绿色社区、政府绿色采购等发展循环经济的有效方式逐渐深入人心。

（撰稿：马缨、黄宗亮，新疆维吾尔自治区自治区发展和委员会环资处）

新疆生产建设兵团2014年循环经济发展报告

新疆生产建设兵团发展和改革委员会

2014年，新疆生产建设兵团全面贯彻落实十八大精神，把发展循环经济作为推进生态文明建设、实现可持续发展的重要途径，将其作为经济社会发展的一项重大战略任务常住不懈。以减量化、再利用、资源化为主要目标，加大工作力度和政策措施落实力度，推动循环经济发展，着力构建产业体系，不断深化。

一、循环经济发展状况及主要做法、措施

（一）加强组织领导

2014年，兵团调整合并了节能减排和应对气候变化两个领导小组，成立了由刘新齐司令员任组长、于秀栋副司令员任副组长、刘以雷副秘书长及18个部门主要负责同志为成员的兵团应对气候变化及节能减排工作领导小组。兵团党委、兵团分别召开常委（扩大）会议和节能减排电视电话会议，专题研究部署节能减排工作。出台了《兵团贯彻落实2014-2015年节能减排低碳发展行动方案的实施意见》，建立和实施严格的节能减排降碳制度，大力推进节能减排，坚持走发展生态化、生态产业化的绿色循环低碳发展之路。

（二）落实目标责任

根据国家《关于印发万家企业节能低碳行动实施方案的通知》和《关于印发万家企业节能目标责任考核实施方案的通知》要求，加强“万家企业”节能目标考核，并对考核结果进行了通报。2011-2013年，兵团列入国家重点监管的“万家企业”累计节能57万吨标准煤，完成“十二五”节能目标的119%，提前完成国家下达兵团“十二五”万家企业节能量目标。强化重点师、重点企业节能工作监督管理，对未完成2013年度节能目标和“十二五”节能进度目标的四个师发展改革部门和13家重点用能企业进行了约谈。

（三）实施重点工程

积极争取中央预算内资金支持节能技术改造、节能产品惠民工程、城镇污水垃圾处理设施及配套管网建设等，引导社会各界加大资金投入。2014年，落实中央预算内投资24674万元，比2013年增长7.0%，兵团本级配套节能减排专项资金1000万元，支持节能减排重点工程25个。组织实施高效照明产品推广工程，全年推广节能灯40万只。项目全部建成后可形成节能能力约5.4万吨标准煤，新增污水、垃圾日处理能力4.11万吨、195吨，新增污水管网185.1公里；年削减化学需氧量排放0.54万吨，减少氮氧化物排放1.67万吨。

（四）推动重点领域节能

开展绿色建筑行动，贯彻落实兵团“十二五”绿色建筑行动实施方案，对兵团“绿色生态小区”建设进行补助，起到示范带动效益，不断推动兵团绿色建筑发展。推进公共机构领域节能，安排专项资金支持兵团机关公共机构提高能源资源消耗利用水平，发挥公共机构引导示范作用。根据国家机关事务管理局、发改委、财政部的要求，做好示范单位创建工作，配合机关事务管理局开展第二批国家级节约型公共机构示范单位的申报工作。

（五）促进循环经济发展

落实国家循环经济发展战略和近期行动计划，推行循环经济“十百千”示范创建行动，出台了兵团循环经济示范城市（团场）和示范企业（园区）申报认定管理工作办法，会同七部门对11家申报单位的实施方案进行了审核，确定一师10团等8家单位为2014年兵团循环经济示范试点单位。推进园区循环化改造，会同财务局报送石河子经济技术开发区园区循环化改造示范试点实施方案，顺利通过国家发展改革委、财政部组织的联合审查，石河子经济技术开发区荣获2014年国家园区循环化改造示范试点园区，获得国家专项资金支持23420万元，其中2014年安排5684万元。推动天业集团顺利通过国家循环经济试点单位验收。

（六）推进资源综合利用

列入国家“双百工程”骨干企业的新疆天业（集团）有限公司到2014年已实施完成5个项目，提前一年实现资源综合利用能力250万吨的目标。为贯彻落实国务院关于大气污染防治的部署，按照国家发展改革委、农业部《关于深入推进大气污染防治重点地区及粮棉主产区秸秆综合利用的通知》要求，深入推进兵团农作物秸秆综合利用，结合《兵团“十二五”秸秆综合利用规划中期评估报告》，会同农业局提出兵团2014-2015年度秸秆综合利用实施

方案，并落实专项资金930万元，支持秸秆综合利用工程建设，不断推进秸秆综合利用。

（七）切实抓好源头管理

严格能评审查，严把新建项目能耗消费准入关，严防落后产能、落后工艺技术项目落户兵团。全年受理固定资产投资项目节能评估报告书（表）12份，出具审查意见10份，受理节能登记表83份，申请国家办理登记备案1份，通过提出改进措施核减能源消费量约9万吨标准煤。协调2013年申报国家的湖北五星能源、天富天河、合盛三个热电联产项目节能评估报告审查工作，经过一年多艰苦努力，促成这些项目通过国家能评审查。

（八）推广市场化机制

鼓励企业采用合同能源管理、能源审计等节能服务机制开展节能工作，帮助节能服务公司财政奖励合同能源管理项目，对2012年度考核为未完成等级的重点用能企业，督促所在师节能主管部门开展强制能源审计。2014年，会同兵团财务局委托第三方审核机构对2013/2014年度申请财政奖励合同能源管理项目进行现场审核和节能量审核。经审核，11个项目的实施年形成节能能力约5万吨标准煤。

（九）开展调查研究

认真剖析案例，加强重点师、企业的调研指导。重点围绕南疆团场、产业园区循环经济发展开展调研，分别完成了《南疆团场循环经济发展研究——以三十四团场循环经济发展案例探析》和《产业园区循环经济发展调研报告——以石河子经济技术开发区为例》，《南疆团场循环经济发展研究——以三十四团场循环经济发展案例探析》通过兵团改革发展重点课题研究评审，获得兵团2014年度发展改革委重大课题研究成果二等奖。

（十）加大宣传力度

为贯彻落实党的十八大和十八届三中全会提出生态文明建设的战略部署，以及习近平总书记来疆视察时对兵团当好“生态卫士”的要求，会同机关事务管理局、建设环保局、文化广播电视局、财务局等部门开展了以“构筑绿色家园，当好生态卫士”为主题的兵团节能宣传周和低碳日活动，围绕生态卫士、循环经济、低碳发展、节能节水、绿色建筑、公共机构节能等方面，组织制作20块宣传展板，充分利用电视、报纸、网络等媒体，兵团电视台连续一周进行宣传报道，广泛宣传生态文明主流价值观，普及生态文明理念和知识，大力倡导生态文明和节能低碳生活。组织10家循环经济企业、近百人参加了第三届中国国际循环经济成果交易博览会，得到国家发改委、循博会组委会的好评，获得“优秀组织奖”和“优秀展示奖”，并签订了1亿多元的市场订单，进一步宣传兵团绿色、循环、低碳发展工作情况。同时，刘新齐司令员对《兵团发展改革委关于组织参加第三届中国国际循环经济博览会有关情况的报告》做出了“有创新、有亮点、有成效。值得各部门仿效”的批示。

二、存在的困难和问题

节能工作面临的困难和存在的问题：一是产业结构偏重。以煤电、煤化工为代表的重化工业发展迅猛，以致高载能产业能源消费增长较快，重工业的快速发展决定了兵团能源消费增长的总体趋势，节能技改所产生的节能量被新增高载能企业产生的能耗所抵消。二是基础工作薄弱。节能管理、监督、服务“三位一体”的体系尚未形成，能力建设相对滞后。部分师（市）、企业存在思想认识不到位、工作推进不到位、责任落实不到位等问题。

三、2015年工作重点

总体要求：认真贯彻落实中央、自治区党委和兵团党委一系列有关节能降碳的决策部署，坚持资源开发可持续、生态环境可持续，以绿色循环低碳发展为基本途径，以降低能源消费强度、减少温室气体排放为目标，强化目标考核，落实能评制度，突出关键环节，发展循环经济，强化工程措施，加强管理引导，提高能源利用效率，推进兵团节能降碳工作。

主要任务：

（一）做好综合协调。进一步履行好职责，发挥统筹协调和综合平衡作用，加强沟通协作，按照《兵团贯彻落实2014－2015年节能减排低碳发展行动方案的实施意见》要求，强化对各师（市）、重点用能企业节能目标完成情况的考核，督促未完成节能目标的师（市）、重点用能企业查找原因，提出整改措施。做好节能形势分析，及时掌握节能工作进展情况，提出措施建议。

（二）严格落实能评制度。把节能评估审查作为控制各师（市）能源消费增量和总量的重要措施，把钢铁、有色、建材、石油石化、化工、电力、造纸等行业作为重点管控对象，对未完成节能减排目标的师（市），暂缓高耗能项目能评审查；对完成“十二五”节能指标的师（市），新上有重大负面影响的高耗能项目实施能评限批。新建高耗能项目能效水平必须达到国内先进水平，钢铁、有色、建材、石化和化工行业新增产能实行能耗等量或减量置

换。

（三）积极发展循环经济。按照“减量化、再利用、资源化，减量化优先”的原则，进一步做好兵团循环经济“十百千”示范行动，推动城镇、团场循环型体系建设，提升兵团循环经济发展水平。推动石河子经济技术开发区园区循环化改造，制定《石河子经济技术开发区园区循环化改造示范试点管理办法》，探索园区循环化改造及循环经济发展的模式。

（四）抓好重点企业节能。抓好列入国家重点监管“万家企业”及兵团重点用能企业的节能低碳行动，加强万家企业节能目标责任评价考核和能源利用状况报告审核工作。督促各师（市）做好重点用能企业节能监督和考核，以及对未完成目标的万家企业和重点用能企业开展能源审计。

（五）加快实施重点工程。加快实施节能技术改造重点工程、秸秆综合利用工程、城镇污水垃圾处理设施建设以及循环经济示范工程等。重视和强化项目管理工作，与相关部门密切配合，落实好节能重点工程前期工作，做好项目储备，加强项目审核，提高项目质量，积极争取并用好用足中央预算内投资和中央财政资金，确保项目按计划建成并达产达效。

（六）加强基础性工作。加强汇报衔接，进一步提高节能监督能力。落实合同能源管理项目扶持政策，鼓励采用合同能源管理实施节能改造。继续做好全国节能宣传周宣传活动，加强舆论监督，倡导文明、节约、绿色、低碳消费理念，推动形成绿色循环低碳的生活方式和消费模式。

（撰稿：杨安民、秦武林，新疆建设兵团发展和改革委员会资源节约和环境保护处）

大连市2014年循环经济发展报告

大连市发展和改革委员会

2014年，是完成资源节约与环境保护“十二五”各项指标任务的攻坚之年。大连市资源节约与环境保护工作以邓小平理论、“三个代表”重要思想和科学发展观为指导，深入贯彻落实党的十八大及十八届三中、四中全会精神，紧紧围绕资源节约与环境保护基本国策，以提高资源产出率、保护生态环境为着眼点，坚持绿色低碳循环发展，全面推进生态文明建设，在健全体制机制、加强宏观指导、强化节能减排措施、推进重点项目建设，加大支持力度，开展技术创新等方面开展了一系列扎实有效的工作，取得了显著成绩。

一、全面完成各项指标任务

2014年，全市资源节约和环境保护相关指标完成良好。预计，全市万元GDP能耗同比降低3.8%，万元工业增加值能耗下降3%；化学需氧量、氨氮、二氧化硫、氮氧化物等主要污染物排放同比-0.66%、-2.97%、6.56%、4.04%。城市污水集中处理率为95%，城市生活垃圾无害化处理率为100%，污泥处理率达到 100%。

二、强力推进节能减排，加快建设“两型”社会

（一）全面落实节能减排目标责任

一是分解落实年度节能减排目标任务。为更好推进2014年度节能减排工作，印发了《大连市2014年节能工作和应对气候变化工作实施方案》、《2014年度主要污染物总量减排任务》，将年度节能减排目标任务分解下达到各区市县政府、先导区管委会、市政府各有关委办局、重点耗能和排污企业。并将节能减排目标完成情况作为对领导班子和领导干部综合考核评价的重要依据，实行问责制和“一票否决”制。

二是组织节能减排年度目标责任考核。根据国家和省相关要求，市节能主管部门和减排主管部门分别以《大连市“十二五”单位GDP能耗考核体系实施方案》和《区市县“十二五”主要污染物总量减排考核办法》为指导，牵头组织市政府相关部门对全市各区市县、先导区2013年度节能减排目标任务完成情况进行了评价考核。经综合评定，甘井子区和瓦房店市成为我市2013年节能减排优胜地区。

（二）严格执行能评制度

一是进一步严格落实固定资产投资项目节能评估和审查制度，从源头上控制高耗能项目建设，将固定资产投资项目节能评估和审查制度作为控制地区能源消费增量和总量的重要措施。2014年，全市全年完成的固定资产投资项目节能评估和审查工作达820项。项目能源消耗总量为58.12万吨标准煤，经过节能评估和审查，核减的能源消耗量达1.63万吨标准煤。

二是探索开展优化固定资产投资项目节能评估与审查程序，在项目的建设规模、工艺和主要用能设备不发生重大变化的情况下，将原节能评估文件审查由可研评审之后调整到可研评审之前。编制能评工作指导手册，为开展固定资产投资项目节能评估工作提供参考。

（三）不断强化重点领域节能管理

认真抓好工业领域节能。一是对我市列入国家万家企业名单的86家重点耗能企业实施了2013年度节能目标责任考核。2013年，全市万家企业共计完成节能量38.87万吨标准煤，2011年至2013年，累计节约标准煤148.54万吨，占“十二五”期间节能总量目标的103%，超额完成节能量进度目标。二是以东北特钢集团大连基地能源管理中心为示范，推进全市重点用能企业能源管理中心建设，使重点用能企业逐步实现能源生产、输送、分配和使用各环节集中监控管理。三是认真落实《大连市节约能源监察和检测管理办法》，对90户重点用能企业实施了节能监察，对瓦房店轴承集团有限责任公司等10户企业实施综合节能检测，对中国北车集团大连机车车辆有限公司等30户企业实施单项节能检测。四是全面实施电机能效提升计划。全年淘汰在用低效电机2.7万千瓦，推广高效电机3万千瓦，实施电机系统节能技改1.05万千瓦，3家电机生产企业的产品列入国家高效电机推广目录。

持续推进建筑领域节能。一是全市新建居住建筑和公共建筑节能65%标准执行率达100%，全年城镇新增节能建筑1630万平方米，新增居住节能建筑1180万平方米，全市累计建成节能建筑已达10130万平方米，其中居住节能建筑达7380万平方米。二是实施“暖房子”工程，全年完成既有居住建筑节能改造302万平方米，改造老旧住宅

976栋，完成小区环境整治近40个，惠及百姓49571户。三是推进绿色建筑发展。大连万科绿色建筑技术集成展示中心、大连国际会议中心、吉林省政府驻大连办事处原址及周边用地改造A区等3个项目获3星级绿色建筑标识。截至2014年年底，已获得绿色建筑评价（设计）标识项目共16项，建筑面积总计196.8万平方米。四是实施“拆小并大”工程，全年拆除大小供热锅炉房47座，锅炉63台。截止2014年年底，全市累计拆除大小供热锅炉房1537座，锅炉1971台，实现集中供热面积4121万平方米。五是实施供热管网改造工程，截止2014年底，实际累计完成管网改造1520公里，完成投资14.5亿元，供热输送效率由68%提高至88%。

积极开展交通领域节能。一是积极推进节能与新能源汽车在交通行业中的推广与应用。自2014年起，新增和更新公交车全部使用清洁能源或新能源，新增和更新出租车全部使用新能源或双燃料。全市现有节能与新能源汽车2297台，双燃料出租车11978台。二是推进重点交通企业节能减排示范。大连中外运物流有限公司、大连中床物流有限公司列入辽宁省第六批甩挂运输企业，全市现有8家企业共400余台车辆从事甩挂运输。三是认真开展车辆达标核查及市场准入工作。严格执行道路运输车辆燃料消耗量限制标准和工作规范，不达标车辆不得投入营运。全年共核查营运车辆7960台，不合格车辆30台。

深化公共机构节能。一是完善公共机构管理体制。进一步健全了组织机构，加强了公共机构节能工作的组织领导。二是　“节约型公共机构示范单位”创建工作取得优异成绩。市委办公厅、市环保局、金州新区管委会获得“节约型公共机构示范单位”称号，成为全国“第一批节约型公共机构示范单位”。市公共机构节能领导小组分别对3家单位给予了表彰奖励。三是组织编制了《大连市公共机构办公建筑用能指南》、大连市公共机构节能中长期（2015-2020年）规划方案。

（四）认真落实各项经济政策

一是积极落实相关价格政策。依据国家和辽宁省有关政策要求，2014年2月起，我市执行差别电价的用户共16家，截止到11月底，累计收取差别电费109.07万元，差别电量315.9万千瓦时。二是积极落实节能服务财政奖励政策。2014年，本市和外地节能服务企业在我市实施的合同能源管理项目共4个，年可实现节能量1910吨标准煤。中央财政奖励资金45.85万元，市财政奖励资金14.44万元。

（五）加强节能基础能力建设

一是修订完成《大连市产业能效指导目录（2013年本）》，制定能耗限额标准和新建项目能耗准入限额。将能耗限额标准执行情况作为加强高耗能行业和重点用能企业节能管理的一项重要内容。二是积极推进万家企业能源管理体系建设。起草完成了《大连市企业能源管理体系效果评价办法》，并邀请国家相关领域专家进行审定。

（六）积极推动节能环保技术研发应用

一是积极推广节能环保技术和产品。组织实施了固体粉末余热资源高效利用技术与装备、水泥窑协同处置固体废弃物技术、高效蒸汽供热及余热回收系统、基于物联网的绿色建筑节能监管关键技术的研究等项目，加快节能环保先进成果转化与应用。

二是搭建节能环保产学研协同创新联盟框架。组建大连市节能环保产业技术研究院，依托行业领军企业、创新性骨干企业，以高校、科研机构为支撑，整合节能环保产业技术链创新资源，开展关键技术攻关、开发产品和关键部品，研发具有自主知识产权的关键设备、技术和成套工艺。组织实施大连地区绿色建筑与城市垃圾资源化关键技术基础研究与示范、大连典型海域生态环境污染监测与治理关键技术集成应用重大专项。

三是启动科技兴海专项项目，通过科技支撑实现渔业节能减排。专项资金对大连海洋大学“水产生物育苗废水余热回收与水体升温技术推广示范”项目进行了支持，引导校企合作实现节能减排。截止2014年年底，大连海洋大学已与企业进行了对接，项目已进入基础施工阶段。

（七）加大资金支持力度

一是积极争取国家节能减排资金支持。大连公交客运集团有限公司等6家公交企业获交通运输节能减排专项资金支持151万元。投入运营的289台LNG车辆，年可替代燃料量共计6038吨标准油，　二是持续发挥节能减排资金引导作用。2014年市节能减排和生态文明资金中，共支持43个节能减排和循环经济项目建设，项目建成后，预计年可节约标准煤7.5万吨，可减排二氧化硫2162吨、氮氧化物1782吨、粉尘2528吨、二氧化碳1000吨、VOC650吨，综合利用废弃物70.3万吨。

三、深入推进循环经济发展，着力提高资源产出率

（一）积极推进大连循环产业经济区创建中日韩循环经济示范基地

充分协调庄河市政府和相关部门积极推进大连循环产业经济区与日韩有关政府机构、相关企业等各层面间开展合作，利用各种契机，加大宣传力度，扩大宣传范围，积极宣传我市发展循环经济的现状优势。积极与中日韩三国合作秘书处进行沟通联系，在2014年济州论坛上推介大连循环产业经济区创建中日韩循环经济示范基地。根据国家要求组织编制完成的《大连循环产业经济区创建中日韩循环经济示范基地实施方案》，在国家发展改革委、财政部、外交部等三部委组织的评审会上，与会专家和领导给予了较高评价。

（二）积极推进循环经济试点项目建设

一是组织完成部分国家循环经济试点单位的验收工作。大连经济技术开发区、松木岛化工园区顺利通过国家验收。二是积极推进国家循环经济试点建设。推进大连经济技术开发区园区循环化改造试点项目建设工作；推进城市餐厨废弃物资源化利用和无害化处理试点建设，在国家发展改革委和住建部组织的餐厨废弃物试点项目建设经验交流会上，进行了典型发言；推进国家再制造试点单位试点项目建设，大众一汽发动机（大连）有限公司（一汽集团）列入国家2015年再制造产品“以旧换再”推广试点企业名单。三是有序推进市级循环经济试点创建。选取东北特殊钢集团大连基地等8家企业为首批市级循环经济试点单位，积极总结试点单位循环经济典型发展模式，宣传示范试点经验。

（三）积极引导产业聚集区循环化发展

一是为提升产业聚集区综合竞争力和可持续发展能力，优化资源要素配置，提高资源产出率，出台了《关于加快推进大连市产业聚集区循环化发展的意见》。提出了加快推进现有产业聚集区循环化改造、积极推动新建产业聚集区循环化建设、强化产业聚集区资源能源的集约节约利用、引导建立产业聚集区现代化的信息管理公共平台，努力把我市现有产业聚集区和新建产业聚集区建成“经济发展速度快、资源利用效率高、生态环境效益佳”的循环型示范产业聚集区的工作要求。

二是组织开展了园区循环化发展试点创建工作。选取瓦房店大连龙门旅游度假区等3家园区为首批市级园区循环化发展示范试点，推进园区循环经济发展，提高资源利用效率。

（四）加快推进再生资源利用产业集聚发展

一是大力推进国家“城市矿产”示范基地—大连国家生态工业示范园区（静脉产业类）开发建设。积极履行园区开发建设领导小组办公室职能，协调解决园区开发建设中存在的突出问题，切实推动示范基地开发建设。安排市投资支持园区外配套基础设施建设。截至2014年底，园区已完成约4平方公里的基础设施建设，入驻企业32家。

二是积极推进再生资源回收体系建设。确定甘井子区为再生资源回收体系建设示范试点，率先开展再生资源回收体系建设。

（五）不断加强水资源节约

一是出台《大连市水生态文明城市建设试点方案》，积极推进水生态文明城市创建。二是出台《大连市实行最严格水资源管理制度考核办法》，成立大连市实行最严格水资源管理制度考核工作组，对全市最严格水资源管理制度实施情况予以考核。三是贯彻落实《大连市节约用水条例》，推进节水型社会建设，各领域节水取得新进展。到2014年末，全市用水总量控制在16.4亿立方米以内，非常规水资源供水能力达到全市总供水能力的13%；万元工业增加值用水量控制在13立方米以下，规模以上工业用水重复利用率达到90%；农田灌溉水有效利用系数提高到0.63；全市主要水功能区水质达标率提高到81%以上，主要饮用水源保护区水质达标率达到100%。四是开展市级公共机构节水单位创建工作，到2015年，在市级机关将建成50家节水型单位。

（六）积极推进建筑领域资源综合利用

一是新型墙体材料发展应用上了新台阶。以混凝土空心砌块为代表的新型墙体材料发展迅速，新型墙体材料年产量达到35.7亿标块，占墙体材料总量的83.8%。建设工程中新型墙体材料使用率达82%。

二是粉煤灰综合利用工作稳步开展。预计全市全年电厂粉煤灰排放量250余万吨，利用量可达240万吨，利用率接近97%。电厂粉煤灰综合利用可节约水泥194.7万吨，节约砂子12万吨。

（七）积极开展交通领域改性沥青应用

继续推广废胶粉改性沥青，同时稳步推广硫磺改性沥青，并首次在路面改造中使用温拌沥青技术和旧沥青路面厂拌热再生技术。全年修建胶粉改性沥青路面77公里，硫磺改性沥青路面10公里，温拌沥青路面3.3公里，旧沥青路面厂拌热再生利用2.3公里。

（八）持续推进节约集约利用土地资源

一是加强对区市县土地节约集约利用水平考核，严格落实“十二五” 单位GDP用地下降32%的责任目标。二是

严格执行国家和省出台的各类建设用地标准，在预审和供应两个环节有保有压，保障主导产业、科技含量高、附加值高、污染少、效益高的企业用地，抑制不符合新型工业化发展的用地，切实提高项目投资强度和土地利用效率。三是大力推进标准化厂房的建设，满足中小企业用地需求，避免小厂大院浪费现象。四是推动存量建设用地挖潜、低效地和工矿废弃地高效利用，积极推动创建国土资源节约集约利用模范县（区）工作。

四、加大环境保护力度，促进生态文明建设

（一）加快推进环保基础设施建设

一是为确保“十二五”环保基础设施规划任务的完成，积极争取中央预算内资金，并加大市投资支持力度。2014年，共争取中央预算内投资，安排市投资，支持了14个城镇污水垃圾处理设施建设。

二是加强对已下达资金计划的环保基础设施建设项目管理。认真梳理2010-2014年全市中央预算内资金和市投资补助的环保基础设施项目建设情况，并对瓦房店市、普兰店市、庄河市下达加快推进项目建设的督办函。

三是探索促进环保基础设施运营长效机制。启动实施全市生活污水和垃圾运行费用补助试点工作。选取瓦房店市为大连市城镇生活垃圾处理设施建设及运营试点、庄河市为大连市生活污水处理设施建设及运营试点，从区、市、县层面逐步探索形成合理有效的环保基础设施运营长效机制。

四是加强村镇环保基础设施运营管理。市发展改革委会同财政局等相关部门起草了《大连市村镇生活污水和垃圾处理、处置设施运营维护管理办法（试行）》。办法出台后，将进一步规范管理村镇环保基础设施，确保已建成生活污水和垃圾收集设施及处理处置设施正常运营。

（二）加大大气污染防治力度

一是认真落实“大气十条”，印发了《大连市大气污染防治行动计划实施方案》、《大连市大气污染防治行动计划实施方案考核办法》，力争通过5年时间，实现全市空气质量明显改善。二是全面关停普兰店热电，完成香海热电厂脱硝、泰山热电厂1#脱硝、天瑞水泥3#脱硝等一批大气污染防治重点工程建设，完成热电集团金州热电厂脱硫脱硝等蓝天工程目标责任书项目。三是加速淘汰“黄标车”及老旧车辆，开展提前淘汰“黄标车”补贴审核工作。截止2014年底，累计淘汰黄标车及老旧车辆2万余台。

（三）着力推进农村生态环境保护

一是坚持规划先行，强化政策引导，统筹农村环境连片整治。市发展改革委会同财政局等相关部门编制完成《大连市农村环境连片整治规划》污水垃圾分册，《规划》综合考虑项目的投资与运行效益，梳理布局农村环境整治相关重点项目。二是印发了金州新区、旅顺口区等9个涉农地区农村环境连片整治项目实施方案。并以实施方案为依据，下达了中央财政农村环境连片整治补助资金。三是开展了农村畜禽粪污排放现状和存量垃圾调查，为更好推进农村污染治理提供有力依据。

（四）加大生态文明建设力度

一是根据国家要求，编制完成《大连市国家生态文明先行示范区实施方案》，积极进行了国家生态文明先行示范区的申报和争取工作。

二是组织开展市级生态文明示范区创建工作。确定旅顺口区等5个区域为首批大连市生态文明建设示范区，并安排市投资支持示范区生态文明重点项目建设和生态文明体制机制研究。拟通过示范区的建设，总结不同资源环境禀赋、不同经济发展阶段地区生态文明建设典型模式，为推进全市生态文明建设提供参考。

三是加大对生态文明示范项目的支持力度，安排市投资支持花园口老龙头河等3个生态文明示范项目建设。

五、扎实做好应对气候变化工作，探索低碳发展之路

（一）积极推进应对气候项目建设

按照国家发展改革委要求，组织全市各大高校、科研院所等有关单位申报2014年国家清洁发展机制基金赠款项目。大连海事大学构建绿色低碳港口城市的机制与政策研究项目进入了国家第二轮审核。

（二）进一步提高全域碳汇能力

一是积极推进青山生态系统工程，共植树1.23亿株，造林60.3万亩。二是采取减少毁林开荒、改进采伐技术、加强灾害控制等有效措施，提高森林生态系统吸碳固碳和产能供能能力。三是大力推广低碳技术，培育绿色产业，生态安全保护取得明显效果。

六、积极推进宣传教育和交流合作

（一）积极组织专项宣传教育和培训

一是紧紧围绕“携手节能低碳，共建碧水蓝天”的活动主题，开展了节能宣传周和全国低碳日宣传活动，努力提高全民的节能意识、资源意识和环保意识。二是在对万家企业能源管理体系咨询机构进行培训的基础上，组织开展了大连市重点用能单位能源管理体系培训，为全面推进重点用能单位能源管理体系建设工作打下良好基础。三是举办市一级公共机构节能工作人员培训会议，并积极组织参加国家第二期公共机构节能远程培训学习。四是受国家发展改革委委托，圆满承办了全国发展改革系统应对气候变化专题培训会（东北地区）。

（二）加强先进技术经验交流和学习

一是组织全市循环经济先进企业、园区参加第三届中国国际循环经济博览会展览，并获得了优秀组织奖，金州新区、松木岛化工园区获得了优秀参展奖。二是积极开展国家循环经济先进技术、工艺和装备的申报工作，共报送了15项循环经济先进技术，其中大连理工齐旺达化工科技有限公司液化石油气制芳烃成套技术等4项技术被评为优秀。

（三）积极搭建资源回收再利用企业合作平台

促成大连凯博城市矿产基地有限公司和丰田通商（中国）有限公司在第八届中日节能环保综合论坛上完成报废汽车拆解项目的签约，在我市共同设立经营汽车解体、破碎销售、资源再利用以及相关技术训练等方面的高水平汽车解体工厂合资公司。

七、2015年资源节约和环境保护工作思路

2015年，是完成“十二五”各项任务指标的收官之年，我们将以十八大、十八届三中、四中全会精神为指导，紧紧围绕“开放引领、转型发展、民生优先、生态立市”的发展战略，以建设“富庶、美丽、文明大连”为目标，以资源的循环高效利用为核心，着力推进经济社会绿色、循环、低碳发展。

（一）指导思想

以节约资源、保护环境为主线，以优化资源利用方式、提高资源利用效率为核心，以技术创新和制度创新为动力，尽快形成“政府主导、企业主体、公众参与、法律规范、政策引导、科技支撑、市场运作”的运行机制，积极推进节能减排，切实加强环境保护，积极开展应对气候变化，加快推动全市生态文明建设。

（二）主要节能减排指标实施计划

2015年全市万元地区生产总值能耗计划同比下降3.8%；万元工业增加值能耗计划同比下降3%；化学需氧量、二氧化硫、氨氮、氮氧化物平均削减率计划为2%（最终以省政府下达的指标为准）。

（三）主要工作

1、强力推进节能降碳

进一步强化节能目标责任考核工作，严格奖惩措施。开展能源节约潜力研究，摸清我市能源消费底数。落实能效“领跑者”制度，制定大连市能效“领跑者”制度实施方案。加快实施重点节能工程。开展万家企业节能低碳行动，深挖重点耗能企业节能改造潜力，推动工业企业实施能效对标，引导万家企业建立能源管理体系。推进既有建筑节能改造，推进交通领域节能降耗，加强公共机构节能管理。建立固定资产投资项目节能评估与审查信息库。整合节能在线监测平台，推动能耗在线监测系统建设。督促推动节能减排项目建设，加强项目后期监督管理工作。逐步建立健全清洁生产政策体系，初步构建清洁生产统筹工作推进机制。

2、大力发展循环经济

全力推进大连循环产业经济区创建中日韩循环经济示范基地。推进国家和市级循环经济试点单位建设，充分发挥试点的示范带动作用。大力推进产业聚集区循环化发展。推进一汽大众等再制造企业开展“以旧换再”试点工作，推动再制造产业正逆向物流体系建设。积极推广利用水泥窑、发电厂协同处理生活废弃物。推进农村秸秆综合利用、禽畜粪污资源化利用。促进循环型社会建设。

3、着力推进生态环境保护

加快推进城镇环保基础设施建设，积极推进城镇污水垃圾设施建设及运营试点工作，加大农村环境整治力度。积极推进实施“蓝天工程”，推进主要污染物减排重点项目建设。加强空气质量监测能力建设，加大对施工扬尘、汽车尾气、有机废气、餐饮油烟等污染的防治力度。加强饮用水源保护，加大海洋环境整治修复力度，实施生态景观绿化、矿山环境治理等工程。

4、加大应对气候变化工作力度

着力提高森林碳汇能力，积极推进青山生态系统工程建设。根据国家要求编写《大连市适应气候变化规划》。

组织编制2013、2014年《大连市温室气体排放清单》。加强应对气候变化能力建设，适时组织全市应对气候变化工作培训。推进清洁发展机制基金赠款项目建设。启动重点用能企业碳核查工作。

5、加快推进生态文明建设

积极申报和争取国家生态文明先行示范区。着力推进旅顺口区等5个市级生态文明示范区建设工作，开展生态文明体制机制研究，逐步形成区县层面、乡镇（街道）层面生态文明发展典型模式。探索建立促进生态文明建设的制度体系。加强宣传教育，提高全社会生态文明意识。

6、及时开展“十三五”前期研究工作

开展节能减排、循环经济、应对气候、生态文明等“十三五”的前期研究。总结“十二五”期间相关规划的实施情况，认真分析各领域“十三五”将面临的新形势、新问题。结合我市实际以及各领域的特点，研究提出资源节约和环境保护“十三五”工作思路、目标及重点任务。启动能源节约、环保公共服务设施、适应气候变化、秸秆综合利用等“十三五”规划的编制工作。

（撰稿：淮路枫，大连市发展和改革委员会资源节约和环境保护处）

青岛市2014年循环经济发展报告

青岛市发展和改革委员会

2014年，面对复杂严峻的外部环境和艰巨繁重的发展任务，青岛市委市政府认真贯彻落实党的十八大关于生态文明建设的战略部署，坚持把发展循环经济作为稳增长、促改革、调结构、惠民生的重要抓手，加快推进循环经济重点项目建设，大力发展节能环保产业，成功举办第三届中国国际循环经济成果交易博览会，推动全市循环经济和清洁生产工作取得新的成效。2014年，全市生产总值达到8692.1亿元，增长8%；一般公共预算收入实现895.2亿元，增长13.5%；固定资产投资5766亿元，增长16.1%；城乡居民收入分别增长8.7%和11%；顺利完成节能减排各项任务。

一、2014年循环经济发展主要工作

（一）强化国家循环经济试点监督管理，加快重点项目建设

一是董家口经济区管委组织编制了《青岛董家口区域循环经济发展总体规划实施方案》并通过专家评审。制定高标准循环经济指标，实施最严格的项目准入制度保障国家循环经济示范区建设。董家口经济区管委在招商过程中严格执行循环经济指标标准，着力引进循环经济体系“补链”企业，促进经济区产业结构优化升级。

二是落实每季度末调度制度，下达4批园区循环化改造项目投资计划，大力推进青岛经济技术开发区和胶南经济技术开发区的园区循环化改造工作。印发《关于进一步加强园区循环化改造示范试点管理工作的通知》，有效规范了园区循环化改造示范试点项目建设管理。

三是国家循环经济教育示范基地顺利通过国家验收。青啤二厂和青岛新天地集团完成了国家循环经济教育示范基地建设及试运行工作，通过国家发展改革委、教育部等4部委组织的现场考核验收，获得国家循环经济教育示范基地挂牌资格。

四是安排市级循环经济专项资金520万元支持重点项目建设，对青岛鲁森生物能源公司木屑颗粒等3个重点项目给予奖励扶持，项目达产可实现建筑废弃物、木材剩余物、农业废弃物秸秆年综合利用处理能力150万吨、3万吨和1.2万吨。

（二）顶层设计与基础项目并重，大力促进节能环保产业发展，扎实开展资源综合利用工作

一是印发《青岛市节能环保产业发展规划（2014-2020年）》，将重点培育一批节能环保产业龙头和骨干企业，建设一批节能环保产业集群和节能环保产业特色基地，促进全市产业结构优化升级，加快推动节能环保产业发展。实现全年节能环保产业年均增长15%以上，到2020年节能环保产业总产值达到2000亿元。

二是审核确认了3批环境保护节能节水专用设备，公布了4家企业、529台环境保护节能节水专用设备确认名单。组织完成省节能环保产业基地和示范企业申报和复审工作，全市共有11家企业被评为山东省节能环保示范企业。组织开展资源综合利用认定工作，全年有36家企业46个产品通过了评审。

三是印发《关于加强资源节约和环境保护中央预算内投资项目管理的通知》，加强中央预算内投资项目管理，提高中央投资补助资金的使用效益。积极组织申报2014年中央预算内投资资源节约和环境保护项目，有力推动了全市资源节约和环境保护重点项目建设。

（三）加强宣传培训，优化支持政策，以重点项目为抓手推进清洁生产建设

一是全年完成5个园区清洁生产建设工作，160户企业通过清洁生产审核评估验收。召开全市清洁生产工作会议暨清洁生产培训班，组织重点培育企业200多人参加会议。调整清洁生产专项资金使用管理办法，采取政府购买清洁生产咨询机构服务和清洁生产审核绩效奖励两种模式，鼓励企业和园区采取国家鼓励的27个行业160项技术，开展清洁生产审核。

二是积极争取中央财政支持重点项目建设。继续加快推进2012、2013年财政支持项目建设，2014年争取4个清洁生产示范项目获2800万元中央资金支持。

三是完善青岛市清洁生产咨询服务机构库。按照《山东省清洁生产咨询服务机构管理办法》，经机构申报和资格审查，建成清洁生产咨询服务机构库。目前，该库由15家清洁生产咨询机构组成，其中省级机构6家，在青岛市

注册省级外地咨询机构2家，市级咨询机构7家。

（四）第三届中国国际循环经济成果交易博览会成功举办，参观人数突破3万人，实现总交易额约48.6亿元

因受年初宏观经济下行压力增大、国家有关政策调整等因素影响，本届循博会筹办难度明显大于往届，青岛市发展改革委积极采取行动攻坚克难，展开了卓有成效的筹办工作。

一是积极争取国家发展改革委的大力支持。组织召开组委会会议，对筹办工作进行重要部署。组织召开全国联络员会议、主办部委联络员会议，在关键节点及时下发全国组展通知和参会通知，有力促进了筹办工作进程。

二是积极争取市政府支持筹办工作。成立了由市长任组长的青岛市组委会，协调常务副市长主持召开了两次协调会议。组织动员全市49个部门参与全国各地参会来宾的对口接待服务工作，圆满完成接待任务。

三是开展多种形式招商招展。抽调专人组成工作组，执行“五加二”、“白加黑”工作机制推进筹办工作。由三位副主任牵头负责招商招展工作，分别带队亲赴14个省市登门拜访，定期调度8个主办部委对口单位招商情况。经过近7个月紧张的筹备，第三届循博会招商筹备工作圆满完成。

9月25日至27日，第三届循博会在青岛市隆重召开，国家发展改革委党组成员孙霖、山东省政府张超超副省长、青岛市张新起市长及各主办部委嘉宾、各参展省市领导等出席开幕式。循博会展览展示面积达到2.5万平方米，接待来自全国30多个省市超过90个团组，总参观人数超过3.5万人，专业观众3500多人，较上届增长28%。循博会在促进技术成果交易、推动招商引资和提升青岛市影响力方面都起到积极作用。一是有效促进循环经济领域技术成果交易。循博会期间，集中展示境内外各类循环经济产品、技术、成果4800余种（项），重点推介103项循环经济领域先进技术，征集并发布循环经济合作项目121项，特设洽谈专区并组织353家企业进行一对一、一对多现场洽谈签约活动。据初步统计，循博会期间境内外参展企业实现总交易额约48.6亿元。二是有力促动招商引资工作。本届循博会专门成立招商组并设置招商专区，发放招商引资政策汇编、重点项目推介手册等2000余份，接待各省市咨询洽谈人员400余人。各区市还充分利用接待对口省市的机会，采取多种形式开展重点项目招商推介活动。即墨市、崂山区、城阳区等区市分别同广东、上海、沈阳等对口接待省市团组开展招商座谈，并对区内重点企业和项目进行考察，在诸多领域达成合作意向。三是有利于提升青岛市的知名度。循博会期间，来自中央电视台、新华社、人民日报等30多家媒体、50多名记者对开幕式、展览及青岛市循环经济发展情况进行了报道，其中人民网、中国经济导报等中央媒体对循博会进行了多篇幅连续报道，集中宣传展示了青岛市以循环经济为重要抓手，切实推进生态文明建设的发展成效，进一步提升了青岛市的美誉度和影响力。

（五）循环经济教育示范基地创建工作成效显著，通过验收数量位居副省级城市之首

2014年8月，青岛啤酒二厂、青岛新天地静脉产业园两个国家循环经济教育示范基地顺利通过国家发展改革委、财政部等四部委联合组织的现场授牌验收，专家组对教育示范基地试运行情况给予充分肯定。11月7日，国家发展改革委印发《关于确定北京朝阳循环经济产业园等5家单位通过国家循环经济教育示范基地试运行考核的通知》。截至目前，青岛市成为通过国家循环经济教育示范基地授牌验收单位最多的副省级城市（全国共有13家，青岛市2家）。

青啤二厂国家循环经济教育示范基地包括啤酒生产原料展示区、循环经济主功能展区及青少年互动体验区、手工制作区和科普放映室等，总面积约500多平方米。基地试运行期间接待中小学学校、企事业单位、国外访客等60批，共2300余人次，同时还配合青啤二厂工业旅游项目，接待各地组团游客1万人次以上。新天地静脉产业园以国家“城市矿产”示范基地建设为基础，规划设计了以各类废弃物综合利用为主要内容的多条参观展示路线，组织开发了12款寓教于乐的低碳文化互动游戏，制作了6套生产模型教具，协助山东省农业厅完成我国首部循环经济科普电影《向城市矿产进军》的拍摄工作。试运行期间共开展了包括青岛理工大学、西南科技大学、中国石油大学、中国海洋大学等实习教育23次，接待中小学生、市民、专业人士等参观6900余人次。

青岛市循环经济教育示范基地已成为积极传播循环经济理念和节能环保的宣传平台，通过不断探索和深化科普教育手段，开发形成标准化、趣味化和系列化的科普活动教案，不断提升市民对实践低碳生活和创建循环型社会的感性认识，提升在校学生的环保意识和实践能力，为促进形成全社会共同关注、共同参与循环经济的良好局面发挥了积极作用。

（六）国家园区循环化改造试点成效突出，年实现节能量2.2万吨标煤，减排二氧化碳5.5万吨

通过狠抓循环化改造重点项目建设，推进园区内企业间废物交换利用、废水循环利用和能量梯级利用，以项目补链延伸循环经济产业链，有效提高资源产出率，青岛经济技术开发区和胶南经济技术开发区两个国家园区循环

化改造示范试点各项建设进展顺利，循环化改造成效明细。2014年可实现节能量1万吨标煤，资源再生利用量50万吨，二氧化碳减排量2.5万吨，新增产值93000万元。胶南经济开发区园区循环化改造中央资金支持的绿茵环保沼渣制有机肥等3项目已完工，其中明月蓝海海藻废渣制生物肥项目已试生产。2014年实现节能量约1.2万吨标煤，二氧化碳减排量3万吨，新增产值88000万元。国家园区循环化改造项目提高了园区生产过程中的资源利用效率，提升了园区综合竞争实力，有助于青岛西海岸经济新区实现生态文明建设与经济社会发展的复合共融，为青岛市园区循环化改造树立典型样板。

二、2015年循环经济主要工作思路

（一）强化试点示范带动作用，扎实推进重点项目建设

1.认真贯彻循环经济发展战略和行动计划，组织协调落实《董家口区域循环经济发展总体规划》和有关实施方案，加快国家循环经济示范区建设。

2.加强园区循环化改造示范试点管理工作，积极推进青岛经济技术开发区和胶南经济技术开发区的循环化改造重点项目建设，推动青岛市其他有关国家级和省级园区开展循环化改造。

3.推动国家循环经济教育示范基地、再制造试点、“城市矿产”示范基地等建设。继续做好国家循环经济示范市创建工作，做好相关督促协调工作。

（二）认真落实国家鼓励政策，加快推动节能环保产业发展

1.对近年来资源节约和环境保护以及城镇污水垃圾设施建设中央预算内投资项目进行全面清理和检查，对发现问题督促整改，贯彻落实国家有关规定，大力加强中央投资项目管理。

2.抓好《青岛市节能环保产业发展规划（2014-2020）》、《关于加快发展节能环保产业的实施意见》的贯彻落实，推进节能环保产业基地、园区和项目建设，促进节能环保产业快速发展，推动节能环保产业成为全市新的支柱产业。

3.做好节能节水环境保护专用设备和项目以及资源综合利用认定工作，用好国家鼓励政策和税收优惠政策，引导企业积极开展资源综合利用。

4.继续跟进国家“双百工程”示范基地建设。落实国家“双百工程”要求和鼓励政策，以骨干企业促进示范基地建设，形成产业规模化发展。

（三）完善专项资金管理工作，强化管理体系建设，积极推进清洁生产

1.进一步完善清洁生产专项资金管理工作，印发《青岛市清洁生产专项资金管理办法》。组织开展申报2015年青岛市清洁生产专项资金和政府购买企业清洁生产环境减排服务等相关工作。

2.做好清洁生产宣传培训。召开全市清洁生产工作会议暨清洁生产培训班，对各区、市清洁生产管理部门及企业人员进行培训。组织召开清洁生产咨询机构座谈会。

3.推进实施清洁生产重点工程。积极申报2015年中央财政支持清洁生产示范项目，并对往年竣工项目组织验收。

4.加强清洁生产管理体系建设。按照《山东省清洁生产促进条例》和《山东省清洁生产咨询服务机构管理办法》，研究出台青岛市清洁生产咨询服务机构管理办法。建立青岛市清洁生产信息管理系统，实现清洁生产审核过程全过程监控、清洁生产项目申报以及清洁生产企业和项目查询。探讨建立青岛市清洁生产促进会。

（撰稿：李海燕、李锋刚，青岛市发展和改委员会节约能源办公室）

深圳市2014年循环经济发展报告

深圳市发展和改革委员会

在中央和广东省的坚强领导下，近年来，深圳市认真贯彻落实党的十八大、十八届三中、四中、五中全会和习近平总书记重要讲话精神，坚持质量引领、创新驱动，将“绿色、低碳、循环”发展理念贯穿于经济社会发展的全过程和全领域，实现了质量、速度有机统一和效益、结构同步优化，速度稳、质量高、动力强、结构优、能耗低成为深圳经济发展的新常态,全市循环经济发展取得显著成效。现将2014年度我市循环经济发展的总体情况介绍如下：

一、深圳市生态文明建设的总体成果

（一）城市发展质量显著提升

2014年，全年本市生产总值1.6万亿元，比上年增长8.8%，人均GDP达到2.4万美元，继续位居内地大中城市首位。万元GDP能耗从2005年的0.59吨标准煤下降到2014年的0.404吨标准煤，万元GDP水耗12.1立方米，万元GDP用地约13.8平方米，我市在节能、节水、节地等方面均为全国先进水平。

（二）城市总体环境进一步改善

2014年，全市建成绿化覆盖率45.1%，生活垃圾无害化处理率98.4%，集中式饮用水源地水质保持100%达标。全市新建污水管网218公里，总长度达4268公里，城镇污水处理率达96.2%。2014年，全市新增节能建筑900万平方米、绿色建筑800万平方米，获得绿色建筑标识项目数量和规模继续稳居全国各大城市榜首；全市累计建成节能建筑8420万平方米，一年可节电14.8亿度。全年平均PM2.5浓度为33.6微克/立方米，比2013年下降15.2%，空气质量位居全国大中城市前列。

（三）产业结构进一步优化

2014年，三次产业结构比例为0：42.7：57.3，第三产业占整体经济比重比上年提高0.7个百分点。高新技术产业、金融业、物流业、文化产业是我市四大支柱产业，合计增加值超过1万亿元，占GDP比重约63.4%。生物、互联网、新能源、新一代信息技术、新材料、文化创意等六大战略性新兴产业增加值达5645亿元，占GDP比重35.3%，我市成为国内战略性新兴产业规模最大、集聚性最强的城市之一。

二、有关发展循环经济的法制机制

（一）在全国率先为循环经济立法

2006年3月14日，深圳市第四届人民代表大会常务委员会第五次会议审议通过《深圳循环经济促进条例》（以下简称《条例》），这是深圳在全国率先为循环经济立法。《条例》立足于深圳的发展实际，借鉴发达国家的成果经验，主要确立了8项主要制度：一是发展循环经济的规划、计划制度；二是循环经济评价制度；三是抑制废弃物产生制度、废弃物回收制度、废弃物循环利用制度；四是政策扶持制度和淘汰制度;五是绿色消费制度，六是政府绿色采购制度，七是财政补贴制度和发展基金制度，八是政绩考核制度等。《条例》的颁布，对深圳市调整产业结构，促进企业在资源和废物综合利用等领域进行合作，实现资源的高效利用和循环利用等方面具有重要意义。

（二）完善配套法规政策

我市充分发挥特区立法权和较大市立法权的优势，目前已初步形成三个层次法规政策框架体系：一是作为纲领性的法规《深圳经济特区循环经济促进条例》；二是节能、节水、资源综合利用等领域的专项配套法规，如《深圳市建筑废弃物减排与利用条例》、《深圳经济特区环境保护条例》、《深圳市循环经济与节能减排专项资金管理暂行办法》、《深圳市节约用水奖励办法》、《深圳市再生资源管理办法》等；三是与前两个层次的法规相配套的各项实施办法、规划、意见等规范性文件，如《中共深圳市委 深圳市人民政府关于加快转变经济发展方式的决定》、《〈深圳市循环经济试点实施方案(2010—2015年)〉实施意见》、《关于进一步加强城市垃圾管理的意见》、《深圳市循环经济“十二五”规划》、《深圳市节能“十二五”规划》、《深圳市“十二五”节能减排综合性实施方案》、《深圳市“十二五”单位GDP能耗考核体系实施方案》、《深圳市节能奖励试行办法》、《深圳市“十二五”城市生活垃圾减量分类工作实施方案》等。

（三）强化完善组织领导

一是率先建立市区两级发展循环经济的管理体制，成立了深圳市发展循环经济领导小组，统筹全市循环经济和节能减排工作，各区也成立了相应的机构。初步建立起包括经济发展、资源效益、环境效益等内容的循环经济评价指标体系和统计核算制度。二是成立了应对气候变化及节能减排工作领导小组，负责统筹协调全市应对气候变化及节能减排工作，印发《关于调整市应对气候变化及节能减排工作领导小组成员的通知》，进一步完善各部门的工作职责分工。同时，各区（新区）也成立了相应节能管理机构，形成市区两级联动的节能工作机制。

三、深圳市发展循环经济的主要做法及成效

（一）积极争取国家试点示范，深入开展循环经济示范试点工作

我市充分发挥特区先行先试的作用，抢抓国家有关循环经济方面的试点示范机遇。近年来，在国家各部委大力支持下，我市先后获得国家循环经济试点城市、国家碳排放权交易试点单位、国家节能减排财政政策综合示范城市、国家海水淡化产业发展试点城市、国家新能源示范城市、首批低碳交通运输体系试点城市、建设绿色循环低碳交通运输体系区域性项目管理试点城市等称号。此外，我市的部分园区及单位也先后获得相关试点示范殊荣，如深圳高新区光明高新技术产业园区获评国家园区循环化改造示范试点园区、深圳东江环保、格林美等三家企业列为国家循环经济试点单位、深圳前海深港现代服务业合作区获评国家首批分布式光伏发电示范区等。

（二）充分发挥财政资金引导作用，推动循环经济发展

一是设立循环经济与节能减排专项资金。为推动循环经济与节能减排工作，我市整合建筑节能专项资金、资源综合利用专项资金、合同能源管理专项资金等，设立市循环经济与节能减排专项扶持资金，并于2012年出台《深圳市循环经济与节能减排专项资金管理暂行办法》。截止2014年底，共扶持循环经济与节能减排项目182个，累计扶持金额7.2亿元，带动社会投资约60亿元。二是设立节能环保专项资金。我市印发《深圳节能环保产业振兴发展规划（2014-2020年）》和《深圳节能环保产业振兴发展政策》，明确自2014年起，设立节能环保产业发展专项资金。今年我市先行启动两批专项资金申报受理工作，已累计受理申报产业化项目46个，工程实验室8个，共计总投资近10亿元。三是设立新能源专项资金。我市出台了《深圳市生物、互联网、新能源产业发展专项资金管理办法（试行）》等文件，积极组织实施新能源产业扶持计划。2010年-2013年，我市累计扶持新能源项目487个，安排扶持资金约126780万元，直接带动投资34.7亿元；四是设立新能源汽车扶持资金。为支持新能源汽车产业发展，我市自2009年起每年均安排专项资金，资助新能源汽车项目。据统计，我市在新能源汽车科研、产业化及示范推广方面累计投入财政资金已超过10亿元。四是积极争取国家资金支持。做好循环经济与节能减排相关的中央预算内投资项目申报工作，2007年至今，累计获得国家发改委专项扶持的循环经济与节能减排项目24个，获得中央投资资金合计12650万元。

（三）以建设现代化产业体系为核心，推动产业生态化发展

一是大力发展战略性新兴产业。先后出台了生物、互联网、新能源、节能环保等战略性新兴产业发展规划和政策，培育和发展壮大了一批富有核心竞争力、单位增加值能耗较低的产业和企业，在推动经济较快发展的同时有效拉低了全市单位GDP能耗。2014年，我市六大战略性新兴产业增加值占GDP比重35.3%，可拉低全市碳排放强度下降1/5左右。二是大力发展现代服务业。围绕提升经济发展质量和有效降低碳排放水平，出台了一系列鼓励服务业发展的专项规划和政策，不断提升服务业发展能力和规模。2014年服务业占本市生产总值比重提高到57.3%，现代服务业占服务业比重达68%。三是推动传统产业转型升级。出台《关于加快产业转型升级的指导意见》等政策文件，推动服装、钟表、黄金珠宝等优势传统产业逐步向总部、研发设计型演进。出台《深圳市产业结构调整优化和产业导向目录》，严把项目市场准入关，淘汰清理转型低端落后企业3145家。

（四）以节能降耗为中心，持续推进重点领域节能工作

一是工业领域，制定并积极落实《深圳市重点行业“十二五”淘汰落后产能工作实施方案》，加大对化工、建材等行业（领域）的高能耗、高污染落后产能淘汰力度。2014年我市通过关闭、转移、转型等各种途径清理淘汰各类低端企业超过3000家，其中“两高一低”企业1041家。强化重点用能单位管理，积极开展工业节能监督检查，举办重点用能单位节能监管工作人员培训班，并将有关节能监察（检查）工作情况总结上报，开展重点用能单位能源计量检查工作，确保重点用能单位能源计量器具配备符合国家和地方强制性标准要求。完成在用锅炉能效测试工作。二是建筑领域，出台国内首部促进绿色建筑全面发展的政府规章《深圳市绿色建筑促进办法》，2014年新增绿色建筑800万平方米、节能建筑900万平方米。大力推动可再生能源在建筑领域的应用，加强既有建筑节能改造。三

是交通领域，开展车船路港低碳交通运输活动，进一步推广新能源汽车，截止2014年底，我市新能源汽车保有量已超过1万辆，居全球之首，成为全世界将新能源汽车最大规模应用于公共交通领域的城市，荣获“全球城市交通领袖奖”。四是商业和民用领域，出台《深圳市旅游饭店建筑能耗限额标准（试行）》、《深圳市商场建筑能耗限额标准（试行）》，积极开展节能产品惠民工程相关工作，按照省物价局有关规定，实施居民用电阶梯价格政策。五是在合同能源管理领域，我市开创了公共机构合同能源管理节能改造先河，全市机关事业单位建筑面积50%以上完成节能改造，累计改造面积超过1千万平方米，年节电1亿度以上，成为全国公共机构合同能源管理签约数量最多、成效最明显的城市，国家发展改革委将我市公共机构合同能源管理改造典型经验专题上报国务院。六是在市场化减排领域，截至2014年末，深圳碳交易市场累计成交量超过212万吨二氧化碳，累计成交金额超过1.3亿元，成为全国市场化程度最高的交易市场。

（五）以市场化手段为导向，推进餐厨废弃物资源化利用工作

我市被国家发改委、财政部、住建部等部委批复并确定为第一批餐厨废弃物资源化利用与无害化处理试点城市，确定南山餐厨垃圾综合利用厂、罗湖餐厨垃圾综合利用厂和盐田餐厨垃圾综合利用厂为深圳市餐厨垃圾资源化利用和无害化处理试点项目。近年来，我市坚持以市场化推进餐厨废弃物资源化利用与无害化处理试点工作，主要做法如下：

一是以试点为契机，加快收运一体化体系建设。在全市共划分9个区域，市政府授权各区政府、新区管委会通过招标、招募确定餐厨垃圾收运处理特许经营企业并签订特许经营协议，目前我市已拥有餐厨垃圾专用车22台，地沟油收运车辆45台，安装油水分离装置280套。全市现已有2000多家产生单位签署了餐厨垃圾收运合同，现每天餐厨垃圾的收运量超过400吨。

二是采用多种工艺，探索资源化利用的最佳技术路线。我市加强技术工艺路线及管理模式研究，积极探索适宜的餐厨垃圾资源化利用技术工艺路线及管理模式，提高餐厨垃圾资源化利用水平。经探索研究，我市试点项目选用厌氧消化处理、好氧生化处理以及综合利用处理的技术路线，同时采用潲水油处理工艺，探索资源化利用的最佳技术路线。

三是引入市场化机制，推进餐厨垃圾资源化试点。深圳市餐厨垃圾综合利用厂以BOT特许经营权方式运营，项目主要收入来自资源化产品销售收入，以瑞赛尔盐田区餐厨垃圾处理项目为例，该项目规划总处理规模为200吨/天，一期设计建设处理规模150吨/天，采用源头分类收集、中端无害化减量与末端生物柴油、生物蛋白、生物质燃料的一体化处理工艺。项目实现累计收运、处理餐厨垃圾及餐饮油污水4万余吨，累计提取餐饮废弃油脂1900余吨，完成生产、销售生物柴油1615吨，生产、销售生物质燃料3780吨。项目已初步形成了集餐饮与厨余、收运与处理、物联网监管三位一体的“盐田模式”。

四是完善政策法规，保障试点工作正常运行。我市出台实施《深圳市餐厨垃圾管理办法》，明确餐厨垃圾收运处理实行特许经营，恢复餐厨垃圾收运处理行政许可，建立收运处理一体化运行机制，加大违法行为的处罚力度等。明确餐厨垃圾价格政策，其中南山、罗湖等区采取招募方式确定餐厨垃圾收运处理特许企业，招募价格暂定200元/吨。其余各区新建设施经过招标方式确定运营主体，并以招标价格作为最终补贴价格。制定《深圳市餐厨垃圾处理技术规范》、台账管理等配套制度，统一规范餐厨垃圾收集桶及收运车辆标识等。

（六）注重立法先行，深入开展建筑废弃物减排与综合利用工作

1．立法先行，规划先导。2009年10月1日，我市出台《深圳市建筑废弃物减排与利用条例》，这是全国第一部建筑废弃物减排与利用地方性法规，条例提出施工图设计文件建筑废弃物内容审查备案、建筑废弃物减排及处理方案备案、建筑废弃物再生产品标识、建筑废弃物排放收费、建筑工业化、住宅一次性装修、建筑废弃物回收利用产品的强制使用、建筑余土交换利用、建筑废弃物现场分类九大创新制度。

2．政策配套，加强监管。我市将深圳机场T3航站楼、大运场馆及其改造工程等14个政府投资项目作为建筑废弃物减排与利用首批试点项目，在技术指标符合设计要求的前提下，在人行道板、路基垫层、管井、管沟、永久土坡护面、砖胎膜、基础垫层、砌筑型围墙、广场、室外绿化停车场等工程部位100%率先使用绿色再生建材产品。在所有新建保障性住房全面使用绿色再生建材产品，其中龙华龙悦居保障性住房项目建设共计建筑垃圾减少80%，材料损耗减少60%，建筑节能超过50%。未来，我市计划开征建筑废弃物排放费用，建设单位须在申请领取施工许可或办理拆除工程备案前一次性足额预缴建筑废弃物排放费，建筑废弃物排放费结算实行多退少补、逾期不退的原则，建设单位最终结算缴纳的建筑废弃物排放费计入建安工程成本。

3．市场驱动，产业升级。我市先后培育深圳市华威环保建材有限公司、深圳市绿发鹏程环保科技有限公司、深圳市永安环保实业有限公司、深圳市汇利德邦环保科技有限公司等四家建筑废弃物综合利用企业，目前，我市建筑废弃物设计处理能力超过400万吨/年，建筑废弃物综合利用率达40%，其中用于资源化再生利用的建筑废弃物资源化再生利用率超过90%，年产绿色再生建材产品近300万吨，产值达1.2亿元。经过几年探索实践，我市总结出建筑废弃物综合利用的场-厂联合模式、临时用地模式、现场处理模式等三种商业模式并得到较好应用和推广。

4．技术支撑，创新提升。一是我市编制发布《深圳市建筑废弃物排放技术规范》，这是全国第一部建筑废弃物技术规范，对于指导设计单位优化建筑设计、减少建筑材料的消耗和建筑废弃物的产生、引导施工单位现场分类回收建筑废弃物具有重要的现实意义。二是依托深圳市建工集团股份有限公司建立建筑废弃物综合利用技术研发中心，主要负责重大、关键、前瞻性项目研发及产业化，参与国家、行业及省市技术标准制定，组织协调资源整合互动，研究行业发展动态，促进科技成果推广应用，为产品、技术发展决策提供咨询和建议，为本行业培养和造就高素质技术管理人才等。。

（七）实施政府绿色采购，引导全社会的绿色低碳循环发展

我市发布《关于印发〈深圳市政府采购循环经济产品（服务）目录〉（第一批）的通知》，遴选45项（类）循环经济产品纳入目录，产品涉及翻新再利用墨盒等办公耗材、再生办公用纸、原材料中含再生资源的各类家具、垃圾车、循环会展器材、节水型器具等。通过实施政府绿色采购，实现政府采购绿色产品的价值占政府采购总价值的比重逐年提高，为我市的绿色发展、低碳发展、循环发展起到很好的示范引导作用。

（八）进一步加大循环经济宣传和展示力度，营造良好社会氛围

1．组团参加中国（青岛）国际循环经济成果交易博览会

我市连续三届以市政府名义组团参加中国（青岛）国际循环经济成果交易博览会。第三届中国国际循环经济成果交易博览会于2014年9月25日至27日在青岛举行。我市以“发展循环经济，打造深圳质量”为主题，组织23家循环经济企业组团参展，其中包括东江环保、嘉达化工、安托山机电、永安环保、华全环保、深能环保、达实智能等循环经济领域的龙头企业。在特装设计上，采用了深圳市易尚展示股份有限公司的循环会展技术和材料，展区所使用的材料低碳、环保且可循环性利用。在展示方式上，以110寸曲面电视视频播放、循环经济产品和模型展示以及图文并茂的展板等多种形式，成功展示了深圳近年来在循环经济园区建设、节能、节水、资源综合利用等循环经济领域所取得的成果。得到了国家发改委、环境保护部等参观领导的高度赞赏。博览会组委会授予我市“优秀组织奖”和“优秀展示奖”，中央电视台记者对深圳展团进行了专访。

2．大力营造全社会节能氛围

广泛宣传节能降耗的重要意义，弘扬节能先进典型，曝光污染浪费行为，将节能降耗知识纳入基础教育、高等教育、职业教育体系。在节能宣传周、全国低碳日等主题宣传活动之外，注重持续性的宣传教育工作，在全社会营造推动节能降耗、促进可持续发展、崇尚生态文明的良好氛围。2014年6月10日，深圳市相关行业协会及媒体共同发布了节能倡议书，发动全体市民、企业积极参与节能减排，倡导全社会在消费模式和生产、生活上形成良好的节能习惯。

（撰稿：李文杰，深圳市发展和改革委员会能源与循环经济处）

法律规章

中华人民共和国环境保护法

（1989年12月26日第七届全国人民代表大会常务委员会第十一次会议通过2014年4月24日第十二届全国人民代表大会常务委员会第八次会议修订）

第一章　总则

第一条　为保护和改善环境，防治污染和其他公害，保障公众健康，推进生态文明建设，促进经济社会可持续发展，制定本法。

第二条　本法所称环境，是指影响人类生存和发展的各种天然的和经过人工改造的自然因素的总体，包括大气、水、海洋、土地、矿藏、森林、草原、湿地、野生生物、自然遗迹、人文遗迹、自然保护区、风景名胜区、城市和乡村等。

第三条　本法适用于中华人民共和国领域和中华人民共和国管辖的其他海域。

第四条　保护环境是国家的基本国策。

国家采取有利于节约和循环利用资源、保护和改善环境、促进人与自然和谐的经济、技术政策和措施，使经济社会发展与环境保护相协调。

第五条　环境保护坚持保护优先、预防为主、综合治理、公众参与、损害担责的原则。

第六条　一切单位和个人都有保护环境的义务。

地方各级人民政府应当对本行政区域的环境质量负责。

企业事业单位和其他生产经营者应当防止、减少环境污染和生态破坏，对所造成的损害依法承担责任。

公民应当增强环境保护意识，采取低碳、节俭的生活方式，自觉履行环境保护义务。

第七条　国家支持环境保护科学技术研究、开发和应用，鼓励环境保护产业发展，促进环境保护信息化建设，提高环境保护科学技术水平。

第八条　各级人民政府应当加大保护和改善环境、防治污染和其他公害的财政投入，提高财政资金的使用效益。

第九条　各级人民政府应当加强环境保护宣传和普及工作，鼓励基层群众性自治组织、社会组织、环境保护志愿者开展环境保护法律法规和环境保护知识的宣传，营造保护环境的良好风气。

教育行政部门、学校应当将环境保护知识纳入学校教育内容，培养学生的环境保护意识。

新闻媒体应当开展环境保护法律法规和环境保护知识的宣传，对环境违法行为进行舆论监督。

第十条　国务院环境保护主管部门，对全国环境保护工作实施统一监督管理；县级以上地方人民政府环境保护主管部门，对本行政区域环境保护工作实施统一监督管理。

县级以上人民政府有关部门和军队环境保护部门，依照有关法律的规定对资源保护和污染防治等环境保护工作实施监督管理。

第十一条　对保护和改善环境有显著成绩的单位和个人，由人民政府给予奖励。

第十二条　每年6月5日为环境日。

第二章　监督管理

第十三条　县级以上人民政府应当将环境保护工作纳入国民经济和社会发展规划。

国务院环境保护主管部门会同有关部门，根据国民经济和社会发展规划编制国家环境保护规划，报国务院批准并公布实施。

县级以上地方人民政府环境保护主管部门会同有关部门，根据国家环境保护规划的要求，编制本行政区域的环境保护规划，报同级人民政府批准并公布实施。

环境保护规划的内容应当包括生态保护和污染防治的目标、任务、保障措施等，并与主体功能区规划、土地利用总体规划和城乡规划等相衔接。

第十四条　国务院有关部门和省、自治区、直辖市人民政府组织制定经济、技术政策，应当充分考虑对环境的影响，听取有关方面和专家的意见。

第十五条 国务院环境保护主管部门制定国家环境质量标准。

省、自治区、直辖市人民政府对国家环境质量标准中未作规定的项目，可以制定地方环境质量标准；对国家环境质量标准中已作规定的项目，可以制定严于国家环境质量标准的地方环境质量标准。地方环境质量标准应当报国务院环境保护主管部门备案。

国家鼓励开展环境基准研究。

第十六条 国务院环境保护主管部门根据国家环境质量标准和国家经济、技术条件，制定国家污染物排放标准。

省、自治区、直辖市人民政府对国家污染物排放标准中未作规定的项目，可以制定地方污染物排放标准；对国家污染物排放标准中已作规定的项目，可以制定严于国家污染物排放标准的地方污染物排放标准。地方污染物排放标准应当报国务院环境保护主管部门备案。

第十七条 国家建立、健全环境监测制度。国务院环境保护主管部门制定监测规范，会同有关部门组织监测网络，统一规划国家环境质量监测站（点）的设置，建立监测数据共享机制，加强对环境监测的管理。

有关行业、专业等各类环境质量监测站（点）的设置应当符合法律法规规定和监测规范的要求。

监测机构应当使用符合国家标准的监测设备，遵守监测规范。监测机构及其负责人对监测数据的真实性和准确性负责。

第十八条 省级以上人民政府应当组织有关部门或者委托专业机构，对环境状况进行调查、评价，建立环境资源承载能力监测预警机制。

第十九条 编制有关开发利用规划，建设对环境有影响的项目，应当依法进行环境影响评价。

未依法进行环境影响评价的开发利用规划，不得组织实施；未依法进行环境影响评价的建设项目，不得开工建设。

第二十条 国家建立跨行政区域的重点区域、流域环境污染和生态破坏联合防治协调机制，实行统一规划、统一标准、统一监测、统一的防治措施。

前款规定以外的跨行政区域的环境污染和生态破坏的防治，由上级人民政府协调解决，或者由有关地方人民政府协商解决。

第二十一条 国家采取财政、税收、价格、政府采购等方面的政策和措施，鼓励和支持环境保护技术装备、资源综合利用和环境服务等环境保护产业的发展。

第二十二条 企业事业单位和其他生产经营者，在污染物排放符合法定要求的基础上，进一步减少污染物排放的，人民政府应当依法采取财政、税收、价格、政府采购等方面的政策和措施予以鼓励和支持。

第二十三条 企业事业单位和其他生产经营者，为改善环境，依照有关规定转产、搬迁、关闭的，人民政府应当予以支持。

第二十四条 县级以上人民政府环境保护主管部门及其委托的环境监察机构和其他负有环境保护监督管理职责的部门，有权对排放污染物的企业事业单位和其他生产经营者进行现场检查。被检查者应当如实反映情况，提供必要的资料。实施现场检查的部门、机构及其工作人员应当为被检查者保守商业秘密。

第二十五条 企业事业单位和其他生产经营者违反法律法规规定排放污染物，造成或者可能造成严重污染的，县级以上人民政府环境保护主管部门和其他负有环境保护监督管理职责的部门，可以查封、扣押造成污染物排放的设施、设备。

第二十六条 国家实行环境保护目标责任制和考核评价制度。县级以上人民政府应当将环境保护目标完成情况纳入对本级人民政府负有环境保护监督管理职责的部门及其负责人和下级人民政府及其负责人的考核内容，作为对其考核评价的重要依据。考核结果应当向社会公开。

第二十七条 县级以上人民政府应当每年向本级人民代表大会或者人民代表大会常务委员会报告环境状况和环境保护目标完成情况，对发生的重大环境事件应当及时向本级人民代表大会常务委员会报告，依法接受监督。

第三章 保护和改善环境

第二十八条 地方各级人民政府应当根据环境保护目标和治理任务，采取有效措施，改善环境质量。

未达到国家环境质量标准的重点区域、流域的有关地方人民政府，应当制定限期达标规划，并采取措施按期达标。

第二十九条 国家在重点生态功能区、生态环境敏感区和脆弱区等区域划定生态保护红线，实行严格保护。

各级人民政府对具有代表性的各种类型的自然生态系统区域，珍稀、濒危的野生动植物自然分布区域，重要的水源涵养区域，具有重大科学文化价值的地质构造、著名溶洞和化石分布区、冰川、火山、温泉等自然遗迹，以及人文遗迹、古树名木，应当采取措施予以保护，严禁破坏。

第三十条 开发利用自然资源，应当合理开发，保护生物多样性，保障生态安全，依法制定有关生态保护和恢复治理方案并予以实施。

引进外来物种以及研究、开发和利用生物技术，应当采取措施，防止对生物多样性的破坏。

第三十一条 国家建立、健全生态保护补偿制度。

国家加大对生态保护地区的财政转移支付力度。有关地方人民政府应当落实生态保护补偿资金，确保其用于生态保护补偿。

国家指导受益地区和生态保护地区人民政府通过协商或者按照市场规则进行生态保护补偿。

第三十二条 国家加强对大气、水、土壤等的保护，建立和完善相应的调查、监测、评估和修复制度。

第三十三条 各级人民政府应当加强对农业环境的保护，促进农业环境保护新技术的使用，加强对农业污染源的监测预警，统筹有关部门采取措施，防治土壤污染和土地沙化、盐渍化、贫瘠化、石漠化、地面沉降以及防治植被破坏、水土流失、水体富营养化、水源枯竭、种源灭绝等生态失调现象，推广植物病虫害的综合防治。

县级、乡级人民政府应当提高农村环境保护公共服务水平，推动农村环境综合整治。

第三十四条 国务院和沿海地方各级人民政府应当加强对海洋环境的保护。向海洋排放污染物、倾倒废弃物，进行海岸工程和海洋工程建设，应当符合法律法规规定和有关标准，防止和减少对海洋环境的污染损害。

第三十五条 城乡建设应当结合当地自然环境的特点，保护植被、水域和自然景观，加强城市园林、绿地和风景名胜区的建设与管理。

第三十六条 国家鼓励和引导公民、法人和其他组织使用有利于保护环境的产品和再生产品，减少废弃物的产生。

国家机关和使用财政资金的其他组织应当优先采购和使用节能、节水、节材等有利于保护环境的产品、设备和设施。

第三十七条 地方各级人民政府应当采取措施，组织对生活废弃物的分类处置、回收利用。

第三十八条 公民应当遵守环境保护法律法规，配合实施环境保护措施，按照规定对生活废弃物进行分类放置，减少日常生活对环境造成的损害。

第三十九条 国家建立、健全环境与健康监测、调查和风险评估制度；鼓励和组织开展环境质量对公众健康影响的研究，采取措施预防和控制与环境污染有关的疾病。

第四章 防治污染和其他公害

第四十条国家促进清洁生产和资源循环利用。

国务院有关部门和地方各级人民政府应当采取措施，推广清洁能源的生产和使用。

企业应当优先使用清洁能源，采用资源利用率高、污染物排放量少的工艺、设备以及废弃物综合利用技术和污染物无害化处理技术，减少污染物的产生。

第四十一条 建设项目中防治污染的设施，应当与主体工程同时设计、同时施工、同时投产使用。防治污染的设施应当符合经批准的环境影响评价文件的要求，不得擅自拆除或者闲置。

第四十二条 排放污染物的企业事业单位和其他生产经营者，应当采取措施，防治在生产建设或者其他活动中产生的废气、废水、废渣、医疗废物、粉尘、恶臭气体、放射性物质以及噪声、振动、光辐射、电磁辐射等对环境的污染和危害。

排放污染物的企业事业单位，应当建立环境保护责任制度，明确单位负责人和相关人员的责任。

重点排污单位应当按照国家有关规定和监测规范安装使用监测设备，保证监测设备正常运行，保存原始监测记录。

严禁通过暗管、渗井、渗坑、灌注或者篡改、伪造监测数据，或者不正常运行防治污染设施等逃避监管的方式违法排放污染物。

第四十三条 排放污染物的企业事业单位和其他生产经营者，应当按照国家有关规定缴纳排污费。排污费应当

全部专项用于环境污染防治，任何单位和个人不得截留、挤占或者挪作他用。

依照法律规定征收环境保护税的，不再征收排污费。

第四十四条 国家实行重点污染物排放总量控制制度。重点污染物排放总量控制指标由国务院下达，省、自治区、直辖市人民政府分解落实。企业事业单位在执行国家和地方污染物排放标准的同时，应当遵守分解落实到本单位的重点污染物排放总量控制指标。

对超过国家重点污染物排放总量控制指标或者未完成国家确定的环境质量目标的地区，省级以上人民政府环境保护主管部门应当暂停审批其新增重点污染物排放总量的建设项目环境影响评价文件。

第四十五条 国家依照法律规定实行排污许可管理制度。

实行排污许可管理的企业事业单位和其他生产经营者应当按照排污许可证的要求排放污染物；未取得排污许可证的，不得排放污染物。

第四十六条 国家对严重污染环境的工艺、设备和产品实行淘汰制度。任何单位和个人不得生产、销售或者转移、使用严重污染环境的工艺、设备和产品。

禁止引进不符合我国环境保护规定的技术、设备、材料和产品。

第四十七条 各级人民政府及其有关部门和企业事业单位，应当依照《中华人民共和国突发事件应对法》的规定，做好突发环境事件的风险控制、应急准备、应急处置和事后恢复等工作。

县级以上人民政府应当建立环境污染公共监测预警机制，组织制定预警方案；环境受到污染，可能影响公众健康和环境安全时，依法及时公布预警信息，启动应急措施。

企业事业单位应当按照国家有关规定制定突发环境事件应急预案，报环境保护主管部门和有关部门备案。在发生或者可能发生突发环境事件时，企业事业单位应当立即采取措施处理，及时通报可能受到危害的单位和居民，并向环境保护主管部门和有关部门报告。

突发环境事件应急处置工作结束后，有关人民政府应当立即组织评估事件造成的环境影响和损失，并及时将评估结果向社会公布。

第四十八条 生产、储存、运输、销售、使用、处置化学物品和含有放射性物质的物品，应当遵守国家有关规定，防止污染环境。

第四十九条 各级人民政府及其农业等有关部门和机构应当指导农业生产经营者科学种植和养殖，科学合理施用农药、化肥等农业投入品，科学处置农用薄膜、农作物秸秆等农业废弃物，防止农业面源污染。

禁止将不符合农用标准和环境保护标准的固体废物、废水施入农田。施用农药、化肥等农业投入品及进行灌溉，应当采取措施，防止重金属和其他有毒有害物质污染环境。

畜禽养殖场、养殖小区、定点屠宰企业等的选址、建设和管理应当符合有关法律法规规定。从事畜禽养殖和屠宰的单位和个人应当采取措施，对畜禽粪便、尸体和污水等废弃物进行科学处置，防止污染环境。

县级人民政府负责组织农村生活废弃物的处置工作。

第五十条 各级人民政府应当在财政预算中安排资金，支持农村饮用水水源地保护、生活污水和其他废弃物处理、畜禽养殖和屠宰污染防治、土壤污染防治和农村工矿污染治理等环境保护工作。

第五十一条 各级人民政府应当统筹城乡建设污水处理设施及配套管网，固体废物的收集、运输和处置等环境卫生设施，危险废物集中处置设施、场所以及其他环境保护公共设施，并保障其正常运行。

第五十二条 国家鼓励投保环境污染责任保险。

第五章　信息公开和公众参与

第五十三条 公民、法人和其他组织依法享有获取环境信息、参与和监督环境保护的权利。

各级人民政府环境保护主管部门和其他负有环境保护监督管理职责的部门，应当依法公开环境信息、完善公众参与程序，为公民、法人和其他组织参与和监督环境保护提供便利。

第五十四条 国务院环境保护主管部门统一发布国家环境质量、重点污染源监测信息及其他重大环境信息。省级以上人民政府环境保护主管部门定期发布环境状况公报。

县级以上人民政府环境保护主管部门和其他负有环境保护监督管理职责的部门，应当依法公开环境质量、环境监测、突发环境事件以及环境行政许可、行政处罚、排污费的征收和使用情况等信息。

县级以上地方人民政府环境保护主管部门和其他负有环境保护监督管理职责的部门，应当将企业事业单位和其

他生产经营者的环境违法信息记入社会诚信档案，及时向社会公布违法者名单。

第五十五条 重点排污单位应当如实向社会公开其主要污染物的名称、排放方式、排放浓度和总量、超标排放情况，以及防治污染设施的建设和运行情况，接受社会监督。

第五十六条 对依法应当编制环境影响报告书的建设项目，建设单位应当在编制时向可能受影响的公众说明情况，充分征求意见。

负责审批建设项目环境影响评价文件的部门在收到建设项目环境影响报告书后，除涉及国家秘密和商业秘密的事项外，应当全文公开；发现建设项目未充分征求公众意见的，应当责成建设单位征求公众意见。

第五十七条 公民、法人和其他组织发现任何单位和个人有污染环境和破坏生态行为的，有权向环境保护主管部门或者其他负有环境保护监督管理职责的部门举报。

公民、法人和其他组织发现地方各级人民政府、县级以上人民政府环境保护主管部门和其他负有环境保护监督管理职责的部门不依法履行职责的，有权向其上级机关或者监察机关举报。

接受举报的机关应当对举报人的相关信息予以保密，保护举报人的合法权益。

第五十八条 对污染环境、破坏生态，损害社会公共利益的行为，符合下列条件的社会组织可以向人民法院提起诉讼：

（一）依法在设区的市级以上人民政府民政部门登记；

（二）专门从事环境保护公益活动连续五年以上且无违法记录。

符合前款规定的社会组织向人民法院提起诉讼，人民法院应当依法受理。

提起诉讼的社会组织不得通过诉讼牟取经济利益。

第六章 法律责任

第五十九条 企业事业单位和其他生产经营者违法排放污染物，受到罚款处罚，被责令改正，拒不改正的，依法作出处罚决定的行政机关可以自责令改正之日的次日起，按照原处罚数额按日连续处罚。

前款规定的罚款处罚，依照有关法律法规按照防治污染设施的运行成本、违法行为造成的直接损失或者违法所得等因素确定的规定执行。

地方性法规可以根据环境保护的实际需要，增加第一款规定的按日连续处罚的违法行为的种类。

第六十条 企业事业单位和其他生产经营者超过污染物排放标准或者超过重点污染物排放总量控制指标排放污染物的，县级以上人民政府环境保护主管部门可以责令其采取限制生产、停产整治等措施；情节严重的，报经有批准权的人民政府批准，责令停业、关闭。

第六十一条 建设单位未依法提交建设项目环境影响评价文件或者环境影响评价文件未经批准，擅自开工建设的，由负有环境保护监督管理职责的部门责令停止建设，处以罚款，并可以责令恢复原状。

第六十二条 违反本法规定，重点排污单位不公开或者不如实公开环境信息的，由县级以上地方人民政府环境保护主管部门责令公开，处以罚款，并予以公告。

第六十三条 企业事业单位和其他生产经营者有下列行为之一，尚不构成犯罪的，除依照有关法律法规规定予以处罚外，由县级以上人民政府环境保护主管部门或者其他有关部门将案件移送公安机关，对其直接负责的主管人员和其他直接责任人员，处十日以上十五日以下拘留；情节较轻的，处五日以上十日以下拘留：

（一）建设项目未依法进行环境影响评价，被责令停止建设，拒不执行的；

（二）违反法律规定，未取得排污许可证排放污染物，被责令停止排污，拒不执行的；

（三）通过暗管、渗井、渗坑、灌注或者篡改、伪造监测数据，或者不正常运行防治污染设施等逃避监管的方式违法排放污染物的；

（四）生产、使用国家明令禁止生产、使用的农药，被责令改正，拒不改正的。

第六十四条 因污染环境和破坏生态造成损害的，应当依照《中华人民共和国侵权责任法》的有关规定承担侵权责任。

第六十五条 环境影响评价机构、环境监测机构以及从事环境监测设备和防治污染设施维护、运营的机构，在有关环境服务活动中弄虚作假，对造成的环境污染和生态破坏负有责任的，除依照有关法律法规规定予以处罚外，还应当与造成环境污染和生态破坏的其他责任者承担连带责任。

第六十六条 提起环境损害赔偿诉讼的时效期间为三年，从当事人知道或者应当知道其受到损害时起计算。

第六十七条　上级人民政府及其环境保护主管部门应当加强对下级人民政府及其有关部门环境保护工作的监督。发现有关工作人员有违法行为，依法应当给予处分的，应当向其任免机关或者监察机关提出处分建议。

依法应当给予行政处罚，而有关环境保护主管部门不给予行政处罚的，上级人民政府环境保护主管部门可以直接作出行政处罚的决定。

第六十八条　地方各级人民政府、县级以上人民政府环境保护主管部门和其他负有环境保护监督管理职责的部门有下列行为之一的，对直接负责的主管人员和其他直接责任人员给予记过、记大过或者降级处分；造成严重后果的，给予撤职或者开除处分，其主要负责人应当引咎辞职：

（一）不符合行政许可条件准予行政许可的；

（二）对环境违法行为进行包庇的；

（三）依法应当作出责令停业、关闭的决定而未作出的；

（四）对超标排放污染物、采用逃避监管的方式排放污染物、造成环境事故以及不落实生态保护措施造成生态破坏等行为，发现或者接到举报未及时查处的；

（五）违反本法规定，查封、扣押企业事业单位和其他生产经营者的设施、设备的；

（六）篡改、伪造或者指使篡改、伪造监测数据的；

（七）应当依法公开环境信息而未公开的；

（八）将征收的排污费截留、挤占或者挪作他用的；

（九）法律法规规定的其他违法行为。

第六十九条 违反本法规定，构成犯罪的，依法追究刑事责任。

第七章　附则

第七十条 本法自2015年1月1日起施行。

大气污染防治行动计划实施情况考核办法（试行）

（国办发〔2014〕21号　国务院办公厅2014年4月30日印发）

第一条　为严格落实大气污染防治工作责任，强化监督管理，加快改善空气质量，根据《国务院关于印发大气污染防治行动计划的通知》（国发〔2013〕37号）和《国务院办公厅关于印发大气污染防治行动计划重点工作部门分工方案的通知》（国办函〔2013〕118号）等有关规定，制定本办法。

第二条　本办法适用于对各省（区、市）人民政府《大气污染防治行动计划》（以下称《大气十条》）实施情况的年度考核和终期考核。

第三条　考核指标包括空气质量改善目标完成情况和大气污染防治重点任务完成情况两个方面。

空气质量改善目标完成情况以各地区细颗粒物（PM2.5）或可吸入颗粒物（PM10）年均浓度下降比例作为考核指标。

京津冀及周边地区（北京市、天津市、河北省、山西省、内蒙古自治区、山东省）、长三角区域（上海市、江苏省、浙江省）、珠三角区域（广东省广州市、深圳市、珠海市、佛山市、江门市、肇庆市、惠州市、东莞市、中山市等9个城市）、重庆市以PM2.5年均浓度下降比例作为考核指标。其他地区以PM10年均浓度下降比例作为考核指标。

大气污染防治重点任务完成情况包括产业结构调整优化、清洁生产、煤炭管理与油品供应、燃煤小锅炉整治、工业大气污染治理、城市扬尘污染控制、机动车污染防治、建筑节能与供热计量、大气污染防治资金投入、大气环境管理等10项指标。

各项指标的定义、考核要求和计分方法等由环境保护部商有关部门另行印发。

第四条　年度考核采用评分法，空气质量改善目标完成情况和大气污染防治重点任务完成情况满分均为100分，综合考核结果分为优秀、良好、合格、不合格四个等级。

终期考核和全国除京津冀及周边地区、长三角区域、珠三角区域以外的其他地区的年度考核，仅考核空气质量

改善目标完成情况。

第五条　地方人民政府是《大气十条》实施的责任主体。各省（区、市）人民政府要依据国家确定的空气质量改善目标，制定本地区《大气十条》实施细则和年度工作计划，将目标、任务分解到市（地）、县级人民政府，把重点任务落实到相关部门和企业，并确定年度空气质量改善目标，合理安排重点任务和治理项目实施进度，明确资金来源、配套政策、责任部门和保障措施等。

实施细则和年度工作计划是考核工作的重要依据，要向社会公开，并报送环境保护部。

第六条　各省（区、市）人民政府应按照考核要求，建立工作台账，对《大气十条》实施情况进行自查，并于每年2月底前将上年度自查报告报送环境保护部，抄送发展改革委、工业和信息化部、财政部、住房城乡建设部、能源局。自查报告应包括空气质量改善、重点工作任务、治理项目进展及资金投入等情况。

第七条　考核工作由环境保护部会同发展改革委、工业和信息化部、财政部、住房城乡建设部、能源局等部门负责，考核结果于每年5月底前报告国务院。

第八条　考核结果经国务院审定后向社会公开，并交由干部主管部门按照《关于建立促进科学发展的党政领导班子和领导干部考核评价机制的意见》、《地方党政领导班子和领导干部综合考核评价办法（试行）》、《关于改进地方党政领导班子和领导干部政绩考核工作的通知》、《关于开展政府绩效管理试点工作的意见》等规定，作为对各地区领导班子和领导干部综合考核评价的重要依据。

中央财政将考核结果作为安排大气污染防治专项资金的重要依据，对考核结果优秀的将加大支持力度，不合格的将予以适当扣减。

第九条　对未通过年度考核的地区，由环境保护部会同组织部门、监察机关等部门约谈省（区、市）人民政府及其相关部门有关负责人，提出整改意见，予以督促，并暂停该地区有关责任城市新增大气污染物排放建设项目（民生项目与节能减排项目除外）的环境影响评价文件审批，取消国家授予的环境保护荣誉称号。

对未通过终期考核的地区，除暂停该地区所有新增大气污染物排放建设项目（民生项目与节能减排项目除外）的环境影响评价文件审批外，要加大问责力度，必要时由国务院领导同志约谈省（区、市）人民政府主要负责人。

第十条　在考核中发现篡改、伪造监测数据的，其考核结果确定为不合格，并按照《大气十条》有关规定由监察机关依法依纪严肃追究有关单位和人员的责任。

第十一条　各省（区、市）人民政府可根据本办法，结合各自实际情况，对本地区《大气十条》实施情况开展考核。

第十二条　本办法由环境保护部负责解释。

附件：考核指标（略）

废弃电器电子产品处理基金征收使用管理办法

（财综[2012]34号　财政部、环境保护部、国家发展改革委、工业和信息化部、海关总署、国家税务总局
二〇一二年五月二十一日印发）

第一章　总　则

第一条　为了规范废弃电器电子产品处理基金征收使用管理，根据《废弃电器电子产品回收处理管理条例》（国务院令第551号，以下简称《条例》）的规定，制定本办法。

第二条　废弃电器电子产品处理基金（以下简称基金）是国家为促进废弃电器电子产品回收处理而设立的政府性基金。

第三条　基金全额上缴中央国库，纳入中央政府性基金预算管理，实行专款专用，年终结余结转下年度继续使用。

第二章　征收管理

第四条　电器电子产品生产者、进口电器电子产品的收货人或者其代理人应当按照本办法的规定履行基金缴纳义务。

电器电子产品生产者包括自主品牌生产企业和代工生产企业。

第五条 基金分别按照电器电子产品生产者销售、进口电器电子产品的收货人或者其代理人进口的电器电子产品数量定额征收。

第六条 纳入基金征收范围的电器电子产品按照《废弃电器电子产品处理目录》（以下简称《目录》）执行，具体征收范围和标准见附件。

第七条 财政部会同环境保护部、国家发展改革委、工业和信息化部根据废弃电器电子产品回收处理补贴资金的实际需要，在听取有关企业和行业协会意见的基础上，适时调整基金征收标准。

第八条 电器电子产品生产者应缴纳的基金，由国家税务局负责征收。进口电器电子产品的收货人或者其代理人应缴纳的基金，由海关负责征收。

第九条 电器电子产品生产者按季申报缴纳基金。

国家税务局对电器电子产品生产者征收基金，适用税收征收管理的规定。

第十条 进口电器电子产品的收货人或者其代理人在货物申报进口时缴纳基金。

海关对基金的征收缴库管理，按照关税征收缴库管理的规定执行。

第十一条 对采用有利于资源综合利用和无害化处理的设计方案以及使用环保和便于回收利用材料生产的电器电子产品，可以减征基金，具体办法由财政部会同环境保护部、国家发展改革委、工业和信息化部、税务总局、海关总署另行制定。

第十二条 电器电子产品生产者生产用于出口的电器电子产品免征基金，由电器电子产品生产者依据《中华人民共和国海关出口货物报关单》列明的出口产品名称和数量，向国家税务局申请从应缴纳基金的产品销售数量中扣除。

第十三条 电器电子产品生产者进口电器电子产品已缴纳基金的，国内销售时免征基金，由电器电子产品生产者依据《中华人民共和国海关进口货物报关单》和《进口废弃电器电子产品处理基金缴款书》列明的进口产品名称和数量，向国家税务局申请从应缴纳基金的产品销售数量中扣除。

第十四条 基金收入在政府收支分类科目中列103类01款75项“废弃电器电子产品处理基金收入”（新增）下的有关目级科目。

第十五条 未经国务院批准或者授权，任何地方、部门和单位不得擅自减免基金，不得改变基金征收对象、范围和标准。

第十六条 电器电子产品生产者、进口电器电子产品的收货人或者其代理人缴纳的基金计入生产经营成本，准予在计算应纳税所得额时扣除。

第三章 使用管理

第十七条 基金使用范围包括：

（一）废弃电器电子产品回收处理费用补贴；

（二）废弃电器电子产品回收处理和电器电子产品生产销售信息管理系统建设，以及相关信息采集发布支出；

（三）基金征收管理经费支出；

（四）经财政部批准与废弃电器电子产品回收处理相关的其他支出。

第十八条 依照《条例》和《废弃电器电子产品处理资格许可管理办法》（环境保护部令第13号）的规定取得废弃电器电子产品处理资格的企业（以下简称处理企业），对列入《目录》的废弃电器电子产品进行处理，可以申请基金补贴。

给予基金补贴的处理企业名单，由财政部、环境保护部会同国家发展改革委、工业和信息化部向社会公布。

第十九条 国家鼓励电器电子产品生产者自行回收处理列入《目录》的废弃电器电子产品。各省（区、市）环境保护主管部门在编制本地区废弃电器电子产品处理发展规划时，应当优先支持电器电子产品生产者设立处理企业。

第二十条 对处理企业按照实际完成拆解处理的废弃电器电子产品数量给予定额补贴。

基金补贴标准为：电视机85元/台、电冰箱80元/台、洗衣机35元/台、房间空调器35元/台、微型计算机85元/台。

上述实际完成拆解处理的废弃电器电子产品是指整机，不包括零部件或散件。

财政部会同环境保护部、国家发展改革委、工业和信息化部根据废弃电器电子产品回收处理成本变化情况，在听取有关企业和行业协会意见的基础上，适时调整基金补贴标准。

第二十一条 处理企业拆解处理废弃电器电子产品应当符合国家有关资源综合利用、环境保护的要求和相关技术规范，并按照环境保护部制定的审核办法核定废弃电器电子产品拆解处理数量后，方可获得基金补贴。

第二十二条 处理企业按季对完成拆解处理的废弃电器电子产品种类、数量进行统计，填写《废弃电器电子产品拆解处理情况表》，并在每个季度结束次月的5日前报送各省（区、市）环境保护主管部门。

第二十三条 处理企业报送《废弃电器电子产品拆解处理情况表》时，应当同时提供以下资料：

（一）废弃电器电子产品入库和出库记录报表；

（二）废弃电器电子产品拆解处理作业记录报表；

（三）废弃电器电子产品拆解产物出库和入库记录报表；

（四）废弃电器电子产品拆解产物销售凭证或处理证明。

相关报表和凭证按照环境保护部统一规定的格式报送。

第二十四条 各省（区、市）环境保护主管部门接到处理企业报送的《废弃电器电子产品拆解处理情况表》及相关资料后组织开展审核工作，并在每个季度结束次月的月底前将审核意见连同处理企业填写的《废弃电器电子产品拆解处理情况表》，以书面形式上报环境保护部。

环境保护部负责对各省（区、市）环境保护主管部门上报情况进行核实，确认每个处理企业完成拆解处理的废弃电器电子产品种类、数量，并汇总提交财政部。

财政部按照环境保护部提交的废弃电器电子产品拆解处理种类、数量和基金补贴标准，核定对每个处理企业补贴金额并支付资金。资金支付按照国库集中支付制度有关规定执行。

第二十五条 环境保护部、税务总局、海关总署等有关部门应当按照中央政府性基金预算编制的要求，编制年度基金支出预算，报财政部审核。

财政部应当按照预算管理规定审核基金支出预算并批复下达相关部门。

第二十六条 基金支出在政府收支分类科目中列211类61款“废弃电器电子产品处理基金支出”（新增）。

第四章 监督管理

第二十七条 电器电子产品生产者、进口电器电子产品的收货人或者其代理人应当分别向国家税务局、海关报送电器电子产品销售和进口的基本数据及情况，并按照规定申报缴纳基金，自觉接受国家税务局、海关的监督检查。

第二十八条 处理企业应当按照规定建立废弃电器电子产品的数据信息管理系统，跟踪记录废弃电器电子产品接收、贮存和处理，拆解产物出入库和销售，最终废弃物出入库和处理等信息，全面反映废弃电器电子产品在处理企业内部运转流程，并如实向环境保护等主管部门报送废弃电器电子产品回收和拆解处理的基本数据及情况。

第二十九条 处理企业申请基金补贴相关资料及记录废弃电器电子产品回收和拆解处理情况的原始凭证应当妥善保存备查，保存期限不得少于5年。

第三十条 环境保护部和各省（区、市）环境保护主管部门应当建立健全基金补贴审核制度，通过数据系统比对、书面核查、实地检查等方式，加强废弃电器电子产品拆解处理的环保核查和数量审核，防止弄虚作假、虚报冒领补贴资金等行为的发生。

第三十一条 财政部会同环境保护部、国家发展改革委、工业和信息化部建立实时监控废弃电器电子产品回收处理和生产销售的信息管理系统（以下简称监控系统）。

处理企业和电器电子产品生产者应当配合有关部门建立监控系统。处理企业建立的废弃电器电子产品数据信息管理系统应当与监控系统对接。电器电子产品生产者应当按照建立监控系统的要求，登记企业信息并报送电器电子产品生产销售情况。

第三十二条 财政部、审计署、环境保护部、国家发展改革委、工业和信息化部、税务总局、海关总署应当按照职责加强对基金缴纳、使用情况的监督检查，依法对基金违法违规行为进行处理、处罚。

第三十三条 有关行业协会应当协助环境保护主管部门和财政部门做好废弃电器电子产品拆解处理种类、数量的审核工作。

第三十四条 环境保护部和各省（区、市）环境保护主管部门应当分别公开全国和本地区处理企业拆解处理废弃电器电子产品及接受基金补贴情况，接受公众监督。

任何单位和个人有权监督和举报基金缴纳和使用中的违法违规问题。有关部门应当按照职责分工对单位和个人举报投拆的问题进行调查和处理。

第五章 法律责任

第三十五条 单位和个人有下列情形之一的，依照《财政违法行为处罚处分条例》（国务院令第427号）和《违反行政事业性收费和罚没收入收支两条线管理规定行政处分暂行规定》（国务院令第281号）等法律法规进行处理、处罚、处分；构成犯罪的，依法追究刑事责任：

（一）未经国务院批准或者授权，擅自减免基金或者改变基金征收范围、对象和标准的；

（二）以虚报、冒领等手段骗取基金补贴的；

（三）滞留、截留、挪用基金的；

（四）其他违反政府性基金管理规定的行为。

处理企业有第一款第（二）项行为的，取消给予基金补贴的资格，并向社会公示。

第三十六条 电器电子产品生产者违反基金征收管理规定的，由国家税务局比照税收违法行为予以行政处罚。进口电器电子产品的收货人或者其代理人违反基金征收管理规定的，由海关比照关税违法行为予以行政处罚。

第三十七条 基金征收、使用管理有关部门的工作人员违反本办法规定，在基金征收和使用管理工作中滥用职权、玩忽职守、徇私舞弊，构成犯罪的，依法追究刑事责任；尚不构成犯罪的，依法给予处分。

第六章 附 则

第三十八条 本办法由财政部、环境保护部、国家发展改革委、工业和信息化部、税务总局、海关总署负责解释。

第三十九条 本办法自2012年7月1日起执行。

附：1. 对电器电子产品生产者征收基金的产品范围和征收标准（略）

2. 对进口电器电子产品征收基金适用的商品名称、海关税则号列和征收标准（2012年版）（略）

单位国内生产总值二氧化碳排放降低目标责任考核评估办法

（发改气候[2014]1828号 国家发展改革委2014年8月6日印发）

第一条 根据《中华人民共和国国民经济和社会发展第十二个五年规划纲要》和《国务院关于印发“十二五”控制温室气体排放工作方案的通知》（国发〔2011〕41号），为完成控制温室气体排放任务，扎实推进基础工作与能力建设，确保实现“十二五”单位国内生产总值二氧化碳排放降低目标，特制订本办法。

第二条 考核评估工作按照责任落实、措施落实、工作落实的总体要求，坚持目标导向、突出重点、易于操作、奖惩分明的原则。

第三条 考核评估对象为各省(自治区、直辖市)人民政府。

第四条 考核内容为单位地区生产总值二氧化碳排放降低目标完成情况，评估内容为任务与措施落实情况、基础工作与能力建设落实情况等。

第五条 考核评估采用百分制评分法，满分100分。考核评估结果划分为优秀、良好、合格、不合格四个等级。考核评估得分90分以上为优秀，80分以上、90分以下为良好，60分以上、80分以下为合格，60分以下为不合格（以上包括本数，以下不包括本数）。其中，“合格”的前提条件是单位地区生产总值二氧化碳排放年度降低目标和累计进度目标均如期完成。未完成以上两项指标的省（自治区、直辖市），无论总分是否超出60分，考核评估结果均为不合格。

第六条 考核评估工作与国民经济和社会发展五年规划相对应，五年为一个考核评估期，采用年度考核评估和期末考核评估相结合的方式进行。在考核评估期的每年下半年开展上年度考核，在考核评估期结束后的第二年下半年开展期末考核。

第七条 考核采取以下步骤：

(一) 考核对象自评。各省(自治区、直辖市)人民政府根据 “省级人民政府单位地区生产总值二氧化碳排放降低目标考核评估指标及评分细则”准备考核材料，填写“数据核查表”，开展自评估，并于每年7月底前将自评估报告报国务院，同时抄送发展改革委。

(二)初步审核。发展改革委会同工业和信息化部、统计局、能源局、林业局组成考核评估工作组，对各地提交的自评估报告和相关数据资料进行初步审核。

(三) 现场评价考核。考核评估工作组对各省（自治区、直辖市）进行集中核查和重点抽查，划定考核等级，形成综合考核评估报告，并反馈意见。

(四) 考核结果审定与公布。发展改革委在每年10月底前将综合考核评估报告上报国务院，经国务院审定后，向社会公告。

第八条 经国务院审定后的考核评估结果，交由干部主管部门，作为对各省（自治区、直辖市）人民政府领导班子和相关领导干部综合考核评价的重要内容。

第九条 对考核评估结果为优秀的省级人民政府，国务院予以通报表扬，有关部门在相关项目安排上优先予以考虑。

第十条 考核评估结果为不合格的省级人民政府，要在考核评估结果公告后一个月内，向国务院做出书面报告，提出限期整改措施，并抄送发展改革委。

第十一条 对在考核评估工作中瞒报、谎报情况的地区，予以通报批评；对因失职渎职等整改不到位造成严重后果的，移交监察机关依法依纪追究该地区有关责任人员的责任。

第十二条 本办法自发布之日起施行。

再制造产品“以旧换再”推广试点企业评审、管理、核查工作办法

（发改办环资[2014]2202号 国家发展改革委办公厅、财政部办公厅、工业和信息化部办公厅、商务部办公厅、质检总局办公厅2014年9月15日印发）

第一章 总 则

第一条 根据《再制造产品“以旧换再”试点实施方案》等要求， 制定本办法。

第二条 在国家组织公开征集后，再制造“以旧换再”推广试点企业的评审、管理、核查等环节适用本办法。

第二章 评 审

第三条 评审活动遵循公平、公正、科学和择优的原则。

第四条 评审依据如下：

（一）征集文件及其补充通知；

（二）有效的申请文件及其评审要求说明的文件；

（三）参照《中华人民共和国政府采购法》、《中华人民共和国招标投标法》等相关程序性规定。

第五条 评审工作由专家组成评审委员会负责。评审委员会包括5位技术、经济（含财务）专家（具有副高以上职称），在正式评审的一周前组成，由评审组织机构在征集人（五部委相关司局）监督下，从专家名单中随机抽取。专家名单由各征集单位推荐组成，总数不少于12人。评审委员会设主任1人，由评审委员会推荐产生。评审委员会成员有下列情形之一的，应当回避：

（一）征集人或申请单位的主要负责人的近亲属；

（二）项目主管部门或者行政监督部门的人员；

（三）与申请单位有经济利益关系，可能影响公正评审的；

（四）其他可能影响评审工作客观公正的情形的。

第六条 评审委员应客观、公正地履行职责，严格按照征集文件、评审细则和国家有关规定进行评审，不得随意修改评审办法。

评审委员会成员对其提出的评审意见承担个人责任。

所有评审委员和工作人员不得与任何申请单位进行私下接触，不得接受申请单位的宴请，不得收受申请单位的馈赠或其他好处。

申请单位在申请文件的审查、评审和确定过程中，对评审委员或征集人施加影响和试图获取评审信息的任何行为，都将导致取消其确定资格。

第七条 评审程序包括形式审查、详细评审、评审报告三个环节。形式审查由评审组织机构在详细评审前组织。

第八条 形式审查原则上应当在征集结束后的 15 个工作日内适时组织。审查标准为征集公告中“申请单位必须具备以下资格条件”规定的内容，且营业执照、生产许可证、质量体系认证证书经过年检并在有效期内。同时检查申请文件内容的完整性。不能通过形式审查的申请单位不再进入后续的评审程序。

第九条 详细评审以评审会议的形式进行。评审委员会根据形式审查的结果，确定进入详细评审的申请单位名单。

申请单位的法定代表人或其委托代理人参加评审会议。申请单位代表必须携带本人身份证原件及复印件，如非法人代表本人，还需携带法人代表授权书原件，签到出席会议，否则视为该申请单位自动弃权。

（一）评审开始后首先进行申请单位代表人的陈述。各申请单位代表按本单位简称英文排序的顺序进行陈述。

（二）陈述参加人：每家申请单位不超过 3 人。

（三）陈述要求：陈述内容主要为公司综合概况、管理规模与收益、风险防控体系与制度、本项目投资服务方案等方面。陈述时需用 PPT 文件进行展示，每家单位陈述时间为20分钟，提问、答疑时间为10分钟。陈述内容将被记录，有可能被写入承诺条款或操作流程备忘录。

评审委员会根据申请材料和申请陈述对申请单位进行综合分析、比较、评审，采用综合评分法进行打分。

第十条 评审委员会对进入详细评审阶段的申请单位的申请，依据评分标准对评价项目进行独立评审、现场计分。计分采取记名的方式进行，取各评委打分的算术平均值即为各申请单位的最后得分（评委评分保留小数点后一位有效数字，价格计分和汇总最后得分保留小数点后二位有效数字，后面的数字四舍五入）。

第十一条 评审组织机构根据评审委员会的评审结果编写评审报告。评审报告应详细说明形式评审和详细评审的情况，并按得分情况提出候选人，以书面评审报告的方式向征集人推荐通过候选及排序。评审报告须经所有评审委员签名。评审报告应当在详细评审环节完成后的10个工作日内完成并提交。

第十二条 征集人根据评审报告在10个工作日内确定推广单位。评审委员会的评审结论是候选人能否通过评审的主要依据，但其最终结果需在征集上限范围内，根据财政资金规模由征集人按照分数高低自上而下确定。

第十三条 征集人以公告形式在国家发展改革委等部门的网站上公布推广单位，并向通过单位发确定通知书。通过单位在收到确定通知书后，应在征集人要求的时间内，派其法定代表人或其授权委托人持有效证件签订承诺书。通过单位未在规定时间内前往签订承诺书，征集人可取消其通过资格。

第三章 日常管理

第十四条 国家委托有关机构开发了“再制造产品以旧换再管理信息系统”（下称“信息系统”），系统的登录地址及操作指南将由征集人共同公布。

各推广试点企业、网点和各级主管部门的登录用户名、密码将以传真的形式发放。各试点企业回收旧件型号、生产再制造件型号以及推广网点信息已初始化到信息系统中。

第十五条 消费者参加“以旧换再”操作流程如下：

（一）消费者将符合规定的旧件交售给试点企业推广网点，网点将旧件信息和消费者信息录入“信息系统”；

（二）消费者凭身份证原件购买规定的再制造产品；

（三）网点在“信息系统”中录入消费者购买的再制造产品品类、型号、销售价格、以旧换再识别码、发票号码等信息，最后通过“信息系统”打印《“以旧换再”补贴资金联单管理表》；

（四）消费者需核实有关信息并现场签字确认；

（五）网点按照扣除旧件残值、补贴款后的价格销售再制造产品；

（六）消费者有义务接受第三方机构的咨询核查。

第十六条 试点企业及其推广网点职责如下：

（一）各试点企业要利用各种途径向社会公布其参加推广的再制造产品型号、价格、推广网点信息和承诺书，

并在各推广网点张贴明显的公告信息。

（二）各推广网点要及时记录购买人、再制造产品和回收旧件等信息，并实时录入“信息系统”，复印有关身份证明，向消费者开具增值税发票。

（三）各推广网点要定期审核各项销售信息，并及时汇总到推广试点企业。

（四）每个月第 10 个工作日前，推广试点企业汇总系统内各网点的上个月再制造产品推广数据及补贴资金数据并进行审核，审核后将上个月参加“以旧换再”消费者的身份证复印件、消费者签字的《“以旧换再”补贴资金联单管理表》、以旧换再推广情况表等材料装订好后一并送试点企业所在地市级循环经济发展综合管理部门审核。

（五）各试点企业要加强对网点的监督检查，防止骗补、不按承诺价格销售的情况，设立公开监督举报电话。

第十七条 地方各级部门职责如下；

（一）各推广试点企业所在地市级循环经济发展综合管理部门在收到推广试点企业报送的上述相关材料后，要会同同级工业和信息化主管部门，组织人员或委托第三方机构将材料和信息系统中的相关信息进行核对。核对无误的，在信息系统中点击“审核通过”。

（二）经市级循环经济发展综合管理部门、工业和信息化管理部门审核通过的资料，将通过系统自动发送到本级财政部门审核，市级财政部门要通过信息系统核对相关数据，确认无误后在信息系统中点击“审核通过”，并向试点企业发放补贴款。

（三）市级循环经济发展综合管理部门、财政部门、工业和信息化部门应在本季度第 1 个月底前通过“信息系统”将上一季度产品推广和相关补贴发放数据报送至省级循环经济发展综合管理部门、财政部门、工业和信息化部门。

（四）省级循环经济发展综合管理部门、财政部门、工业和信息化部门应组织人员或委托第三方机构对上报的数据进行复核，并在接到数据后的10个工作日内通过“信息系统”将相关补贴发放数据报送国家发展改革委、财政部、工业和信息化部。

第十八条 为加强对再制造产品“以旧换再”日常工作的有效管理，国家委托第三方机构负责此项工作的运行数据核查和其他日常监督管理工作，具体单位名单将根据产品类型另行确定。

第三方机构应当按照委托对信息系统的数据进行核实，通过电话或实地走访等方式按照日常交易量的 5%-10%的比例，向参加“以旧换再”的消费者和网点抽查相关交易的真实性，对核查情况需实时记录备查。

第四章 核查与监督

第十九条 国家发展改革委将会同有关部门组织人员定期赴各地检查政策执行情况，如检查或抽查中发现推广试点企业骗取补贴资金的，将按照《再制造产品“以旧换再”试点实施方案》的规定处理。

第二十条 国家发展改革委、财政部会同工业和信息化部、商务部、质检总局不定期组织开展再制造产品“以旧换再”推广专项核查。

（一）对产品质量的核查

国家采取随机抽取的方式确定抽查的具体产品，并拍照、记录、封存后由推广试点企业负责将被抽 中产品送至国家指定的检测机构进行检测。检测结果在网站公布。

（二）对推广情况真实性的核查

国家采用随机抽取的方式确定需核查的推广网点名单，并采取核查票据、交叉检查、新闻媒体暗访等形式，对推广情况进行核实。

第二十一条 再制造产品应该符合保障人体健康和人身、财产安全的国家标准、行业标准等要求。不得在产品中掺杂、掺假，以假充真，以次充好，或者以不合格产品冒充合格产品。对不符合上述要求的，相关部门将按照职责依法处理。

第二十二条 试点企业、推广网点、各级政府部门需对消费者的个人信息等进行保密，不得用于其他经营性活动。

国家通过“信息系统”和有关部委官方网站公开“以旧换再”推广情况。

第二十三条 国家建立社会监督机制。

（一）各省级循环经济发展综合管理部门、工业和信息化部门、财政部门应当设立群众举报信箱和电话，接受群众监督。

（二）各有关部门接到举报后，应及时进行调查并在 30 个工作日内在其网站或指定的媒体上向社会公开核实情况及处理意见。

第二十四条 地方循环经济发展综合管理部门、工业和信息化主管部门要设立再制造产品“以旧换再”推广活动监督举报邮箱，对收到群众反映的有关问题要及时核实，依法转相关部门处理，并及时向国家发展改革委、财政部等有关部门反馈。

国家发展改革委、财政部会同有关部门，按照《再制造产品“以旧换再”试点实施方案》的要求对推广试点企业提供虚假信息、骗取补助资金等问题进行处理。

国家发展改革委办公厅
财 政 部 办 公 厅
工业和信息化部办公厅
商 务 部 办 公 厅
质检总局办公厅
2014年9月15日

煤矸石综合利用管理办法（2014年修订版）

（国家发展改革委、科技部、工业和信息化部、财政部、国土资源部、环境保护部、住房城乡建设部、税务总局局、质检总局、安全监管总局二〇一四年十二月二十二日公布）

第一章 总则

第一条 为深入推进煤矸石综合利用健康有序发展，发展循环经济，减少其对土地资源占用和环境影响，提高资源利用效率，促进煤矿安全生产，根据《清洁生产促进法》、《固体废物污染环境防治法》、《循环经济促进法》、《煤炭法》等法律，制定本办法。

第二条 中华人民共和国境内对煤矸石综合利用的管理活动，适用本办法。

本办法所称煤矸石，是指煤矿在开拓掘进、采煤和煤炭洗选等生产过程中排出的含碳岩石，是煤矿生产过程中的废弃物。

本办法所称煤矸石综合利用，是指利用煤矸石进行井下充填、发电、生产建筑材料、回收矿产品、制取化工产品、筑路、土地复垦等。

第三条 煤矸石综合利用应当坚持减少排放和扩大利用相结合，实行就近利用、分类利用、大宗利用、高附加值利用，提升技术水平，实现经济效益、社会效益和环境效益有机统一，加强全过程管理，提高煤矸石利用量和利用率。

第二章 综合管理

第四条 国家发展改革委会同科技部、工业和信息化部、财政部、国土资源部、环境保护部、住房城乡建设部、税务总局、质检总局、安全监管总局、能源局、煤矿安监局等负责起草、拟订、发布煤矸石综合利用相关规划、产业和扶持政策、技术规范等，并在各自职责范围内开展煤矸石综合利用管理工作。

第五条 省、自治区、直辖市人民政府资源综合利用主管部门负责本办法的贯彻实施，以及本行政区域内煤矸石综合利用活动的监督、管理和协调工作。省、自治区、直辖市人民政府其他相关部门在各自职责范围内支持配合煤矸石综合利用工作。

第六条 设区的市级环境保护部门、资源综合利用主管部门会同煤炭行业管理部门负责统计和发布本地区煤矸石产生、贮存、流向、利用、处置等数据信息。

省、自治区、直辖市环境保护部门和资源综合利用主管部门应于每年3月底前，将本地区上年度统计数据报环境保护部、国家发展改革委。

第七条 有关行业协会、社会中介组织要积极发挥在技术指导、市场推广和信息咨询服务等方面的作用，加强行业自律。

第八条 主要产煤省份（内蒙古、山西、陕西、河南、山东、新疆、贵州、安徽、云南等）资源综合利用主管部门，要会同有关部门根据煤炭工业发展规划、矿区总体规划和矿产资源规划等组织编制本行政区域煤矸石综合利用发展规划（或实施方案），并将控制煤矸石利用碳排放纳入当地控制温室气体排放总体工作方案（或低碳发展规划）。

第九条 煤炭开发项目（包括选煤厂项目）的项目核准申请报告中资源开发及综合利用分析篇章中须包括煤矸石综合利用和治理方案，明确煤矸石综合利用途径和处置方式。对未提供煤矸石综合利用方案的煤炭开发项目，有关主管部门不得予以核准。

煤矸石综合利用方案中涉及煤矸石产生单位自行建设的工程，要与煤矿（选煤厂）工程同时设计、同时施工、同时投产使用；涉及为其他单位提供煤矸石的工程，煤矸石利用单位应当具备符合国家产业政策和环境保护要求的生产与处置能力。

第十条 新建（改扩建）煤矿及选煤厂应节约土地、防止环境污染，禁止建设永久性煤矸石堆放场（库）。确需建设临时性堆放场（库）的，其占地规模应当与煤炭生产和洗选加工能力相匹配，原则上占地规模按不超过3年储矸量设计，且必须有后续综合利用方案。煤矸石临时性堆放场（库）选址、设计、建设及运行管理应当符合《一般工业固体废物贮存、处置场污染控制标准》、《煤炭工程项目建设用地指标》等相关要求。

第十一条 煤炭生产企业要因地制宜，采用合理的开采方式，煤炭和耕地复合度高的地区应当采用煤矸石井下充填开采技术，其他具备条件的地区也要优先和积极推广应用此项技术，有效控制地面沉陷、损毁耕地，减少煤矸石排放量。煤炭行业主管部门会同国土资源主管部门制订煤矸石井下充填开采技术标准体系，编制煤矸石井下充填开采方案。

第十二条 利用煤矸石进行土地复垦时，应严格按照《土地复垦条例》和国土、环境保护等相关部门出台的有关规定执行，遵守相关技术规范、质量控制标准和环保要求。

第十三条 煤矸石发电项目应当按照国家有关部门低热值煤发电项目规定进行规划建设，煤矸石使用量不低于入炉燃料的60%（重量比），且收到基低位发热量不低于5020千焦（1200千卡）/千克，应根据煤矸石资源量合理配备循环流化床锅炉及发电机组，并在煤矸石的使用环节配备准确可靠的计量器具。鼓励能量梯级利用，满足周边用户热（冷）负荷需要。对申报资源综合利用认定的发电项目（机组），其入炉混合燃料收到基低位发热量应不高于12550千焦（3000千卡）/千克。

第十四条 煤矸石综合利用要符合国家环境保护相关规定，达标排放。煤矸石发电企业应严格执行《火电厂大气污染物排放标准》等相关标准规定的限值要求和总量控制要求，应建立环保设施管理制度，并实行专人负责；发电机组烟气系统必须安装烟气自动在线监控装置，并符合《固定污染源烟气排放连续监测技术规范》要求，同时保留好完整的脱硫脱硝除尘系统数据，且保存一年以上；煤矸石发电产生的粉煤灰、脱硫石膏、废烟气脱硝催化剂等固体废弃物应按照有关规定进行综合利用和妥善处置。

第十五条 煤矸石产生单位应对既有的煤矸石堆场（库）的安全和环保负责，应制定治理方案，明确整改期限，采取有效综合利用措施消纳煤矸石、消除矸石山；对确难以综合利用的，须采取安全环保措施，并进行无害化处置，按照矿山生态环境保护与恢复治理技术规范等要求进行煤矸石堆场的生态保护与修复，防治煤矸石自燃对大气及周边环境的污染，鼓励对煤矸石山进行植被绿化。

第十六条 下列产品和工程项目，应当符合国家或行业有关质量、环境、节能和安全标准：

（一）利用煤矸石生产的建筑材料或其他与煤矸石综合利用相关的产品；

（二）煤矸石井下充填置换工程；

（三）利用煤矸石或制品的建筑、道路等工程；

（四）其他与煤矸石综合利用相关的工程项目。

第三章 鼓励措施

第十七条 国家鼓励煤矸石大宗利用和高附加值利用：

（一）煤矸石井下充填；

（二）煤矸石循环流化床发电和热电联产；

（三）煤矸石生产建筑材料；

（四）从煤矸石中回收矿产品；

（五）煤矸石土地复垦及矸石山生态环境恢复；

（六）其他大宗、高附加值利用方式。

第十八条 通过国家科技计划（基金、专项）等对煤矸石高附加值利用关键共性技术的自主创新研究和产业化推广给予一定支持。

第十九条 煤矸石利用单位可按照《国家鼓励的资源综合利用认定管理办法》有关要求和程序申报资源综合利用认定。符合条件的，可根据国家有关规定申请享受并网运行、财税等资源综合利用鼓励扶持政策。对符合燃煤发电机组环保电价及环保设施运行管理的煤矸石综合利用发电（含热电联产）企业，可享受环保电价政策。

第二十条 对符合国家或行业质量标准的煤矸石及其制品，设计、施工单位应在设计、建筑施工中优先选用。

第二十一条 各级资源综合利用主管部门应会同相关部门，根据本地区实际情况制定相应的引导、扶持、监管措施。

第四章 监督检查

第二十二条 煤炭开发项目（包括选煤厂项目）正式运行后，煤矸石综合利用未按照项目核准申请报告中的综合利用方案实施的，项目核准部门应监督其限期整改，整改合格后方可进行综合验收。

第二十三条 违反本办法第十条规定，新建（改扩建）煤矿或煤炭洗选企业建设永久性煤矸石堆场的或不符合《煤炭工程项目建设用地指标》要求的，由国土资源等部门监督其限期整改。

违反本办法第十条、第十二条、第十四条、第十六条有关规定对环境造成污染的，由环境保护部门依法处罚；煤矸石发电企业超标排放的，由所在地价格主管部门依据环境保护部门提供的环保设施运行情况，按照燃煤发电机组环保电价及环保设施运行监管办法有关规定罚没其环保电价款，同时环境保护部门每年向社会公告不达标企业名单。

违反本办法第十六条（一）项的，由质量技术监督部门依据《产品质量法》进行处罚；违反本办法第十五条、第十六条（二）（三）（四）项造成安全事故的，由安监部门依据有关规定进行处罚。

对达不到本办法第十三条、第十四条、第十五条、第十六条规定，弄虚作假、不符合质量标准和安全要求、超标排放的，有关部门应及时取消其享受国家相关鼓励扶持政策资格，并限期整改；对已享受国家鼓励扶持政策的，将按照有关法律和相关规定予以处罚和追缴。

第二十四条 任何单位和个人在煤矸石堆场取矸时，要明确安全责任主体，制定安全技术措施，不得影响煤矿生产安全，造成财产损失或引发生产安全事故的，安全监管等部门要依法追究相关单位和人员责任。

第二十五条 对获得国家和地方资金支持的煤矸石综合利用项目，所在地区科技、投资、环保等部门应当对项目进展、资金使用、环境影响情况进行监督检查，并进行资源综合利用效果的后评估。

第五章 附则

第二十六条 本办法自2015年3月1日起施行。原国家经贸委等八部门联合发布的《煤矸石综合利用管理办法》（国经贸资[1998]80号）同时废止。

政策文件

中共中央 国务院政策文件

中共中央 国务院关于加快推进生态文明建设的意见

（2015年4月25日）

生态文明建设是中国特色社会主义事业的重要内容，关系人民福祉，关乎民族未来，事关“两个一百年”奋斗目标和中华民族伟大复兴中国梦的实现。党中央、国务院高度重视生态文明建设，先后出台了一系列重大决策部署，推动生态文明建设取得了重大进展和积极成效。但总体上看我国生态文明建设水平仍滞后于经济社会发展，资源约束趋紧，环境污染严重，生态系统退化，发展与人口资源环境之间的矛盾日益突出，已成为经济社会可持续发展的重大瓶颈制约。

加快推进生态文明建设是加快转变经济发展方式、提高发展质量和效益的内在要求，是坚持以人为本、促进社会和谐的必然选择，是全面建成小康社会、实现中华民族伟大复兴中国梦的时代抉择，是积极应对气候变化、维护全球生态安全的重大举措。要充分认识加快推进生态文明建设的极端重要性和紧迫性，切实增强责任感和使命感，牢固树立尊重自然、顺应自然、保护自然的理念，坚持绿水青山就是金山银山，动员全党、全社会积极行动、深入持久地推进生态文明建设，加快形成人与自然和谐发展的现代化建设新格局，开创社会主义生态文明新时代。

一、总体要求

（一）指导思想。以邓小平理论、“三个代表”重要思想、科学发展观为指导，全面贯彻党的十八大和十八届二中、三中、四中全会精神，深入贯彻习近平总书记系列重要讲话精神，认真落实党中央、国务院的决策部署，坚持以人为本、依法推进，坚持节约资源和保护环境的基本国策，把生态文明建设放在突出的战略位置，融入经济建设、政治建设、文化建设、社会建设各方面和全过程，协同推进新型工业化、信息化、城镇化、农业现代化和绿色化，以健全生态文明制度体系为重点，优化国土空间开发格局，全面促进资源节约利用，加大自然生态系统和环境保护力度，大力推进绿色发展、循环发展、低碳发展，弘扬生态文化，倡导绿色生活，加快建设美丽中国，使蓝天常在、青山常在、绿水常在，实现中华民族永续发展。

（二）基本原则

坚持把节约优先、保护优先、自然恢复为主作为基本方针。在资源开发与节约中，把节约放在优先位置，以最少的资源消耗支撑经济社会持续发展；在环境保护与发展中，把保护放在优先位置，在发展中保护、在保护中发展；在生态建设与修复中，以自然恢复为主，与人工修复相结合。

坚持把绿色发展、循环发展、低碳发展作为基本途径。经济社会发展必须建立在资源得到高效循环利用、生态环境受到严格保护的基础上，与生态文明建设相协调，形成节约资源和保护环境的空间格局、产业结构、生产方式。

坚持把深化改革和创新驱动作为基本动力。充分发挥市场配置资源的决定性作用和更好发挥政府作用，不断深化制度改革和科技创新，建立系统完整的生态文明制度体系，强化科技创新引领作用，为生态文明建设注入强大动力。

坚持把培育生态文化作为重要支撑。将生态文明纳入社会主义核心价值体系，加强生态文化的宣传教育，倡导勤俭节约、绿色低碳、文明健康的生活方式和消费模式，提高全社会生态文明意识。

坚持把重点突破和整体推进作为工作方式。既立足当前，着力解决对经济社会可持续发展制约性强、群众反映强烈的突出问题，打好生态文明建设攻坚战；又着眼长远，加强顶层设计与鼓励基层探索相结合，持之以恒全面推进生态文明建设。

（三）主要目标

到2020年，资源节约型和环境友好型社会建设取得重大进展，主体功能区布局基本形成，经济发展质量和效益显著提高，生态文明主流价值观在全社会得到推行，生态文明建设水平与全面建成小康社会目标相适应。

——国土空间开发格局进一步优化。经济、人口布局向均衡方向发展，陆海空间开发强度、城市空间规模得到有效控制，城乡结构和空间布局明显优化。

——资源利用更加高效。单位国内生产总值二氧化碳排放强度比2005年下降40%—45%，能源消耗强度持续下降，资源产出率大幅提高，用水总量力争控制在6700亿立方米以内，万元工业增加值用水量降低到65立方米以下，农田灌溉水有效利用系数提高到0.55以上，非化石能源占一次能源消费比重达到15%左右。

——生态环境质量总体改善。主要污染物排放总量继续减少，大气环境质量、重点流域和近岸海域水环境质量得到改善，重要江河湖泊水功能区水质达标率提高到80%以上，饮用水安全保障水平持续提升，土壤环境质量总体保持稳定，环境风险得到有效控制。森林覆盖率达到23%以上，草原综合植被覆盖度达到56%，湿地面积不低于8亿亩，50%以上可治理沙化土地得到治理，自然岸线保有率不低于35%，生物多样性丧失速度得到基本控制，全国生态系统稳定性明显增强。

——生态文明重大制度基本确立。基本形成源头预防、过程控制、损害赔偿、责任追究的生态文明制度体系，自然资源资产产权和用途管制、生态保护红线、生态保护补偿、生态环境保护管理体制等关键制度建设取得决定性成果。

二、强化主体功能定位，优化国土空间开发格局

国土是生态文明建设的空间载体。要坚定不移地实施主体功能区战略，健全空间规划体系，科学合理布局和整治生产空间、生活空间、生态空间。

（四）积极实施主体功能区战略。全面落实主体功能区规划，健全财政、投资、产业、土地、人口、环境等配套政策和各有侧重的绩效考核评价体系。推进市县落实主体功能定位，推动经济社会发展、城乡、土地利用、生态环境保护等规划“多规合一”，形成一个市县一本规划、一张蓝图。区域规划编制、重大项目布局必须符合主体功能定位。对不同主体功能区的产业项目实行差别化市场准入政策，明确禁止开发区域、限制开发区域准入事项，明确优化开发区域、重点开发区域禁止和限制发展的产业。编制实施全国国土规划纲要，加快推进国土综合整治。构建平衡适宜的城乡建设空间体系，适当增加生活空间、生态用地，保护和扩大绿地、水域、湿地等生态空间。

（五）大力推进绿色城镇化。认真落实《国家新型城镇化规划（2014－2020年）》，根据资源环境承载能力，构建科学合理的城镇化宏观布局，严格控制特大城市规模，增强中小城市承载能力，促进大中小城市和小城镇协调发展。尊重自然格局，依托现有山水脉络、气象条件等，合理布局城镇各类空间，尽量减少对自然的干扰和损害。保护自然景观，传承历史文化，提倡城镇形态多样性，保持特色风貌，防止“千城一面”。科学确定城镇开发强度，提高城镇土地利用效率、建成区人口密度，划定城镇开发边界，从严供给城市建设用地，推动城镇化发展由外延扩张式向内涵提升式转变。严格新城、新区设立条件和程序。强化城镇化过程中的节能理念，大力发展绿色建筑和低碳、便捷的交通体系，推进绿色生态城区建设，提高城镇供排水、防涝、雨水收集利用、供热、供气、环境等基础设施建设水平。所有县城和重点镇都要具备污水、垃圾处理能力，提高建设、运行、管理水平。加强城乡规划“三区四线”（禁建区、限建区和适建区，绿线、蓝线、紫线和黄线）管理，维护城乡规划的权威性、严肃性，杜绝大拆大建。

（六）加快美丽乡村建设。完善县域村庄规划，强化规划的科学性和约束力。加强农村基础设施建设，强化山水林田路综合治理，加快农村危旧房改造，支持农村环境集中连片整治，开展农村垃圾专项治理，加大农村污水处理和改厕力度。加快转变农业发展方式，推进农业结构调整，大力发展农业循环经济，治理农业污染，提升农产品质量安全水平。依托乡村生态资源，在保护生态环境的前提下，加快发展乡村旅游休闲业。引导农民在房前屋后、道路两旁植树护绿。加强农村精神文明建设，以环境整治和民风建设为重点，扎实推进文明村镇创建。

（七）加强海洋资源科学开发和生态环境保护。根据海洋资源环境承载力，科学编制海洋功能区划，确定不同海域主体功能。坚持“点上开发、面上保护”，控制海洋开发强度，在适宜开发的海洋区域，加快调整经济结构和产业布局，积极发展海洋战略性新兴产业，严格生态环境评价，提高资源集约节约利用和综合开发水平，最大程度减少对海域生态环境的影响。严格控制陆源污染物排海总量，建立并实施重点海域排污总量控制制度，加强海洋环境治理、海域海岛综合整治、生态保护修复，有效保护重要、敏感和脆弱海洋生态系统。加强船舶港口污染控制，积极治理船舶污染，增强港口码头污染防治能力。控制发展海水养殖，科学养护海洋渔业资源。开展海洋资源和生态环境综合评估。实施严格的围填海总量控制制度、自然岸线控制制度，建立陆海统筹、区域联动的海洋生态环境保护修复机制。

三、推动技术创新和结构调整，提高发展质量和效益

从根本上缓解经济发展与资源环境之间的矛盾，必须构建科技含量高、资源消耗低、环境污染少的产业结构，

加快推动生产方式绿色化，大幅提高经济绿色化程度，有效降低发展的资源环境代价。

（八）推动科技创新。结合深化科技体制改革，建立符合生态文明建设领域科研活动特点的管理制度和运行机制。加强重大科学技术问题研究，开展能源节约、资源循环利用、新能源开发、污染治理、生态修复等领域关键技术攻关，在基础研究和前沿技术研发方面取得突破。强化企业技术创新主体地位，充分发挥市场对绿色产业发展方向和技术路线选择的决定性作用。完善技术创新体系，提高综合集成创新能力，加强工艺创新与试验。支持生态文明领域工程技术类研究中心、实验室和实验基地建设，完善科技创新成果转化机制，形成一批成果转化平台、中介服务机构，加快成熟适用技术的示范和推广。加强生态文明基础研究、试验研发、工程应用和市场服务等科技人才队伍建设。

（九）调整优化产业结构。推动战略性新兴产业和先进制造业健康发展，采用先进适用节能低碳环保技术改造提升传统产业，发展壮大服务业，合理布局建设基础设施和基础产业。积极化解产能严重过剩矛盾，加强预警调控，适时调整产能严重过剩行业名单，严禁核准产能严重过剩行业新增产能项目。加快淘汰落后产能，逐步提高淘汰标准，禁止落后产能向中西部地区转移。做好化解产能过剩和淘汰落后产能企业职工安置工作。推动要素资源全球配置，鼓励优势产业走出去，提高参与国际分工的水平。调整能源结构，推动传统能源安全绿色开发和清洁低碳利用，发展清洁能源、可再生能源，不断提高非化石能源在能源消费结构中的比重。

（十）发展绿色产业。大力发展节能环保产业，以推广节能环保产品拉动消费需求，以增强节能环保工程技术能力拉动投资增长，以完善政策机制释放市场潜在需求，推动节能环保技术、装备和服务水平显著提升，加快培育新的经济增长点。实施节能环保产业重大技术装备产业化工程，规划建设产业化示范基地，规范节能环保市场发展，多渠道引导社会资金投入，形成新的支柱产业。加快核电、风电、太阳能光伏发电等新材料、新装备的研发和推广，推进生物质发电、生物质能源、沼气、地热、浅层地温能、海洋能等应用，发展分布式能源，建设智能电网，完善运行管理体系。大力发展节能与新能源汽车，提高创新能力和产业化水平，加强配套基础设施建设，加大推广普及力度。发展有机农业、生态农业，以及特色经济林、林下经济、森林旅游等林产业。

四、全面促进资源节约循环高效使用，推动利用方式根本转变

节约资源是破解资源瓶颈约束、保护生态环境的首要之策。要深入推进全社会节能减排，在生产、流通、消费各环节大力发展循环经济，实现各类资源节约高效利用。

（十一）推进节能减排。发挥节能与减排的协同促进作用，全面推动重点领域节能减排。开展重点用能单位节能低碳行动，实施重点产业能效提升计划。严格执行建筑节能标准，加快推进既有建筑节能和供热计量改造，从标准、设计、建设等方面大力推广可再生能源在建筑上的应用，鼓励建筑工业化等建设模式。优先发展公共交通，优化运输方式，推广节能与新能源交通运输装备，发展甩挂运输。鼓励使用高效节能农业生产设备。开展节约型公共机构示范创建活动。强化结构、工程、管理减排，继续削减主要污染物排放总量。

（十二）发展循环经济。按照减量化、再利用、资源化的原则，加快建立循环型工业、农业、服务业体系，提高全社会资源产出率。完善再生资源回收体系，实行垃圾分类回收，开发利用“城市矿产”，推进秸秆等农林废弃物以及建筑垃圾、餐厨废弃物资源化利用，发展再制造和再生利用产品，鼓励纺织品、汽车轮胎等废旧物品回收利用。推进煤矸石、矿渣等大宗固体废弃物综合利用。组织开展循环经济示范行动，大力推广循环经济典型模式。推进产业循环式组合，促进生产和生活系统的循环链接，构建覆盖全社会的资源循环利用体系。

（十三）加强资源节约。节约集约利用水、土地、矿产等资源，加强全过程管理，大幅降低资源消耗强度。加强用水需求管理，以水定需、量水而行，抑制不合理用水需求，促进人口、经济等与水资源相均衡，建设节水型社会。推广高效节水技术和产品，发展节水农业，加强城市节水，推进企业节水改造。积极开发利用再生水、矿井水、空中云水、海水等非常规水源，严控无序调水和人造水景工程，提高水资源安全保障水平。按照严控增量、盘活存量、优化结构、提高效率的原则，加强土地利用的规划管控、市场调节、标准控制和考核监管，严格土地用途管制，推广应用节地技术和模式。发展绿色矿业，加快推进绿色矿山建设，促进矿产资源高效利用，提高矿产资源开采回采率、选矿回收率和综合利用率。

五、加大自然生态系统和环境保护力度，切实改善生态环境质量

良好生态环境是最公平的公共产品，是最普惠的民生福祉。要严格源头预防、不欠新账，加快治理突出生态环境问题、多还旧账，让人民群众呼吸新鲜的空气，喝上干净的水，在良好的环境中生产生活。

（十四）保护和修复自然生态系统。加快生态安全屏障建设，形成以青藏高原、黄土高原—川滇、东北森林

带、北方防沙带、南方丘陵山地带、近岸近海生态区以及大江大河重要水系为骨架，以其他重点生态功能区为重要支撑，以禁止开发区域为重要组成的生态安全战略格局。实施重大生态修复工程，扩大森林、湖泊、湿地面积，提高沙区、草原植被覆盖率，有序实现休养生息。加强森林保护，将天然林资源保护范围扩大到全国；大力开展植树造林和森林经营，稳定和扩大退耕还林范围，加快重点防护林体系建设；完善国有林场和国有林区经营管理体制，深化集体林权制度改革。严格落实禁牧休牧和草畜平衡制度，加快推进基本草原划定和保护工作；加大退牧还草力度，继续实行草原生态保护补助奖励政策；稳定和完善草原承包经营制度。启动湿地生态效益补偿和退耕还湿。加强水生生物保护，开展重要水域增殖放流活动。继续推进京津风沙源治理、黄土高原地区综合治理、石漠化综合治理，开展沙化土地封禁保护试点。加强水土保持，因地制宜推进小流域综合治理。实施地下水保护和超采漏斗区综合治理，逐步实现地下水采补平衡。强化农田生态保护，实施耕地质量保护与提升行动，加大退化、污染、损毁农田改良和修复力度，加强耕地质量调查监测与评价。实施生物多样性保护重大工程，建立监测评估与预警体系，健全国门生物安全查验机制，有效防范物种资源丧失和外来物种入侵，积极参加生物多样性国际公约谈判和履约工作。加强自然保护区建设与管理，对重要生态系统和物种资源实施强制性保护，切实保护珍稀濒危野生动植物、古树名木及自然生境。建立国家公园体制，实行分级、统一管理，保护自然生态和自然文化遗产原真性、完整性。研究建立江河湖泊生态水量保障机制。加快灾害调查评价、监测预警、防治和应急等防灾减灾体系建设。

（十五）全面推进污染防治。按照以人为本、防治结合、标本兼治、综合施策的原则，建立以保障人体健康为核心、以改善环境质量为目标、以防控环境风险为基线的环境管理体系，健全跨区域污染防治协调机制，加快解决人民群众反映强烈的大气、水、土壤污染等突出环境问题。继续落实大气污染防治行动计划，逐渐消除重污染天气，切实改善大气环境质量。实施水污染防治行动计划，严格饮用水源保护，全面推进涵养区、源头区等水源地环境整治，加强供水全过程管理，确保饮用水安全；加强重点流域、区域、近岸海域水污染防治和良好湖泊生态环境保护，控制和规范淡水养殖，严格入河（湖、海）排污管理；推进地下水污染防治。制定实施土壤污染防治行动计划，优先保护耕地土壤环境，强化工业污染场地治理，开展土壤污染治理与修复试点。加强农业面源污染防治，加大种养业特别是规模化畜禽养殖污染防治力度，科学施用化肥、农药，推广节能环保型炉灶，净化农产品产地和农村居民生活环境。加大城乡环境综合整治力度。推进重金属污染治理。开展矿山地质环境恢复和综合治理，推进尾矿安全、环保存放，妥善处理处置矿渣等大宗固体废物。建立健全化学品、持久性有机污染物、危险废物等环境风险防范与应急管理工作机制。切实加强核设施运行监管，确保核安全万无一失。

（十六）积极应对气候变化。坚持当前长远相互兼顾、减缓适应全面推进，通过节约能源和提高能效，优化能源结构，增加森林、草原、湿地、海洋碳汇等手段，有效控制二氧化碳、甲烷、氢氟碳化物、全氟化碳、六氟化硫等温室气体排放。提高适应气候变化特别是应对极端天气和气候事件能力，加强监测、预警和预防，提高农业、林业、水资源等重点领域和生态脆弱地区适应气候变化的水平。扎实推进低碳省区、城市、城镇、产业园区、社区试点。坚持共同但有区别的责任原则、公平原则、各自能力原则，积极建设性地参与应对气候变化国际谈判，推动建立公平合理的全球应对气候变化格局。

六、健全生态文明制度体系

加快建立系统完整的生态文明制度体系，引导、规范和约束各类开发、利用、保护自然资源的行为，用制度保护生态环境。

（十七）健全法律法规。全面清理现行法律法规中与加快推进生态文明建设不相适应的内容，加强法律法规间的衔接。研究制定节能评估审查、节水、应对气候变化、生态补偿、湿地保护、生物多样性保护、土壤环境保护等方面的法律法规，修订土地管理法、大气污染防治法、水污染防治法、节约能源法、循环经济促进法、矿产资源法、森林法、草原法、野生动物保护法等。

（十八）完善标准体系。加快制定修订一批能耗、水耗、地耗、污染物排放、环境质量等方面的标准，实施能效和排污强度“领跑者”制度，加快标准升级步伐。提高建筑物、道路、桥梁等建设标准。环境容量较小、生态环境脆弱、环境风险高的地区要执行污染物特别排放限值。鼓励各地区依法制定更加严格的地方标准。建立与国际接轨、适应我国国情的能效和环保标识认证制度。

（十九）健全自然资源资产产权制度和用途管制制度。对水流、森林、山岭、草原、荒地、滩涂等自然生态空间进行统一确权登记，明确国土空间的自然资源资产所有者、监管者及其责任。完善自然资源资产用途管制制度，明确各类国土空间开发、利用、保护边界，实现能源、水资源、矿产资源按质量分级、梯级利用。严格节能评估审

查、水资源论证和取水许可制度。坚持并完善最严格的耕地保护和节约用地制度，强化土地利用总体规划和年度计划管控，加强土地用途转用许可管理。完善矿产资源规划制度，强化矿产开发准入管理。有序推进国家自然资源资产管理体制改革。

（二十）完善生态环境监管制度。建立严格监管所有污染物排放的环境保护管理制度。完善污染物排放许可证制度，禁止无证排污和超标准、超总量排污。违法排放污染物、造成或可能造成严重污染的，要依法查封扣押排放污染物的设施设备。对严重污染环境的工艺、设备和产品实行淘汰制度。实行企事业单位污染物排放总量控制制度，适时调整主要污染物指标种类，纳入约束性指标。健全环境影响评价、清洁生产审核、环境信息公开等制度。建立生态保护修复和污染防治区域联动机制。

（二十一）严守资源环境生态红线。树立底线思维，设定并严守资源消耗上限、环境质量底线、生态保护红线，将各类开发活动限制在资源环境承载能力之内。合理设定资源消耗“天花板”，加强能源、水、土地等战略性资源管控，强化能源消耗强度控制，做好能源消费总量管理。继续实施水资源开发利用控制、用水效率控制、水功能区限制纳污三条红线管理。划定永久基本农田，严格实施永久保护，对新增建设用地占用耕地规模实行总量控制，落实耕地占补平衡，确保耕地数量不下降、质量不降低。严守环境质量底线，将大气、水、土壤等环境质量“只能更好、不能变坏”作为地方各级政府环保责任红线，相应确定污染物排放总量限值和环境风险防控措施。在重点生态功能区、生态环境敏感区和脆弱区等区域划定生态红线，确保生态功能不降低、面积不减少、性质不改变；科学划定森林、草原、湿地、海洋等领域生态红线，严格自然生态空间征（占）用管理，有效遏制生态系统退化的趋势。探索建立资源环境承载能力监测预警机制，对资源消耗和环境容量接近或超过承载能力的地区，及时采取区域限批等限制性措施。

（二十二）完善经济政策。健全价格、财税、金融等政策，激励、引导各类主体积极投身生态文明建设。深化自然资源及其产品价格改革，凡是能由市场形成价格的都交给市场，政府定价要体现基本需求与非基本需求以及资源利用效率高低的差异，体现生态环境损害成本和修复效益。进一步深化矿产资源有偿使用制度改革，调整矿业权使用费征收标准。加大财政资金投入，统筹有关资金，对资源节约和循环利用、新能源和可再生能源开发利用、环境基础设施建设、生态修复与建设、先进适用技术研发示范等给予支持。将高耗能、高污染产品纳入消费税征收范围。推动环境保护费改税。加快资源税从价计征改革，清理取消相关收费基金，逐步将资源税征收范围扩展到占用各种自然生态空间。完善节能环保、新能源、生态建设的税收优惠政策。推广绿色信贷，支持符合条件的项目通过资本市场融资。探索排污权抵押等融资模式。深化环境污染责任保险试点，研究建立巨灾保险制度。

（二十三）推行市场化机制。加快推行合同能源管理、节能低碳产品和有机产品认证、能效标识管理等机制。推进节能发电调度，优先调度可再生能源发电资源，按机组能耗和污染物排放水平依次调用化石类能源发电资源。建立节能量、碳排放权交易制度，深化交易试点，推动建立全国碳排放权交易市场。加快水权交易试点，培育和规范水权市场。全面推进矿业权市场建设。扩大排污权有偿使用和交易试点范围，发展排污权交易市场。积极推进环境污染第三方治理，引入社会力量投入环境污染治理。

（二十四）健全生态保护补偿机制。科学界定生态保护者与受益者权利义务，加快形成生态损害者赔偿、受益者付费、保护者得到合理补偿的运行机制。结合深化财税体制改革，完善转移支付制度，归并和规范现有生态保护补偿渠道，加大对重点生态功能区的转移支付力度，逐步提高其基本公共服务水平。建立地区间横向生态保护补偿机制，引导生态受益地区与保护地区之间、流域上游与下游之间，通过资金补助、产业转移、人才培训、共建园区等方式实施补偿。建立独立公正的生态环境损害评估制度。

（二十五）健全政绩考核制度。建立体现生态文明要求的目标体系、考核办法、奖惩机制。把资源消耗、环境损害、生态效益等指标纳入经济社会发展综合评价体系，大幅增加考核权重，强化指标约束，不唯经济增长论英雄。完善政绩考核办法，根据区域主体功能定位，实行差别化的考核制度。对限制开发区域、禁止开发区域和生态脆弱的国家扶贫开发工作重点县，取消地区生产总值考核；对农产品主产区和重点生态功能区，分别实行农业优先和生态保护优先的绩效评价；对禁止开发的重点生态功能区，重点评价其自然文化资源的原真性、完整性。根据考核评价结果，对生态文明建设成绩突出的地区、单位和个人给予表彰奖励。探索编制自然资源资产负债表，对领导干部实行自然资源资产和环境责任离任审计。

（二十六）完善责任追究制度。建立领导干部任期生态文明建设责任制，完善节能减排目标责任考核及问责制度。严格责任追究，对违背科学发展要求、造成资源环境生态严重破坏的要记录在案，实行终身追责，不得转任重要职务或提拔使用，已经调离的也要问责。对推动生态文明建设工作不力的，要及时诫勉谈话；对不顾资源和生态环境盲目决策、造成严重后果的，要严肃追究有关人员的领导责任；对履职不力、监管不严、失职渎职的，要依纪依法追究有关人员的监管责任。

七、加强生态文明建设统计监测和执法监督

坚持问题导向，针对薄弱环节，加强统计监测、执法监督，为推进生态文明建设提供有力保障。

（二十七）加强统计监测。建立生态文明综合评价指标体系。加快推进对能源、矿产资源、水、大气、森林、草原、湿地、海洋和水土流失、沙化土地、土壤环境、地质环境、温室气体等的统计监测核算能力建设，提升信息化水平，提高准确性、及时性，实现信息共享。加快重点用能单位能源消耗在线监测体系建设。建立循环经济统计指标体系、矿产资源合理开发利用评价指标体系。利用卫星遥感等技术手段，对自然资源和生态环境保护状况开展全天候监测，健全覆盖所有资源环境要素的监测网络体系。提高环境风险防控和突发环境事件应急能力，健全环境与健康调查、监测和风险评估制度。定期开展全国生态状况调查和评估。加大各级政府预算内投资等财政性资金对统计监测等基础能力建设的支持力度。

（二十八）强化执法监督。加强法律监督、行政监察，对各类环境违法违规行为实行“零容忍”，加大查处力度，严厉惩处违法违规行为。强化对浪费能源资源、违法排污、破坏生态环境等行为的执法监察和专项督察。资源环境监管机构独立开展行政执法，禁止领导干部违法违规干预执法活动。健全行政执法与刑事司法的衔接机制，加强基层执法队伍、环境应急处置救援队伍建设。强化对资源开发和交通建设、旅游开发等活动的生态环境监管。

八、加快形成推进生态文明建设的良好社会风尚

生态文明建设关系各行各业、千家万户。要充分发挥人民群众的积极性、主动性、创造性，凝聚民心、集中民智、汇集民力，实现生活方式绿色化。

（二十九）提高全民生态文明意识。积极培育生态文化、生态道德，使生态文明成为社会主流价值观，成为社会主义核心价值观的重要内容。从娃娃和青少年抓起，从家庭、学校教育抓起，引导全社会树立生态文明意识。把生态文明教育作为素质教育的重要内容，纳入国民教育体系和干部教育培训体系。将生态文化作为现代公共文化服务体系建设的重要内容，挖掘优秀传统生态文化思想和资源，创作一批文化作品，创建一批教育基地，满足广大人民群众对生态文化的需求。通过典型示范、展览展示、岗位创建等形式，广泛动员全民参与生态文明建设。组织好世界地球日、世界环境日、世界森林日、世界水日、世界海洋日和全国节能宣传周等主题宣传活动。充分发挥新闻媒体作用，树立理性、积极的舆论导向，加强资源环境国情宣传，普及生态文明法律法规、科学知识等，报道先进典型，曝光反面事例，提高公众节约意识、环保意识、生态意识，形成人人、事事、时时崇尚生态文明的社会氛围。

（三十）培育绿色生活方式。倡导勤俭节约的消费观。广泛开展绿色生活行动，推动全民在衣、食、住、行、游等方面加快向勤俭节约、绿色低碳、文明健康的方式转变，坚决抵制和反对各种形式的奢侈浪费、不合理消费。积极引导消费者购买节能与新能源汽车、高能效家电、节水型器具等节能环保低碳产品，减少一次性用品的使用，限制过度包装。大力推广绿色低碳出行，倡导绿色生活和休闲模式，严格限制发展高耗能、高耗水服务业。在餐饮企业、单位食堂、家庭全方位开展反食品浪费行动。党政机关、国有企业要带头厉行勤俭节约。

（三十一）鼓励公众积极参与。完善公众参与制度，及时准确披露各类环境信息，扩大公开范围，保障公众知情权，维护公众环境权益。健全举报、听证、舆论和公众监督等制度，构建全民参与的社会行动体系。建立环境公益诉讼制度，对污染环境、破坏生态的行为，有关组织可提起公益诉讼。在建设项目立项、实施、后评价等环节，有序增强公众参与程度。引导生态文明建设领域各类社会组织健康有序发展，发挥民间组织和志愿者的积极作用。

九、切实加强组织领导

健全生态文明建设领导体制和工作机制，勇于探索和创新，推动生态文明建设蓝图逐步成为现实。

（三十二）强化统筹协调。各级党委和政府对本地区生态文明建设负总责，要建立协调机制，形成有利于推进生态文明建设的工作格局。各有关部门要按照职责分工，密切协调配合，形成生态文明建设的强大合力。

（三十三）探索有效模式。抓紧制定生态文明体制改革总体方案，深入开展生态文明先行示范区建设，研究不同发展阶段、资源环境禀赋、主体功能定位地区生态文明建设的有效模式。各地区要抓住制约本地区生态文明建设的瓶颈，在生态文明制度创新方面积极实践，力争取得重大突破。及时总结有效做法和成功经验，完善政策措施，形成有效模式，加大推广力度。

（三十四）广泛开展国际合作。统筹国内国际两个大局，以全球视野加快推进生态文明建设，树立负责任大国形象，把绿色发展转化为新的综合国力、综合影响力和国际竞争新优势。发扬包容互鉴、合作共赢的精神，加强与世界各国在生态文明领域的对话交流和务实合作，引进先进技术装备和管理经验，促进全球生态安全。加强南南合作，开展绿色援助，对其他发展中国家提供支持和帮助。

（三十五）抓好贯彻落实。各级党委和政府及中央有关部门要按照本意见要求，抓紧提出实施方案，研究制定与本意见相衔接的区域性、行业性和专题性规划，明确目标任务、责任分工和时间要求，确保各项政策措施落到实处。各地区各部门贯彻落实情况要及时向党中央、国务院报告，同时抄送国家发展改革委。中央就贯彻落实情况适时组织开展专项监督检查。

生态文明体制改革总体方案

（中共中央、国务院2015年9月印发）

为加快建立系统完整的生态文明制度体系，加快推进生态文明建设，增强生态文明体制改革的系统性、整体性、协同性，制定本方案。

一、生态文明体制改革的总体要求

（一）生态文明体制改革的指导思想。全面贯彻党的十八大和十八届二中、三中、四中全会精神，以邓小平理论、“三个代表”重要思想、科学发展观为指导，深入贯彻落实习近平总书记系列重要讲话精神，按照党中央、国务院决策部署，坚持节约资源和保护环境基本国策，坚持节约优先、保护优先、自然恢复为主方针，立足我国社会主义初级阶段的基本国情和新的阶段性特征，以建设美丽中国为目标，以正确处理人与自然关系为核心，以解决生态环境领域突出问题为导向，保障国家生态安全，改善环境质量，提高资源利用效率，推动形成人与自然和谐发展的现代化建设新格局。

（二）生态文明体制改革的理念

树立尊重自然、顺应自然、保护自然的理念，生态文明建设不仅影响经济持续健康发展，也关系政治和社会建设，必须放在突出地位，融入经济建设、政治建设、文化建设、社会建设各方面和全过程。

树立发展和保护相统一的理念，坚持发展是硬道理的战略思想，发展必须是绿色发展、循环发展、低碳发展，平衡好发展和保护的关系，按照主体功能定位控制开发强度，调整空间结构，给子孙后代留下天蓝、地绿、水净的美好家园，实现发展与保护的内在统一、相互促进。

树立绿水青山就是金山银山的理念，清新空气、清洁水源、美丽山川、肥沃土地、生物多样性是人类生存必需的生态环境，坚持发展是第一要务，必须保护森林、草原、河流、湖泊、湿地、海洋等自然生态。

树立自然价值和自然资本的理念，自然生态是有价值的，保护自然就是增值自然价值和自然资本的过程，就是保护和发展生产力，就应得到合理回报和经济补偿。

树立空间均衡的理念，把握人口、经济、资源环境的平衡点推动发展，人口规模、产业结构、增长速度不能超出当地水土资源承载能力和环境容量。

树立山水林田湖是一个生命共同体的理念，按照生态系统的整体性、系统性及其内在规律，统筹考虑自然生态各要素、山上山下、地上地下、陆地海洋以及流域上下游，进行整体保护、系统修复、综合治理，增强生态系统循环能力，维护生态平衡。

（三）生态文明体制改革的原则

坚持正确改革方向，健全市场机制，更好发挥政府的主导和监管作用，发挥企业的积极性和自我约束作用，发挥社会组织和公众的参与和监督作用。

坚持自然资源资产的公有性质，创新产权制度，落实所有权，区分自然资源资产所有者权利和管理者权力，合理划分中央地方事权和监管职责，保障全体人民分享全民所有自然资源资产收益。

坚持城乡环境治理体系统一，继续加强城市环境保护和工业污染防治，加大生态环境保护工作对农村地区的覆盖，建立健全农村环境治理体制机制，加大对农村污染防治设施建设和资金投入力度。

坚持激励和约束并举，既要形成支持绿色发展、循环发展、低碳发展的利益导向机制，又要坚持源头严防、过程严管、损害严惩、责任追究，形成对各类市场主体的有效约束，逐步实现市场化、法治化、制度化。

坚持主动作为和国际合作相结合，加强生态环境保护是我们的自觉行为，同时要深化国际交流和务实合作，充分借鉴国际上的先进技术和体制机制建设有益经验，积极参与全球环境治理，承担并履行好同发展中大国相适应的国际责任。

坚持鼓励试点先行和整体协调推进相结合，在党中央、国务院统一部署下，先易后难、分步推进，成熟一项推出一项。支持各地区根据本方案确定的基本方向，因地制宜，大胆探索、大胆试验。

（四）生态文明体制改革的目标。到2020年，构建起由自然资源资产产权制度、国土空间开发保护制度、空间规划体系、资源总量管理和全面节约制度、资源有偿使用和生态补偿制度、环境治理体系、环境治理和生态保护市场体系、生态文明绩效评价考核和责任追究制度等八项制度构成的产权清晰、多元参与、激励约束并重、系统完整的生态文明制度体系，推进生态文明领域国家治理体系和治理能力现代化，努力走向社会主义生态文明新时代。

构建归属清晰、权责明确、监管有效的自然资源资产产权制度，着力解决自然资源所有者不到位、所有权边界模糊等问题。

构建以空间规划为基础、以用途管制为主要手段的国土空间开发保护制度，着力解决因无序开发、过度开发、分散开发导致的优质耕地和生态空间占用过多、生态破坏、环境污染等问题。

构建以空间治理和空间结构优化为主要内容，全国统一、相互衔接、分级管理的空间规划体系，着力解决空间性规划重叠冲突、部门职责交叉重复、地方规划朝令夕改等问题。

构建覆盖全面、科学规范、管理严格的资源总量管理和全面节约制度，着力解决资源使用浪费严重、利用效率不高等问题。

构建反映市场供求和资源稀缺程度、体现自然价值和代际补偿的资源有偿使用和生态补偿制度，着力解决自然资源及其产品价格偏低、生产开发成本低于社会成本、保护生态得不到合理回报等问题。

构建以改善环境质量为导向，监管统一、执法严明、多方参与的环境治理体系，着力解决污染防治能力弱、监管职能交叉、权责不一致、违法成本过低等问题。

构建更多运用经济杠杆进行环境治理和生态保护的市场体系，着力解决市场主体和市场体系发育滞后、社会参与度不高等问题。

构建充分反映资源消耗、环境损害和生态效益的生态文明绩效评价考核和责任追究制度，着力解决发展绩效评价不全面、责任落实不到位、损害责任追究缺失等问题。

二、健全自然资源资产产权制度

（五）建立统一的确权登记系统。坚持资源公有、物权法定，清晰界定全部国土空间各类自然资源资产的产权主体。对水流、森林、山岭、草原、荒地、滩涂等所有自然生态空间统一进行确权登记，逐步划清全民所有和集体所有之间的边界，划清全民所有、不同层级政府行使所有权的边界，划清不同集体所有者的边界。推进确权登记法治化。

（六）建立权责明确的自然资源产权体系。制定权利清单，明确各类自然资源产权主体权利。处理好所有权与使用权的关系，创新自然资源全民所有权和集体所有权的实现形式，除生态功能重要的外，可推动所有权和使用权相分离，明确占有、使用、收益、处分等权利归属关系和权责，适度扩大使用权的出让、转让、出租、抵押、担保、入股等权能。明确国有农场、林场和牧场土地所有者与使用者权能。全面建立覆盖各类全民所有自然资源资产的有偿出让制度，严禁无偿或低价出让。统筹规划，加强自然资源资产交易平台建设。

（七）健全国家自然资源资产管理体制。按照所有者和监管者分开和一件事情由一个部门负责的原则，整合分散的全民所有自然资源资产所有者职责，组建对全民所有的矿藏、水流、森林、山岭、草原、荒地、海域、滩涂等各类自然资源统一行使所有权的机构，负责全民所有自然资源的出让等。

（八）探索建立分级行使所有权的体制。对全民所有的自然资源资产，按照不同资源种类和在生态、经济、国防等方面的重要程度，研究实行中央和地方政府分级代理行使所有权职责的体制，实现效率和公平相统一。分清全民所有中央政府直接行使所有权、全民所有地方政府行使所有权的资源清单和空间范围。中央政府主要对石油天然气、贵重稀有矿产资源、重点国有林区、大江大河大湖和跨境河流、生态功能重要的湿地草原、海域滩涂、珍稀野生动植物种和部分国家公园等直接行使所有权。

（九）开展水流和湿地产权确权试点。探索建立水权制度，开展水域、岸线等水生态空间确权试点，遵循水生态系统性、整体性原则，分清水资源所有权、使用权及使用量。在甘肃、宁夏等地开展湿地产权确权试点。

三、建立国土空间开发保护制度

（十）完善主体功能区制度。统筹国家和省级主体功能区规划，健全基于主体功能区的区域政策，根据城市化地区、农产品主产区、重点生态功能区的不同定位，加快调整完善财政、产业、投资、人口流动、建设用地、资源开发、环境保护等政策。

（十一）健全国土空间用途管制制度。简化自上而下的用地指标控制体系，调整按行政区和用地基数分配指标的做法。将开发强度指标分解到各县级行政区，作为约束性指标，控制建设用地总量。将用途管制扩大到所有自然生态空间，划定并严守生态红线，严禁任意改变用途，防止不合理开发建设活动对生态红线的破坏。完善覆盖全部国土空间的监测系统，动态监测国土空间变化。

（十二）建立国家公园体制。加强对重要生态系统的保护和永续利用，改革各部门分头设置自然保护区、风景名胜区、文化自然遗产、地质公园、森林公园等的体制，对上述保护地进行功能重组，合理界定国家公园范围。国家公园实行更严格保护，除不损害生态系统的原住民生活生产设施改造和自然观光科研教育旅游外，禁止其他开发建设，保护自然生态和自然文化遗产原真性、完整性。加强对国家公园试点的指导，在试点基础上研究制定建立国家公园体制总体方案。构建保护珍稀野生动植物的长效机制。

（十三）完善自然资源监管体制。将分散在各部门的有关用途管制职责，逐步统一到一个部门，统一行使所有国土空间的用途管制职责。

四、建立空间规划体系

（十四）编制空间规划。整合目前各部门分头编制的各类空间性规划，编制统一的空间规划，实现规划全覆盖。空间规划是国家空间发展的指南、可持续发展的空间蓝图，是各类开发建设活动的基本依据。空间规划分为国家、省、市县（设区的市空间规划范围为市辖区）三级。研究建立统一规范的空间规划编制机制。鼓励开展省级空间规划试点。编制京津冀空间规划。

（十五）推进市县“多规合一”。支持市县推进“多规合一”，统一编制市县空间规划，逐步形成一个市县一个规划、一张蓝图。市县空间规划要统一土地分类标准，根据主体功能定位和省级空间规划要求，划定生产空间、生活空间、生态空间，明确城镇建设区、工业区、农村居民点等的开发边界，以及耕地、林地、草原、河流、湖泊、湿地等的保护边界，加强对城市地下空间的统筹规划。加强对市县“多规合一”试点的指导，研究制定市县空间规划编制指引和技术规范，形成可复制、能推广的经验。

（十六）创新市县空间规划编制方法。探索规范化的市县空间规划编制程序，扩大社会参与，增强规划的科学性和透明度。鼓励试点地区进行规划编制部门整合，由一个部门负责市县空间规划的编制，可成立由专业人员和有关方面代表组成的规划评议委员会。规划编制前应当进行资源环境承载能力评价，以评价结果作为规划的基本依据。规划编制过程中应当广泛征求各方面意见，全文公布规划草案，充分听取当地居民意见。规划经评议委员会论证通过后，由当地人民代表大会审议通过，并报上级政府部门备案。规划成果应当包括规划文本和较高精度的规划图，并在网络和其他本地媒体公布。鼓励当地居民对规划执行进行监督，对违反规划的开发建设行为进行举报。当地人民代表大会及其常务委员会定期听取空间规划执行情况报告，对当地政府违反规划行为进行问责。

五、完善资源总量管理和全面节约制度

（十七）完善最严格的耕地保护制度和土地节约集约利用制度。完善基本农田保护制度，划定永久基本农田红线，按照面积不减少、质量不下降、用途不改变的要求，将基本农田落地到户、上图入库，实行严格保护，除法律规定的国家重点建设项目选址确实无法避让外，其他任何建设不得占用。加强耕地质量等级评定与监测，强化耕地质量保护与提升建设。完善耕地占补平衡制度，对新增建设用地占用耕地规模实行总量控制，严格实行耕地占一补一、先补后占、占优补优。实施建设用地总量控制和减量化管理，建立节约集约用地激励和约束机制，调整结构，盘活存量，合理安排土地利用年度计划。

（十八）完善最严格的水资源管理制度。按照节水优先、空间均衡、系统治理、两手发力的方针，健全用水总量控制制度，保障水安全。加快制定主要江河流域水量分配方案，加强省级统筹，完善省市县三级取用水总量控制指标体系。建立健全节约集约用水机制，促进水资源使用结构调整和优化配置。完善规划和建设项目水资源论证制度。主要运用价格和税收手段，逐步建立农业灌溉用水量控制和定额管理、高耗水工业企业计划用水和定额管理制度。在严重缺水地区建立用水定额准入门槛，严格控制高耗水项目建设。加强水产品产地保护和环境修复，控制水产养殖，构建水生动植物保护机制。完善水功能区监督管理，建立促进非常规水源利用制度。

（十九）建立能源消费总量管理和节约制度。坚持节约优先，强化能耗强度控制，健全节能目标责任制和奖励制。进一步完善能源统计制度。健全重点用能单位节能管理制度，探索实行节能自愿承诺机制。完善节能标准体系，及时更新用能产品能效、高耗能行业能耗限额、建筑物能效等标准。合理确定全国能源消费总量目标，并分解落实到省级行政区和重点用能单位。健全节能低碳产品和技术装备推广机制，定期发布技术目录。强化节能评估审查和节能监察。加强对可再生能源发展的扶持，逐步取消对化石能源的普遍性补贴。逐步建立全国碳排放总量控制制度和分解落实机制，建立增加森林、草原、湿地、海洋碳汇的有效机制，加强应对气候变化国际合作。

（二十）建立天然林保护制度。将所有天然林纳入保护范围。建立国家用材林储备制度。逐步推进国有林区政企分开，完善以购买服务为主的国有林场公益林管护机制。完善集体林权制度，稳定承包权，拓展经营权能，健全林权抵押贷款和流转制度。

（二十一）建立草原保护制度。稳定和完善草原承包经营制度，实现草原承包地块、面积、合同、证书“四到户”，规范草原经营权流转。实行基本草原保护制度，确保基本草原面积不减少、质量不下降、用途不改变。健全草原生态保护补奖机制，实施禁牧休牧、划区轮牧和草畜平衡等制度。加强对草原征用使用审核审批的监管，严格控制草原非牧使用。

（二十二）建立湿地保护制度。将所有湿地纳入保护范围，禁止擅自征用占用国际重要湿地、国家重要湿地和湿地自然保护区。确定各类湿地功能，规范保护利用行为，建立湿地生态修复机制。

（二十三）建立沙化土地封禁保护制度。将暂不具备治理条件的连片沙化土地划为沙化土地封禁保护区。建立严格保护制度，加强封禁和管护基础设施建设，加强沙化土地治理，增加植被，合理发展沙产业，完善以购买服务为主的管护机制，探索开发与治理结合新机制。

（二十四）健全海洋资源开发保护制度。实施海洋主体功能区制度，确定近海海域海岛主体功能，引导、控制和规范各类用海用岛行为。实行围填海总量控制制度，对围填海面积实行约束性指标管理。建立自然岸线保有率控制制度。完善海洋渔业资源总量管理制度，严格执行休渔禁渔制度，推行近海捕捞限额管理，控制近海和滩涂养殖规模。健全海洋督察制度。

（二十五）健全矿产资源开发利用管理制度。建立矿产资源开发利用水平调查评估制度，加强矿产资源查明登记和有偿计时占用登记管理。建立矿产资源集约开发机制，提高矿区企业集中度，鼓励规模化开发。完善重要矿产资源开采回采率、选矿回收率、综合利用率等国家标准。健全鼓励提高矿产资源利用水平的经济政策。建立矿山企业高效和综合利用信息公示制度，建立矿业权人“黑名单”制度。完善重要矿产资源回收利用的产业化扶持机制。完善矿山地质环境保护和土地复垦制度。

（二十六）完善资源循环利用制度。建立健全资源产出率统计体系。实行生产者责任延伸制度，推动生产者落实废弃产品回收处理等责任。建立种养业废弃物资源化利用制度，实现种养业有机结合、循环发展。加快建立垃圾强制分类制度。制定再生资源回收目录，对复合包装物、电池、农膜等低值废弃物实行强制回收。加快制定资源分类回收利用标准。建立资源再生产品和原料推广使用制度，相关原材料消耗企业要使用一定比例的资源再生产品。完善限制一次性用品使用制度。落实并完善资源综合利用和促进循环经济发展的税收政策。制定循环经济技术目录，实行政府优先采购、贷款贴息等政策。

六、健全资源有偿使用和生态补偿制度

（二十七）加快自然资源及其产品价格改革。按照成本、收益相统一的原则，充分考虑社会可承受能力，建立自然资源开发使用成本评估机制，将资源所有者权益和生态环境损害等纳入自然资源及其产品价格形成机制。加强对自然垄断环节的价格监管，建立定价成本监审制度和价格调整机制，完善价格决策程序和信息公开制度。推进农业水价综合改革，全面实行非居民用水超计划、超定额累进加价制度，全面推行城镇居民用水阶梯价格制度。

（二十八）完善土地有偿使用制度。扩大国有土地有偿使用范围，扩大招拍挂出让比例，减少非公益性用地划拨，国有土地出让收支纳入预算管理。改革完善工业用地供应方式，探索实行弹性出让年限以及长期租赁、先租后让、租让结合供应。完善地价形成机制和评估制度，健全土地等级价体系，理顺与土地相关的出让金、租金和税费关系。建立有效调节工业用地和居住用地合理比价机制，提高工业用地出让地价水平，降低工业用地比例。探索通过土地承包经营、出租等方式，健全国有农用地有偿使用制度。

（二十九）完善矿产资源有偿使用制度。完善矿业权出让制度，建立符合市场经济要求和矿业规律的探矿权采矿权出让方式，原则上实行市场化出让，国有矿产资源出让收支纳入预算管理。理清有偿取得、占用和开采中所有者、投资者、使用者的产权关系，研究建立矿产资源国家权益金制度。调整探矿权采矿权使用费标准、矿产资源最低勘查投入标准。推进实现全国统一的矿业权交易平台建设，加大矿业权出让转让信息公开力度。

（三十）完善海域海岛有偿使用制度。建立海域、无居民海岛使用金征收标准调整机制。建立健全海域、无居民海岛使用权招拍挂出让制度。

（三十一）加快资源环境税费改革。理顺自然资源及其产品税费关系，明确各自功能，合理确定税收调控范围。加快推进资源税从价计征改革，逐步将资源税扩展到占用各种自然生态空间，在华北部分地区开展地下水征收资源税改革试点。加快推进环境保护税立法。

（三十二）完善生态补偿机制。探索建立多元化补偿机制，逐步增加对重点生态功能区转移支付，完善生态保护成效与资金分配挂钩的激励约束机制。制定横向生态补偿机制办法，以地方补偿为主，中央财政给予支持。鼓励各地区开展生态补偿试点，继续推进新安江水环境补偿试点，推动在京津冀水源涵养区、广西广东九洲江、福建广东汀江－韩江等开展跨地区生态补偿试点，在长江流域水环境敏感地区探索开展流域生态补偿试点。

（三十三）完善生态保护修复资金使用机制。按照山水林田湖系统治理的要求，完善相关资金使用管理办法，整合现有政策和渠道，在深入推进国土江河综合整治的同时，更多用于青藏高原生态屏障、黄土高原－川滇生态屏障、东北森林带、北方防沙带、南方丘陵山地带等国家生态安全屏障的保护修复。

（三十四）建立耕地草原河湖休养生息制度。编制耕地、草原、河湖休养生息规划，调整严重污染和地下水严重超采地区的耕地用途，逐步将25度以上不适宜耕种且有损生态的陡坡地退出基本农田。建立巩固退耕还林还草、退牧还草成果长效机制。开展退田还湖还湿试点，推进长株潭地区土壤重金属污染修复试点、华北地区地下水超采综合治理试点。

七、建立健全环境治理体系

（三十五）完善污染物排放许可制。尽快在全国范围建立统一公平、覆盖所有固定污染源的企业排放许可制，依法核发排污许可证，排污者必须持证排污，禁止无证排污或不按许可证规定排污。

（三十六）建立污染防治区域联动机制。完善京津冀、长三角、珠三角等重点区域大气污染防治联防联控协作机制，其他地方要结合地理特征、污染程度、城市空间分布以及污染物输送规律，建立区域协作机制。在部分地区开展环境保护管理体制创新试点，统一规划、统一标准、统一环评、统一监测、统一执法。开展按流域设置环境监管和行政执法机构试点，构建各流域内相关省级涉水部门参加、多形式的流域水环境保护协作机制和风险预警防控体系。建立陆海统筹的污染防治机制和重点海域污染物排海总量控制制度。完善突发环境事件应急机制，提高与环境风险程度、污染物种类等相匹配的突发环境事件应急处置能力。

（三十七）建立农村环境治理体制机制。建立以绿色生态为导向的农业补贴制度，加快制定和完善相关技术标准和规范，加快推进化肥、农药、农膜减量化以及畜禽养殖废弃物资源化和无害化，鼓励生产使用可降解农膜。完善农作物秸秆综合利用制度。健全化肥农药包装物、农膜回收贮运加工网络。采取财政和村集体补贴、住户付费、社会资本参与的投入运营机制，加强农村污水和垃圾处理等环保设施建设。采取政府购买服务等多种扶持措施，培育发展各种形式的农业面源污染治理、农村污水垃圾处理市场主体。强化县乡两级政府的环境保护职责，加强环境监管能力建设。财政支农资金的使用要统筹考虑增强农业综合生产能力和防治农村污染。

（三十八）健全环境信息公开制度。全面推进大气和水等环境信息公开、排污单位环境信息公开、监管部门环境信息公开，健全建设项目环境影响评价信息公开机制。健全环境新闻发言人制度。引导人民群众树立环保意识，完善公众参与制度，保障人民群众依法有序行使环境监督权。建立环境保护网络举报平台和举报制度，健全举报、听证、舆论监督等制度。

（三十九）严格实行生态环境损害赔偿制度。强化生产者环境保护法律责任，大幅度提高违法成本。健全环境损害赔偿方面的法律制度、评估方法和实施机制，对违反环保法律法规的，依法严惩重罚；对造成生态环境损害的，以损害程度等因素依法确定赔偿额度；对造成严重后果的，依法追究刑事责任。

（四十）完善环境保护管理制度。建立和完善严格监管所有污染物排放的环境保护管理制度，将分散在各部门的环境保护职责调整到一个部门，逐步实行城乡环境保护工作由一个部门进行统一监管和行政执法的体制。有序整合不同领域、不同部门、不同层次的监管力量，建立权威统一的环境执法体制，充实执法队伍，赋予环境执法强制执行的必要条件和手段。完善行政执法和环境司法的衔接机制。

八、健全环境治理和生态保护市场体系

（四十一）培育环境治理和生态保护市场主体。采取鼓励发展节能环保产业的体制机制和政策措施。废止妨碍形成全国统一市场和公平竞争的规定和做法，鼓励各类投资进入环保市场。能由政府和社会资本合作开展的环境治理和生态保护事务，都可以吸引社会资本参与建设和运营。通过政府购买服务等方式，加大对环境污染第三方治理的支持力度。加快推进污水垃圾处理设施运营管理单位向独立核算、自主经营的企业转变。组建或改组设立国有资本投资运营公司，推动国有资本加大对环境治理和生态保护等方面的投入。支持生态环境保护领域国有企业实行混合所有制改革。

（四十二）推行用能权和碳排放权交易制度。结合重点用能单位节能行动和新建项目能评审查，开展项目节能量交易，并逐步改为基于能源消费总量管理下的用能权交易。建立用能权交易系统、测量与核准体系。推广合同能源管理。深化碳排放权交易试点，逐步建立全国碳排放权交易市场，研究制定全国碳排放权交易总量设定与配额分配方案。完善碳交易注册登记系统，建立碳排放权交易市场监管体系。

（四十三）推行排污权交易制度。在企业排污总量控制制度基础上，尽快完善初始排污权核定，扩大涵盖的污染物覆盖面。在现行以行政区为单元层层分解机制基础上，根据行业先进排污水平，逐步强化以企业为单元进行总量控制、通过排污权交易获得减排收益的机制。在重点流域和大气污染重点区域，合理推进跨行政区排污权交易。扩大排污权有偿使用和交易试点，将更多条件成熟地区纳入试点。加强排污权交易平台建设。制定排污权核定、使用费收取使用和交易价格等规定。

（四十四）推行水权交易制度。结合水生态补偿机制的建立健全，合理界定和分配水权，探索地区间、流域间、流域上下游、行业间、用水户间等水权交易方式。研究制定水权交易管理办法，明确可交易水权的范围和类型、交易主体和期限、交易价格形成机制、交易平台运作规则等。开展水权交易平台建设。

（四十五）建立绿色金融体系。推广绿色信贷，研究采取财政贴息等方式加大扶持力度，鼓励各类金融机构加大绿色信贷的发放力度，明确贷款人的尽职免责要求和环境保护法律责任。加强资本市场相关制度建设，研究设立绿色股票指数和发展相关投资产品，研究银行和企业发行绿色债券，鼓励对绿色信贷资产实行证券化。支持设立各类绿色发展基金，实行市场化运作。建立上市公司环保信息强制性披露机制。完善对节能低碳、生态环保项目的各类担保机制，加大风险补偿力度。在环境高风险领域建立环境污染强制责任保险制度。建立绿色评级体系以及公益性的环境成本核算和影响评估体系。积极推动绿色金融领域各类国际合作。

（四十六）建立统一的绿色产品体系。将目前分头设立的环保、节能、节水、循环、低碳、再生、有机等产品统一整合为绿色产品，建立统一的绿色产品标准、认证、标识等体系。完善对绿色产品研发生产、运输配送、购买使用的财税金融支持和政府采购等政策。

九、完善生态文明绩效评价考核和责任追究制度

（四十七）建立生态文明目标体系。研究制定可操作、可视化的绿色发展指标体系。制定生态文明建设目标评价考核办法，把资源消耗、环境损害、生态效益纳入经济社会发展评价体系。根据不同区域主体功能定位，实行差异化绩效评价考核。

（四十八）建立资源环境承载能力监测预警机制。研究制定资源环境承载能力监测预警指标体系和技术方法，建立资源环境监测预警数据库和信息技术平台，定期编制资源环境承载能力监测预警报告，对资源消耗和环境容量超过或接近承载能力的地区，实行预警提醒和限制性措施。

（四十九）探索编制自然资源资产负债表。制定自然资源资产负债表编制指南，构建水资源、土地资源、森林资源等的资产和负债核算方法，建立实物量核算账户，明确分类标准和统计规范，定期评估自然资源资产变化状况。在市县层面开展自然资源资产负债表编制试点，核算主要自然资源实物量账户并公布核算结果。

（五十）对领导干部实行自然资源资产离任审计。在编制自然资源资产负债表和合理考虑客观自然因素基础上，积极探索领导干部自然资源资产离任审计的目标、内容、方法和评价指标体系。以领导干部任期内辖区自然资源资产变化状况为基础，通过审计，客观评价领导干部履行自然资源资产管理责任情况，依法界定领导干部应当承担的责任，加强审计结果运用。在内蒙古呼伦贝尔市、浙江湖州市、湖南娄底市、贵州赤水市、陕西延安市开展自然资源资产负债表编制试点和领导干部自然资源资产离任审计试点。

（五十一）建立生态环境损害责任终身追究制。实行地方党委和政府领导成员生态文明建设一岗双责制。以

自然资源资产离任审计结果和生态环境损害情况为依据，明确对地方党委和政府领导班子主要负责人、有关领导人员、部门负责人的追责情形和认定程序。区分情节轻重，对造成生态环境损害的，予以诫勉、责令公开道歉、组织处理或党纪政纪处分，对构成犯罪的依法追究刑事责任。对领导干部离任后出现重大生态环境损害并认定其需要承担责任的，实行终身追责。建立国家环境保护督察制度。

十、生态文明体制改革的实施保障

（五十二）加强对生态文明体制改革的领导。各地区各部门要认真学习领会中央关于生态文明建设和体制改革的精神，深刻认识生态文明体制改革的重大意义，增强责任感、使命感、紧迫感，认真贯彻党中央、国务院决策部署，确保本方案确定的各项改革任务加快落实。各有关部门要按照本方案要求抓紧制定单项改革方案，明确责任主体和时间进度，密切协调配合，形成改革合力。

（五十三）积极开展试点试验。充分发挥中央和地方两个积极性，鼓励各地区按照本方案的改革方向，从本地实际出发，以解决突出生态环境问题为重点，发挥主动性，积极探索和推动生态文明体制改革，其中需要法律授权的按法定程序办理。将各部门自行开展的综合性生态文明试点统一为国家试点试验，各部门要根据各自职责予以指导和推动。

（五十四）完善法律法规。制定完善自然资源资产产权、国土空间开发保护、国家公园、空间规划、海洋、应对气候变化、耕地质量保护、节水和地下水管理、草原保护、湿地保护、排污许可、生态环境损害赔偿等方面的法律法规，为生态文明体制改革提供法治保障。

（五十五）加强舆论引导。面向国内外，加大生态文明建设和体制改革宣传力度，统筹安排、正确解读生态文明各项制度的内涵和改革方向，培育普及生态文化，提高生态文明意识，倡导绿色生活方式，形成崇尚生态文明、推进生态文明建设和体制改革的良好氛围。

（五十六）加强督促落实。中央全面深化改革领导小组办公室、经济体制和生态文明体制改革专项小组要加强统筹协调，对本方案落实情况进行跟踪分析和督促检查，正确解读和及时解决实施中遇到的问题，重大问题要及时向党中央、国务院请示报告。

中国制造2025（节录）

（国务院 2015年5月8日印发）

制造业是国民经济的主体，是立国之本、兴国之器、强国之基。十八世纪中叶开启工业文明以来，世界强国的兴衰史和中华民族的奋斗史一再证明，没有强大的制造业，就没有国家和民族的强盛。打造具有国际竞争力的制造业，是我国提升综合国力、保障国家安全、建设世界强国的必由之路。

当前，新一轮科技革命和产业变革与我国加快转变经济发展方式形成历史性交汇，国际产业分工格局正在重塑。必须紧紧抓住这一重大历史机遇，按照“四个全面”战略布局要求，实施制造强国战略，加强统筹规划和前瞻部署，力争通过三个十年的努力，到新中国成立一百年时，把我国建设成为引领世界制造业发展的制造强国，为实现中华民族伟大复兴的中国梦打下坚实基础。

二、战略方针和目标

（一）指导思想。

——绿色发展。坚持把可持续发展作为建设制造强国的重要着力点，加强节能环保技术、工艺、装备推广应用，全面推行清洁生产。发展循环经济，提高资源回收利用效率，构建绿色制造体系，走生态文明的发展道路。

（三）战略目标。

2020年和2025年制造业主要指标（摘要）

类别	指标	2013年	2015年	2020年	2025年
绿色发展	规模以上单位工业增加值能耗下降幅度	–	–	比2015年下降18%	比2015年下降34%

单位工业增加值二氧化碳排放量下降幅度	–	–	比2015年下降22%	比2015年下降40%	
单位工业增加值用水量下降幅度	–	–	比2015年下降23%	比2015年下降41%	
工业固体废物综合利用率（%）	62	65	73	79	

三、战略任务和重点

（五）全面推行绿色制造。

加大先进节能环保技术、工艺和装备的研发力度，加快制造业绿色改造升级；积极推行低碳化、循环化和集约化，提高制造业资源利用效率；强化产品全生命周期绿色管理，努力构建高效、清洁、低碳、循环的绿色制造体系。

加快制造业绿色改造升级。全面推进钢铁、有色、化工、建材、轻工、印染等传统制造业绿色改造，大力研发推广余热余压回收、水循环利用、重金属污染减量化、有毒有害原料替代、废渣资源化、脱硫脱硝除尘等绿色工艺技术装备，加快应用清洁高效铸造、锻压、焊接、表面处理、切削等加工工艺，实现绿色生产。加强绿色产品研发应用，推广轻量化、低功耗、易回收等技术工艺，持续提升电机、锅炉、内燃机及电器等终端用能产品能效水平，加快淘汰落后机电产品和技术。积极引领新兴产业高起点绿色发展，大幅降低电子信息产品生产、使用能耗及限用物质含量，建设绿色数据中心和绿色基站，大力促进新材料、新能源、高端装备、生物产业绿色低碳发展。

推进资源高效循环利用。支持企业强化技术创新和管理，增强绿色精益制造能力，大幅降低能耗、物耗和水耗水平。持续提高绿色低碳能源使用比率，开展工业园区和企业分布式绿色智能微电网建设，控制和削减化石能源消费量。全面推行循环生产方式，促进企业、园区、行业间链接共生、原料互供、资源共享。推进资源再生利用产业规范化、规模化发展，强化技术装备支撑，提高大宗工业固体废弃物、废旧金属、废弃电器电子产品等综合利用水平。大力发展再制造产业，实施高端再制造、智能再制造、在役再制造，推进产品认定，促进再制造产业持续健康发展。

积极构建绿色制造体系。支持企业开发绿色产品，推行生态设计，显著提升产品节能环保低碳水平，引导绿色生产和绿色消费。建设绿色工厂，实现厂房集约化、原料无害化、生产洁净化、废物资源化、能源低碳化。发展绿色园区，推进工业园区产业耦合，实现近零排放。打造绿色供应链，加快建立以资源节约、环境友好为导向的采购、生产、营销、回收及物流体系，落实生产者责任延伸制度。壮大绿色企业，支持企业实施绿色战略、绿色标准、绿色管理和绿色生产。强化绿色监管，健全节能环保法规、标准体系，加强节能环保监察，推行企业社会责任报告制度，开展绿色评价。

专栏4　绿色制造工程

组织实施传统制造业能效提升、清洁生产、节水治污、循环利用等专项技术改造。开展重大节能环保、资源综合利用、再制造、低碳技术产业化示范。实施重点区域、流域、行业清洁生产水平提升计划，扎实推进大气、水、土壤污染源头防治专项。制定绿色产品、绿色工厂、绿色园区、绿色企业标准体系，开展绿色评价。

到2020年，建成千家绿色示范工厂和百家绿色示范园区，部分重化工行业能源资源消耗出现拐点，重点行业主要污染物排放强度下降20%。到2025年，制造业绿色发展和主要产品单耗达到世界先进水平，绿色制造体系基本建立。

中共中央办公厅、国务院办公厅关于厉行节约反对食品浪费的意见

（中办发〔2014〕22号　中共中央办公厅、国务院办公厅2014年3月印发）

人口众多、土地资源相对不足是我国基本国情，我国粮食供求长期处于紧平衡状态。但受讲排场、比阔气、爱面子等不良风气影响，加之相关监管制度不健全，目前我国食品浪费现象广泛存在，人民群众对此反映强烈。厉行节约反对食品浪费，既是保障国家粮食安全的迫切需要，也是弘扬中华民族勤俭节约传统美德、加快推进资源节

约型环境友好型社会建设的重要举措。为贯彻落实《党政机关厉行节约反对浪费条例》，深入推进反对食品浪费工作，现提出如下意见。

一、杜绝公务活动用餐浪费

各级党政机关、国有企事业单位要严格按照《党政机关厉行节约反对浪费条例》和《党政机关国内公务接待管理规定》有关要求，切实加强国内公务接待、会议、培训等公务活动用餐管理，以公务用餐文明引领社会消费文明。公务活动用餐要按照快捷、健康、节约的要求，积极推行简餐和标准化饮食，主要提供家常菜和不同地域通用的食品，科学合理安排饭菜数量，原则上实行自助餐。严禁党政机关向企事业单位转嫁公务活动用餐费用，严禁以会议、培训等名义组织宴请或大吃大喝。公务活动用餐费支付应严格执行国库集中支付制度和公务卡管理有关规定。严禁设立"小金库"，党政机关、国有企事业单位公务活动用餐预算严格按照有关规定和标准执行，各地区各部门和国有企事业单位在公开"三公"经费支出时要列出公务活动用餐费支出。各地区要制定本地区公务活动用餐开支标准并定期进行调整，明确公务接待工作餐费报销规范。国有企业和国有金融企业要按照有关标准和要求，将业务招待项目作为企业负责人职务消费重要事项强化管理。

二、推进单位食堂节俭用餐

单位食堂应按照健康、从简原则提供饮食，合理搭配菜品，注重膳食平衡。条件具备的地方实行自助点餐计量收费，多供应小份食品，方便用餐人员适量选取。在明显位置张贴宣传标语或宣传画、摆放提示牌，提醒适量取餐。建立食堂用餐人员登记制度，实施动态管理，做到按用餐人数采购、做餐、配餐。安排专人负责食堂巡视检查，对浪费行为给予批评教育。机关事务管理部门要会同有关部门研究建立党政机关食堂反对食品浪费工作成效评估和通报制度。教育、卫生计生、国资、银监、证监、保监等部门要指导推动学校、医院、国有企业、国有金融企业等加快建立健全食堂节约用餐制度。各地区要对党政机关、国有企事业单位食堂反对食品浪费工作成效进行评估，对存在严重浪费行为的单位进行通报。

三、推行科学文明的餐饮消费模式

鼓励餐饮企业积极发展大众餐饮，提供标准化菜品，方便消费者自主调味，推行商务餐分餐制，发展可选择套餐，多提供小份菜。倡导一料多菜、一菜多味，物尽其用，避免浪费食材。餐饮企业要积极引导消费者节约用餐，在显著位置张贴或摆放节约食物、杜绝浪费的宣传画或提示牌，菜单上应准确标注菜量，按营养均衡的要求配置不同规格盛具，餐前引导适量点餐，餐后主动帮助打包，不得设置最低消费额，对节约用餐的消费者给予表扬和奖励。鼓励家庭按实际需要采购食品，倡导婚丧嫁娶等红白喜事从简用餐。商务部门要制定餐饮业服务规范，加快建立健全餐饮业标准体系，会同财政等部门研究建立餐饮企业反对食品浪费工作奖惩制度。卫生计生部门要指导餐饮企业提供符合膳食平衡要求的食品。工商部门要指导各级消费者协会加强消费教育，引导消费者形成文明节俭消费理念。食品药品监管部门要结合餐饮服务食品安全量化分级管理工作，推动餐饮企业加大反对食品浪费工作力度。旅游部门要强化旅游星级饭店质量等级评定标准中反对食品浪费的要求，并加强对标准实施的监督检查。各有关行业协会要制定行规行约，引导餐饮企业转变经营理念，厉行节约，反对浪费。

四、减少各环节粮食损失浪费

加强粮食生产、收购、储存、运输、加工、消费等环节管理，有效减少损失浪费。粮食部门要全面实施粮食收储供应安全保障工程，扩大农户科学储粮专项实施范围，抓紧组织修复危仓老库；切实解决粮油过度加工问题，提高成品粮出品率和副产物综合利用率；在粮食流通各环节推广节粮减损新设施、新技术，开展粮食收购、储存、运输、加工、消费等环节损失浪费情况调查，出台节粮减损具体措施。交通运输部门要加强粮食运输管理，运输企业不得承运包装不达标的粮食。发展改革、财政部门要继续支持粮食收储运设施的建设改造，会同工业和信息化部门不断改善加工条件，积极推广使用食品加工新技术、新工艺、新装备。质检部门要会同有关部门抓紧修改制定粮油加工、转化和食品包装等标准和技术规范，合理设定保质期限，鼓励企业对预包装食品按照消费者不同需求采用不同大小的包装规格。科技部门要组织开展食品包装新技术研发，提高食品保质技术水平。商务部门要规范餐饮企业和食品批发零售企业促销活动，鼓励食品经营企业在确保食品质量安全和市场经营秩序的前提下打折销售临近保质期的食品。

五、推进食品废弃物资源化利用

餐饮企业和党政机关、企事业单位食堂不得随意处置餐厨废弃物，要按规定交由具备条件的餐厨废弃物资源化利用企业处置或进行就地资源化处理，鼓励有条件的家庭对厨余废弃物进行堆肥等资源化利用。生产加工环节的食

品废弃物和商场、超市过期食品等，要交由具备条件的企业进行资源化回收处理。国家发展改革委要会同有关部门加快研究制定餐厨废弃物管理和资源化利用条例，研究建立餐厨废弃物处理收费制度，加大对餐厨废弃物资源化利用企业的支持和相关技术研发推广力度。住房城乡建设、工商、质检、食品药品监管等部门要严厉打击违法收集、运输、加工餐厨废弃物的行为。公安机关要始终保持高压态势，积极会同有关部门严厉打击利用“地沟油”生产食用油犯罪活动。

六、加大宣传教育力度

采取多种形式开展国情教育，宣传我国粮食生产供应情况，积极倡导合理、健康的饮食文化，大力破除讲排场、比阔气等不良风气，促进反对食品浪费成为全社会的自觉行为。宣传部门要加大反对食品浪费宣传报道力度，弘扬先进典型，曝光浪费现象，加强公益广告宣传。发展改革部门要将反对食品浪费作为全国节能宣传周活动的重要宣传内容。粮食部门要会同有关部门组织好每年世界粮食日和全国爱粮节粮宣传周活动，编辑出版爱粮节粮科普读物，做好“节约一粒粮”公益宣传，组织开展爱粮节粮先进单位和示范家庭创建活动。教育部门要加大学校反对食品浪费教育工作力度，组织开展中小学生节约粮食体验活动。工会、共青团、妇联等群众组织要面向职工、青少年、妇女等开展有针对性的宣传教育活动，促进养成节约习惯。

七、健全法律法规

积极推进反对食品浪费工作法制化进程。国务院法制办及有关部门要积极研究推动节约粮食、反对食品浪费法规建设，加快推进粮食法立法进程，建立有利于促进粮食节约的法律机制。国家发展改革委、国家粮食局要会同有关部门抓紧修订粮食流通管理条例，对粮食节约减损作出规定，明确奖惩措施。各地区各有关部门要结合实际研究制定反对食品浪费的地方性法规和规章。

八、加强监督检查

国家发展改革委、财政部要会同有关部门定期整体部署反对食品浪费工作，加强监督检查，对发现的突出问题及时督促整改，对好经验好做法进行通报表扬并积极推广。监察部门对已在餐饮企业安装使用税控装置的地区，要采用信息化手段逐步与税控收款机系统衔接，组织对餐饮企业、宾馆饭店等进行暗访，对大额餐饮发票适时开展抽查，严肃查处公款浪费案件；对违反公务接待规定、用公款相互宴请等行为，要依纪依法追究相关人员责任，对负有领导责任的主要负责人或有关领导实行问责。建立食品浪费行为举报投诉制度，相关举报纳入监察部门案件受理范围。财政部门要建立健全公务消费电子监控平台，各单位对未在平台备案的公款消费不予报销；指导企业加强财务会计管理，对企业报销用餐费用行为进行规范。审计部门要对公务接待经费进行审计，发现的违纪违规问题，依法进行处理处罚或者移送有关部门处理。税务部门要及时查处餐饮企业开发票时将餐费开成非餐费的违法行为，防止餐饮企业将大额用餐费用分割成小额发票的行为，对定点饭店，财政等有关部门要取消其定点资格。粮食部门对粮食收购、储存、运输和加工等环节中的违规行为依法进行查处，导致粮食重大损失的，要严肃追究有关人员责任。公务接待管理部门要会同有关部门加强对本级党政机关各部门和下级党政机关国内接待工作用餐的监督检查。工会、共青团、妇联等要组织开展反对食品浪费志愿者行动，积极劝说制止浪费行为，对不听劝阻的可报告有关部门查处，对公款浪费行为及时向监察机关报告。

各地区各有关部门要充分认识厉行节约反对食品浪费的重要意义，切实增强责任感和紧迫感，加强组织领导，明确分管领导，建立健全工作机制，抓紧制定具体实施方案并抓好落实。国家发展改革委、财政部要加强统筹指导和协调推动，各有关部门要积极配合，共同推进反对食品浪费工作，努力使厉行节约反对浪费在全社会蔚然成风。

国务院关于支持福建省深入实施生态省战略加快生态文明先行示范区建设的若干意见（节录）

国发〔2014〕12号

各省、自治区、直辖市人民政府，国务院各部委、各直属机构：

福建省是我国南方地区重要的生态屏障，生态文明建设基础较好。为支持福建省深入实施生态省战略，加快生态文明先行示范区建设，增强引领示范效应，现提出以下意见：

一、总体要求

（一）指导思想。以邓小平理论、“三个代表”重要思想、科学发展观为指导，充分发挥福建省生态优势和区位优势，坚持解放思想、先行先试，以体制机制创新为动力，以生态文化建设为支撑，以实现绿色循环低碳发展为途径，深入实施生态省战略，着力构建节约资源和保护环境的空间格局、产业结构、生产方式、生活方式，成为生态文明先行示范区。

（三）主要目标。

到2015年，单位地区生产总值能源消耗和二氧化碳排放均比全国平均水平低20%以上，非化石能源占一次能源消费比重比全国平均水平高6个百分点；城市空气质量全部达到或优于二级标准；主要水系Ⅰ—Ⅲ类水质比例达到90%以上，近岸海域达到或优于二类水质标准的面积占65%；单位地区生产总值用地面积比2010年下降30%；万元工业增加值用水量比2010年下降35%；森林覆盖率达到65.95%以上。

到2020年，能源资源利用效率、污染防治能力、生态环境质量显著提升，系统完整的生态文明制度体系基本建成，绿色生活方式和消费模式得到大力推行，形成人与自然和谐发展的现代化建设新格局。

四、促进能源资源节约

（九）深入推进节能降耗。全面实施能耗强度、碳排放强度和能源消费总量控制，建立煤炭消费总量控制制度，强化目标责任考核。突出抓好重点领域节能，实施节能重点工程，推广高效节能低碳技术和产品。开展重点用能单位节能低碳行动和能效对标活动，实施能效“领跑者”制度。

（十）合理开发与节约利用水资源。严格实行用水总量控制，统筹生产、生活、生态用水，大力推广节水技术和产品，强化水资源保护。科学规划建设一批跨区域、跨流域水资源配置工程，研究推进宁德上白石、罗源霍口等大中型水库建设。

（十一）节约集约利用土地资源。严守耕地保护红线，从严控制建设用地。严格执行工业用地招拍挂制度，探索工业用地租赁制。适度开发利用低丘缓坡地，积极稳妥推进农村土地整治试点和旧城镇旧村庄旧厂房、低效用地等二次开发利用，清理处置闲置土地。鼓励和规范城镇地下空间开发利用。

（十二）积极推进循环经济发展。加快构建覆盖全社会的资源循环利用体系，提高资源产出率。加强产业园区循环化改造，实现产业废物交换利用、能量梯级利用、废水循环利用和污染物集中处理。大力推行清洁生产。加快再生资源回收体系建设，支持福州、厦门、泉州等城市矿产示范基地建设。推进工业固体废弃物、建筑废弃物、农林废弃物、餐厨垃圾等资源化利用。支持绿色矿山建设。

国务院

2014年3月10日

国务院办公厅关于改善农村人居环境的指导意见(节录)

国办发〔2014〕25号

大力开展村庄环境整治。加快农村环境综合整治，重点治理农村垃圾和污水。推行县域农村垃圾和污水治理的统一规划、统一建设、统一管理，有条件的地方推进城镇垃圾污水处理设施和服务向农村延伸。建立村庄保洁制度，推行垃圾就地分类减量和资源回收利用。深入开展全国城乡环境卫生整洁行动。交通便利且转运距离较近的村庄，生活垃圾可按照“户分类、村收集、镇转运、县处理”的方式处理；其他村庄的生活垃圾可通过适当方式就近处理。离城镇较远且人口较多的村庄，可建设村级污水集中处理设施，人口较少的村庄可建设户用污水处理设施。大力开展生态清洁型小流域建设，整乡整村推进农村河道综合治理。

推进规模化畜禽养殖区和居民生活区的科学分离，引导养殖业规模化发展，支持规模化养殖场畜禽粪污综合治理与利用。引导农民开展秸秆还田和秸秆养畜，支持秸秆能源化利用设施建设。逐步建立农村病死动物无害化收集和处理系统，加快无害化处理场所建设。合理处置农药包装物、农膜等废弃物，加快废弃物回收设施建设。推进农村清洁工程，因地制宜发展规模化沼气和户用沼气。推动农村家庭改厕，全面完成无害化卫生厕所改造任务。考虑种养大户等新型农业经营主体规模化生产需求，统筹建设晾晒场、农机棚等生产性公用设施，整治占用乡村道路晾晒、堆放等现象。

积极稳妥推进农村土地整治，节约集约使用土地。加强村庄公共空间整治，清理乱堆乱放，拆除私搭乱建，疏浚坑塘河道，推进村庄公共照明设施建设。统筹利用闲置土地、现有房屋及设施等，改造、建设村庄公共活动场所。

国务院办公厅关于促进内贸流通健康发展的若干意见（节录）

国办发〔2014〕51号

（六）推进绿色循环消费设施建设。大力推广绿色低碳节能设备设施，推动节能技术改造，在具备条件的企业推广分布式光伏发电，试点夹层玻璃光伏组件等新材料产品应用，培育一批集节能改造、节能产品销售和废弃物回收于一体的绿色市场、商场和饭店。推广绿色低碳采购，支持流通企业与绿色低碳商品生产企业（基地）对接，打造绿色低碳供应链。支持淘汰老旧汽车，加大黄标车淘汰力度，促进报废汽车回收拆解体系建设，推进报废汽车资源综合利用。

国务院办公厅
2014年10月24日

国务院办公厅关于促进国家级经济技术开发区转型升级创新发展的若干意见（节录）

（国办发〔2014〕54号国务院办公厅2014年10月30日印发）

五、坚持绿色集约发展

（十五）鼓励绿色低碳循环发展。支持国家级经开区创建生态工业示范园区、循环化改造示范试点园区等绿色园区，开展经贸领域节能环保国际合作，制订和完善工作指南和指标体系，加快推进国际合作生态园建设。国家级经开区要严格资源节约和环境准入门槛，大力发展节能环保产业，提高能源资源利用效率，减少污染物排放，防控环境风险。

（十七）强化土地节约集约利用。国家级经开区必须严格土地管理，严控增量，盘活存量，坚持合理、节约、集约、高效开发利用土地。加强土地开发利用动态监管，加大对闲置、低效用地的处置力度，探索存量建设用地二次开发机制。省级人民政府要建立健全土地集约利用评价、考核与奖惩制度，可在本级建设用地指标中对国家级经开区予以单列。允许符合条件且确有必要的国家级经开区按程序申报扩区或调整区位。

国家发展和改革委政策文件

关于组织开展第二批资源综合利用“双百工程”建设的通知

发改办环资[2014]437号

各省、自治区、直辖市及计划单列市、新疆生产建设兵团发展改革委，有关中央企业：

为落实党的十八大和十八届三中全会关于加快生态文明制度建设的要求，促进资源节约集约利用，根据“十二五”规划《纲要》、《循环经济发展战略及近期行动计划》和《“十二五”资源综合利用指导意见》的部署，我委决定开展第二批资源综合利用“双百工程”建设工作。现将有关事项通知如下：

一、建设领域

（一）产业废物综合利用

重点是赤泥、磷石膏、尾矿、冶炼和化工废渣、建筑和道路废弃物等产生量大、利用难度大的各类产业废物综合利用。

（二）再生资源回收利用

重点是废旧纺织品、废矿物油、废旧轮胎、废弃木材等新兴典型和具有区域集聚特点的再生资源回收利用。

二、建设任务

结合各地资源特点和区域优势等条件，因地制宜培育一批资源利用效率高、自主创新能力强、经济和社会效益好、企业社会责任意识强的示范基地和骨干企业，建设一批资源综合利用示范项目，培育扶持一批资源综合利用技术研发中心，攻克相关领域的关键共性技术，形成一批具有自主知识产权和核心竞争力的资源综合利用技术、工艺和产品，研究完善体制机制。发挥“双百工程”的示范和引领作用，扩大利用规模、提高利用效益、提升利用水平，确保完成“十二五”各项资源综合利用目标要求。

三、申报条件

（一）示范基地

1. 各类废物年产生量1000万吨以上的地区，所辖区域内资源综合利用支撑企业不少于5家，资源综合利用年产值超过10亿元。再生资源回收利用示范基地，年资源聚集量在200万吨以上，资源综合利用年产值超过5亿元。

2. 已出台本地区的资源综合利用相关规划或专项方案，提出的各项目标高于《“十二五”资源综合利用指导意见》提出的各项全国性目标。

3. 优先推荐《大宗固体废物综合利用实施方案》规划内的各类示范基地。

4. 前期基础好，已形成一定产业规模，工业固体废物综合利用率不低于65%。再生资源回收利用示范基地，主要再生资源回收利用率不低于70%。

（二）骨干企业

1. 原则上应为集团公司，下属专业化综合利用子公司不少于3家，企业年利废能力不低于100万吨（含子公司）。再生资源回收利用企业，年利废能力不低于50万吨。具有较强的上下游产业带动、辐射示范作用。

2. 应以资源综合利用产品生产、加工利用为主业，综合利用总产值不低于5000万元（含子公司）。

3. 获得《国家鼓励的资源综合利用认定证书》。

4. 企业现有生产能力、工艺和产品符合《国家产业结构调整指导目录（2011年本）》中鼓励类范围。

5. 企业生产规模和采用的生产工艺、技术装备以及资源综合利用效率处于全国同行业领先水平。

四、建设方案（略）

确保实现方案提出的各项目标。我委将会同有关部门研究完善相关扶持政策，支持“双百工程”建设。

五、有关要求（略）

国家发展改革委办公厅

2014年2月26日

关于公布第二批禁止使用实心粘土砖县城和限制使用粘土制品城市名单的通知

发改办环资[2014]438号

各省、自治区、直辖市发展改革委、墙体材料革新主管部门，墙体材料革新办公室：

为贯彻落实国务院办公厅《关于进一步推进墙体材料革新和推广节能建筑的通知》精神，按照国家发展改革委《“十二五”墙体材料革新指导意见》，以及《关于开展“十二五”城市城区限制粘土制品 县城禁止使用实心粘土砖工作的通知》提出的到2015年全国50%以上县城实现“禁实”、30%以上的城市实现“限粘”的目标任务要求，现将第二批411个“禁实”县城和186个“限粘”城市名单（见附件）印发你们，请各地墙体材料革新主管部门会同有关部门结合当地实际情况，制定“县城禁实、城市限粘”年度计划，落实责任，采取有力措施，扎实推进，确保到2015年底前完成目标任务。

各地墙体材料革新办公室要加强对第一批已经实现“禁实”、“限粘”目标的县城、城市城区指导和督查，巩固工作成果，防止出现实心粘土砖和不合规墙体材料使用反弹现象，并向乡镇、农村延伸，积极发展和推广节能、环保、利废的优质新型墙体材料，逐步淘汰粘土制品。

附件：第二批“禁实”县城和“限粘”城市名单（略）

国家发展改革委办公厅
2014年2月26日

关于全国秸秆综合利用和焚烧情况的通报

发改办环资[2014]516号

各省、自治区、直辖市发展改革委、经信委（经委、经贸委、工信委）、农业（农机）厅（委、局、办）、环保厅（局）；广西壮族自治区林业厅，新疆生产建设兵团发展改革委、农业局、环保局：

根据国务院办公厅印发的《关于加快推进农作物秸秆综合利用的意见》（国办发〔2008〕105号）要求，国家发展改革委、农业部会同有关部门建立秸秆综合利用统筹协调机制，共同推进秸秆综合利用；环境保护部协调各地不断加大禁烧工作力度，取得一定成效。但部分地区秸秆综合利用进展缓慢，秸秆焚烧现象仍屡禁不止，秸秆焚烧产生的有害气体及颗粒物成为雾霾天气的污染源之一，甚至引发火灾，危及交通安全。

鉴于以上情况，为进一步做好秸秆综合利用工作，加强对秸秆禁烧的监管，现将2012年秸秆综合利用情况及2013年秸秆焚烧情况通报你们，请各地结合贯彻落实党的十八大以及十八届三中全会精神，大力推进生态文明建设，进一步采取有力措施，深入推进秸秆综合利用，继续加大禁烧工作力度，切实减少秸秆焚烧对交通及环境产生的不良影响。

特此通报。

附表：全国秸秆综合利用和焚烧情况表（略）

国家发展改革委办公厅
环境保护部办公厅
农业部办公厅
2014年3月11日

关于请组织推荐2014年园区循环化改造示范试点备选园区的通知

发改办环资[2014]729号

各省、自治区、直辖市及计划单列市、新疆生产建设兵团发展改革委（经信委、工信厅）、财政厅（局）：

为贯彻落实《循环经济促进法》、国家“十二五”规划纲要和《循环经济发展战略及近期行动计划》，推进园区循环经济发展，提高园区综合竞争力，加快转变经济发展方式，建设资源节约型、环境友好型社会，提高生态文明水平，国家发展改革委、财政部决定继续组织实施园区循环化改造示范试点工作，现就申报2014年园区循环化改造示范试点备选园区有关事项通知如下。

一、组织推荐

各省、自治区、直辖市及计划单列市、新疆生产建设兵团循环经济综合管理部门、财政部门组织推荐循环化改造备选园区。

（一）推荐园区应具备以下条件：

1. 列入中国开发区审核公告目录或经国务院批准的园区、国家循环经济试点园区、再制造示范基地（“城市矿产”类园区除外）；

2. 园区符合土地利用总体规划和城市总体规划；

3. 园区内的产业符合国家产业政策；

4. 具有明确的园区边界以及园区组织管理机构或投资运营主体；

5. 园区具备一定的产业基础和产业规模；

6. 园区土地尚有开发利用空间，发展潜力较大；

7. 园区废弃物产生量大，减量化、再利用、资源化潜力较大，循环化改造潜力较大；

8. 园区基础设施较为完善，具备符合国家标准的各项环保设施，近三年未出现重大环境污染事故和群体事件；

9. 园区具备循环化改造基础，已开展相关基础工作；

10. 财政部、国家发展改革委确定的节能减排财政政策综合示范城市的园区优先，国家或省级循环经济试点园区、生态工业园区或教育示范基地优先。

（二）推荐材料包括：

1. 省级循环经济发展综合管理部门、财政部门联合推荐文件。

2. 园区循环化改造实施方案。结合本地区资源环境、产业发展现状及园区特点，按照《国家发展改革委财政部关于推进园区循环化改造的意见》（发改环资[2012]765号）的要求，参照《园区循环化改造实施方案编制指南》（见附件），组织编写园区循环化改造示范试点实施方案。实施方案中要围绕园区物质流分析，明确园区循环化改造的主要目标和重点任务，提出拟建设的重点支撑项目。省级循环经济发展综合管理部门、财政部门共同组织专家对园区循环化改造实施方案联合审核后报国家发展改革委、财政部。

3. 相关证明文件。包括园区的批复文件，符合土地利用、城市规划、环境保护规划等规划的证明文件，国家发展改革委的审核公告，国土资源部确定的四至范围证明文件，环境保护部门的环保审查报告，以及成立管理机构的证明文件等各类证明文件。

二、程序安排

（一）地方初审实施方案。各地省级循环经济发展综合管理部门、财政部门共同组织专家对园区循环化改造实施方案进行初审，并将初审意见和评审专家名单随同申报材料一同报送。

（二）评审批复实施方案。国家发展改革委、财政部会同有关部门组织专家对实施方案进行评审。方案通过评审的，由国家发展改革委、财政部联合批复。对实施方案获得批复的园区，可在适当位置标示“国家循环化改造示范试点园区”标志。标志式样由国家发展改革委、财政部另行发布。

（三）签订承诺书。园区所在地市（包括计划单列市、副省级省会城市、地级市）、州、盟、区（指直辖市市辖区县）人民政府与国家发展改革委、财政部签订承诺书，确定园区循环化改造的目标任务、重点项目，落实相关配套措施和优惠政策。

（四）拨付资金。财政部、国家发展改革委根据园区循环化改造实施方案，综合考虑园区循环化改造项目投资计划，共同确定给予园区循环化改造的中央财政补助资金额，财政部、国家发展改革委按照补助金额的50%下拨启动资金。中央财政补助资金由地方政府统筹使用，专项用于园区循环化改造。中央财政补助资金具体支持范围和支持方式按照《循环经济发展专项资金暂行管理办法》执行，主要支持内容包括：

1. 园区循环化改造的关键补链项目。包括循环经济产业链接或延伸的关键项目，资源共享设施建设项目、物料闭路循环利用项目、副产物交换利用、能量梯级利用、水的分类利用和循环使用项目，污染物“零排放”或系统构建项目。

2. 公共服务设施建设。包括园区内污染集中防治设施建设及升级改造项目、废物交换平台项目、循环经济技术研发及孵化器项目、循环经济统计信息化项目及监测体系建设项目、生产型服务业循环改造项目等基础设施和公共服务平台项目。

（五）实施改造。园区按照国家发展改革委、财政部批复的实施方案进行循环化改造，每年年底前将实施进展情况报国家发展改革委、财政部。省级循环经济发展综合管理部门、财政部门加强跟踪，督促落实，帮助协调解决循环化改造中的问题。地方政府根据园区循环化改造实施方案统筹使用补助资金，专项用于园区循环化改造，并于每年底前将资金使用情况报送财政部、国家发展改革委备案。项目建设要严格按照国家项目管理的有关程序和规定执行，项目有调整的要及时报国家发展改革委、财政部批准。

（六）考核验收。实施期内，园区配套基础设施和关键补链项目建设进度完成实施方案设定目标，且资源环境指标达到实施方案预期目标90%以上的，由地方政府提出考核和余款拨付申请，国家发展改革委、财政部组织力量进行考核。考核重点是实施方案是否完成，实施情况是否达到预期效果，园区配套基础设施和关键补链项目建设是否发挥应有作用，其中对关键补链项目建设，主要考核补链后资源节约和环境污染减少是否达到预期目标。考核合格的，财政部、国家发展改革委拨付剩余资金，并命名为“国家循环化改造示范园区”，不合格的不再拨付。3年内工作无实质性进展的，将已拨付补助资金扣回。具体考核办法由国家发展改革委、财政部另行制定。

三、有关要求

各地要高度重视园区循环化改造工作，加强组织领导，认真做好组织推荐工作，确保申报材料的真实性、准确性，并于2014年5月16日前，将推荐材料一式两份（附1张光盘）分别报送国家发展改革委（环资司）、财政部（经建司）。各省、自治区、直辖市及计划单列市、新疆生产建设兵团限报1个备选园区（已获批复的再制造产业示范基地有园区循环化改造内容的可另报），对于超报地区，两部门对其报送的园区实施方案不予组织评审。

附件：园区循环化改造实施方案编制指南

国家发展改革委办公厅
财政部办公厅
2014年4月8日

附件：

园区循环化改造实施方案编制指南

为推动园区循环化改造示范试点工作的顺利开展，指导地方编制园区循环化改造实施方案，制定本编制指南。各地编制实施方案时应与本地区产业发展、资源禀赋、环境状况相结合，在发展目标、发展重点等方面要充分体现本地特色，在主要任务、政策措施等方面要有所创新和突破。

一、总体要求

（一）贯彻落实科学发展观，以循环经济“减量化、再利用、资源化”和“减量化优先”为原则，以转变经济发展方式为主线，把园区改造为“经济持续发展、资源高效利用、环境优美清洁、生态良性循环”的循环化改造示范园区，推进园区绿色发展、循环发展、低碳发展。

（二）紧密结合当地产业基础、资源禀赋和环境状况，统筹规划园区空间布局和产业布局，突出构建清晰的循环经济产业链，具有现实可操作性。

（三）以表格形式细化年度投资计划、具体项目实施期限和达产年限、规模，清晰界定年度实施范围和进度，

便于进行年度评价和验收。

（四）清晰列明园区各类污染物的排放和处理情况，便于环境保护部门监督检查。

（五）以2013年为实施方案编制的基准年，实施期限原则上不超过5年。

二、实施方案的主要内容

（一）园区现状和发展基础

1、当地经济社会发展情况及本地区资源禀赋、环境状况简述；

2、园区概况。主要包括园区地理位置、交通条件、占地面积、自然条件、功能区划等内容。要附园区区位图和园区功能区划图。

3、经济发展和产业基础。描述园区经济、产业发展水平以及园区主导行业、重点企业及其发展状况。（要附相关图表）

4、社会发展和基础设施。描述园区内人口状况，科、教、文、卫状况，基础设施状况、道路交通状况等。

5、园区与周边区域的产业关联、基础设施和服务平台共享等情况。

6、资源环境现状。园区主要能源和资源的消耗水平及其与国内外的比较；资源产出率情况，“十二五”前三年节能减排目标完成情况；污染源数量和分布；主要污染物特征和产生、排放量；重点污染源排放达标情况；潜在的环境风险和应急方案；园区建址的环境敏感性分析；区域环境质量；区域环境容量和环境承载力；环境法律法规的贯彻执行；环保投入；环境管理等。对一些资源环境指标要用表格形式列出“十二五”前三年的指标值。

（二）园区发展循环经济的基础及下一步发展面临的问题

1、园区发展循环经济的进展及成效。

2、园区发展面临的主要问题。问题要有针对性，要分析园区下一步发展面临的问题和主要挑战。

3、园区循环化改造的意义。从促进产业结构合理调整、园区综合竞争力提高、资源约束改善、资源产出率提高、环境质量改善、区域生态环境优化等方面分析循环化改造对当地经济社会发展和园区的影响和意义。

（三）循环化改造的有利条件和制约因素

1、有利条件分析。从产业基础、资源环境、基础设施、科技创新、公共服务、人才培养、政策机制、园区管理、周边产业配套等方面分析园区循环化改造的有利条件。

2、制约因素分析。要深入分析制约园区循环化改造和园区发展的制约因素。

（四）总体思路、原则和目标

1、总体思路。

2、基本原则。

3、主要目标

（1）总体目标：从园区空间布局、产业结构调整、循环经济产业链构建、资源利用效率提高、环境保护、基础设施、科技创新、管理机制等方面，提出园区改造的总体目标。

（2）主要指标。在开展物质流分析（要有循环化改造前和改造后物质流比较分析）的基础上，合理设定体现园区循环化改造成效、可量化的指标。指标应包括园区经济发展、产业结构调整、产业关联度、能源资源节约与循环利用、污染控制和管理、环境质量改善等方面。国家“十二五”规划纲要中的有关约束性指标要进行科学测算。具体指标体系可参考附表。

（3）目标可达性分析。根据园区发展趋势，结合园区循环化改造中重点支撑项目的引进和保障体系的建设，分析主要目标的可达性。

（五）主要任务

按照可复制、可推广、可借鉴的要求，对园区循环化改造进行总体框架设计，从空间布局优化、产业结构调整、企业清洁生产、公共基础设施建设、环境保护、组织管理创新等方面，提出切实可行的任务，推进循环化改造。要附园区循环化改造总体框架图。

1、空间布局方面。根据物质流和产业关联性，开展园区布局总体设计或进行布局优化，改造园区内的企业、产业和基础设施的空间布局，体现产业集聚和循环链接效应，实现土地的节约集约高效利用。（要附园区空间优化布局图）

2、产业结构调整方面。结合本区域的产业和资源的比较优势，考虑园区环境承载力和地方发展需求，围绕提

高资源产出率和提高园区综合竞争力，提出传统产业改造升级、培育和发展战略性新兴产业等方面的主要任务。

3、循环经济产业链构建方面。围绕实现项目间、企业间、产业间首尾相连、环环相扣、物料闭路循环，促进原料投入和废物排放的减量化、再利用和资源化，以及危险废物的资源化和无害化处理，提出产业链招商、补链招商，以及建设和引进产业链接或延伸的关键项目等方面的主要任务。（要附循环经济产业链总体框架图、具体产业链图、物质循环利用图）

4、能源资源高效利用方面。按照循环经济减量化优先的原则，推行清洁生产，促进源头减量；开发能源资源的清洁高效利用技术，开展清洁能源替代改造，提高可再生能源利用比例；推动余热余压利用、企业间废物交换利用和水的循环利用；推进水资源替代，沿海地区的园区适当开展海水淡化，减少淡水的使用。

5、污染集中治理方面。加强污染集中治理设施建设及升级改造。培育专业化废弃物处理服务公司，实行园区污染集中治理。强化园区的环境综合管理，开展企业环境管理体系认证，构建园区、企业和产品等不同层次的环境治理和管理体系，最大限度地降低污染物排放水平。

6、基础设施方面。围绕园区各类基础设施的共建共享、集成优化，降低基础设施建设和运行成本，提高运行效率，使园区生态环境优美，提出对园区内运输、供水、供电、照明、通讯、建筑和环保等基础设施的改造任务。

7、运行管理方面。要突出管理体制机制创新，明确园区循环化改造管理机构，建设园区废物交换平台，以及循环经济技术研发及孵化中心等公共服务设施，建立园区循环化改造的统计评价和考核制度，制定并实施循环经济相关技术研发和应用的激励政策、招商引资指导目录和监管制度，进行物质流分析和管理，开展宣传教育。

（六）重点支撑项目

针对园区循环化改造的目标和任务，提出拟建设的重点支撑项目：

1、项目建设总表。将重点支撑项目分列为“拟申请中央财政资金支持的项目”和“没有中央财政资金支持也自主实施的项目”两个表，其中“拟申请中央财政资金支持的项目”表主要筛选和提出循环经济产业链构建体系和公共服务设施保障体系的重点支撑项目,具体见正文中中央财政补助资金支持内容所列的项目种类。

2、项目基本情况。每个项目建设的背景、必要性以及与园区循环化改造的关系、比较详细的建设内容、产能、工艺流程及先进性分析、主要技术设备及先进性分析、资金筹措方案，效益分析。分年度说明建设安排及投资计划。

3、项目投资估算及构成。要以表格形式详细列明每个项目的投资估算（不含土地购置费）。估算范围至少应包括厂房建设（建筑面积、总额等）、设备购置（设备名称、台（套）数、价格等）、辅助生产装置和公用工程等。

（七）园区循环化改造效益分析

重点对园区循环化改造的综合效益进行分析评价，对园区循环化改造的各项成本及收益进行初步的全面系统地核算，评估园区循环化改造的成效。

1、经济效益分析。包括物质减量、循环利用的直接经济效益；污染减排带来的间接经济效益；促进园区本身经济总量稳定增长，同时带动园区所在地区经济增长；增强园区活力，提高园区综合竞争能力等方面。

2、环境效益分析。园区及周边地区水、大气和土壤环境质量的改善；废弃物资源化利用率的提高；降低对自然资源的需求，减少能源消耗；污染物排放量的减少。

3、社会效益分析。包括扩大社会就业，促进居民生活质量的全面提高，促进当地社会和谐等方面。

（八）保障措施

围绕目标的实现、主要任务的落实以及重点项目的建设，提出有针对性的保障措施，主要包括：组织保障体系、政策保障体系、技术支撑体系、公共服务平台建设、统计评价考核体系、污染防治监督管理体制、产业链接的风险分担和保障体系、公众参与、宣传教育与交流以及能够保障园区循环化改造顺利开展的其他措施。

附表：一、园区循环化改造参考指标(略)

二、园区循环化改造项目汇总表(略)

关于组织推荐第五批国家“城市矿产”示范基地备选产业园的通知

发改办环资[2014]855号

有关省、自治区及计划单列市发展改革委（经信委、工信厅）、财政厅（局）：

为落实“十二五”规划《纲要》和《循环经济发展战略及近期行动计划》，推动“城市矿产”规模化、规范化、产业化发展，根据《国家发展改革委财政部关于组织开展城市矿产示范基地建设的通知》（发改环资[2010]977号）和财政部、国家发展改革委印发的《循环经济发展专项资金管理暂行办法》（财建[2012]616号），2014年，国家发展改革委、财政部将组织开展第五批国家“城市矿产”示范基地（以下简称示范基地）建设工作。现将有关事项通知如下：

一、组织推荐

有关省、自治区和计划单列市（已有示范基地的直辖市、计划单列市，第四批和已有两个示范基地的地区除外）循环经济综合管理部门、财政部门要严格按照发改环资[2010]977号文件要求，组织推荐符合条件的再生资源产业园（以下简称产业园）。限报1个，对于超报地区，两部门对其报送的实施方案将不予组织评审。

（一）基本条件：

1、已被确立为国家或省级循环经济示范试点单位。

2、实行园区化管理（有明确的边界，产业园成立了专门管理机构，对产业园内的企业实行统一管理等）。

3、符合土地利用总体规划和城市总体规划。

4、有符合标准的相关环保处理设施，近三年内无重大环保事故。

5、有较为完善的再生资源回收网络体系，能够保障原料来源。

6、“城市矿产”品种两种以上，上年度再生资源集聚量不低于30万吨，有合理产业链，加工利用量占集聚量的30%以上，且加工利用工艺技术水平国内领先。

（二）推荐材料包括：

1、省级循环经济综合管理部门、财政部门的联合推荐文件。

2、建设国家“城市矿产”示范基地实施方案。产业园要按照发改环资[2010]977号文件要求，按照《国家“城市矿产”示范基地实施方案编报指南》（见附件）认真编制实施方案。实施方案要结合本地区资源循环利用产业发展现状，现有资源聚集基础，资源回收和加工利用情况，科学合理规划示范基地建设目标和指标，提出实现标志性目标指标的支撑项目和具体措施。

3、产业园主要项目前期工作落实情况，相关资质以及其他批复性文件和地方出台的支持性政策文件等作为附件一并附上。

二、程序安排

（一）地方初审。拟推荐的产业园要编制建设国家“城市矿产”示范基地实施方案。有关省（区、市）循环经济发展综合管理部门、财政部门要会同有关部门，组织专家对实施方案进行联合初审，并将初审意见和专家名单连同推荐材料一并报送。

（二）联合评审。国家发展改革委、财政部将会同有关部门组织专家对各地上报的实施方案进行评审，批复通过评审的实施方案，并将该产业园确定为国家“城市矿产”示范基地，向社会公布。

（三）签订承诺书。示范基地所在省（区、市）人民政府要与国家发展改革委、财政部签订《国家“城市矿产”示范基地建设承诺书》，保证完成建设目标，落实相关政策等。

（四）资金拨付。财政部、国家发展改革委安排中央财政专项资金，采取预拨与清算相结合的方式，支持示范基地新增再生资源加工处理能力建设（含升级改造）、基础设施和公共服务平台建设以及再生资源回收体系建设，并根据示范基地建设实施方案，按照相关标准，共同核定示范基地中央财政补助资金额，并按照补助金额的50%下拨启动资金。中央财政补助资金由地方政府统筹使用，专项用于示范基地建设，各地要于每年年底前将资金使用情况逐级联合上报财政部、国家发展改革委备案。

（五）实施建设任务。地方政府应督促示范基地按照批复的实施方案开展建设，并于每年年底前将建设进度逐级联合上报国家发展改革委、财政部备案。项目有调整的，需按照有关规定报国家发展改革委、财政部批准。

（六）考核验收。国家发展改革委、财政部将根据地方申请，组织考核验收。考核合格的，拨付剩余补助资金，不合格的不再拨付。3年内工作无实质进展或发生重大环境污染等事件的，将扣回已拨付补助资金。

三、有关要求

（一）统筹规划。有关省（区、市）循环经济综合管理部门、财政部门要会同有关部门，对辖区内资源循环利用产业进行科学规划，已有国家“城市矿产”示范基地的省（区、市）要统筹好示范基地间的关系，区分特色、合理布局，形成相互促进、共同引领行业升级发展的格局。

（二）严格筛选。有关省（区、市）循环经济综合管理部门、财政部门要会同有关部门，结合上述推荐条件对拟推荐的产业园现状进行实地考察和评价，重点是考察产业园现有回收体系建设及其与现有回收体系的衔接、资源聚集能力、加工利用技术水平和基础配套设施情况。

（三）科学论证。有关省（区、市）循环经济综合管理部门和财政部门，要组织专家对实施方案进行联合审核，重点是结合本地区“城市矿产”资源量和分布特点，对实施方案提出的标志性目标（指标）、主要任务、保障措施、重点支撑项目等进行科学论证。

各地要高度重视“城市矿产”示范基地建设，认真做好组织推荐和实施方案初审工作，确保推荐材料的真实性、准确性和实施方案的科学性、可行性，并于2014年5月20日前，将推荐材料一式两份分别报送国家发展改革委（环资司）、财政部（经建司）。

附件：国家“城市矿产”示范基地实施方案编报指南

国家发展改革委办公厅
财 政 部 办 公 厅
2014年4月21日

附件：

国家“城市矿产”示范基地实施方案编报指南

为推动国家“城市矿产”示范基地建设工作的顺利开展，规范各地示范基地实施方案编报工作，根据《国家发展改革委财政部关于开展城市矿产示范基地建设的通知》（发改环资[2010]977号，以下简称《通知》）要求，制订本编报指南。各地在编制时应与本地区资源循环利用产业发展现状相结合，在发展目标、发展重点等方面要充分体现本地特色，在主要任务、政策措施等方面要有所创新和突破。

一、总体要求

（一）严格按照《通知》中确定的“七化”要求规划建设，推动“城市矿产”规模化、规范化、高值化利用，使“城市矿产”示范基地成为促进经济发展新的增长点和缓解资源环境瓶颈约束的示范点。

（二）详细分析产业园现有再生资源来源、品种、数量，详细分析产业园新增资源量的来源、品种、数量，并采取合理的预测方法做好可达性分析。

（三）紧密结合当地再生资源集聚情况和产业基础，统筹规划产业布局和空间布局，突出特色，具有现实可操作性；要突出构建清晰的资源循环利用产业链，认真分析示范基地产业与本地产业循环链接的情况。

（四）以表格形式细化年度投资计划、具体项目实施期限和达产年限、规模，清晰界定年度实施范围和进度，便于进行年度评价和考核。

（五）清晰列明产业园各类污染物的排放和处置方案，便于环境保护部门监督检查，坚决避免二次污染。

（六）以2013年为实施方案编制的基准年，实施期限原则上不少于3年且不超过5年。

二、实施方案的主要内容

（一）背景与意义

1、当地经济社会发展情况及本地区资源循环利用产业发展现状简述；

2、产业园“城市矿产”资源集聚与加工处理、资源化利用情况；

3、建设国家“城市矿产”示范基地在当地循环经济发展总体布局中的地位，以及对当地经济社会发展的意义。

（二）产业园现状及发展基础

1、产业园地理位置、交通条件等（要附产业园区位图）；

2、产业园基本情况；

（1）产业园批准设立时间、范围、面积，现有企业规模、产值、利润、税收等；

（2）目前回收利用的再生资源品种、数量，与现有回收网络体系的对接情况，重点分析新增资源来源渠道及可达性分析；

（3）目前污染物排放、治理情况；

（4）核心企业生产工艺技术和装备，生产能力、实际产量和产品种类，职工人数等（资源利用情况）；

（5）产业园管理体制；

（6）有关资质，拥有的专利技术，获得的荣誉称号等；

（7）现有公共服务平台（包括已建污水处理、固废处理、研发中心）等配套基础设施情况等。

（三）建设国家“城市矿产”示范基地的优劣势分析

1、优势分析：主要包括“城市矿产”资源聚集、本地产业配合、技术、管理、地方政策措施等方面；

2、存在的主要问题。

（四）指导思想、原则和目标

1、指导思想（或总体思路）；

2、基本原则；

3、主要目标

（1）总体目标：包括示范基地未来发展定位、规划布局及功能区划（要附功能区划图）等方面；

（2）主要指标（编制指标表）

在开展资源来源分析的基础上，合理确定新增资源量目标。

标志性目标：产业园新增资源聚集量和深加工利用量。

通用指标：土地产出率、污水深度处理及中水回用率，能源产出率，单位工业增加值用水量，单位生产总值二氧化碳排放量，以及其他主要污染物排放强度等。

特色指标：区域再生资源聚集百分比（主要是指示范基地再生资源聚集量与所在地及周边区域再生资源聚集量比率），深加工百分比，高值化产品百分比，再生资源利用量增加值等体现示范基地特点的目标。

（3）可达性分析：对目标实现的可达性进行分析。

目标设定时可以分为两个阶段。

（五）主要任务

1、回收体系建设方面，要提出具体的措施，建立形成与示范基地相配套的回收体系，保障示范基地的“城市矿产”资源来源，已有完善回收体系的地方要做好充分衔接。

2、产业链构建方面，示范基地内产业链要结合资源特点合理确定、突出特色，实现示范基地产业与本地产业的循环链接。

3、技术创新方面，要有明确的措施，提升资源循环利用的技术装备水平，提高资源再生利用效率。

4、基础能力建设方面，要加快建设完善的基础设施，实现“五通一平”，建立物流体系，组织搭建促进资源循环利用的公共服务、信息服务、技术服务等平台。

5、环保治理方面，要突出三废的排放情况和治理措施，包括管理手段和建设投入。

6、管理方面，要突出管理机制的创新，提高产业园规范化水平，吸纳企业入园发展，提高产业集中度，促进产业园内企业（项目）间的共生与耦合，加强公共基础设施和服务平台的建设，实现基础设施和公共服务平台的共享。

（六）重点项目

针对目标和任务，结合产业园资源聚集基础和已有项目基础，合理提出拟建设的重点支撑项目：

1、项目建设总表。分重点工程类项目（包括加工处理、资源化利用和回收体系建设等）和基础设施类项目（包括公共服务平台建设、环保设施建设等），包括项目名称、建设内容、投资额、实施期限、实施条件（立项、

环评、土地）、实施单位和已获或将获得中央财政其他补助资金情况等。

2、各项目情况介绍

（1）各项目建设的基础，加工利用的再生资源种类、数量及主要产品、新增产能，主要建设内容及建设条件，主要技术工艺设备及先进性分析，需分年度说明建设安排及投资计划。

（2）项目投资估算及构成。要以表格形式详细列明每个项目的投资估算（不含土地购置费）。估算范围至少应包括厂房建设（建筑面积、总额等）、设备购置 （设备名称、台（套）数、价格等）、辅助生产装置和公用工程等。

（3）其他需进一步说明的内容。

（七）保障措施

围绕目标的实现、主要任务的落实以及重点项目的建设，提出有针对性的保障措施，主要包括：组织保障体系、地方政府支持政策、技术支撑体系、公共服务平台建设、污染防治监督管理体制、示范基地与现有区域回收体系的链接、统计评价考核体系建设、体制机制创新等方面。

关于组织推荐第四批餐厨废弃物资源化利用和无害化处理试点备选城市的通知

发改办环资[2014]892号

有关省、自治区、直辖市及计划单列市发展改革委（经贸委、经信委、工信厅）、财政厅（局）、住房城乡建设厅，北京市市政市容委、上海市绿化市容局、天津市市容园林委、重庆市市政委：

为推动餐厨废弃物资源化利用和无害化处理，促进循环经济发展，提高城市生态文明水平，根据国家“十二五”规划《纲要》、《循环经济发展战略及近期行动计划》和《关于组织开展城市餐厨废弃物资源化利用和无害化处理试点工作的通知》（发改办环资[2010]1020号）及《关于印发循环经济发展专项资金支持餐厨废弃物资源化利用和无害化处理试点城市建设实施方案的通知》（发改办环资[2011]1111号）要求，国家发展改革委、财政部、住房城乡建设部会同环境保护部、农业部决定继续开展第四批餐厨废弃物资源化利用和无害化处理试点工作。现将有关事项通知如下：

一、试点内容

选择部分具备开展餐厨废弃物资源化利用和无害化处理条件的设区城市或直辖市市辖区进行试点，国家循环经济示范城市和节能减排财政政策综合示范城市优先。试点工作的主要内容包括：

（一）建立餐厨废弃物产生登记、定点回收、集中处理、资源化产品评估以及监督管理体系。

（二）建设餐厨废弃物资源化利用和无害化处理示范项目，不断优化技术路线，提高资源化利用和无害化处理水平。

（三）建立促进餐厨废弃物资源化利用的激励机制。

（四）引导消费者科学消费，减少餐厨废弃物产生量；推进餐饮业开展清洁生产，开展餐饮业分类存放、资源化利用、无害化处理餐厨废弃物等方面的宣传教育，促进源头减量化。

中央财政将安排专项资金支持餐厨废弃物资源化利用和无害化处理试点，资金由地方政府统筹使用，专项用于餐厨废弃物资源化利用和无害化处理体系建设，具体支持范围和支持方式按照《循环经济发展专项资金管理暂行办法》（财建[2012]616号）和发改办环资[2011]1111号文件执行。

二、组织申报

各省、自治区、直辖市及计划单列市循环经济综合管理部门、财政部门、住房城乡建设（市容环卫）部门要会同环保部门、农业部门严格按照发改办环资[2010]1020号和发改办环资[2011]1111号文件要求，推荐地级以上城市或直辖市市辖区作为备选城市（区）。各地区限报1个，对于超报地区，三部门对其报送的实施方案不予组织评审。推荐城市（区）应具备以下条件：

（一）出台餐厨废弃物管理方面的地方性法规或规章，或初步形成了餐厨废弃物资源化利用方面的相关政策机

制。

（二）建立部门之间分工明确、协作配合的工作机制，在餐厨废弃物收运、资源化利用、无害化处理等方面具有一定的工作基础。

（三）已建设或规划建设餐厨废弃物资源化利用和无害化处理项目，技术工艺路线成熟，资源化产品投入产出效益较好，质量安全可靠。

三、申报材料

（一）联合申报文件：省级循环经济综合管理部门、财政部门、住房城乡建设（市容环卫）部门的联合申报文件（需征求环保部门、农业部门意见）。

（二）餐厨废弃物资源化利用和无害化处理试点城市实施方案：申报城市要根据发改办环资[2010]1020号和发改办环资[2011]1111号文件要求，按照《餐厨废弃物资源化利用和无害化处理试点城市实施方案编制指南》（见附件）认真编制实施方案。实施方案要包括推荐城市基本情况；近几年开展餐厨废弃物资源化利用和无害化处理工作情况，回收体系、资源化利用项目建设情况，已建立的政策机制、工作机制和保障措施等；开展试点的总体思路、工作目标、重点工作，要突出强调餐厨废弃物收运体系建设、资源化利用项目及技术工艺路线、资源化产品及其市场定位等方面的内容；保障试点工作顺利推进的相关措施。

资源化利用项目的前期工作进展和地方出台的法规、规章和支持性政策文件等作为附件一并附上。

四、程序安排

（一）地方初审。各地省级循环经济发展综合管理部门、财政部门、住房城乡建设部门会同环境保护部门、农业部门共同组织专家对申报城市的餐厨废弃物资源化利用和无害化处理试点实施方案进行联合初审，对拟申报城市的现有基础进行客观考察和评价，重点要考察是否出台餐厨废弃物专门法规或规章，回收体系构建及资源化利用项目进展情况等，并将初审意见和评审专家名单作为实施方案的附件一并报送。

（二）联合评审。国家发展改革委、财政部、住房城乡建设部会同环境保护部、农业部等部门将组织专家对各地报送的实施方案进行评审，批复评审通过的实施方案并确定为试点城市，向社会公布。

（三）签订承诺书。试点城市人民政府与国家发展改革委、财政部、住房城乡建设部签订《推进餐厨废弃物资源化利用和无害化处理试点工作承诺书》，明确试点城市餐厨废弃物回收利用体系建设内容和主要目标，并对社会公布。试点城市人民政府要建立健全有关法规制度，健全机制，严格项目管理，加快建设进度，保障试点工作的顺利开展。

（四）资金拨付。财政部、国家发展改革委根据批复的实施方案，综合考虑当地餐厨废弃物现状和年度项目投资计划，共同确定给予试点城市的中央财政补助资金额，并按照补助金额的50%向地方政府下拨启动资金。

（五）实施建设任务。试点城市政府按照批复的实施方案，推进餐厨废弃物资源化利用和无害化处理，并将每年建设进展情况报送国家发展改革委、财政部、住房城乡建设部。试点城市政府统筹使用补助资金，专项用于构建餐厨废弃物收运和利用体系，每年年底前将资金使用情况报送财政部、国家发展改革委备案。项目建设要严格按照国家项目管理的有关规定执行，项目有调整的，要及时报国家发展改革委、财政部、住房城乡建设部批准。

（六）考核验收。5年内，城市新增餐厨废弃物资源化利用和无害化处理总量超过考核方案中设定目标90%以上的，由地方政府提出考核和余款拨付申请，国家发展改革委、财政部、住房城乡建设部组织力量进行考核。考核重点是实施方案实施情况是否达到预期效果，城市绝大部分餐厨废弃物是否得到有效回收、利用和处理，餐厨废弃物回收、资源化利用和无害化处理能力建设是否发挥应有的作用，其中资源化利用和无害化能力建设主要考核新增餐厨废弃物资源化利用和无害化处理总量是否达到预期目标。对考核合格的，财政部、国家发展改革委将拨付剩余资金，不合格的不再拨付资金并收回已拨付资金的80%。3年内工作无实质性进展的，将已拨付补助资金扣回。具体考核办法由国家发展改革委、财政部、住房城乡建设部另行制定。

五、有关要求

（一）加强督促指导力度。各省级循环经济发展综合管理部门、财政部门、住房城乡建设部门要按照国务院有关文件要求，完善餐厨废弃物管理和资源化利用的法规和规章，落实相关政策，加大对试点城市工作的跟踪督促、监督指导力度。同时，要及时总结推广试点经验，推动全省（区、市）的餐厨废弃物资源化利用和无害化处理。对工作没有实质进展的第一、二批试点城市（区）所在省（自治区、直辖市）不得申报2014年的餐厨废弃物资源化利用和无害化处理试点城市。

（二）认真做好组织申报。各地要高度重视餐厨废弃物资源化利用和无害化处理试点工作，推荐工作基础比较好、经过2-3年试点能取得成效的城市（区）。要认真做好组织申报和实施方案初审工作，确保申报材料的真实性、准确性和实施方案的科学性、可行性，并于2014年5月30日前，将申报文件及材料一式两份（附光盘）分别报送国家发展改革委（环资司）、财政部（经建司）、住房城乡建设部（城建司）。

附件：餐厨废弃物资源化利用和无害化处理试点城市实施方案编制指南

国家发展改革委办公厅
财政部办公厅
住房城乡建设部办公厅
2014年4月28日

附件：

餐厨废弃物资源化利用和无害化处理试点城市实施方案编制指南

为推动餐厨废弃物资源化利用和无害化处理试点工作的顺利开展，指导各城市实施方案编制工作，按照《循环经济发展战略及近期行动计划》（国发[2013]5号），根据《关于组织开展城市餐厨废弃物资源化利用和无害化处理试点工作的通知》（发改环资[2010]1020号，以下简称《通知》），制订本编制指南。各地在编制时应与本地餐厨废弃物处理情况相结合，在体系构建、项目建设等方面要充分体现本地特色，在政策机制等方面要有所创新和突破。

一、总体要求

（一）严格按照《通知》中提出的工作目标和主要内容规划建设，推动餐厨废弃物资源化利用和无害化处理，并以此作为解决“地沟油”、“垃圾猪”等食品安全问题的根本举措。

（二）根据人口分布和餐厨废弃物产生情况，合理确定餐厨废弃物资源化利用项目的处理能力，做好目标可达性分析。

（三）统筹规划油脂、固形物和液体的资源化利用和无害化处理体系，有条件的城市，要推动油脂、固形物和液体一体化处理，不能实现一体化处理的城市，要强化统一管理，明确各项目承担主体分工，整合现有力量，协调好各方利益关系。

（四）要根据当地实际情况，建设油脂、废液和废渣资源化项目，合理选择技术工艺路线和产品方案，确保产品出路。

（五）要完善法律法规，健全政策机制，合理测算运营成本，完善支持政策，确保体系的正常运转和目标的实现。

（六）以表格形式细化年度实施计划，包括回收体系和资源化利用项目实施计划，便于进行年度评价和考核。

（七）以2013年为实施方案编制的基准年，实施期限原则上不少于3年，不超过5年。

二、实施方案主要内容

（一）城市基本情况

1、试点城市概况

城市行政区划，总人口及各区人口构成，经济发展概况及自然条件等。

2、餐厨废弃物产生情况

近年来拟试点城区餐厨废弃物（包括餐饮业废弃物和居民厨余）的排放、分布情况和变化趋势；餐厨废弃物构成特点等。

3、餐厨废弃物收运、处理现状

餐厨废弃物现在的收运处理情况，是否进行了单独的收运、处理，是否建设了资源化利用和无害化处理项目，对于正建设或规划建设的，应明确建设进度。

（二）开展试点工作的基础

1、相关工作开展情况

组织领导，部门协调工作机制，相应监管、执法队伍建设情况和监管实施情况；收运体系、资源化利用项目（处理设施）建设情况，主要技术工艺路线及资源化产品等。

2、相关法规体系、政策机制

餐厨废弃物管理方面的地方性法规和规章制度情况，相关的政策机制（比如地方政府对餐厨废弃物处理的补贴等）和执行情况。

3、存在的主要问题

（三）工作思路和主要目标

1、工作思路

指导思想、基本原则。

2、主要目标

实施期整体实施效果描述，目标要有具体的量化指标，指标设计至少应包括下列内容：

餐厨废弃物集中收集率：获得相关部门许可或备案的单位回收的餐厨废弃物占全部产生量的比例；

餐厨废弃物收运体系覆盖率：餐厨废弃物资源化利用和无害化处理体系覆盖的餐饮单位数量、规模；

餐厨废弃物资源化利用率：餐厨废弃物资源化总量占回收总量的比例；

资源化利用设施正常运转率：实际日平均处理量与设备处理能力的比例。

上述指标目标值应相对于现状有明显提高。

（四）主要任务和进度安排

1、规范餐饮单位的排放行为

餐厨废弃物排放单位设置餐厨废弃物专用收集容器和油水分离装置，对餐厨废弃物单独投放、分类收集。建立餐厨废弃物排放登记制度和台账制度，餐厨废弃物只能交由有资质的企业进行处理。

2、构建完善的餐厨废弃物收运体系

试点城市要建立和完善餐厨废弃物的收运管理制度，严格准入制度，确定收运主体，根据服务半径配置专用运输车辆，实行密闭化运输；建立跟踪管理系统和收运监管体系。

列出主要建设内容，并根据阶段目标明确实施进度。

3、建设资源化利用和无害化处理项目

要明确项目承建单位。详细描述项目布局、利用规模、建设内容和进度安排、技术工艺路线（关键技术）、主要设备、基本建设条件、主要产品、项目实施效果、运行监管体系等内容。

详细描述技术工艺特点，认真分析资源化产品产量及市场前景。

列出项目清单，并根据阶段目标明确项目建设进度安排。

4、加强监管等基础能力建设

试点城市要建立餐厨废弃物产生登记、收运台账、处理监控等信息平台，实行数字化管理。加强资源化产品检测能力建设，加强产品的安全性评估，加强法规、标准体系建设，加大宣传培训等。

（五）项目投资及成本收益分析

1、投资构成

餐厨废弃物收集、运输、处理体系、资源化利用项目及基础能力建设总投资及分项构成。要详细列明每部分投资的构成明细。

2、资金来源

3、成本收益分析

（六）社会效益分析

1、社会效益分析

2、资源环境效益分析

（七）保障体系建设

1、组织管理体系

包括成立领导小组，确定试点工作负责人和联络人等；落实部门责任，建立部门分工明确、协作配合的工作机制。

2、法规保障体系

出台餐厨废弃物管理方面的地方性法规、政府规章或规范性文件，建立餐饮服务单位的排放管理制度，餐厨废弃物收运、处理企业的管理制度以及政府对餐厨废弃物无害化处理和资源化利用的财政激励制度等。

3、政策激励机制

试点城市要对餐厨废弃物资源化项目用地给予优先安排，完善财政对餐厨废弃物处理的补贴机制和收费政策等。

4、监督管理体系

落实部门分工，明确职责，建立包括对收运、处理企业建立各种规范的管理制度，收运、处置台账制度，产品质量管理体系，日常监督检查制度，开展联合执法和专项整治等，保证回收体系及资源化设施的正常运转。

5、宣传教育措施

要强化宣传的具体措施，引导消费者科学消费，减少废弃物产生量；开展餐饮业分类存放、清洁生产、资源化利用、无害化处理等方面的宣传教育，促进源头减量化。

关于促进生产过程协同资源化处理城市及产业废弃物工作的意见

发改环资[2014]884号

各省、自治区、直辖市及计划单列市发展改革委、科技厅（委）、工信委（经信委）、财政厅（局）、环保厅（局）、住房建设厅（委、局）、能源局、物价局：

为贯彻党的十八大提出的生态文明建设的战略部署，落实《循环经济促进法》和《循环经济发展战略及近期行动计划》（国发[2013]5号）的要求，加快我国城市及产业废弃物的无害化处置、资源化利用，提高我国新型城镇化的质量和水平，推动绿色循环低碳发展，现就促进生产过程协同资源化处理城市及产业废弃物工作提出如下意见。

一、现状和意义

利用企业生产过程协同资源化处理废弃物，是指利用工业窑炉等生产设施，在满足企业生产要求且不降低产品质量的情况下，将废弃物作为生产过程的部分原料或燃料等，实现废弃物的无害化处置并部分资源化的处理方式。

目前，我国工业固体废物年产生量约32.3亿吨，城市生活垃圾年清运量约1.71亿吨，但由于我国废弃物处置能力相对不足，大量固体废物未得到及时有效的处理处置。通过现有企业生产过程进行协同资源化处理，可以提高我国废弃物无害化处理能力，有利于化解我国废弃物处理处置的难题，是循环经济的重要领域。在企业协同处理过程中，废弃物可以作为替代原料或燃料实现部分资源化利用，含硅、钙、铝、铁等组分的废弃物可作为建材生产的替代原料；热值较高的工业废物、生活垃圾、污泥等可替代部分燃料。协同资源化可以构建企业间、产业间、生产系统和生活系统间的循环经济链条，促进企业减少能源资源消耗和污染排放，推动水泥等行业化解产能过剩矛盾，实现水泥、电力、钢铁等传统行业的绿色化转型，树立承担社会责任、保护环境的良好形象，实现企业与城市和谐共存。

近年来，我国一些水泥企业开展了利用水泥窑协同处理工业废物、污水处理厂污泥、污染土壤和危险废物的实践，同时开展了水泥窑协同处理生活垃圾和垃圾焚烧飞灰的探索；部分钢铁企业开发了利用铬渣等废物制作自熔性烧结矿冶炼含铬生铁工艺；一些电厂开展了协同处理污水处理厂污泥的工程实践。目前我国利用生产过程协同资源化处理废弃物面临的突出问题是：产业发展处于起步阶段，处理工艺和关键技术不成熟，企业运行管理经验不足，废弃物特性有待明确，缺乏针对性排放标准、污染控制标准、产品质量控制标准等风险控制相关标准和完善的控制措施，管理体制不够健全，缺乏政策激励。

二、指导思想、基本原则和目标

（一）指导思想。以邓小平理论、“三个代表”重要思想、科学发展观为指导，深入贯彻节约资源和保护环境的基本国策，从促进废弃物资源化利用和无害化处理出发，提高企业协同处理的管理和技术水平，加强协同处理全

过程的污染防治，培育示范企业，规范技术体系，加强法规建设，强化政策引导，推动我国循环发展和生态文明建设。

（二）基本原则。一是坚持积极引导与有效监管相结合。通过法规规范、政策引导，调动企业积极性，同时完善政府监管体制，规范企业的协同处理实践。二是坚持统筹规划与重点突破相结合。加强规划指导，合理布局，防止低水平重复建设，继续推进协同资源化处理废弃物试点示范，由点到面，有序推进。三是坚持科技创新与体系建设相结合。鼓励科技创新，解决共性关键技术问题，规范行业准入，完善政策机制。四是坚持安全防范与安全生产相结合。加强协同处理设施和生产设施设计、运行过程的安全防范和管理，提高安全防范水平。

（三）主要目标。在水泥、电力、钢铁等行业培育一批协同处理废弃物的示范企业，在有废弃物处理需求的城市建成60个左右协同资源化处理废弃物示范项目，引导相关科研机构研发适合国情的成套技术装备，建立健全针对不同固体废弃物协同处理的技术规范和标准体系，保障协同处理过程的环境安全；完善废弃物的交易市场、监管体系和激励政策，逐步形成适合国情的运行机制和管理模式。

三、重点领域

（一）水泥行业。推进利用现有水泥窑协同处理危险废物、污水处理厂污泥、垃圾焚烧飞灰等，利用现有水泥窑协同处理生活垃圾的项目开展试点。加强示范引导和试点研究，加大支持投入，消除市场和制度瓶颈，扩大可利用废弃物范围，制定有针对性的污染控制标准，规范环境安全保障措施。

（二）电力行业。推进现有火电厂协同资源化处理污水处理厂污泥，开发应用污泥干化、储运和电站锅炉煤炭与干化污泥或垃圾衍生燃料高效环保混烧等的成套技术和工艺，鼓励电力企业加大资源化利用污泥的升级改造力度。

（三）钢铁行业。推进钢铁企业消纳铬渣等危险废物，突破这类废弃物消纳利用的技术途径，规范环境安全措施。

四、工作重点

（一）统筹规划布局。各地根据本地废弃物处理和可协同处理设施现状，加强组织协调，合理布局，充分利用好现有设施，处理好现有企业协同处理和新建废弃物处理处置设施的关系，确保废弃物得到有效处置。不得以协同处理为名新建生产设施，严防重复建设、低水平建设。支持燃煤发电厂与污水处理厂集中布局和一体化建设、运营，妥善解决污泥干化热源，促进长期协调发展。在具备协同资源化处理条件的地区，鼓励具备条件的企业通过与地方政府或产出废弃物的企业签订合约，积极参与协同资源化处理废弃物。

（二）开展试点示范。在有废弃物无害化处置和资源化利用需求的城市，选择基础条件好的现有水泥、电力和钢铁企业，开展协同资源化处理废弃物的试点示范工程，加大支持力度，完善生产规范和运营机制。企业生产主体设备要先进可靠，在试点期内稳定生产运行，确保效果发挥。探索开展原生铅冶炼企业协同处置含铅玻璃试点工作。强化政策引导和政府监管措施，探索建立市场化运作模式，以点带面，逐步向全国推广。

（三）完善相关标准。针对水泥、电力和钢铁企业协同资源化处理废弃物的特点，建立固体废弃物工业窑炉混烧处置技术规范和排放标准以及用于协同处理燃料的预处理标准。制定并完善相关污染控制标准。研究完善操作规范、技术流程和检测标准，在水泥等产品标准中补充健康和性能有害成分的限值。

（四）突破关键技术。开展水泥、电力和钢铁企业协同资源化处理废弃物的技术攻关，将废弃物中污染成分的迁移转化规律、废弃物预处理、稳定运行保障和二次污染控制等关键技术纳入科技计划的重点方向，研究协同资源化处理废弃物的节能减排措施。

（五）规范行业准入。参与协同处理的企业必须为合规设立企业，符合产业政策和行业准入要求。对协同处理危险废物的企业，要符合《危险废物经营许可证管理办法》等有关规定，取得危险废物经营许可证。对协同资源化处理生活垃圾的企业，要符合住房城乡建设部门制定的生活垃圾处理标准和规范。抓紧制定协同资源化处理污水厂污泥的企业准入条件。

（六）完善环保措施。严格执行《水泥窑协同处理固体废物污染控制标准》，在制定完善技术规范和标准的基础上，强化处理过程的环境管理，研究污染物的迁移转化规律，制定具有针对性的治理措施，加强协同处理设施的环境监测工作，强化二恶英监测，推动监测信息公开，形成完善的污染综合防控体系。注重废弃物运输、贮存、预处理和混烧过程的污染控制，保障生产企业达标排放。

（七）提高安全防范等级。设计相关建设项目中要充分考虑运行安全性，制定完善的应急预案，保障消防、安保设施完备，做好协同处理设施与生产主体设施安全性的有效衔接，同时提高其安全防范等级。运行中要严格管理，提高操作人员的安全生产素质，严防事故发生。加强产品质量管理，杜绝二次污染。

五、保障措施

（一）建立各部门参与的协调机制。建立发展改革委牵头，科技、工业、财政、环保、建设、能源、物价等部门参加的协同处理废弃物的部门协调机制，各部门要各负其责，密切配合，及时解决相关工作中出现的问题。

（二）完善鼓励政策。国家将继续支持协同资源化处理固体废弃物技术研发、示范和推广项目，积极支持降低企业因协同资源化处理废弃物增加的技改、运行和环保成本；研究完善相关财税政策，鼓励银行业金融机构积极为相关企业提供融资服务。符合资源综合利用和废弃物处置条件的协同资源化处理项目和企业，可按规定享受相关优惠政策。支持产业技术创新联盟开展相关工作。

（三）理顺价格体系。遵循“污染者付费”的原则，通过政策引导建立废弃物的关联企业之间的交易处理市场，研究建立生产过程协同处理废弃物的价格政策，增强关联企业的主动性和积极性。

（四）加大全过程监督管理力度。各级相关部门要完善监管措施，严惩违约违规，切实防止废弃物产生方无故不提供废弃物或协同处理方无故不接受废弃物的问题发生；严格加强环境监管，保证废弃物在交易、运输、贮存和协同处理过程中的环境安全；加强对生活垃圾和城镇污水处理厂污泥处理处置的指导和监管。各级循环经济发展综合管理部门要认真开展工作，履行组织协调的职责。

（五）加强宣传推广。加大正面宣传力度，广泛宣传企业协同处理废弃物在保护环境、节约资源中的重要作用，普及基本知识，积极稳妥推行信息公开，消除社会对处理过程环境安全的担忧，提高有关部门、相关企业和广大群众的认识程度。举办协同处理废弃物的技术、设备展览会和研讨会。结合推广循环经济典型模式案例，召开现场经验交流会，组织示范工程现场观摩和经验交流。

国家发展改革委　科　技　部　工业和信息化部
财　政　部　环境保护部　住房城乡建设部
国家能源局
2014年5月6日

关于加强和规范生物质发电项目管理有关要求的通知

发改办能源[2014]3003号

各省（自治区、直辖市）发展改革委、能源局，国家电网公司、南方电网公司、内蒙古电力有限公司，华能、大唐、国电、华电、中电投集团公司，中节能集团公司，水电水利规划设计总院，有关企业：

为加强和规范生物质发电项目管理，促进生物质发电可持续健康发展，现将有关要求通知如下：

一、鼓励发展生物质热电联产，提高生物质资源利用效率。具备技术经济可行性条件的新建生物质发电项目，应实行热电联产；鼓励已建成运行的生物质发电项目根据热力市场和技术经济可行性条件，实行热电联产改造。

二、加强规划指导，合理布局项目。国家或省级规划是生物质发电项目建设的依据。新建农林生物质发电项目应纳入规划，城镇生活垃圾焚烧发电项目应符合国家或省级城镇生活垃圾无害化处理设施建设规划。

三、农林生物质发电项目严禁掺烧化石能源。已投产和新建农林生物质发电项目严禁掺烧煤炭等化石能源。加强对农林生物质发电项目运行的监督，依据职责分工，能源、财政、价格主管部门按照有关规定对农林生物质发电项目掺烧煤炭等违规行为进行调查和处理，收回骗取的国家可再生能源基金补贴，并依据情节轻重处以罚款、取消补贴、追究项目法人法律责任等处罚。

四、规范项目管理。农林生物质发电非供热项目由省级政府核准；农林生物质热电联产项目，城镇生活垃圾焚烧发电项目由地方政府核准。

国家发展改革委办公厅

2014年12月9日

工业和信息化部政策文件

京津冀及周边地区重点工业企业清洁生产水平提升计划

（工信部节[2014]4号 工业和信息化部2014年1月3日印发）

为贯彻落实国务院《大气污染防治行动计划》（以下简称《大气十条》），加快推进京津冀及周边地区大气污染综合防治工作，促进区域大气环境质量持续改善，根据《京津冀及周边地区落实大气污染防治行动计划实施细则》，制定本提升计划，实施期限为2013年至2017年。

一、区域清洁生产水平提升的必要性

京津冀及周边地区（包括北京市、天津市、河北省、山西省、内蒙古自治区、山东省）是我国经济发展重点区域，也是污染物排放高度集中的区域之一。据测算，2011年京津冀及周边地区排放的主要大气污染物二氧化硫为638万吨、氮氧化物685万吨、烟（粉）尘421万吨，均占全国相应总排放量的30%左右。其中，工业排放二氧化硫577万吨、氮氧化物502万吨、烟（粉）尘354万吨，分别占区域污染物排放总量的90%、73%和84%，是京津冀及周边地区大气污染的重要源头；区域内钢铁、水泥、有色金属等重点工业行业排放的二氧化硫、氮氧化物和烟（粉）尘分别占工业排放的24%、22%和49%，是大气污染物排放的重点行业。

近年来工业企业推行清洁生产，有效减少了大气污染物的产生量，但仍有大批先进适用的清洁生产技术和环保装备未得到全面推广应用大气污染物排放量大的状况未得到根本转变。认真贯彻落实《大气十条》“对钢铁、水泥、化工、石化、有色金属冶炼等重点行业进行清洁生产审核，针对节能减排关键领域和薄弱环节，采用先进实用技术、工艺和设备，实施清洁生产技术改造”的要求，编制并实施《京津冀及周边地区重点工业企业清洁生产水平提升计划》，对实现到2017年重点行业排污强度比2012年下降30%以上目标，加强京津冀及周边地区大气污染防治工作，从源头减少大气污染物的产生量，降低末端排放量，全面提升区域内工业企业清洁生产水平，增强区域工业可持续发展能力具有重要意义。

二、基本思路和主要目标

（一）基本思路

坚持源头减量、全过程控制原则，以削减二氧化硫、氮氧化物、烟（粉）尘和挥发性有机物产生量和控制排放量为目标，充分发挥企业主体作用，加强政策引导和支持，推广采用先进、成熟、适用的清洁生产技术和装备，加快推进重点行业和关键领域工业企业实施清洁生产技术改造，促进技术升级与产业结构调整相结合，全面提升京津冀及周边地区工业企业清洁生产水平，确保完成行业排污强度下降目标，促进区域环境大气质量持续改善。

（二）主要目标

到2017年底，京津冀及周边地区重点工业企业，通过实施清洁生产技术改造，可实现年削减主要污染物二氧化硫25万吨、氮氧化物24万吨、工业烟（粉）尘11万吨、挥发性有机物7万吨。具体分解指标如表：

	主要污染物削减量（t/a）			
	二氧化硫	氮氧化物	烟（粉）尘	挥发性有机物
地区（企业）	600	6000	200	400
	16000	2200	2700	1600
北京市	89000	74100	23300	1800
天津市	5000	11500	9300	8800

河北省	66500	50300	58000	
山西省	29900	37300	5500	6400
内蒙古自治区	43000	58600	11000	51000

三、主要任务

在钢铁、有色金属、水泥、焦化、石化、化工等重点工业行业，推广采用先进、成熟、适用的清洁生产技术和装备，实施工业企业清洁生产的技术改造，有效减少大气污染物的产生量和排放量。

（一）钢铁行业

采用石灰（石）-石膏法、氧化镁法、循环流化床等技术，主要实施烧结烟气脱硫技术改造，综合脱硫效率达到70%以上。

采用湿式静电除尘器、袋式除尘器（覆膜滤料）、电袋复合除尘器、移动极板除尘器等技术装备，实施高效除尘技术改造。

（二）有色金属行业

采用动力波（或高效）湿法脱硫、有机溶液循环吸收脱硫、活性焦脱硫、金属氧化物脱硫等技术，实现制酸尾气等烟气脱硫技术改造。

采用铝电解槽上部多段式烟气捕集、新型电解铝干法净化、重有色金属冶炼湿法改干法等高效除尘技术措施，实施除尘技术改造。

（三）水泥行业

采用水泥炉窑低氮燃烧、分级燃烧和非选择性催化还原（SNCR）等技术，实施脱硝技术改造。

采用高效低阻袋式除尘技术，实施除尘系统改造。

（四）焦化行业（含钢铁联合企业焦化厂）

采用HPF工艺、栲胶工艺（TV）、真空碳酸钾工艺、FRC工艺等焦炉煤气高效脱硫净化技术，实施焦炉煤气脱硫改造。

采用袋式除尘器（覆膜滤料）等高效除尘技术装备，实施除尘地面站改造。

（五）石化和化工行业

采用泄漏检测与修复（LDAR）技术、油罐区、加油站密闭油气回收利用技术、吸附吸收技术、高温焚烧技术等，实施有机工艺尾气治理技术改造。

采用高效密封存储技术、冷凝回收技术、吸附吸收技术、高温焚烧高效脱硫除尘技术等，实施化工含VOC废气净化技术改造。

（六）装备制造业

调整燃料结构，采用高温低氧燃烧等先进燃烧技术，减少锻造烟气中氮氧化物含量；使用高效混砂机配合袋式除尘器，从源头控制铸造粉尘排放；采用整体通风空调式、集中式、固定式、移动式等烟尘净化措施，对焊接、切割烟尘进行综合治理。

（七）工业锅炉

实施高效节能锅炉系统改造，推广高效煤粉技术，鼓励建立集中式锅炉专用煤加工中心，改善工业燃煤品质，对燃煤工业锅炉实施湿式静电除尘器、袋式除尘器等高效除尘技术改造。

四、保障措施

（一）组织实施清洁生产水平提升计划。地方工业主管部门、区域内中央企业，一是要根据本提升计划，2014年6月底前完成本辖区和本企业集团实施计划制定工作，落实企业主体责任；二是要加强指导和考核，督促有关企业实施清洁生产技术改造项目，确保目标任务如期完成;三是要每年年底前报告计划落实情况。

（二）做好技术支持和信息咨询服务。有关行业协会、科研院所和咨询机构要充分发挥自身优势，做好技术引导、技术支持、技术服务和信息咨询、交流研讨等工作，推动京津冀及周边工业行业清洁生产水平提升，促进区域工业行业可持续发展能力。

（三）加强政策引导支持力度。充分利用工业转型升级、技术改造等专项资金，支持京津冀及周边地区清洁生产技术改造，对符合条件的项目优先给予支持。地方工业和信息化主管部门要充分利用中央和地方财政资金，加大对清洁生产技术改造项目的支持力度，促进项目顺利实施。

关于联合组织实施高风险污染物削减行动计划的通知

工信部联节[2014]168号

各省、自治区、直辖市及计划单列市、新疆生产建设兵团工业和信息化主管部门、财政厅（局），有关中央企业：

为贯彻落实《国务院关于加快发展节能环保产业的意见》（国发〔2013〕30号），加快实施汞削减、铅削减和高毒农药替代清洁生产重点工程，从源头减少汞、铅和高毒农药等高风险污染物产生和排放，降低对人体健康和生态环境安全的影响，我们组织编制了《高风险污染物削减行动计划》。现印发你们，请遵照执行。

工业和信息化部　　财政部

2014年4月25日

附件：

高风险污染物削减行动计划

为落实《国务院关于加快发展节能环保产业的意见》（国发〔2013〕30号），加快实施汞削减、铅削减和高毒农药替代清洁生产重点工程，从源头削减汞、铅和高毒农药等高风险污染物排放，最大程度降低对食品安全和生态环境安全的影响，保障人体健康，制定本行动计划。

一、计划实施的必要性

汞、铅和高毒农药等污染物毒性大，一旦排放到环境中，既可以通过大气、水、土壤等生态环境直接危害人体健康，也可以通过食物链传导对人体健康造成危害，具有较高的环境风险。如上世纪在日本发生的由汞污染引起的水俣病，近几年在我国多地发生的由铅污染引起的儿童血铅超标事件、由高毒农药引起的“毒生姜”“毒韭菜”等问题。

工业领域汞污染主要集中在汞使用量较大的电石法聚氯乙烯、荧光灯、干电池、体温计等领域，占汞总使用量的95%以上。铅污染主要集中在铅冶炼、再生铅行业，以及铅使用量达80%的铅酸蓄电池行业。农药行业主要问题是高毒农药品种仍有杀扑磷等12个品种[①]，产量占农药总产量的2.5%左右；此外，还有约30万吨的有害有机溶剂在农药制剂中应用。

我国已经成为世界上最大的汞、铅和农药生产和消费国，加强对涉汞、铅行业和农药行业的污染防治迫在眉睫。汞、铅和高毒农药造成的污染，通过末端治理难度大、成本高，只有通过采用先进适用的清洁生产技术进行改造，从源头实施替代、从生产过程进行减量，才能最大程度消除汞、铅和高毒农药等高风险污染物对环境和人体健康的危害。

二、总体思路和主要目标

（一）总体思路

以技术进步为主线，坚持源头预防、过程控制和资源化利用的理念，发挥企业主体作用，加强政策支持引导，推动企业实施清洁生产技术改造，从源头减少汞、铅和高毒农药等高风险污染物产生，提升清洁生产水平，在达标排放的基础上进一步削减污染物的产生和排放，促进行业绿色转型升级。

（二）主要目标

到2017年，通过实施汞削减、铅削减和高毒农药替代清洁工程，减少汞使用量[②]181吨/年，减少废水中汞排放量0.3吨/年；减少废水中总铅排放量2.3吨/年，减少废气中铅及铅化合物排放量8吨/年；替代高毒农药产品产能5万吨/年；减少苯、甲苯、二甲苯等有害溶剂使用量33万吨/年。

三、主要任务

（一）实施汞削减清洁生产工程

电石法聚氯乙烯行业全面推广使用低汞触媒，优化原料气脱水及净化、氯乙烯合成转化器等技术和装备。鼓励采用高效脱汞器回收气相流失的汞、盐酸脱析技术对含汞废酸进行处理、离子交换等含汞废水深度处理技术回收废水中的汞。

荧光灯行业全面推广低汞生产工艺，采用低含量固态汞材料进行生产，推广纳米氧化铝悬浮液作为保护膜，降低荧光灯中的汞含量。

纸板锌锰电池、糊式锌锰电池、扣式氧化银电池、锌空气电池行业，加快提高电解二氧化锰、锌粉、浆层纸、电解液等材料性能，并实施工艺装备的技术改造，实现无汞化生产。

非电子类体温计生产采用稼铟锡等新材料替代汞，实现产品无汞化。

（二）实施铅削减清洁生产工程

在铅冶炼行业重点推广氧气底吹—液态高铅渣直接还原铅冶炼、铅锌冶炼废水分质回用集成等技术。

在再生铅行业重点推广预处理破碎分选、铅膏预脱硫、低温连续熔炼，废铅酸蓄电池全循环高效利用，非冶炼废铅酸电池全循环再生等技术。

在铅酸蓄电池行业重点推广卷绕式、挤膏式铅酸蓄电池生产、铅粉制造冷切削造粒、扩展式（拉网式、冲孔式、连铸连轧式）板栅制造工艺与装备、极板分片打磨与包片自动化装备、电池组装自动铸焊、铅酸蓄电池内化成工艺与酸雾凝集回收利用、铅炭电池、含铅废酸与废水回收利用等技术。

（三）实施高毒农药替代清洁生产工程

实现一批高毒农药品种的替代。支持农药企业采用高效、安全、环境友好的农药新品种，对12个高毒农药产品实施替代。

推进农药剂型的优化升级。实施水基化剂型（水乳剂、悬浮剂、水分散颗粒剂等）替代粉剂等落后剂型；加快淘汰烷基酚类等有害助剂在农药中的使用；尽量减少有害有机溶剂的使用量。

四、实施的具体步骤

（一）地方工业主管部门（中央企业）组织推动企业实施清洁生产技术改造

一是制定本辖区清洁生产水平提升计划。省级工业主管部门（中央企业）要按照本行动计划要求，加强调查研究，结合本辖区企业清洁生产现状，重点对调研中发现的突出问题，组织制定有针对性清洁生产水平提升计划，并报送工业和信息化部。

二是加强项目实施的指导、督促。地方工业主管部门（中央企业）要协调相关部门，简化项目审批程序，加快项目实施进度，及时跟踪项目进展情况。

三是组织实施效果评估。省级工业主管部门（中央企业）要委托有资质的专业机构，对完成清洁生产技术改造的项目实施效果进行评估，出具实施效果评估报告。

四是组织申请中央财政奖励资金。对在2013-2017年完成且满足中央财政清洁生产专项资金奖励要求的清洁生产技术改造项目，省级工业主管部门会同财政部门向工业和信息化部、财政部提出资金奖励申请（中央企业直接上报，具体申报要求见附件）。

（二）有关企业抓紧实施清洁生产技术改造项目

一是制定清洁生产技术改造项目计划。涉汞、铅和高毒农药的生产企业要对本企业清洁生产关键工艺和薄弱环节进行评估，制定采用先进适用技术改造项目计划，包括实施改造的产能、时间表、采用的技术、预期效果、预计投资等内容，并将计划报送企业所在地工业主管部门。

二是实施清洁生产技术改造项目。企业要积极筹措资金，组织人力物力，加快清洁生产技术改造项目的实施，并建立清洁生产组织管理制度，确保生产达到预期实施效果。

三是提出实施效果评估申请。企业完成清洁生产技术改造项目并稳定运行后，要准备项目运行效果相关证明材料，并向所在工业主管部门提出实施效果评估申请。

（三）中央财政清洁生产专项资金对实施效果显著的项目予以奖励

工业和信息化部会同财政部，通过抽查、公示等方式，对省级工业主管部门提出的清洁生产技术改造奖励资金申请进行核实，按照《中央财政清洁生产专项资金管理暂行办法》，对2013-2015年底前完成并通过核实的，给

予不超过实际投资额15%的资金奖励；对2016-2017年底前完成并通过核实的，给予不超过实际投资额10%的资金奖励。

（四）有关行业组织充分发挥支撑作用

相关行业协会、科研院所和咨询机构要充分发挥自身优势，做好技术引导、技术支持、技术服务和信息咨询等工作，帮助企业选用先进适用清洁生产技术实施改造，实现削减高风险污染物的产生和排放。

《国家节水标杆企业和标杆指标（第一批）》公告

2015年第14号

为贯彻落实党中央关于水安全战略部署和《国务院关于实行最严格水资源管理制度的意见》（国发〔2012〕3号），加强工业企业节水管理，推进企业水效对标达标活动，不断提升工业用水效率，工业和信息化部、水利部、全国节约用水办公室联合印发了《关于深入推进节水型企业建设工作的通知》（工信部联节〔2012〕431号）。经地方工业和信息化及水行政主管部门推荐、专家评审、现场核查及网上公示，我们编制完成了部分高用水行业《国家节水标杆企业和标杆指标（第一批）》，现予以公告。

各地区、有关行业协会要将节水型企业建设作为提升工业用水效率、构建节水型工业体系的重要内容，完善工作机制，创新工作举措；要结合本地区、本行业实际，参照国家节水标杆企业和标杆指标，加强宣传和交流，引导和支持工业企业开展用水效率对标达标活动，应用先进适用技术实施节水改造、加强节水管理、完善制度建设，推动工业节水工作深入开展。

附件：国家节水标杆企业和标杆指标（第一批）

工业和信息化部　水利部　全国节约用水办公室

2015年1月26日

关于开展国家资源再生利用重大示范工程建设的通知

工信厅节函〔2015〕322号

各省、自治区、直辖市及计划单列市、新疆生产建设兵团工业和信息化主管部门：

为贯彻落实2015年工业转型升级行动计划总体部署，培育新的经济增长点，加快再生资源产业先进适用技术与产品推广应用，探索再生资源产业发展新机制、新模式，充分发挥示范工程引领带动作用，提高再生资源行业整体水平，我部决定组织开展一批资源再生利用重大示范工程建设。现将有关事项通知如下：

一、主要领域

示范项目选择范围：废钢铁、废有色金属、废旧轮胎、废塑料、废油、废旧纺织品、建筑废弃物、废弃电器电子产品、报废汽车等资源再生利用。

二、建设要求

（一）符合国家产业政策、资源综合利用相关行业准入条件及清洁生产要求。

（二）企业经营状况良好，近三年无亏损。

（三）核心工艺技术先进成熟可靠，废弃资源实现高值化、高质化利用，主要再生资源回收利用率高，产品附加值高，技术含量高，市场竞争力强。

（四）采用的设备设施先进完备、运转稳定，回收利用自动化程度高、能源利用效率高、经济效益较好，装备产业化示范效果明显。

（五）环境保护措施完善，采用清洁生产工艺，具有严格的环境管理制度，环境保护指标符合相关标准要求，近三年无重大环保事故。

（六）规模效应突出。废钢铁加工类示范工程规模不小于20万吨/年，废有色金属再生类示范工程规模不小于10万吨/年，废塑料、废旧轮胎综合利用类示范工程规模不小于10万吨/年，其他产业类示范工程规模不小于5万吨/年。

（七）示范工程在行业内具有先进性和带动性，有重大示范、推广作用。已纳入本地区节能环保产业发展推进计划的优先。

三、组织实施

（一）申报与推荐。企业自主申报，并按要求将《申报单位基本情况表》（见附件1）和申报材料（见附件2）报送省级工业和信息化主管部门，省级工业和信息化主管部门组织专家进行审核，将通过审核的项目推荐名单、申报材料汇总后报送工业和信息化部。各省市上报示范工程数量原则上不超过3项（类型不重复）。

（二）确定示范工程。工业和信息化部组织专家对报送的申报材料进行审核，在综合考虑地域、行业平衡等因素的基础上，确定资源再生利用重大示范工程名单。公示后，发布资源再生利用重大示范工程名单。

（三）加强政策支持。中央和地方加强协调配合，共同推进示范工程建设政策支持。积极落实支持资源再生利用的税收优惠政策，利用技术改造、清洁生产等现有资金渠道，优先支持示范工程项目建设。工业和信息化部将示范工程中实施效果好、先进适用的技术、工艺、设备，列入国家鼓励的技术、工艺、设备目录，促进示范与推广的有机结合。

（四）强化过程管理。各级工业和信息化主管部门要加强对示范工程的监督管理，确保示范工程严格执行国家产业政策、环保及职业安全法规标准。工业和信息化部将不定期组织抽查，对达不到要求的，责令限期整改。经整改仍达不到要求的，撤销示范工程资格。

（五）开展总结推广。工业和信息化部将组织对实施效果好的资源再生利用重大示范工程进行交流推广，组织发布资源再生利用重大示范工程典型模式案例，通过现场推介会、电视、报刊、网络等各种媒介进行宣传推广。

工业和信息化部办公厅

2015年5月6日

环境保护部政策文件

2013年度各省、自治区、直辖市和八家中央企业主要污染物总量减排考核结果公告

环境保护部 国家统计局 国家发展和改革委员会

根据有关规定，环境保护部会同统计局、发展改革委，对2013年度各省、自治区、直辖市和八家中央企业主要污染物总量减排情况进行考核。现公告如下：

党中央、国务院高度重视节能减排工作。国务院常务会议专题研究环保工作，出台《大气污染防治行动计划》，颁布《畜禽规模养殖污染防治条例》。各地区、各部门坚决贯彻国务院部署，综合运用法律、经济、技术、行政等手段，加大工作力度，着力推进“六厂（场）一车”（城镇污水处理厂、造纸厂、火电厂、钢铁厂、水泥厂、畜禽养殖场和机动车）重点工程建设，总量减排工作取得新进展。

2013年，全国新增城镇（含建制镇、工业园区）污水日处理能力1194万吨、再生水日利用能力319万吨，842个造纸、印染等重点项目实施废水深度治理及回用工程；新增脱硝机组2.05亿千瓦，脱硝装机容量累计达4.3亿千瓦，占火电总装机容量的50%；3400万千瓦现役火电机组脱硫设施实施增容改造； 2.03亿千瓦现役火电机组拆除脱硫设施的烟气旁路，无旁路运行脱硫机组累计达4亿千瓦，占火电总装机容量的46%；2.36万平方米钢铁烧结机新增烟气脱硫设施，已脱硫烧结机面积累计达8.7万平方米，占烧结机总面积的63%，平均脱硫效率为26%；5.7亿吨水泥熟料产能新型干法生产线新建脱硝设施，脱硝水泥熟料产能累计达7.2亿吨，占全国新型干法总产能的50%，但仍存在脱硝设施实际投运率较低的问题。石油炼制行业18套、3150万吨催化裂化装置新建脱硫设施，占全国总产能的18%；“煤改气”工程新增用气量26亿立方米，替代原煤490万吨；12724个畜禽规模养殖场完善废弃物处理和资源化利用设施，化学需氧量和氨氮去除效率分别提高7个和27个百分点；淘汰黄标车和老旧车183万辆，持续推进造纸、印染、电力、钢铁、水泥等落后产能淘汰工作。

2013年，全国化学需氧量排放总量2352.7万吨，同比下降2.93%；氨氮排放总量245.7万吨，同比下降3.14%；二氧化硫排放总量2043.9万吨，同比下降3.48%；氮氧化物排放总量2227.3万吨，同比下降4.72%，四项污染物排放量均同比下降。

附：表1. 2013年各省、自治区、直辖市主要污染物总量减排考核结果

表2. 2013年八家中央企业主要污染物总量减排考核结果

2013年各省、自治区、直辖市主要污染物总量减排考核结果

地区	化学需氧量			氨氮			二氧化硫			氮氧化物		
	2012年排放量（万吨）	2013年排放量（万吨）	较2012年增减（%）	2012年排放量（万吨）	2013年排放量（万吨）	较2012年增减（%）	2012年排放量（万吨）	2013年排放量（万吨）	较2012年增减（%）	2012年排放量（万吨）	2013年排放量（万吨）	较2012年增减（%）
北京	18.65	17.85	-4.30	2.05	1.97	-3.80	9.38	8.70	-7.25	17.75	16.63	-6.29
天津	22.95	22.15	-3.48	2.55	2.48	-2.82	22.45	21.68	-3.43	33.42	31.17	-6.75
河北	134.91	130.99	-2.90	11.07	10.71	-3.31	134.12	128.47	-4.21	176.11	165.24	-6.18
山西	47.68	46.13	-3.24	5.69	5.53	-2.77	130.18	125.54	-3.56	124.40	115.78	-6.93
内蒙古	88.39	86.32	-2.34	5.27	5.11	-3.01	138.50	135.87	-1.90	141.90	137.76	-2.92

辽　宁	130.59	125.26	-4.08	10.75	10.33	-3.89	105.87	102.70	-2.99	103.63	95.54	-7.81
吉　林	78.75	76.12	-3.34	5.63	5.47	-2.85	40.35	38.15	-5.45	57.59	56.05	-2.66
黑龙江	149.87	144.73	-3.43	9.28	8.77	-5.40	51.43	48.91	-4.90	78.06	75.16	-3.72
上　海	24.26	23.56	-2.87	4.74	4.58	-3.50	22.82	21.58	-5.46	40.16	38.03	-5.32
江　苏	119.71	114.89	-4.03	15.31	14.74	-3.73	99.20	94.17	-5.07	147.96	133.80	-9.57
浙　江	78.62	75.51	-3.95	11.23	10.75	-4.26	62.58	59.34	-5.18	80.88	75.30	-6.90
安　徽	92.43	90.27	-2.34	10.61	10.33	-2.65	51.96	50.13	-3.51	92.13	86.37	-6.25
江　西	74.83	73.45	-1.85	9.10	8.88	-2.45	56.77	55.77	-1.76	57.71	57.04	-1.16
山　东	192.12	184.57	-3.93	16.86	16.15	-4.19	174.88	164.50	-5.94	173.90	165.13	-5.04
河　南	139.36	135.42	-2.82	14.98	14.42	-3.70	127.59	125.40	-1.72	162.59	156.56	-3.71
湖　北	108.66	105.82	-2.61	12.89	12.49	-3.17	62.24	59.94	-3.70	64.00	61.24	-4.31
湖　南	126.33	124.90	-1.13	16.13	15.77	-2.25	64.50	64.13	-0.57	60.72	58.82	-3.14
广　东	180.29	173.39	-3.83	22.42	21.64	-3.47	79.92	76.19	-4.67	130.34	120.42	-7.61
广　西	78.03	75.94	-2.68	8.26	8.10	-1.90	50.41	47.20	-6.38	49.83	50.43	1.21
海　南	19.74	19.44	-1.52	2.25	2.26	0.67	3.41	3.24	-4.78	10.33	10.02	-2.98
重　庆	40.28	39.18	-2.73	5.34	5.22	-2.34	56.48	54.77	-3.03	38.27	36.20	-5.39
四　川	126.87	123.20	-2.89	14.07	13.70	-2.62	86.44	81.67	-5.52	65.90	62.43	-5.27
贵　州	33.30	32.82	-1.45	3.88	3.82	-1.41	104.11	98.65	-5.25	56.36	55.73	-1.11
云　南	54.86	54.72	-0.24	5.87	5.81	-1.02	67.23	66.31	-1.36	54.43	52.38	-3.77
西　藏	2.57	2.57	0.00	0.33	0.33	0.00	0.42	0.42	0.00	4.42	4.42	0.00
陕　西	53.62	51.92	-3.17	6.19	5.95	-3.80	84.38	80.62	-4.46	80.82	75.89	-6.10
甘　肃	38.93	37.91	-2.62	4.10	3.92	-4.48	57.25	56.20	-1.84	47.34	44.29	-6.43
青　海	10.37	10.34	-0.35	0.98	0.97	-1.05	15.39	15.67	1.85	12.61	13.23	4.91
宁　夏	22.80	22.19	-2.66	1.74	1.70	-2.34	40.66	38.97	-4.16	45.55	43.74	-3.96
新疆 自治区	57.95	57.37	-0.99	4.19	4.12	-1.66	66.30	67.55	1.88	70.47	75.42	7.02
新疆 兵　团	9.97	9.86	-1.09	0.53	0.53	-0.05	13.31	15.40	15.65	11.47	13.27	15.67
全　国	2423.7	2352.7	-2.93	253.6	245.7	-3.14	2117.6	2043.9	-3.48	2337.8	2227.3	-4.72

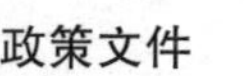

表2　2013年八家中央企业主要污染物总量减排考核结果

中央企业	化学需氧量			氨氮			二氧化硫			氮氧化物		
	2012年排放量（万吨）	2013年排放量（万吨）	较2012年增减（%）	2012年排放量（万吨）	2013年排放量（万吨）	较2012年增减（%）	2012年排放量（万吨）	2013年排放量（万吨）	较2012年增减（%）	2012年排放量（万吨）	2013年排放量（万吨）	较2012年增减（%）
中国石油天然气集团公司	3.41	3.29	-3.68	1.40	1.37	-2.00	23.20	21.46	-7.52	20.18	19.55	-3.15
中国石油化工集团公司	4.02	3.89	-3.17	1.18	1.14	-3.79	37.29	33.77	-9.43	22.24	21.17	-4.82
中国华能集团公司	–	–	–	–	–	–	84.11	74.39	-11.55	139.92	115.23	-17.64
中国大唐集团公司	–	–	–	–	–	–	76.09	69.11	-9.17	127.73	106.50	-16.62
中国华电集团公司	–	–	–	–	–	–	80.13	71.08	-11.30	100.23	91.30	-8.91
中国国电集团公司	–	–	–	–	–	–	81.28	74.16	-8.76	130.35	111.24	-14.66
中国电力投资集团公司	–	–	–	–	–	–	56.14	54.72	-2.54	74.27	68.96	-7.16
神华集团有限责任公司	–	–	–	–	–	–	44.95	41.83	-6.95	69.27	59.03	-14.79
合计	7.43	7.18	-3.36	2.58	2.51	-2.71	483.19	440.51	-8.83	684.18	592.98	-13.33

国土资源部政策文件

国土资源部关于推进土地节约集约利用的指导意见

国土资发〔2014〕119号

各省、自治区、直辖市及计划单列市国土资源主管部门，新疆生产建设兵团国土资源局，解放军土地管理局，中国地质调查局及部其他直属单位，各派驻地方的国家土地督察局，部机关各司局：

土地节约集约利用是生态文明建设的根本之策，是新型城镇化的战略选择。党中央、国务院高度重视土地节约集约利用，针对我国经济发展进入新常态，处于经济增长换挡期、结构调整阵痛期、前期刺激政策消化期“三期叠加”的阶段特征，对大力推进节约集约用地提出了新要求。近年来，各地采取措施推进土地节约集约利用，取得了积极进展，但是，土地粗放利用状况没有根本改变，建设用地低效闲置现象仍较普遍。为了深入贯彻落实党中央、国务院的决策部署，切实解决土地粗放利用和浪费问题，以土地利用方式转变促进经济发展方式转变，推动生态文明建设和新型城镇化，提出如下指导意见。

一、总体要求

（一）指导思想。以邓小平理论、“三个代表”重要思想和科学发展观为指导，认真贯彻生态文明建设和新型城镇化战略部署，紧紧围绕使市场在资源配置中起决定性作用和更好发挥政府作用，坚持和完善最严格的节约用地制度，遵循严控增量、盘活存量、优化结构、提高效率的总要求，全面做好定标准、建制度、重服务、强监管工作，大力推进节约集约用地，促进土地利用方式和经济发展方式加快转变，为全面建成小康社会和实现中华民族伟大复兴的中国梦提供坚实保障。

（二）主要目标。

——建设用地总量得到严格控制。实施建设用地总量控制和减量化战略，城乡建设用地总量控制在土地利用总体规划确定的目标之内，努力实现全国新增建设用地规模逐步减少，到2020年，单位建设用地二、三产业增加值比2010年翻一番，单位固定资产投资建设用地面积下降80%，城市新区平均容积率比现城区提高30%以上。

——土地利用结构和布局不断优化。实施土地空间引导和布局优化战略，完成全国城市开发边界、永久基本农田和生态保护红线划定，引导城市建设向组团式、串联式、卫星城式发展，工业用地逐步减少，生活和基础设施用地逐步增加，中西部地区建设用地占全国建设用地的比例有所提高。

——土地存量挖潜和综合整治取得明显进展。实施土地内涵挖潜和整治再开发战略，“十二五”和“十三五”期间，累计完成城镇低效用地再开发750万亩、农村建设用地整治900万亩、历史遗留工矿废弃地复垦利用300万亩，土地批后供应率、实际利用率明显提高。

——土地节约集约利用制度更加完善，机制更加健全。“党委领导、政府负责、部门协同、公众参与、上下联动”的国土资源管理新格局基本形成，节约集约用地制度更加完备，市场配置、政策激励、科技应用、考核评价、共同责任等机制更加完善，建成一批国土资源节约集约利用示范省、模范县（市）。

二、严格用地规模管控

（三）严格控制城乡建设用地规模。实行城乡建设用地总量控制制度，强化县市城乡建设用地规模刚性约束，遏制土地过度开发和建设用地低效利用。加强相关规划与土地利用总体规划的协调衔接，相关规划的建设用地规模不得超过土地利用总体规划确定的建设用地规模。依据二次土地调查成果和土地变更调查成果，按照国家统一部署，调整完善土地利用总体规划，从严控制城乡建设用地规模。探索编制实施重点城市群土地利用总体规划和村土地利用规划，强化对城镇建设用地总规模的控制，合理引导乡村建设集中布局、集约用地。严格执行围填海造地政策，控制围填海造地规模。

（四）逐步减少新增建设用地规模。与国民经济和社会发展计划、节约集约用地目标要求相适应，逐步减少新增建设用地计划和供应，东部地区特别是优化开发的三大城市群地区要以盘活存量为主，率先压减新增建设用地规模。严格核定各类城市新增建设用地规模，适当增加城区人口100万～300万的大城市新增建设用地，合理确定城区

人口300万～500万的大城市新增建设用地，从严控制城区人口500万以上的特大城市新增建设用地。

（五）着力盘活存量建设用地。着力释放存量建设用地空间，提高存量建设用地在土地供应总量中的比重。制定促进批而未征、征而未供、供而未用土地有效利用的政策，将实际供地率作为安排新增建设用地计划和城镇批次用地规模的重要依据，对近五年平均供地率小于60%的市、县，除国家重点项目和民生保障项目外，暂停安排新增建设用地指标，促进建设用地以盘活存量为主。严格执行依法收回闲置土地或征收土地闲置费的规定，加快闲置土地的认定、公示和处置。建立健全低效用地再开发激励约束机制，推进城乡存量建设用地挖潜利用和高效配置。完善土地收购储备制度，制定工业用地等各类存量用地回购和转让政策，建立存量建设用地盘活利用激励机制。

（六）有序增加建设用地流量。按照土地利用总体规划和土地整治规划，在安排新增建设用地时同步减少原有存量建设用地，既保持建设用地总量不变又增加建设用地流量，保障经济社会发展用地，提高土地节约集约利用水平。在确保城乡建设用地总量稳定、新增建设用地规模逐步减少的前提下，逐步增加城乡建设用地增减挂钩、工矿废弃地复垦利用和城镇低效用地再开发等流量指标，统筹保障建设用地供给。建设用地流量供应，主要用于促进存量建设用地的布局优化，推动建设用地在城镇和农村内部、城乡之间合理流动。各地要探索创新“以补充量定新增量、以压增量倒逼存量挖潜”的建设用地流量管理办法和机制，合理保障城乡建设用地，促进土地利用和经济发展方式转变。

（七）提高建设用地利用效率。合理确定城市用地规模和开发边界，强化城市建设用地开发强度、土地投资强度、人均用地指标整体控制，提高区域平均容积率，优化城市内部用地结构，促进城市紧凑发展，提高城市土地综合承载能力。制定地上地下空间开发利用管理规范，统筹地上地下空间开发，推进建设用地的多功能立体开发和复合利用，提高空间利用效率。完善城市、基础设施、公共服务设施、交通枢纽等公共空间土地综合开发利用模式和供地方式，提高土地利用强度。统筹城市新区各功能区用地，鼓励功能混合和产城融合，促进人口集中、产业集聚、用地集约。加强开发区用地功能改造，合理调整用地结构和布局，推动单一生产功能向城市综合功能转型，提高土地利用经济、社会、生态综合效益。

三、优化开发利用格局

（八）优化建设用地布局。发挥国土规划和土地利用总体规划的引导管控作用，最大限度保护耕地、园地和河流、湖泊、山峦等自然生态用地，促进形成规模适度、布局合理、功能互补的城镇空间体系，加快构建以城市群为主体、大中小城市和小城镇协调发展的城镇化格局。加快划定城市开发边界、永久基本农田和生态保护红线，促进生产、生活、生态用地合理布局。结合农村土地综合整治，因地制宜、量力而行，在具备条件的地方对农村建设用地按规划进行区位调整、产权置换，促进农民住宅向集镇、中心村集中。完善与区域发展战略相适应、与人口城镇化相匹配、与节约集约用地相挂钩的土地政策体系，促进区域、城乡用地布局优化。

（九）严控城市新区无序扩张。严格城市新区用地管控，除因中心城区功能过度叠加、人口密度过高或规避自然灾害等原因外，不得设立城市新区；确需设立城市新区的，必须以人口密度、用地产出强度和资源环境承载能力为基准，以符合土地利用总体规划为前提。按照《城市新区设立审核办法》，严格审核城市新区规划建设用地规模和布局。制定新区用地扩张与旧城改造相挂钩的方案，促进新旧城区联动发展。

（十）加强产业与用地的空间协同。强化产业发展规划与土地利用总体规划的协调衔接，统筹各业各类用地，重点保障与区域资源环境和发展条件相适应的主导产业用地，合理布局战略性新兴产业、先进制造业和基础产业用地，引导产业集聚、用地集约。完善用地激励和约束机制，严禁为产能严重过剩行业新增产能项目提供用地，促进落后产能淘汰退出和企业兼并重组。推动特大城市中心城区部分产业向卫星城疏散，强化大中城市中心城区现代商贸、现代服务等功能，提高城市土地产业支撑能力。

（十一）合理调整建设用地比例结构。与新型城镇化和新农村建设进程相适应，引导城镇建设用地结构调整，控制生产用地，保障生活用地，增加生态用地；优化农村建设用地结构，保障农业生产、农民生活必需的建设用地，支持农村基础设施建设和社会事业发展；促进城乡用地结构调整，合理增加城镇建设用地，加大农村空闲、闲置和低效用地整治，力争到2020年，城镇工矿用地在城乡建设用地总量中的比例提高到40%左右。调整产业用地结构，保障水利、交通、能源等重点基础设施用地，优先安排社会民生、扶贫开发、战略性新兴产业以及国家扶持的健康和养老服务业、文化产业、旅游业、生产性服务业发展用地。

四、健全用地控制标准

（十二）完善区域节约集约用地控制标准。继续落实“十二五”单位国内生产总值建设用地下降30%的目标要求。探索开展土地开发利用强度和效益考核，依据区域人口密度、二三产业产值、产业结构、税收等指标和建设用地结构、总量的变化，提出控制标准，加快建立综合反映土地利用对经济社会发展承载能力和水平的评价标准。

（十三）引导城乡提高土地利用强度。加强对城镇和功能区土地利用强度的管控和引导，依据城镇建设用地普查，开展人均城镇建设用地、城市土地平均容积率、各功能区容积率和不同用途容积率、建筑密度、单位土地投资等土地利用效率和效益的控制标准研究。提出"十三五"平均容积率等节约集约用地考核具体指标。逐步确立由国家和省市调控城镇区域投入产出、平均建筑密度、平均容积率控制标准，各城镇自主确定具体地块土地利用强度的管理制度，实现城镇整体节约集约、功能结构完整、利用疏密有致、建筑形态各具特点的土地利用新格局。

（十四）严格执行各行各业建设项目用地标准。在建设项目可行性研究、初步设计、土地审批、土地供应、供后监管、竣工验收等环节，严格执行建设用地标准，建设项目的用地规模和功能分区，不得突破标准控制。各地要在用地批准文件、出让合同、划拨决定书等法律文本中，明确用地标准的控制性要求，加强土地使用标准执行的监督检查。鼓励各地在严格执行国家标准的基础上，结合实际制定地方土地使用标准，细化和提高相关要求。对国家和地方尚未编制用地标准的建设项目，国家和地方已编制用地标准但因安全生产、地形地貌、工艺技术有特殊要求需要突破标准的建设项目，必须开展建设项目节地评价论证，合理确定用地规模。

五、发挥市场机制作用

（十五）发挥市场机制的激励约束作用。深化国有建设用地有偿使用制度改革，扩大国有土地有偿使用范围，逐步对经营性基础设施和社会事业用地实行有偿使用，缩小划拨供地范围。加快形成充分反映市场供求关系、资源稀缺程度和环境损害成本的土地市场价格机制，通过价格杠杆约束粗放利用，激励节约集约用地。完善土地租赁、转让、抵押二级市场。健全完善主体平等、规则一致、竞争有序的市场规制，营造有利于土地市场规范运行、有效落实节约集约用地的制度环境。

（十六）鼓励划拨土地盘活利用。按照促进流转、鼓励利用的原则，进一步细化原划拨土地利用政策，加快推进原划拨土地入市交易和开发利用，提高土地要素市场周转率和利用效率。符合规划并经市、县人民政府批准，原划拨土地可依法办理出让、转让、租赁等有偿使用手续。符合规划并经依法批准后，原划拨土地既可与其他存量土地一并整体开发，也可由原土地使用权人自行开发。经依法批准后，鼓励闲置划拨土地上的工业厂房、仓库等用于养老、流通、服务、旅游、文化创意等行业发展，在一定时间内可继续以划拨方式使用土地，暂不变更土地使用性质。

（十七）完善土地价租均衡的调节机制。完善工业用地出让最低价标准相关实施政策，建立有效调节工业用地和居住用地合理比价机制，提高工业用地价格，优化居住用地和工业用地结构比例。实行新增工业用地弹性出让年期制，重点推行工业用地长期租赁。加快制订有利于节约集约用地的租金标准，根据产业类型和生产经营周期确定各类用地单位的租期和用地量，引导企业减少占地规模，缩短占地年期，防止工业企业长期大量圈占土地。进一步完善土地价租税体系，提高土地保有成本，强化对土地取得、占有和使用的经济约束，提高土地利用效率和效益。

六、实施综合整治利用

（十八）推动城乡土地综合利用。在符合建设要求、不影响质量安全和生态环境的基础上，因地制宜推动城市交通、商业、娱乐、人防、绿化等多功能、一体化、综合型公共空间立体开发建设，引导城镇建设提高开发强度和社会经济活动承载力。引导工业企业通过技改、压缩绿地和辅助设施用地，扩大生产用地，提高工业用地投资强度和利用效率。推动农村各类用地科学布局，鼓励农用地按循环经济模式引导、组合各类生产功能，实现土地复合利用、立体利用。结合永久基本农田和生态保护红线的划定，保留连片优质农田和菜地，作为城市绿心、绿带，发挥耕地的生产、生态和景观等多重功能。

（十九）大力推进城镇低效用地再开发。坚持规划统筹、政府引导、市场运作、公众参与、利益共享、严格监管的原则，在严格保护历史文化遗产、传统建筑和保持特色风貌的前提下，规范有序推进城镇更新和用地再开发，提升城镇用地人口、产业承载能力。结合城市棚户区改造，建立合理利益分配机制，采取协商收回、收购储备等方式，推进"旧城镇"改造；依法办理相关手续，鼓励"旧工厂"改造和产业升级；充分尊重权利人意愿，鼓励采取自主开发、联合开发、收购开发等模式，分类推动"城中村"改造。

（二十）强化开发区用地内涵挖潜。推动开发区存量建设用地盘活利用，鼓励对现有工业用地追加投资、转型改造，提高土地利用强度。提高开发区工业用地准入门槛，制订各开发区亩均投资强度标准和最低单独供地标准，并定期更新。推动开发区建设一定规模的多层标准厂房，支持各类投资开发主体参与建设和运营管理。加强标准厂

房建设的土地供应，国家级和省级开发区建设标准厂房容积率超过1.2的，所需新增建设用地年度计划指标由省级国土资源主管部门单列。各地可结合实际，制订扶持标准厂房建设和鼓励中小项目向标准厂房集中的政策，促进中小企业节约集约用地。

（二十一）因地制宜盘活农村建设用地。统筹运用土地整治、城乡建设用地增减挂钩等政策手段，整合涉地资金和项目，推进田、水、路、林、村综合整治，促进农村低效和空闲土地盘活利用，改善农村生产生活条件和农村人居环境。土地整治和增减挂钩要按照新农村建设、现代农业发展和农村人居环境改造的要求，尊重农民意愿，坚持因地制宜、分类指导、规划先行、循序渐进，保持乡村特色，防止大拆大建；要坚持政府统一组织和农民主体地位，增加工作的公开性和透明度，维护农民土地合法权益，确保农民自愿、农民参与、农民受益。在同一乡镇范围内调整村庄建设用地布局的，由省级国土资源部门统筹安排，纳入城乡建设用地增减挂钩管理。

（二十二）积极推进矿区土地复垦利用。按照生态文明建设和矿区可持续发展的要求，坚持强化主体责任与完善激励机制相结合，综合运用矿山地质环境治理恢复、土地复垦等政策手段，全面推进矿区土地复垦，改善矿区生态环境，提高矿区土地利用效率。依法落实矿山土地复垦主体责任，确保新建在建矿山损毁土地及时全面复垦。创新土地管理方式，在集中成片、条件具备的地区，推动历史遗留工矿废弃地复垦和挂钩利用，确保建设用地规模不增加、耕地综合生产能力有提高、生态环境有改善，废弃地得到盘活利用。

七、推动科技示范引领

（二十三）推广应用节地技术和模式。及时总结提炼各类有利于节约集约用地的建造技术和利用模式，完善激励机制和政策，加大推广应用力度。要重点推广城市公交场站、大型批发市场、会展和文体中心、城市新区建设中的地上地下空间立体开发、综合利用、无缝衔接等节地技术和节地模式，鼓励城市内涵发展；加快推广标准厂房等节地技术和模式，降低工业项目占地规模；引导铁路、公路、水利等基础设施建设采取措施，减少工程用地和取弃土用地；推进盐碱地、污染地、工矿废弃地的治理与生态修复技术创新，加强暗管改碱节地技术研发和应用，实现土地循环利用。

（二十四）研究制定激励配套政策。加大节地技术和节地模式的配套政策支持力度，在用地取得、供地方式、土地价格等方面，制定鼓励政策，形成节约集约用地的激励机制。对现有工业项目不改变用途前提下提高利用率和新建工业项目建筑容积率超过国家、省、市规定容积率部分的，不再增收土地价款。在土地供应中，可将节地技术和节地模式作为供地要求，落实到供地文件和土地使用合同中。协助相关部门，探索土地使用税差别化征收措施，按照节约集约利用水平完善土地税收调节政策，鼓励提高土地利用效率和效益。

（二十五）组织开展土地整治技术集成与应用。加强土地整治技术集成方法研究，组织实施一批土地整治重大科技专项，选取典型区域开展应用示范攻关。在土地整理、土地复垦、土地开发和土地修复中，综合运用先进科学技术，推进农村土地整治和城市更新，修复损毁土地，保障土地可持续利用，提高节约集约用地水平。

（二十六）深入开展节约集约用地模范县市创建。完善创建活动指标标准体系和评选考核办法，深化创建活动工作机制建设，定期评选模范县市，引导开展节约集约示范省建设。以创建活动引导各地树立正确的政绩观和科学发展理念；广泛动员社会各方力量，推进土地节约集约利用进社区、进企业、进家庭、进课堂。

八、加强评价监管宣传

（二十七）全面清查城乡建设用地情况。

（二十八）全面推进节约集约用地评价。

（二十九）加强建设用地全程监管及执法督察。

（三十）强化舆论宣传和引导。

推进土地节约集约利用，是各级国土资源部门的中心工作和主要职责。各省（区、市）国土资源部门积极争取党委、政府的支持，结合实际制定细化方案和配套措施，认真贯彻落实本指导意见。部机关各司局、各派驻地方的国家土地督察局及相关单位要结合职责，明确目标任务、具体措施、责任分工和推进时限，确保指导意见的落实。

住房和城乡建设部政策文件

关于在政府投资公益性建筑及大型公共建筑建设中全面推进绿色建筑行动的通知

建办科[2014]39号

各省、自治区、直辖市住房城乡建设厅（住房城乡建委）、发展改革委、机关事务管理局，新疆生产建设兵团建设局、发展改革委、机关事务管理局：

为贯彻落实《国家新型城镇化规划（2014—2020）》、《国务院办公厅关于转发发展改革委住房城乡建设部绿色建筑行动方案的通知》（国办发[2013]1号）、《国务院办公厅关于印发2014—2015年节能减排降碳发展行动方案的通知》（国办发[2014]23号）有关要求，决定在政府投资公益性建筑和大型公共建筑建设中全面推进绿色建筑行动，现通知如下：

一、充分认识政府投资公益性建筑和大型公共建筑全面推进绿色建筑行动的重要性

国家机关办公建筑，政府投资的学校、医院、博物馆、科技馆、体育馆等满足社会公众公共需要的公益性建筑，以及单体建筑面积超过2万平方米的机场、车站、宾馆、饭店、商场、写字楼等大型公共建筑，承担着为城镇居民提供工作生活服务的重要功能，有效保证了经济社会的发展。但在当前一些政府投资的建筑，特别是大型公共建筑工程建设中，存在着片面追求外观造型、忽视使用功能及内在品质、不注重节约资源能源、缺乏城市地方特色和历史文化传承等突出问题，投资和能源资源浪费严重。在政府投资公益性建筑和大型公共建筑中全面推进绿色建筑行动，可以确保建筑在全寿命使用周期内实现资源节约和环境友好，显著提高投资效益，节约运行成本，并可以营造良好的人居环境，对在全社会推行绿色建筑具有示范带动作用。各地要充分认识推进绿色建筑行动的重要意义，采取有力措施，积极推进。

二、强化建设各方主体责任

建设单位委托专业咨询机构编制可行性研究报告应当包括绿色建筑内容，将绿色建筑有关成本纳入估算投资。在组织设计、施工、监理单位招标及建筑工程设备、材料、产品等招标采购过程中，应在招标文件中设置绿色建筑相关要求，并在相关协议、合同中明确。鼓励采用建筑工业化等建设模式和使用绿色建材。

设计单位应当依据国家和地方有关法规，按照《民用建筑绿色设计规范》、《绿色建筑评价标准》及有关地方标准，进行绿色建筑设计，施工图设计文件应当编制绿色建筑专篇，或在建筑节能专篇中明确绿色建筑相关要求。鼓励根据地方及项目特点，进行绿色建筑精细化、差异化设计，注重被动式绿色建筑技术的集成与应用。

施工单位应当严格按照经审查合格的施工图设计文件及施工方案进行施工，并在施工方案中明确绿色建筑相关要求，采取绿色施工措施。大型公共建筑项目在竣工验收前，应当按合同要求由施工单位或委托专业单位，对项目采暖空调、照明、通风、自动控制等系统进行专门调试，确保系统运行效果与设计要求相一致。

三、加强建设全过程管理

1．严格履行固定资产投资项目管理程序。各级发展改革等主管部门要严格按照国务院关于投资体制改革的有关要求，加强对政府投资公益性建筑和大型公共建筑项目的审批管理，落实发展绿色建筑有关要求，严格执行绿色建筑标准规范。各级机关事务管理机构要对本级党政机关办公用房执行绿色建筑标准严格管理。

2．加强项目规划审查。城市规划部门应当就政府投资公益性建筑和大型公共建筑项目的设计方案是否符合建筑节能强制性标准要求征求同级住房城乡建设主管部门意见。

3．强化施工图审查。省级住房城乡建设主管部门应当依据国家绿色建筑相关标准、导则，编制绿色建筑设计施工图审查要点。施工图审查机构应当依据审查要点对项目是否符合绿色建筑标准进行审查，并在审查合格书中注明。未经审查或审查不合格的，住房城乡建设主管部门不得颁发施工许可证。

4．加强项目建设监督检查。政府投资公益性建筑和大型公共建筑项目建设期间，住房城乡建设主管部门要会同有关部门定期对绿色建筑各项标准措施落实情况进行检查，对存在随意变更绿色建筑设计要求的，要及时予以纠

正；对违反相关管理制度和工程建设强制性标准等问题，要追究责任，依法处理。

5．规范项目验收及评价。政府投资公益性建筑和大型公共建筑项目未按规定进行建筑节能及绿色建筑相关设计、施工的，不得组织竣工验收。按规定进行绿色建筑设计、施工并竣工验收合格的建筑项目可认定为绿色建筑，不再进行专门评价。鼓励建设、运行水平高的建筑项目申请高星级绿色建筑评价标识及运行标识。

四、完善实施保障机制

各级住房城乡建设、发展改革和机关事务管理部门要健全管理机制，按照职责分工，加强协调配合，制定切实可行的工作方案，并积极完善相关保障措施，齐抓共管，形成工作合力。按照国家标准要求，抓紧制（修）订绿色建筑工程建设、运行管理等方面的技术要求及指南，分类制订办公建筑、医院、学校、商场、宾馆、机场、车站等公共建筑的绿色建筑评价要求。加快绿色建筑相关技术、材料、产品的研发，并积极在政府投资公益性建筑和大型公共建筑中推广使用。要对设计、施工、运行等单位进行标准及技术方面的培训，培育绿色建筑第三方咨询、检测机构，增强服务市场能力。

住房城乡建设部、国家发展改革委、国家机关事务管理局将把此项工作推进情况作为国家节能减排专项检查、大气污染防治专项检查的考核内容，进行考核评价。

住房和城乡建设部办公厅

国家发展和改革委员会办公厅

交通运输部政策文件

关于交通运输行业贯彻落实《2014—2015年节能减排低碳发展行动方案》的实施意见（节录）

（交办法〔2014〕110号　交通运输部2014年6月5日 印发）

为贯彻落实党的十八大、十八届三中全会精神和《国务院办公厅关于印发2014—2015年节能减排低碳发展行动方案的通知》（国办发〔2014〕23号）要求，加快推进绿色交通发展，确保实现国家和行业提出的公路水路交通运输节能减排“十二五”规划目标，交通运输部组织制定了《交通运输行业贯彻落实<2014—2015年节能减排低碳发展行动方案>的实施意见》。请各单位结合本单位实际，认真贯彻执行。

工作目标：到2015年，交通运输能源利用效率显著提高，用能结构得到改善，交通环境污染得到有效控制，二氧化碳排放强度明显降低，绿色交通发展取得显著成效。与2013年相比，公路运输、水路运输单位周转量能耗分别下降4.7%、4.6%，港口生产单位吞吐量综合能耗下降4.9%。与2010年相比，化学需氧量（COD）、总悬浮颗粒物（TSP）等主要污染物排放强度下降20%。

2014—2015年，公路运输实现节能量1100万吨标准煤，减少二氧化碳排放量2386万吨；水路运输实现节能量279万吨标准煤，减少二氧化碳排放量628万吨；港口实现节能量21万吨标准煤，减少二氧化碳排放量34万吨。

一、加快推进重点领域节能减排降碳工作

（一）加强绿色基础设施建设。

加强综合交通运输体系建设。落实国务院《“十二五”综合交通运输体系规划》，发挥各种运输方式比较优势，降低运输能耗强度。加快推进高速公路“断头路”建设，确保“十二五”末完成国家高速公路省际“断头路”项目约367公里，确保“十二五”期开工建设纳入国家公路网规划中的国家高速公路新增路线和纳入国家区域发展规划内高速公路省际“断头路”项目约340公里。加快推进普通国道“瓶颈路段”建设，在确保“十二五”规划目标实现的前提下，根据资金可能，抓紧安排。加快形成公路主干线高速化、次干线快速化、支线加密化的路网结构，稳步提升路网技术等级和路面等级。加快形成以高等级航道为主体的内河航道网。推进港口结构调整，发展专业化、规模化港区。推进综合客货运枢纽建设和集疏运体系建设，大力促进城乡客运一体化进程。推动以公共交通为导向的城市交通发展模式，加快城市轨道交通、公交专用道、快速公交系统（BRT）等大容量公共交通基础设施建设。鼓励引导自行车道和行人步道等城市慢行系统建设。

加强资源节约利用。在交通基础设施设计、施工和监理过程中，严格贯彻执行有关环评和能评要求。全面推行现代公路工程管理，深入开展高速公路施工标准化活动。对改扩建工程，试点应用温拌沥青、沥青冷再生等低碳铺路技术和路面材料循环利用技术。大力推广隧道通风照明节能控制技术。促进太阳能、风能等可再生能源在隧道、服务区、收费站等领域的应用。

（二）推广应用绿色交通运输装备。

推广节能和清洁能源交通运输装备。严格执行营运车辆燃料消耗量限值标准，不达标的车辆不准进入道路运输市场。继续推进天然气汽车在道路运输和城市公交中的应用。贯彻落实国家关于新能源汽车推广应用的战略部署，研究制定在城市公交、出租汽车、城市配送等领域推广应用新能源汽车的指导意见。推进新建船舶燃料消耗量和二氧化碳排放量准入管理。落实交通运输部《推进水运行业应用液化天然气的指导意见》，稳步推进内河天然气动力船舶推广应用及海船和其他类型船舶天然气燃料应用试点工作。推进内河船型标准化，鼓励建造高能效示范船。推动靠港船舶使用岸电技术应用，鼓励港口开展装卸工艺节能改造。推广港区电网动态无功补偿及谐波治理技术。

加强交通运输装备绿色维护管理。严格落实交通运输装备废气净化、噪声消减、污水处理、垃圾回收等设备设施的安装使用要求，提升运输场站、港口码头、高速公路服务区等环境基础设施建设水平。推进模拟驾驶和施工、装卸机械设备模拟操作装置应用。积极推广应用机动车绿色检测维修设备及工艺。继续开展码头油气回收技术试点示范。

（三）加快构建绿色交通运输组织体系。

构建衔接高效的综合运输体系。促进铁路、公路、水路、民航和城市交通的高效组织和顺畅衔接，加快形成便捷、安全、经济、高效的综合运输体系。

推进现代物流发展。加快发展道路甩挂运输、滚装运输、驮背运输、江海直达运输等高效运输方式。继续推进集装箱铁水联运示范项目建设和集装箱铁水联运物联网工作。组织开展第四批甩挂运输试点，重点推进渤海湾、长江沿线等区域的滚装甩挂运输、网络型甩挂运输、甩挂运输联盟发展。研究制定零担快运、城市配送有关服务标准和规范，开展城市绿色货运配送示范行动。

优化客运组织管理。推进接驳运输、滚动发班等先进客运组织方式，深化和扩大长途旅客运输接驳运输试点。推广联程售票、网络订票、电话预订等方便快捷的售票方式及信息服务，启动首批省域道路客运联网售票系统建设。

优化城市交通组织。推进公交都市示范城市创建活动。优化城市公共交通线路和站点设置，科学组织调度，逐步提高站点覆盖率、车辆准点率和乘客换乘效率，增强公交吸引力。加强静态交通管理，推动实施差别化停车收费。综合运用多种交通需求管理措施，加大城市交通拥堵治理力度。

二、深入开展试点示范和专项行动

（五）深化绿色循环低碳交通运输试点。继续做好绿色循环低碳交通运输体系建设城市试点。加快推进绿色循环低碳交通运输体系建设“十百千”工程，做好2014和2015年绿色循环低碳交通省份（城市）区域性项目和公路、港口、航道、天然气车船等主题性项目的评选与创建活动。组织评选交通运输绿色循环低碳示范项目，加大推广力度。

（六）持续开展“车、船、路、港”千家企业低碳交通运输专项行动。指导参与企业强化企业内部能源管理，落实参与企业节能减排目标责任制，加强参与企业能源消耗和二氧化碳排放信息报送和分析工作。

（七）组织开展交通运输节能减排科技专项行动。发布交通运输节能减排科技专项行动方案。发布“十二五”第三批全国重点推广公路水路交通运输节能产品（技术）目录。积极推动交通运输行业低碳技术创新及产业化示范工程。深入推进“基于物联网的城市智能交通应用示范”、“长三角航道网及京杭运河水系智能航运信息服务应用示范”国家物联网应用示范工程。加强连云港绿色智能港口建设与运营、长白山鹤大高速公路资源节约循环利用等科技示范工程的组织实施。加强建筑垃圾在交通运输领域规模化综合利用技术、清洁能源和可再生能源应用技术等绿色循环低碳交通运输技术研发。

三、加强制度建设，强化保障措施

（八）完善交通运输节能减排政策制度。研究提出绿色交通制度体系框架。完成《公路水路交通运输节能减排“十二五”规划》中期评估，启动节能减排“十三五”规划的编制。发布交通运输行业应对气候变化工作实施方案。开展“交通运输节约能源条例”前期研究。

（九）完善交通运输节能减排标准体系。研究提出交通运输行业节能减排标准体系表。加快制定交通运输用能设备、设施能效和二氧化碳排放标准。完成港口能效管理技术规范等标准制定。严格执行天然气动力货船在内河运输中的相关标准和规定。

（十）加强交通运输节能减排监测考核。完善交通运输能耗统计监测报表制度。研究提出营运货车和内河船舶能源消耗在线监测技术要求和组织方案，初步构建部省两级在线监测信息平台并组织开展试点。推动交通环境统计平台和监测网络建设。研究提出公路水路交通运输行业重点用能单位能源审计导则。组织开展绿色交通评价试点。

（十一）引导行业建立激励政策。积极争取中央财政资金加大对交通运输节能减排投入力度。鼓励地方交通运输主管部门向地方政府争取交通运输节能减排相关政策和资金支持。鼓励交通运输企业增加节能减排技改投入。

（十二）积极探索和运用市场机制。研究提出交通运输二氧化碳排放清单编制指南。研究提出关于推进交通运输企业参与碳排放权交易的意见。积极组织交通运输企业参与实施清洁发展机制（CDM）项目。鼓励交通企业采用能源合同管理、租赁代购等方式扩大节能减排融资渠道。

（十三）加强绿色交通文化宣传与交流。配合国家发展改革委组织做好全国节能宣传周和全国低碳日活动。组织开展“逐梦绿色交通”主题宣传活动，推动绿色交通进车船、进站场、进校园，引导公众绿色低碳出行。组织开展节能驾驶、操作技能竞赛。发布2014年和2015年绿色循环低碳交通运输发展年度报告。继续利用多双边渠道，加强与国际组织、国外政府机构、企业、研究咨询机构等的交流合作，促进交通运输绿色循环低碳发展交流平台，为我国内行动创造良好外部条件。

商务部政策文件

商务部关于厉行节约反对食品浪费有关工作的通知

商服贸函[2014]689号

各省、自治区、直辖市、计划单列市及新疆生产建设兵团商务主管部门：

为贯彻落实《中共中央办公厅 国务院办公厅印发〈关于厉行节约反对食品浪费的意见〉的通知》（中办发[2014]22号）精神，弘扬中华民族戒奢克俭的传统美德，倡导节约光荣、浪费可耻的思想理念，形成健康文明消费的新风尚，现就厉行节约反对食品浪费有关工作通知如下：

一、高度重视，建立长效机制

（一）加强领导，明确目标任务。各地商务主管部门要充分认识厉行节约反对食品浪费对构建资源节约型和环境友好型社会的重要意义，将其作为转变商贸服务业发展方式、提升可持续发展能力的重要抓手，使之成为商贸服务行业科学发展的自觉行动。要成立由各地商务主管部门负责同志任组长的领导小组，明确牵头责任处室，制订工作方案，明确目标任务，加强督促落实，确保取得实效。要加强部门协作，会同宣传、发展改革、财政等部门共同推动相关工作。

（二）制订标准，完善奖惩措施。建立健全商贸服务领域厉行节约反对食品浪费的相关标准，重点从采购、加工、销售、服务等环节提出标准和要求，并组织行业协会和商贸服务企业认真贯彻落实。要会同财政等部门研究建立奖惩制度，对注重节约、减少浪费效果明显的企业给予资金补助；指导行业协会等社会组织对有效减少餐厨废弃物的餐饮企业，以及在食品采购、储运和加工等环节勤俭节约的单位和个人进行表彰和奖励；对存在严重铺张浪费行为的企业进行处罚。要积极运用税收、信贷等政策措施，加大对节约工作的支持，引导和督促商贸服务企业切实做好节粮、节能、节水、节材和资源综合利用工作。

（三）加强监督，实行跟踪问效。要建立督导、检查和考核机制，推进各项措施制度化、规范化、长效化。要加大督查工作力度，组织对餐饮企业、饭店宾馆等重点单位的明察暗访，对发现问题的要及时通报，并督促其限期进行整改。要加强工作考核，对进度慢或实施效果不明显的地区，要会同有关部门及时进行指导，完善落实方案，确保工作的全面开展。

二、突出重点，确保取得实效

（一）加强全程管理。鼓励餐饮企业积极发展大众化餐饮，提供标准化菜品；建立提醒提示制度，在醒目位置张贴节约标识；推行商务餐分餐制，发展可选择套餐，多提供小份菜；倡导一料多菜、一菜多味，物尽其用，避免食材浪费；提高餐饮品质，制作合理膳食搭配菜单，配置不同规格盛具；餐前引导适量点餐，为消费者提供科学的饮食建议；餐后主动帮助打包，不设置最低消费，对节约用餐的消费者给予表扬和奖励。

（二）规范经营行为。督促企业切实加强发票使用和规范管理，完善发票使用管理制度，要求企业按财税制度开具发票，不得以商业利用为目的，将食品费、餐费开具非食品、非餐饮费用，不得将大额费用分割成小额发票。要配合宣传、发展改革等部门开展“节约一粒粮行动”，规范餐饮企业和食品批发零售企业促销活动，鼓励食品经营企业在确保食品安全和市场经营秩序的前提下，打折销售临近保质期的食品。

（三）强化资源节约。要配合宣传、发展改革等部门开展“资源循环利用行动”，加强餐厨废弃物特别是废弃油脂回收处理体系建设。推动商贸服务领域切实转变消费方式，倡导绿色消费，减少过度包装和一次性用品等使用，实现绿色循环低碳发展。要配合民政等部门开展“闲置物品共享行动”。借用互联网和移动互联网等传播手段，搭建网络流通平台，在社区提供适当场地，组织开展活动，方便人民群众交换和买卖闲置的日常生活用品。

（四）抓好自身建设。要从各级商务主管部门机关做起，从自身做起，在公务活动和日常生活中严格要求自己，带头落实中央八项规定，践行社会主义核心价值观，自觉厉行节约、杜绝浪费、反对奢靡之风，切实推进节约型机关建设。要切实加强国内公务接待、会议、培训等公务活动的用餐管理，公务活动用餐要按照快捷、健康、节

约的要求，积极推行简餐和标准化饮食，主要提供家常菜和不同地域通用食品，科学合理安排菜饭数量，原则上实行自助餐。严禁向企事业单位转嫁公务活动用餐费用，严禁以会议、培训等名义组织宴请或大吃大喝。严禁设立“小金库”，公务活动用餐严格按照有关财政规定和标准执行。建立健全机关食堂节约用餐制度，应按照健康、从简原则提供饮食，合理搭配菜品，注重膳食平衡，多供应小份食品，杜绝浪费行为。

三、加强宣传，营造良好氛围

（一）做好宣传引导。充分利用报纸、期刊、广播、电视以及互联网和移动互联网等媒体，运用公益广告、专题访谈、政策发布等多种形式，解读相关政策规定，树立勤俭节约理念，宣传商贸服务领域厉行节约反对食品浪费良好风尚，提倡健康文明的消费习惯，摒弃奢侈消费等陋习。

（二）树立先进典型。结合全国商贸服务领域优质服务活动，不断总结成功经验和做法，树立勤俭节约的典型企业、先进人物和经验做法，运用榜样力量，使勤俭节约在商贸服务领域蔚然成风。

（三）开展创建示范。结合“诚信兴商”宣传活动，开展诚信经营示范创建工作，将厉行节约反对食品浪费纳入到示范街区、企业的评价体系和创建活动中，及时对勤俭节约工作成效进行总结评估。

（四）创新宣传方式。配合宣传、发展改革等部门开展“曝光泔水缸行动”，对浪费严重的行为进行曝光，营造厉行节约反对食品浪费的舆论氛围；在城市社区组织开展主题实践活动，充分发挥社区报、社区电子屏、宣传册等载体作用，倡导节俭文明的就餐新风尚，推广绿色出行、垃圾分类、资源循环使用。

四、发挥协会作用，推动行业自律

将行业协会作为深入开展厉行节约反对食品浪费的重要支撑，指导行业协会制订行业公约，引导企业广泛参与，自觉规范经营行为，践行勤俭节约，反对浪费。充分发挥行业协会在政策宣导、标准贯彻、督促检查和经验交流活动中的重要作用，形成全方位厉行节约反对食品浪费的良好氛围。

商务部

2014年8月25日

商务部关于大力发展绿色流通的指导意见

商流通函[2014]792号

为深入贯彻落实党的十八届三中全会精神，加强生态文明建设，深化流通体制改革，进一步推进流通业绿色发展、循环发展、低碳发展，现就开展绿色流通工作提出如下意见：

一、充分认识发展绿色流通的重要意义

流通联接生产和消费，在国民经济中具有基础性和先导性作用。绿色流通是在流通全过程中推广绿色低碳理念，应用绿色节能技术，推动流通企业节能减排，扩大绿色低碳商品的采购和销售，有效引导绿色生产和绿色消费，促进形成“新商品-二手商品-废弃商品”循环流通的新型发展方式，是建设生态文明的重要组成部分。发展绿色流通，是引导绿色生产，促进绿色消费，打造绿色供应链的有效手段；是深化流通体制改革，转变发展方式，实现流通业提质增效的积极探索；对促进国民经济健康可持续发展，构建节约资源和保护环境的产业结构、生产方式和生活方式具有重要意义。

二、总体思路

（一）指导思想。深入贯彻科学发展观，牢固树立生态文明理念，以节约资源能源、降低消耗为核心，以建设高效流通、引导绿色生产、倡导科学消费为重点，以技术创新和制度创新为动力，以健全法规、完善政策、加强管理、强化宣传为手段，形成政府积极引导、企业为主体，市场有效驱动、公众广泛参与的绿色流通发展机制。

（二）工作原则。

1. 市场主导，政府推动。坚持以市场化运作为主，充分发挥流通企业的积极性、自主性。通过制度改革、政策引导和标准建设，完善绿色流通的服务体系。

2. 产业联动，协调发展。一方面推动流通企业自身的节能减排工作，降低能耗水平；另一方面，充分发挥流通业引导生产，促进消费的作用，通过打造绿色供应链，带动上下游产业链绿色发展。

3.统筹推进，重点突破。加强绿色流通工作的统一部署，选择工作基础较好的地区和行业有步骤、有重点地推进，及时总结经验和成效，以点带面、形成辐射效应，逐步带动其他流通环节的绿色发展。

三、重点工作

（一）推动流通企业绿色发展。

1.创建绿色商场。在“百城千店”示范企业基础上，创建一批集门店节能改造、节能产品销售、废弃物回收于一体的绿色商场。引导企业按照有关国家标准和行业标准，重点做好建筑、照明、空调、电梯、冷藏等耗能关键领域的技术改造和能源管理，引导和鼓励企业使用屋顶、墙壁光伏发电等节能设备和技术，开展合同能源管理，建立商场节能量交易机制和温室气体排放核查制度。

2.培育绿色市场。引导商品交易市场按照国家有关要求和标准，对场地环境以及照明、空调等关键设备设施进行升级改造，支持企业建立科学、规范、高效的绿色低碳运营管理流程和机制，提高企业参与绿色低碳市场认证的积极性。

3.创建绿色饭店。总结和推广近几年绿色饭店创建的工作经验，完善绿色饭店能源体系建设，健全节能标准和制度，引导和推动大众化餐饮和经济型饭店发展。引导住宿企业为顾客提供舒适、安全、利于人体健康的绿色客房和绿色餐饮。鼓励企业采用中水系统、变频装置、节能锅炉、节能中央空调、绿色照明等设备。

4.发展绿色物流。鼓励仓储企业在仓库选址、规划、设计、建造和使用过程中，使用节能型建筑材料、产品和设备，执行建筑节能标准。加大分布式光伏发电、冷链技术的应用推广，鼓励物流企业运用物联网技术，推行立体化存储、标准化装载、机械化搬运、信息化管理的发展模式。发展城市共同配送，合理组织、配置物流配送路径，降低车辆空驶率。抑制过度包装，提高包装材料的回收利用率。

5.提供绿色服务。在洗染、洗车、洗浴、美容、美发等生活服务业强化节约意识，减少一次性用品的使用，加强用水、用电等耗能管理，加强节能环保设施设备应用，实现达标排放和低碳排放。

（二）打造绿色商品供应链。

1.倡导绿色采购。鼓励企业借助实体店、网店及互联网平台采购绿色、低碳产品，与绿色低碳商品的生产企业建立战略合作，从产品源头抓起，引导生产企业低碳化、标准化和品牌化生产，限制和拒绝高耗能、高污染、过度包装产品，打造绿色低碳供应链。

2.促进绿色销售。鼓励流通企业通过开设绿色产品专柜、专区等多种形式，展示、推销、宣传有节能标识和获得低碳认证的节能减排产品，鼓励电商及各类商品交易平台销售绿色商品，改进销售服务，扩大绿色低碳商品销售规模和市场占有率，促进绿色产品销售。

3.引导绿色消费。充分发挥流通业对消费行为的引导作用，用节约资源的消费理念引导消费方式变革。宣传垃圾分类知识，提高废弃物回收利用率。抑制一次性用品使用，严格执行限制商品过度包装和塑料购物袋有偿使用制度。在全社会形成崇尚节俭、科学消费和绿色消费的消费理念和生活方式。

4.完善再生资源回收体系建设。围绕有利于规范回收利用秩序、降低成本和提高回收利用效率，着力推进再生资源回收制度建设，全面提升再生资源回收行业规范化和规模化；针对再生资源产生的不同渠道，分类构建多元化回收、集中分拣和拆解、安全储存运输和无害化处理的再生资源回收利用体系。加强对废电池、废玻璃等低值量大的重点品种回收，积极探索再生资源回收与生活垃圾清运体系的结合，形成政府、企业、行业协会和社会公众共同参与的机制。

5.加快报废车回收企业、二手车市场升级改造。推进回收拆解体系建设和行业升级，引导有条件的地区建设区域性报废汽车破碎示范中心，实施好老旧汽车报废更新政策，加快老旧汽车和黄标车淘汰进程。大力培育二手车市场，鼓励汽车流通企业拓展二手车业务，发展品牌连锁经营，促进汽车循环消费。

6.推动旧货市场规范发展。贯彻落实《旧电器电子产品流通管理办法》（商务部［2013］年第1号令），引导大型综合旧货市场转型升级，形成管理先进、服务完善、交易规范、环境整洁，具有良好社会形象的旧货市场，促进消费。引导建设旧货网络信息和交易平台，培育新兴旧货交易模式。鼓励有条件的地区充分利用居民社区空地、学校和现有商品市场开办“跳蚤市场”。积极发展和完善二手设备交易。

（三）建设绿色流通服务体系。

1.推动绿色产品和技术认证。开展流通领域节能状况调查，组织编制《企业绿色采购指南》、《流通业能源管

理体系指引》、《中国零售业节能环保绿皮书》和《流通领域节能环保产品/技术指导目录》，探索对流通领域节能产品和技术实行认证的途径和方法。开展流通领域节能减排战略研究，提出流通领域节能减排的重点领域和关键技术。加快建设一批为绿色流通服务的服务型平台和企业。开展政策培训、人才培训和技术培训。

2.建立流通领域能源管理体系。组织实施流通领域减碳行动，探索节能减排云服务平台建设和商品碳足迹计算方法，建立流通领域减碳积分激励机制。研究制订对流通企业能耗考核的计量和统计方法，统筹设计商业建筑整体能耗考核指标，组织开展国内外企业和行业对标，建立符合流通企业特点的能源管理体系。

3.加强绿色流通信息化、标准化建设。鼓励流通企业广泛应用互联网技术，加强对流通渠道和末端网点的信息掌控，及时配置资源，提高大数据分析水平，提高流通效率，以信息化带动流通绿色低碳发展。完善流通领域重点行业节能减排的标准体系，并不断根据实际提升相关标准，将绿色流通纳入制度化、标准化发展轨道。

四、保障措施

（一）加强组织引导。各地商务主管部门要切实转变观念，进一步提高对绿色流通工作的认识，将此项工作列入重点工作日程；与有关部门加强配合协调，继续深入推进流通领域节能减排，明确目标责任，推动工作落实。

（二）分地区和行业重点推进。一是鼓励具备条件的地区探索绿色流通发展的新机制和新模式；二是在批发、零售、住宿、餐饮、仓储等重点行业开展绿色商场、绿色市场、绿色饭店、绿色仓库等创建工作，创建一批具有减量化（Reduce）、再利用(Reuse)、可循环(Recycle)特点的绿色循环示范企业。

（三）建立长效发展机制。研究加快绿色流通立法工作，制定相关法律、法规和部门规章，适时推动出台绿色流通发展规划。进一步完善流通领域节能减排政策，推动分布式光伏发电、合同能源管理、绿色照明等政策在流通企业的实施，将绿色流通纳入各地节能减排资金的支持内容，建立促进绿色流通发展的长效机制。

（四）发挥中介组织作用。充分发挥网络、报刊等媒体的作用，宣传绿色流通理念，在全社会形成良好舆论氛围。充分调动流通领域相关协会、有关节能公司、服务机构等中介组织的积极性，发挥中介组织在政府与企业之间的桥梁和纽带作用，推动行业的自我约束和自我发展，逐步建立政府指导、协会推动、企业参与的良性互动机制。

商务部
2014年9月22日

农业部政策文件

农业部关于打好农业面源污染防治攻坚战的实施意见

（农科教发〔2015〕1号　2015年4月10日印发）

各省、自治区、直辖市及计划单列市农业（农牧、农村经济）、农机、畜牧、兽医、农垦、农产品加工、渔业厅（局、委、办），新疆生产建设兵团农业局：

加强农业面源污染治理，是转变农业发展方式、推进现代农业建设、实现农业可持续发展的重要任务。习近平总书记指出，农业发展不仅要杜绝生态环境欠新账，而且要逐步还旧账，要打好农业面源污染治理攻坚战。李克强总理提出，要坚决把资源环境恶化势头压下来，让透支的资源环境得到休养生息。2015年中央1号文件对“加强农业生态治理”作出专门部署，强调要加强农业面源污染治理。今年政府工作报告也提出了加强农业面源污染治理的重大任务。为贯彻落实好党中央、国务院一系列部署要求，坚决打好农业面源污染防治攻坚战，加快推进农业生态文明建设，不断提升农业可持续发展支撑能力，促进农业农村经济又好又快发展，提出如下意见。

一、打好农业面源污染防治攻坚战的总体要求

（一）深刻认识打好农业面源污染防治攻坚战的重要意义。农业资源环境是农业生产的物质基础，也是农产品质量安全的源头保障。随着人口增长、膳食结构升级和城镇化不断推进，我国农产品需求持续刚性增长，对保护农业资源环境提出了更高要求。目前，我国农业资源环境遭受着外源性污染和内源性污染的双重压力，已成为制约农业健康发展的瓶颈约束。一方面，工业和城市污染向农业农村转移排放，农产品产地环境质量令人堪忧；另一方面，化肥、农药等农业投入品过量使用，畜禽粪便、农作物秸秆和农田残膜等农业废弃物不合理处置，导致农业面源污染日益严重，加剧了土壤和水体污染风险。打好农业面源污染防治攻坚战，确保农产品产地环境安全，是实现我国粮食安全和农产品质量安全的现实需要，是促进农业资源永续利用、改善农业生态环境、实现农业可持续发展的内在要求。同时，农业是高度依赖资源条件、直接影响自然环境的产业，加强农业面源污染防治，可以充分发挥农业生态服务功能，把农业建设成为美丽中国的“生态屏障”，为加快推进生态文明建设作出更大贡献。

（二）理清打好农业面源污染防治攻坚战的总体思路。要坚持转变发展方式、推进科技进步、创新体制机制的发展思路。要把转变农业发展方式作为防治农业面源污染的根本出路，促进农业发展由主要依靠资源消耗向资源节约型、环境友好型转变，走产出高效、产品安全、资源节约、环境友好的现代农业发展道路。要把推进科技进步作为防治农业面源污染的主要依靠，积极推进农业科技计划、项目和经费管理改革，提升农业科技自主创新能力，坚定不移地用现代物质条件装备农业，用现代科学技术改造农业，全面推进农业机械化，加快农业信息化步伐，加强新型职业农民培养，努力提高土地产出率、资源利用率和劳动生产率。要把创新体制机制作为防治农业面源污染的强大动力，培育新型农业经营主体，发展多种形式适度规模经营，构建覆盖全程、综合配套、便捷高效的新型农业社会化服务体系，逐步推进政府购买服务和第三方治理，探索建立农业面源污染防治的生态补偿机制。

（三）明确打好农业面源污染防治攻坚战的工作目标。力争到2020年农业面源污染加剧的趋势得到有效遏制，实现“一控两减三基本”。“一控”，即严格控制农业用水总量，大力发展节水农业，确保农业灌溉用水量保持在3720亿立方米，农田灌溉水有效利用系数达到0.55；“两减”，即减少化肥和农药使用量，实施化肥、农药零增长行动，确保测土配方施肥技术覆盖率达90%以上，农作物病虫害绿色防控覆盖率达30%以上，肥料、农药利用率均达到40%以上，全国主要农作物化肥、农药使用量实现零增长；“三基本”，即畜禽粪便、农作物秸秆、农膜基本资源化利用，大力推进农业废弃物的回收利用，确保规模畜禽养殖场（小区）配套建设废弃物处理设施比例达75%以上，秸秆综合利用率达85%以上，农膜回收率达80%以上。农业面源污染监测网络常态化、制度化运行，农业面源污染防治模式和运行机制基本建立，农业资源环境对农业可持续发展的支撑能力明显提高，农业生态文明程度明显提高。

二、明确打好农业面源污染防治攻坚战的重点任务

（四）大力发展节水农业。确立水资源开发利用控制红线、用水效率控制红线和水功能区限制纳污红线。严格

控制入河湖排污总量，加强灌溉水质监测与管理，确保农业灌溉用水达到农田灌溉水质标准，严禁未经处理的工业和城市污水直接灌溉农田。实施“华北节水压采、西北节水增效、东北节水增粮、南方节水减排”战略，加快农业高效节水体系建设。加强节水灌溉工程建设和节水改造，推广保护性耕作、农艺节水保墒、水肥一体化、喷灌、滴灌等技术，改进耕作方式，在水资源问题严重地区，适当调整种植结构，选育耐旱新品种。推进农业水价改革、精准补贴和节水奖励试点工作，增强农民节水意识。

（五）实施化肥零增长行动。扩大测土配方施肥在设施农业及蔬菜、果树、茶叶等园艺作物上的应用，基本实现主要农作物测土配方施肥全覆盖；创新服务方式，推进农企对接，积极探索公益性服务与经营性服务结合、政府购买服务的有效模式。推进新型肥料产品研发与推广，集成推广种肥同播、化肥深施等高效施肥技术，不断提高肥料利用率。积极探索有机养分资源利用有效模式，鼓励开展秸秆还田、种植绿肥、增施有机肥，合理调整施肥结构，引导农民积造施用农家肥。结合高标准农田建设，大力开展耕地质量保护与提升行动，着力提升耕地内在质量。

（六）实施农药零增长行动。建设自动化、智能化田间监测网点，构建病虫监测预警体系。加快绿色防控技术推广，因地制宜集成推广适合不同作物的技术模式；选择“三品一标”农产品生产基地，建设一批示范区，带动大面积推广应用绿色防控措施。提升植保装备水平，发展一批反应快速、服务高效的病虫害专业化防治服务组织；大力推进专业化统防统治与绿色防控融合，有效提升病虫害防治组织化程度和科学化水平。扩大低毒生物农药补贴项目实施范围，加速生物农药、高效低毒低残留农药推广应用，逐步淘汰高毒农药。

（七）推进养殖污染防治。各地要统筹考虑环境承载能力及畜禽养殖污染防治要求，按照农牧结合、种养平衡的原则，科学规划布局畜禽养殖。推行标准化规模养殖，配套建设粪便污水贮存、处理、利用设施，改进设施养殖工艺，完善技术装备条件，鼓励和支持散养密集区实行畜禽粪污分户收集、集中处理。在种养密度较高的地区和新农村集中区因地制宜建设规模化沼气工程，同时支持多种模式发展规模化生物天然气工程。因地制宜推广畜禽粪污综合利用技术模式，规范和引导畜禽养殖场做好养殖废弃物资源化利用。加强水产健康养殖示范场建设，推广工厂化循环水养殖、池塘生态循环水养殖及大水面网箱养殖底排污等水产养殖技术。

（八）着力解决农田残膜污染。加快地膜标准修订，严格规定地膜厚度和拉伸强度，严禁生产和使用厚度0.01mm以下地膜，从源头保证农田残膜可回收。加大旱作农业技术补助资金支持，对加厚地膜使用、回收加工利用给予补贴。开展农田残膜回收区域性示范，扶持地膜回收网点和废旧地膜加工能力建设，逐步健全回收加工网络，创新地膜回收与再利用机制。加快生态友好型可降解地膜及地膜残留捡拾与加工机械的研发，建立健全可降解地膜评估评价体系。在重点地区实施全区域地膜回收加工行动，率先实现东北黑土地大田生产地膜零增长。

（九）深入开展秸秆资源化利用。进一步加大示范和政策引导力度，大力开展秸秆还田和秸秆肥料化、饲料化、基料化、原料化和能源化利用。建立健全政府推动、秸秆利用企业和收储组织为轴心、经纪人参与、市场化运作的秸秆收储运体系，降低收储运输成本，加快推进秸秆综合利用的规模化、产业化发展。完善激励政策，研究出台秸秆初加工用电享受农用电价格、收储用地纳入农用地管理、扩大税收优惠范围、信贷扶持等政策措施。选择京津冀等大气污染重点区域，启动秸秆综合利用示范县建设，率先实现秸秆全量化利用，从根本上解决秸秆露天焚烧问题。

（十）实施耕地重金属污染治理。加快推进全国农产品产地土壤重金属污染普查，启动重点地区土壤重金属污染加密调查和农作物与土壤的协同监测，切实摸清农产品产地重金属污染底数，实施农产品产地分级管理。加强耕地重金属污染治理修复，在轻度污染区，通过灌溉水源净化、推广低镉积累品种、加强水肥管理、改变农艺措施等，实现水稻安全生产；在中、重度污染区，开展农艺措施修复治理，同时通过品种替代、粮油作物调整和改种非食用经济作物等方式，因地制宜调整种植结构，少数污染特别严重区域，划定为禁止种植食用农产品区。实施好湖南省耕地重金属污染治理修复和种植结构调整试点工作。

三、加快推进农业面源污染综合治理

（十一）大力推进农业清洁生产。加快推广科学施肥、安全用药、绿色防控、农田节水等清洁生产技术与装备，改进种植和养殖技术模式，实现资源利用节约化、生产过程清洁化、废物再生资源化。在“菜篮子”主产县全面推行减量化生产和清洁生产技术，提高优质安全农产品供给能力。进一步加大尾菜回收利用、畜禽清洁养殖、地膜回收利用等为载体的农业清洁生产示范建设支持力度，大力推进农业清洁生产示范区建设，积极探索先进适用的农业清洁生产技术模式。建立完善农业清洁生产技术规范和标准体系，逐步构建农业清洁生产认证制度。

（十二）大力推行农业标准化生产。推行生产全程监管，加快推进全国农产品质量追溯管理信息平台建设，强化生产经营主体责任，推进农产品质量标识制度。加快制修订农兽药残留标准，尽快制定推广一批简明易懂的生产技术操作规程，继续创建一批标准化农产品生产基地，实现生产设施、过程和产品标准化。创新政府支持方式，引导社会资本参与园艺作物标准园、畜禽标准化养殖场和水产健康养殖场建设，大力扶持新型农业经营主体率先开展标准化生产。积极发展无公害农产品、绿色食品、有机农产品和地理标志农产品。

（十三）大力发展现代生态循环农业。推进浙江省现代生态循环农业试点省和10个循环农业示范市建设，深入实施现代生态循环农业示范基地建设，积极探索高效生态循环农业模式，构建现代生态循环农业技术体系、标准化生产体系和社会化服务体系。依托国家现代农业示范区和国家农业科技创新与集成示范基地，以种植业减量化利用、畜禽养殖废弃物循环利用、秸秆高值利用、水产养殖污染减排、农田残膜回收利用、农村生活污染处理等为重点，扶持和引导以市场化运作为主的生态循环农业建设，探索形成产业相互整合、物质多级循环的产业结构和生态布局。

（十四）大力推进适度规模经营。加强新型农业经营主体培育，因地制宜探索适度规模经营的有效实现形式。引导土地重点流向种养大户、家庭农场，使之成为引领适度规模经营的有生力量。引导农民以承包地入股组建土地股份合作组织，通过自营或委托经营等方式发展农业适度规模经营。支持种养大户、家庭农场、农民合作社和农业产业化龙头企业等发展现代生态循环农业，提高农业投入品利用效率，实施好农业废弃物资源化利用。积极推广合作式、托管式、订单式等服务形式，以社会化服务推动生产经营的规模化、标准化和清洁化。

（十五）大力培育新型治理主体。大力发展农机、植保、农技和农业信息化服务合作社、专业服务公司等服务性组织，构建公益性服务和经营性服务相结合、专项服务和综合服务相协调的新型农业社会化服务体系。采取财政扶持、税收优惠、信贷支持等措施，加快培育多种形式的农业面源污染防治经营性服务组织，鼓励新型治理主体开展畜禽养殖污染治理、地膜回收利用、农作物秸秆回收加工、沼渣沼液综合利用、有机肥生产等服务。探索开展政府向经营性服务组织购买服务机制和PPP模式创新试点，支持具有资质的经营性服务组织从事农业面源污染防治。鼓励农业产业化龙头企业、规模化养殖场等，采用绩效合同服务等方式引入第三方治理，实施农业面源污染防治工程整体式设计、模块化建设、一体化运营。

（十六）大力推进综合防治示范区建设。落实好《全国农业可持续发展规划（2015-2030年）》和《农业环境突出问题治理总体规划（2014-2018年）》部署的农业面源污染防治重点任务，在重点流域和区域实施一批农田氮磷拦截、畜禽养殖粪污综合治理、地膜回收、农作物秸秆资源化利用和耕地重金属污染治理修复等农业面源污染综合防治示范工程，总结一批农业面源污染防治的新技术、新模式和新产品。继续实施太湖、洱海、巢湖和三峡库区农业面源污染综合防治示范区建设，尽快再建设一批跨区域、跨流域、涵盖农业面源污染全要素的综合防治示范区，加强单项治理技术的集成配套，积极探索流域农业面源污染防治有效机制。

四、不断强化农业面源污染防治保障措施

（十七）加强组织领导。农业部成立相关司局参加的农业面源污染防治推进工作组，及时加强对地方工作的指导与服务。各级农业部门要切实增强对农业面源污染防治工作重要性、紧迫性的认识，将农业面源污染防治纳入打好节能减排和环境治理攻坚战的总体安排，积极争取当地党委政府关心与支持，及时加强与发展改革、财政、国土、环保、水利等部门的沟通协作，形成打好农业面源污染防治攻坚战的工作合力。

（十八）强化工作落实。农业部要强化顶层设计，做好科学谋划部署，并加强对地方工作的督查、考核和评估，建立综合评价指标体系和评价方法，客观评价农业面源污染防治效果。各级农业部门要强化责任意识和主体意识，分工明确、责任到位，科学制定规划和具体实施方案，加大投入力度，因地制宜创设实施一批重大工程项目，加强监管与综合执法，确保农业面源污染防治工作取得实效。

（十九）加强法制建设。贯彻落实《农业法》《环境保护法》《畜禽规模养殖污染防治条例》等有关农业面源污染防治要求，推动《土壤污染防治法》《耕地质量保护条例》《肥料管理条例》等出台及《农产品质量安全法》《农药管理条例》等修订工作。制定完善农业投入品生产、经营、使用，节水、节肥、节药等农业生产技术及农业面源污染监测、治理等标准和技术规范体系。依法明确农业部门的职能定位，围绕执法队伍、执法能力、执法手段等方面加强执法体系建设。

（二十）完善政策措施。不断拓宽农业面源污染防治经费渠道，加大测土配方施肥、低毒生物农药补贴、病虫害统防统治补助、耕地质量保护与提升、农业清洁生产示范、种养结合循环农业、畜禽粪污资源化利用等项目资金

投入力度，逐步形成稳定的资金来源。探索建立农业生态补偿机制，推动落实金融、税收等扶持政策，完善投融资体制，拓宽市场准入，鼓励和吸引社会资本参与，引导各类农业经营主体、社会化服务组织和企业等参与农业面源污染防治工作。

（二十一）加强监测预警。建立完善农田氮磷流失、畜禽养殖废弃物排放、农田地膜残留、耕地重金属污染等农业面源污染监测体系，摸清农业面源污染的组成、发生特征和影响因素，进一步加强流域尺度农业面源污染监测，实现监测与评价、预报与预警的常态化和规范化，定期发布《全国农业面源污染状况公报》。加强农业环境监测队伍机构建设，不断提升农业面源污染例行监测的能力和水平。

（二十二）强化科技支撑。发挥全国农业科技协同创新联盟作用，促进科研资源整合与协同创新，紧紧围绕科学施肥用药、农业投入品高效利用、农业面源污染综合防治、农业废弃物循环利用、耕地重金属污染修复、生态友好型农业和农业机械化关键技术问题，启动实施一批重点科研项目，尽快形成一整套适合我国国情农情的农业清洁生产技术和农业面源污染防治技术模式与体系。健全经费保障和激励机制，进一步加强农业面源污染防治技术推广服务力度。

（二十三）加强舆论引导。充分利用报纸、广播、电视、新媒体等途径，加强农业面源污染防治的科学普及、舆论宣传和技术推广，让社会公众和农民群众认清农业面源污染的来源、本质和危害。大力宣传农业面源污染防治工作的意义，推广普及化害为利、变废为宝的清洁生产技术和污染防治措施，让广大群众理解、支持、参与到农业面源污染防治工作。

（二十四）推进公众参与。建立完善农业资源环境信息系统和数据发布平台，推动环境信息公开，及时回应社会关切的热点问题，畅通公众表达及诉求渠道，充分保障和发挥社会公众的环境知情权和监督作用。深入开展生态文明教育培训，切实提高农民节约资源、保护环境的自觉性和主动性，为推进农业面源污染防治的公众参与创造良好的社会环境。

关于贯彻落实《农业部关于打好农业面源污染防治攻坚战的实施意见》的通知

农办科[2015]24号

各省、自治区、直辖市及计划单列市农业（农牧、农村经济）、农机、畜牧、兽医、农垦、农产品加工、渔业厅（局、委、办），新疆生产建设兵团农业局：

近期我部印发了《农业部关于打好农业面源污染防治攻坚战的实施意见》（农科教发〔2015〕1号）（以下简称《意见》）。汪洋副总理作出重要批示，要求各地区各部门要以高度负责的态度，把农业面源污染防治作为一件大事来抓，要坚决遏制农业面源污染加剧的势头。为贯彻汪洋副总理的批示精神，做好《意见》的落实工作，就有关事宜通知如下。

一、认真学习，充分认识《意见》重要意义。要认真学习领会习近平总书记、李克强总理、汪洋副总理等中央领导同志关于农业面源污染防治的一系列指示精神，充分认识打好农业面源污染攻坚战的重要意义；要统一思想，切实增强紧迫感和责任感，以高度负责的态度把农业面源污染防治作为一件大事来抓，落实任务，细化措施，务求实效，保障《意见》的全面贯彻落实。

二、夯实基础，切实保障《意见》的贯彻落实。要进一步健全省、市、县三级监测网络，强化农业面源和农产品产地监测能力；要制定例行监测制度，开展周期性定位监测，建立监测预警机制，做到早发现、早处置；要加强队伍体系建设，定期开展各级人员队伍专题培训，提高管理水平、技术能力和科学素质。

三、制定方案，提出扎实可行的落实措施。全面把握《意见》的总体要求和具体任务，按照《意见》的任务要求，结合实际，尽快制定本地实施方案，提出切实可行的落实措施，明确工作进度和重点，确保每项工作措施有计划地扎实推进。

四、明确责任，建立科学合理的工作机制。要把农业面源污染防治纳入农业工作重要议事日程；明确工作责任，具体分解任务，确定责任人，层层落实责任制，确保实施方案的每项任务、每个环节、每项措施都有人负责抓落实；要创新工作机制，逐步形成责任明确、部署科学，分工合理、相互配合、整体推进的农业面源污染防治工作格局。

五、精心组织，确保落实工作取得实效。要精心组织，积极协调和动员各方力量推动《意见》实施；要加强科技研发和法制建设，以科技支撑和法治保障合力推动农业面源污染综合防治；要加大投入力度，积极整合现有项目、资金、技术和人力等各种要素和资源，充分调动各方面的积极性，形成合力；要加强工作督导，做到年初有部署，年中有检查，年底有总结。

六、不断完善，持续推动《意见》实施工作。农业面源污染防治是一项长期性、复杂性工作，各级农业部门在《意见》落实过程中，要坚持深入调研，及时发现和解决实施中出现的新情况、新问题，不断完善、充实、创新工作思路和工作措施；要根据实施情况和效果，及时研究制定下一年工作安排，积极探索加强农业面源污染治理的新途径，不断提升农业可持续发展支撑能力。

请各省将贯彻落实意见于2015年6月底前反馈至我部科技教育司。

农业部办公厅

2015年5月28日

国家机关事务管理局政策文件

关于做好中央国家机关厉行节约反对食品浪费工作的通知

中央国家机关各部门、各单位：

为认真贯彻落实中央办公厅、国务院办公厅《关于厉行节约反对食品浪费的意见》，切实做好中央国家机关食品节约工作，现就有关事项通知如下：

一、开展厉行节约反对食品浪费宣传教育

各部门、各单位要高度重视，把厉行节约反对食品浪费工作作为践行社会主义核心价值观、落实党的群众路线和反对“四风”的重要举措，切实抓紧抓好。在“世界粮食日”、全国爱粮节粮宣传周等重要活动期间，通过悬挂节约标语、发放倡议书、印发宣传册、举办平衡膳食讲座、召开座谈会等形式，积极倡导崇尚节俭、科学健康的绿色消费观念和饮食文化，营造“节约食品、人人有责”的浓厚氛围。宣传先进典型，曝光浪费现象，进一步增强干部职工节约食品光荣、浪费食品可耻的意识，努力形成“节约食品从我做起，反对浪费机关带头”的良好风尚，带动全社会积极参与厉行节约反对食品浪费行动。今年10月，各部门、各单位要结合“世界粮食日”主题宣传活动，组织开展节约粮食电子倡议书签名活动。

二、深入推进“文明用餐、反对浪费”行动

各部门、各单位要认真总结去年以来开展的“文明用餐、反对浪费”行动情况，推广先进经验和典型做法，继续开展“文明餐桌”、“光盘行动”等主题活动，开创文明用餐新风尚。要教育引导干部职工厉行节约，克勤克俭，树立健康、科学、合理的饮食新理念，养成文明节俭的餐饮习惯；在机关食堂用餐时，做到按需取用、少取多次，不浪费食品。在食堂明显位置摆放提示牌，提醒用餐人员健康饮食，适量取餐；设立食品节约监督员，加强巡视检查；在餐厅安装监控视频设备，对浪费行为进行批评教育。各部门、各单位食品节约工作成效将作为健康食堂创建和文明单位创建的考核内容。2014年四季度，国管局将组织召开中央国家机关“文明用餐、反对浪费”行动现场交流会。

三、抓好机关食堂食品节约工作

（一）加强食品采购管理。加强食品采购成本控制管理，做好主副食和原材料人均餐次消费定量统计分析，确定合理采购供应量。严格执行食品、原材料采购计划和索证、质量验收制度，米、面、油、肉等大宗原材料实行定点采购、分批配送，生鲜食品等原材料实行少采勤采、即采即用，尽量采购当地应季食材，减少储存消耗，做好台账登记，日清月结。

（二）做好食品储存保管。执行食品原料出入库清单制度，出入库要严格登记签收。制定食品原料、调料辅料人均定额标准，根据每日就餐人数对米、面、油、盐等原料辅料实行定量供应。食品原料储存做到专库分架，离墙隔地，张贴保质期标识，确保先进先出。加强仓库、冷库等基础设施建设，控制温度湿度，防止食品腐烂变质造成浪费。

（三）提高原材料初加工利用率。严格落实餐饮作业初加工标准，规范原材料初加工工艺流程，增加毛菜的预处理环节，确保蔬菜净菜率平均达到85%以上。推行厨余食材深加工，充分利用食材边角料制作食品，创新搭配方式，提高原材料出成率。

（四）注重食品烹制管理。建立食堂用餐人员统计制度，根据用餐人数、饮食习惯和食材用量，制定食品供应配餐计划。参照《中国居民膳食营养指南》，按照卫生可口、营养健康、经济适量的原则烹制食品，合理搭配菜品花样，粗粮细做，注重膳食平衡，严格执行每人每天摄入25克油、6克盐的标准。加强厨师技能培训，机关食堂厨师要具有初级工以上职业资格证书，推行菜品末位淘汰制，提高烹饪水平和饭菜质量。

（五）改进供餐用餐方式。根据就餐人数情况，合理设计上菜时间和份量，热菜少炒勤炒，定时适量供应，用完再上；面食由大变小，减少剩余。具备条件的单位可实行自助点餐计量收费，供应小份或半份食品，方便用餐人员适量选取。

（六）实现餐厨垃圾源头减量和资源化处理。做好机关食堂垃圾分类减量，从源头控制餐厨垃圾产生量，切实降低剩菜剩饭率。加强食堂餐厨垃圾资源化处理设备建设，落实《北京市推广餐厨垃圾就地资源化处理项目指导意见》要求，每日就餐人员规模1000人或1000平方米以上的机关食堂要加快配备餐厨垃圾生化处理设备。2015年底前，机关本级食堂要实现餐厨垃圾就地资源化处理。

四、建立机关食堂食品节约工作统计通报制度

各部门、各单位要制定机关食堂食品节约工作统计通报制度，明确食品节约、餐厨垃圾减量的考核指标，按季度进行统计，统计结果在机关内部通报。机关食堂要指定专人负责统计台账，每日根据采购原始凭证和食品出入库清单统计谷类、蔬菜类、畜禽肉蛋类和油类消费量，对照餐厨垃圾总量、就餐人次等数据进行分析；每季度统计人均谷类、蔬菜类、畜禽肉蛋类和油类消费量、餐厨垃圾产生量、平均净菜率等数据，做好分析利用。国管局于每年二季度对各部门、各单位食品节约工作情况进行抽查，并通报检查结果。

各部门、各单位要加强组织领导，明确职责分工，建立反对食品浪费工作目标管理责任制，后勤部门主管领导、食堂主管、员工层层签订目标管理责任书，落实奖惩措施，加强激励约束。各部门、各单位爱国卫生运动办公室、精神文明建设办公室和机关后勤部门要切实履行职责，明确任务分工，强化监督检查，形成各司其职、协调配合的工作格局，确保反对食品浪费工作措施落到实处。

国家机关事务管理局
2014年6月11日

规划方案

国家发展改革委关于印发《2015年循环经济推进计划》的通知

发改环资[2015]769号

教育部、科技部、工业和信息化部、财政部、国土资源部、环境保护部、住房城乡建设部、交通运输部、水利部、农业部、商务部、人民银行、海关总署、工商总局、质检总局、新闻出版广电总局、食品药品监管总局、统计局、林业局、旅游局、国管局、法制办、保监会、能源局、有关单位：

为贯彻落实《循环经济发展战略及近期行动计划》(国发[2013]5号)，扎实推进循环经济发展，经商有关部门，我们制定了《2015年循环经济推进计划》，现印发你们，请按此做好相关工作。

各部门要根据本计划，抓紧细化落实，加大工作力度，强化协调配合，深入推进循环经济各项工作，确保完成2015年循环经济发展目标任务。我委将及时汇总各部门工作进展情况，并向国务院报告。

国家发展改革委

2015年4月14日

2015年循环经济推进计划

(国家发展改革委2015年4月14日印发)

为贯彻党的十八大、十八届三中、四中全会关于生态文明建设的战略部署，落实《循环经济促进法》和《循环经济发展战略及近期行动计划》(国发[2013]5号)，加强统筹协调，强化部门协作，扎实推进2015年循环经济工作，制定本计划。

一、总体要求

以资源高效循环利用为核心，着力构建循环型产业体系，推动区域和社会层面循环经济发展；以推广循环经济典型模式为抓手，提升重点领域循环经济发展水平；大力传播循环经济理念，推行绿色生活方式；加强政策和制度供给，营造公开公平公正的政策和市场环境，进一步发挥循环经济在经济转型升级中的作用，努力完成“十二五”规划纲要提出的循环经济各项目标，以及《循环经济发展战略及近期行动计划》提出的目标任务。

二、加快构建循环型产业体系

(一)深化循环型工业体系建设

1.推行绿色开采。以提高矿产资源开采回采率、选矿回收率和综合利用率为目标，研究制定煤炭、铁矿石、有色、稀土等矿产绿色开采行动计划；推行绿色矿山建设标准，完善充填开采计量和效果评价等技术标准，加强先进充填工艺、装备的研发和应用。组织实施《煤层气勘探行动计划》，建设沁水盆地和鄂尔多斯(12.57,-0.080,-0.63%)盆地东缘煤层气产业化基地，推进煤矿瓦斯抽采利用规模化矿区建设，鼓励采用煤与瓦斯共采方式，推广低浓度瓦斯发电，提高煤层气利用水平；2015年，抽采量达到179亿立方，利用量达到83亿立方。(国土资源部、能源局按职责分别负责)

2.推动资源集约利用。推进高耗水行业节水改造，加快建设非常规水源利用示范项目，深入实施雨水收集利用和再生水利用示范工程。发布高耗水工艺、技术和装备淘汰目录。(发展改革委、住房城乡建设部、工业和信息化部、水利部、质检总局)加强土地集约利用，推进工矿废弃地复垦利用，抓紧制定节地技术和模式的激励政策。(国土资源部)在大中型矿区内，鼓励以煤矸石发电为龙头，利用矿井水等资源，发展电力、建材、化工等资源综合利用产业；合理利用内蒙古中西部和山西北部高铝煤炭资源，推行定点集中利用，构建煤—电—铝—建材产业链。(能源局、发展改革委、工业和信息化部)实施高效利用森林资源工程，鼓励森工企业技术和装备升级，开发木材节约和高效利用技术，提高木材出材率和综合利用率。(林业局)

3.推进资源综合利用。实施资源综合利用“双百工程”，重点开展赤泥、磷石膏、尾矿、冶炼和化工废渣等产业废物综合利用，培育一批示范基地和骨干企业。开展大宗固体废物综合利用基地建设评估和验收。进一步推进战略性稀贵金属回收利用试点工作。继续做好矿产资源综合利用示范基地建设，适时出台分行业、分地区的绿色矿山建设标准，积极推动绿色矿业发展示范区建设，构建绿色矿业发展长效机制。(发展改革委、工业和信息化部、国土资源部、财政部、能源局按职责分别负责)

4. 抓好重点行业循环经济发展。开展工业产品生态设计企业试点；制定重点产品生态设计评价标准，选择家用洗涤剂等产品开展生态设计产品评价试点；制修订电力、造纸、光伏等重点行业的清洁生产评价指标体系，以京津冀、长三角(5007.14,53.620,1.08%)等区域以及资源消耗大、污染防治任务重的行业为重点，开展清洁生产审核，实施清洁生产技术改造。在十大重点行业推行循环经济典型模式，构建循环经济产业链，推进企业间、行业间、产业间共生耦合。(工业和信息化部、发展改革委、环境保护部、能源局按职责分别负责)

5. 促进生物质能发展。制定《促进生物质能供热发展的指导意见》，加快出台成型燃料、成型设备、生物质锅炉、工程建设和锅炉排放等标准，实施生物质成型燃料锅炉供热工程，在京津冀鲁、长三角、珠三角(7727.12,-57.700,-0.74%)地区建设120个大型先进生物质锅炉供热项目，替代燃煤锅炉供热；在粮食主产区有序推进生物质热电联产，鼓励对常规生物质发电实行热电联产改造，到2015年底热电联产机组容量超过100万千瓦。(发展改革委、能源局、财政部)

(二)积极推进循环型农业体系建设

1. 强化总体部署。研究出台《关于加快发展农业循环经济的意见》，明确农业循环经济发展战略，提出目标、任务和政策措施，探索农业循环经济发展模式，开展农业循环经济试点示范工作。(发展改革委、农业部、林业局)

2. 加强农业节水节肥节药。大力推广高效节水灌溉，加快灌区续建配套与节水改造建设，研究提出现代化灌区改造建设指标体系，选择部分灌区试行项目安排与监督考核结果挂钩机制，到2015年底农田灌溉水有效利用系数达到0.53。推广旱作农业技术，提升土壤蓄水、保水能力，有效利用自然降水。推广测土配方施肥技术、调整化肥使用结构、改进施肥方式，提高有机肥使用比例，强化农企对接推进配方肥进村入户到田，主要农作物肥料利用率提高1个百分点。实施高毒农药替代项目，推广使用低毒低残留农药，给予适当补贴。继续推进国家级农作物病虫害专业化统防统治与绿色防控融合示范基地建设，项目实施区化学农药施用量下降20%以上。(水利部、农业部按职责分别负责)

3. 深化农林废弃物资源化利用。起草并报国务院印发《关于进一步加强秸秆综合利用和禁烧工作的通知》，重点在京津冀等大气污染防治区、粮棉主产区等区域构建秸秆收、储、运、用体系，到2015年底，秸秆综合利用率达到80%以上。推广应用厚度不低于0.01毫米的地膜，开展可降解地膜试点示范和对比评估；在试点省份推进废旧农膜回收利用，给予适当补贴。推动规模化标准化养殖业发展，引导规模化养殖场、养殖小区建设粪污收集、储运、处理利用设施；在有条件的地区探索建立分散养殖粪污的回收处理体系。推动林业三剩物和次小薪材原料化、基料化、能源化利用，开展废旧木材回收利用。(农业部、林业局、发展改革委按职责分别负责)

4. 开展农业循环经济示范试点。推进现代生态循环农业试点、循环农业示范市、现代生态农业基地、有机食品生产基地和林业循环经济示范企业(产业园区)建设。在洱海流域、三峡库区、太湖流域、巢湖流域等典型流域实施农业面源污染综合防治示范区建设。选择具备条件的国家木材加工贸易示范区开展循环化改造。(发展改革委、农业部、环境保护部、林业局按职责分别负责)

(三)稳步推进循环型服务业体系建设

1. 商贸流通业。开展绿色流通试点，推行绿色供应链管理，引导企业绿色采购。编制发布绿色商场标准，建设集门店改造、节能产品销售、包装物与废旧电子产品回收于一体的绿色商场。创建绿色饭店，发展绿色物流，引导服务企业提供绿色服务。(商务部)

2. 交通运输业。继续推进废旧沥青混合料、废旧轮胎、建筑垃圾等在交通工程建设中应用。继续实施高速公路服务区清洁能源和水资源循环利用试点项目。抓好连云港(13.55,0.440,3.36%)绿色智能港口建设与运营、长白山(19.59,0.410,2.14%)鹤大高速公路资源节约循环利用和陕西西咸北环线高速公路生态环保等示范项目的组织实施。启动港口船舶油气回收利用相关技术研究，制定《码头油气回收设施建设规范》。组织开展水运能效、岸电应用、LNG应用和油气回收等试点示范项目。推进码头油气回收工作的开展。(交通运输部、发展改革委)

3. 旅游业。加快修订《旅游景区质量等级的划分与评定》和《绿色旅游饭店》标准，提高节能减排要求。推广景区内风光互补照明、新能源(2300.72,35.890,1.58%)车使用，引导游客低碳出行、绿色消费。推动农旅相融，实

施乡村旅游富民工程。(旅游局)

4.绿色印刷。继续在中小学教科书和票据票证领域中实施绿色印刷，逐步扩大绿色印刷实施范围。发布第一批4个绿色印刷标准，启动制定第二批标准。印发《绿色印刷自我声明管理办法》和《绿色印刷标准管理办法》，加强对自我声明产品的质量抽查。(新闻出版广电总局、工业和信息化部)

三、大力推进园区和区域循环发展

(一)开展园区循环化改造

制定发布《园区循环化改造示范试点中期评估及考核验收管理办法》，完善园区循环化改造评估标准，对已实施循环化改造的部分园区进行中期评估；开展25家左右园区循环化改造示范试点。出台《园区循环化改造指南》，开展园区循环化改造专家巡诊活动，组织召开园区循环化改造现场会，推动各地开展园区循环化改造，力争实现50%的国家级园区和30%的省级园区循环化改造的目标。

(发展改革委、财政部)推进国家低碳工业园区试点，完善评价指标体系，加强低碳工业园区建设指导。提升国家生态工业示范园区建设水平。(工业和信息化部、发展改革委、环境保护部、商务部按职责分别负责)

(二)促进区域循环化布局

把循环经济要求贯穿到国家实施的重大区域发展战略中，京津冀地区重点推动大宗废弃物循环利用及产业与生活系统的循环链接。长江经济带、珠三角地区要以园区循环化改造为重点，把“一带一路”作为国际大循环的突破口，提高资源的循环高效利用水平。对东北等老工业基地加大园区循环化改造力度。研究制定循环经济示范市(县)建设管理及验收规范，开展2015年国家循环经济示范市(县)建设工作。(发展改革委、财政部、住房城乡建设部、工业和信息化部)

四、推动社会层面循环经济发展

(一)构建再生资源回收体系

1.完善社会回收体系。落实《再生资源回收体系建设中长期规划(2015-2020)》，推动建立多层次、多渠道、多元化的覆盖城乡的回收体系，选择部分有条件的地区开展废电池回收试点工作。继续推进全国公共机构和中央国家机关废旧商品回收体系建设。积极推动垃圾分类回收。(商务部、发展改革委、住房城乡建设部、国管局、环境保护部)

2.探索回收新方式。推动和引导回收模式创新，探索“互联网+回收”的模式及路径，积极支持智能回收、自动回收机等新型回收方式发展。鼓励利用互联网、大数据、物联网、信息管理公共平台等现代信息手段，开展信息采集、数据分析、流向监测，优化网点布局，实现线上回收线下物流的融合，搭建科学高效的逆向物流体系，推动企业自动化、精细化分拣技术装备升级。(商务部、发展改革委)

(二)提升再生资源利用产业化发展水平

1.建设国家“城市矿产”示范基地。制定出台《国家“城市矿产”示范基地中期评估及考核验收管理办法》，对部分国家“城市矿产”示范基地开展中期评估。开展第六批国家“城市矿产”示范基地建设。(发展改革委、财政部)

2.规范报废汽车拆解利用。加强报废汽车回收拆解监管工作，促进老旧汽车淘汰，做好老旧汽车报废更新补贴政策有关实施工作，引导报废汽车回收拆解企业完善回收网络、拓展服务功能，探索建立相关激励机制，促进报废汽车有效回收。修订完善汽车产品回收利用技术政策，加强与再制造回收体系的衔接。(商务部、发展改革委、财政部、公安部、工商总局、工业和信息化部)

3.提高废弃电器电子产品利用水平。对《废弃电器电子产品处理目录》进行跟踪评估，研究改善基金补贴方式。制定废弃电器电子产品资源化利用相关标准，规范废弃电器电子产品资源化利用行为。开展电器电子领域生产者责任延伸试点工作。制定发布电动汽车动力电池回收利用技术政策，加快制定废旧铅酸电池回收利用管理办法。(发展改革委、财政部、环境保护部、工业和信息化部按职责分别负责)

(三)积极稳妥推进再制造

1.实施“以旧换再”试点。开展2015年再制造产品“以旧换再”试点，适时扩大试点范围。启用“以旧换再”管理信息系统，对购买再制造产品并交回旧件的消费者进行补贴。(发展改革委、财政部、工业和信息化部、商务部、质检总局)

2.深化再制造试点示范工作。对部分汽车零部件、机电产品及再制造服务业试点进行验收，继续推进各类再制造试点，加快再制造产业示范基地建设。鼓励废旧轮胎翻新。加强石油、矿山、铁路、办公设备等领域再制造技术交流和产品推广应用。加快实施高端再制造、智能再制造、在役再制造。(发展改革委、工业和信息化部按职责分别负责)

3. 研究完善再制造产业相关政策。研究制定促进再制造服务业发展的意见，研究落实保险领域支持再制造产品推广的政策机制。复制推广上海自贸区全球维修经验和方法，探索开展部分品种可再制造部件的进口。进一步完善再制造行业管理制度和标准体系。(发展改革委、工业和信息化部、商务部、环境保护部、海关总署、质检总局、保监会)

(四) 推进餐厨废弃物资源化利用和无害化处理

制定出台《餐厨废弃物资源化利用和无害化处理试点中期评估及考核验收管理办法》，对部分试点城市开展中期评估。开展第五批餐厨废弃物资源化利用和无害化处理试点。推动公共机构餐厨废弃物处理利用，实施中央国家机关餐厨废弃物就地资源化处理利用项目。(发展改革委、财政部、住房城乡建设部、环境保护部、农业部、国管局)

(五) 加强污泥处理处置设施建设

继续开展污泥资源化利用工程示范，实施城镇污水处理厂污泥处理处置示范项目评估，推广污泥经厌氧消化产沼气或好氧发酵处理后资源化利用，按照国家有关标准用于土壤改良、园林绿化等。

(住房城乡建设部、发展改革委)

(六) 开展生产过程协同资源化处理废弃物试点评估

选择部分已进行协同处理的水泥企业开展试点及评估工作，研究制定水泥窑协同处置废弃物行业规范，明确技术路线。(工业和信息化部、住房城乡建设部、发展改革委、环境保护部)

(七) 实施绿色建筑行动

1. 推进建筑节能降碳。在政府投资的公益性建筑和大型公共建筑的基础上，进一步扩大绿色建筑标准强制执行范围。提出城镇建筑能效标准提升路线图，完善分地区、分类型的建筑能效指标体系及节能量核算办法，推动建立覆盖全国的省级公共建筑能耗监测平台。开展高标准建筑节能示范区和超低能绿色建筑试点工作。力争完成北方采暖地区既有居住建筑供热计量及节能改造面积1.5亿平方米。(住房城乡建设部)

2. 推进建筑垃圾资源化利用。研究起草《关于加强建筑垃圾管理及资源化利用工作的指导意见》、《建筑垃圾资源化利用试点方案》。开展建筑垃圾管理和资源化利用试点省建设工作。鼓励各地探索多种形式市场化运作机制，创新建筑垃圾资源化利用领域投融资模式。(住房城乡建设部、发展改革委、财政部、工业和信息化部)

3. 积极开展墙材革新工作。印发《关于加强新型墙体材料专项基金管理的通知》，研究修订新型墙体材料目录，加强分类指导，引导新型墙体材料健康发展。研究推进“十三五”墙材革新工作思路。(发展改革委、财政部、住房城乡建设部、农业部、国土资源部)

(八) 推进全面节水

研究提出落实节水优先战略的意见。编制“十三五”节水型社会建设规划，推进节水型城市、企业、公共机构节水型单位、节水型小区建设。完成第一、三、五批37个国家节水型城市的复查工作，指导各省做好国家节水型城市创建工作。加强第一批和第二批105个全国水生态文明城市建设试点的监督管理，印发评价标准和管理办法。推动建筑节水、雨水利用与中水回用，推进海绵城市建设。修订《城市供水管网漏损控制及评定标准》，加快对使用年限超过50年和材质落后供水管网的更新改造，督促用水大户定期开展水平衡测试，严控“跑冒滴漏”。制定终端用水装备的节水设计规范，推动水效标识管理，加快出台《用水效率标识管理办法》，实施水效标准提升计划，推广节水器具。(发展改革委、水利部、住房城乡建设部、工业和信息化部、质检总局按职责分别负责)

五、推行绿色生活方式

(一) 传播循环经济理念

1. 开展节俭养德全民节约行动。继续办好“俭以养德节约之星”专栏和“节约之星”发布厅。开展“循环经济推广行动”、“建筑节能行动”、“低碳节能绿色流通行动”、“人人节水行动”、“交通节能行动”。通报表扬节俭养德全民节约行动先进单位和个人，推广成功经验做法。(中宣部、发展改革委、住房城乡建设部、水利部、商务部、交通运输部)

2. 推动循环经济进校园。在全国高校开展第二届公共机构节能宣传作品征集活动、2015年节能宣传周活动。开

展全国中小学节水教育社会实践基地建设和节水辅导员培训，在中职德育课程中进一步强化循环经济教育内容，指导高校结合实际制定评价办法，将学生日常节俭、环保行为作为学生评奖评优的重要参考。鼓励高校设置循环经济相关专业。组织2015年全国青少年科学调查体验活动。(教育部、中国科协、发展改革委、中央文明办、团中央)

3. 建设国家循环经济教育示范基地。开展第三批教育示范基地试运行考核。组织第五批教育示范基地建设。(发展改革委、教育部、国管局、财政部、旅游局)

(二) 推行绿色采购

发布《公共机构节能节水技术产品参考目录(2015)》，严格执行强制或优先采购节能环保产品制度，制定相关实施细则，提高节能节水再生利用产品的比重。组织党政机关和公共机构带头购买新能源汽车，推进办公区充电基础设施建设。(财政部、环境保护部、国管局、发展改革委)

六、强化组织保障

(一) 完善法规规章

研究完善再生资源回收利用相关制度，营造再生资源回收利用法制化营商环境。研究起草《餐厨废弃物管理与资源化利用条例》，明确餐饮企业、回收和利用主体的权利义务，严格执法，杜绝“地沟油”、“垃圾猪”。研究起草《节约用水条例》，全面落实最严格水资源管理制度，建立健全覆盖省、市、县三级行政区域的用水总量控制、用水效率控制、水功能区限制纳污“三条红线”指标体系。完善报废机动车回收拆解方面的相关制度，加强对报废机动车回收拆解管理，规范报废机动车零部件再制造。研究出台《强制回收的产品和包装物名录及管理办法》，构建押金回收制度，提高价值低、难回收再生资源的回收利用率。(发展改革委、住房城乡建设部、商务部、水利部、法制办、工业和信息化部)

(二) 健全标准和认证体系

制修订工业、服务业领域取水定额国家标准和用水产品水效国家标准。继续开展循环经济标准化试点工作，编制循环经济标准化示范实施方案，探索循环经济示范工作。开展园区循环经济绩效评价、固体废物分类及利用、水的分类使用、废气综合利用、能源梯级利用等方面标准的研究制定。加强对循环经济相关领域的检验检测、建立认证评价服务体系，夯实质量评价技术基础，支撑循环经济产业创新发展。(质检总局、发展改革委、工业和信息化部)

(三) 构建统计评价体系

进一步完善全国及分区域主要物质资源消费量的测算方法和循环经济综合评价方法，建立以资源产出率、资源循环利用率等为核心的循环经济评价指标体系。测算2014年全国循环经济发展指数。(统计局、发展改革委)

(四) 增强技术支撑

制定《循环经济科技创新总体方案(2015—2020)》。完成《废物资源化科研成果目录》，发布一批循环经济最新科技成果，推动成果转化应用。征集第二批国家鼓励的循环经济技术、工艺和设备名录。按照深化科技计划(专项、基金等)管理改革的要求，通过优化整合后的科技计划(专项、基金等)体系支持符合条件的重点行业和城市循环经济技术模式研究与集成。支撑循环经济领域创新驱动发展战略的全面落实，鼓励引进与循环经济相关的先进设备和技术，加强该领域国际合作。(科技部、发展改革委)

(五) 加强政策引导和支持

研究完善《环境保护专用设备企业所得税优惠目录》、《节能节水专用设备企业所得税优惠目录》、《环境保护、节能节水项目企业所得税优惠目录》。推进调整完善资源综合利用产品及劳务增值税政策。(财政部、国税总局、发展改革委、工业和信息化部) 引导银行业金融机构对符合循环经济发展要求的企业和项目，加大资金支持力度；对不符合国家产业政策规定、市场准入标准、达不到国家环评和排放要求的企业和项目，严格限制任何形式的新增授信支持。鼓励引导银行业金融机构加大对循环经济相关领域技术改造等方面的信贷支持。加快研究绿色债券、市场化碳排放机制等正向激励的绿色金融政策。(人民银行)

(六) 强化监督管理

1. 示范试点单位验收。完成国家两批循环经济示范试点验收，总结典型经验，加大推广力度。(发展改革委、环境保护部、科技部、工业和信息化部、财政部、商务部、统计局)

2. 强化监督检查。继续巩固“限塑”成果，以集贸市场、农贸市场、小商品批发市场为重点场所，加大市场检查力度，依法查处销售超薄等不合格塑料购物袋的违法行为。督促市场开办者切实履行市场经营管理责任，监督经

营者严格执行塑料购物袋进货查验等制度，防止不合格塑料购物袋流入市场。组织对月饼等商品开展商品包装计量监督专项检查。开展能效标识产品的计量监督检查，建立监督检查长效机制。在进出口检验环节，加强对进口机动车辆产品的检查，使其符合中国机动车辆能耗和污染防治的要求。继续开展进口能效产品的监督抽查。建立和落实餐厨废弃物处置管理制度，进一步督促餐饮服务单位做好餐厨废弃物处置。充分发挥各相关部门投诉举报网络的作用，持续加大对违法收集、运输、加工餐厨废弃物行为的打击力度。（工商总局、质检总局、食品药品监管总局、环境保护部、住房城乡建设部按职责分别负责）

2015年工业绿色发展专项行动实施方案

（工信部节〔2015〕61号工业和信息化部2015年2月27日印发）

为加快实施工业绿色发展战略，构建资源节约型环境友好型的工业体系，按照我部工业转型升级行动计划统一要求，制定本实施方案。

一、指导思想

贯彻落实生态文明建设和全面深化改革总体要求，顺应人民群众对良好生态环境的期待，以生态文明建设与工业发展相互促进、和谐发展为目标，以重点领域、重点区域节能减排为着力点，突出机制模式创新与务实推动，加快利用信息技术促进节能减排，强化支撑服务与考核评估，力争在重点领域、重点区域工业绿色发展上取得新突破，实现以点带面，推动工业节能与综合利用工作再上新台阶。

二、主要目标

通过实施2015年工业绿色发展专项行动，预期实现以下目标：

（一）提升重点区域重点行业煤炭清洁高效利用水平，到2015年底，减少煤炭消耗400万吨以上。指导京津冀及周边地区、长三角等重点工业企业实施清洁生产技术改造，预计全年削减二氧化硫7万吨、氮氧化物6万吨、工业烟（粉）尘4万吨、挥发性有机物2万吨。

（三）初步建立京津冀及周边地区工业资源综合利用协同发展机制，完善产业链。实现京津冀及周边地区尾矿、冶炼渣等工业固废综合利用量约6000万吨/年。

三、重点工作

（一）推进重点行业清洁生产和结构优化，减少大气污染物排放

1.推进工业领域煤炭清洁高效利用。印发煤炭清洁高效利用行动计划，指导煤炭消耗大的城市，结合本地产业实际，围绕焦化、煤化工、工业炉窑和工业锅炉等编制具体实施方案，加大地方政府组织协调力度，实施燃煤锅炉节能环保综合提升工程。推动辖区内相关企业实施工业用煤技术改造和节能技术改造，培育一批技术创新能力强、拥有自主知识产权和品牌、高能效的锅炉生产企业和节能服务企业，优化产品结构、加强产业融合，综合提升区域煤炭清洁高效利用水平，实现控煤、减煤，降低大气污染物排放，促进环境质量改善。

2.提升重点行业能效水平。实施高耗能行业能效“领跑者”制度，在水泥、平板玻璃行业推进贯彻强制性能耗限额标准，制定能效“领跑者”试点实施方案并组织实施。指导和督促地方按照《大气污染防治重点工业行业清洁生产技术推行方案》和地方编制的实施计划，加快钢铁、建材、石化、化工、有色金属冶炼等重点行业实施清洁生产技术改造，大幅削减工业烟（粉）尘、二氧化硫、氮氧化物和挥发性有机物。出台《绿色建材评价标识管理办法实施细则》，开展绿色建材评价，加快绿色建材推广应用。

3.加强对重点区域工业清洁生产工作的指导。落实《国务院大气污染防治行动计划》及《京津冀及周边地区重点工业企业清洁生产水平提升计划》，对有关地方工业主管部门管理人员及工业企业负责人开展培训，指导地方和重点企业加快实施清洁生产技术改造。按照全国大气污染防治部际协调会议和京津冀及周边地区大气污染防治协调小组、长三角区域大气污染防治协调小组会议部署，履行成员单位职责，指导重点地区做好工业领域大气污染防治工作。

（二）组织实施数字能效推进计划

1.推进重点行业企业能管中心建设。制定发布钢铁、化工、建材、轻工等行业《重点用能行业企业能源管理中

心建设实施方案》，规范企业能源管理中心的建设标准、验收标准，指导支持各行业加快建设能源管理中心，提升企业能源管理信息化水平。

2. 推进绿色数据中心试点建设。制定绿色数据中心试点建设方案，组织试点省市围绕生产制造、能源、电信、互联网、公共机构、金融等重点领域开展绿色数据中心试点建设，宣传和推广一批先进适用的节能环保技术、产品和运维管理方法，引导和培育数据中心联盟、中国信息通信研究院、通信标准化协会等一批绿色数据中心技术、解决方案、运维服务的第三方机构。

3. 推进全国工业节能监测分析平台建设。充分利用现有监测工作基础，编制工业节能监测分析平台系统对接建设方案，推动全国系统与上海、山东等试点省市系统联网，按月自动采集工业能耗数据。通过部分地区的试点连接，规范与国家系统相一致的平台连接、数据传输方式，研究建立数据共享机制，制订相关标准规范并予逐步扩大试点范围，确保系统对接的顺利完成。

（三）组织推进京津冀地区工业资源综合利用协同发展

1. 制定专项行动计划。研究制定《京津冀及周边地区工业资源综合利用协同发展行动计划》，明确京津冀地区工业资源综合利用产业协同发展的思路，推进尾矿、废石、粉煤灰、废旧电子电器等资源跨区域协同利用，加强产业对接，探索大宗工业固废及资源化产品区域协同发展新模式，完善工业资源综合利用产业链。

2. 指导地方制定具体实施方案。指导京津冀及周边地区工业和信息化主管部门根据《京津冀及周边地区工业资源综合利用协同发展行动计划》确定的重点任务，协同制定各地区具体实施方案，提出工业固废协同利用目标，确定重点领域，明确协同发展的骨干企业、重点任务和重点工程，并提出保障措施。

3. 加强督促与协调。建立统一协调指导机制，加强对地方实施方案制定及实施情况监督检查，督促京津冀及周边地区工业资源综合利用协同发展项目实施，促进京津冀及周边地区产业和生态一体化发展。

四、进度安排

——印发实施方案，启动工业绿色发展专项行动。（一季度）

——发布《重点用能行业企业能源管理中心建设实施方案》及《工业领域煤炭清洁高效利用行动计划》。（一季度）

——制定《京津冀及周边地区工业资源综合利用协同发展行动计划》，启动区域协调发展机制。（二季度）

——指导省级工业主管部门制定工业节能监测分析平台对接建设实施方案及工业资源综合利用协同发展的实施方案，试点省市完成与国家系统联网，初步建立全国工业节能监测分析平台。（二季度）

——积累监测分析平台运行经验，逐步完善系统建设、数据采集传输等方面的标准和规范要求，组织现场验收。（四季度）

——组织开展京津冀及周边地区清洁生产能力培训和重点地区煤炭清洁高效利用培训，督导地方落实工作职责，编制煤炭清洁高效利用实施方案。（全年）

五、保障措施

（一）加强机制模式创新。我部将联合中国工程院、中国科学院等机构，整合相关行业协会、科研设计单位、节能减排咨询服务公司、投融资机构等资源，加强机制模式创新。组建多领域、跨学科的创新联盟，指导关键共性节能减排技术方案的研发设计，增加针对性和实用性。培育一批资源整合能力强、规范化服务的节能服务公司，加快规模化节能减排技术改造。加强与产业基金、投资公司、银行等金融机构的对接，探索政府组织协调、企业为主体、第三方机构担保、金融机构支持的投融资模式，为工业绿色发展提供支撑。

（二）推动形成工作合力。紧紧抓住国务院实施大气污染防治行动计划及京津冀协同发展上升为国家战略的有利时机，注重发挥地方政府作用，加强与发改、环保、财政、科技等部门紧密合作，推动建立部门互动、区域联动、上下齐动的工作机制，营造工业绿色发展的政策环境。建立大气污染防治及工业资源综合利用产业发展跨区域协调联动工作机制，加强产业对接，加强对地方工作的指导，促进区域间节能环保产业实质性合作。

（三）加大政策支持。利用中央财政技术改造、清洁生产等专项资金，支持工业绿色发展专项行动重点项目建设。研究利用产业基金等资金渠道，支持重点工业企业节能减排技术改造。请地方工业主管部门加大工作力度，充分利用节能减排、技术改造、中小企业、信息化等专项资金，支持工业绿色发展专项行动。

（四）加强督导考核评价。严格落实大气污染防治计划考核实施方案，加强对地方清洁生产等相关工作的考核督导。充分发挥地方各级节能监察及质监系统监督机构作用，加强对能效提升计划执行情况的监督评价，开展专项检查，推动建立公开、公平、公正、有效管用的监督检查机制。

商务部等部门关于印发《再生资源回收体系建设中长期规划（2015—2020）》的通知

商流通发[2015]21号

各省、自治区、直辖市、计划单列市及新疆生产建设兵团商务主管部门、发展改革委、国土资源主管部门、住房城乡建设厅（建委）、供销合作社：

为贯彻落实《国务院办公厅关于建立完整的先进的废旧商品回收体系的意见》（国办发[2011]49号），商务部、发展改革委、国土资源部、住房城乡建设部和供销合作总社制定了《再生资源回收体系建设中长期规划（2015—2020年）》，现印发你们，请认真遵照施行，并加强对规划实施情况的跟踪问效和监督检查。

附件：再生资源回收体系建设中长期规划（2015—2020年）

商务部国家发展和改革委员会国土资源部
住房和城乡建设部中华全国供销合作总社
二〇一五年一月二十一日

附件：

再生资源回收体系建设中长期规划（2015—2020年）

二〇一五年一月

为贯彻落实党的十八大和十八届三中、四中全会精神，大力推进生态文明建设，根据《中华人民共和国循环经济促进法》、《国务院关于印发循环经济发展战略及近期行动计划的通知》（国发[2013]5号）及《国务院办公厅关于建立完整的先进的废旧商品回收体系的意见》（国办发[2011]49号）要求，编制本规划。

一、行业发展现状及主要特点

“十一五”时期以来，国家采取一系列措施，大力推动循环经济发展，再生资源回收的理念渐入人心。在相关政策带动下，再生资源回收行业规模明显扩大，对国民经济贡献度进一步提高。截至2013年底，全社会再生资源回收企业10多万家，从业人员超过1800万。2013年，废钢铁、废塑料、废有色金属、废纸、废轮胎、报废汽车、废弃电器电子产品、报废船舶8大品种回收量超过1.6亿吨，回收总值接近4800亿元；废钢铁、废有色金属、废弃电器电子产品的回收率超过70%。初步测算，与使用原生资源相比，相当于节约1.7亿吨标准煤，减少废水排放113亿吨，减少二氧化碳排放4亿吨，减少二氧化硫排放375万吨。行业发展呈现出如下特点：

（一）政策环境不断优化。2007年，商务部、发展改革委等6部门发布《再生资源回收管理办法》，明确商务主管部门作为再生资源回收行业主管部门。2009年，国务院公布《废弃电器电子产品回收处理管理条例》，明确废弃电器电子回收处理的生产者责任。2011年，国务院办公厅印发《关于建立完整的先进的废旧商品回收体系的意见》，根据文件精神，2012年5月，经国务院同意，建立了由商务部牵头，22个单位组成的废旧商品回收体系建设部际联席会议制度。

（二）企业实力日趋增强。供销合作社系统企业和一些民营企业借力政策支持，不断拓展回收网络，延伸产业链，成为回收体系的主体，初步实现了经营产业化、利废资源化和处理无害化。一批规模较大、技术设备较先进、分拣加工能力较强的全国性和区域性龙头企业脱颖而出，其中年销售额1亿元以上企业超过200家，10亿元以上企业超过20家。

（三）回收体系逐步建立。自2006年起，商务部会同相关部门开展了以回收站点、分拣中心和集散市场建设

为核心的“三位一体”回收体系试点，到2012年试点城市达90家。2009年至2012年，中央财政累计投入33.5亿元，支持75个城市新建和改扩建51550个网点、341个分拣中心、63个集散市场；同时，支持建设122个区域性回收利用基地，有效推动了试点城市向网点布局合理、管理规范、回收方式多元的方向发展，试点城市重点品种回收率超过60%；回收利用基地对再生资源利用企业和城市矿产项目形成有力支撑。

（四）技术水平稳步提高。再生资源回收企业积极引进先进设备和加工利用技术，开展精深加工，创新经营业态，传统的回收、分拣、加工处理工艺得到改造升级。如聚酯塑料（PET）瓶片熟料生产技术，废印制电路板环保处理及资源回收设备，均达到国际先进水平。电池回收企业与生产企业开展废电池再生利用活动，利用电镀废渣及冶炼废渣等工业废料提取各种有价金属等，取得了良好成效。部分城市借助现代信息技术，设置智能回收设施和设备，方便市民自助完成废弃物交售；有些地区设立了固体废物信息交换中心，整合了回收热线、信息系统和回收站点，形成客户交投、信息交换、废品回收、在线监控于一体的网络服务平台。

近年来再生资源主要品种回收情况

序号	名称		单位	2008年	2009年	2010年	2011年	2012年	2013年
1	废钢铁		万吨	7060	7620	8310	9100	8400	8570
2	废有色金属		万吨	196	361	405	455	530	562
3	废塑料		万吨	900	1000	1200	1350	1600	1366.2
4	废纸		万吨	3128	3423	3695	4347	4472	4377
5	废旧轮胎		万吨	314.3	306.9	334.7	329	370.3	375
6	废弃电子电器产品	数量	万台	9670	12129	12317	16058	8264	11430
		重量	万吨	259.7	280	284.3	370.6	190.7	263.8
7	报废汽车	数量	万辆	45.9	41.1	93.4	56.6	60	83
		重量	万吨	165	147	276	183	200	276.7
8	报废船舶	数量	艘	162	442	286	317	340	351
		重量	万轻吨	69.4	323	187	225.2	255	250
合计（重量）			万吨	12092.4	13460.9	14692	16359.8	16018	16040.7

二、存在的问题及面临的形势

（一）问题及原因分析。再生资源回收体系建设工作虽然取得了明显成效，但与加快转变经济发展方式，建设两型社会的要求还有较大差距，存在的问题也较为突出，具体表现为“四低”：

1. 组织化程度低。再生资源回收以社会化个体回收为主，具有一定规模的企业回收量仅占回收总量的10%-20%。行业小、散、差的特点明显，回收主体组织化程度低，市场竞争力差，管理工作难度大。

2. 分拣技术水平低。行业内技术研发普遍投入不足，操作工人缺乏技术培训，专业知识水平和技能操作水平较低。除少数企业回收工艺和装备较先进、环境保护设施较完善外，大多数从业主体设备简陋、技术落后，分拣精细化、专业化水平较低，在一定程度上影响再生资源的利用率。

3. 经营规范化程度低。标准化、规范化的运作流程尚未形成，回收、运输、储存、利用各环节协作配套不够。酸浸、火烧等野蛮拆解和不具备资质私自拆解现象普遍存在，偷盗销赃行为时有发生，乱堆乱放、乱设摊点现象还比较严重，造成行业秩序混乱，存在一定环保隐患。

4. 部分品种回收率低。废玻璃、废电池、废节能灯、废纺织品等品种，受回收成本高、利用价值较低和利用水平有限等因素影响，经济效益较差，回收率较低，一般只有30%左右，个别品种甚至随生活垃圾丢弃，对生态环境造成影响。

上述问题产生的原因主要有以下几方面：

公众认识不到位。社会上普遍存在把再生资源等同于“垃圾”的错误认识，对再生资源回收工作不够重视，没有在源头上做好分类，在一定程度上提高了后端回收成本。一些地方对做好回收工作的认识不足，没有科学规划，

定位不清，回收行业发展滞后于当地经济社会发展。

各方责任不清晰。除对废弃电器电子产品回收处理建立了基金制度外，其他品种尚未明确相关制度要求。特别是对于价低量小的品种，缺乏相关制度规范，生产者责任延伸制度不健全，销售者和消费者对产品废弃后的回收责任尚未明确。

监管执法难度大。由于市场准入门槛低，企业数量多、规模小、经营分散，对无照经营、技术落后、环保不达标或根本没有任何环保设施的小企业和小作坊有效监管难度大，致使不规范企业依靠低环保成本抢占市场，出现"劣币驱逐良币"现象。

政策配套性不强。2011年回收行业增值税优惠政策取消后，受宏观经济形势影响，再生资源回收企业发展面临较大困难，亟需进一步完善相关税收政策。废玻璃、废节能灯等品种由于回收成本高、利润薄，靠市场机制难以调动企业积极性，缺乏政策支持和制度创新。此外，行业监管政出多门、职权分散，支持政策和工作措施缺乏配套性。

（二）面临的形势。从国际形势看，发展循环经济已成为抢占新一轮经济和科技发展制高点的重大战略，发达国家纷纷加快部署，采取立法和财税支持等多种手段，推动再生资源回收等行业快速发展。如欧盟提出将在未来10年重点发展低碳产业与循环经济，到2020年实现主要金属和建筑材料基本由再生资源提供。

从国内现实看，我国经济高速增长，但发展的不平衡、不协调、不可持续性日益显现，粗放发展方式已难以为继。我国现有主要矿产资源人均储量和占有量大大低于世界平均水平，石油、铁矿、铜矿国际依存度不断提高，随着工业化、城镇化进程加快，资源消耗量将有增无减，资源瓶颈愈发突出，对国家经济安全构成严重威胁。

面对严峻局面，只有将废弃商品有效、及时回收，提高再生资源回收率和利用水平，才能形成"资源—产品—废弃产品—再生资源"的循环发展模式，实现资源的循环利用，达到缓解资源紧张局面、减少污染、保护生态环境的目的。

从政策环境看，国家"十二五"规划纲要明确提出要"完善再生资源回收体系，推进资源再生利用产业化"，把"再生资源回收体系示范"作为七项重点工程之一，首次将回收工作列入国民经济发展规划。《国务院办公厅关于建立完整的先进的再生资源回收体系的意见》（国办发[2011]49号）是关于再生资源回收的指导性、纲领性文件，为实现回收体系建设提供了政策保障。

三、指导思想、基本原则和主要目标

（一）指导思想。全面贯彻落实党的十八大和十八届三中、四中全会精神，以深化改革、转变发展方式和发展绿色流通为主线，围绕规范回收利用秩序，降低回收利用成本和提高回收利用率，着力加强再生资源回收管理法律法规建设，推进再生资源回收管理体制改革和回收模式创新，提升再生资源回收行业规范化水平和规模化程度，构建多元化回收、集中分拣和拆解、安全储存运输和无害化处理的完整的先进的回收体系。

（二）基本原则。

1.坚持政府引导和市场运作相结合。政府部门通过制定法规、制度改革、标准建设和政策引导等措施，着力加强对市场失灵品种的引导，提高重点品种的回收率。其他品种的回收则以市场化运作为主，充分发挥市场在资源配置中的决定性作用。

2.坚持统筹当前和立足长远相结合。结合当前再生资源回收行业发展中存在的突出问题，提出有针对性的政策和措施。同时，着眼于长远，坚持减量化、再利用、资源化的循环经济理念，通过制度改革和技术服务创新，为行业发展提供制度保障。

3.坚持突出重点和兼顾全局相结合。以回收、分拣环节为重点，同时，着眼于再生资源回收全程和全产业链管理。从产废源头入手，建立健全回收渠道，逐步实现应收尽收；通过提高分拣加工技术水平，实现与利废环节的有效衔接。

4.坚持总体设计与因地制宜相结合。加强再生资源回收体系的整体规划，总结经验，借鉴国外做法，明确工作目标和任务。各地根据经济社会发展水平、资源条件等情况，科学选择建设模式，避免重复建设、资源浪费和污染环境。

（三）主要目标。到2020年，在全国建成一批网点布局合理、管理规范、回收方式多元、重点品种回收率较高的回收体系示范城市，大中城市再生资源主要品种平均回收率达到75%以上，实现85%以上回收人员纳入规范化管理、85%以上社区及乡村实现回收功能的覆盖、85%以上的再生资源进行规范化的交易和集中处理。培育100家左

右再生资源回收骨干企业，再生资源回收总量达到2.2亿吨左右。行业规模化经营水平大幅提升，技术水平显著提高，规范化运行机制基本形成。

四、主要任务

（一）分类建立回收体系。从产生源头看，再生资源主要分为四类：生活类（居民家庭）、产业类（工业、农业、建筑业等）、服务消费类（超市、百货店、维修店等）和公共机构类（机关、学校、医院等）。针对四类再生资源的特点，应分类建立不同模式的回收体系：

1. 以三级网络为基础的生活类再生资源回收体系。在城市，巩固和提升以回收网点、分拣中心和集散市场（回收利用基地）为代表的三级回收网络，并根据城市发展需要调整网络构成；在农村，建立城乡一体化、县域一盘棋的规划管理和实施机制，鼓励龙头企业延伸回收网点，以城带乡，城乡互动，建设与城镇化进程相适应的再生资源回收体系。

2. 厂商直挂的产业类再生资源回收体系。鼓励回收企业与各类产废企业和产业集聚区建立战略合作关系，建立适合产业特点的回收模式。同时，鼓励有条件的企业将分拣和加工的再生资源直接配送给利用企业和国家城市矿产示范基地，通过厂（企）商直挂，减少中间环节，满足下游利用企业的需求，提高回收利用率。

3. 与回收企业对接的公共机构类再生资源回收体系。组织有资质、实力强的回收企业与公共机构对接，通过开展义务回收、协议回收、定期回收、流动回收等多种方式，建设规范收集、安全储运、环保处理的示范模式。

4. 以逆向物流为特点的服务消费类再生资源回收体系。充分发挥流通企业面向广大消费者分散销售且便于集中回收的优势，倡导销售者责任，推动绿色商场建设，利用销售配送网络，试点建立逆向物流回收渠道。

（二）完善回收节点功能。完整的回收体系应以回收网点为基础，分拣中心为核心，集散市场为补充，储存运输为联结，信息管理平台为支撑，为有效提高回收利用效率，重点从以下几方面推进：

1. 多样设置回收网点。按照“便于交售”的原则，城市每1000-1500户居民设置一个回收点，乡镇每1500-2000户居民设置一个回收点，结合垃圾分类工作的开展，鼓励和推动回收体系与垃圾收运体系各环节有机结合。对难以设立固定站点的地区，组织统一管理、规范作业的流动回收车，借助电话、便民服务平台等各种方式，构建便民利民的回收网络。在部分有条件的社区、商场及公共场所设置自动回收设施，试点智能回收。

2. 提高分拣加工水平。分拣加工是回收体系的核心，分拣中心的数量、规模和结构，既要充分考虑周边地区再生资源回收量，与回收网点有效衔接，又要兼顾周边产业和利废企业的需求，实现产废、利废的衔接。加大分拣加工技术研发力度，促进分拣自动化和精细化。在有条件的地区，按照土地集约、生态环保的原则，试点建设一批回收分拣集聚区，推动再生资源回收行业从松散粗放型向集约型、规模型、产业型、效益型方向转化。

3. 升级改造集散市场。推动集散市场向具备分拣、加工、处理等多功能的回收分拣集聚区转变，实现信息交换、价格形成、商品配送和资金结算等功能，推动线上与线下交易相结合。同时配备集中的污染治理设施，杜绝露天堆放等易造成二次污染的储藏方式。

4. 完善储存运输系统。合理规划和建设各类中转和存放设施，防止出现扬散、流失、渗漏。进一步提高再生资源回收企业运输能力，同时借助专业物流企业的力量，建立安全、高效、环保的物流系统。按照相关法律法规开展危险废弃物的运输。

5. 建设公共服务平台。完善信息采集、分析、处理和发布机制，编制发布重点品种价格指数，解决传统交易中信息滞后和不对称的问题，为回收处理及再利用的相关服务商提供信息，引导资源合理配置，促进回收体系各节点、各环节的对接和整合，促进回收与利用环节的有效衔接。

（三）培育龙头回收企业。

1. 支持回收企业公司制改造。引导传统回收企业按照建立现代企业制度的要求，完善公司法人治理结构，建立健全科学的决策程序和激励约束机制。加强企业采购、销售、资金和财务管理，积极运用信息技术，提高管理效率和管理水平。

2. 鼓励各类资本进入回收领域。积极推进跨地区、跨行业、跨所有制的资产重组，促进产业集聚和整合。鼓励国内外各类资本进入再生资源回收、分拣和加工环节，健全外国投资者并购安全审查管理。鼓励龙头企业以连锁经营、特许经营等现代组织方式整合中小企业和个体经营户。

3. 加大与利用企业的对接。鼓励回收企业与国家“城市矿产”示范基地等利用企业建立战略合作，促进回收与利用的有效衔接。同时，鼓励有实力的企业开展供应链管理，形成部分重点品种上建回收网络、中连物流、下接利废产业的产业链，拓宽企业发展空间，稳定和保障再生资源供应。

（四）强化行业秩序监管。强化回收渠道的治安管理，严厉打击利用再生资源制假售假、以假充真、以次充好、以旧充新等违法犯罪行为，依法查处收购国家禁止收购物品、收赃销赃等违法犯罪行为。强化再生资源回收利用各环节的污染防治工作，支持污染防治设施建设，加大环保执法力度，依法查处污染环境的企业并向社会公布。严格以环保、节能指标为主要依据的行业准入和退出机制。推动企业开展环境管理体系认证及清洁生产审核。加大预防和打击废物非法进口力度，加强对进口再生资源的监管，规范市场秩序，降低交易成本，营造统一规范、竞争有序的市场环境和回收秩序。同时，积极发挥行业中介组织作用，制订行业自律性行规、行约，引导行业规范有序发展。

（五）健全回收管理制度。

1. 加大法治工作力度。加快出台《报废机动车回收拆解管理条例》，推动将《再生资源回收管理办法》上升为《再生资源回收管理条例》。研究建立销售商、消费者对于废弃产品回收处理的责任分担机制。积极研究废旧纺织品、餐厨垃圾等品种的回收管理制度。加大《废弃电器电子回收管理条例》的实施力度，进一步落实生产者责任制度。积极探索再生资源回收体系与城市垃圾清运体系的有效融合，促进两网协同发展。

2. 强化标准化工作。研究建立科学合理、功能齐全、统一权威的再生资源标准体系总体框架，加强回收目录、产品分类、分拣加工作业、运输储存、回收污染控制技术等基础类和通用类标准的制修订。通过认证认可等多种方式，加大标准贯彻落实力度，加强对现行标准的宣传，引导行业规范化发展。

3. 加强行业统计和信息发布。在典型企业调查的基础上，形成分品种、分地区的统计报表，建立适应行业发展特点的统计体系。加强对统计数据的分析，定期形成行业发展报告。制定《再生资源主要品种回收模式指南》，加强分类指导。

（六）深入开展宣传教育。充分运用媒体优势，倡导绿色低碳、环保健康、循环利用的生产生活方式，强化道德约束。鼓励使用资源循环再生产品，减少一次性用品生产和消费，限制商品过度包装。广泛推介各具特色的回收体系建设成功模式，宣传推广再生资源回收的先进理念、方法途径、政策法规，提高全社会对再生资源回收体系建设工作的认识，营造全社会重视和支持再生资源回收的良好氛围。

五、重点工程

（一）回收模式创新工程。

1. 重点品种回收模式创新。针对废玻璃、废电池、废节能灯等价值低、易污染品种，探索与垃圾分类试点相结合、自动回收设施布点与专业物流相结合等回收模式，探索借助再生资源交易平台，实现面向全社会的第三方回收模式。

2. 企业回收模式创新。按照布局前瞻化、物流专业化、分拣精细化、产业一体化的要求，积极探索、创新各种行之有效回收模式，大力发展整合网络、产业共生、“三位一体”等各类再生资源回收模式，鼓励其他回收模式的创新。

（二）回收分拣示范工程。在全国范围内规划建设一批分拣技术先进、环保处理设施完备、劳动保护措施健全的区域性回收分拣基地和专业性分拣中心。充分考虑全国各区域再生资源主要品种产生量及增长趋势、再生产业及相关产业的发展规模、人口密集度、经济发展水平、城镇化进程、区域面积、区位交通条件等综合因素，到2020年，建设区域性回收分拣基地200个，专业分拣中心2000个，与遍布全国城乡、网络纵横的回收站点有效衔接，形成完善的再生资源回收体系，与以再生资源加工利用为主的城市矿产基地形成有效对接。

（三）分拣技术创新工程。鼓励企业研发和应用智能型回收设施、设备，推广机械化、自动化和先进适用的分拣加工处理装备，促进再生资源分拣处理企业技术升级改造。鼓励研发基于物联网的再生资源收运系统监测技术和传感识别设备，推动企业回收处理技术的创新。

六、保障措施

（一）建立部门协同工作机制。进一步完善各级再生资源回收体系建设工作领导与协调机制，明确专门机构和人员，建立部门协调机制，明确责任，形成工作合力。充分发挥行业协会的桥梁和纽带作用；加强行业数据的统计分析，建立行业信息定期发布制度和行业预警制度。

（二）加大财税支持政策力度。按照向公益性品种、向产业集聚和向科技创新倾斜的原则，利用各级财政资金，加大对回收企业的支持力度。对引进先进技术后开展消化吸收并产业化的建设项目，国家有关专项资金给予重

点支持。完善促进再生资源回收体系建设的税收政策。研究通过发展基金、财政补贴、税收优惠等多种方式，逐步构建以企业为主体、市场为导向、产学研相结合的技术创新体系，支持新型回收模式开发创新，鼓励先进适用技术、工艺及装备的推广示范。

（三）完善土地金融支持手段。落实和完善支持再生资源回收体系建设的用地政策，对列入各地再生资源回收体系建设规划的重点项目，在符合土地利用总体规划前提下布局和选址，不断提高土地节约集约利用水平。鼓励金融机构按照风险可控、商业可持续的原则，创新金融产品，完善金融服务，推广应收账款、收费权质押以及专利、版权等知识产权在内的无形资产质押贷款业务，加大对再生资源回收重点项目和骨干企业的信贷支持力度，引导社会资本参与再生资源回收体系建设。

（四）建立科技人才支撑体系。建立再生资源回收分拣加工利用相关技术遴选推广机制，适时发布国家鼓励的再生资源分拣加工利用有关技术、工艺、设备名录。鼓励企业采用融资租赁方式对分拣设备进行更新改造。建立促进产业发展的咨询服务体系，培育和扶持一批专业化服务公司，为行业发展提供咨询服务。积极创造条件吸引专业人才，加大人才引进和培育力度。支持高校开设循环经济和再生资源回收相关专业，完善专业人才培养和健全产学研衔接互动机制，鼓励大专院校、科研院所参与再生资源回收、分拣、处理技术联合攻关，增强自主创新能力。支持有条件的企业设立职业培训机构，强化回收一线工人的职业教育和培训。

七、组织实施

商务部将会同国务院有关部门按照职能分工，完善相关政策措施，形成合力，推动规划顺利实施。各地区要按照规划确定的目标、任务和政策措施，结合当地实际抓紧制订具体落实方案，确保取得实效。

商务部将会同有关部门加强对规划实施情况的跟踪问效监督检查，及时开展中期评估和终期检查。针对规划实施中出现的新情况、新问题，适时提出解决办法。规划实施期间，如运行环境出现重大变化，依照相关程序调整本规划预期目标。

国家新型城镇化规划（2014－2020年）（节录）

（中共中央国务院二〇一四年三月印发）

第五章　发展目标

——城市发展模式科学合理。密度较高、功能混用和公交导向的集约紧凑型开发模式成为主导，人均城市建设用地严格控制在100平方米以内，建成区人口密度逐步提高。绿色生产、绿色消费成为城市经济生活的主流，节能节水产品、再生利用产品和绿色建筑比例大幅提高。城市地下管网覆盖率明显提高。

——城市生活和谐宜人。稳步推进义务教育、就业服务、基本养老、基本医疗卫生、保障性住房等城镇基本公共服务覆盖全部常住人口，基础设施和公共服务设施更加完善，消费环境更加便利，生态环境明显改善，空气质量逐步好转，饮用水安全得到保障。自然景观和文化特色得到有效保护，城市发展个性化，城市管理人性化、智能化。

第一节　加快绿色城市建设

将生态文明理念全面融入城市发展，构建绿色生产方式、生活方式和消费模式。严格控制高耗能、高排放行业发展。节约集约利用土地、水和能源等资源，促进资源循环利用，控制总量，提高效率。加快建设可再生能源体系，推动分布式太阳能、风能、生物质能、地热能多元化、规模化应用，提高新能源和可再生能源利用比例。实施绿色建筑行动计划，完善绿色建筑标准及认证体系、扩大强制执行范围，加快既有建筑节能改造，大力发展绿色建材，强力推进建筑工业化。合理控制机动车保有量，加快新能源汽车推广应用，改善步行、自行车出行条件，倡导绿色出行。实施大气污染防治行动计划，开展区域联防联控联治，改善城市空气质量。完善废旧商品回收体系和垃圾分类处理系统，加强城市固体废弃物循环利用和无害化处置。合理划定生态保护红线，扩大城市生态空间，增加森林、湖泊、湿地面积，将农村废弃地、其他污染土地、工矿用地转化为生态用地，在城镇化地区合理建设绿色生态廊道。

第二十二章　建设社会主义新农村

坚持遵循自然规律和城乡空间差异化发展原则，科学规划县域村镇体系，统筹安排农村基础设施建设和社会事业发展，建设农民幸福生活的美好家园。

第二节加强农村基础设施和服务网络建设

加快农村饮水安全建设，因地制宜采取集中供水、分散供水和城镇供水管网向农村延伸的方式解决农村人口饮用水安全问题。继续实施农村电网改造升级工程，提高农村供电能力和可靠性，实现城乡用电同网同价。加强以太阳能、生物沼气为重点的清洁能源建设及相关技术服务。基本完成农村危房改造。完善农村公路网络，实现行政村通班车。加强乡村旅游服务网络、农村邮政设施和宽带网络建设，改善农村消防安全条件。继续实施新农村现代流通网络工程，培育面向农村的大型流通企业，增加农村商品零售、餐饮及其他生活服务网点。深入开展农村环境综合整治，实施乡村清洁工程，开展村庄整治，推进农村垃圾、污水处理和土壤环境整治，加快农村河道、水环境整治，严禁城市和工业污染向农村扩散。

第二十七章　强化生态环境保护制度

完善推动城镇化绿色循环低碳发展的体制机制，实行最严格的生态环境保护制度，形成节约资源和保护环境的空间格局、产业结构、生产方式和生活方式。

——建立生态文明考核评价机制。

——建立国土空间开发保护制度。

——实行资源有偿使用制度和生态补偿制度。

——建立资源环境产权交易机制。

——实行最严格的环境监管制度。

工业领域煤炭清洁高效利用行动计划

（工信部联节[2015]45号工业和信息化部、财政部2015年2月2日）

为贯彻国务院《大气污染防治行动计划》(国发〔2013〕37号)和《能源发展战略行动计划(2014-2020年)》(国办发〔2014〕31号)精神，落实中央财经领导小组第6次会议提出的“大力推进煤炭清洁高效利用”要求，积极推进工业领域煤炭清洁高效利用，提高煤炭利用效率，防治大气环境污染，保障人民群众身体健康，特制定本行动计划。本计划实施期为2015-2020年。

一、必要性

当前，煤炭在我国一次能源消费中约占66%，煤炭消费总量约37亿吨，占全球煤炭消费量的50%左右，以煤炭为主体的能源消费结构短期内难以发生重大改变，也是影响大气环境质量的主要因素。全国烟粉尘排放的70%，二氧化硫排放的85%，氮氧化物排放的67%都源于以煤炭为主的化石能源燃烧。工业领域用煤行业多、分布范围广、利用效率低、污染物排放高，是大气污染防治的重要领域。除电力行业外，2012年工业领域煤炭消耗占煤炭消耗总量的46%，达16亿吨，其中焦化约占29%，煤化工占20%，工业锅炉占30%，工业炉窑占16%。以上四个领域烟粉尘、二氧化硫、氮氧化物排放量分别约占全国排放量的36%、45%、24%。

近年来，我国煤炭利用水平持续提高，但仍存在较大问题：一是能耗高、污染重，焦化、工业炉窑、煤化工、工业锅炉等主要用煤领域装备技术水平偏低，与国际先进水平相比存在较大差距;二是煤化工结构不合理，煤炭综合利用效率较低，部分产品存在产能过剩现象，产品附加值有待提高;三是煤炭利用产业融合度不高，大多数煤化工企业相对独立，与相关产业衔接不够，煤炭整体利用水平有待提升。

随着我国工业化、城镇化的深入推进，能源消费总量控制和环境保护约束日趋增强，加快推进工业煤炭清洁高效利用，对于促进工业绿色发展，减少大气污染物的产生和排放，改善大气环境质量具有重要意义。

(一)总体思路

以削减煤炭消耗量、减少污染物排放为目标，以焦化、工业炉窑、煤化工、工业锅炉等工业用煤为重点，以煤炭消耗量大的城市为载体，结合本地产业实际，充分发挥市场主导作用，加大地方政府组织协调力度，推动辖区内相关企业实施清洁生产技术改造，提升技术装备水平、优化产品结构、加强产业融合，综合提升区域煤炭清洁高效利用水平，实现控煤、减煤，防治大气环境污染，促进区域环境质量改善。

(二)基本原则

坚持市场主导、政府引导。以企业为主体，加强中央政府指导和地方政府组织协调，充分调动企业积极性，根据市场需求，参与本地区计划的实施。坚持企业技术改造、结构优化升级。一方面加快推动企业实施煤炭清洁高效利用技术改造，提高煤炭利用效率，减少污染物排放。另一方面优化产品结构，化解过剩产能，提高产品附加值。

坚持因地制宜、区域协调发展。根据本地区煤炭资源禀赋和利用水平，因地制宜推进煤炭清洁高效利用。同时，加强区域内相关产业衔接融合，综合提升区域煤炭清洁高效利用整体水平。

(三)主要目标

到2017年，实现节约煤炭消耗8000万吨以上，减少烟尘排放量50万吨、二氧化硫排放量60万吨、氮氧化物40万吨，促进区域环境质量改善。到2020年，力争节约煤炭消耗1.6亿吨以上，减少烟尘排放量100万吨、二氧化硫排放量120万吨、氮氧化物80万吨。

三、重点任务

(一)加快煤炭清洁高效利用技术改造

在焦化、工业炉窑、煤化工、工业锅炉等重点用煤领域加强对能耗高、污染重的工艺装备技术改造，推广应用一批先进适用、经济合理、节能减排潜力大的煤炭清洁高效利用技术，支持窑炉、锅炉先进技术装备产业化，加快落后窑炉、锅炉淘汰步伐，从源头减少煤炭消耗及污染物的产生，并配套相应的末端治理措施，达到或优于国家相关节能环保要求。

(二)推动煤化工结构优化升级

在煤化工行业按照能化共轨理念，推进煤炭由单一原料向原料和燃料并重转变，鼓励企业根据市场需求，加大煤炭资源加工转化深度，提高产品精细化率，大力发展清洁能源、新材料等新型煤化工，优化产品结构，延伸产业链，促进产业多元化发展，提高产品附加值。

(三)促进区域产业衔接融合

优化资源配置，促进焦化、煤化工与冶金、建材等产业衔接融合，实现工业炉窑清洁燃料供给。在条件适宜的地区或工业园区，推进焦化、煤化工与区域集中供热一体化模式，替代分散中小燃煤工业锅炉。加强统筹规划，合理布局，控制煤炭消费总量，构建区域内能源梯级利用、优势互补、产业共生耦合的发展模式,综合提升区域煤炭清洁高效利用整体水平。

四、保障措施

(一)强化地方政府组织协调

省级工业主管部门会同财政主管部门，按本计划要求，组织煤炭消耗大的城市编制实施方案(编制指南见附件1)，并根据各城市实施方案，汇总形成本省实施计划，于2015年9月30日前报送至工业和信息化部，自2016年起，每年年底前报送实施计划年度进展情况。工业和信息化部将会同财政部对实施效果进行通报。制定实施方案的城市，应建立由工业主管部门牵头、多部门参与的煤炭清洁高效利用工作协调机制，简化实施方案中项目的审批手续，加快项目进度，合力推动实施方案各项任务的完成。

(二)建立多元化资金支持方式

发挥财政资金引导作用，利用各级财政资金中大气污染防治、技术改造、清洁生产、中小企业、淘汰落后等既有资金渠道，加大统筹力度，创新支持方式，提高资金使用效益，推动实施方案顺利完成。拓宽融资渠道，支持专业化节能环保公司采用合同能源管理、综合环境服务、金融租赁等模式，为企业提供技术和融资服务;鼓励金融机构针对实施方案提供绿色信贷等金融服务;引导民间资本设立股权基金、产业基金等，支持实施方案中的项目。

(三)发挥标准的引领和倒逼作用

工业和信息化部会同有关部门加快制定焦化、工业炉窑、煤化工、工业锅炉等领域煤炭清洁高效利用技术标准和规范，制定和完善相关产品的能耗限额标准，并发布高耗能落后设备淘汰目录。鼓励地方制定严于国家的地方能耗限额和污染物排放标准。加强标准宣贯，开展对标达标活动，树立一批优于标准的典型企业，引领企业不断提升技术水平。发挥能源消耗限额和污染物排放强制性标准的倒逼作用。地方工业主管部门组织节能监察机构依据能耗限额标准和高耗能落后设备淘汰目录，加强对焦化、工业炉窑、煤化工、工业锅炉等领域的企业能耗进行监督检查，推动落后设备淘汰，加快实施煤炭清洁高效技术改造进度。

(四)加强技术支撑能力建设

各级工业主管部门组织科研院所、高等院校和骨干企业，建立产学研一体的煤炭清洁高效利用技术研发与推广平台，积极开展技术示范，培育一批高效锅炉等装备制造基地，鼓励装备制造企业提供设计、生产、安装、运行一体化服务，引导企业加快应用相关技术。适时组织培训和宣贯等多种形式的宣传教育活动，进一步提高认识，确保实施方案顺利推进。有关行业协会、科研院所、咨询机构要充分发挥自身优势，做好技术引导、技术支持、技术服务和信息咨询等工作，帮助企业实施煤炭清洁高效利用技术改造。

国家新型城镇化规划（2014－2020年）（节录）

二〇一四年三月印发

第二篇　指导思想和发展目标

我国城镇化是在人口多、资源相对短缺、生态环境比较脆弱、城乡区域发展不平衡的背景下推进的，这决定了我国必须从社会主义初级阶段这个最大实际出发，遵循城镇化发展规律，走中国特色新型城镇化道路。

第四章　指导思想

高举中国特色社会主义伟大旗帜，以邓小平理论、“三个代表”重要思想、科学发展观为指导，紧紧围绕全面提高城镇化质量，加快转变城镇化发展方式，以人的城镇化为核心，有序推进农业转移人口市民化；以城市群为主体形态，推动大中小城市和小城镇协调发展；以综合承载能力为支撑，提升城市可持续发展水平；以体制机制创新为保障，通过改革释放城镇化发展潜力，走以人为本、四化同步、优化布局、生态文明、文化传承的中国特色新型城镇化道路，促进经济转型升级和社会和谐进步，为全面建成小康社会、加快推进社会主义现代化、实现中华民族伟大复兴的中国梦奠定坚实基础。

要坚持以下基本原则：

——优化布局，集约高效。根据资源环境承载能力构建科学合理的城镇化宏观布局，以综合交通网络和信息网络为依托，科学规划建设城市群，严格控制城镇建设用地规模，严格划定永久基本农田，合理控制城镇开发边界，优化城市内部空间结构，促进城市紧凑发展，提高国土空间利用效率。

——生态文明，绿色低碳。把生态文明理念全面融入城镇化进程，着力推进绿色发展、循环发展、低碳发展，节约集约利用土地、水、能源等资源，强化环境保护和生态修复，减少对自然的干扰和损害，推动形成绿色低碳的生产生活方式和城市建设运营模式。

第五章　发展目标

——城市发展模式科学合理。密度较高、功能混用和公交导向的集约紧凑型开发模式成为主导，人均城市建设用地严格控制在100平方米以内，建成区人口密度逐步提高。绿色生产、绿色消费成为城市经济生活的主流，节能节水产品、再生利用产品和绿色建筑比例大幅提高。城市地下管网覆盖率明显提高。

——城市生活和谐宜人。稳步推进义务教育、就业服务、基本养老、基本医疗卫生、保障性住房等城镇基本公共服务覆盖全部常住人口，基础设施和公共服务设施更加完善，消费环境更加便利，生态环境明显改善，空气质量逐步好转，饮用水安全得到保障。自然景观和文化特色得到有效保护，城市发展个性化，城市管理人性化、智能化。

第十八章　推动新型城市建设

顺应现代城市发展新理念新趋势，推动城市绿色发展，提高智能化水平，增强历史文化魅力，全面提升城市内在品质。

第一节　加快绿色城市建设

将生态文明理念全面融入城市发展，构建绿色生产方式、生活方式和消费模式。严格控制高耗能、高排放行业发展。节约集约利用土地、水和能源等资源，促进资源循环利用，控制总量，提高效率。加快建设可再生能源体系，推动分布式太阳能、风能、生物质能、地热能多元化、规模化应用，提高新能源和可再生能源利用比例。实施绿色建筑行动计划，完善绿色建筑标准及认证体系、扩大强制执行范围，加快既有建筑节能改造，大力发展绿色建材，强力推进建筑工业化。合理控制机动车保有量，加快新能源汽车推广应用，改善步行、自行车出行条件，倡导绿色出行。实施大气污染防治行动计划，开展区域联防联控联治，改善城市空气质量。完善废旧商品回收体系和垃圾分

类处理系统，加强城市固体废弃物循环利用和无害化处置。合理划定生态保护红线，扩大城市生态空间，增加森林、湖泊、湿地面积，将农村废弃地、其他污染土地、工矿用地转化为生态用地，在城镇化地区合理建设绿色生态廊道。

第二十七章　强化生态环境保护制度

完善推动城镇化绿色循环低碳发展的体制机制，实行最严格的生态环境保护制度，形成节约资源和保护环境的空间格局、产业结构、生产方式和生活方式。

——建立生态文明考核评价机制。把资源消耗、环境损害、生态效益纳入城镇化发展评价体系，完善体现生态文明要求的目标体系、考核办法、奖惩机制。对限制开发区域和生态脆弱的国家扶贫开发工作重点县取消地区生产总值考核。

——建立国土空间开发保护制度。建立空间规划体系，坚定不移实施主体功能区制度，划定生态保护红线，严格按照主体功能区定位推动发展，加快完善城镇化地区、农产品主产区、重点生态功能区空间开发管控制度，建立资源环境承载能力监测预警机制。强化水资源开发利用控制、用水效率控制、水功能区限制纳污管理。对不同主体功能区实行差别化财政、投资、产业、土地、人口、环境、考核等政策。

——实行资源有偿使用制度和生态补偿制度。加快自然资源及其产品价格改革，全面反映市场供求、资源稀缺程度、生态环境损害成本和修复效益。建立健全居民生活用电、用水、用气等阶梯价格制度。制定并完善生态补偿方面的政策法规，切实加大生态补偿投入力度，扩大生态补偿范围，提高生态补偿标准。

——建立资源环境产权交易机制。发展环保市场，推行节能量、碳排放权、排污权、水权交易制度，建立吸引社会资本投入生态环境保护的市场化机制，推行环境污染第三方治理。

——实行最严格的环境监管制度。建立和完善严格监管所有污染物排放的环境保护管理制度，独立进行环境监管和行政执法。完善污染物排放许可制，实行企事业单位污染物排放总量控制制度。加大环境执法力度，严格环境影响评价制度，加强突发环境事件应急能力建设，完善以预防为主的环境风险管理制度。对造成生态环境损害的责任者严格实行赔偿制度，依法追究刑事责任。建立陆海统筹的生态系统保护修复和污染防治区域联动机制。开展环境污染强制责任保险试点。

能源行业加强大气污染防治工作方案

（发改能源[2014]506号国家发展改革委、国家能源局、国家环境保护部2014年3月24日印发）

为贯彻落实《大气污染防治行动计划》和《京津冀及周边地区落实大气污染防治行动计划实施细则》（简称《大气十条》和《实施细则》），指导能源行业承担源头治理和清洁能源保障供应的责任，特制定《能源行业加强大气污染防治工作方案》。

一、能源行业大气污染防治工作总体要求

（一）指导思想

全面深入贯彻落实党的十八大和十八届二中、三中全会精神，以邓小平理论、“三个代表”重要思想、科学发展观为指导，按照“远近结合、标本兼治、综合施策、限期完成”的原则，加快重点污染源治理，加强能源消费总量控制，着力保障清洁能源供应，推动转变能源发展方式，显著降低能源生产和使用对大气环境的负面影响，促进能源行业与生态环境的协调可持续发展，为全国空气质量改善目标的实现提供坚强保障。

（二）总体目标

近期目标：2015年，非化石能源消费比重提高到11.4%，天然气（不包含煤制气）消费比重达到7%以上；京津冀、长三角、珠三角区域重点城市供应国V标准车用汽、柴油。

中期目标：2017年，非化石能源消费比重提高到13%，天然气（不包含煤制气）消费比重提高到9%以上，煤炭消费比重降至65%以下；全国范围内供应国V标准车用汽柴油。逐步提高京津冀、长三角、珠三角区域和山东省接受外输电比例，力争实现煤炭消费总量负增长。

远期目标：能源消费结构调整和总量控制取得明显成效，能源生产和利用方式转变不断深入，以较低的能源增速支撑全面建成小康社会的需要，能源开发利用与生态环境保护的矛盾得到有效缓解，形成清洁、高效、多元的能源供应体系，实现绿色、低碳和可持续发展。

二、加快治理重点污染源

（三）加大火电、石化和燃煤锅炉污染治理力度

任务：采用先进高效除尘、脱硫、脱硝技术，实施在役机组综合升级改造；提高石化行业清洁生产水平，催化裂化装置安装脱硫设施，加强挥发性有机物排放控制和管理；加油站、储油库、油罐车、原油成品油码头进行油气回收治理，燃煤锅炉进行脱硫除尘改造，加强运行监管。

目标：确保按期达标排放，大气污染防治重点控制区火电、石化企业及燃煤锅炉项目按照相关要求执行大气污染物特别排放限值。

措施：继续完善"上大压小"措施。重点做好东北、华北地区小火电淘汰工作，争取2014年关停200万千瓦。

加强污染治理设施建设与改造。所有燃煤电厂全部安装脱硫设施，除循环流化床锅炉以外的燃煤机组均应安装脱硝设施，现有燃煤机组进行除尘升级改造，按照国家有关规定执行脱硫、脱硝、除尘电价；所有石化企业催化裂化装置安装脱硫设施，全面推行LDAR（泄漏检测与修复）技术改造，加强生产、储存和输送过程挥发性有机物泄漏的监测和监管；每小时20蒸吨及以上的燃煤锅炉要实施脱硫，燃煤锅炉现有除尘设施实施升级改造；火电、石化企业和燃煤锅炉要加强环保设施运行维护，确保环保设施正常运行；排放不达标的火电机组要进行限期整改，整改后仍不达标的，电网企业不得调度其发电。

2014年底，加油站、储油库、油罐车完成油气回收治理，2015年底，京津冀及周边地区、长三角、珠三角区域完成石化行业有机废气综合治理。2017年底前，北京市、天津市、河北省和山东省现有炼化企业的燃煤设施，基本完成天然气替代或由周边电厂供汽供电。在气源有保障的条件下，长三角城市群、珠三角区域基本完成炼化企业燃煤设施的天然气替代改造。京津冀、长三角、珠三角区域以及辽宁中部、山东、武汉及其周边、长株潭、成渝、海峡西岸、山西中北部、陕西关中、甘宁、乌鲁木齐城市群等"三区十群"范围内，除列入成品油质量升级行动计划的项目外，不再安排新的炼油项目。

（四）加强分散燃煤治理

任务：全面推进民用清洁燃煤供应和燃煤设施清洁改造，逐步减少京津冀地区民用散煤利用量。

目标：2017年底前，北京市、天津市和河北省基本建立以县（区）为单位的全密闭配煤中心、覆盖所有乡镇村的清洁煤供应网络，洁净煤使用率达到90%以上。

措施：建设区域煤炭优质化配送中心。根据区域煤炭资源特点和煤炭用户对煤炭的质量需求，合理规划建设全密闭煤炭优质化加工和配送中心，通过选煤、配煤、型煤、低阶煤提质等先进的煤炭优质化加工技术，提高、优化煤炭质量，逐步形成分区域优质化清洁化供应煤炭产品的布局。

制定严格的民用煤炭产品质量地方标准。加快制定优质散煤、低排放型煤等民用煤炭产品质量的地方标准，对硫分、灰分、挥发分、排放指标等进行更严格的限制，不符合标准的煤炭不允许销售和使用。推行优质洁净、低排放煤炭产品的替代机制，全面取消劣质散煤的销售和使用。

强化煤炭产品质量监管。煤炭经营企业必须根据相关标准进行产品质量标识，无标识的煤炭产品不能销售和使用。质量监督部门对煤炭产品进行定期检查和不定期抽查。达不到相关标准的煤炭不允许销售和使用。煤炭生产、加工、经营等企业必须生产和出售符合标准的煤炭产品。

加强对煤炭供应、储存、配送、使用等环节的环保监督。各种煤堆、料堆实现全密闭储存或建设防风抑尘设施。加快运煤列车及装卸设施的全封闭改造，减少运输过程中的原煤损耗和煤尘污染。在储存、装卸、运输过程中应采取有效防尘措施，控制扬尘污染。严查劣质煤销售和使用，加强对煤炭加工、存储地环保设施的执法检查。建立煤炭管理信息系统，对煤炭供应、储存、配送、使用等环节实现动态监管。

推广先进民用炉具。制定先进民用炉具标准，加大宣传力度，对先进炉具消费者实行补贴，调动购买和使用先进炉具的积极性，提高民用燃煤资源利用效率，减少污染排放。

三、加强能源消费总量控制

（五）控制能源消费过快增长

任务：适应稳增长、转方式、调结构的要求，在保障经济社会发展合理用能需求的前提下，控制能源消费过快增长，推行"一挂双控"（与经济增长挂钩，能源消费总量和单位国内生产总值能耗双控制）措施。做好能源统计与预测预警，加强能源需求侧管理，引导全社会科学用能。

目标：控制能源消费过快增长的政策措施、保障体系和社会氛围基本形成，重点行业单位产品能耗指标接近世界先进水平的比例大幅提高，能源资源开发、转化和利用效率明显提高。

措施：按照控制能源消费总量工作方案要求，做好各地区分解目标的落实工作，有序推进能源消费总量考核工作。组织开展全国能源统计普查，加快建设重点用能单位能耗在线监测系统，完善能源消费监测预警机制，跟踪监测并及时调控各地区和高耗能行业能源消费、煤炭消费和用电量等指标。总结推广电力需求侧管理经验，适时启动能源需求侧管理试点。

2015年在京津冀、长三角和珠三角的10个地级市启动能源需求侧管理试点工作，2017年京津冀、长三角和珠三角全部地级以上城市开展能源需求侧管理试点。

（六）逐步降低煤炭消费比重

任务：结合能源消费总量控制的要求，制定国家煤炭消费总量中长期控制目标，制定耗煤项目煤炭减量替代管理办法，实行目标责任管理。调整能源消费结构，压减无污染物治理设施的分散或直接燃煤，降低煤炭消费比重。

目标：到2017年，煤炭占一次能源消费总量的比重降低到65%以下，京津冀、长三角、珠三角等区域力争实现煤炭消费总量负增长；北京市、天津市、河北省和山东省净削减煤炭消费量分别为1300万吨、1000万吨、4000万吨和2000万吨。

措施：提高燃煤锅炉、窑炉污染物排放标准，全面整治无污染物治理设施和不能实现达标排放的燃煤锅炉、窑炉。加快推进集中供热、天然气分布式能源等工程建设，在供热供气管网不能覆盖的地区，改用电、新能源或洁净煤，推广应用高效节能环保型锅炉。在化工、造纸、印染、制革、制药等产业聚集区，通过集中建设热电联产和分布式能源逐步淘汰分散燃煤锅炉。到2017年，除必要保留的以外，地级及以上城市建成区基本淘汰每小时10蒸吨及以下的燃煤锅炉；天津市、河北省地级及以上城市建成区基本淘汰每小时35蒸吨及以下燃煤锅炉；北京市建成区取消所有燃煤锅炉。北京市、天津市、河北省、山西省和山东省地级及以上城市建成区原则上不得新建燃煤锅炉；其他地级及以上城市建成区禁止新建每小时20蒸吨以下的燃煤锅炉；其他地区原则上不再新建每小时10蒸吨以下的燃煤锅炉。

京津冀、长三角、珠三角等区域新建项目禁止配套建设自备燃煤电站。耗煤项目要实行煤炭减量替代。除热电联产外，禁止审批新建燃煤发电项目；现有多台燃煤机组装机容量合计达到30万千瓦以上的，可按照煤炭等量替代的原则建设为大容量燃煤机组。到2017年底，天津市燃煤机组装机容量控制在1400万千瓦以内，河北省全部淘汰10万千瓦以下非热电联产燃煤机组，启动淘汰20万千瓦以下的非热电联产燃煤机组。

四、保障清洁能源供应

（七）加大向重点区域送电规模

任务：在具备水资源、环境容量和生态承载力的煤炭富集地区建设大型煤电基地，加快重点输电通道建设，加大向重点区域送电规模，缓解人口稠密地区大气污染防治压力。

目标：到2015年底，向京津冀鲁地区新增送电规模200万千瓦。到2017年底，向京津冀鲁、长三角、珠三角等三区域新增送电规模6800万千瓦，其中京津冀鲁地区4100万千瓦，长三角地区2200万千瓦，珠三角地区500万千瓦。

措施：在新疆、内蒙古、山西、宁夏等煤炭资源富集地区，按照最先进的节能环保标准，建设大型燃煤电站（群）。在资源环境可承载的前提下，推进鄂尔多斯、锡盟、晋北、晋中、晋东、陕北、宁东、哈密、准东等9个以电力外送为主的千万千瓦级现代化大型煤电基地建设。

采用安全、高效、经济先进输电技术，推进鄂尔多斯盆地、山西、锡林郭勒盟能源基地向华北、华东地区以及西南能源基地向华东和广东省的输电通道建设，规划建设蒙西～天津南、锡盟～山东等12条电力外输通道，进一步扩大北电南送、西电东送规模。

华北电网部分，重点建设蒙西至天津南、内蒙古锡盟经北京、天津至山东、陕北榆横至山东、内蒙古上海庙至山东输电通道，加强华北地区500千伏电网网架，扩大山西、陕西送电京津唐能力，进行绥中电厂改接；华东电网部分，重点建设安徽淮南经江苏至上海、宁夏宁东至浙江、内蒙古锡盟至江苏泰州和山西晋东至江苏输电通道；南方电网部分，重点建设滇西北至广东输电通道。

（八）推进油品质量升级

任务：督促炼油企业升级改造，拓展煤制油、生物燃料等新的清洁油品来源，加快推进清洁油品供应，有效减

少大气污染物排放。

目标：2015年底前，京津冀、长三角、珠三角等区域内重点城市供应符合国V标准的车用汽、柴油；2017年底前，全国供应符合国V标准的车用汽、柴油。

措施：制定出台成品油质量升级行动计划，大力推进国内已有炼厂升级改造，根据市场需求加快新项目建设，理顺成品油价格，确保按时供应国V标准车用汽、柴油。加强相关部门间的配合，对成品油生产流通领域进行全过程监管，规范成品油市场秩序，严厉打击非法生产、销售不合格油品行为。

拓展新的成品油来源，发挥煤制油和生物燃料超低硫的优势，推进陕西榆林、内蒙古鄂尔多斯、山西长治等煤炭液化项目以及浙江舟山、江苏镇江、广东湛江等生物燃料项目建设，为京津冀及周边地区、长三角、珠三角等区域提供优于国V标准的清洁油品。

2015年底前，燕山、天津、大港石化等炼厂完成升级改造，华北石化完成改扩建，向京津冀地区供应国V标准汽柴油2300万吨以上；高桥、上海、大连、金陵石化完成升级改造，镇海、扬子等炼厂完成改扩建，向长三角地区供应国V标准汽柴油4100万吨以上；广州、惠州、茂名等炼厂完成升级改造，同时加快湛江、揭阳以及惠州二期等炼油项目建设，向珠三角地区供应国V标准汽柴油2200万吨以上。加快河北曹妃甸，洛阳石化、荆门石化以及克拉玛依石化改扩建等炼油项目建设，以满足清洁油品消费增长需要，2017年底，全国范围内供应国V标准车用汽、柴油。

（九）增加天然气供应

任务：增加常规天然气生产，加快开发煤层气、页岩气等非常规天然气，推进煤制气产业科学有序发展；加快主干天然气管网等基础设施建设；加快储气和城市调峰设施建设；加强需求侧管理，优先保障民用气、供暖用气和民用、采暖的“煤改气”，有序推进替代工业、商业用途的燃煤锅炉、自备电站用煤。

目标：2015年，全国天然气供应能力达到2500亿立方米。2017年，全国天然气供应能力达到3300亿立方米。

措施：着力增强气源保障能力。提高塔里木、鄂尔多斯、四川盆地等主产区产量，加快开发海上天然气；突破煤层气、页岩气等非常规油气规模开采利用技术装备瓶颈，在坚持最严格的环保标准和水资源有保障的前提下，推进煤制气示范工程建设；加强国际能源合作，积极引进天然气资源。到2015年，国内常规气（含致密气）、页岩气、煤层气、煤制气和进口管道气供应能力分别达到1385亿、65亿、100亿、90亿和450亿立方米，长期LNG合同进口达到2500万吨；到2017年，国内常规气（含致密气）、页岩气、煤层气、煤制气和进口管道气供应能力分别达到1650亿、100亿、170亿、320亿和650亿立方米，长期LNG合同进口达到3400万吨。

加快配套管网建设。建设陕京四线、蒙西煤制气管道、永清-泰州联络线、青宁管道等干支线管网以及唐山、天津、青岛等3个LNG接收站。建成中亚C线、D线及西气东输三、四、五线等主干管道，将进口中亚天然气和新疆、青海等增产天然气输送至长三角和东南沿海地区；通过中缅天然气管道逐步扩大缅甸天然气进口，供应西南地区；建设新疆煤制气管道，将西部煤制气输往华中、长三角、珠三角等地区。“十二五”期间，全国新增干线管输能力1500亿立方米，覆盖京津冀、长三角、珠三角等区域。

完善京津冀鲁、东北等地区的现有储气库，新建适当规模的地下储气库。长三角、珠三角地区建设以LNG储罐为主，地下储气库和中小储罐为辅的调峰系统。充分调动和发挥地方和企业积极性，采用集中与分布相结合的方式，加快储气能力建设。

加强天然气需求侧管理，引导用户合理、高效用气。新增天然气优先保障民用，有序推进“煤改气”项目建设，优先加快实施保民生、保重点的民用煤改气项目。鼓励发展天然气分布式能源等高效利用项目，在气源落实的情况下，循序渐进替代分散燃煤。限制发展天然气化工项目。加强燃气发电项目管理，在气源落实的前提下，有序发展天然气调峰电站。

（十）安全高效推进核电建设

任务：贯彻落实核电安全规划和核电中长期发展规划，在确保安全的前提下，高效推进核电建设。

目标：2015年运行核电装机达到4000万千瓦、在建1800万千瓦，年发电量超过2000亿千瓦时；力争2017年底运行核电装机达到5000万千瓦、在建3000万千瓦，年发电量超过2800亿千瓦时。

措施：加强核电安全管理工作，按照最高安全要求建设核电项目。加大在建核电项目全过程管理，保障建设质量，在确保安全的前提下，尽早建成红沿河2-4号、宁德2-4号、福清1-4号、阳江1-4号、方家山1-2号、三门1-2号、海阳1-2号、台山1-2号、昌江1-2号、防城港1-2号等项目。新建项目从核电中长期发展规划中择优选取，近期

重点安排在靠近珠三角、长三角、环渤海电力负荷中心的区域。

（十一）有效利用可再生能源

任务：在做好生态环境保护和移民安置的前提下，积极开发水电，有序发展风电，加快发展太阳能发电，积极推进生物质能、地热能和海洋能开发利用；提高机组利用效率，优先调度新能源电力，减少弃电。

目标：2015年，全国水、风、光电装机容量分别达到2.9、1.0和0.35亿千瓦，生物质能利用规模5000万吨标煤；2017年，水、风、光电装机容量分别达到3.3、1.5和0.7亿千瓦，生物质能利用规模7000万吨标煤。

措施：建设金沙江、澜沧江、雅砻江、大渡河和雅鲁藏布江中游等重点流域水电基地，西部地区水电装机达到2亿千瓦，对中东部地区水能资源实施扩机增容和升级改造，装机容量达到9000万千瓦。

有序推进甘肃、内蒙古、新疆、冀北、吉林、黑龙江、山东、江苏等风电基地建设，同步推进配套电网建设，解决弃风限电问题，大力推动内陆分散式风电开发。促进内蒙古、山西、河北等地风电在京津唐电网的消纳，京津唐电网风电上网电量所占比重2015年提高到10%，2017年提高到15%。

积极扩大国内光伏发电应用，优先在京津冀、长三角、珠三角等经济发达、电力需求大、大气污染严重的地区建设分布式光伏发电；稳步推进青海、新疆、甘肃等太阳能资源丰富、荒漠化土地闲置的西部地区光伏电站建设。到2015年，分布式光伏发电装机达到2000万千瓦，光伏电站装机达到1500万千瓦。

促进生物质发电调整转型，重点推动生物质热电联产、醇电联产综合利用，加快生物质能供热应用，继续推动非粮燃料乙醇试点、生物柴油和航空涡轮生物燃料产业化示范。2017年，实现生物质发电装机1100万千瓦；生物液体燃料产能达到500万吨；生物沼气利用量达到220亿立方米；生物质固体成型燃料利用量超过1500万吨。

积极推广浅层地温能开发利用，重点在京津冀鲁等建筑利用条件优越、建筑用能需求旺盛的地区推广地温能供暖和制冷应用。鼓励开展中深层地热能的梯级利用，大力推广“政府主导、政企合作、技术进步、环境友好、造福百姓”的雄县模式，建立中深层地热能供暖与发电等多种形式的综合利用模式。到2015年，全国地热供暖面积达到5亿平方米，地热能年利用量达到2000万吨标准煤。

督促电网企业加快电力输送通道建设，按照有利于促进节能减排的原则，确保可再生能源发电的全额保障性收购，在更大范围内消化可再生能源。完善调峰调频备用补偿政策，推进大用户直供电，鼓励就地消纳清洁能源，缓解弃风、弃水突出矛盾，提高新能源利用效率。

五、转变能源发展方式

（十二）推动煤炭高效清洁转化

任务：加强煤炭质量管理，稳步推进煤炭深加工产业发展升级示范，加快先进发电技术装备攻关及产业化应用，促进煤炭资源高效清洁转化。

目标：2017年，原煤入选率达到70%以上，煤制气产量达到320亿立方米、煤制油产量达到1000万吨，煤炭深加工示范项目综合能效达到50%左右。

措施：鼓励在小型煤矿集中矿区建设群矿选煤厂，大中型煤矿配套建设选煤厂，提高煤炭洗选率。完善煤炭产品质量和利用技术装备标准，制定煤炭质量管理办法，限制高硫分高灰分煤炭的开采和异地利用，禁止进口高灰分、高硫分的劣质煤炭，限制高硫石油焦的进口，提高炼焦精煤、高炉喷吹用煤产品质量和利用效率。

在满足最严格的环保要求和保障水资源供应的前提下，稳步推进煤炭深加工产业高标准、高水平发展。坚持“示范先行”，进一步提升和完善自主技术，加强不同技术间的耦合集成，逐步实现“分质分级、能化结合、集成联产”的新型煤炭利用方式。坚持科学合理布局，重点建设鄂尔多斯盆地煤制清洁燃料基地、蒙东褐煤加工转化基地以及新疆煤制气基地，增强我国清洁燃料保障能力。

加快先进发电技术装备攻关及产业化应用，加强天津IGCC示范项目的运行管理，推进泰州百万千瓦超超临界二次再热高效燃煤发电示范项目建设，在试验示范基础上推广应用达到燃气机组排放标准的燃煤电厂大气污染物超低排放技术，加快700度超超临界高效发电核心技术和关键材料的研发，2018年前启动相关示范电站项目建设。天津市、河北省、山西省、内蒙古自治区、山东省和长三角、珠三角等区域要将煤炭更多地用于燃烧效率高且污染治理措施到位的燃煤电厂。

（十三）促进可再生能源就地消纳

任务：有序承接能源密集型、资源加工型产业转移，在条件适宜的地区推广可再生能源供暖，促进可再生能源的就地消纳。

目标：形成较为完善的促进可再生能源就地消纳的政策体系。2017年底前，每年新增生物质能供热面积350万平方米，每年新增生物质能工业供热利用量150万吨标煤。

措施：结合资源特点和区域用能需求，大力推广与建筑结合的光伏发电、太阳能热利用，提高分散利用规模；加快在工业区和中小城镇推广应用生物质能供热，就近生产和消费，替代燃煤锅炉；探索风电就地消纳的新模式，提高风电设备利用效率，压减燃煤消耗总量。优先在新能源示范城市、绿色能源示范县中推广生物质热电联产、生物质成型燃料、地热、太阳能热利用、热泵等新型供暖方式，建设200个新能源供热城镇。

在符合主体功能定位的前提下，实施差别化的能源、价格和产业政策，在能源资源地形成成本洼地，科学有序承接电解铝、多晶硅、钢铁、冶金、建筑陶瓷等能源密集型、资源加工型产业转移，严格落实产能过剩行业宏观调控政策，防止落后产能异地迁建，促进可再生能源就地消纳并转化为经济优势。

结合新型城镇化建设，选择部分可再生能源资源丰富、城市生态环保要求高、经济条件相对较好的城市，采取统一规划、规范设计的方式，积极推动各类新能源和可再生能源技术在城市区域供电、供热、供气、交通和建筑中的应用，到2015年建成100个新能源示范城市，可再生能源占城市能源消费比例达到6%。

（十四）推广分布式供能方式

任务：以城市、工业园区等能源消费中心为重点，加快天然气分布式能源和分布式光伏发电建设，开展新能源微电网示范，以自主运行为主的方式解决特定区域用电需求。

目标：2015年，力争建成1000个天然气分布式能源项目、30个新能源微电网示范工程、分布式光伏发电装机达到2000万千瓦以上。2017年，天然气分布式能源达到3000万千瓦，分布式光伏发电装机达到3500万千瓦以上。

措施：出台分布式发电及余热余压余气发电并网指导意见，允许分布式能源企业作为独立电力（热力）供应商向区域内供电（热、冷），鼓励各类投资者建设分布式能源项目。2015年底前，重点在北京、天津、山东、河北、上海、江苏、浙江、广东等地区安排天然气分布式能源示范项目，2017年底前，全国推广使用天然气分布式能源系统。推进“新城镇、新能源、新生活”计划，在江苏、浙江、河北等地选择中小城镇开展以LNG为基础的分布式能源试点。

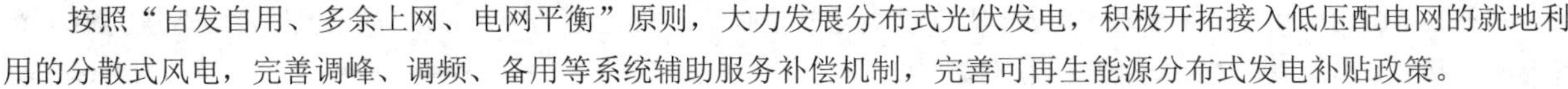

按照“自发自用、多余上网、电网平衡”原则，大力发展分布式光伏发电，积极开拓接入低压配电网的就地利用的分散式风电，完善调峰、调频、备用等系统辅助服务补偿机制，完善可再生能源分布式发电补贴政策。

（十五）加快储能技术研发应用

任务：以车用动力为重点，加快智能电网及先进储能关键技术、材料和装备的研究和系统集成，加速创新成果转化，改善风电、太阳能等间歇式能源出力特性。

目标：掌握大规模间歇式电源并网技术，突破10兆瓦级空气储能、兆瓦级超导储能等关键技术，2015年形成为50万辆电动汽车供电的配套充电设施，2017年为更大规模的电动汽车市场提供充电基础设施保障。

措施：研究制定储能技术和政策发展路线图，开展先进储能技术自主创新能力建设及示范试点，明确技术实现路径和阶段目标，从宏观政策、电价机制、技术标准、应用支持等方面保障和促进储能技术发展。以智能电网为应用方向，开展先进储能技术自主创新能力建设及示范试点。加快电动汽车供充电产业链相关技术标准的研究、制定和发布，加大充电设施等电动汽车基础设施建设力度。

六、健全协调管理机制

（十六）建立联防联控的长效机制建立国家能源局、发展改革委、环境保护部、有关地方政府及重点能源企业共同参与的工作协调机制。北京、天津、河北、山东、山西、内蒙古、上海、江苏、浙江、广东十个省（区、市）能源主管部门以及重点能源企业要建立相应的组织机构，由相关领导同志担任负责人。

地方政府负责落实本行政区域内能源和煤炭消费总量控制、新建燃煤项目煤量替代、民用天然气供应安全、天然气城市调峰设施建设、天然气需求侧管理、“煤改气”、新能源供热、分布式能源发展、小火电淘汰以及本方案确定的其它任务，加强火电厂、石化企业、燃煤锅炉污染物排放及成品油质量等方面的监管，协助相关能源企业落实大气污染防治重大能源保障项目的用地、用水等配套条件。

中国石油、中国石化、中海油等企业负责落实油品质量升级、天然气保供增供、石化污染物治理等任务。华能、大唐、华电、国电、中电投、神华等企业负责落实小火电淘汰，火电污染物治理等任务，推进西部富煤地区外送电基地建设。中核、中广核、中电投等企业负责推进东部沿海地区核电项目建设。国网、南网等电网企业负责加快输电通道建设，全额保障性收购可再生能源电力，无歧视接入分布式能源，配合做好大用户直供、输配分开等改

革试点工作。

（十七）制定分省区能源保障方案

北京、天津、河北、山东、山西、内蒙古、上海、江苏、浙江、广东省（区、市）能源主管部门应按照《大气十条》、《实施细则》以及本方案的要求，结合本地区大气污染防治工作的实际需要，于2014年5月底前编制完成本行政区域能源保障方案，与国家能源局衔接后，适时发布。

（十八）完善工作制度

国家能源局会同相关省区能源主管部门和重点能源企业于每年初制定年度工作计划并组织实施，年末对完成情况进行总结。相关省区能源主管部门和重点能源企业每月至少向国家能源局报送一次工作信息，及时反映最新进展、主要成果、重大问题、重要经验等内容。

国家能源局与相关能源企业就大气污染防治重大能源保障项目签订任务书，并实行目标管理。项目单位每季度至少向国家能源局报告一次进展情况，及时反映和解决存在的问题，确保项目按计划建成投产。

（十九）加强考核监督

加强对相关省区能源主管部门和重点能源企业的任务完成情况进行考核，并将结果公布。对于考核结果优良的地方和企业，在产业布局、资金支持、项目安排等方面给予优先考虑。对于考核中存在严重问题、重点项目推进不力的地方和企业，将严格问责。

七、完善相关配套措施

（二十）强化规划政策引导

结合国务院大气污染防治工作总体部署和要求，统筹推进调整能源结构、转变发展方式等各项工作，加强宏观规划指导，加快煤炭深加工、炼油、电网建设、生物质能供热等相关规划和政策的出台，严格依法做好规划环评工作，促进大气环境质量改善。抓紧制定并发布《能源消费总量控制考核办法》、《商品煤质量管理暂行办法》、《燃煤发电机组环保电价及环保设施运行监管办法》、《关于严格控制重点区域燃煤发电项目规划建设有关要求的通知》、《煤炭消费减量替代管理办法》、《关于稳步推进煤制天然气产业化示范的指导意见》、《成品油质量升级行动计划》、《加快电网建设落实大气污染防治行动计划实施方案》、《生物质能供热实施方案》等配套政策。

（二十一）加大能源科技投入

依托重大能源项目建设，加大煤炭清洁高效利用、先进发电、分布式能源、节能减排与污染控制等重点领域的创新投入，重点支持煤炭洗选加工、煤气化、合成燃料、整体煤气化联合循环（IGCC）、先进燃烧等大气污染防治关键技术的研发和产业化。

（二十二）明确总量控制责任

地方各级人民政府是本行政区域控制能源消费总量和煤炭消费总量工作的责任主体。将能源消费总量和煤炭消费总量纳入国民经济社会发展评价体系，建立各地区和高耗能行业监测预警体系。

（二十三）推进重点领域改革

以实施大用户直接购电和售电侧改革为突破口，稳步推进调度交易机制和电价形成机制改革，保障可再生能源和分布式能源优先并网，探索建立可再生能源电力配额及交易制度和新增水电跨省区交易机制。稳步推进天然气管网体制改革，促进管网公平接入和公平开放。明确政府与企业油气储备及应急义务和责任。完善煤炭与煤层气协调开发机制。推进页岩气投资主体多元化，加强对页岩气勘探开发活动的监督管理。

（二十四）进一步强化监管措施

开展电力企业大气污染防治专项监管,加大火电项目环保设施建设和运行监管力度，促进燃煤机组烟气在线监测准确、真实。环保设施未按规定投运或排放不达标的，依法不予颁发或吊销电力业务许可证。加大节能发电调度、可再生能源并网发电和全额保障性收购的监管力度，推进跨省区电能交易、发电权交易、大用户直供等灵活电能交易，减少弃风、弃水、弃光。开展油气管网设施公平开放监管，提高管网设施运营效率，促进油气市场有序发展。开展能源消费总量控制监管。加强能源价格监管。加强能源监管体系建设，建立能源监管统计、监测、预警及考核机制，畅通投诉举报渠道，依法受理投诉举报案件，依法查处违法违规行为。

（二十五）完善能源价格机制

建立健全反映资源紧缺程度、市场供需形势以及生态环境等外部成本的能源价格体系，推进并完善峰谷电价政策，在具备条件的地区实行季节电价、高可靠性电价、可中断负荷电价等电价政策，加大差别电价、惩罚性电价政策执行力度，逐步扩大以能耗为基础的阶梯电价制度实施范围。进一步建立和完善市场化价格机制，深化天然气价格改革，推行天然气季节差价、阶梯气价、可中断气价等差别性气价政策。

（二十六）研究财金支持政策

加大对可再生能源、分布式能源和非常规能源发展的财政税收金融支持力度，研究落实先进生物燃料、清洁供暖设施等补贴政策与标准。中央预算内投资重点对农村电网改造升级、无电地区电力建设、能源科技自主创新等领域给予必要支持。

水污染防治行动计划

（国发〔2015〕17号国务院2015年4月2日印发）

水环境保护事关人民群众切身利益，事关全面建成小康社会，事关实现中华民族伟大复兴中国梦。当前，我国一些地区水环境质量差、水生态受损重、环境隐患多等问题十分突出，影响和损害群众健康，不利于经济社会持续发展。为切实加大水污染防治力度，保障国家水安全，制定本行动计划。

总体要求：全面贯彻党的十八大和十八届二中、三中、四中全会精神，大力推进生态文明建设，以改善水环境质量为核心，按照“节水优先、空间均衡、系统治理、两手发力”原则，贯彻“安全、清洁、健康”方针，强化源头控制，水陆统筹、河海兼顾，对江河湖海实施分流域、分区域、分阶段科学治理，系统推进水污染防治、水生态保护和水资源管理。坚持政府市场协同，注重改革创新；坚持全面依法推进，实行最严格环保制度；坚持落实各方责任，严格考核问责；坚持全民参与，推动节水洁水人人有责，形成“政府统领、企业施治、市场驱动、公众参与”的水污染防治新机制，实现环境效益、经济效益与社会效益多赢，为建设“蓝天常在、青山常在、绿水常在”的美丽中国而奋斗。

工作目标：到2020年，全国水环境质量得到阶段性改善，污染严重水体较大幅度减少，饮用水安全保障水平持续提升，地下水超采得到严格控制，地下水污染加剧趋势得到初步遏制，近岸海域环境质量稳中趋好，京津冀、长三角、珠三角等区域水生态环境状况有所好转。到2030年，力争全国水环境质量总体改善，水生态系统功能初步恢复。到本世纪中叶，生态环境质量全面改善，生态系统实现良性循环。

主要指标：到2020年，长江、黄河、珠江、松花江、淮河、海河、辽河等七大重点流域水质优良（达到或优于Ⅲ类）比例总体达到70%以上，地级及以上城市建成区黑臭水体均控制在10%以内，地级及以上城市集中式饮用水水源水质达到或优于Ⅲ类比例总体高于93%，全国地下水质量极差的比例控制在15%左右，近岸海域水质优良（一、二类）比例达到70%左右。京津冀区域丧失使用功能（劣于Ⅴ类）的水体断面比例下降15个百分点左右，长三角、珠三角区域力争消除丧失使用功能的水体。

到2030年，全国七大重点流域水质优良比例总体达到75%以上，城市建成区黑臭水体总体得到消除，城市集中式饮用水水源水质达到或优于Ⅲ类比例总体为95%左右。

一、全面控制污染物排放

（一）狠抓工业污染防治。取缔“十小”企业。全面排查装备水平低、环保设施差的小型工业企业。2016年底前，按照水污染防治法律法规要求，全部取缔不符合国家产业政策的小型造纸、制革、印染、染料、炼焦、炼硫、炼砷、炼油、电镀、农药等严重污染水环境的生产项目。（环境保护部牵头，工业和信息化部、国土资源部、能源局等参与，地方各级人民政府负责落实。以下均需地方各级人民政府落实，不再列出）

专项整治十大重点行业。制定造纸、焦化、氮肥、有色金属、印染、农副食品加工、原料药制造、制革、农药、电镀等行业专项治理方案，实施清洁化改造。新建、改建、扩建上述行业建设项目实行主要污染物排放等量或减量置换。2017年底前，造纸行业力争完成纸浆无元素氯漂白改造或采取其他低污染制浆技术，钢铁企业焦炉完成干熄焦技术改造，氮肥行业尿素生产完成工艺冷凝液水解解析技术改造，印染行业实施低排水染整工艺改造，制药（抗生素、维生素）行业实施绿色酶法生产技术改造，制革行业实施铬减量化和封闭循环利用技术改造。（环境保护部牵头，工业和信息化部等参与）

集中治理工业集聚区水污染。强化经济技术开发区、高新技术产业开发区、出口加工区等工业集聚区污染治理。集聚区内工业废水必须经预处理达到集中处理要求，方可进入污水集中处理设施。新建、升级工业集聚区应同

步规划、建设污水、垃圾集中处理等污染治理设施。2017年底前，工业集聚区应按规定建成污水集中处理设施，并安装自动在线监控装置，京津冀、长三角、珠三角等区域提前一年完成；逾期未完成的，一律暂停审批和核准其增加水污染物排放的建设项目，并依照有关规定撤销其园区资格。（环境保护部牵头，科技部、工业和信息化部、商务部等参与）

（二）强化城镇生活污染治理。加快城镇污水处理设施建设与改造。现有城镇污水处理设施，要因地制宜进行改造，2020年底前达到相应排放标准或再生利用要求。敏感区域（重点湖泊、重点水库、近岸海域汇水区域）城镇污水处理设施应于2017年底前全面达到一级A排放标准。建成区水体水质达不到地表水Ⅳ类标准的城市，新建城镇污水处理设施要执行一级A排放标准。按照国家新型城镇化规划要求，到2020年，全国所有县城和重点镇具备污水收集处理能力，县城、城市污水处理率分别达到85%、95%左右。京津冀、长三角、珠三角等区域提前一年完成。（住房城乡建设部牵头，发展改革委、环境保护部等参与）

全面加强配套管网建设。强化城中村、老旧城区和城乡结合部污水截流、收集。现有合流制排水系统应加快实施雨污分流改造，难以改造的，应采取截流、调蓄和治理等措施。新建污水处理设施的配套管网应同步设计、同步建设、同步投运。除干旱地区外，城镇新区建设均实行雨污分流，有条件的地区要推进初期雨水收集、处理和资源化利用。到2017年，直辖市、省会城市、计划单列市建成区污水基本实现全收集、全处理，其他地级城市建成区于2020年底前基本实现。（住房城乡建设部牵头，发展改革委、环境保护部等参与）

推进污泥处理处置。污水处理设施产生的污泥应进行稳定化、无害化和资源化处理处置，禁止处理处置不达标的污泥进入耕地。非法污泥堆放点一律予以取缔。现有污泥处理处置设施应于2017年底前基本完成达标改造，地级及以上城市污泥无害化处理处置率应于2020年底前达到90%以上。（住房城乡建设部牵头，发展改革委、工业和信息化部、环境保护部、农业部等参与）

（三）推进农业农村污染防治。防治畜禽养殖污染。科学划定畜禽养殖禁养区，2017年底前，依法关闭或搬迁禁养区内的畜禽养殖场（小区）和养殖专业户，京津冀、长三角、珠三角等区域提前一年完成。现有规模化畜禽养殖场（小区）要根据污染防治需要，配套建设粪便污水贮存、处理、利用设施。散养密集区要实行畜禽粪便污水分户收集、集中处理利用。自2016年起，新建、改建、扩建规模化畜禽养殖场（小区）要实施雨污分流、粪便污水资源化利用。（农业部牵头，环境保护部参与）

控制农业面源污染。制定实施全国农业面源污染综合防治方案。推广低毒、低残留农药使用补助试点经验，开展农作物病虫害绿色防控和统防统治。实行测土配方施肥，推广精准施肥技术和机具。完善高标准农田建设、土地开发整理等标准规范，明确环保要求，新建高标准农田要达到相关环保要求。敏感区域和大中型灌区，要利用现有沟、塘、窖等，配置水生植物群落、格栅和透水坝，建设生态沟渠、污水净化塘、地表径流集蓄池等设施，净化农田排水及地表径流。到2020年，测土配方施肥技术推广覆盖率达到90%以上，化肥利用率提高到40%以上，农作物病虫害统防统治覆盖率达到40%以上；京津冀、长三角、珠三角等区域提前一年完成。（农业部牵头，发展改革委、工业和信息化部、国土资源部、环境保护部、水利部、质检总局等参与）

调整种植业结构与布局。在缺水地区试行退地减水。地下水易受污染地区要优先种植需肥需药量低、环境效益突出的农作物。地表水过度开发和地下水超采问题较严重，且农业用水比重较大的甘肃、新疆（含新疆生产建设兵团）、河北、山东、河南等五省（区），要适当减少用水量较大的农作物种植面积，改种耐旱作物和经济林；2018年底前，对3300万亩灌溉面积实施综合治理，退减水量37亿立方米以上。（农业部、水利部牵头，发展改革委、国土资源部等参与）

加快农村环境综合整治。以县级行政区域为单元，实行农村污水处理统一规划、统一建设、统一管理，有条件的地区积极推进城镇污水处理设施和服务向农村延伸。深化“以奖促治”政策，实施农村清洁工程，开展河道清淤疏浚，推进农村环境连片整治。到2020年，新增完成环境综合整治的建制村13万个。（环境保护部牵头，住房城乡建设部、水利部、农业部等参与）

（四）加强船舶港口污染控制。积极治理船舶污染。依法强制报废超过使用年限的船舶。分类分级修订船舶及其设施、设备的相关环保标准。2018年起投入使用的沿海船舶、2021年起投入使用的内河船舶执行新的标准；其他船舶于2020年底前完成改造，经改造仍不能达到要求的，限期予以淘汰。航行于我国水域的国际航线船舶，要实施压载水交换或安装压载水灭活处理系统。规范拆船行为，禁止冲滩拆解。（交通运输部牵头，工业和信息化部、环境保护部、农业部、质检总局等参与）

增强港口码头污染防治能力。编制实施全国港口、码头、装卸站污染防治方案。加快垃圾接收、转运及处理处置设施建设，提高含油污水、化学品洗舱水等接收处置能力及污染事故应急能力。位于沿海和内河的港口、码头、装卸站及船舶修造厂，分别于2017年底前和2020年底前达到建设要求。港口、码头、装卸站的经营人应制定防治船舶及其有关活动污染水环境的应急计划。（交通运输部牵头，工业和信息化部、住房城乡建设部、农业部等参与）

二、推动经济结构转型升级

（五）调整产业结构。依法淘汰落后产能。自2015年起，各地要依据部分工业行业淘汰落后生产工艺装备和产品指导目录、产业结构调整指导目录及相关行业污染物排放标准，结合水质改善要求及产业发展情况，制定并实施分年度的落后产能淘汰方案，报工业和信息化部、环境保护部备案。未完成淘汰任务的地区，暂停审批和核准其相关行业新建项目。（工业和信息化部牵头，发展改革委、环境保护部等参与）

严格环境准入。根据流域水质目标和主体功能区规划要求，明确区域环境准入条件，细化功能分区，实施差别化环境准入政策。建立水资源、水环境承载能力监测评价体系，实行承载能力监测预警，已超过承载能力的地区要实施水污染物削减方案，加快调整发展规划和产业结构。到2020年，组织完成市、县域水资源、水环境承载能力现状评价。（环境保护部牵头，住房城乡建设部、水利部、海洋局等参与）

（六）优化空间布局。合理确定发展布局、结构和规模。充分考虑水资源、水环境承载能力，以水定城、以水定地、以水定人、以水定产。重大项目原则上布局在优化开发区和重点开发区，并符合城乡规划和土地利用总体规划。鼓励发展节水高效现代农业、低耗水高新技术产业以及生态保护型旅游业，严格控制缺水地区、水污染严重地区和敏感区域高耗水、高污染行业发展，新建、改建、扩建重点行业建设项目实行主要污染物排放减量置换。七大重点流域干流沿岸，要严格控制石油加工、化学原料和化学制品制造、医药制造、化学纤维制造、有色金属冶炼、纺织印染等项目环境风险，合理布局生产装置及危险化学品仓储等设施。（发展改革委、工业和信息化部牵头，国土资源部、环境保护部、住房城乡建设部、水利部等参与）

推动污染企业退出。城市建成区内现有钢铁、有色金属、造纸、印染、原料药制造、化工等污染较重的企业应有序搬迁改造或依法关闭。（工业和信息化部牵头，环境保护部等参与）

积极保护生态空间。严格城市规划蓝线管理，城市规划区范围内应保留一定比例的水域面积。新建项目一律不得违规占用水域。严格水域岸线用途管制，土地开发利用应按照有关法律法规和技术标准要求，留足河道、湖泊和滨海地带的管理和保护范围，非法挤占的应限期退出。（国土资源部、住房城乡建设部牵头，环境保护部、水利部、海洋局等参与）

（七）推进循环发展。加强工业水循环利用。推进矿井水综合利用，煤炭矿区的补充用水、周边地区生产和生态用水应优先使用矿井水，加强洗煤废水循环利用。鼓励钢铁、纺织印染、造纸、石油石化、化工、制革等高耗水企业废水深度处理回用。（发展改革委、工业和信息化部牵头，水利部、能源局等参与）

促进再生水利用。以缺水及水污染严重地区城市为重点，完善再生水利用设施，工业生产、城市绿化、道路清扫、车辆冲洗、建筑施工以及生态景观等用水，要优先使用再生水。推进高速公路服务区污水处理和利用。具备使用再生水条件但未充分利用的钢铁、火电、化工、制浆造纸、印染等项目，不得批准其新增取水许可。自2018年起，单体建筑面积超过2万平方米的新建公共建筑，北京市2万平方米、天津市5万平方米、河北省10万平方米以上集中新建的保障性住房，应安装建筑中水设施。积极推动其他新建住房安装建筑中水设施。到2020年，缺水城市再生水利用率达到20%以上，京津冀区域达到30%以上。（住房城乡建设部牵头，发展改革委、工业和信息化部、环境保护部、交通运输部、水利部等参与）

推动海水利用。在沿海地区电力、化工、石化等行业，推行直接利用海水作为循环冷却等工业用水。在有条件的城市，加快推进淡化海水作为生活用水补充水源。（发展改革委牵头，工业和信息化部、住房城乡建设部、水利部、海洋局等参与）

三、着力节约保护水资源

（八）控制用水总量。实施最严格水资源管理。健全取用水总量控制指标体系。加强相关规划和项目建设布局水资源论证工作，国民经济和社会发展规划以及城市总体规划的编制、重大建设项目的布局，应充分考虑当地水资源条件和防洪要求。对取用水总量已达到或超过控制指标的地区，暂停审批其建设项目新增取水许可。对纳入取水许可管理的单位和其他用水大户实行计划用水管理。新建、改建、扩建项目用水要达到行业先进水平，节水设施应与主体工程同时设计、同时施工、同时投运。建立重点监控用水单位名录。到2020年，全国用水总量控制在6700亿

立方米以内。（水利部牵头，发展改革委、工业和信息化部、住房城乡建设部、农业部等参与）

严控地下水超采。在地面沉降、地裂缝、岩溶塌陷等地质灾害易发区开发利用地下水，应进行地质灾害危险性评估。严格控制开采深层承压水，地热水、矿泉水开发应严格实行取水许可和采矿许可。依法规范机井建设管理，排查登记已建机井，未经批准的和公共供水管网覆盖范围内的自备水井，一律予以关闭。编制地面沉降区、海水入侵区等区域地下水压采方案。开展华北地下水超采区综合治理，超采区内禁止工农业生产及服务业新增取用地下水。京津冀区域实施土地整治、农业开发、扶贫等农业基础设施项目，不得以配套打井为条件。2017年底前，完成地下水禁采区、限采区和地面沉降控制区范围划定工作，京津冀、长三角、珠三角等区域提前一年完成。（水利部、国土资源部牵头，发展改革委、工业和信息化部、财政部、住房城乡建设部、农业部等参与）

（九）提高用水效率。建立万元国内生产总值水耗指标等用水效率评估体系，把节水目标任务完成情况纳入地方政府政绩考核。将再生水、雨水和微咸水等非常规水源纳入水资源统一配置。到2020年，全国万元国内生产总值用水量、万元工业增加值用水量比2013年分别下降35%、30%以上。（水利部牵头，发展改革委、工业和信息化部、住房城乡建设部等参与）

抓好工业节水。制定国家鼓励和淘汰的用水技术、工艺、产品和设备目录，完善高耗水行业取用水定额标准。开展节水诊断、水平衡测试、用水效率评估，严格用水定额管理。到2020年，电力、钢铁、纺织、造纸、石油石化、化工、食品发酵等高耗水行业达到先进定额标准。（工业和信息化部、水利部牵头，发展改革委、住房城乡建设部、质检总局等参与）

加强城镇节水。禁止生产、销售不符合节水标准的产品、设备。公共建筑必须采用节水器具，限期淘汰公共建筑中不符合节水标准的水嘴、便器水箱等生活用水器具。鼓励居民家庭选用节水器具。对使用超过50年和材质落后的供水管网进行更新改造，到2017年，全国公共供水管网漏损率控制在12%以内；到2020年，控制在10%以内。积极推行低影响开发建设模式，建设滞、渗、蓄、用、排相结合的雨水收集利用设施。新建城区硬化地面，可渗透面积要达到40%以上。到2020年，地级及以上缺水城市全部达到国家节水型城市标准要求，京津冀、长三角、珠三角等区域提前一年完成。（住房城乡建设部牵头，发展改革委、工业和信息化部、水利部、质检总局等参与）

发展农业节水。推广渠道防渗、管道输水、喷灌、微灌等节水灌溉技术，完善灌溉用水计量设施。在东北、西北、黄淮海等区域，推进规模化高效节水灌溉，推广农作物节水抗旱技术。到2020年，大型灌区、重点中型灌区续建配套和节水改造任务基本完成，全国节水灌溉工程面积达到7亿亩左右，农田灌溉水有效利用系数达到0.55以上。（水利部、农业部牵头，发展改革委、财政部等参与）

（十）科学保护水资源。完善水资源保护考核评价体系。加强水功能区监督管理，从严核定水域纳污能力。（水利部牵头，发展改革委、环境保护部等参与）

加强江河湖库水量调度管理。完善水量调度方案。采取闸坝联合调度、生态补水等措施，合理安排闸坝下泄水量和泄流时段，维持河湖基本生态用水需求，重点保障枯水期生态基流。加大水利工程建设力度，发挥好控制性水利工程在改善水质中的作用。（水利部牵头，环境保护部参与）

科学确定生态流量。在黄河、淮河等流域进行试点，分期分批确定生态流量（水位），作为流域水量调度的重要参考。（水利部牵头，环境保护部参与）

四、强化科技支撑

（十一）推广示范适用技术。加快技术成果推广应用，重点推广饮用水净化、节水、水污染治理及循环利用、城市雨水收集利用、再生水安全回用、水生态修复、畜禽养殖污染防治等适用技术。完善环保技术评价体系，加强国家环保科技成果共享平台建设，推动技术成果共享与转化。发挥企业的技术创新主体作用，推动水处理重点企业与科研院所、高等学校组建产学研技术创新战略联盟，示范推广控源减排和清洁生产先进技术。（科技部牵头，发展改革委、工业和信息化部、环境保护部、住房城乡建设部、水利部、农业部、海洋局等参与）

（十二）攻关研发前瞻技术。整合科技资源，通过相关国家科技计划（专项、基金）等，加快研发重点行业废水深度处理、生活污水低成本高标准处理、海水淡化和工业高盐废水脱盐、饮用水微量有毒污染物处理、地下水污染修复、危险化学品事故和水上溢油应急处置等技术。开展有机物和重金属等水环境基准、水污染对人体健康影响、新型污染物风险评价、水环境损害评估、高品质再生水补充饮用水水源等研究。加强水生态保护、农业面源污染防治、水环境监控预警、水处理工艺技术装备等领域的国际交流合作。（科技部牵头，发展改革委、工业和信息化部、国土资源部、环境保护部、住房城乡建设部、水利部、农业部、卫生计生委等参与）

（十三）大力发展环保产业。规范环保产业市场。对涉及环保市场准入、经营行为规范的法规、规章和规定进行全面梳理，废止妨碍形成全国统一环保市场和公平竞争的规定和做法。健全环保工程设计、建设、运营等领域招投标管理办法和技术标准。推进先进适用的节水、治污、修复技术和装备产业化发展。（发展改革委牵头，科技部、工业和信息化部、财政部、环境保护部、住房城乡建设部、水利部、海洋局等参与）

加快发展环保服务业。明确监管部门、排污企业和环保服务公司的责任和义务，完善风险分担、履约保障等机制。鼓励发展包括系统设计、设备成套、工程施工、调试运行、维护管理的环保服务总承包模式、政府和社会资本合作模式等。以污水、垃圾处理和工业园区为重点，推行环境污染第三方治理。（发展改革委、财政部牵头，科技部、工业和信息化部、环境保护部、住房城乡建设部等参与）

五、充分发挥市场机制作用

（十四）理顺价格税费。加快水价改革。县级及以上城市应于2015年底前全面实行居民阶梯水价制度，具备条件的建制镇也要积极推进。2020年底前，全面实行非居民用水超定额、超计划累进加价制度。深入推进农业水价综合改革。（发展改革委牵头，财政部、住房城乡建设部、水利部、农业部等参与）

完善收费政策。修订城镇污水处理费、排污费、水资源费征收管理办法，合理提高征收标准，做到应收尽收。城镇污水处理收费标准不应低于污水处理和污泥处理处置成本。地下水水资源费征收标准应高于地表水，超采地区地下水水资源费征收标准应高于非超采地区。（发展改革委、财政部牵头，环境保护部、住房城乡建设部、水利部等参与）

健全税收政策。依法落实环境保护、节能节水、资源综合利用等方面税收优惠政策。对国内企业为生产国家支持发展的大型环保设备，必需进口的关键零部件及原材料，免征关税。加快推进环境保护税立法、资源税税费改革等工作。研究将部分高耗能、高污染产品纳入消费税征收范围。（财政部、税务总局牵头，发展改革委、工业和信息化部、商务部、海关总署、质检总局等参与）

（十五）促进多元融资。引导社会资本投入。积极推动设立融资担保基金，推进环保设备融资租赁业务发展。推广股权、项目收益权、特许经营权、排污权等质押融资担保。采取环境绩效合同服务、授予开发经营权益等方式，鼓励社会资本加大水环境保护投入。（人民银行、发展改革委、财政部牵头，环境保护部、住房城乡建设部、银监会、证监会、保监会等参与）

增加政府资金投入。中央财政加大对属于中央事权的水环境保护项目支持力度，合理承担部分属于中央和地方共同事权的水环境保护项目，向欠发达地区和重点地区倾斜；研究采取专项转移支付等方式，实施“以奖代补”。地方各级人民政府要重点支持污水处理、污泥处理处置、河道整治、饮用水水源保护、畜禽养殖污染防治、水生态修复、应急清污等项目和工作。对环境监管能力建设及运行费用分级予以必要保障。（财政部牵头，发展改革委、环境保护部等参与）

（十六）建立激励机制。健全节水环保“领跑者”制度。鼓励节能减排先进企业、工业集聚区用水效率、排污强度等达到更高标准，支持开展清洁生产、节约用水和污染治理等示范。（发展改革委牵头，工业和信息化部、财政部、环境保护部、住房城乡建设部、水利部等参与）

推行绿色信贷。积极发挥政策性银行等金融机构在水环境保护中的作用，重点支持循环经济、污水处理、水资源节约、水生态环境保护、清洁及可再生能源利用等领域。严格限制环境违法企业贷款。加强环境信用体系建设，构建守信激励与失信惩戒机制，环保、银行、证券、保险等方面要加强协作联动，于2017年底前分级建立企业环境信用评价体系。鼓励涉重金属、石油化工、危险化学品运输等高环境风险行业投保环境污染责任保险。（人民银行牵头，工业和信息化部、环境保护部、水利部、银监会、证监会、保监会等参与）

实施跨界水环境补偿。探索采取横向资金补助、对口援助、产业转移等方式，建立跨界水环境补偿机制，开展补偿试点。深化排污权有偿使用和交易试点。（财政部牵头，发展改革委、环境保护部、水利部等参与）

六、严格环境执法监管

（十七）完善法规标准。健全法律法规。加快水污染防治、海洋环境保护、排污许可、化学品环境管理等法律法规制修订步伐，研究制定环境质量目标管理、环境功能区划、节水及循环利用、饮用水水源保护、污染责任保险、水功能区监督管理、地下水管理、环境监测、生态流量保障、船舶和陆源污染防治等法律法规。各地可结合实际，研究起草地方性水污染防治法规。（法制办牵头，发展改革委、工业和信息化部、国土资源部、环境保护部、住房城乡建设部、交通运输部、水利部、农业部、卫生计生委、保监会、海洋局等参与）

完善标准体系。制修订地下水、地表水和海洋等环境质量标准，城镇污水处理、污泥处理处置、农田退水等污染物排放标准。健全重点行业水污染物特别排放限值、污染防治技术政策和清洁生产评价指标体系。各地可制定严于国家标准的地方水污染物排放标准。（环境保护部牵头，发展改革委、工业和信息化部、国土资源部、住房城乡建设部、水利部、农业部、质检总局等参与）

（十八）加大执法力度。所有排污单位必须依法实现全面达标排放。逐一排查工业企业排污情况，达标企业应采取措施确保稳定达标；对超标和超总量的企业予以“黄牌”警示，一律限制生产或停产整治；对整治仍不能达到要求且情节严重的企业予以“红牌”处罚，一律停业、关闭。自2016年起，定期公布环保“黄牌”、“红牌”企业名单。定期抽查排污单位达标排放情况，结果向社会公布。（环境保护部负责）

完善国家督查、省级巡查、地市检查的环境监督执法机制，强化环保、公安、监察等部门和单位协作，健全行政执法与刑事司法衔接配合机制，完善案件移送、受理、立案、通报等规定。加强对地方人民政府和有关部门环保工作的监督，研究建立国家环境监察专员制度。（环境保护部牵头，工业和信息化部、公安部、中央编办等参与）

严厉打击环境违法行为。重点打击私设暗管或利用渗井、渗坑、溶洞排放、倾倒含有毒有害污染物废水、含病原体污水，监测数据弄虚作假，不正常使用水污染物处理设施，或者未经批准拆除、闲置水污染物处理设施等环境违法行为。对造成生态损害的责任者严格落实赔偿制度。严肃查处建设项目环境影响评价领域越权审批、未批先建、边批边建、久试不验等违法违规行为。对构成犯罪的，要依法追究刑事责任。（环境保护部牵头，公安部、住房城乡建设部等参与）

（十九）提升监管水平。完善流域协作机制。健全跨部门、区域、流域、海域水环境保护议事协调机制，发挥环境保护区域督查派出机构和流域水资源保护机构作用，探索建立陆海统筹的生态系统保护修复机制。流域上下游各级政府、各部门之间要加强协调配合、定期会商，实施联合监测、联合执法、应急联动、信息共享。京津冀、长三角、珠三角等区域要于2015年底前建立水污染防治联动协作机制。建立严格监管所有污染物排放的水环境保护管理制度。（环境保护部牵头，交通运输部、水利部、农业部、海洋局等参与）

完善水环境监测网络。统一规划设置监测断面（点位）。提升饮用水水源水质全指标监测、水生生物监测、地下水环境监测、化学物质监测及环境风险防控技术支撑能力。2017年底前，京津冀、长三角、珠三角等区域、海域建成统一的水环境监测网。（环境保护部牵头，发展改革委、国土资源部、住房城乡建设部、交通运输部、水利部、农业部、海洋局等参与）

提高环境监管能力。加强环境监测、环境监察、环境应急等专业技术培训，严格落实执法、监测等人员持证上岗制度，加强基层环保执法力量，具备条件的乡镇（街道）及工业园区要配备必要的环境监管力量。各市、县应自2016年起实行环境监管网格化管理。（环境保护部负责）

七、切实加强水环境管理

（二十）强化环境质量目标管理。明确各类水体水质保护目标，逐一排查达标状况。未达到水质目标要求的地区要制定达标方案，将治污任务逐一落实到汇水范围内的排污单位，明确防治措施及达标时限，方案报上一级人民政府备案，自2016年起，定期向社会公布。对水质不达标的区域实施挂牌督办，必要时采取区域限批等措施。（环境保护部牵头，水利部参与）

（二十一）深化污染物排放总量控制。完善污染物统计监测体系，将工业、城镇生活、农业、移动源等各类污染源纳入调查范围。选择对水环境质量有突出影响的总氮、总磷、重金属等污染物，研究纳入流域、区域污染物排放总量控制约束性指标体系。（环境保护部牵头，发展改革委、工业和信息化部、住房城乡建设部、水利部、农业部等参与）

（二十二）严格环境风险控制。防范环境风险。定期评估沿江河湖库工业企业、工业集聚区环境和健康风险，落实防控措施。评估现有化学物质环境和健康风险，2017年底前公布优先控制化学品名录，对高风险化学品生产、使用进行严格限制，并逐步淘汰替代。（环境保护部牵头，工业和信息化部、卫生计生委、安全监管总局等参与）

稳妥处置突发水环境污染事件。地方各级人民政府要制定和完善水污染事故处置应急预案，落实责任主体，明确预警预报与响应程序、应急处置及保障措施等内容，依法及时公布预警信息。（环境保护部牵头，住房城乡建设部、水利部、农业部、卫生计生委等参与）

（二十三）全面推行排污许可。依法核发排污许可证。2015年底前，完成国控重点污染源及排污权有偿使用和交易试点地区污染源排污许可证的核发工作，其他污染源于2017年底前完成。（环境保护部负责）

加强许可证管理。以改善水质、防范环境风险为目标，将污染物排放种类、浓度、总量、排放去向等纳入许可证管理范围。禁止无证排污或不按许可证规定排污。强化海上排污监管，研究建立海上污染排放许可证制度。2017年底前，完成全国排污许可证管理信息平台建设。（环境保护部牵头，海洋局参与）

八、全力保障水生态环境安全

（二十四）保障饮用水水源安全。从水源到水龙头全过程监管饮用水安全。地方各级人民政府及供水单位应定期监测、检测和评估本行政区域内饮用水水源、供水厂出水和用户水龙头水质等饮水安全状况，地级及以上城市自2016年起每季度向社会公开。自2018年起，所有县级及以上城市饮水安全状况信息都要向社会公开。（环境保护部牵头，发展改革委、财政部、住房城乡建设部、水利部、卫生计生委等参与）

强化饮用水水源环境保护。开展饮用水水源规范化建设，依法清理饮用水水源保护区内违法建筑和排污口。单一水源供水的地级及以上城市应于2020年底前基本完成备用水源或应急水源建设，有条件的地方可以适当提前。加强农村饮用水水源保护和水质检测。（环境保护部牵头，发展改革委、财政部、住房城乡建设部、水利部、卫生计生委等参与）

防治地下水污染。定期调查评估集中式地下水型饮用水水源补给区等区域环境状况。石化生产存贮销售企业和工业园区、矿山开采区、垃圾填埋场等区域应进行必要的防渗处理。加油站地下油罐应于2017年底前全部更新为双层罐或完成防渗池设置。报废矿井、钻井、取水井应实施封井回填。公布京津冀等区域内环境风险大、严重影响公众健康的地下水污染场地清单，开展修复试点。（环境保护部牵头，财政部、国土资源部、住房城乡建设部、水利部、商务部等参与）

（二十五）深化重点流域污染防治。编制实施七大重点流域水污染防治规划。研究建立流域水生态环境功能分区管理体系。对化学需氧量、氨氮、总磷、重金属及其他影响人体健康的污染物采取针对性措施，加大整治力度。汇入富营养化湖库的河流应实施总氮排放控制。到2020年，长江、珠江总体水质达到优良，松花江、黄河、淮河、辽河在轻度污染基础上进一步改善，海河污染程度得到缓解。三峡库区水质保持良好，南水北调、引滦入津等调水工程确保水质安全。太湖、巢湖、滇池富营养化水平有所好转。白洋淀、乌梁素海、呼伦湖、艾比湖等湖泊污染程度减轻。环境容量较小、生态环境脆弱，环境风险高的地区，应执行水污染物特别排放限值。各地可根据水环境质量改善需要，扩大特别排放限值实施范围。（环境保护部牵头，发展改革委、工业和信息化部、财政部、住房城乡建设部、水利部等参与）

加强良好水体保护。对江河源头及现状水质达到或优于Ⅲ类的江河湖库开展生态环境安全评估，制定实施生态环境保护方案。东江、滦河、千岛湖、南四湖等流域于2017年底前完成。浙闽片河流、西南诸河、西北诸河及跨界水体水质保持稳定。（环境保护部牵头，外交部、发展改革委、财政部、水利部、林业局等参与）

（二十六）加强近岸海域环境保护。实施近岸海域污染防治方案。重点整治黄河口、长江口、闽江口、珠江口、辽东湾、渤海湾、胶州湾、杭州湾、北部湾等河口海湾污染。沿海地级及以上城市实施总氮排放总量控制。研究建立重点海域排污总量控制制度。规范入海排污口设置，2017年底前全面清理非法或设置不合理的入海排污口。到2020年，沿海省（区、市）入海河流基本消除劣于V类的水体。提高涉海项目准入门槛。（环境保护部、海洋局牵头，发展改革委、工业和信息化部、财政部、住房城乡建设部、交通运输部、农业部等参与）

推进生态健康养殖。在重点河湖及近岸海域划定限制养殖区。实施水产养殖池塘、近海养殖网箱标准化改造，鼓励有条件的渔业企业开展海洋离岸养殖和集约化养殖。积极推广人工配合饲料，逐步减少冰鲜杂鱼饲料使用。加强养殖投入品管理，依法规范、限制使用抗生素等化学药品，开展专项整治。到2015年，海水养殖面积控制在220万公顷左右。（农业部负责）

严格控制环境激素类化学品污染。2017年底前完成环境激素类化学品生产使用情况调查，监控评估水源地、农产品种植区及水产品集中养殖区风险，实施环境激素类化学品淘汰、限制、替代等措施。（环境保护部牵头，工业和信息化部、农业部等参与）

（二十七）整治城市黑臭水体。采取控源截污、垃圾清理、清淤疏浚、生态修复等措施，加大黑臭水体治理力度，每半年向社会公布治理情况。地级及以上城市建成区应于2015年底前完成水体排查，公布黑臭水体名称、责任人及达标期限；于2017年底前实现河面无大面积漂浮物，河岸无垃圾，无违法排污口；于2020年底前完成黑臭水体治理目标。直辖市、省会城市、计划单列市建成区要于2017年底前基本消除黑臭水体。（住房城乡建设部牵头，环境保护部、水利部、农业部等参与）

（二十八）保护水和湿地生态系统。加强河湖水生态保护，科学划定生态保护红线。禁止侵占自然湿地等水源涵养空间，已侵占的要限期予以恢复。强化水源涵养林建设与保护，开展湿地保护与修复，加大退耕还林、还草、还湿力度。加强滨河（湖）带生态建设，在河道两侧建设植被缓冲带和隔离带。加大水生野生动植物类自然保护区和水产种质资源保护区保护力度，开展珍稀濒危水生生物和重要水产种质资源的就地和迁地保护，提高水生生物多样性。2017年底前，制定实施七大重点流域水生生物多样性保护方案。（环境保护部、林业局牵头，财政部、国土资源部、住房城乡建设部、水利部、农业部等参与）

保护海洋生态。加大红树林、珊瑚礁、海草床等滨海湿地、河口和海湾典型生态系统，以及产卵场、索饵场、越冬场、洄游通道等重要渔业水域的保护力度，实施增殖放流，建设人工鱼礁。开展海洋生态补偿及赔偿等研究，实施海洋生态修复。认真执行围填海管制计划，严格围填海管理和监督，重点海湾、海洋自然保护区的核心区及缓冲区、海洋特别保护区的重点保护区及预留区、重点河口区域、重要滨海湿地区域、重要砂质岸线及沙源保护海域、特殊保护海岛及重要渔业海域禁止实施围填海，生态脆弱敏感区、自净能力差的海域严格限制围填海。严肃查处违法围填海行为，追究相关人员责任。将自然海岸线保护纳入沿海地方政府政绩考核。到2020年，全国自然岸线保有率不低于35%（不包括海岛岸线）。（环境保护部、海洋局牵头，发展改革委、财政部、农业部、林业局等参与）

九、明确和落实各方责任

（二十九）强化地方政府水环境保护责任。各级地方人民政府是实施本行动计划的主体，要于2015年底前分别制定并公布水污染防治工作方案，逐年确定分流域、分区域、分行业的重点任务和年度目标。要不断完善政策措施，加大资金投入，统筹城乡水污染治理，强化监管，确保各项任务全面完成。各省（区、市）工作方案报国务院备案。（环境保护部牵头，发展改革委、财政部、住房城乡建设部、水利部等参与）

（三十）加强部门协调联动。建立全国水污染防治工作协作机制，定期研究解决重大问题。各有关部门要认真按照职责分工，切实做好水污染防治相关工作。环境保护部要加强统一指导、协调和监督，工作进展及时向国务院报告。（环境保护部牵头，发展改革委、科技部、工业和信息化部、财政部、住房城乡建设部、水利部、农业部、海洋局等参与）

（三十一）落实排污单位主体责任。各类排污单位要严格执行环保法律法规和制度，加强污染治理设施建设和运行管理，开展自行监测，落实治污减排、环境风险防范等责任。中央企业和国有企业要带头落实，工业集聚区内的企业要探索建立环保自律机制。（环境保护部牵头，国资委参与）

（三十二）严格目标任务考核。国务院与各省（区、市）人民政府签订水污染防治目标责任书，分解落实目标任务，切实落实“一岗双责”。每年分流域、分区域、分海域对行动计划实施情况进行考核，考核结果向社会公布，并作为对领导班子和领导干部综合考核评价的重要依据。（环境保护部牵头，中央组织部参与）

将考核结果作为水污染防治相关资金分配的参考依据。（财政部、发展改革委牵头，环境保护部参与）

对未通过年度考核的，要约谈省级人民政府及其相关部门有关负责人，提出整改意见，予以督促；对有关地区和企业实施建设项目环评限批。对因工作不力、履职缺位等导致未能有效应对水环境污染事件的，以及干预、伪造数据和没有完成年度目标任务的，要依法依纪追究有关单位和人员责任。对不顾生态环境盲目决策，导致水环境质量恶化，造成严重后果的领导干部，要记录在案，视情节轻重，给予组织处理或党纪政纪处分，已经离任的也要终身追究责任。（环境保护部牵头，监察部参与）

十、强化公众参与和社会监督

（三十三）依法公开环境信息。综合考虑水环境质量及达标情况等因素，国家每年公布最差、最好的10个城市名单和各省（区、市）水环境状况。对水环境状况差的城市，经整改后仍达不到要求的，取消其环境保护模范城市、生态文明建设示范区、节水型城市、园林城市、卫生城市等荣誉称号，并向社会公告。（环境保护部牵头，发展改革委、住房城乡建设部、水利部、卫生计生委、海洋局等参与）

各省（区、市）人民政府要定期公布本行政区域内各地级市（州、盟）水环境质量状况。国家确定的重点排污单位应依法向社会公开其产生的主要污染物名称、排放方式、排放浓度和总量、超标排放情况，以及污染防治设施的建设和运行情况，主动接受监督。研究发布工业集聚区环境友好指数、重点行业污染物排放强度、城市环境友好指数等信息。（环境保护部牵头，发展改革委、工业和信息化部等参与）

（三十四）加强社会监督。为公众、社会组织提供水污染防治法规培训和咨询，邀请其全程参与重要环保执法行动和重大水污染事件调查。公开曝光环境违法典型案件。健全举报制度，充分发挥“12369”环保举报热线和网络平台作用。限期办理群众举报投诉的环境问题，一经查实，可给予举报人奖励。通过公开听证、网络征集等形式，充分听取公众对重大决策和建设项目的意见。积极推行环境公益诉讼。（环境保护部负责）

（三十五）构建全民行动格局。树立“节水洁水，人人有责”的行为准则。加强宣传教育，把水资源、水环境保护和水情知识纳入国民教育体系，提高公众对经济社会发展和环境保护客观规律的认识。依托全国中小学节水教育、水土保持教育、环境教育等社会实践基地，开展环保社会实践活动。支持民间环保机构、志愿者开展工作。倡导绿色消费新风尚，开展环保社区、学校、家庭等群众性创建活动，推动节约用水，鼓励购买使用节水产品和环境标志产品。（环境保护部牵头，教育部、住房城乡建设部、水利部等参与）

我国正处于新型工业化、信息化、城镇化和农业现代化快速发展阶段，水污染防治任务繁重艰巨。各地区、各有关部门要切实处理好经济社会发展和生态文明建设的关系，按照“地方履行属地责任、部门强化行业管理”的要求，明确执法主体和责任主体，做到各司其职，恪尽职守，突出重点，综合整治，务求实效，以抓铁有痕、踏石留印的精神，依法依规狠抓贯彻落实，确保全国水环境治理与保护目标如期实现，为实现“两个一百年”奋斗目标和中华民族伟大复兴中国梦作出贡献。

2014-2015年节能减排低碳发展行动方案

（国办发〔2014〕23号国务院办公厅2014年5月15日印发）

加强节能减排，实现低碳发展，是生态文明建设的重要内容，是促进经济提质增效升级的必由之路。“十二五”规划纲要明确提出了单位国内生产总值（GDP）能耗和二氧化碳排放量降低、主要污染物排放总量减少的约束性目标，但2011-2013年部分指标完成情况落后于时间进度要求，形势十分严峻。为确保全面完成“十二五”节能减排降碳目标，制定本行动方案。

工作目标：2014-2015年，单位GDP能耗、化学需氧量、二氧化硫、氨氮、氮氧化物排放量分别逐年下降3.9%、2%、2%、2%、5%以上，单位GDP二氧化碳排放量两年分别下降4%、3.5%以上。

一、大力推进产业结构调整

（一）积极化解产能严重过剩矛盾。认真贯彻落实《国务院关于化解产能严重过剩矛盾的指导意见》（国发〔2013〕41号），严格项目管理，各地区、各有关部门不得以任何名义、任何方式核准或备案产能严重过剩行业新增产能项目，依法依规全面清理违规在建和建成项目。加大淘汰落后产能力度，在提前一年完成钢铁、电解铝、水泥、平板玻璃等重点行业“十二五”淘汰落后产能任务的基础上，2015年底前再淘汰落后炼铁产能1500万吨、炼钢1500万吨、水泥(熟料及粉磨能力)1亿吨、平板玻璃2000万重量箱。

（二）加快发展低能耗低排放产业。加强对服务业和战略性新兴产业相关政策措施落实情况的督促检查，力争到2015年服务业和战略性新兴产业增加值占GDP的比重分别达到47%和8%左右。加快落实《国务院关于加快发展节能环保产业的意见》（国发〔2013〕30号），组织实施一批节能环保和资源循环利用重大技术装备产业化工程，完善节能服务公司扶持政策准入条件，实行节能服务产业负面清单管理，积极培育“节能医生”、节能量审核、节能低碳认证、碳排放核查等第三方机构，在污染减排重点领域加快推行环境污染第三方治理。到2015年，节能环保产业总产值达到4.5万亿元。

（三）调整优化能源消费结构。实行煤炭消费目标责任管理，严控煤炭消费总量，降低煤炭消费比重。京津冀及周边、长三角、珠三角等区域及产能严重过剩行业新上耗煤项目，要严格实行煤炭消耗等量或减量替代政策，京津冀地区2015年煤炭消费总量力争实现比2012年负增长。加快推进煤炭清洁高效利用，在大气污染防治重点区域地级以上城市大力推广使用型煤、清洁优质煤及清洁能源，限制销售灰分高于16%、硫分高于1%的散煤。增加天然气供应，优化天然气使用方式，新增天然气优先用于居民生活或替代燃煤。大力发展非化石能源，到2015年非化石能源占一次能源消费量的比重提高到11.4%。

（四）强化能评环评约束作用。严格实施项目能评和环评制度，新建高耗能、高排放项目能效水平和排污强度必须达到国内先进水平，把主要污染物排放总量指标作为环评审批的前置条件，对钢铁、有色、建材、石油石化、化工等高耗能行业新增产能实行能耗等量或减量置换。对未完成节能减排目标的地区，暂停该地区新建高耗能项目的能评审查和新增主要污染物排放项目的环评审批。完善能评管理制度，规范评估机构，优化审查流程。

二、加快建设节能减排降碳工程

（五）推进实施重点工程。大力实施节能技术改造工程，运用余热余压利用、能量系统优化、电机系统节能等成熟技术改造工程设备，形成节能能力3200万吨标准煤。加快实施节能技术装备产业化示范工程，推广应用低品位余热利用、半导体照明、稀土永磁电机等先进技术装备，形成节能能力1100万吨标准煤。实施能效领跑者计划和合同能源管理工程，形成节能能力2200万吨标准煤。推进脱硫脱硝工程建设（具体任务附后），完成3亿千瓦燃煤机组脱硝改造，2.5亿千瓦燃煤机组拆除烟气旁路，4万平方米钢铁烧结机安装脱硫设施，6亿吨熟料产能的新型干法水泥生产线安装脱硝设施，到2015年底分别新增二氧化硫、氮氧化物减排能力230万吨、260万吨以上。新建日处理能力1600万吨的城镇污水处理设施，规模化畜禽养殖场和养殖小区配套建设废弃物处理设施，到2015年底分别新增化学需氧量、氨氮减排能力200万吨、30万吨。加强对氢氟碳化物（HFCs）排放的管理，加快氢氟碳化物销毁和替代，“十二五”期间累计减排2.8亿吨二氧化碳当量。

（六）加快更新改造燃煤锅炉。开展锅炉能源消耗和污染排放调查。实施燃煤锅炉节能环保综合提升工程，2014年淘汰5万台小锅炉，到2015年底淘汰落后锅炉20万蒸吨（具体任务附后），推广高效节能环保锅炉25万蒸吨，全面推进燃煤锅炉除尘升级改造，对容量20蒸吨/小时及以上燃煤锅炉全面实施脱硫改造，形成2300万吨标准煤节能能力、40万吨二氧化硫减排能力和10万吨氮氧化物减排能力。

（七）加大机动车减排力度。2014年底前，在全国供应国四标准车用柴油，淘汰黄标车和老旧车600万辆（具体任务附后）。到2015年底，京津冀、长三角、珠三角等区域内重点城市全面供应国五标准车用汽油和柴油；全国淘汰2005年前注册营运的黄标车，基本淘汰京津冀、长三角、珠三角等区域内的500万辆黄标车。加强机动车环保管理，强化新生产车辆环保监管。加快柴油车车用尿素供应体系建设。

（八）强化水污染防治。落实最严格水资源管理制度。编制实施水污染防治行动计划，重点保护饮用水水源地、水质较好湖泊，重点治理劣五类等污染严重水体。继续推进重点流域水污染防治，严格水功能区管理。加强地下水污染防治，加大农村、农业面源污染防治力度，严格控制污水灌溉。强化造纸、印染等重点行业污染物排放控制。到2015年，重点行业单位工业增加值主要水污染物排放量下降30%以上。

三、狠抓重点领域节能降碳

（九）加强工业节能降碳。实施工业能效提升计划，在重点耗能行业全面推行能效对标，推动工业企业能源管控中心建设；开展工业绿色发展专项行动，实施低碳工业园区试点，到2015年，规模以上工业企业单位增加值能耗比2010年降低21%以上。持续开展万家企业节能低碳行动，推动建立能源管理体系；制定重点行业企业温室气体排放核算与报告指南，推动建立企事业单位碳排放报告制度；强化节能降碳目标责任评价考核，落实奖惩制度。到2015年底，万家企业实现节能量2.5亿吨标准煤以上。

（十）推进建筑节能降碳。深入开展绿色建筑行动，政府投资的公益性建筑、大型公共建筑以及各直辖市、计划单列市及省会城市的保障性住房全面执行绿色建筑标准。到2015年，城镇新建建筑绿色建筑标准执行率达到20%，新增绿色建筑3亿平方米，完成北方采暖地区既有居住建筑供热计量及节能改造3亿平方米。以住宅为重点，以建筑工业化为核心，加大对建筑部品生产的扶持力度，推进建筑产业现代化。

（十一）强化交通运输节能降碳。加快推进综合交通运输体系建设，开展绿色循环低碳交通运输体系建设试点，深化“车船路港”千家企业低碳交通运输专项行动。实施高速公路不停车自动交费系统全国联网工程。加大新能源汽车推广应用力度。继续推行甩挂运输，开展城市绿色货运配送示范行动。积极发展现代物流业，加快物流公共信息平台建设。大力发展公共交通，推进“公交都市”创建活动。公路、水路运输和港口形成节能能力1400万吨标准煤以上，到2015年，营运货车单位运输周转量能耗比2013年降低4%以上。

（十二）抓好公共机构节能降碳。完善公共机构能源审计及考核办法。推进公共机构实施合同能源管理项目，将公共机构合同能源管理服务纳入政府采购范围。开展节约型公共机构示范单位建设，将40%以上的中央国家机关本级办公区建成节约型办公区。2014-2015年，全国公共机构单位建筑面积能耗年均降低2.2%，力争超额完成“十二五”时期降低12%的目标。

四、强化技术支撑

（十三）加强技术创新。实施节能减排科技专项行动和重点行业低碳技术创新示范工程，以电力、钢铁、石油石化、化工、建材等行业和交通运输等领域为重点，加快节能减排共性关键技术及成套装备研发生产。在能耗高、节能减排潜力大的地区，实施一批能源分质梯级利用、污染物防治和安全处置等综合示范科技研发项目。实施水体污染治理与控制重大科技专项，突破化工、印染、医药等行业源头控制及清洁生产关键技术瓶颈。鼓励建立以企业为主体、市场为导向、多种形式的产学研战略联盟，引导企业加大节能减排技术研发投入。

（十四）加快先进技术推广应用。完善节能低碳技术遴选、评定及推广机制，以发布目录、召开推广会等方式向社会推广一批重大节能低碳技术及装备，鼓励企业积极采用先进适用技术进行节能改造，实现新增节能能力1350万吨标准煤。在钢铁烧结机脱硫、水泥脱硝和畜禽规模养殖等领域，加快推广应用成熟的污染治理技术。实施碳捕集、利用和封存示范工程。

五、进一步加强政策扶持

（十五）完善价格政策。严格清理地方违规出台的高耗能企业优惠电价政策。落实差别电价和惩罚性电价政策，节能目标完成进度滞后地区要进一步加大差别电价和惩罚性电价执行力度。对电解铝企业实行阶梯电价政策，并逐步扩大到其他高耗能行业和产能过剩行业。落实燃煤机组环保电价政策。完善污水处理费政策，研究将污泥处理费用纳入污水处理成本。完善垃圾处理收费方式，提高收缴率。

（十六）强化财税支持。各级人民政府要加大对节能减排的资金支持力度，整合各领域节能减排资金，加强统筹安排，提高使用效率，努力促进资金投入与节能减排工作成效相匹配。严格落实合同能源管理项目所得税减免政策。实施煤炭等资源税从价计征改革，清理取消有关收费基金。开展环境保护税立法工作，加快推进环境保护费改税。

（十七）推进绿色融资。银行业金融机构要加快金融产品和业务创新，加大对节能减排降碳项目的支持力度。支持符合条件的企业上市、发行非金融企业债务融资工具、企业债券等，拓宽融资渠道。建立节能减排与金融监管部门及金融机构信息共享联动机制，促进节能减排信息在金融机构中实现共享，作为综合授信和融资支持的重要依据。积极引导多元投资主体和各类社会资金进入节能减排降碳领域。

六、积极推行市场化节能减排机制

（十八）实施能效领跑者制度。定期公布能源利用效率最高的空调、冰箱等量大面广终端用能产品目录，单位产品能耗最低的乙烯、粗钢、电解铝、平板玻璃等高耗能产品生产企业名单，以及能源利用效率最高的机关、学校、医院等公共机构名单，对能效领跑者给予政策扶持，引导生产、购买、使用高效节能产品。适时将能效领跑者指标纳入强制性国家标准。

（十九）建立碳排放权、节能量和排污权交易制度。推进碳排放权交易试点，研究建立全国碳排放权交易市场。加快制定节能量交易工作实施方案，依托现有交易平台启动项目节能量交易。继续推进排污权有偿使用和交易试点。

（二十）推行能效标识和节能低碳产品认证。修订能效标识管理办法，将实施能效标识的产品由28类扩大到35类。整合节能和低碳产品认证制度，制定节能低碳产品认证管理办法，将实施节能认证的产品由117类扩大到139类，强化对认证结果的采信。将产品能效作为质量监管的重点，严厉打击能效虚标行为。

（二十一）强化电力需求侧管理。落实电力需求侧管理办法，完善配套政策，严格目标责任考核。建设国家电力需求侧管理平台，推广电能服务，继续实施电力需求侧管理城市综合试点。电网企业要确保完成年度电力电量节约指标，并对平台建设及试点工作给予支持和配合。电力用户要积极采用节电技术产品，优化用电方式，提高电能利用效率。通过推行电力需求侧管理机制，2014-2015年节约电量400亿千瓦时，节约电力900万千瓦。

七、加强监测预警和监督检查

（二十二）强化统计预警。加强能源消耗、温室气体排放和污染物排放计量与统计能力建设，进一步完善节能减排降碳的计量、统计、监测、核查体系，确保相关指标数据准确一致。加强分析预警，定期发布节能目标完成情况晴雨表和主要污染物排放数据公告。各地区要研究制定确保完成节能减排降碳目标的预警调控方案，根据形势适时启动。

（二十三）加强运行监测。加快推进重点用能单位能耗在线监测系统建设，2014年完成试点，2015年基本建成。进一步完善主要污染物排放在线监测系统，确保监测系统连续稳定运行，到2015年底，污染源自动监控数据有效传输率达到75%，企业自行监测结果公布率达到80%，污染源监督性监测结果公布率达到95%。

（二十四）完善法规标准。推进节约能源法、大气污染防治法、建设项目环境保护管理条例的修订工作，推动

开展节能评估审查、应对气候变化立法等工作，加快制定排污许可证管理条例、机动车污染防治条例等法规，研究制定节能监察办法。实施百项能效标准推进工程，制（修）订一批重要节能标准、重点行业污染物排放标准，落实重点区域大气污染物排放特别限值要求。

（二十五）强化执法监察。加强节能监察能力建设，到2015年基本建成省、市、县三级节能监察体系。发挥能源监管派出机构的作用，加强能源消费监管。2014年下半年，各地区节能主管部门要针对万家重点用能企业开展专项监察。环保部门要持续开展专项执法，公布违法排污企业名单，发布重点企业污染物排放信息，对违法违规行为进行公开通报或挂牌督办。依法查处违法用能排污单位和相关责任人。实行节能减排执法责任制，对行政不作为、执法不严等行为，严肃追究有关主管部门和执法机构负责人的责任。

八、落实目标责任

（二十六）强化地方政府责任。各省（区、市）要严格控制本地区能源消费增长。严格实施单位GDP能耗和二氧化碳排放强度降低目标责任考核，减排重点考核污染物控制目标、责任书项目落实、监测监控体系建设运行等情况。地方各级人民政府对本行政区域内节能减排降碳工作负总责，主要领导是第一责任人。对未完成年度目标任务的地区，必要时请国务院领导同志约谈省级政府主要负责人，有关部门按规定进行问责，相关负责人在考核结果公布后的一年内不得评选优秀和提拔重用，考核结果向社会公布。对超额完成“十二五”目标任务的地区，按照国家有关规定，根据贡献大小给予适当奖励。

（二十七）落实重点地区责任。海南、甘肃、青海、宁夏、新疆等节能降碳目标完成进度滞后的地区，要抓紧制定具体方案，采取综合性措施，确保完成节能降碳目标任务。云南、贵州、广西、新疆等减排工作进展缓慢地区，要进一步挖掘潜力，确保完成减排目标。强化京津冀及周边、长三角、珠三角等重点区域污染减排，尽可能多削减氮氧化物，力争2014-2015年实现氮氧化物减排12%，高出全国平均水平2个百分点。年能源消费量2亿吨标准煤以上的重点用能地区和东中部排放量较大地区，在确保完成目标任务前提下要多作贡献。各省级人民政府要对年能源消费量300万吨标准煤以上的市县实行重点管理，出台措施推动多完成节能任务。18个节能减排财政政策综合示范城市要争取提前一年完成“十二五”节能目标，或到2015年超额完成目标的20%以上。低碳试点省（区）和城市要提前完成“十二五”降碳目标。

（二十八）明确相关部门工作责任。国务院各有关部门要按照职责分工，加强协调配合，多方齐抓共管，形成工作合力。发展改革委要履行好国家应对气候变化及节能减排工作领导小组办公室的职责，会同环境保护部等有关部门加强对地方和企业的监督指导，抓紧制定出台对进度滞后地区的帮扶督办方案，密切跟踪工作进展，督促行动方案各项措施落到实处。环境保护部等要全面加强监管，其他各相关部门也要抓紧行动，共同做好节能减排降碳工作。

（二十九）强化企业主体责任。企业要严格遵守节能环保法律法规及标准，加强内部管理，增加资金投入，及时公开节能环保信息，确保完成目标任务。中央企业要积极发挥表率作用，把节能减排任务完成情况作为企业绩效和负责人业绩考核的重要内容。国有企业要力争提前完成“十二五”节能目标。充分发挥行业协会在加强企业自律、树立行业标杆、制定技术规范、推广先进典型等方面的作用。

（三十）动员公众积极参与。采取形式多样的宣传教育活动，调动社会公众参与节能减排的积极性。鼓励对政府和企业落实节能减排降碳责任进行社会监督。

附件：1.2014-2015年各地区燃煤锅炉淘汰任务

2.2014-2015年各地区主要大气污染物减排工程任务

3.2014年各地区黄标车及老旧车辆淘汰任务

附件1：2014-2015年各地区燃煤锅炉淘汰任务

地区	淘汰任务（万蒸吨）
北京	0.9
天津	1.2
河北	2.2
山西	1.0
内蒙古	0.9
辽宁	1.0
吉林	0.5
黑龙江	1.0
上海	0.5
江苏	1.1
浙江	1.4
安徽	0.6
福建	0.3
江西	0.2
山东	2.3
河南	1.0
湖北	0.4
湖南	0.3
广东	0.5
广西	0.1
海南	0
重庆	0.1
四川	0.2
贵州	0.1
云南	0.4
西藏	0
陕西	0.8
甘肃	0.3
青海	0.1
宁夏	0.2
新疆	0.4
合计	20

注：分配淘汰任务参考了各地区现有的中小锅炉容量，并加大了大气污染防治重点地区的淘汰力度。

附件2：2014-2015年各地区主要大气污染物减排工程任务

地区	火电脱硝（万千瓦）	钢铁烧结机脱硫（平方米）	水泥脱硝（万吨）
北京	0	0	210
天津	596	1430	0
河北	1500	11010	2160
山西	1134	2531	1650
内蒙古	3369	1777	3300
辽宁	1293	4764	3450
吉林	1119	560	270
黑龙江	1092	270	630
上海	344	264	75
江苏	1313	3692	4080
浙江	892	480	1860
安徽	1051	910	3600
福建	157	0	0
江西	541	641	2610
山东	3140	1973	5040
河南	2243	492	5400
湖北	1100	1388	4410
湖南	766	710	660
广东	602	0	5820
广西	506	360	750
海南	167	0	270
重庆	466	0	1530
四川	642	740	3450
贵州	1200	684	1200
云南	862	2575	2400
陕西	955	0	300
甘肃	539	646	1050
青海	90	0	480
宁夏	643	132	750
新疆（不含新疆生产建设兵团）	818	1410	2700
新疆生产建设兵团	330	352	1200

注：西藏自治区数据暂缺。

附件3：2014年各地区黄标车及老旧车辆淘汰任务

地区	淘汰任务（万辆）
北京	39.1
天津	14.3
河北	66
山西	21.6
内蒙古	16.8
辽宁	34.9
吉林	17
黑龙江	20.5
上海	16
江苏	30.7
浙江	28.1
安徽	25.8
福建	9.9
江西	14.6
山东	42.8
河南	28.2
湖北	18.5
湖南	15.2
广东	49.3
广西	10
海南	2
重庆	5.7
四川	17.6
贵州	6.9
云南	14.7
西藏	0.38
陕西	13.4
甘肃	7.2
青海	2
宁夏	4.4
新疆	7.5

贵州省生态文明先行示范区建设实施方案（节录）

（发改环资[2014]1209号国家发展改革委、财政部、国土资源部、水利部、农业部
国家林业局2014年6月5日印发）

（二）主要目标

——资源能源节约利用水平显著提高。超额完成国家下达的节能降耗、碳强度下降目标，资源利用效率显著提升，资源循环利用体系基本建立。水资源开发利用率达到15%，非化石能源占一次能源比重提高到21%，工业固废综合利用率达到80%，绿色矿山建设格局基本形成。

三、主要任务

淘汰落后产能。坚持能耗、水耗、污染物排放标准，严格执行国家下达的淘汰落后产能目标任务，积极化解产能严重过剩矛盾，完善落后产能市场退出机制。推进煤矿企业兼并重组，坚决关闭煤炭行业落后产能。推进电力行业淘汰落后产能，加快关停小火电机组。在已完成“十二五”淘汰落后产能任务的基础上，按照2013年版产业结构调整指导目录，2015年前再淘汰一批落后产能。

煤炭行业。到2015年，兼并、关闭煤矿900个左右，煤矿数量减少到800个左右，新建煤与瓦斯突出矿井设计规模不低于90万吨/年，其余矿井设计规模原则上不低于30万吨/年。

电力行业。到2020年，全部关停20万千瓦及以下常规燃煤机组，共关停三个电厂共11台机组，关停容量164万千瓦。

建材、冶金、有色等行业。坚决执行国家下达的淘汰落后产能任务，到2015年，全部淘汰尚有的约800万吨落后产能。

水泥。淘汰落后产能418万吨，2014年淘汰405万吨，2015年淘汰13万吨。

铁合金。淘汰落后产能42万吨，2014年淘汰40万吨，2015年淘汰4万吨。

钢铁。淘汰落后产能80万吨，2014年淘汰69万吨，2015年淘汰11万吨。

焦炭。淘汰落后产能239万吨，2014年淘汰189万吨，2015年淘汰50万吨。

电解铝。2015年淘汰落后产能20万吨。

重点打造100个产业园区。在符合政策规划的前提下，着力把100个产业园区打造成为工业转型升级的主阵地，完善园区生产性、生活性服务设施，加快园区污水、垃圾、固废等无害化、循环化、资源化集中处理设施建设，建立完善园区公共服务平台体系。引导主要产业、同类产业、配套产业集聚发展、集群发展、集约发展，实施大项目带小项目，上游项目带下游项目，增强园区项目带动力量。注重资源节约循环利用，坚决防止污染项目进入。到2020年，园区总产值突破1.7万亿元。

（三）推动绿色循环低碳发展

以绿色发展、循环发展、低碳发展为生态文明建设的基本途径，把绿色循环低碳要求贯穿到生产生活各个方面，加强生产、流通、消费全过程资源节约，推动资源利用方式根本转变，切实加强污染防治，加强破解资源环境瓶颈约束，以尽可能小的资源环境代价支撑全省经济社会又好又快、更好更快发展。

1、深入推进节能降耗

科学合理分解节能目标任务，实行能源消费总量和强度控制并重，健全节能统计、监测和预警机制，完善节能考核办法，严格节能考核和问责。实施节能改造、节能技术产业化示范、节能产品惠民、节能能力建设等重点工程，加强工业锅炉（窑炉）节能改造和更新、余热余压回收利用、热电联产和电机系统节能改造。强化万家企业等重点用能单位节能管理，加快能耗在线监测系统建设。推行节能发电调度、电力需求侧管理、合同能源管理等节能机制。开展绿色建筑行动，推动公共建筑节能改造与运行管理。构建综合交通运输体系，优化交通运输结构，促进结构性节能减排，有序推进城市轨道交通建设，鼓励LNG、CNG、油电

混合动力等新能源车辆在客货运输中的推广应用，加速淘汰老旧、高耗能、高污染汽车、机车、船舶。实施公共机构节能改造。支持节能新技术（产品）研究开发、示范与推广，培育和规范节能产品（技术）市场。

节能改造工程。重点实施锅炉（窑炉）改造和热电联产、电机系统节能、能量系统优化、

余热余压利用、节约和替代石油、建筑节能、交通运输节能、绿色照明等节能改造工程。2013至2020年累计实现节能500万吨标准煤。

节能产品惠民工程。加大高效节能产品推广力度，重点推广高效照明产品、节能家用电器、节能与新能源汽车、节能单元式空调器、高效电动机、高效风机、高效水泵、高效空压机和节能变压器等。2013至2020年累计实现节能200万吨标准煤。

2、合理开发与节约利用水资源

围绕“节水优先、空间均衡、系统治理、两手发力”的治水思路，落实最严格的水资源管理制度。严格控制用水总量，落实规划水资源论证制度，全面实施水资源统一调度，坚决遏制不合理新增取水，严格限制高耗水、高污染、低效益项目，实现区域水资源供需平衡。严格用水效率控制，加大国家节水法规、政策、规划和标准贯彻执行力度，积极建设节水型社会，支持节水技术改造和示范工程，积极发展高效节水灌溉和旱作节水农业，加快城市供水管网改造，推广普及生活节水器具，重点抓好高用水行业节水减排技改以及重复用水工程建设，提高工业用水循环利用率，加强非常规水源开发利用，推进城市污水、矿井涌水处理回用。推进贵阳市、黔西南州、黔南州全国水生态文明试点建设。严格水功能区和入河湖排污口监督管理，建立水功能区限制纳污指标体系，从严核定水域纳污容量，对排污量超出水功能区限排总量的地区，限制审批新增取水和入河湖排污口，开展生态修复、排污口整治、河湖清淤等水资源保护工程建设。建立健全全省水资源管理监测系统，建立覆盖省、市、县三级的水资源监测管理系统，实现水资源实时管理，提高信息化、现代化管理水平。实施骨干水源工程、引提灌工程和地下水（机井）利用工程“三大会战”，增强水资源调控能力。因地制宜建设城乡备用水源，继续推进城乡供水一体化，加强饮用水水源地安全保障达标建设，保障城乡饮水安全。到2020年，全省水利工程供水能力达159.4亿立方米以上，单位工业增加值用水量控制在90立方米/万元以内，再生水利用率达到30%以上。

3、节约集约利用土地和矿产资源

控制建设用地规模。坚持保障发展、保护资源、保护权益并重，严格土地用途管制，落实建设用地空间管制要求。建立和完善土地利用总体规划实施和合理调整制度，强化土地利用总体规划和年度计划管控，优化建设用地结构和布局，促进高效利用。到2020年，确保全省土地开发强度控制在4.1%以内，人均城镇工矿用地低于西部和全国平均水平。

提高土地节约集约利用水平。扎实开展建设用地潜力调查评价，按照国家统一部署，规范推进城乡建设用地增减挂钩、废弃工矿地复垦利用和旧城镇、旧工矿、旧村庄等低效建设用地改造，积极盘活存量建设用地。推进工业项目入园和标准厂房建设。严格执行建设项目用地定额标准和投资强度要求，鼓励地上地下空间开发。完善建设用地批后监管、考核等节约集约用地制度。到2020年，单位建设用地生产总值达1.3亿元/平方公里。

加强耕地和基本农田保护。加强耕地质量管理，完善耕地质量建设与保护、监测评价与奖惩的长效投入和监管机制。加强5000亩以上坝区优质耕地保护，守住千亩以上成片耕地。加强建设占用耕地耕作层剥离利用，稳步扩大高标准基本农田面积，加大高标准基本农田建设力度。到2020年，耕地保有量不少于6556万亩，其中基本农田保护面积不少于5426万亩，建成高标准农田1623万亩。

大力开展土地综合整治。重点实施黔西北连片特困区土地整治、黔东北连片特困区土地整治、黔中现代农业土地综合整治、黔西南岩溶石漠化地区土地综合整治、黔东生态农业基本农田整治等工程。实施乌蒙山片区土地整治重大项目。加大田、水、路、林、村综合整治和中低产田改造力度，加快废弃土地复垦。

大力发展绿色矿业。严格实施矿产资源规划，优化矿山布局与结构，切实转变资源利用方式，全面推进绿色矿山建设，推动资源高效利用、节能减排、环境保护和矿地和谐，引导传统矿业转型升级，推动绿色矿山建成率大幅提高。积极创建国家绿色矿业发展示范区，按照绿色矿山的标准规划、设计和建设新建矿山，着力改进生产矿山开发利用方式，达到绿色矿山建设要求。

推动矿产资源综合开发利用。建立健全矿业绿色发展运行和管理机制，全面建设矿产资源节约集约利用示范省。坚持采气采煤协调发展，加强织纳、盘县、黔北、水城、普兴、六枝等地区煤炭煤层气的综合勘查、综合开发。加强黔西南低品位金矿和铁矿、铝土矿中镓、磷矿中稀土等资源综合利用。依托开阳磷矿综合利用示范基地建设，提高综合利用水平，实现伴生氟、硅、碘等资源的综合回收。进一步促进资源就地转化和深加工，到2020年，资源就地转化率达到80%。

4、大力发展循环经济

以提高资源产出率为目标，按照“减量化、再利用、资源化，减量化优先”的原则，在生产、流通、消费各环节大力发展循环经济，加快构建覆盖全社会的资源循环利用体系。推行循环型生产方式，构建循环链接的产业体系。大力推进贵阳市、龙里县国家循环经济试点示范城市建设，推动六盘水市创建国家循环经济示范城市。推进产业废物综合利用和再制造产业化，发挥贵阳、遵义经济技术开发区国家园区循环化改造示范试点作用，加快全省园区循环化改造步伐，推动提高主要资源产出率，基本实现“零排放”。推进建筑废弃物及生活垃圾、餐厨垃圾资源化利用，大力推进贵阳市、遵义市和铜仁市国家餐厨废弃物资源化利用和无害化处理试点城市建设，推进贵阳白云区国家“城市矿产”示范基地建设，大力推动铜仁市万山区创建国家“城市矿产”示范基地。大力发展循环型服务业，推进服务主体绿色化、服务过程清洁化。发挥黔南州“双百工程示范基地”示范引领作用，大力推动共伴生矿及尾矿综合利用，粉煤灰、煤矸石、工业副产石膏、冶炼和化工废渣、建筑废物综合利用，废旧轮胎、废弃包装物、废旧纺织品再生利用，新型利废墙体材料等资源综合利用重点工程建设，开展化工、酿造、医药、食品加工等行业提标改造，到2020年全省工业固体废物综合利用率达到72%。大力发展循环农业，推广农业循环经济典型模式，推进农业清洁生产，实施农林废弃物综合利用重点工程，鼓励和发展秸秆食用菌、育苗基料、沼气、热解气化、固化成型、“炭气油”联产等新技术，推进秸秆综合利用，加强畜禽粪污资源化利用，以沼气工程和畜禽粪便收集处理中心为纽带，大力发展“猪—沼—果”、“猪—沼—茶”等循环农业模式。推进废旧农膜和农药包装物的回收利用，鼓励和支持农产品加工下脚料的无害化处理与资源化利用。

循环经济示范城市（县）、园区（基地）、企业培育工程。认定和培育一批省级循环经济示范市（县）、园区（基地）和企业。发挥贵阳市国家循环经济示范城市的示范带动作用，推动六盘水市、龙里县等城市（县）及一批骨干企业（园区）创建国家循环经济示范城市（县）、企业（园区）。

产业园区循环化改造示范工程。选择基础条件好、改造潜力大的国家级和省级开发区开展循环化改造示范，实现空间布局合理化、产业结构再优化、产业链接循环化、资源利用高效化、污染治理集中化、基础设施绿色化、运行管理规范化。重点推进贵阳经济技术开发区、遵义经济技术开发区国家园区循环化改造示范试点园区建设。

“城市矿产”基地建设示范工程。加快推进贵阳市白云经济技术开发区再生资源产业园国家“城市矿产”示范基地建设，培育再生资源龙头企业，促进“城市矿产”资源高值化利用和积聚化发展。

再生资源回收体系试点示范工程。规范建设城市社区和乡村回收站点、分拣中心、集散市场三位一体的回收网络体系，在4个城市开展生活垃圾分类试点。

餐厨废弃物资源化利用和无害化处理示范工程。加快推进贵阳市、遵义市和铜仁市等国家餐厨废弃物资源化利用和无害化处理试点工作。

农业废弃物资源化利用工程。实施秸秆还田、贮饲料生产、食用菌培育、固化成型燃料等工程，探索秸秆资源产业化利用新途径。实现规模化养殖场粪污能源化、肥料化利用。规模化畜禽养殖场排泄物综合利用率和农作物秸秆综合利用率达到75%以上。

5、积极应对气候变化

通过节能提高能效，优化能源结构，增加森林、草地、湿地碳汇等手段，进一步减少温室气体排放。加强适应气候变化特别是应对极端天气变化能力建设，提高农业、林业、水资源等重点领域和生态脆弱地区适应气候变化水平。建立健全温室气体排放统计体系。加快推动贵阳市、遵义市国家低碳试点城市建设，积极开展低碳社区、低碳产业园区、低碳商业和低碳产品等试点工作。

6、推动绿色循环低碳科技创新

充分发挥市场对绿色循环低碳技术路线选择的决定性作用，强化企业技术创新主体地位，建立完善科技创新成果转化机制。加强绿色低碳科技研发，重点开展矿产和清洁能源、生态环境、新材料、生态农业等领域基础和应用研究，培育新兴产业技术源。加强喀斯特环境基准和标准、污染成因及机理、预警及防控、环境政策效应等研究。加快生物技术、膜技术、纳米技术、电子信息技术、新能源技术、智能网络技术等前沿关键技术的研发，开发和应用成熟技术工艺、装备。加快产学研联合创新载体建设，着力打造集研发、集成应用、成果产业化、产品商业化于一体的绿色低碳科技产业链，推进创新型骨干企业、高校、科研院所联合组建产业技术创新战略联盟，政府各类科技计划按规定支持产学研用合作项目。推进重点领域的共性关键核心技术突破和成果应用示范。统筹利用现有渠道和资源，到2020年，培育建设3-5个科技创新平台，实施80-100项重点科技攻关项目，转化50-70项绿色循环低碳科技成果。

7、加大污染防治力度

大力推进污染物减排。坚持源头预防、防治结合，标本兼治、综合施策的原则，强化结构减排，落实工程减排，加大管理减排，推行清洁生产。严格执行新建项目环境影响评价和“三同时”制度。排放主要污染物的建设项目，在环评审批前，需取得主要污染物排放总量指标。建立建材、化工等高耗能、高污染行业新上

项目与当地减排指标完成进度挂钩、与淘汰落后产能工作相结合的机制。从单独控制个别污染物向多种污染物协同控制转变，全面加强排污申报登记，严格执行排污许可证制度。建立和完善污染物总量控制长效机制，降低主要污染物排放量。到2020年，各项主要污染物排放总量达到国家下达的控制目标。

加强水污染防治。实施重点流域水污染防治、湖泊生态环境保护重点工程，加强城镇污水、垃圾及磷煤化工、冶金、煤矿、酿造等行业污水处理设施建设和管理，大力整治乌江、清水江、赤水河、三岔河水污染。加强农业面源污染防治。制定流域环境保护及水资源保护办法，实施跨流域跨市、跨县水质联防联控考核制度。积极实施水生态系统保护与修复工程，恢复与改善重要河流、湖库、湿地和城镇水环境、水生态状况。积极争取国家支持，推进草海环境保护和综合治理。加强执法检查和应急管理，实行最严格的饮用水源保护区管理制度。到2020年，全省八大水系水质95%以上达到水功能区标准，出境河流主要断面水质稳定达标。开展地下水污染普查，制定地下水污染防治办法。制定管理办法，维持河道最小生态流量，开展河流水资源开发利用的环境影响评价。

全面开展大气污染防治。实施火电、钢铁、水泥等行业脱硫、脱硝、除尘设施改造升级重点工程，整治石化、有机化工、表面涂装、包装印刷等行业挥发性有机物污染，全面整治燃煤小锅炉。加快加油站、储油库、油罐车油气回收治理。实行煤炭消费总量控制制度，推进煤炭清洁利用。强化施工扬尘、矿山扬尘监管。推进贵阳市国家低碳交通运输体系试点城市工作，加强城市交通管理，控制机动车保有量，大力推广新能源汽车。到2020年，全省9个中心城市、贵安新区和各县城环境空气质量优良天数达到85%以上，全年环境空气质量达到二级。

加强土壤、重金属和固体废物污染防治。严格环境准入，防止新建项目造成土壤污染。大力开展土壤污染治理与修复，实施重金属污染防治重点工程。摸清耕地土壤重金属污染底数，建立农产品产地环境质量档案，开展日常监测和预警。到2020年完成农产品产地污染等级划分，实行分级管理。实施重金属污染物总量控制制度，加强电镀、再生金属冶炼、采选等涉重金属企业环境监管，探索重金属废渣综合利用。调整严重污染和地下水严重超采区耕地用途。强化被污染土壤、场地环境风险控制，全面开展污染土壤、场地开发利用环境调查和风险评估。强化工业固体废物和危险废物污染防治，危险废物规划化管理合格率达到国家要求。推进固体废物循环利用，到2020年，工业固体废物综合利用率达到72%以上。

水污染防治重点工程。大力推进100个示范小城镇污水处理设施及配套管网项目，确保到2017年，100个示范小城镇污水处理设施全部建成投运，并实现污水达标排放；积极实施111个产业园区污水处理工程，确保2015年前建成39个产业园区污水处理设施，2017年前建成62个产业园区污水处理设施，实现产业园区污水集中处理，达标排放；大力推动规模化畜禽养殖场污染治理设施建设，确保到2015年建成480个规模化畜禽养殖场污染防治设施；重点实施“一煤矿一污水处理设施”建设项目，确保到2015年完成赤水河、乌江、清水江、南盘江、北盘江以及都柳江等区域800个煤矿废水治理项目建设。

大气污染防治重点工程。大力实施燃煤火电厂烟气脱硝设施和脱硫设施旁路封堵项目，到2015年底前完成51台燃煤发电机组脱硫设施旁路封堵、40台发电机组脱硝设施建设项目；大力实施钢铁烧结机、球团设备脱硫改造和新型干法水泥窑烟气脱硫脱硝改造，到2015年底全面完成；加快老旧机动车淘汰，加强机动车“黄绿标”管理，推进机动车尾气检测机构建设，确保2014年底前全省机动车“黄绿标”管理覆盖率达到90%以上，2015年基本淘汰2005年以前注册经营的“黄标车”。

农业面源污染防治工程。建设15个农业面源污染监测定位点，实施土壤有机质提升、测土配方施肥、绿色病虫害防控等项目；在水源保护地、风景名胜区等重要区域，建设农业面源污染综合防治示范区。实现主要粮油作物测土、配方、施肥指导和地力评价全覆盖，肥料利用率提高10%以上。以自然村寨为单元，因地制宜建设农村生活污水、垃圾收集处理设施，配套农业清洁生产技术，实施农村清洁示范工程1000个。

城镇生活垃圾无害化、资源化利用重点工程。重点实施100个示范小城镇垃圾处理及收运设施项目建设，确保到2017年100个示范小城镇垃圾处理及收运设施全部建成投运，实现生活垃圾无害化处理；大力推进9个市（州）中心城市及有条件的县（市）实施生活垃圾焚烧发电、水泥窑协同处置生活垃圾等生活垃圾资源化利用项目。

重金属和工业固废重点治理项目。推进《重金属污染综合防治“十二五”规划》重点项目建设，确保到2015

年底前完成规划任务。重点实施标准化工业渣场项目建设，确保到2017年，全省建成179个标准化工业渣场及尾矿库。

煤电节能减排升级与改造行动计划（2014—2020年）

（发改能源[2014]2093号国家发展改革委、环境保护部、国家能源局2014年9月12日印发）

为贯彻中央财经领导小组第六次会议和国家能源委员会第一次会议精神，落实《国务院办公厅关于印发能源发展战略行动计划（2014—2020年）的通知》（国办发〔2014〕31号）要求，加快推动能源生产和消费革命，进一步提升煤电高效清洁发展水平，制定本行动计划。

一、指导思想和行动目标

（一）指导思想。全面落实“节约、清洁、安全”的能源战略方针，推行更严格能效环保标准，加快燃煤发电升级与改造，努力实现供电煤耗、污染排放、煤炭占能源消费比重“三降低”和安全运行质量、技术装备水平、电煤占煤炭消费比重“三提高”，打造高效清洁可持续发展的煤电产业“升级版”，为国家能源发展和战略安全夯实基础。

（二）行动目标。全国新建燃煤发电机组平均供电煤耗低于300克标准煤/千瓦时（以下简称“克/千瓦时”）；东部地区新建燃煤发电机组大气污染物排放浓度基本达到燃气轮机组排放限值，中部地区新建机组原则上接近或达到燃气轮机组排放限值，鼓励西部地区新建机组接近或达到燃气轮机组排放限值。

到2020年，现役燃煤发电机组改造后平均供电煤耗低于310克/千瓦时，其中现役60万千瓦及以上机组（除空冷机组外）改造后平均供电煤耗低于300克/千瓦时。东部地区现役30万千瓦及以上公用燃煤发电机组、10万千瓦及以上自备燃煤发电机组以及其他有条件的燃煤发电机组，改造后大气污染物排放浓度基本达到燃气轮机组排放限值。

在执行更严格能效环保标准的前提下，到2020年，力争使煤炭占一次能源消费比重下降到62%以内，电煤占煤炭消费比重提高到60%以上。

二、加强新建机组准入控制

（三）严格能效准入门槛。新建燃煤发电项目（含已纳入国家火电建设规划且具备变更机组选型条件的项目）原则上采用60万千瓦及以上超超临界机组，100万千瓦级湿冷、空冷机组设计供电煤耗分别不高于282、299克/千瓦时，60万千瓦级湿冷、空冷机组分别不高于285、302克/千瓦时。

30万千瓦及以上供热机组和30万千瓦及以上循环流化床低热值煤发电机组原则上采用超临界参数。对循环流化床低热值煤发电机组，30万千瓦级湿冷、空冷机组设计供电煤耗分别不高于310、327克/千瓦时，60万千瓦级湿冷、空冷机组分别不高于303、320克/千瓦时。

（四）严控大气污染物排放。新建燃煤发电机组（含在建和项目已纳入国家火电建设规划的机组）应同步建设先进高效脱硫、脱硝和除尘设施，不得设置烟气旁路通道。东部地区（辽宁、北京、天津、河北、山东、上海、江苏、浙江、福建、广东、海南等11省市）新建燃煤发电机组大气污染物排放浓度基本达到燃气轮机组排放限值（即在基准氧含量6%条件下，烟尘、二氧化硫、氮氧化物排放浓度分别不高于10、35、50毫克/立方米），中部地区（黑龙江、吉林、山西、安徽、湖北、湖南、河南、江西等8省）新建机组原则上接近或达到燃气轮机组排放限值，鼓励西部地区新建机组接近或达到燃气轮机组排放限值。支持同步开展大气污染物联合协同脱除，减少三氧化硫、汞、砷等污染物排放。

（五）优化区域煤电布局。严格按照能效、环保准入标准布局新建燃煤发电项目。京津冀、长三角、珠三角等区域新建项目禁止配套建设自备燃煤电站。耗煤项目要实行煤炭减量替代。除热电联产外，禁止审批新建燃煤发电项目；现有多台燃煤机组装机容量合计达到30万千瓦以上的，可按照煤炭等量替代的原则建设为大容量燃煤机组。

统筹资源环境等因素，严格落实节能、节水和环保措施，科学推进西部地区锡盟、鄂尔多斯、晋北、晋中、晋东、陕北、宁东、哈密、准东等大型煤电基地开发，继续扩大西部煤电东送规模。中部及其他地区适度建设路口电站及负荷中心支撑电源。

（六）积极发展热电联产。坚持“以热定电”，严格落实热负荷，科学制定热电联产规划，建设高效燃煤热电机组，同步完善配套供热管网，对集中供热范围内的分散燃煤小锅炉实施替代和限期淘汰。到2020年，燃煤热电机组装机容量占煤电总装机容量比重力争达到28%。

在符合条件的大中型城市，适度建设大型热电机组，鼓励建设背压式热电机组；在中小型城市和热负荷集中的工业园区，优先建设背压式热电机组；鼓励发展热电冷多联供。

（七）有序发展低热值煤发电。严格落实低热值煤发电产业政策，重点在主要煤炭生产省区和大型煤炭矿区规划建设低热值煤发电项目，原则上立足本地消纳，合理规划建设规模和建设时序。禁止以低热值煤发电名义建设常规燃煤发电项目。

根据煤矸石、煤泥和洗中煤等低热值煤资源的利用价值，选择最佳途径实现综合利用，用于发电的煤矸石热值不低于5020千焦（1200千卡）/千克。以煤矸石为主要燃料的，入炉燃料收到基热值不高于14640千焦（3500千卡）/千克，具备条件的地区原则上采用30万千瓦级及以上超临界循环流化床机组。低热值煤发电项目应尽可能兼顾周边工业企业和居民集中用热需求。

三、加快现役机组改造升级

（八）深入淘汰落后产能。完善火电行业淘汰落后产能后续政策，加快淘汰以下火电机组：单机容量5万千瓦及以下的常规小火电机组；以发电为主的燃油锅炉及发电机组；大电网覆盖范围内，单机容量10万千瓦级及以下的常规燃煤火电机组、单机容量20万千瓦级及以下设计寿命期满和不实施供热改造的常规燃煤火电机组；污染物排放不符合国家最新环保标准且不实施环保改造的燃煤火电机组。鼓励具备条件的地区通过建设背压式热电机组、高效清洁大型热电机组等方式，对能耗高、污染重的落后燃煤小热电机组实施替代。2020年前，力争淘汰落后火电机组1000万千瓦以上。

（九）实施综合节能改造。因厂制宜采用汽轮机通流部分改造、锅炉烟气余热回收利用、电机变频、供热改造等成熟适用的节能改造技术，重点对30万千瓦和60万千瓦等级亚临界、超临界机组实施综合性、系统性节能改造，改造后供电煤耗力争达到同类型机组先进水平。20万千瓦级及以下纯凝机组重点实施供热改造，优先改造为背压式供热机组。力争2015年前完成改造机组容量1.5亿千瓦，“十三五”期间完成3.5亿千瓦。

（十）推进环保设施改造。重点推进现役燃煤发电机组大气污染物达标排放环保改造，燃煤发电机组必须安装高效脱硫、脱硝和除尘设施，未达标排放的要加快实施环保设施改造升级，确保满足最低技术出力以上全负荷、全时段稳定达标排放要求。稳步推进东部地区现役30万千瓦及以上公用燃煤发电机组和有条件的30万千瓦以下公用燃煤发电机组实施大气污染物排放浓度基本达到燃气轮机组排放限值的环保改造，2014年启动800万千瓦机组改造示范项目，2020年前力争完成改造机组容量1.5亿千瓦以上。鼓励其他地区现役燃煤发电机组实施大气污染物排放浓度达到或接近燃气轮机组排放限值的环保改造。

因厂制宜采用成熟适用的环保改造技术，除尘可采用低（低）温静电除尘器、电袋除尘器、布袋除尘器等装置，鼓励加装湿式静电除尘装置；脱硫可实施脱硫装置增容改造，必要时采用单塔双循环、双塔双循环等更高效率脱硫设施；脱硝可采用低氮燃烧、高效率SCR（选择性催化还原法）脱硝装置等技术。

（十一）强化自备机组节能减排。对企业自备电厂火电机组，符合第（八）条淘汰条件的，企业应实施自主淘汰；供电煤耗高于同类型机组平均水平5克/千瓦时及以上的自备燃煤发电机组，应加快实施节能改造；未实现大气污染物达标排放的自备燃煤发电机组要加快实施环保设施改造升级；东部地区10万千瓦及以上自备燃煤发电机组要逐步实施大气污染物排放浓度基本达到燃气轮机组排放限值的环保改造。

在气源有保障的条件下，京津冀区域城市建成区、长三角城市群、珠三角区域到2017年基本完成自备燃煤电站的天然气替代改造任务。

四、提升机组负荷率和运行质量

（十二）优化电力运行调度方式。完善调度规程规范，加强调峰调频管理，优先采用有调节能力的水电调峰，充分发挥抽水蓄能电站、天然气发电等调峰电源作用，探索应用储能调峰等技术。

合理确定燃煤发电机组调峰顺序和深度，积极推行轮停调峰，探索应用启停调峰方式，提高高效环保燃煤发电机组负荷率。完善调峰调频辅助服务补偿机制，探索开展辅助服务市场交易，对承担调峰任务的燃煤发电机组适当给予补偿。

完善电网备用容量管理办法，在区域电网内统筹安排系统备用容量，充分发挥电力跨省区互济、电量短时互补能力。合理安排各类发电机组开机方式，在确保电网安全的前提下，最大限度降低电网旋转备用容量。支持有条件

的地区试点实行由“分机组调度”调整为“分厂调度”。

（十三）推进机组运行优化。加强燃煤发电机组综合诊断，积极开展运行优化试验，科学制定优化运行方案，合理确定运行方式和参数，使机组在各种负荷范围内保持最佳运行状态。扎实做好燃煤发电机组设备和环保设施运行维护，提高机组安全健康水平和设备可用率，确保环保设施正常运行。

（十四）加强电煤质量和计量控制。发电企业要加强燃煤采购管理，鼓励通过“煤电一体化”、签订长期合同等方式固定主要煤源，保障煤质与设计煤种相符，鼓励采用低硫分低灰分优质燃煤；加强入炉煤计量和检质，严格控制采制化偏差，保证煤耗指标真实可信。

限制高硫分高灰分煤炭的开采和异地利用，禁止进口劣质煤炭用于发电。煤炭企业要积极实施动力煤优质化工程，按要求加快建设煤炭洗选设施，积极采用筛分、配煤等措施，着力提升动力煤供应质量。

（十五）促进网源协调发展。加快推进“西电东送”输电通道建设，强化区域主干电网，加强区域电网内省间电网互联，提升跨省区电力输送和互济能力。完善电网结构，实现各电压等级电网协调匹配，保证各类机组发电可靠上网和送出。积极推进电网智能化发展。

（十六）加强电力需求侧管理。健全电力需求侧管理体制机制，完善峰谷电价政策，鼓励电力用户利用低谷电力。积极采用移峰、错峰等措施，减少电网调峰需求。引导电力用户积极采用节电技术产品，优化用电方式，提高电能利用效率。

五、推进技术创新和集成应用

（十七）提升技术装备水平。进一步加大对煤电节能减排重大关键技术和设备研发支持力度，通过引进与自主开发相结合，掌握最先进的燃煤发电除尘、脱硫、脱硝和节能、节水、节地等技术。

以高温材料为重点，全面掌握拥有自主知识产权的600℃超超临界机组设计、制造技术，加快研发700℃超超临界发电技术。推进二次再热超超临界发电技术示范工程建设。扩大整体煤气化联合循环（IGCC）技术示范应用，提高国产化水平和经济性。适时开展超超临界循环流化床机组技术研究。推进亚临界机组改造为超（超）临界机组的技术研发。进一步提高电站辅机制造水平，推进关键配套设备国产化。深入研究碳捕集与封存（CCS）技术，适时开展应用示范。

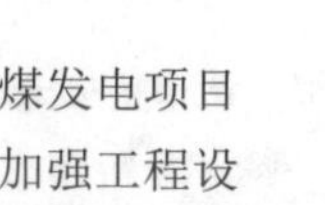

（十八）促进工程设计优化。制（修）订燃煤发电产业政策、行业标准和技术规程，规范和指导燃煤发电项目工程设计。支持地方制定严于国家标准的火电厂大气污染物排放地方标准。强化燃煤发电项目后评价，加强工程设计和建设运营经验反馈，提高工程设计优化水平。积极推行循环经济设计理念，加强粉煤灰等资源综合利用。

（十九）推进技术集成应用。加强企业技术创新体系建设，推动产学研联合，支持电力企业与高校、科研机构开展煤电节能减排先进技术创新。积极推进煤电节能减排先进技术集成应用示范项目建设，创建一批重大技术攻关示范基地，以工程项目为依托，推进科研创新成果产业化。积极开展先进技术经验交流，实现技术共享。

六、完善配套政策措施

（二十）促进节能环保发电。兼顾能效和环保水平，分配上网电量应充分考虑机组大气污染物排放水平，适当提高能效和环保指标领先机组的利用小时数。对大气污染物排放浓度接近或达到燃气轮机组排放限值的燃煤发电机组，可在一定期限内增加其发电利用小时数。对按要求应实施节能环保改造但未按期完成的，可适当降低其发电利用小时数。

（二十一）实行煤电节能减排与新建项目挂钩。能效和环保指标先进的新建燃煤发电项目应优先纳入各省（区、市）年度火电建设方案。对燃煤发电能效和环保指标先进、积极实施煤电节能减排升级与改造并取得显著成效的企业，各省级能源主管部门应优先支持其新建项目建设；对燃煤发电能效和环保指标落后、煤电节能减排升级与改造任务完成较差的企业，可限批其新建项目。

对按煤炭等量替代原则建设的燃煤发电项目，同地区现役燃煤发电机组节能改造形成的节能量（按标准煤量计算）可作为煤炭替代来源。现役燃煤发电机组按照接近或达到燃气轮机组排放限值实施环保改造后，腾出的大气污染物排放总量指标优先用于本企业在同地区的新建燃煤发电项目。

（二十二）完善价格税费政策。完善燃煤发电机组环保电价政策，研究对大气污染物排放浓度接近或达到燃气轮机组排放限值的燃煤发电机组电价支持政策。鼓励各地因地制宜制定背压式热电机组税费支持政策，加大支持力度。

对大气污染物排放浓度接近或达到燃气轮机组排放限值的燃煤发电机组，各地可因地制宜制定税收优惠政策。

支持有条件的地区实行差别化排污收费政策。

（二十三）拓宽投融资渠道。统筹运用相关资金，对煤电节能减排重大技术研发和示范项目建设适当给予资金补贴。鼓励民间资本和社会资本进入煤电节能减排领域。引导银行业金融机构加大对煤电节能减排项目的信贷支持。

支持发电企业与有关技术服务机构合作，通过合同能源管理等方式推进燃煤发电机组节能环保改造。对已开展排污权、碳排放、节能量交易的地区，积极支持发电企业通过交易筹集改造资金。

七、抓好任务落实和监管

（二十四）明确政府部门责任。国家发展改革委、环境保护部、国家能源局会同有关部门负责全国煤电节能减排升级与改造工作的总体指导、协调和监管监督，分类明确各省（区、市）、中央发电企业煤电节能减排升级与改造目标任务。国家发展改革委、国家能源局重点加强对燃煤发电节能工作的指导、协调和监管，环境保护部、国家能源局重点加强对燃煤发电污染物减排工作的指导、协调和监督。

各省（区、市）有关主管部门，要及时制定本省（区、市）行动计划，组织各地方和电厂制定具体实施方案，完善政策措施，加强督促检查。国家能源局派出机构会同省级节能主管部门、环保部门等单位负责对各地区、各企业煤电节能减排升级与改造工作实施监管。各级有关部门要密切配合、加强协调、齐抓共管，形成工作合力。

（二十五）强化企业主体责任。各发电企业是本企业煤电节能减排升级与改造工作的责任主体，要按照国家和省级有关部门要求，细化制定本企业行动计划，加强内部管理，加大资金投入，确保完成目标任务。中央发电企业要积极发挥表率作用，及时将国家明确的目标任务分解落实到具体地方和电厂，力争提前完成，确保燃煤发电机组能效环保指标达到先进水平。

各级电网企业要切实做好优化电力调度、完善电网结构、加强电力需求侧管理、落实有关配套政策等工作，积极创造有利条件，保障各地区、各发电企业煤电节能减排升级与改造工作顺利实施。

（二十六）实行严格检测评估。新建燃煤发电机组建成后，企业应按规程及时进行机组性能验收试验，并将验收试验报告等相关资料报送国家能源局派出机构和所在省（区、市）有关部门。现役燃煤发电机组节能改造实施前，电厂应制定具体改造方案，改造完成后由所在省（区、市）有关部门组织有资质的中介机构进行现场评估并确认节能量，评估报告同时抄送国家能源局派出机构。省（区、市）有关部门可视情况进行现场抽查。

新建燃煤发电机组建成投运和现役机组实施环保改造后，环保部门应及时组织环保专项验收，检测大气污染物排放水平，确保检测数据科学准确，并对实施改造的机组进行污染物减排量确认。

（二十七）严格目标任务考核。国家发展改革委、环境保护部、国家能源局会同有关部门制定考核办法，每年对各省（区、市）、中央发电企业上年度煤电节能减排升级与改造目标任务完成情况进行考核，考核结果及时向社会公布。对目标任务完成较差的省（区、市）和中央发电企业，将予以通报并约谈其有关负责人。各省（区、市）有关部门可因地制宜制定对各地方、各企业的考核办法。

（二十八）实施有效监管检查。国家发展改革委、环境保护部、国家能源局会同有关部门开展煤电节能减排升级与改造专项监管和现场检查，形成专项报告向社会公布。省级环保部门、国家能源局派出机构要加强对燃煤发电机组烟气排放连续监测系统（CEMS）建设与运行情况及主要污染物排放指标的监管。各级环保部门要加大环保执法检查力度。

对存在弄虚作假、擅自停运环保设施等重大问题的，要约谈其主要负责人，限期整改并追缴其违规所得；存在违法行为的，要依法查处并追究相关人员责任。对存在节能环保发电调度实施不力、安排调频调峰和备用容量不合理、未充分发挥抽水蓄能电站等调峰电源作用、未有效实施电力需求侧管理等问题的电网企业，要约谈其主要负责人并限期整改。

（二十九）积极推进信息公开。国家能源局会同有关部门、行业协会等单位，建立健全煤电节能减排信息平台，制定信息公开办法。对新建燃煤发电项目，负责审批的节能主管部门、环保部门要主动公开其节能评估和环境影响评价信息，接受社会监督。

（三十）发挥社会监督作用。充分利用12398能源监管投诉举报电话，畅通投诉举报渠道，发挥社会监督作用促进煤电节能减排升级与改造工作顺利开展。国家能源局各派出机构要依据职责和有关规定，及时受理、处理群众投诉举报事项，及时通报有关情况；对违规违法行为，要及时移交稽查，依法处理。

燃煤锅炉节能环保综合提升工程实施方案

（发改环资[2014]2451号国家发展改革委、环境保护部、财政部、国家质检总局、工业和信息化部、国管局国家能源局2014年10月29日印发）

为贯彻落实《关于加快发展节能环保产业的意见》（国发[2013]30号）、《大气污染防治行动计划》（国发[2013]37号）、《2014-2015年节能减排低碳发展行动方案》（国办发[2014]23号）有关要求，制定本方案。

一、现状和问题

（一）现状

锅炉是重要的能源转换设备，也是能源消费大户和重要的大气污染源。我国锅炉以燃煤为主，其中燃煤电站锅炉近年来向大容量、高参数方向快速发展，无论是生产制造还是运营管理均已接近国外先进水平；而燃煤工业锅炉保有量大、分布广、能耗高、污染重，能效和污染控制整体水平与国外相比有一定的差距，节能减排潜力巨大。截至2012年底，我国在用燃煤工业锅炉达46.7万台，总容量达178万蒸吨，年消耗原煤约7亿吨，占全国煤炭消耗总量的18%以上。我国燃煤工业锅炉整体能效水平较低，其实际运行效率比国际先进水平低15个百分点左右，具有较大的节能潜力。同时，燃煤工业锅炉污染物排放强度较大，是重要污染源，年排放烟尘、二氧化硫、氮氧化物分别约占全国排放总量的33%、27%、9%。近年来，我国出现的大范围、长时间严重雾霾天气，与燃煤工业锅炉区域高强度、低空排放的特点密切相关。

（二）存在的主要问题

"十一五"以来，我国加大了锅炉节能和污染控制工作的力度，通过实施节能改造工程、污染综合整治、推动能效对标、强化监督执法、加强能力建设等工作，取得了积极成效，但仍存在一些问题，主要表现在：

一是技术装备落后。大多数燃煤工业锅炉容量较小，单台平均容量仅为3.8吨/时，其中2吨/时以下台数占比达66.5%；部分锅炉老化严重，很多超过折旧年限的锅炉，甚至上世纪七八十年代生产的低能效、高排放的锅炉仍在使用；锅炉系统自控水平偏低，不利于工况调节；高效锅炉价格高、市场份额低、推广难度大；产业集中度低，制造企业数量多、规模小，技术水平普遍较弱。

二是经济运行水平不高。锅炉选型裕度过大，运行负荷波动大，调节能力有限，实际运行效率低。风机、水泵等辅机大多无负荷调节档次。锅炉水质大多不能达到国家标准要求，锅炉结垢较为严重，热效率下降明显。运行管理粗放，操作人员技术素质偏低。

三是燃料匹配性差。锅炉燃料以未经洗选加工的原煤为主，煤种复杂、热值不稳定、灰分和含硫量高。与燃烧洗选煤相比，不仅降低了锅炉效率，还加重了环境污染。天然气、生物质等清洁燃料比重很低。

四是环保设施不到位。10吨/时以下的燃煤工业锅炉大多没有配置有效的除尘装置，基本没有脱硫脱硝设施，排放超标严重。由于污染源过于分散，环境监管难度大，偷排等环境违法现象突出。

五是政策法规不完善。锅炉设计、制造、运行、检测等在节能环保方面的技术规范和标准尚不完善，准入门槛较低。激励和约束机制不健全，创新驱动不足，市场缺乏节能减排的内生动力。

二、指导思想和主要目标

（一）指导思想

牢固树立生态文明理念，以保障燃煤锅炉安全经济运行、提高能效、减少污染物排放为目标，建立政府引导、企业主体、市场有效驱动、全社会共同参与的工作机制，以推广高效锅炉、淘汰落后锅炉、实施工程改造、提升运行水平、调整燃料结构为主要手段，强化法规标准约束，加强政策激励，推进能力建设，构建锅炉安全、节能与环保三位一体的监管体系，实现安全性与经济性的协调统一，确保实现"十二五"节能减排约束性目标。

（二）基本原则

企业主体，政府引导。明确政府和企业的事权，充分发挥市场配置资源的决定性作用，增强市场主体的内生动力，形成锅炉节能减排的长效机制；更好地发挥政府作用，形成有效激励，加大资金投入，完善激励约束政策。

标准驱动，加强监管。强化法规标准约束，提高节能环保准入门槛。依托现行的锅炉安全监察体系、节能监察体系和环境监管体系，将节能环保要求作为锅炉监管的重要内容，加大监督力度。

重点突破，系统提升。以推广高效和淘汰落后锅炉为重点，大幅度提升锅炉本质效率；加强锅炉辅机匹配、系统优化、燃料结构调整、运行管理、污染治理、服务支撑等工作，提高锅炉系统整体运行效率和环境管理水平。

（三）主要目标

到2018年，推广高效锅炉50万蒸吨，高效燃煤锅炉市场占有率由目前的不足5%提高到40%；淘汰落后燃煤锅炉40万蒸吨；完成40万蒸吨燃煤锅炉的节能改造；推动建成若干个高效锅炉制造基地，培育一批大型高效锅炉骨干企业；燃煤工业锅炉平均运行效率在2013年的基础上提高6个百分点，形成年4000万吨标煤的节能能力；减排100万吨烟尘、128万吨二氧化硫、24万吨氮氧化物。

三、实施内容

（一）加快推广高效锅炉

以锅炉定型产品能效测试结果为主要依据遴选推广产品，公告高效锅炉型号目录和能效参数。加强推广信息监管和产品质量监督，确保高效锅炉用户得到实惠。新改扩建固定资产投资项目和政府采购项目应优先选用列入高效锅炉推广目录或能效等级达到1级的产品。严格落实现行税收优惠政策，适（二）加速淘汰落后锅炉

严格落实政府工作报告、国发[2013]37号文、国办发[2014]23号文要求，2014年淘汰燃煤小锅炉5万台，2014-2015年淘汰20万蒸吨落后锅炉，各地区淘汰任务见国办发[2014]23号文附表。除必要保留的以外，到2015年底，京津冀及周边地区地级及以上城市建成区全部淘汰10吨/时及以下燃煤锅炉，北京市建成区取消所有燃煤锅炉；到2017年，地级及以上城市建成区基本淘汰10吨/时及以下的燃煤锅炉，天津市、河北省地级及以上城市建成区基本淘汰35吨/时及以下燃煤锅炉。在城市热力管网覆盖区域，加快淘汰小型分散燃煤锅炉，推行城市集中供热。逐步禁止生产和使用手烧锅炉及其他落后炉型。妥善处理淘汰的旧锅炉，研究建立统一回收机制，已淘汰锅炉要及时报废，采取去功能化处理并注销使用登记证，严格控制已淘汰锅炉重新进入市场，防止落后锅炉移装到农村或偏远地区继续使用。

（三）加大节能改造力度

积极开展燃煤锅炉“以大代小”工作，重点开展燃烧优化、低温余热回收、太阳能预热，热泵（水源、地源、污水源）技术、自动控制、主辅机优化和变频控制，改善水质及冷凝水回收利用等方面的节能技术改造。鼓励通过产品能效测试、系统能效诊断等工作，提高节能改造的科学性和有效性。开展基于能效测试的锅炉改造项目节能量审核试点，推动建立统一规范的锅炉改造节能量计算方法。到2017年年底前，基本完成能效不达标的在用锅炉节能改造。

（四）提升锅炉系统运行水平

加强锅炉能效测试工作，2017年底前完成对10吨/时及以上的在用燃煤工业锅炉能效普查，将锅炉能效数据纳入现有锅炉动态监管系统，实现信息共享。对于投用时间大于10年的锅炉，应每2年开展能效和环保测试。推进锅炉系统的安全、节能、环保标准化管理，开展达标试点示范，推进500个标杆锅炉房建设。鼓励企业和公共机构建立锅炉能源管理系统，加强计量管理，开展在线节能监测和诊断。加强锅炉安装环节节能监管，改善锅炉、辅机不匹配或与设计不一致的状况。整合锅炉司炉工培训资源，统编培训教材，强化锅炉运行及管理人员节能专项培训，并在锅炉操作人员资质考核中加大节能减排知识技能的比重，切实提高运行人员操作技能。

（五）提升锅炉污染治理水平

按照全面整治小型燃煤锅炉的要求，地级及以上城市建成区禁止新建20吨/时以下的燃煤锅炉，其他地区原则上不得新建10吨/时及以下的燃煤锅炉。北京、天津、河北、山西、山东等地区地级及以上城市建成区原则上不得新建燃煤锅炉。新生产和安装使用的20吨/时及以上燃煤锅炉应安装高效脱硫和高效除尘设施。提升在用燃煤锅炉脱硫除尘水平，10吨/时及以上的燃煤锅炉要开展烟气高效脱硫、除尘改造，积极开展低氮燃烧技术改造示范，实现全面达标排放。大气污染防治重点控制区域的燃煤锅炉，要按照国家有关规定达到特别排放限值要求。20吨/时及以上燃煤锅炉应安装在线监测装置，并与当地环保部门联网。纳入国家重点监控名单的企业应按照要求建立企业自行监测制度，向属地环境保护主管部门备案，并在环保部门统一组建的平台上公布监测信息。支持锅炉能效测试机构开展锅炉环保检测工作，实施节能环保综合检测试点。鼓励锅炉制造企业提供锅炉及配套环保设施设计、生产、安装、运行等一体化服务。

（六）推动高效锅炉产业化

加大对锅炉节能环保基础性、前沿性和共性关键技术研发力度，攻克高效燃烧、高效余热利用、自动控制、污染控制等关键技术，加强对科技成果推广应用的支持力度。实施重大节能技术与装备产业化工程，培育一批技术创

新能力强、拥有自主知识产权和品牌，融研发、设计、制造、服务于一体，具备核心竞争力的锅炉生产企业成为行业骨干。以骨干企业为核心，促进产业要素集聚，发展一批高效锅炉制造基地。

时研究完善《节能节水专用设备所得税优惠目录》。

(七)推进燃料结构优化调整

落实《商品煤质量管理暂行办法》，加强煤炭质量管理，实现煤炭分质分级利用。加快制定锅炉燃煤技术条件，提高燃煤品质及使用等级，推进煤炭清洁化燃烧。推广使用洗选煤，燃煤锅炉不得直接燃用高硫高灰份的原煤。在主要煤炭消费地、沿海沿江主要港口和重要铁路枢纽，建设大型煤炭储配基地和煤炭物流园区，开展集中配煤、物流供应试点示范，提高煤炭洗选加工能力，推广符合细分市场要求的专用煤炭产品，到2018年，配煤中心示范地区50%以上的工业锅炉燃用专用煤。在燃气管网覆盖且气源能够保障的区域，可将燃煤锅炉改为燃气锅炉;在供热和燃气管网不能覆盖的区域，可建设大型燃煤高效锅炉或背压热电实现区域集中供热，或改用电、生物质成型燃料等清洁燃料锅炉。

四、保障措施

(一)完善法规标准

适时修订《产业结构调整指导目录》，明确限制类、淘汰类炉型。加快制修订相关法规标准，在锅炉制造许可、使用登记、设计文件鉴定、制造监督检验和安装监督检验等方面，增加节能的强制性要求;加快修订工业锅炉能效限定值及能效等级等强制性标准，提高节能环保准入门槛;不符合排放标准的制订严格的惩罚措施。加快制修订锅炉水动力计算、热力计算、烟风阻力计算、锅炉选型及配套辅机选择、经济运行、能效测试评价方法等标准;加快制定燃煤质量分等分级系列标准。

(二)加大资金投入

按照事权与支出相适应原则，各级政府加大锅炉能效标准制(修)订，能效普查、测试和监测、信息管理以及宣传培训、执法检查等相关工作支持力度，促进燃煤锅炉节能环保综合提升工程工作。鼓励采用合同能源管理等方式引导企业、社会资金加大投入力度，建立以市场为主的长效机制实施锅炉节能技术改造。

(三)强化监督管理

充分发挥特种设备安全监察和节能监管体系、节能监察体系和环境监管体系的作用，研究建立安全、节能、环保信息共享和联合监督执法机制，提升监管效能。严格落实能评和环评制度以及锅炉设计文件鉴定、定型产品能效测试等制度，禁止生产、销售和使用不符合节能减排要求的锅炉。开展对锅炉制造和使用单位的监督检查，曝光违规企业，加大处罚力度。加强对煤炭质量的监督检查，确保地级及以上城市建成区销售、使用的煤炭为低硫份低灰份的洁净煤。

(四)落实工作责任

国家发展改革委、环境保护部要切实加强工程的综合协调，组织推动工程的落实工作，要将各地实施情况纳入省级人民政府节能减排目标责任评价考核体系，强化评价考核。发展改革委牵头负责做好高效锅炉推广、锅炉节能改造工作，环境保护部、工业和信息化部牵头负责做好落实锅炉淘汰、锅炉污染治理工作，工业和信息化部牵头负责做好高效锅炉产业化工作，国家质检总局牵头负责做好系统运行水平提升以及相关规范标准制修订、测试监测工作，国家能源局牵头负责做好燃料结构优化工作，国管局指导做好公共机构燃煤锅炉节能环保综合提升工程组织实施工作。其他各部门要切实履行职责、密切协调配合，形成工作合力，确保工程取得实效。各地要把实施工程作为促进节能减排、推进大气污染防治的一项重要工作内容，制定具体的实施细则和扶持政策，狠抓落实，强化监管;要进一步细化和分解年度淘汰目标任务，加快推进集中供热、锅炉节能改造等工程建设。企业要强化主体责任，要严格遵守节能环保法规标准，增加资金投入，开展能效对标，确保完成任务。中央企业和公共机构要率先垂范，树立行业标杆，发挥示范作用。

国家发展改革委关于印发中国——新加坡天津生态城建设国家绿色发展示范区实施方案的通知

天津市人民政府，教育部、科技部、工业和信息化部、民政部、财政部、人力资源和社会保障部、国土资源部、环境保护部、住房城乡建设部、商务部、文化部、人民银行、税务总局、新闻出版广电总局、食品药品监管总局、银监会、证监会、国家能源局：

我委、天津市人民政府上报国务院的《中国－新加坡天津生态城建设国家绿色发展示范区实施方案》（以下简称《方案》）已经国务院批准。根据《国务院办公厅关于同意中国－新加坡天津生态城建设国家绿色发展示范区实施方案的复函》（国办函〔2014〕81号）精神，现将《实施方案》印发你们，并就有关事项通知如下：

一、中国－新加坡天津生态城（以下简称“生态城”）是中国与新加坡两国间的重大合作项目，选址于天津滨海新区的盐碱荒滩，着力建设一个社会和谐、环境友好、资源节约的生态城市。把生态城建设成国家绿色发展示范区，是深入贯彻落实中央加快建设生态文明战略部署的重要举措，对于探索新型城镇化道路、推动城市绿色循环低碳发展、彰显中国应对全球气候变化的决心、促进绿色发展的国际交流与合作具有重要意义。天津市和国务院有关部门要认真领会国务院的批复精神，密切合作，共同落实好《方案》，努力把生态城建设成为国家生态文明建设示范区、绿色发展体制机制的创新区、绿色思想文化的策源地。

二、天津市人民政府要切实加强《方案》实施的组织工作，认真落实《方案》提出的各项任务。一是制定工作方案，明确工作分工，完善工作机制，落实配套措施。二是按照《方案》确定的战略定位和发展重点，扎实推进有关重大项目和工程的组织实施，严格执行项目建设管理程序。三是按照《方案》提出的方向和原则，探索绿色发展的新思路、新举措、新机制，建立统计、监管、考核体系，充分调动各方面积极性，层层落实责任，务求取得实效。四是加大对《方案》的对外宣传工作，适时发布《方案》实施的相关进展。五是对《方案》实施中出现的新情况、新问题，要及时统筹研究，妥善提出相应对策，重大问题及时向国务院报告。

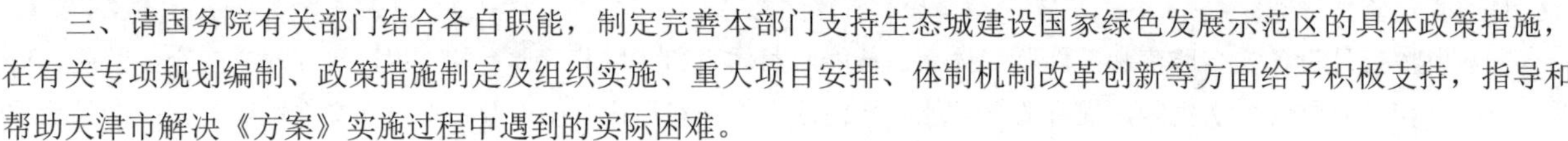

三、请国务院有关部门结合各自职能，制定完善本部门支持生态城建设国家绿色发展示范区的具体政策措施，在有关专项规划编制、政策措施制定及组织实施、重大项目安排、体制机制改革创新等方面给予积极支持，指导和帮助天津市解决《方案》实施过程中遇到的实际困难。

四、按照国务院批复精神，我委将会同有关部门加强对《方案》实施情况的跟踪了解、督促检查和评估，确保各项政策措施落到实处。

附件：1、中国－新加坡天津生态城建设国家绿色发展示范区实施方案（略）

2、国务院办公厅关于同意中国－新加坡天津生态城建设国家绿色发展示范区实施方案的复函（略）

科技支撑

2014-2015年节能减排科技专项行动方案

（国科发计〔2014〕45号　科技部、工业和信息化部2014年2月19日印发）

为贯彻党的十八大关于大力推进生态文明建设的总体要求，深入落实《节能减排“十二五”规划》和《“十二五”节能减排综合性工作方案》提出的目标和任务，发挥科技对加快转变经济发展方式，调整优化能源结构，缓解资源环境约束，应对全球气候变化的支撑引领作用，全面推进2014-2015年节能减排科技工作，特制定本方案。

一、现状和形势

“十一五”期间，国家把节能减排作为建设资源节约型、环境友好型社会，实现全面建设小康社会战略目标的重要途径。围绕节能减排工作对科技创新的需求，科技部会同有关部门组织实施了节能减排科技专项行动和节能减排全民科技行动，累计安排项目研发经费超过100亿元，有力地推进了关键技术研发、产业化示范和推广应用，科技进步对节能减排贡献率显著提升。

“十二五”以来，我国经济社会发展与资源环境约束的矛盾日益凸显，产业结构调整和经济发展方式转变对节能减排的要求日益迫切。与此同时，国际上围绕能源安全与气候变化的博弈愈发激烈，绿色贸易壁垒日益突出，发达国家纷纷抢占节能环保、新能源和低碳技术等未来发展制高点。面临新的形势，节能减排科技创新工作也存在几个突出问题：一是部分高效节能减排核心技术和关键装备尚未完全掌握，一些自主研发的节能环保装备性能和效率不高；二是技术集成不够，装备成套化、系列化、标准化水平低，难以提供系统性解决方案；三是以企业为主体的技术创新体系尚未形成，科技创新对重点行业转型升级和区域节能减排效果不显著；四是鼓励科技创新和成果产业化的配套政策不健全，技术服务推广市场机制亟待完善。这些都要求我们必须加快核心技术突破以及关键技术集成，大规模推广应用节能减排新装备和新产品，进一步依靠科技创新推进节能减排。

二、总体思路和主要目标

（一）总体思路。

落实生态文明建设总体要求，以科学发展观为指导，以国家能源安全、产业结构调整和发展方式转型战略需求为导向，紧密围绕节能减排重点行业、关键领域和典型区域节能减排科技需求，攻克重点行业关键共性技术，加大关键领域技术集成应用力度，提升节能减排相关产业科技创新能力，推动新技术、新产品的大规模应用，坚持以企业为创新主体，加速科技成果转化和产业化，提升节能减排产业技术创新能力和产业化水平，有效支撑国家“十二五”节能减排目标的实现。

（二）基本原则。

1. 科技引领，协同推进。实施节能减排科技专项行动，强化节能减排科技工作的组织领导和总体布局，加强与各部门的统筹协调，实现部省、部际协调联动。

2. 突出重点，持续支持。针对重点行业、重点区域、重点领域节能减排及相关产业发展的重大科技需求，加大研发力度，重点支持当前突出环境污染问题所需技术装备的研发和推广应用，解决制约全局的瓶颈问题，发挥科技创新的支撑作用。

3. 系统集成，工程带动。加强多学科、跨领域、全产业链的技术集成，依托国家重大工程，加大节能减排科技成果的推广力度，服务相关产业转型升级。

4. 创新机制，政策引导。创新节能减排科技工作推进机制和管理机制，调动行业、区域节能减排科技创新积极性，推动建立“产、学、研、用”相结合的节能减排技术创新平台和服务平台，培育区域节能减排科技创新综合示范。

5. 企业主体，公众参与。突出企业作为技术创新主体的地位，加强指导和服务，完善产业发展环境；继续开展面向社会公众的节能减排科学普及和宣传教育，提高全社会的节能减排科技意识与能力。

（三）主要目标。

至2015年末，科技创新对国家实现节能减排目标的支撑能力明显增强，自主知识产权节能减排技术和装备体系初步形成，节能减排相关技术标准与规范体系进一步完善，节能减排科技创新与服务能力体系初步建立，节能减排技术推广应用形成规模效应。

1. 突破共性和关键技术150项，相关关键设备能效提高10%以上，制修订国家或行业技术标准100项。

2．在重点行业组织推广先进适用技术300项，实施节能减排重大技术示范工程100项，应用普及率提高30%。

3．建设20个国家节能减排科技创新示范基地，具备技术创新、集成服务和产业化推广能力。

4．形成节能减排相关产业技术创新战略联盟20个以上，形成一批节能减排国家重点实验室、国家工程技术研究中心和创新团队，完善国家节能减排技术服务平台。

三、重点任务

（一）加快节能减排关键共性技术研发。

围绕工业、能源、交通、农业、建筑、资源环境等相关领域节能减排和优化升级的重大科技需求，加快电力、钢铁、建材、有色等重点行业能源梯级利用、源头减量化、资源循环利用等共性关键技术研发，突破交通运输工具的燃料利用效率、轻量化、尾气污染物削减等关键技术，加快农业面源污染控制、小型分散污染物处理等技术研发，加强绿色建筑与建筑节能新技术、新材料、新装备的研发，推进再生资源利用、生活垃圾和污染能源化资源化关键技术及成套装备研究。

专栏1 节能减排关键共性技术攻关重点

工业领域 重点突破超高效电机及电机控制系统、稀土永磁无铁芯电机、特种非晶电机和非晶电抗器、大型钢铁联合企业重点工序能源资源减量化及废物循环利用、烧结烟气脱硫脱硝除尘一体化、大宗工业固体废物高值化和规模化综合利用、工业余热余压综合利用、窑炉协同处置废物、有色冶金重金属减排与废物循环利用、绿色制造、冶炼固废有价元素协同提取、工业生物废物转化与燃气化利用等关键技术，以及新能源与可再生能源装备关键部件和材料制备、物理储能和化学储能、高光效半导体照明材料、芯片、器件和光源产品等关键技术。
能源领域 重点突破煤炭清洁高效加工及利用技术；发展超高参数超超临界发电、燃煤电站CO2（二氧化碳）减排与利用技术，节能型循环流化床发电技术，空冷机组、IGCC发电系统（整体煤气化联合循环发电系统）辅机节能技术；发展工业过程余热余压综合利用、锅炉余热利用及燃煤污染物控制技术；开发降低输配电网损技术；发展公共机构耗能设备节能及大型数据中心冷却节能技术。
交通领域 重点突破车用能量型动力电池产业化技术瓶颈，攻克轨道交通列车再生能量利用和大型综合交通枢纽节能技术，研究载运工具氮氧化物等污染物排放控制技术、高效通用航空器发动机技术和航空器轻量低阻技术，发展节能船型及其关键装备技术。
农业领域 重点突破农业面源污染治理、规模化畜禽养殖业废物处理处置、低值和废弃农业生物质高效综合利用、低成本可降解农用地膜生产技术、村镇生活污水污泥共处理与资源化利用、纤维素制备液体生物燃料等技术。
绿色建筑领域 重点突破新型节能保温一体化结构体系、围护结构与通风遮阳建筑一体化产品、高强钢筋性能优化及生产技术研究、高效新型玻璃及门窗幕墙产业化技术、新型建筑供暖与空调设备系统、新型冷热量输配系统、可再生能源与建筑一体化利用技术、公共机构等建筑用能管理与节能优化技术、既有建筑节能和绿色化改造技术、建筑工业化设计生产与施工技术、建筑垃圾资源化循环利用技术。
资源环境领域 重点突破煤炭、油气、金属矿产等资源开采、选冶及综合利用等过程中“三废”减排，尾矿废渣回收利用，绿色智能矿山，大气、水、土壤污染防治，燃煤电站CO2捕集、利用与封存技术，行业清洁生产及循环经济，城市垃圾、工业固废等资源化利用、污染监测等技术及装备。

（二）加强节能减排先进适用技术推广应用。

研究编制与产业政策、环境准入政策、污染排放标准等有效衔接的节能减排技术政策大纲。支持编制重点节能减排技术推广目录，重点筛选出一批节能减排效果显著、产业化前景好的重大技术成果，通过节能减排技术与标准信息服务平台、技术成果推介会、产业技术创新战略联盟、合同能源管理等多种形式，促进先进适用技术

成果的推广应用，鼓励地方积极探索节能减排技术推广机制和创新模式。

专栏2 节能减排先进适用技术推广应用

节能技术 重点推广低温低电压电解铝、低温余热发电、吸收式热泵供暖、冰蓄冷、新型冷凝器、蒸发冷却高效换热器、高效电机及电机系统、先进节能工业锅炉/窑炉技术、循环流化床技术、太阳能锅炉技术、新型通断供热计量装置节能技术、室内温湿度分控的新型空调系统、高效辐射制冷空调末端。大型热轧带钢新一代超快速冷却技术、干法窑外分解技术、分布式冷热电联供技术等。
减排技术 大力推广高效清洁煤炭锅炉技术、燃煤污染物一体化控制技术、流化床污泥焚烧炉、烧结烟气复合污染物脱除技术和设备、餐厨垃圾预处理成套设备、生活垃圾焚烧飞灰稳定化处理设备、膜生物反应器、选择性催化还原氮氧化物控制、生物质基材料开发技术及设备、船舶压载水处理装置、应急用多功能移动式高温固废处理设备、高效细颗粒物净化技术、中小工业锅炉烟气一体化净化装备、重金属脱除及回收装备、高效内燃机技术及排放控制技术、工业化保障型住宅设计与建造成套技术、基于吸收式热泵的大温差集中供热技术、污水源热泵技术等。
资源循环利用技术 着力推广废旧高分子材料再生利用技术与装备、废物处置与资源化技术、大中型沼气综合利用开发配套技术及设备、建筑垃圾处理和再生利用技术设备、废旧汽车大型拆解装备等。

（三）深入实施节能减排科技创新示范工程。

以示范工程为抓手，促进节能减排协同控制技术的研发与示范，发挥辐射引领作用，形成可复制的科技成果推广模式。围绕重点行业节能减排工作的重大需求，创新实施机制，实施一批节能减排技术示范项目。建立节能减排技术产业化示范区域，提高节能减排关键产品或核心技术研发、制造、系统集成和产业化能力，扶持一批研发能力强、市场占有率高的企业。

专栏3 重点节能减排科技创新示范工程

新能源汽车科技创新示范工程 重点推进新能源汽车在公共交通等领域的规模化推广示范，结合青奥会等大型运动会和大型活动，实施新能源汽车示范项目。继续推进“十城千辆”节能与新能源汽车示范工程，推动新能源汽车技术进步和产业发展。
重点行业节能减排技术示范工程 针对电力、煤炭、钢铁、有色、建材等重点行业，积极开展节能减排系统技术集成和示范应用，建设“两型”企业关键技术示范工程，大力实施智能电网综合集成示范项目、低温低电压铝电解技术集成应用示范项目、新一代可循环钢铁流程工艺集成应用示范项目、绿色建筑技术集成应用示范项目、太阳能光热技术与传统技术的结合推广项目。
重大节能减排技术产业化示范工程 鼓励半导体照明、光伏发电、风力发电、生物质发电、分布式冷热电联供等具有明确产业化前景的重大节能减排技术，通过进一步深化实施“十城万盏”半导体照明应用工程、“金太阳”示范工程等产业化示范工程，鼓励企业加大研发投入，通过技术创新进一步扩大市场份额。
首都蓝天行动 结合北京市大气污染治理的重点需求，加强新技术研究和新产品的集成示范应用，提高大气污染治理能力和水平。开展以治理细颗粒物(PM2.5)为重点的技术创新示范项目，实施烟气脱硝、挥发性有机物废气治理、机动车污染治理、清洁生产工艺和绿色产品开发的综合示范，以及高效燃煤工业锅炉技术创新与应用推广。

区域节能减排综合示范工程

针对资源能源特点突出、节能减排潜力空间较大的地区，实施一批节能减排见效快、示范带动效应强、技术和产业集成度高的综合示范项目，加快固体废弃物资源化、工业挥发性有机物污染防治、工业废水综合利用、高效电机及电机系统节能改造、燃煤工业锅炉高效脱硫脱硝除尘、水泥行业脱硝、燃煤电厂脱硫脱硝除汞等节能减排系统技术集成示范。选择典型城市或工业园区，加速科技成果转化和集成应用，并将节能减排科技创新工作与本地区相关产业政策密切结合,推动生态农业园区、国家低碳工业园区、循环型工业园区、节能环保新兴产业园区的发展，努力实现示范区域单位GDP（地区生产总值）能耗、污染物排放和温室气体排放持续下降，形成若干具有辐射引领作用的节能减排科技示范区。

（四）完善节能减排科技创新平台和服务体系。

加强节能减排条件平台建设，充分发挥相关国家重点实验室、国家工程技术研究中心、产业技术创新战略联盟创新平台作用，提升企业作为科技创新主体的创新能力，完善节能减排相关科技政策、措施和推进机制，制定和完善节能减排技术标准体系，推动建立节能减排先进技术和产品的检测认证服务机制，促进形成技术服务政策环境、投资环境和产业环境，培育一批具有核心竞争力的节能减排技术服务基地。

（五）积极开展全民节能减排科技行动。

组织研究开发全民节能减排科技行动系列宣传品，开发基于互联网的全民节能减排科技教育工具。建立完善全民节能减排适用技术成果库及信息网，开辟节能减排科技成果信息化服务的新途径。依托国家可持续发展实验区、国家高新技术开发区、国家星火密集区等科技示范平台，开展多种形式的全民节能减排综合科技示范活动，集成、推广先进适用的节能减排技术、产品和装备。

四、保障措施

（一）加强统筹协调。

科技部、工业和信息化部会同相关单位，建立节能减排科技专项行动组织协调机制，通过部省会商、部际合作，建立与节能减排重点地区的部省联动机制，各地科技主管部门、工业和信息化主管部门加强合作，将节能减排科技工作作为一项重要工作纳入年度工作计划和考核目标，明确具体任务，加大支持力度，落实配套措施，确保各项工作落到实处。

（二）创新实施机制。

组建由多学科、多领域专家参与的节能减排科技行动专家组，为专项行动的实施提供战略咨询。创新科研项目的遴选机制和绩效评价机制，发挥行业部门、产业技术创新战略联盟、创新服务平台、高校院所和相关行业协会的积极作用，实现协同创新。完善节能减排技术遴选标准，筛选节能减排效果显著、产业化前景好的重大技术成果，建立节能减排技术信息发布共享机制。推动合同能源管理和合同环境服务等市场化机制中促进节能减排新技术应用的政策措施，联合有关部门共同构建节能减排技术政策、产业政策和标准规范，推动节能减排技术集成、工艺创新和商业模式创新的深度融合与有机衔接。

（三）拓展多元投入。

加大公共财政对节能减排科技研发经费投入力度和科技成果示范补贴力度，将节能减排科技专项行动的有关工作纳入各类科技计划并给予重点支持。多渠道、多层次筹集社会资金，通过引导资金、贷款贴息、补助资金、风险补偿、后补助等手段，增加节能减排科技领域的资金投入。加强财税、金融等节能减排科技创新财税激励机制研究，引导和鼓励企业增加研究开发投入。

（四）培养创新人才和团队。

抓好创新人才队伍建设，提升科研人员队伍的整体素质和创新能力，以高层次创新型科技人才为重点，努力造就一批世界水平的节能减排领域科技领军人才和高水平创新团队。加强地方节能减排科技队伍建设，增强地方节能减排专业人员的科技能力。建立和完善人才激励机制，加大对取得重大创新成果人才的奖励力度。

（五）加强国际交流与合作。

将节能减排作为优先领域纳入双边或多边政府间科技合作协议框架，并作为科技援外的重点领域，深化研发、示范、标准、能力建设及政策等方面的合作。有针对性地参与节能减排领域的国际组织和国际研究计划，鼓励并支持我国科学家和科研管理人员在相关国际组织及国际研究计划中任职，牵头或承担重要的研究或管理工作。加强战略性新兴产业及主要行业节能减排等领域关键技术的引进、消化、吸收、再创新及联合研发。

重要资源循环利用工程（技术推广及装备产业化）实施方案

（发改环资[2014]3052号　国家发展改革委、科技部、工业和信息化部、财政部、环境保护部、商务部2014年12月31日印发）

一、引言

资源循环利用产业是战略性新兴产业的重要组成部分，是为节约资源、发展循环经济、实现废弃物综合利用、保护环境提供物质基础和技术保障的产业，其产业链长，产业关联度大，吸纳就业能力强，对经济增长拉动作用明显。本工程主要涵盖资源循环利用产业中的城市矿产(再生资源)、再制造、产业废弃物资源化利用以及废旧商品回收体系建设四个领域。

为加快培育和发展战略性新兴产业，推动重要资源循环利用工程的实施，根据《“十二五”国家战略性新兴产业发展规划》(国发[2012]28 号)和《循环经济发展战略及近期行动计划》(国发[2013]5 号)的总体部署，制定本实施方案。

二、背景情况

(一)国内外发展情况

随着工业化发展，自20 世纪中期开始，西方对回收利用废弃物中再生资源的重视程度不断提高，再生资源回收体系日趋完善，回收利用规模不断扩大，成为经济社会发展的重要支撑。据国际回收局统计，目前世界主要有色金属产量中，来自于资源回收再利用的比例均超过了30%，同时稀贵金属、废纸、废塑料、废玻璃等再生资源的回收利用也受到重视。

2010 年发达国家废旧商品产业规模已达1.8 万亿美元。

“十一五”以来，我国大力推进节能减排，发展循环经济，建设资源节约型环境友好型社会，为资源循环利用产业发展创造了巨大需求。据初步测算，2013 年我国资源循环利用产业总产值超过1.4 万亿元，从业人数2000 万人，初步形成了门类较为齐全的产业体系。开发了一系列具备国际、国内先进水平的废有色金属、稀贵金属、废弃电器电子产品的高值化回收利用技术和装备;我国自主研发创新“尺寸恢复和性能提升”再制造模式，再制造零件尺寸精度、性能指标和质量标准均不低于原型新品质量水平，积极推进汽车零部件、机床、工程机械等再制造试点;我国工业固体废物综合利用量近20.6 亿吨，磷石膏生产硫酸联产水泥技术、尾矿生产加气混凝土技术等1000多项技术获得国家发明专利授权;在废旧商品回收体系建设方面，我国2013 年废旧商品回收总量约为1.6 亿吨，回收总值达4817 亿元人民币，再生资源回收、分拣、处理工艺水平快速提升。

(二)存在的问题

我国资源循环利用产业仍处在发展初期，企业规模小，经营分散，总体产业化水平低，龙头型、骨干型和支柱型企业数量偏少。特别是资源循环利用技术的研发、推广以及装备的产业化不足，已成为制约资源循环利用产业规范化、规模化发展的重要因素。一方面，企业技术水平低、研发能力差，行业内的科技人员比重远低于其他行业，加工利用技术水平不高，精深加工能力差，存在着高品质、高性能的优质再生资源作为加工低端、低档次产品的原料使用的现象。另一方面，装备产业化能力不足，先进技术和装备依赖进口，自有知识产权不足，资源循环利用装备产业化程度较低，使得资源循环利用产品质量不高。此外，管理制度

不完善，技术研发和推广的促进机制不健全，产学研衔接不紧密，相关技术、装备标准和产品标准建设相对滞后，产业规范化发展程度低，难以支撑先进技术、装备的推广应用。

(三)实施本工程的必要性和紧迫性

加快发展资源循环利用产业，有助于培育新的经济增长点，缓解资源环境瓶颈约束，是调整经济结构、转变发展方式的内在要求，也是建设生态文明，实现绿色、循环、低碳发展的战略选择。但我国资源循环利用产业发展的技术装备水平不高，产业化、规模化发展程度较低。实施本工程有助于解决资源循环利用行业技术落后，加工利用水平技术不高，产业化水平低、先进技术装备推广动力不足等问题，形成完善的推进机制，促进资源循环利用技术和装备升级。

三、工程目标

(一)总体目标

到2017 年，基本形成适应资源循环利用产业发展的技术研发、推广和装备产业化能力，攻克一批技术障碍，技术储备能力显著增强，企业重大科技成果集成、转化能力大幅提高，掌握一批具有主导地位的关键核心技术，部分达到国际先进水平，初步形成主要资源循环利用装备的成套化生产能力。

(二)分项目标

城市矿产(再生资源)：到2017 年，废钢铁、废有色金属(稀贵金属)、废塑料、废橡胶、废弃电器电子产品的资源化利用技术和成套装备产业化水平明显提升，形成拥有自主知识产权的成套化技术及装备20 项，企业拥有及新申请相关专利50 项以上。

再制造：到2017 年，机械产品再制造损伤检测、体积修复等再制造技术攻关和装备研发取得突破，实现再制造成套装备的完全国产化和体系化，再制造纳米电刷镀技术装备、电弧喷涂等成熟表面工程装备得到大范围示范应用。

产业废弃物资源化利用：到2017 年，在共伴生矿产资源、尾矿、粉煤灰、煤矸石、冶炼渣、工业副产石膏、赤泥、建筑废物等领域研发 60-70 项具有自主知识产权的技术、装备，推广50-60 项先进适用技术、装备。

废旧商品回收体系建设：到2017 年，在合理规划的基础上，建设一批分拣技术先进、环保设施完备和劳动保护措施健全的回收分拣中心和回收分拣集聚区，对电子废弃物等品种开展智能回收试点。

四、重点任务和领域

(一)城市矿产(再生资源)

1.废钢铁

关键技术与装备研发：开发废钢破碎料提纯、制块、增加体密度的加工技术、超大超厚型废钢加工解体技术设备，研发废钢尾渣有色金属提取技术、不锈钢机械化拆解及分离技术。

先进技术与装备推广：普及剪切机、抓钢机和防辐射设备、合金快速分析仪等机械化、自动化检测设备，在年加工利用能力100 万吨以上的废钢铁回收利用企业推广超宽履带输送装备、预碾压设备、磁力分选设备等。

2.废有色金属

关键技术与装备研发：重点突破废杂铜制备空心异型铜合金材料技术、废旧铅酸电池清洁回收和强化熔炼关键技术与设备、废弃纸铝塑复合包装物再生利用技术、废铝预处理及废铝罐低烧损还原技术，加强废有色金属快速检测技术和设备研发。

先进技术与装备推广：推广废有色金属机械化拆解预处理技术、废电线电缆自动筛选分离处理设备。

3.废稀贵金属

关键技术与装备研发：研发稀贵金属再生和深加工关键技术，开发金、银、铂、钯、铑、铟、钴、镍等稀贵金属的高效回收、精细分离和提纯等清洁生产技术工艺，开发废电器电子产品、

感光材料、化工产品、医药材料中的稀贵金属高附加值加工技术。

先进技术与装备推广：推广废旧稀贵金属成分快速检测设备、高效电解银工艺技术和工业废料中多金属复合回收技术。

4.废塑料

关键技术与装备研发：开发废塑料改性等高值化利用技术、废塑料回收利用二次污染控制技术及专用设备，研发阻燃塑料、纸塑、铝塑、钢塑复合材料等分离技术。

先进技术与装备推广：推广废旧塑料破碎分选改性造粒生产线、废塑料自动识别及分选技术。

5.废橡胶

关键技术与装备研发：研发废橡胶新型环保再生技术与装备、废轮胎常温粉碎和深加工技术与装备、活化胶粉改性道路沥青技术与装备。

先进技术与装备推广：推广废旧轮胎回收精细胶粉全自动设备、硫化橡胶粉常压连续脱硫成套装备。

6.废弃电器电子产品

关键技术与装备研发：研发报废手机、液晶面板、复印机和荧光灯管预处理与分离关键技术和设备，开发电路板元器件高效脱除及贵重金属提取技术、废锂电池金属提取技术和成套设备，研发废弃电器电子产品中的非金属材

料拆解产物综合利用技术。

先进技术与装备推广：推广废冰箱整体拆解与多组份资源化利用一体化设备、废印制电路板粉碎分离回收技术及成套设备。

重点领域

1. 报废手机。研发报废手机高值化回收处理技术及成套设备，突破报废手机中稀贵金属 快速识别及回收利用技术，报废手机液晶屏幕检测及再利用技术，废手机电路板回收及处理 处置技术等，开发专用拆解处理线及设备，依托企业建设100 万部/年报废手机一体化回收 处理示范中心。

2. 废电池。针对报废一次性干电池、废铅酸电池、废锂电池，研发废电池处理利用技术 及专用设备，重点研发废镍镉电池、锌锰电池、锂电池中金属高效提取及非金属材料处理处 置技术及专用装备，建设5000-10000吨/年废锂电池回收利用示范工程，建设废镍镉电池 及锌锰电池回收利用示范工程。

（二）再制造

1. 再制造高效无损拆解方面

关键技术与装备研发：开展可拆解性设计、产品结构干涉分析等方法研究，研发废旧复杂机电产品拆解工艺，开发针对大型、复杂和高端装备的再制造生产技术与自动化装备。

先进技术与装备推广：推广快速、无损、自动化拆解装备。

2. 再制造损伤检测与寿命评估方面

关键技术与装备研发：研发多参量多信息融合的先进无损检测技术及设备，建立高可靠度的再制造毛坯件剩余寿命预测模型，研发适用再制造产品表面涂覆层残余应力状态及与基体结合强度的快速无损检测技术，研发再制造专用寿命评估设备。

先进技术与装备推广：推广涡流/磁记忆无损检测技术与装备、超声/相控阵无损检测技术与装备。

3. 再制造先进成形与加工方面

关键技术与装备研发：研制智能化、自动化纳米复合再制造设备，研发自动化再制造成形加工系统，实现再制造加工过程的一体化，具备表面再制造与三维立体再制造的能力。

先进技术与装备推广：推广全自动化纳米复合表面工程技术装备。

重点领域

1. 再制造专业技术装备生产。提供再制造技术装备生产的系统性解决方案。研发再制造 旧件拆解、清洗、无损检测、装配、再制造品检测等技术和成套装备。研发激光熔覆、喷涂 等表面修复的成套技术设备。

2. 培育再制造服务产业。支持专业化公司利用表面修复、激光等技术为工矿企业设备的 高值易损部件提供个性化再制造服务，建立再制造旧件回收、产品营销、溯源等信息化管理 系统。推动构建废弃物逆向物流交易平台。

（三）产业废弃物资源化利用

1. 共伴生矿产资源

关键技术与装备研发：研发低品位共伴生矿高效选冶、稀贵金属分离提取等技术，研发弱磁性铁矿高梯度磁选抛尾技术，推进低品位铝土矿浮选脱硅工艺技术优化，开发黄金尾矿硫化物深度分选及有价组分提取技术。

先进技术与装备推广：推广微细粒磁铁矿全磁分选、贫磁铁矿预选、贫磁铁矿弱磁-反浮选技术，推广异步混合浮选、电化学控制浮选、低品位铜、镍、铅、锌、铝等矿产加压浸出技术，复杂难处理金矿循环流态化焙烧等工艺技术，推广大型机械搅拌式充气浮选机等高效选矿装备。

2. 尾矿

关键技术与装备研发：开发尾矿中有价非金属矿物的高效分离提取技术、生物技术回收有色多金属矿尾矿中有价元素的共性技术、尾矿中残余贵金属提取过程中氰化替代技术、黑色及有色金属选矿尾矿连续充填技术。

先进技术与装备推广：推广铁尾矿有价元素综合利用技术、有色多金属矿尾矿中有价元素综合利用技术，加强富硅尾矿生产超耐久性尾矿高强混凝土技术、尾矿高效充填采空区技术应用。

3. 煤矸石

关键技术与装备研发：研发煤矸石低温活化矿井填充技术、煤矸石生态治理技术、煤矸石制岩面保温材料及提取超细纤维造纸技术、煤矸石制备环保材料技术及尾渣利用技术、煤矸石代替粘土烧制彩瓦等技术、煤矸石生产复合净水剂等高值产品技术。

先进技术与装备推广：推广煤矸石不上井置换煤柱技术、煤矸石生产硅酸铝纤维技术、煤矸石烧制空心砖和陶粒技术、含白矸(硬岩)和黑矸(可燃煤矸石)混杂煤矸石分选技术。

4. 粉煤灰

关键技术与装备研发：研发大掺量粉煤灰混凝土路面材料技术，突破粉煤灰提取碳粉、玻璃微珠等高值产品技术及装备、粉煤灰制备环保材料技术，开发高铝粉煤灰大规模生产氧化铝联产化工、建材产品的成套技术与装备，开发高铝粉煤灰低能耗冶炼硅铝合金技术。

先进技术与装备推广：推广粉煤灰分选和粉磨等精细加工技术、粉煤灰筑高速公路路堤技术、大掺量粉煤灰混凝土技术和少熟料粉煤灰胶凝材料技术、粉煤灰超细化及改性升级技术。

5. 工业副产石膏

关键技术与装备研发：研发脱硫石膏质量在线监测技术，加强低能耗磷石膏制硫酸钾副产氯化铵等技术和利用副产石膏改良土壤的技术研发。

先进技术与装备推广：推广湿法磷酸萃取工艺控制和优化技术、低能耗磷石膏制硫酸联产水泥技术、磷石膏制硫酸钾副产氯化铵技术、低品质磷石膏生产矿井充填专用胶凝材料技术。

6. 冶炼渣

关键技术与装备研发：研发冶炼渣热能回收技术、冶炼渣熔态利用技术、压罐式钢渣余热自解稳定化处理工艺技术、微膨胀型充填采矿专用胶凝材料技术、铜镍冶炼冷态渣深度还原磁选提铁综合利用技术、铜镍冶炼渣热态提铁和深度综合利用技术、铅电解阳极泥中提取金银的工艺技术。

先进技术与装备推广：推广高钛高炉渣提钛技术、钢渣棒磨机宽带磁选提纯技术，推广采用选矿法从冶炼渣中回收金属铜技术、铜冶炼阳极泥及废渣(料)综合利用技术及装备、锌浸出渣中提取铟技术及装备。

7. 赤泥

关键技术与装备研发：研发赤泥低成本脱碱技术、高铁赤泥及赤泥铁精矿深度选铁技术、赤泥中多组分回收技术、脱碱赤泥无害化制环保建材及环境修复材料技术、赤泥制备路基固结材料技术、赤泥循环流化床脱硫技术、赤泥生产复合材料技术。

先进技术与装备推广：推广拜耳法赤泥旋流分级综合利用技术、赤泥胶结充填技术、拜耳法高铁赤泥砂浆生产铁质原料技术、拜耳法高铁赤泥高效选铁技术、赤泥制备新型燃煤脱硫剂技术、赤泥制备工业窑炉用耐火保温材料技术。

8. 建筑废物

关键技术与装备研发：研发建(构)筑物的拆除技术、建筑废物的分类与再生骨料处理技术、建筑废物资源化再生关键装备、新型再生建筑材料应用技术工艺。

先进技术与装备推广：推广再生混凝土及其制品制备关键技术、再生混凝土及其制品施工关键技术、再生无机料在道路工程中的应用技术。

9. 废矿物油

关键装备技术研发：研发重金属添加剂高效分离及综合利用技术、物理破乳技术、微乳化、固相催化等精炼技术、废油生产微乳柴油技术、废润滑油超临界流体萃取技术。

先进技术与装备推广：推广废油高速离心沉降预处理技术装备、废矿物油蒸馏—加氢再炼制技术装备、废油絮凝吸附分离技术、餐厨废油脂肪酸固体酸催化气相反应制备生物柴油技术装备、餐厨废油气相脂化反应技术装备。

重点领域

资源循环利用装备制造。针对共伴生矿产资源、尾矿、粉煤灰、煤矸石、脱硫石膏、赤 泥、建筑废弃物、废矿物油等领域，研发各类产业废物回收利用成套设备，推广应用尾矿生 产建筑材料生产设备，建筑垃圾、道路沥青处理及利用设备。

(四)废旧商品回收体系建设

1. 回收交易环节

关键技术与装备研发：开发大宗废弃物、易污染环境的重点废旧商品回收技术，研发自动回收机等先进废旧商品回收设备，研发基于物联网的再生资源收运系统监测技术和传感识别装备，推动再生资源交易平台建设。

先进技术与装备推广：重点支持龙头企业建设、改造标准化居民固定或流动式废旧商品回收网点，安装自动回收设备，建设网上再生资源回收交易平台。

2.分拣加工环节

关键技术与装备研发：重点研发PET 瓶、PS 泡沫塑料、农地膜等废塑料的分拣加工技术，废玻璃光学分拣技术和设备，废纸脱墨技术和设备。

先进技术与装备推广：推广分拣加工拆解成套装备及配套设备，推进产业化。

重点领域

建立完整的废旧商品回收利用产业链。推动智能化回收体系建设，试点建设智能回收设施、信息平台与现代物流相结合的回收体系。支持废旧商品分拣加工处理企业采用现代分拣分选设备，推动废旧商品分选、拆解、破碎、加工利用的技术和装备升级，逐步实现废旧商品自动化、精细化分拣处理。

五、组织实施

坚持企业为主，地方具体组织推动、国家引导及培育示范的实施格局。发挥战略性新兴产业发展部际联席会议的统筹协调作用，在循环经济“十百千”示范行动中强化对先进技术与装备推广的要求，支撑循环经济重大工程任务目标完成。结合中央财政科技计划(专项、基金等)管理改革的要求，加强循环经济领域科研统筹，实施“十三五”循环经济科技行动计划，推动重点任务中的关键技术与装备研发。

各有关部门要在职责范围内发挥各自职能，加强部门间协调配合，突出各自优势，推动技术研发，加大技术创新支持力度，组织相关示范和技术、装备推广应用工作，推动形成产学研机制，强化各领域标准制修订，支持相关产业发展，确保本实施方案确定各项工作重点落到实处。国家发展改革委将会同科技部等有关部门适时组织开展实施方案的中期评估和后评估。地方政府有关主管部门要按照国家统一部署，并结合地方实际，抓好任务的分解落实。发挥主观能动性，积极落实相关保障措施。有关行业协会和中介组织要发挥专业技术和信息优势，配合有关管理部门开展技术咨询论证、政策解读、方案评审、技术筛选和推介等工作，为企业开展相关技术装备研发和推广提出有力支撑。

六、保障措施

(一)加大支持力度，引导资金投入

各地方应在科学论证的前提下，通过各自循环经济发展专项资金等现有资金渠道，支持资源循环利用技术产业化。本工程涉及研发的相关任务，需要财政资金支持的，按照深化中央财政科技计划(专项、基金等)管理改革的要求纳入国家有关科技计划(专项、基金等)统筹给予支持。创新支持方式，组织示范推广，建立公共服务平台等，发挥对社会资金的引导带动作用，鼓励和引导民间资本投向资源循环利用产业领域。

(二)加强政策引导，优化产业发展环境

研究建立长效机制，完善资源循环利用产业发展的法律法规和标准体系，强化相关标准的设定，为在各行业推广资源循环利用技术和装备提供倒逼机制。研究采取综合措施推动资源循环利用技术研发、推广和装备的产业化。将资源循环利用产品和技术纳入《国家鼓励的循环经济技术、工艺和设备名录》等给予引导支持。加大风险防控力度，减少各类风险的影响。

(三)创新体制机制，发挥目标导向作用

支持构建以企业为主体、市场为导向的技术创新机制，引进吸收国外先进技术，鼓励企业和中介机构、行业协会等建立技术创新和转让平台，组织联合攻关，共同解决资源循环利用技术和装备发展中的关键和共性问题。推动专业化技术研发机构发展，

鼓励商业模式创新，支持资源循环利用服务业公司为企业提供“一站式”服务。发挥资源产出率的目标导向作用，建立企业、园区的资源产出率统计评价体系，开展循环经济和资源利用效率评价，增强企业加强废弃物利用的积极性和动力。

(四)发挥部门合力，形成共同推进机制

按照财政科技计划(专项、基金等)管理改革要求，对有关研发推广平台进行梳理，优化布局。在资源循环利用技术和装备研发的技术攻关和产业发展中，推动相关产学研机制的形成。鼓励企业加大技术和装备方面的投入，加强企业与国内高校和科研院所的合作，加大人才培养力度，发挥高等职业技术教育方面的资源优势，加速资源循环利用领域教育、科技和产业的集聚整合。

绿色能源示范县建设技术管理暂行办法

农业部 国家能源局 财政部

第一章　总则

第一条为了提高绿色能源示范县（以下简称“示范县”）项目建设技术水平，确保项目建设质量和发挥预期效益，根据“财政部、国家能源局、农业部关于印发《绿色能源示范县建设补助资金管理暂行办法》的通知”（财建[2011]113号）和“国家能源局、财政部、农业部关于印发《绿色能源示范县建设管理办法》（国能新能源[2011]164号）的要求及有关技术标准和规范，特制定本办法。

第二条本办法适用于示范县内中央财政支持的沼气集中供气工程、生物质气化工程、生物质成型燃料工程、其他可再生能源开发利用工程和农村能源服务体系等项目建设。

第三条示范县必须严格按照国家和行业有关标准及规定进行规划、设计、施工、监理、检测、验收和运行，推进项目的标准化和规范化建设。

第四条建设单位应优先从农业部、国家能源局、财政部发布的《绿色能源示范县建设项目设备供应和技术服务企业推荐目录》中选择关键设备供应企业。从《目录》外选择关键设备供应企业的，所选企业须具备相应的资质条件，设备应符合规定的技术要求，并能提供相关检测或鉴定证明。

第五条示范县建设应遵循“技术先进、工艺可行、设备可靠、优化集成”的方针，在充分调研、科学论证的基础上，制定符合当地实际的技术方案和建设模式，确保项目整体功能的实现。

第二章　技术要求

第六条示范县各项建设工程必须满足以下技术要求：

1. 沼气集中供气工程

（1）主导技术：高浓度畜禽粪污处理沼气集中供气工程的主导工艺宜采用完全混合式厌氧反应器（CSTR）、升流式固体床反应器（USR）、推流式厌氧反应器（PFR）等。秸秆沼气工程的主导工艺宜采用完全混合式厌氧反应器、竖向推流式厌氧反应器、序批式固态厌氧反应器等。反应器的设计应采用中、高温发酵，并能满足多种原料发酵需求。

（2）实施条件：沼气发酵原料充足。畜禽养殖场需达到常年存栏数3000头猪单位的粪便量、或秸秆年供应量不低于360吨、或具有相当规模的多种混合发酵原料。沼渣沼液应优先考虑还田利用，鼓励加工生产有机肥，避免造成二次污染。

（3）技术指标：年均池容产气率不小于$0.8m^3/m^3\cdot d$；沼气直接入户供气，CH_4含量大于55%，H_2S含量小于$20mg/m^3$；沼气提纯后供气，CH_4含量大于90%。

2. 生物质气化工程

（1）主导技术：生物质气化工程气炭或气炭电多联产的主导工艺宜采用干馏热解工艺，气电联产的主导工艺宜采用固定床或流化床气化工艺。

（2）实施条件：农作物秸秆、林业废弃物和农林产品加工剩余物等废弃生物质资源年供应能力不小于400吨。

（3）技术指标：固定床和流化床的气化效率不低于72%，燃气低位热值不小于$4.6MJ/Nm^3$；干馏热解气化工程系统能源转化效率不低于70%，燃气低位热值间接式不小于$14.6MJ/Nm^3$，直接式不小于$8.4MJ/Nm^3$；燃气中CO含量不大于20%，焦油含量不大于$10\ mg/Nm^3$；气化站内必须安装加臭装置和漏气报警装置。

3. 生物质成型燃料工程

（1）主导技术：生物质成型燃料工程宜采用环模、平模成型技术。农户炊事采暖采用高效低排放生物质炉灶炕，禁止推广使用炉灶分离的户用秸秆气化炉。

（2）实施条件：秸秆、木屑等农林剩余物资源，年供应能力不小于6000吨；成型设备、生物质锅炉、灶具、节能灶炕等产品，应由有资质的检测单位出具检测合格报告，并通过省级相关管理部门或行业管理机构的鉴定、评议或认定；示范县申报推广的高效低排放生物质炉具或高效预制组装架空炕连灶（节能炕），应达到一定规模。

（3）技术指标：

颗粒燃料成型设备：单机产量大于1000kg/h，主机能耗不大于60kWh/t，成型率大于95%；易损件单次使用寿命大于300h；噪音不大于85dB，粉尘浓度不大于10mg/m^3；产品直径≤25mm，长度≤直径的4倍，密度不小于1000kg/m^3，机械耐久性不小于95%。

块状燃料成型设备：单机产量大于1000kg/h，主机能耗不大于40kWh/t，成型率大于95%；易损件单次使用寿命大于300h；噪音不大于85dB，粉尘浓度不大于10mg/m^3；产品直径或横截面的对角线长度＞25mm，密度不小于800kg/m^3，机械耐久性不小于95%。

生物质炉灶炕：采暖炉热效率不小于70%，炊事采暖炉热效率不小于60%，烤火炊事炉、藏炉综合热效率不小于75%，省柴灶热效率不小于35%，高效预制组装架空炕连灶综合热效率不小于70%，生物质锅炉热效率不小于75%。

环保指标：烟气中CO平均排放浓度小于0.2%，SO_2平均排放浓度小于30mg/m^3，烟尘排放平均浓度小于50mg/m^3，林格曼烟气黑度小于1级。

第七条示范县各项工程建设内容详见附1。

第八条其他有关可再生能源开发利用工程。采用适合当地资源条件的新技术、新产品，开发利用可再生能源工程（水能等传统能源，太阳能、地热能等可再生能源除外）。具体技术要求另行制定。

第九条县级农业部门应加强农村能源服务体系建设，建立健全覆盖县、乡、村三级和示范县主要建设内容的现代农村能源服务网络，重点开展能源资源评估、技术指导、宣传培训等工作。

第三章　执业资格

第十条承担示范县项目规划、设计、施工、监理、检测以及设备生产的单位，应具备国家规定的相应资质，在经营范围内承揽项目。

第十一条示范县项目建设用工应坚持国家职业资格证书制度，对沼气生产工、沼气物管员、生物质能利用工、农村节能员（炉灶炕节能）等行业特有工种和通用工种，实行就业准入。

第十二条县级农业部门会同能源主管部门负责对从业单位和人员的执业资质与职业资格进行审查。对审查不合格的，不允许承揽示范县建设相关项目。

第四章　技术支持

第十三条农业部加强技术标准宣贯和培训工作；成立绿色能源示范县专家咨询服务团，对各地示范县建设中的先进技术和典型模式进行总结、鉴定和推广；组织有关科研院所和企业对示范县建设重大技术和关键设备进行攻关。

第十四条省级农业部门要跟踪了解和及时解决示范县项目实施中出现的技术问题。

第十五条示范县应采用先进适用的农村能源技术模式，鼓励推进技术优化集成，加强对项目的技术指导和服务。

第五章　技术监管

第十六条农业部会同国家能源局和财政部对示范县建设规划和实施方案的主导技术、实施条件、技术指标等进行技术审查，审查结果作为示范县实施方案批复的重要参考依据。

第十七条省级农业部门会同能源主管部门、财政部门对示范县建设规划和实施方案中技术工艺可行性进行初步审查。

第十八条示范县农业部门会同能源主管部门和财政部门加强对项目单位的技术监督检查。

第六章　附则

第十九条本办法由农业部会同国家能源局、财政部负责解释。

第二十条本办法自印发之日起实行。

关于公布交通运输行业首批绿色循环低碳示范项目的通知

（交办法〔2014〕122号）

各省、自治区、直辖市、新疆生产建设兵团交通运输厅（局、委），天津市市政公路管理局，天津市交通运输和港口管理局，部属各单位，部内各单位，部管各社团，有关交通运输企业：

根据《交通运输部办公厅关于开展交通运输行业绿色循环低碳示范项目评选活动的通知》（厅政法字〔2013〕209号），经各省级交通运输主管部门推荐、专家评审及公示，“沥青拌合设备‘油改气’技术”等30个项目被评为交通运输行业首批绿色循环低碳示范项目，经交通运输部同意，现予公布。

附件：交通运输行业首批绿色循环低碳示范项目（略）

交通运输部办公厅
2014年6月17日

关于尾矿综合利用示范工程名单（第一批）的公告

2015年　第3号

由各地方工业和信息化主管部门联合安全生产监督管理部门、有关中央企业（集团）推荐项目，经材料符合性审查、专家评审、现场抽查核实和网上公示等程序，确定将34个尾矿综合利用项目列为示范工程。现将示范工程名单（第一批）予以公告。

附件：尾矿综合利用示范工程名单（第一批）（略）

工业和信息化部　国家安全监督管理总局
2015年1月4日

试点示范

国家绿色数据中心试点工作方案

（工业和信息化部 国家机关事务管理局 国家能源局2015年3月18日）

一、开展国家绿色数据中心试点的基础和必要性

随着信息化快速发展，全球数据中心建设步伐明显加快，总量已超过300万个，耗电量占全球总耗电量的比例为1.1%～1.5%，其高能耗问题已引起各国政府的高度重视。国际上普遍通过应用节能、节水、低碳等技术产品以及先进管理方法建设绿色数据中心，实现能源效率最大化和环境影响最小化。美国政府实施了“数据中心能源之星”、“联邦数据中心整合计划”，欧盟实施了“数据中心能效行为准则”，国际绿色网格组织开展了数据中心节能标准制定和最佳实践推广，建立了绿色数据中心的推进机制，引导数据中心节能环保水平的提升。目前，美国数据中心平均电能使用效率（PUE）已达1.9，先进数据中心PUE已达到1.2以下。

近年来，我国数据中心发展迅猛，总量已超过40万个，年耗电量超过全社会用电量的1.5%，其中大多数数据中心的PUE仍普遍大于2.2，与国际先进水平相比有较大差距，节能潜力巨大。同时，数据中心产生大量的温室气体排放，消耗大量的水资源，其设备废弃后造成较大污染，给资源和环境带来巨大挑战。为推动我国数据中心产业持续健康发展，2013年1月工业和信息化部会同国家发展和改革委员会、国家能源局等有关部门发布了《关于数据中心建设布局的指导意见》，提出了数据中心建设应遵守的布局导向、基本原则以及保障措施；2013年2月工业和信息化部发布了《关于进一步加强通信业节能减排工作的指导意见》，提出了数据中心的相关节能环保要求。同时，绿色数据中心相关标准陆续立项和出台，第三方民间组织也启动了数据中心绿色分级测评。为强化绿色数据中心建设，我们制定了《国家绿色数据中心试点工作方案》，拟分重点、分领域、分步骤提升数据中心节能环保水平。

二、总体要求

（一）基本思路

以建立绿色数据中心的推进机制、引导数据中心节能环保水平全面提升为目标，在现有绿色数据中心工作基础上，优先在生产制造、能源、电信、互联网、公共机构、金融等重点应用领域选择一批代表性强、工作基础好、管理水平高的数据中心，开展绿色数据中心试点创建工作，以技术创新和推广为支撑，以标准研制和技术评价为保障，使绿色数据中心试点发挥辐射带动作用，形成可复制的推广模式，引导数据中心走低碳循环绿色发展之路。

（二）基本原则

1.能效提升与低碳环保并重。大力提升数据中心能源使用效率，加强可再生能源利用和分布式供能，切实降低碳排放和水资源消耗，有效控制有毒有害物质使用，加强废弃设备回收处理等，全面建设绿色数据中心。

2.分类实施和指导。针对不同行业、地域、规模的数据中心进行试点，强化新建工程项目的绿色采购、绿色设计、绿色建设，全面实现绿色增量；提高现有数据中心设备的利用率，积极开展节能挖潜，提升整体能效水平。

3.技术与管理并行。在支持先进适用技术产品的研发与应用的基础上，加强引导各单位建立绿色数据中心运维管理体系，技术与管理两手并行推进数据中心节能环保水平提升。

（三）主要目标

宣传和推广一批先进适用的绿色技术、产品和运维管理方法，培育和发展一批第三方检测评价、咨询机构，支持和鼓励一批绿色数据中心技术、解决方案、运维服务的提供商。初步形成具有自主知识产权的绿色数据中心技术体系、创新与服务体系，构建试点数据中心节能环保指标监测体系，确立绿色数据中心标准和评价体系。

到2017年，围绕重点领域创建百个绿色数据中心试点，试点数据中心能效平均提高8%以上，制定绿色数据中心相关国家标准4项，推广绿色数据中心先进适用技术、产品和运维管理最佳实践40项，制定绿色数据中心建设指南。

三、试点内容

（一）积极开展绿色数据中心技术创新和推广

数据中心关键设备生产企业要加强生态设计，提高设备能源使用效率，控制有毒有害物质使用，采用易于拆解和回收处理的设计。试点单位要加强绿色智能服务器、能源管理信息化系统、热场管理、余热利用、自然冷源、水循环利用、分布式供能、直流供电等技术和产品应用。工业和信息化部会同国家能源局组织开展技术、产品的鉴定和推广，编制绿色数据中心先进适用技术和产品推荐目录。

（二）提高绿色数据中心管理水平

试点单位要建立绿色数据中心运维管理体系，明确数据中心节能、低碳、节水、污染控制、综合利用等节能环保目标，制定实施计划；建立绿色数据中心管理团队和技术团队的协调机制，明确责任，将节能环保工作纳入考核体系；开展节能环保水平自监测工作，定期统计、分析并上报监测结果。工业和信息化部组织编制绿色数据中心建设指南。

（三）建立试点数据中心节能环保指标监测体系

省级工业和信息化主管部门会同相关部门、行业组织定期统计试点数据中心的自监测数据，并上报工业和信息化部等相关部门。工业和信息化部建立试点数据中心节能环保基础数据库，根据地域、行业、规模进行分类研究，组织第三方机构定期开展试点数据中心现场监测，摸清我国数据中心节能环保水平现状，把握数据中心节能环保水平提升的关键问题，逐步建立完善的统计体系。

（四）完善绿色数据中心标准和评价体系，推动形成国家标准体系

工业和信息化部组织标准化机构借鉴国际先进标准和评价方法，制定完善绿色数据中心相关标准，推动已有行业标准转化为国家标准，并在能源、生产制造、金融等领域的应用；在已有评价的基础上，制定完善涵盖节能、节水、低碳、运维管理办法等绿色指标的评估和评价方法，对试点数据中心进行分类评价，并开展动态监督，进行抽查。

（五）加强公共服务能力建设

工业和信息化部整合行业现有资源，建立集政策宣传、动态监测、数据统计、标准研制、试点评估、技术交流、人才培养等服务于一体的绿色数据中心公共服务平台，培育一批第三方检测评价机构、节能服务公司等。鼓励试点单位和节能服务公司拓展合同能源管理，研究节能量交易机制，探索绿色数据中心融资租赁等金融服务模式。

（六）开展国际合作

工业和信息化部进一步拓展国际合作机制和渠道，探索绿色数据中心技术贸易机制创新。鼓励研究机构、行业组织和企业加强国际合作，跟踪和引进绿色数据中心前沿技术，探索国内外绿色数据中心标准共通机制，举办专业培训、技术和政策研讨会、高端论坛、产业对接活动等。

四、组织实施

（一）试点地区申报与确定

各省级工业和信息化主管部门会同通信管理局、机关事务管理部门、能源管理部门于2015年5月31日前向工业和信息化部提出试点地区书面申请（见附件1）。工业和信息化部会同国家机关事务管理局、国家能源局根据地区发展和行业现状确定试点地区、领域和数量。

（二）试点单位申报与推荐

试点地区省级工业和信息化主管部门会同相关部门根据工业和信息化部批复的试点领域和数量及有关要求组织本地区试点单位的申报工作。

试点单位应具备以下条件：

1. 具有独立法人资格；

2. 具有较强的行业代表性；

3. 首批试点优先考虑生产制造、能源、电信、互联网、公共机构、金融等领域，且符合《关于数据中心建设布局的指导意见》布局导向的数据中心；

4. 经营因特网业务的数据中心，要严格遵守《中华人民共和国电信条例》、《电信业务经营许可管理办法》、《工业和信息化部关于进一步规范因特网数据中心业务和因特网接入服务业务市场准入工作的通告》等政策法规的要求；

5. 申报单位要有较好的工作基础，具有完备的能源计量器具（符合GB 17167-2006《用能单位能源计量器具配备和管理通则》和GB 24789-2009《用水单位水计量器具配备和管理通则》的要求），具备开展持续监测的能力，并建立了节能环保数据统计分析制度；

6. 对数据中心绿色发展有明确的目标和工作思路，具有健全的财务管理制度以及较强的节能环保投入能力；

7. 原则上应于2016年2月29日前完成试点创建工作，并正式投入运营。

申报单位按照《国家绿色数据中心试点单位申报材料》（见附件2）填写申报材料。省级工业和信息化主管部门会同相关部门提出推荐意见，连同各单位申报材料（纸质材料一式三份）于2015年7月31日前报工业和信息化部（节能与综合利用司），电子版同时发送至jienengchu@miit.gov.cn。

（三）试点单位的审核确定

工业和信息化部会同国家机关事务管理局、国家能源局组织专家对被推荐单位进行文件评审，必要时可进行现场检查，提出推选意见。在适当结合地域、行业、规模等因素基础上研究确定绿色数据中心试点单位名单，在工业和信息化部网站上公示，正式启动试点工作。

（四）试点创建

省级工业和信息化主管部门会同相关部门落实试点地区创建方案，加强对绿色数据中心试点创建的指导和支持。试点单位依据申报材料中的创建方案确定的目标、工作内容等认真组织实施，明确任务分工，落实目标责任，确保试点工作的质量和进度，试点单位不得随意更改创建方案确定的工作内容，由于条件变化，需要进行较大调整的，经地方工业和信息化主管部门同意后，报工业和信息化部审核批准。

（五）试点评价

试点单位根据试点创建完成情况提出评价申请，原则上申请时间不得晚于2016年2月29日。试点数据中心定期统计节能环保水平自监测数据，经省级工业和信息化主管部门审核后，上报工业和信息化部。工业和信息化部委托有关机构对试点单位开展为期一年的持续监测，依据绿色数据中心评价指标体系（“国家绿色数据中心评价指标体系”随后印发）对其进行评价，达到要求的数据中心列入“国家绿色数据中心”名单，在工业和信息化部网站上公示。工业和信息化部委托有关机构对有效期内的“国家绿色数据中心”进行不定期抽查，对于不符合要求的，从“国家绿色数据中心”名单中予以撤销。

（六）总结和推广

工业和信息化部总结绿色数据中心试点工作经验，开展宣贯和培训，推广绿色数据中心先进适用技术产品以及建设和运维指南，分类指导绿色数据中心的规划、建设及运维。

五、保障措施

（一）加强组织领导

各级工业和信息化主管部门会同通信管理局、机关事务管理部门、能源管理部门加强对试点工作的组织实施。建立试点工作进展情况阶段性总结和监督制度，对试点工作实施阶段性评估和监督检查。

（二）发挥专家队伍指导和支撑作用

成立国家绿色数据中心试点工作专家组，充分发挥有关院士、专家作用，协助开展绿色数据中心标准、试点评价指标的研究，协助开展试点推荐、评审、监测和确认，指导绿色数据中心先进适用技术和产品推荐目录以及建设和运维指南的编制，为试点工作提供技术支撑。

（三）加强对试点工作的引导和支持

对绿色数据中心试点方案中提出的项目，符合国家能源管理中心、清洁生产专项资金支持范围的，予以优先支持；地方工业和信息化主管部门要将其列入节能减排、技术改造、清洁生产、循环经济等财政引导资金支持的重点。同时，要加强对试点单位指导，对试点工作中反映出的问题抓紧研究，协调有关部门制定鼓励扶持政策。

（四）探索机制创新

探索在数据中心领域推广合同能源管理和节能量交易等相关政策。探索建立绿色数据中心技术创新和推广应用的激励机制和融资平台，完善多元化投融资体系。

（五）加强人才培养

利用现有的人员技术资格认证体系，加强对绿色数据中心相关人才的培养，制定绿色数据中心技术人才培养计划，开展人才技能培训和认证等工作，提高从业人员技术和管理水平。

六部委关于开展水泥窑协同处置生活垃圾试点工作的通知

工信厅联节〔2015〕28号

为贯彻落实《循环经济发展战略及近期行动计划》（国发〔2013〕5号）、《国务院关于化解产能严重过剩矛盾的指导意见》（国发〔2013〕41号），实施《关于促进生产过程协同资源化处理城市及产业废弃物工作的意见》（发改环资〔2014〕884号），推动化解水泥产能严重过剩矛盾，推进水泥窑协同处置城市生活垃圾，促进水泥行业降低能源资源消耗，建设资源节约型和环境友好型水泥企业，实现水泥行业转型升级、绿色发展，工业和信息化部、住房城乡建设部、发展改革委、科技部、财政部、环境保护部决定联合开展水泥窑协同处置生活垃圾试点及评估工作。现将有关事项通知如下：

一、范围和期限

选取已建成的水泥窑协同处置项目开展试点，并对其运行情况进行评估。承担试点项目的水泥窑生产线须是符合水泥行业准入条件和国家投资管理政策的新型干法水泥熟料生产线。试点及评估工作期限为2年。

二、目标

强化对试点生产线的技术、经济和污染控制水平进行评估，科学、客观地分析水泥窑协同处置技术现状及存在的问题，解决水泥窑协同处置生活垃圾面临的技术、装备、标准、政策等突出问题，规范技术工艺路线，提高技术装备水平，建立标准体系，探索运营模式，为“十三五”科学推进利用水泥窑协同处置生活垃圾奠定基础。

三、内容

（一）优化水泥窑协同处置技术

在现有基础上，进一步研究生活垃圾替代原料和燃料的技术，优化协同处置过程中生活垃圾预处理、生产过程控制、旁路放风灰利用与无害化处置、产品质量控制等技术，推动水泥窑协同处置生活垃圾技术创新。

（二）加强工艺装备研发与产业化

加快研发适合中国生活垃圾特性的水泥窑协同处置生活垃圾核心装备。突破生活垃圾预处理、渗滤液处理、臭味控制与处理、自动化控制装备及其他配套装备研发和产业化，提高水泥窑协同处置生活垃圾成套装备产业化水平。

（三）健全标准体系

研究和制定水泥窑协同处置生活垃圾的综合能耗、污染控制、预处理技术、产品质量控制和等级评价等相关标准规范，研究完善操作规范、技术流程和检测标准，逐步健全水泥窑协同处置生活垃圾标准体系。

（四）完善政策机制

积极与地方沟通，在试点及评估过程中逐步协调完善项目立项审批、改造工程资金支持、生活垃圾收集运输与协同处置衔接机制、垃圾处理费用补贴与结算机制等，推动建立健全相关政策机制。

（五）强化项目评估

通过对试点项目连续稳定运行污染物排放情况、水泥产品质量、能耗、成本等数据进行连续监测，客观评估试点项目协同处置生活垃圾连续运行能力、处理效率、污染物排放控制水平、水泥产品质量、项目运行经济性等，为下一步科学推进水泥窑协同处置生活垃圾提供依据。

四、工作要求

（一）相关省级工业和信息化主管部门会同住房城乡建设、发展改革、科技、财政、环保等部门组织本地区已建成的水泥窑协同处置生活垃圾项目（项目名单见附件1）自愿申报试点项目，于2015年5月31日前将试点项目名单及项目实施方案（提纲见附件2）报工业和信息化部（节能与综合利用司）。

（二）试点项目应满足《水泥窑协同处置固体废物污染控制标准》（GB30485-2013）中对协同处置设施的要求。工业和信息化部会同住房城乡建设、发展改革、科技、财政、环保等部门组织专家对试点项目实施方案评审通过后，批复实施方案并发布试点项目名单。

（三）试点项目宜选择能够确保全年连续生产的企业。不能全年连续生产的试点项目，试点企业应加强与本地区政府相关部门协商，提出当地政府认可的可行性备选方案，确保在水泥窑停产期间生活垃圾的妥善处置。

（四）试点企业应在每季度初（20日前）通过省级住房城乡建设部门将上季度项目进展情况报住房和城乡建设部（城乡建设司），同时抄报工业和信息化部（节能与综合利用司）。主要包括以下内容：生活垃圾处理综合成本，吨水泥熟料煤耗、综合能耗，主要污染物排放情况，水泥产品质量检测结果等（详见附件3）。首次数据应从2015年1月1日开始，随同实施方案一并上报。住房城乡建设部将会同工业和信息化部设立评估指标并组织第三方机构对试点项目运行数据进行分析评估，出具评估报告。

五、保障措施

（一）各省级工业和信息化主管部门应会同住房城乡建设、发展改革、财政、环保等部门加强组织协调，充分利用现有设施，支持水泥窑协同处置生活垃圾试点工作。

（二）各试点项目所在地区工业和信息化主管部门应加强对试点项目运行情况及能耗实施管理和监测；财政部门应按照物价部门核定的价格，及时给予水泥企业处理生活垃圾费用；环境保护部门应加强对试点项目的环境监督管理，督促试点企业履行环境信息公开义务；住房建设部门应加强现有生活垃圾收集、运输体系建设，保障试点项目生活垃圾来源。发展改革部门会同相关部门在试点评估的基础上，统筹考虑水泥窑协同处置的布局。

（三）对达到试点评估要求的项目，在推广相关技术路线时，各有关部门利用现有资金渠道，视情况对相关项目给予适当支持。

（四）试点期间各试点项目所在地区工业和信息化主管部门应会同住房城乡建设、发展改革、科技、财政、环保等部门加强对试点项目监督检查，发现问题，及时解决。工业和信息化部会同住房城乡建设部、发展改革委、科技部、财政部、环境保护部对试点项目进行监督检查。

工业和信息化部办公厅 住房和城乡建设部办公厅
国家发展和改革委员会办公厅 科学技术部办公厅
财政部办公厅 环境保护部办公厅
2015年4月23日

通过验收的国家循环经济试点示范单位名单（第一批）

（国家发展改革委、环境保护部、科学技术部、工业和信息化部、财政部、商务部、国家统计局2014年11月5日公告）

北京：

北京市、北京水泥厂有限责任公司、北京市密云县十里堡镇、北京市朝阳区中兴再生资源回收利用公司、北京金运通大型轮胎翻修厂、盈创再生资源有限公司、

河北：

河北西柏坡发电有限责任公司、河北冀衡集团公司、河北唐山三友集团化纤有限公司、石家庄市物资回收总公司、河北省曹妃甸循环经济示范区、邯郸市1

山西：

山西省、太原钢铁（集团）有限公司、山西焦化集团有限公司、山西焦煤集团西山煤矿总公司、山西潞安矿业（集团）有限公司、山西丰喜肥业（集团）股份有限公司、山西安泰集团股份有限公司

内蒙古：

包头铝业有限责任公司（原则通过）、内蒙古伊东资源集团股份有限公司（原内蒙古伊东煤炭集团有限责任公司）、内蒙古乌兰水泥厂有限公司、内蒙古塞飞亚集团有限公司、内蒙古蒙西高新技术工业园区

大连：

大连经济技术开发区

吉林：

吉林亚泰集团股份有限公司、吉林省吉林市再生资源集散市场、吉林省四平循环经济示范区、白山市

黑龙江：

黑龙江龙煤矿业集团有限责任公司鸡西分公司、黑龙江伊春市朗乡林业局、黑龙江省牡丹江经济技术开发区、七台河市、黑龙江省望奎县望奎镇

浙江：

浙江省、浙江省废旧家电回收利用、浙江绍兴滨海工业园区、浙江巨化集团公司、

宁波：

宁波市、宁波金田铜业股份有限公司

福建：

福建省三钢（集团）有限责任公司（原福建三钢（集团）有限责任公司）、福建泉港石化工业园区、福建三明市环科化工橡胶集团有限公司（原福建三明市环科化工橡胶有限公司）、福建凤竹纺织科技股份有限公司

江西：

萍乡市、江西铜业集团公司、江西永修云山经济开发区

河南：

河南省、鹤壁市、河南省大周镇再生金属回收加工区、河南天冠企业集团有限公司、河南省沈丘县付井镇、河南豫光金铅集团有限责任公司、中国铝业公司中州分公司

湖北：

湖北武汉市青山区、湖北武汉市东西湖工业区、湖北宜昌经济开发区、荆门市、湖北金洋冶金股份有限公司

深圳：

深圳市、深圳市格林美高新技术股份有限公司（原深圳市格林美高新技术有限公司）、深圳南山热电股份有限公司（原则通过）、东江环保股份有限公司

广西：

广西贵糖（集团）股份有限公司、广西河池市南方有色冶炼有限责任公司

四川：

五粮液集团有限公司（原则通过）、宜宾天原集团股份有限公司（原四川宜宾天原化工股份有限公司）、四川西部化工城 、四川国栋建设股份有限公司、四川绵阳长鑫新材料发展有限公司（原则通过）、四川成都市青白江工业集中发展区

云南：

云南驰宏锌锗股份有限公司、云南锡业集团（控股）有限责任公司

贵州：

贵州赤天化纸业股份有限公司、贵阳市、贵阳开阳磷化工集团公司、贵州茅台酒厂（集团）有限责任公司（原贵州茅台酒厂有限责任公司）、瓮福（集团）有限责任公司（原贵州宏福实业有限公司）

陕西：

中钢集团西安重型有限公司、

宁夏：

宁夏宁东能源化工基地、石嘴山市

新疆：

新疆库尔勒经济开发区、中粮新疆屯河股份有限公司、新疆兵团 新疆天业（集团）有限公司

通过验收的国家循环经济试点示范单位名单（第二批）

（国家发展改革委、环境保护部、科学技术部、工业和信息化部、
财政部、商务部、国家统计局2015年5月12日公告）

天津：

天津市、天津子牙循环经济产业区（原天津子牙工业园）、天津国投北疆发电厂（原天津北疆发电厂）、天津

经济技术开发区、天津临港经济区（原天津市临港工业区）

辽宁：

辽宁省、鞍本钢铁集团、抚顺矿业集团、中冶葫芦岛有色金属集团有限公司（原葫芦岛有色金属集团有限公司）、铁法煤业（集团）有限责任公司、阜新市

大连：

大连松木岛化工园区

上海：

上海市、上海化学工业区、上海新格有色金属有限公司、上海市莘庄工业区、宝山钢铁股份有限公司、伟翔环保科技发展（上海）有限公司

江苏：

江苏省（原则通过）、苏州高新技术产业开发区、苏州工业园区、江苏春兴合金（集团）有限公司、江苏国信协联能源有限公司（原江苏宜兴协联热电有限公司）、江苏中再生投资开发有限公司、鑫缘茧丝绸集团股份有限公司、扬州经济技术开发区（原扬州经济开发区）、江苏省吴江市再生资源回收利用有限公司

安徽：

淮南矿业（集团）有限责任公司、铜陵市、淮北市、马鞍山钢铁股份有限公司、安徽省阜阳市阜南县、安徽省界首市田营循环经济工业区

山东：

山东省、烟台经济技术开发区、山东海化集团有限公司、济南钢铁集团有限公司、莱芜钢铁集团有限公司、山东菱花集团有限公司、山东泉林纸业有限公司、山东金升有色集团有限公司、山东鲁北企业集团总公司（原山东鲁北企业集团有限公司）、山东香驰粮油有限公司、新汶矿业集团有限责任公司、烟台万华合成革集团有限公司、济南复强动力有限公司、

青岛：青岛市、青岛市废旧家电回收利用试点、青岛天盾橡胶有限公司、

湖南：

湖南智成化工有限公司、湖南省汨罗再生资源集散市场、湖南泰格林纸集团有限责任公司、湖南省郴州市永兴县

广东：

广州经济技术开发区、江门市新会双水拆船钢铁有限公司、广州清远再生资源集散市场 （原则通过）、广州银洲湖纸业基地（原则通过）、

重庆：

重庆市（三峡库区）、长寿经济技术开发区(原重庆长寿化工产业园区)、重庆钢铁(集团)有限责任公司、重庆发电厂

四川：

宜宾丝丽雅集团有限公司（原则通过）

陕西：

陕西省杨凌农业高新技术产业示范区（原则通过）

甘肃：

甘肃省（原则通过）

青海：

青海省西宁经济技术开发区、青海省柴达木循环经济试验区

农业部现代生态循环农业发展试点省

（农业部办公厅2014年4月）

浙江省

2014年循环化改造示范试点园区名单

（国家发展改革委、财政部2014年6月）

绍兴滨海工业园区（浙江省） 四川达州经济开发区（四川省） 南通经济技术开发区（江苏省）
神府经济开发区神木县锦界工业园区（陕西省） 广州经济技术开发区（广东省）
福建泉港石化工业园区（福建省） 安徽霍邱经济开发区（安徽省）
张家港国家再制造产业示范基地（江苏省） 宁波石化经济技术开发区（宁波市）
南昌高新技术产业开发区（江西省） 石河子经济技术开发区（新疆生产建设兵团）
宁夏平罗工业园区（宁夏自治区） 湖北潜江经济开发区（湖北省）
海林经济技术开发区（黑龙江省） 深圳高新区光明高新技术产业园区（深圳市）
日照经济技术开发区（山东省） 湖南桂阳工业园区（湖南省）
张掖经济技术开发区生态科技产业园（甘肃省） 红旗渠经济技术开发区（河南省）
乌海经济开发区海勃湾工业园（内蒙古自治区） 万州经济技术开发区（重庆市）
西宁经济技术开发区甘河工业园区（青海省） 洋浦经济开发区（海南省）
贵州大龙经济开发区（贵州省） 天津空港经济区（天津市）

2015年园区循环化改造示范试点名单

（国家发展改革委、财政部2014年6月）

丽水经济技术开发区（浙江省） 贵州红果经济开发区（贵州省）
铜川经济开发区董家河循环经济产业示范园（陕西省） 新疆五家渠经济技术开发区（新疆生产建设兵团）
江苏邳州经济开发区（江苏省） 常宁水口山经济开发区（湖南省）
井冈山经济技术开发区（江西省） 新乡经济技术开发区（河南省）
湛江经济技术开发区（广东省） 鞍山经济开发区（辽宁省）
潍坊滨海经济技术开发区（山东省） 厦门市集美（杏林）台商投资区（厦门市）
孝感高新技术产业开发区（湖北省） 上海青浦工业园区（上海市）
宁波大榭开发区（宁波市） 上海临港再制造产业示范基地（上海市）
甘肃嘉峪关工业园区（甘肃省） 宁东能源化工基地（宁夏自治区）
深圳国家自主创新示范区坪山园区（深圳市） 广西－东盟经济技术开发区（广西自治区）
新疆准东经济技术开发区（新疆自治区） 西宁经济技术开发区东川工业园区（青海省）
牡丹江经济技术开发区（黑龙江省） 叶集经济开发区（安徽省）
内蒙古巴彦淖尔经济技术开发区（内蒙古自治区）

第五批国家城市矿产示范基地名单

（国家发展改革委、财政部2014年度）

烟台资源再生加工示范区 内蒙古包头铝业产业园区
兰州经济技术开发区红古园区 克拉玛依石油化工工业园区
哈尔滨循环经济产业园区 玉林龙潭进口再生资源加工利用园区

第六批国家城市矿产示范基地名单

（国家发展改革委、财政部2014年度）

江苏戴南科技园区（江苏省） 丰城市资源循环利用产业基地（江西省）
大冶有色再生资源循环利用产业园（湖北省） 陕西再生资源产业园（陕西省）

第四批餐厨废弃物资源化利用和无害化处理试点名单

（国家发展改革委、财政部、住房城乡建设部会同环境保护部、农业部2014年度）

浙江省衢州市 江苏省镇江市 陕西省西安市 吉林省吉林市 湖北省黄石市 湖南省娄底市
上海市浦东新区 内蒙古自治区呼伦贝尔市 宁夏自治区吴忠市 黑龙江省齐齐哈尔市
山东省聊城市 四川省绵阳市 安徽省淮北市 重庆市綦江区 河北省承德市 山西省晋中市
广东省东莞市

第五批餐厨废弃物资源化利用和无害化处理试点城市名单

（国家发展改革委、财政部、住房城乡建设部会同环境保护部、农业部2015年度）

天津市和平区 内蒙古自治区乌海市 江苏省扬州市 浙江省绍兴市 安徽省铜陵市 山东省临沂市
河南省焦作市 湖北省十堰市 湖南省株洲市 广东省佛山市 四川省南充市 重庆市涪陵区
贵州省毕节市 陕西省延安市 西藏自治区拉萨市 肃省白银市 厦门市

山东省循环经济示范县（市）创建名单

（山东省经济和信息化委2014年12月29日）

高青县 招远市 诸城市 泗水县 肥城市 沂水县 平原县 高唐县 博兴县 单 县

山东省循环经济示范单位(第二批)名单

（山东省经信委、省住建厅等6部门2015年1月公布）

山东淄川经济开发区　高青经济开发区　山东桓台东岳氟硅材料产业园　山东维统科技有限公司
山东博润工业技术股份有限公司　山东东华水泥有限公司　山东雷帕得汽车技术股份有限公司
山东汇丰石化集团有限公司　山东清源集团有限公司　山东扳倒井股份有限公司
淄博圣樵农业发展有限公司　淄博科通生物科技有限公司　山东理工大学　淄博建筑工程学院。

福建省循环经济示范企业名单（第一批）

（福建省经信委 2015年5月）

福建冠福现代家用股份有限公司　福建百宏聚纤科技实业有限公司
英博雪津啤酒有限公司　福建省燕京惠泉啤酒股份有限公司
福建省如意情集团股份有限公司　兴业皮革科技股份有限公司
福建省建阳武夷味精有限公司　福建森宝食品集团股份有限公司
福建优兰发集团实业有限公司　厦门翔鹭化纤股份有限公司
福州隆诚实业有限公司　龙岩卓越新能源发展有限公司
漳州陆海环保产业开发有限公司　晋江东风橡胶有限公司
福建百川资源再生科技有限公司　厦门卓越生物质能源有限公司
福建全通资源再生工业园有限公司　福建环科化工橡胶集团有限公司
永安智胜化工有限公司　福建联合石油化工有限公司
福建省鸿山热电有限责任公司　福建省石狮热电有限责任公司
厦门通士达照明有限公司　中海福建燃气发电有限公司
福建清源科技有限公司　闽发铝业有限公司
厦门钨业股份有限公司　三立(厦门)汽车配件有限公司
福建省南平铝业有限公司　福建三钢（集团）有限责任公司
福建中节能新型材料有限公司　莆田九洲新型建材有限公司
福建龙麟集团有限公司　福建省万旗非金属材料有限公司
福建红火水泥有限公司　漳州旗滨玻璃有限公司
福建闽新集团有限公司　福建省芝星炭业股份有限公司
永林集团永安人造板厂　福建省龙岩龙化化工有限公司
泰宁县三晶光电有限公司

广东省循环经济示范城市（县）名单

（广东省经济和信息化委 2014年12月）

湛江市　广宁县　罗定市

2015年广东省循环经济试点示范单位名单

（2015年7月）

一、“城市矿产”示范基地

1. 广州市万绿达循环经济产业基地（广州市）
2. 贵屿循环经济产业园区（汕头市）
3. 金发科技循环经济产业园（清远市）
4. 粤北危险废物处理处置中心（韶关市）
5. 湛江粤西再生资源产业基地（湛江市）
6. 江门市嘉能再生资源回收利用产业基地（江门市）
7. 华南再生资源产业基地（肇庆市）
8. 始兴县再生资源加工基地（韶关市）

二、循环经济教育示范基地

1. 金发科技股份有限公司（广州市）
2. 佛山市南海绿电再生能源有限公司（佛山市）
3. 茂名天保再生资源发展有限公司（茂名市）
4. 广东清远华清循环经济园（清远市）
5. 佛山市顺德鑫还宝资源利用有限公司（佛山市顺德区）

三、再制造试点

1. 广州市跨越汽车零部件工贸有限公司（广州市）
2. 广州市花都全球自动变速箱有限公司（广州市）
3. 梅州鸿荣重工有限公司（梅州市）
4. 广东省东莞电机有限公司（东莞市）
5. 东莞市贝司通橡胶科技有限公司（东莞市）

湖南省第二批循环经济示范城市(县)名单

（湖南省发改委2015年2月）

衡阳市 郴州市 长沙市 汨罗市 安乡县 桃江县 嘉禾县 安化县 汝城县

陕西省循环经济试点县（市）

（陕西省发改委2015年1月）

商洛市 府谷县

甘肃省循环经济示范企业名单

（甘肃省工业和信息化委员会）

第三批（2014年12月1日）

中国铝业股份有限公司连城分公司　中国铝业股份有限公司兰州分公司
兰州科泰现代农业科技发展有限公司　兰州黄海机械铸造有限责任公司
兰州宏建建材集团有限公司　甘肃颐和新型材料有限责任公司
兰州牧工商有限责任公司　甘肃新明生物科技有限公司
甘肃华峰管业科技有限公司　兰州鑫源物资再生利用有限公司
兰州泓翼废旧电子产品拆解加工中心　兰州市利源报废汽车回收中心
武威荣华工贸有限公司　民勤县鼎盛新型建材有限公司
张掖市晋昌源煤业有限公司　张掖市奥林贝尔生物科技有限公司
民乐富源化工有限责任公司　甘肃博峰肥牛开发有限公司
肃北县博伦矿业开发有限责任公司　静宁县工业品纸箱制造厂
甘肃省昕农福农业科技有限责任公司　甘肃宏良皮业股份有限公司
白银万山稀贵金属科技有限责任公司　甘肃酒钢集团西部重工股份有限公司

第四批（2015年7月28日）

兰州兰石集团有限公司　华润雪花啤酒甘肃有限公司
兰州兴盛源再生资源循环经济加工产业园有限公司
甘肃联丰金属处理有限责任公司　兰州和盛堂制药有限公司
兰州四联光电科技有限公司　兰州金土地塑料制品有限公司
兰州红狮水泥有限公司　甘肃阿敏生物清真明胶有限公司
甘肃祁连山药业公司　内蒙古太西煤集团金昌鑫华焦化有限责任公司
响水河煤业集团武威选煤有限公司　甘肃银光聚银化工公司
白银中天化工公司　华亭煤电股份有限公司煤制甲醇分公司
中电建华亭发电有限责任公司　天水华天电子集团
天水长城开关厂有限公司　天水二一三电器有限公司
陇西一方制药有限公司

大力推进循环经济 努力建设"生态拉萨"

2016年1月，国家发展和改革委、财政部、住房和城乡建设部确定为全国循环经济示范城市。拉萨市以创建国家循环经济示范城市为契机，在"十三五"时期深入实施"环境立市"战略，加强生态文明建设，推动形成绿色发展方式和生活方式，努力建设天蓝水碧、优美整洁的"生态拉萨"。

为认真贯彻落实国家发展和改革委员会、财政部、住房和城乡建设部《关于开展循环经济示范城市（县）建设通知》有关要求，认真贯彻落实《西藏自治区拉萨市创建国家循环经济示范城市实施方案》（2015-2019），成立了由市委副书记、市长张延清为组长的拉萨市推进循环经济发展工作领导小组，负责全面加强对建设节约集约型社会，发展循环经济工作的指导、协调、监督，统筹研究并解决工作过程中遇到的重要问题：

根据《拉萨市"十三五"国民经济发展纲要》和《拉萨市创建国家循环经济示范城市实施方案》，十三五期间，拉萨市将大力推动循环经济发展，大力实施"蓝天工程"、"碧水工程"、"绿地工程"、"生物保护工程"，力争"十三五"末成功创建国家生态城市。严格控制二氧化硫、颗粒物、氮氧化物排放，重点治理城市扬尘污染、尾气污染、油烟污染，大气环境质量优良率保持在95%以上。扎实开展水污染防治工作，适时征收污水处理费，进一步完善城镇、园区和企业的污水处理设施，生活污水处理率达到95%以上。开展南北山绿化、拉萨河周边造林，治理水土流失、土地沙化，打造城区"15分钟绿地便民服务圈"，城市人均公共绿地面积达到12.12平方米以上。加大濒危野生动植物抢救性保护力度，建立高原救护繁育中心和基因库。

加强资源节约利用，资源综合利用效益不断提高。扎实开展节能减排，设定资源消耗上限，加快转变资源能源利用方式。广泛运用节能新技术、新产品、新材料，实行新建建筑强制节能设计标准和既有建筑节能改造。实施最严格的水资源保护制度，推广节水技术和高效节水产品。推行阶梯水价、电价、气价，利用价格杠杆促进资源节约、约束污染排放。积极开展绿色生活行动，大力推进生活垃圾分类和可再生资源回收使用。

实施近零碳排放区示范工程，发展生态循环农牧业、工业、服务业，逐步建立循环型产业体系。加强清洁能源利用，扶持和推动太阳能、风能、水能、地热能、生物质能等新能源产业发展，逐步建立低碳、绿色、循环的生态循环服务体系。力争"十三五"末创建100家清洁生产示范企业，完成工业园区循环化改造。

甘肃省国家循环经济示范区建设情况

省国家循环经济示范区协调推进领导小组办公室　2015.5.27

2009年12月，国务院正式批准了《甘肃省循环经济总体规划》（以下简称《总体规划》），明确提出到2015年将甘肃建成国家循环经济示范区。这是国务院批准实施的第一个省级循环经济发展规划。几年来，在国家发展改革委等部委的大力支持、精心指导下，省委省政府高度重视，在严格遵循《总体规划》各项目标任务要求的基础上，及时安排部署不断完善和提升，扎实推进我省国家循环经济示范区建设，经过全省上下的不懈努力，推动示范区建设取得了重要的阶段性成效，现将《总体规划》主要内容、实施进展情况、存在问题和下一步工作计划汇报如下：

壹 《总体规划》主要内容

全面建设循环型农业、循环型工业和循环型社会三大体系，着力打造16条循环经济产业链、重点培育100户骨干企业、改造提升35个省级以上开发区，形成覆盖全省的、各具产业特色的七大循环经济基地,实施一批重点项目。经过2009～2010、2011～2015年两个阶段的发展，到2015年，资源产出、资源消耗、资源综合利用、废物排放等24项循环经济主要指标实现重大进展；建立起较为完善的循环经济发展的法规政策体系、科技支撑体系；通过改造提升，形成一批符合循环经济要求的试点示范企业、园区和城镇；建立起比较完善的再生资源回收网络体系；形成以循环经济模式为核心的农业、工业、服务业的新型产业体系；形成资源节约和环境友好的增长方式和消费模式；依托甘肃丰富的水能、风能、太阳能资源，把甘肃建成我国新能源大省，可再生能源比例进一步提高；拥有一批具有自主知识产权的循环经济技术，经济发展对资源的依赖性明显降低，产业生态化水平显著提升，生态环境明显改善，可持续发展能力显著增强，重点产业、重点区域循环经济发展处于全国前列，为我国全面发展循环经济提供典范。

贰 《总体规划》实施进展情况及成效

一、指标完成情况

据统计，2014年《总体规划》确定的24项指标中（详见附表），有17项指标完成了年度目标。其中能源产出率、万元GDP能耗、工业增加值能耗、吨镍能耗、单位工业增加值用水量、吨钢水耗、水资源产出率、万元GDP取水量、农业灌溉水有效利用系数、资源产出率、废钢铁回收利用率、废有色金属回收利用率12项指标已分别超额完成《总体规划》确定2015年目标。废纸回收利用率、废塑料回收利用率、废橡胶回收利用率、二氧化硫排放量、化学需氧量排放量5项指标按进度完成了2014年阶段目标，预计可以完成《总体规划》目标值。

二、“四位一体”循环体系进展显著

◎ 农业领域

示范推广以膜下滴灌、垄膜沟灌、垄作沟灌为主的高效农田节水技术1016万亩、在旱作农业区示范推广全膜双垄沟播面积达到1528.7万亩，其中秋覆膜1039.9万亩，顶凌覆膜488.8万亩，推广测土配方施肥技术5024万亩，肥料利用率显著提高，推广无公害农药1480万亩次，地表覆盖等保护性耕作技术350万亩。推广节能型日光温室、塑料大棚设施栽培示范177.9万亩，推广绿色防控技术124万亩次、专业化统防统治面积1260.73万亩次，在建保护性耕作工程25个，完成保护性耕作示范推广面积350万亩。节约型农业推广成果显著。积极推广秸秆的饲料化、肥料化、能源化等利用技术，新建户用沼气2万户，全省户用沼气已达121万口，大中型沼气工程96处，养殖小区和联户沼气375处。全省35个废旧农膜回收农业清洁生产项目获得国家批准，已验收10个。已累计发展水利工程节水面积1235万亩，累计建设乡村清洁工程示范点215个，创建了39个国家级生态乡镇，正在申报的国家级生态乡镇92个。秸秆、尾菜、废旧农膜、畜禽粪便等农业废弃物得到有效利用。天水凯迪生物质电厂2×30MW并网发电，成为我省首个林业“三剩物”处理利用示范工程。

定西双垄沟播技术

◎ 工业领域

加强节能、节水和资源综合利用，对重点用能企业进行了年度工业节能目标责任考核，对年耗能10万吨标煤及以上重点用能企业进行节能监测和预警监控，在220户钢铁、有色金属、建材、化工、电力等行业企业开展能效对标活动。预计可以完成200万吨的落后产能淘汰任务。分2批公布了150家重点企业强制性清洁生产审核，正在逐步开展审核评估、验收工作。重点推动有色、冶金、煤炭、电力等传统产业“三废”资源综合利用。对各市州政府年度万元工业增加值用水量完成情况开展了考核，有效促进了工业节水。在全省重点耗水企业开展水平衡测试试点。金川公司龙首山矿、二矿和敦煌西湖芒硝矿井第一批国家级绿色矿山试点单位通过验收，授予国家级绿色矿山称号。积极推进金川公司、窑街煤电集团公司、矿产资源综合利用示范建设，积极推动企业加强共伴生矿、低品位矿和尾矿的综合开发利用，通过促进企业加大技术研发和创新力度，进一步提高矿产资源采选回收率和资源综合利用率。酒泉千万千瓦和民勤百万千瓦风电基地建设有序推进，启动实施了分布式光伏发电，分散式风能资源开发加快推进。全省可再生能源并网装机容量达到2338.53万千瓦，占全省总装机容量的55.80%，全省风电并网装机容量居全国第二位，光电并网装机容量居全国第一位。

酒泉风光电

◎ 服务业领域

对移动通信服务行业使用的废旧蓄电池开展了全面的现场检查和督查，对全省商贸物流发展情况进行了摸底调查，编制了《甘肃省商贸物流专项规划》，以循环经济理念科学布局全省商贸物流基地和物流节点；安排城市共同配送资金1000万元，扶持兰州、天水建设物流基地2个，扶持酒泉、庆阳、平凉、白银城市共同配送企业各1家，平凉、白银、酒泉已完成项目建设，其余扶持市州正在加紧建设。已评定绿色旅游饭店57家，其中金叶级绿色旅游饭店3家，银叶级绿色旅游饭店54家，平均节能达18%。50%以上的旅游饭店、景区采用了绿色能源。选取兰州市昆仑宾馆、嘉峪关宾馆、平凉市广成大酒店三家宾馆饭店开展了绿色服务试点。在试点宾馆客房放置节能环保标识，逐步减少宾馆客房一次性用品。

◎ 社会层面

以再生资源回收体系建设和废弃物回收处理为重点，筹集资金1000万元开展再生资源回收体系建设试点，支持平凉、白银、嘉峪关3个分拣集聚区和张掖、金昌、定西、庆阳、临夏、陇南8个分拣中心建设，开展了再生资源回收体系建设调研。全省现有再生资源回收企业600多家，回收网点3500多个，年回收各类废旧商品总量530多万吨，建立了废纸、废塑料、废橡胶回收利用率统计报送体系。城镇污水处理和生活垃圾无害化处理项目有序推进，全省已建和在建的城镇生活污水和垃圾处理设施已覆盖所有县区。争取国家中央预算内补助资金5亿元，支持我省50个总投资22.28亿元污水垃圾项目建设，项目建成后每日可新增污水处理能力13万吨、垃圾处理能力1600吨，新增污水管网753公里。新建建筑施工阶段建筑节能强制性标准执行率达到了97%以上，已有“甘肃土木工程科学研究院综合办公楼工程”等8个项目获得绿色建筑评价标识。全省公共机构人均能耗较2010年下降13.43%。首批28家国家级、第二批33家省级节约型公共机构示范单位已完成评价验收和公布。在28家单位开展了绿色社区、绿色学校创建工作。与5家银行合作推广开放了264个“一站式”ETC客户代理服务网点，提高了交通通行能力，降低了交通运输能耗。全省淘汰黄标车和老旧车共计58145辆，完成年度淘汰任务占比80.76%。严格机动车检测过程管理，全省通过认定的机动车环保检验机构达58个93条检测线，达到了机动车环检率80%、环保标志发放率90%的国家减排核查要求。

三、“五大载体”打造进展明显

◎ 循环经济基地

七大基地中金昌市围绕有色冶金新材料循环经济基地完成95%的建设任务。兰州市和白银市围绕兰白石油化工冶金有色循环经济基地完成90%的建设任务。酒泉市和嘉峪关市围绕酒嘉清洁能源冶金新材料循环经济基地建设完成90%的建设任务。平凉市和庆阳市围绕煤电化工石油化工循环经济基地建设，完成75%的建设任务。天水市围绕装备制造循环经济基地建设，完成80%的建设任务。张掖、武威、定西围绕张武定特色农副产品加工循环经济基地建设，完成80%的建设任务。甘南、临夏、陇南围绕甘临陇生态农牧业循环经济基地建设，完成75%的建设任务。

◎ 园区循环化改造

省级以上35个园区均已编制了园区循环化改造方案，各园区正在按照改造方案加快实施园区循环化改造。我省列入国家示范试点园区达到7个。金昌经济开发区完成95%的循环化改造进度，武威黄羊完成80%的循环化改造进度，白银、陇西、华亭3个园区完成60%的改造进度，酒泉、西峰、临夏、嘉峪关、张掖5个园区完成30%的改造进度，其它25个园区也正在自主开展循环化改造。

◎ 产业链

全省已形成11条完整的产业链，基本形成5条产业链。

◎ 示范企业

以开展的150家强制性清洁生产审核企业和220家自愿清洁生产审核企业为重点，引导企业积极采用清洁生产技术，推行节能降耗，开展省级循环经济示范企业筛选评定工作，认定示范企业达到91家。

◎ 循环经济项目

截至2014年底，全省共组织实施循环经济重点项目3729项，总投资4598亿元。实施的项目主要包括节能、节水、资源综合利用、污染减排、清洁能源等几大类项目，主要涉及节能重点工程、循环经济和资源节约重大示范项目及重点工业污染治理工程、城镇污水垃圾处理项目、资源综合利用、再生资源回收利用、尾矿库治理等。项目投产后实现节能2926.6万吨标煤，节水47930.6万吨，综合利用固体废弃物7685.6万吨，处理污水2486.2万吨。所有重点项目完成率达到了《总体规划》的进度要求。

四、七大循环经济典型模式示范带动作用明显

兰州、金昌、白银、天水、张掖、定西等六市结合全省循环经济发展情况和特色基地建设，进一步完善拓展了七大循环经济典型模式，通过召开现场推进会和观摩会的方式，加快特色模式推广。通过在报纸、电视、网络等媒体和内部交流材料中加大对典型模式的介绍和推广，扩大了“七大模式”在全省乃至全国的影响力，带动全省循环经济逐步向规模化、高层次发展。其中金昌模式和白银公司模式被列为全国循环经济典型模式案例进行推广，金昌模式被列为中组部培训教材典型案例。

五、示范试点创建取得显著效果，部分试点工作处于全国前列

金昌市和通渭县被列为国家首批循环经济示范市县、甘南州和定西市被列为国家首批生态文明先行示范区、金昌经济技术开发区等7个园区被列为国家循环化改造示范试点园区、金川铜镍多金属矿、窑街煤炭资源被列为首批国家矿产资源综合利用示范基地、白银市和白银公司等4家企业被列入国家首批50家资源综合利用“双百工程”示范基地和骨干企业，兰州、武威、酒泉、敦煌被确定为国家再生资源回收体系建设试点城市。争取兰州经济技术开发区红古园区列入国家“城市矿产”示范基地。争取兰州市获批2014年节能减排财政政策综合示范城市，将获得最多达18亿元的中央财政资金支持。争取嘉峪关工业园区列入首批国家低碳试点工业园区。16个县（区、市）列入国家农业清洁生产示范（地膜回收利用）项目。

六、循环经济领域改革进展加快

一是深化行政审批制度改革。各有关部门按照《关于同步下放建设项目审批核准权限加强部门协同监管的意见》（甘发改投资［2014］394号），认真做好与发展循环经济相关的行政审批下放工作。二是深化科技体制改革。提高科技创新能力，强化科技体制改革、以积极培育循环经济研发重点实验室，工程技术中心，积极向国家科技部推荐申报“镍钴新材料国家重点实验室”等国家级重点实验室，开展关键技术研发，支撑技术产业化、循环经济技术示范推广等方式积极推进科技支撑体系建设。成立了甘肃省循环经济专家委员会。征集和发布了第一批、第二批我省节能环保产品推广名录。三是创新企业合作方式。建立了70家规模以上企业的项目库，作为甘肃省循环经济产业投资基金的项目储备资源，通过鼓励支持循环经济产业链上下游企业相互参股、持股，推动产权主体多元化，形成利益共享、风险共担的循环经济产业链。

七、保障体系初步建成

为了促进循环经济健康有序发展，我省逐步建立健全法规保障体系，认真贯彻落实价格、财政、投融资、税收和政府采购方面发展循环经济的优惠政策，积极争取国家支持政策；建立统计评价考核体系，完善循环经济地方标准，加强关键共性技术研发和产业化推广应用，加强组织领导，强化宣传教育，初步建立了甘肃循环经济发展的保障体系。

❶ 法规体系

出台了《甘肃省循环经济促进条例》、《甘肃省资源综合利用条例》和《甘肃省节水条例》等3部地方性法规，制定了《甘肃省公共机构节能办法》、《甘肃省再生资源回收综合利用办法》、《兰州市餐厨垃圾集中处置管理暂行规定》等地方性法规规章。全省循环经济法规体系日趋完善，为《总体规划》各项目标任务的完成提供了强有力的法律依据和可靠保障。

❷ 政策保障

出台了《甘肃省循环经济总体规划实施方案和考核办法》等有关综合性政策13项，《关于清理对高耗能企业优惠电价等问题的通知》等价格政策4项；制定了《甘肃省合同能源管理财政奖励资金管理实施细则》等财政政策2项，制定了《关于增值税减免退税项目审批和备案制管理有关问题的规定》等税收政策2项。设立了1.85亿元省级

发展循环经济专项资金，甘肃省循环经济产业投资基金一期5亿元已投入运营。

❸ 评价指标统计体系

发布了《甘肃省循环经济统计管理办法》、《甘肃省循环经济统计实施方案》，完成了《区域层面资源产出率统计与核算实证分析研究》课题，初步核算了全省及市州2010—2014年三年的资源产出率数据，在全国率先建立了循环经济评价指标统计体系。按照《甘肃省循环经济总体规划实施方案考核办法》，将循环经济发展情况纳入了政府目标责任考核，对部门进行任务考核，对市州进行指标考核。市县统计体系正在建立。

❹ 科技支撑体系建设

截至2014年底，全省循环经济领域拥有发明专利48件，实用新型专利技术180项，建立国家级、省级循环经济工程技术中心27家。组织实施43项循环经济技术模式研究与示范等重大科技专项。金川公司新的选矿工艺使贫矿选矿回收率达到96%，处于国际先进水平；酒钢公司针对铬渣污染问题，研发出高炉解毒铬渣技术，实现了铬渣的无害化处理。颁布了《甘肃省循环经济地方标准体系规划(2009-2015)》，批准发布循环经济地方标准121项。

❺ 组织保障

成立了国家循环经济示范区建设协调推进领导小组，每季度召开例会研讨重点问题，每年根据总体规划和各项目标任务完成情况制定年度工作方案。14个市州全部成立了发展循环经济领导小组，29个省有关部门和14户重点企业都明确了分管领导和责任部门（处室），确定了联络员，建立了全省循环经济工作联络员制度。2012年在金昌市召开了全省循环经济现场会，2013在白银市召开了白银循环经济现场会，回顾总结成绩和经验，安排部署了下一步发展循环经济工作。2014年召开了循环经济领导小组会议，省长办公会等会议部署2014年工作和了解2014年工作推进情况。2015年召开了循环经济领导小组组长会、2015年领导小组扩大会，全面部署落实攻坚年推进工作。

八、通过推进投融资体系建设和落实国家有关税收优惠措施，保障循环经济发展

截至2014年底，国开行已累计向全省循环经济领域发放中长期人民币贷款338.89亿元。积极支持有条件的循环经济企业选择在主板、中小企业板、创业板上市融资。制定了支持甘肃省循环经济发展税收优惠政策的实施方案，通过落实西部大开发企业所得税优惠政策，小型微利企业发展的税收政策，高新技术企业所得税优惠政策、国家重点扶持公共设施项目，购置的节能节水、环境保护、安全生产设备投资抵免企业所得税等方式，累计为企业减免税7.93亿元。

九、宣传力度不断加大

甘肃日报开设“循环经济在陇原”、“科技创新 驱动发展”、“深化改革 力促发展”等重点栏目，共刊发相关稿件300余篇。在广播、电视新闻中心、公共频道、新闻综合广播、经济广播等媒体和《全省新闻联播》、《甘肃新闻》等栏目中开设了“发展循环经济 促进转型跨越”、“循环经济与可持续发展”专栏，同时在“今日观察”、“今日聚焦”、《午间播报》、《新闻夜话》等节目中也报道了相关内容，共播发相关报道300多篇，专题18篇，嘉宾访谈4期。全省新闻网站利用图文、音视频、图表等多种展示形式，利用新闻转载报道、专题网页、微博、微信、论坛、手机（台）报等传播手段和平台开展了一系列发展循环经济宣传报道。转载5000多篇稿件，其中中国甘肃网刊发900余篇，每日甘肃网刊发500余篇。同时组织召开了金昌、白银市全省循环经济现场会，进一步增强了各市州、各部门间的交流。在“兰洽会”期间举办了循环经济专题展览，成功举办了“中国·甘肃循环经济国际博览会”，期间顺利举办了循环经济发展论坛；在节能宣传周和低碳宣传日加强了循环经济宣传。组团参加三届中国国际循环经济成果交易博览会、三届世界低碳生态经济大会。利用“两会”契机，积极宣传报道。

白银高新技术产业开发区一角

平凉发电公司

天水高新农业管道培植

天水高新农业花卉种植

国家循环经济示范城市

贵阳市
全面推进循环型社会建设

2015年贵阳市继续大力发展循环经济，全面推进循环型社会建设，注重经济、社会、生态效益的结合，有力促进全市经济社会又好又快发展，有关情况如下：

一、深入开展国家工信部工业固体废物综合利用试点基地、国家发展和改革委资源综合利用“双百工程”示范基地建设。

2011年，贵阳市获得工业和信息化部列为国家级工业固体废物综合利用试点基地。“十二五”期间废渣产量逐年减少、综合利用量和综合利用率逐年增加，综合利用能力大幅跃升。试点建设期间基地已建成30个重点项目，在建9个项目，39个项目达产后年产值可达34亿元以上，项目工业固废综合利用能力达1200万吨以上。

2014年贵阳市获得国家发展和改革委资源综合利用“双百工程”示范基地称号。截止2015年，贵阳市“双百工程”示范基地已建成28个重点项目，在建7个项目，带动仓储和物流、房地产、基础设施建设等产业发展。

二、坚持规划引领，启动贵阳市循环经济“十三五”规划编制。

贵阳市作为全国最早实践循环经济的城市之一，先后制定和实施了《贵阳市建设循环经济生态城市条例》、《贵阳市“十二五”循环经济发展专项规划》等重要指导性文件。2014年贵阳市通过国家发改委、环保部、工信部等七部委第一批国家循环经济试点示范单位验收，成为全国唯一一家顺利通过验收的省会城市。为进一步科学谋划

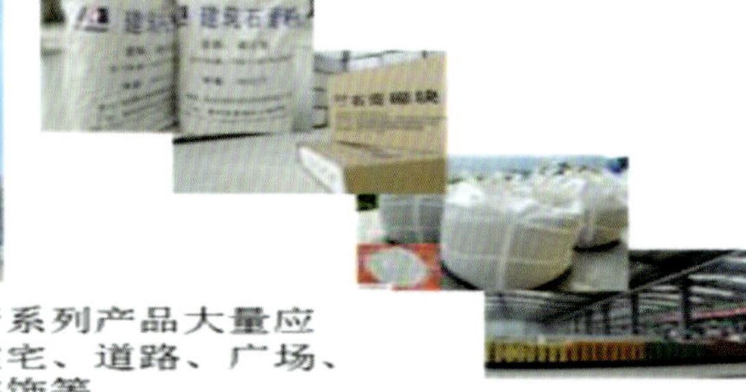

磷石膏系列产品大量应用于住宅、道路、广场、室内装饰等

贵州开磷磷石膏综合利用有限公司磷石膏系列产品应用

贵阳市循环经济发展，打造循环经济生态城市升级版，经贵阳市人民政府同意，贵阳市生态文明建设委员会正式启动贵阳市循环经济“十三五”规划编制工作，要求各相关部门将支持循环经济工作内容纳入部门相关“十三五”专项规划。

三、充分发挥示范试点效应，树立一批循环经济典型案例。

“十二五”以来贵阳市循环经济工作取得显著成效，循环经济项目水平和企业规模有明显提升，循环产业链建设能力大幅增强。为更好地总结归纳循环经济发展经验、提高相关企业、项目资料保存价值，按照循环经济“减量化、再利用、资源化”基本特征，征集了一批“十二五”期间，为发展贵阳市循环经济作出重大努力的先进单位，取得循环经济建设重大成果的优秀项目、工业企业、生态园区。经化工、建材、轻工、能源、机电等行业专家的认真讨论研究，将磷石膏、尾矿、建筑垃圾、山棕资源综合利用、尾气综合利用、绿色数据中心等方面特色明显，具有一定先进示范意义的15个企业案例，作为第一批贵阳市循环经济典型案例汇编成册。供相关部门、企业参考。

四、2015年市级循环经济试点示范项目建设取得较好进展。

2015年市级循环经济专项资金支持项目共完成投资近17亿元，安排项目补助资金543.57万元，其中固废综合利用项目有6个，建成后年可利用磷石膏118万吨、建筑垃圾300万吨、重晶石尾矿、炉渣、冶炼废渣和其它废渣112万吨。尾气综合利用项目1个，年利用黄磷尾气14040万Nm^3，年节约标煤3.5万吨，每年可减排二氧化碳20万吨、二氧化硫4000吨、粉尘340吨。废液回收利用项目1个，建成后形成年利用废机油3000吨、废冷却液1000吨、废酸800吨、废碱350吨。工业节能项目4个、可再生能源项目1个，建成后年可节约能源23.96万吨标准煤。废旧电子产品拆解、再生塑料利用各1个。山棕资源综合利用项目1个，建成后年可利用山棕叶鞘及叶柄、剑麻头及叶片1.03万吨。

贵阳市循环经济建设深入人心，“十二五”来，通过诸多试点、示范基地项目的建设实施，不但成为贵阳市改善环境、建设生态文明城市的重要抓手，还成为许多企业调整结构、延长产业链、增加就业机会和培育新的经济增长点的重要途径。通过循环经济试点、示范项目达产增效，既节约大量原生资源，又减少对新材料生产过程中水、煤、电等能源的消耗，减轻环境污染。2015年，贵阳市生态环境质量进一步提高，大气环境空气质量优良为93.15%，优良率同比提高7.12个百分点；3月19日—12月25日连续282天实现环境空气质量优良。良好的生态环境，已成为贵阳市最好的品牌，为全国循环经济试点城市、生态文明城市、发展生态旅游、建设环保模范城市、节能减排试点城市提供坚实的保障。

贵州大自然科技股份有限公司棕榈综合利用产业链

贵州修文兴达有限责任公司先进节能炉窑、全自动码砖装置及产品

砖产品堆场

城市绿化

湛江市

打造循环经济示范市 推动城市产业双转型

2016年1月，湛江市获国家确定为循环经济示范城市建设地区，全方位打造绿色、循环、低碳湛江。目前，湛江市已经初步形成具有湛江特色的循环经济发展模式，如钢铁循环模式、垦区工农复合模式、“圈区管理+金融聚合”再生资源粤西模式、“林浆纸一体化”模式和“生物质+光伏”新能源模式等，湛江市将以建设国家循环经济示范城市为契机，大力实施“工业立市、港口兴市、生态建市”发展战略，建设中国生态型海湾城市、美丽湛江，在以下五个方面着力：

一、推行循环型生产方式，构建循环型产业体系。一是推进产业集聚和循环化改造，重点发展12个产业园区，形成“企业入园、清洁生产、产业成链、融合发展”的基本格局。二是发展循环型工业、构建完善工业循环经济产业链。重点完善和拓展钢铁石化耦合发展循环经济产业链，优化完善循环型建材产业体系，构建燃煤发电循环经济产业链，积极培育壮大静脉产业链并推进节能和能源的清洁利用。三是构建完善工农业复合型循环经济产业链。重点构建林浆纸一体化循环经济产业链、林业“三剩物”资源化产业链、生物质发电循环经济产业链等八条循环经济产业链，做强、做大农垦农业-工业-农业区域大循环经济体系。四是发展循环型农业，构建完善农业循环经济产业链。分别开展种植业、林业、海洋渔业三大产业循环经济建设。规划建设一批农业特色示范园区。健全和完善以蔬菜、林果、花卉（苗木）、海水养殖等为核心，农业种植和区域周边养殖与农产品加工、贸易、流通、生态旅游等高度发展的农社复合循环经济产业链，推动农村农业整体循环化改造，促进城乡一体化发展。推广实施“家园净化”、“田园清洁”及“水资源节约”三大工程。五是推进循环型服务业发展，构建生态友好型服务业体系。

二、发展循环型流通，健全社会资源循环利用体系。一是重点是推进商贸流通业绿色低碳转型发展和培育壮大绿色物流业。二是构建完善再生资源回收体系，逐步建立“四位一体”的再生资源回收网络。三是探索建立生活垃圾分类回收和集中处理体系。四是推动餐厨废弃物资源化利用和无害化处理，建立高效的餐厨废弃物收运体系。五是深化生产与生活系统循环链接。

三、普及绿色消费模式，培育绿色文化。从绿色消费理念和意识的培育，绿色节能和循环经济产品的推广，绿色生活方式的倡导与形成，节约型政府的建设，以及循环经济文化的培育等方面开展工作，形成发展循环经济的社会氛围和文化。

四、推进城镇建设绿色化循环化，建设宜居湛江。优化城镇体系和空间布局，促进土地集约开发利用；完善城市生态功能，建设“海绵城市”；全方位推进绿色交通和绿色出行的湛江模式，建设“脚印城市”；全面推进绿色建筑和建筑节能。

五、创新循环经济发展体制机制，探索循环经济发展示范典型模式。重点探索具有湛江特色的推进自然资源资产管理体制改革。建立循环经济项目准入门槛制度，促进全社会形成发展循环经济的“倒逼”机制。

到2019年。湛江优化形成五大产业集群共生发展的循环型工业体系，使循环经济园区对全市经济发展的贡献率提高到85%以上；基本形成以“产·城·港”一体化、工业化和城镇化三轮驱动、一二三产业高度融合、资源高效高质循环、生态绿色环保的绿色化循环化地区发展模式；构建起以“五化农业”为基础的工农业复合循环农业；建立起较为完善的园区、城镇循环经济基础设施，全面建成生产生活资源循环利用体系；建立起体制健全、政策完善、激励充分的循环经济发展长效机制。建成中国沿海地区经济社会循环绿色发展的典范，实现实现城市与产业双重转型发展。

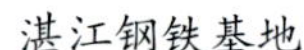
湛江钢铁基地

生态湛江

现代农业

曹妃甸循环经济情况

AOFEIDIAN CIRCULAR ECONOMY

妃甸位于河北省唐山市南部沿海，渤海湾中心地带，处于京津冀1济圈内。2012年7月，曹妃甸区经国务院批准正式设立，总面积平方公里，常住人口26万，现辖工业区、唐山湾生态城、南堡开发区四个板块。其中，工业区作为经济中心和产业聚集的核心区，规380平方公里（陆域310平方公里、水域70平方公里）。

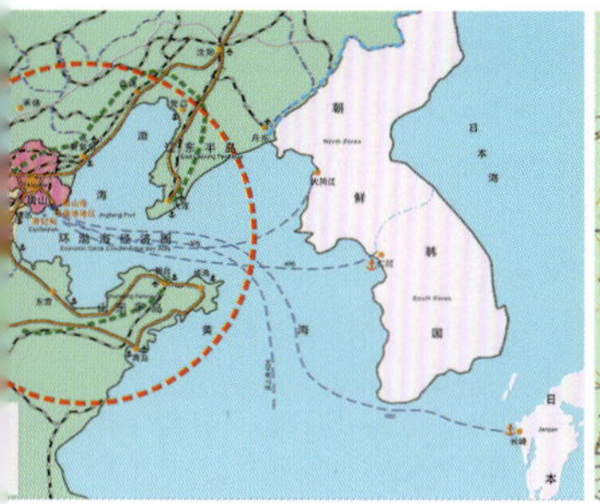
曹妃甸在环渤海经济圈区位图

曹妃甸在京津冀区位图

妃甸工业区于2005年10月被列为全国第一批循环经济试点园区，一新建的循环经济综合性试点园区。2008年，国务院批准、国家批复了《曹妃甸循环经济示范区产业发展总体规划》，标志着曹妃发建设进入新时期。2012年，曹妃甸循环经济示范区被国家发改委全国循环经济工作先进单位”,并被国家发改委总结为全新规划建设、产业结合、多产业密切关联的临港重化工循环经济发展模式园区。年被国家发改委、财政部列为国家级循环化改造示范园区。2015年发改委、财政部、外交部列为中日韩循环经济示范试点基地。

妃甸循环经济示范区重点建设以现代港口物流、钢铁、石化、装备四大产业为主导，电力、海水淡化、建材、环保等关联产业循环配息、金融、商贸、旅游等现代服务业协调发展的产业体系。循环经重点建设和培育钢铁、电力、石化三大循环经济型产业链，构建循型产业体系。到2030年，在曹妃甸示范区形成结构合理的循环经业体系和完整的再生资源回收利用系统，建成以钢铁、石化、电力制造等为特色的循环经济示范企业群，实现土地、水、能源等资源、综合利用，各项资源利用和环境保护指标达到国家循环经济示范。

过10年的开发建设，曹妃甸循环经济示范区初步形成了钢铁、电力导产业循环经济产业链，并正积极构建石化产业循环经济产业链。业内部、企业之间、企业和社会之间的循环，使资源得到高效循环

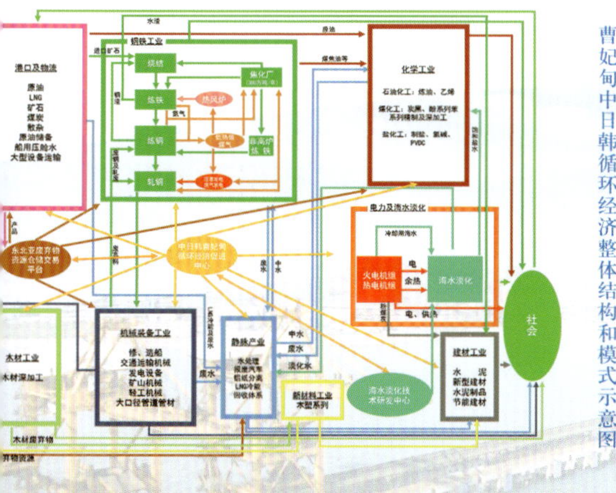

曹妃甸中日韩循环经济整体结构和模式示意图

大力发展循环经济，积极构建循环经济体系

一是构建了企业内部循环经济体系。首钢京唐钢铁厂拥有自备码头，所需矿石原料从国外进口，就地生产加工之后，钢材产品经海上输出，不仅运输成本低廉，也大大减少了运输、生产过程污染。废水、废渣、废弃物可循环利用，高炉、转炉煤气用于发电，企业自供电率达到97%以上，废气余热用于海水淡化，水循环利用率达到97.5%，可基本实现“零排放”。

二是构建了企业之间循环经济产业体系。示范区从技术及需求关联型、资源及产品关联型、副产品及废物关联型、终端产品导向型几种方向构建延伸产业链，同时把主导产业链产生的副产品和废物作为补链企业的原材料，使其资源得到综合利用、能源得到梯级利用、废物得到再次利用。以精品钢铁项目为龙头的循环经济产业链。围绕着首钢京唐钢铁厂千万吨级精品板材基地为核心的主导产业链，根据钢铁主导产业链产生煤焦油、水渣、钢渣、粉煤灰等副产品作为下游冀东水泥矿渣微粉、汇鑫嘉德烧结烟尘综合利用和中泓焦油加工等补链项目的原材料，构建了以精品钢铁项目为龙头的循环经济产业链。以海水淡化火电项目为龙头的循环经济产业链。以华润海水冷却火电项目为龙头，以提高燃煤发电效率、海水替代淡水、热能梯级利用、灰渣综合利用为重点，依托曹妃甸电厂、南堡盐场、大清河盐场、三友集团等大型企业，通过建设合理规模的电力生产、海水淡化、浓盐水综合利用和盐化工一体化发展的循环经济产业链，有效降低淡水产业及产业链中各项产品成本，实现“产业链“项目的规模经济。

三是构建了企业与社会之间循环体系。龙成煤高效利用、中弘碳素煤焦油等企业生产过程中的余热、蒸汽可并入管网统一调配，集中回收用于供暖、洗浴等，并可作为循环水、补充水、城市绿化和景观用水等加以利用；华润电厂产生的蒸汽为整个工业区提供采暖供热。即将建设的石化产业基地生产的油品质量将达到欧五标准，有助于加快京津冀大气污染防治进程。

大力推进循环化改造

为推进园区循环经济发展，提高园区综合竞争力，实现持续健康发展，示范区实施了循环化改造，组织编写了《曹妃甸循环经济示范区循环化改造实施方案》，并被国家发改委列为国家级循环化改造示范园区。曹妃甸循环经济示范区实施循环化改造，将充分发挥龙头项目的带动和辐射作用，完善产业配套，加速产业聚集，推进绿色循环低碳发展，对提升曹妃甸综合竞争力和可持续发展有重要意义。

积极寻求国际合作，建设中日韩循环经济示范基地

2015年，曹妃甸被国家发改委、财政部、外交部列为中日韩循环经济示范试点基地。按照国家批复的《曹妃甸中日韩循环经济示范基地建设实施方案》，围绕“实现动静脉产业有机衔接、循环经济模式推广、关键技术孵化与运用、商贸活动与教育展示”四大功能，曹妃甸明确了基地建设的五大任务：一是构建可复制、可推广的动静脉有机衔接的循环经济产业链条;二是构建中日韩循环经济国际交流合作平台;三是建设循环经济技术研发与产业孵化平台;四是打造国际化商贸交易平台;五是建设循环经济教育传播示范基地，努力把曹妃甸打造成三国绿色循环、低碳发展的合作样板。

白银市循环经济

白银市委、市政府主要领导拜会中国循环经济协会赵家荣会长

白银市发改委主任王禄邦调研陶瓷产业发展

白银是2010年国办29号文件确定的重点发展区域，是国家首批资源枯竭转型城市和甘肃省循环经济试点示范城市。近年来，白银把发展循环经济作为转型升级的战略选择和主攻方向，将循环经济发展融入兰白核心经济区和兰白承接产业转移示范区建设，全面构建“四位一体”体系，加快推进“五大载体”建设，积极打造“3+4”产业链条，深入开展“457”循环经济推进行动，在构建绿色、循环、低碳、环保、高效现代产业体系方面迈出了实质性步伐，循环经济发展取得了显著成效。

注重规划引领 助推循环发展

围绕资源禀赋、环境承载力、产业结构和区位优势，既注重生态农业、新型工业和现代服务业的深度融合发展，又不断完善各产业内部循环发展的体制机制，编制完成了全市循环经济总体规划、再生资源产业发展规划、生态环境保护规划和有色金属（稀土）及深加工、化工、能源及先进高载能三个千亿元循环经济产业链规划，以及建设国家循环经济示范城市实施方案、生态文明先行示范区实施方案、餐厨垃圾资源化利用和无害处理实施方案等30多个综合规划和专项规划（方案），初步形成了“规划引领、路径谋划、项目支撑”的循环经济发展体系。通过积极对接争取国家“十百千”示范工程和全省试点示范政策支持，白银分别被列为国家首批资源综合利用“双百工程”示范基地、第五批餐厨废弃物资源化利用和无害化处理试点城市、国家循环经济示范城市、甘肃省再生资源回收体系建设试点城市和节水型社会建设试点城市；白银高新区被列为国家首批循环化改造示范试点园区和全省循环经济示范园区；白银公司被列为全国首批“双百工程”矿产资源综合利用企业，小铁山矿、王家山矿等5座矿山被

国土资源部确定为绿色矿山试点示范基地；靖远县被列为甘肃省循环经济示范县。

强化项目支撑 带动产业集群

针对经济结构不合理、质量效益不高、产业链条短等问题，依托骨干企业，在承接产业转移中突出补链接环，在招商引资中紧盯循环经济项目，着力打造“3+4”循环经济产业，2015年实施循环经济项目142项，完成投资115亿元。“十二五”累计建成循环经济项目187个，完成投资497.2亿元，其中争取专项资金支持项目115个、6.13亿元。严格落实固定资产投资项目节能评估审查制度，共对686个项目进行了节能审查，其中2015年审查项目101个，从源头上减少能源消耗。通过项目建设，循环经济链条渐趋完善，产业集群度显著提高，白银公司构建了采选冶化四大生产系统循环链，银光公司形成了以TDI为龙头上下游配套的精细化工产业链，稀土公司形成了从稀土加工分离到功能材料和应用材料等8条较为紧密的产业链。依托金龙建材、中材水泥、富海阳光等资源综合利用企业，形成了煤电建材循环产业链。

白银公司阳极泥综合利用项目

甘肃刘化集团年产25万吨硝基复合肥项目

白银热电联产项目

推进循环化改造 夯实发展载体

白银高新区围绕建设国家首批循环化改造示范试点园区，通过布局重要节点企业，加快产业链延伸，构建物质交换系统，建立产业聚集模式，全面推进循环化改造，完成66%的改造任务；调整方案拟确定的31个重点项目累计完成投资35亿元，其中银光双银1.62亿块蒸压标砖生产线、兴业公司2000吨甲基苯并三氮唑、循环经济技术研发及孵化器等项目建成投产。白银西区和平川经济开发区两个省级园区自主开展循环化改造，改造任务基本完成。同时，加大"筑巢引凤"力度，把"一区六园"白银工业集中区作为发展循环经济的重要平台和主战场，累计完成基础设施投资90亿元，建成区面积扩大到91.69平方公里，入园企业达到424家，解决就业7.02万人，园区生产力布局进一步优化，产业链条进一步完善，企业集聚效应进一步凸显，资源能源和废弃物循环利用显著提高，已成为循环经济发展的引领区和承接产业转移的示范区。

突出循环利用 优化产业结构

在工业领域，白银公司深部矿业、大唐景泰发电等59家企业开展了清洁生产审核，有16家通过；累计淘汰落后产能473.7万吨，争取奖励资金8707万元，提前一年完成"十二五"目标任务；扎实开展"万家企业"节能低碳行动，30户"万家企业"累计完成节能量57.28万吨标煤，提前一年完成"十二五"目标任务；大力推行合同能源管理，积极发展节能服务产业，在全市培育5家节能服务公司，其中白银鑫盛能源服务公司已通过国家发改委、财政部备案。积极引进鞍山荣信、北京奥福、甘肃新元等节能服务公司在全市采用合同能源管理方式实施节能技术改造项目5项。积极推进国家资源综合利用"双百工程"示范基地建设，累计实施项目40个，完成投资38亿元，其中实施方案确定项目23个，实施率85.2%，完成投资28.17亿元，有15个项目建成投产。白银公司通过技术改造年综合利用铜渣170万吨、尾矿80万吨、鼓风炉渣7万吨、废镁砖1000吨、石膏渣14万吨，铜、铅、精锌、电锌回收率分别达到96.1%、94.1%、93.5%和95.78%；积极引进富海阳光、泰山石膏、中材水泥等知名企业实施资源循环利用项目，年利用工业固废约400万吨，真正做到了变废为宝。在农业领域，把发展循环型农业作为构建现代农业体系的重要抓手，推进"公司+基地+农户"的产业化运作模式，探索出了减量发展、农牧结合、清洁文明、变废为宝的"四条路子"，促进了农业转型升级。全市创建国家级农业标准化示范基地6个，培育龙头企业343家，农产品加工转化率达到50%以上，规模化养殖比例达到78%；农作物秸秆综合利用率达到82.1%，建成户用沼气9.66万户；太阳能热水器（灶）用户数达到12.7万户；建成废旧农膜回收加工企业27家、网点107个，废旧农膜回收利用率达到80.01%，棚膜基本实现全回收，有效控制了白色污染。尾菜年处理利用率达到30.99%。

围绕绿色清洁 构建服务体系

以推进服务主体绿色化、服务过程清洁化为重点，积极推进旅游、商务、通信等行业循环经济发展。一是推进旅游景区建设和管理绿色化。在各县区及重点乡镇、旅游景区改造更换节能设施2000余盏（套），用电量下降70%。景泰黄河石林景区游客运输车辆全部使用新能源电瓶车，年输送游客10万余人次。二是推进餐饮住宿业绿色化。在酒店宾馆、餐厅等场所倡导减少一次性用品使用量,年消费量减少35%，年节约成本280余万元。三是推进绿色基站建设。移动公司与中科恒源科技股份公司合作,在基站安装2兆瓦太阳能发电系统工程，建成太阳能与市电混

白银市西区人民广场

白银市生活垃圾焚烧发电项目

甘肃东方钛业年产10万吨金红石型钛白粉项目

甘肃凯斯瓷业高档微粉抛光砖生产线

甘肃稀土公司焙烧尾气综合利用生产线

用基站452个，入网使用288个，全部建成后年降低碳排放量30%，节约用电5827万千瓦时。四是鼓励回收废旧通信产品。依托兰州银行白银分行、移动白银分公司分别开展废旧电池回收、手机“以旧换新”活动，年回收电池2.56万节、废旧手机4300余部。

倡导全民参与 推动全面发展

在注重优化产业结构调整的同时，积极倡导绿色低碳消费，推进循环型社会建设。一是完善再生资源回收利用体系。建成再生资源回收企业55个，龙头企业10家，回收网点323个，再生资源回收量达到62万吨，回收体系初步形成。总投资5亿元的长盛公司废旧汽车回收拆解利用项目主体工程建成，进入设备安装阶段，计划2016年建成投产。二是加快环保设施项目建设。实施污水垃圾处理设施项目20项，完成投资4.1亿元，全部建成后日处理垃圾污水规模分别达到938吨和9.5万立方米，转运能力达到870吨。推进生活、餐厨垃圾回收利用，总投资2.4亿元的12兆瓦生活垃圾焚烧发电、总投资0.68亿元的餐厨垃圾资源化利用项目加紧建设，2016年建成后日处理生活垃圾600吨、餐厨垃圾100吨。三是推进大气污染治理。总投资33.5亿元的白银2×350MW热电联产工程建成投运，配套建设热力管网66公里，主城区集中供热面积达到1000万平方米，关停淘汰覆盖范围内小锅炉181台，年消减二氧化硫4000吨、氮氧化物2000吨、烟粉尘640吨。市区扬尘污染防治力度逐年加大，道路机械化清扫率达到55%。实施城市大气污染防治、城市环境治理等工程，2015年城区空气优良天数达到280天。四是开展绿色单位和社区建设。全市18个学校被授予省级绿色学校、11个社区被授予省级绿色社区，15个乡镇命名为省级生态乡镇、12个村命名为省级生态村。编制完成靖远县乌兰镇新城社区等5个社区低碳建设实施方案，积极申报创建全省试点。五是实施绿色建筑行动。对政府投资的单体面积超过2万平米的公共建筑，在设计、审批、施工图审查等环节，严格落实绿色建筑标准。城镇新建建筑施工阶段执行建筑节能强制性标准比例达到97%。累计完成建筑供热计量及节能改造95.13万平方米。全市申报绿色建筑标识项目4个、14万平方米。六是构建绿色交通运输体系。全年淘汰黄标车及老旧车11872辆，机动车环保检测率达到100%，合格绿标发放率达到100%。全市出租汽车全部实行油改气，更新节能环保公交车122台。七是倡导绿色消费。政府机关推行“绿色办公”，优先采购节能环保产品，推行电视电话会议。建立政府OA办公系统，实现政务、公文、邮件系统电子化。全市公共机构人均能耗年均降低4%，单位建筑面积能耗降低3.69%，人均用水45.06立方米，控制在定额标准以内。“十二五”以来，累计推广财政补贴高效照明产品69.49万只，超额完成目标任务。

聊城市
大力发展循环经济 推进生态文明建设

聊城市深入贯彻落实绿色发展要求，积极推进生态文明建设，突出“高效、生态”两大主题，以“转方式调结构”为主线，以观念创新、管理创新、机制创新和科技创新为动力，不断强化循环经济理念，完善体制机制，加强组织协调，从企业、园区、社会梯次推进，努力探索资源循环利用的产业链接模式和实现循环发展的有效途径，形成了独具特色的“企业带动行业、行业带动园区、园区带动区域”的循环经济发展新格局。

一是发挥企业主体作用，做实“点”上的小循环。聊城市坚持以企业为核心，发挥龙头企业低成本原料和要素优势，实现少投入、高产出、低污染，增加企业“绿色利润”。泉林纸业、祥光铜业、信发集团等13家企业被评为“山东省循环经济示范单位”，其中祥光铜业、信发集团2家企业列入全国第一批“资源节约型、环境友好型（两型）企业创建试点”，信发集团被列入资源综合利用“双百工程”试点。以龙头企业为载体，总结推广了“造纸行业—泉林模式”、“有色金属—信发模式、祥光模式”、“食品行业—凤祥模式”等十个工业、六个农业和两个服务业循环经济发展模式，两个模式被列入省重点推广的“十大循环经济发展模式”，其中泉林纸业“构建清洁型草浆造纸循环产业链的造纸企业循环经济发展模式”入选“国家循环经济典型模式案例”。

二是发挥园区集聚作用，形成“线”上的中循环。聊城市坚持以循环经济理念为指导，以行业之间的循环链建设为主要途径，依托经济技术开发区及行业园区，逐步构建了生物医药、铜（铝）加工、化工、新能源汽车等工业循环经济产业链及农业、社会循环经济产业链，重点培育了3个综合类、4个行业类循环经济示范园区。在平经济开发区、高唐开发区、阳谷祥光经济开发区、莘县鲁西经济开发区、聊城经济技术开发区等5个开发区实施了园区循环化改造，园区土地产出率、能源产出率、水资源产出率、资源综合利用率等关键指标明显改善，逐步实现了空间布局合理化、产业结构最优化、产业链接循环化、资源利用高效化、污染治理集中化、基础设施绿色化、运行管理规范化的“七化”目标。

三是发挥社会整体作用，建立“面”上的大循环。聊城市积极探索建立产业耦合、系统复合、区域整合的共生体系，大力推动绿色综合交通运输体系、绿色建筑行动，加快国家餐厨废弃物资源化利用和无害化处理试点城市建设，规范再生资源回收利用，推进再制造产业发展。开展循环经济示范乡镇创建活动。健全城乡生活垃圾分类回收

利用体系，实现生产系统与生活系统的循环链接，建设2*6兆瓦生活垃圾焚烧发电项目，日处理垃圾600吨，建成餐厨废弃物资源化利用和无害化处理厂1座，达到年处理餐厨废弃物100万吨的能力。实施城市中水回收利用、小湄河人工湿地等工程，建成集中式污水处理15座，污泥集中处置场6座，污水日处理能力66万吨，集中处理率达到95%，再生水回用量每年近4000万吨，2011年以来地下水位持续回升了0.2米。最终实现经济效益、社会效益和生态效益的多赢。

多年来的实践，聊城市基本形成了“企业带园区、园区带区域”的区域发展模式。为促进循环经济向更高更广范围发展，在深入调研、科学论证的基础上，又编制了《聊城市循环经济示范城市建设实施方案》，2015年11月，聊城市通过国家发改委、财政部、住建部组织的专家评审论证，并被确定为建设国家循环经济示范城市。

“十三五”聊城市以生态文明建设为方向，立足优越的区位和资源优势以及现有的循环经济基础，紧抓国家“一带一路”、“中原经济区”和山东省“省会城市群经济圈”、“西部经济隆起带”区域发展的重要战略机遇，以加快转变发展方式为主线，以提升发展质量和效益为方向，加快优势传统产业改造、转型升级，大力发展高新技术、新兴产业，不断优化产业结构，全力推广和优化循环经济发展典型模式。

围绕重点行业推进循环经济示范技术、示范项目、示范企业和示范模式建设，建立循环型工业体系；发挥“江北水城”、冀鲁豫三省交界处等比较优势，做大做强旅游、物流商贸、金融等第三产业，实现服务业跨越发展；加快农业现代化进程，在大力推广现有典型农业循环经济模式基础上，提高农业现代化水平，重点构建工业、农业、服务业复合的“种—养—加—贸—游”特色循环型农业体系；持续推进再生资源回收利用、废弃物资源化利用、再制造产业发展，构建绿色综合交通运输体系，建设节约型政府，推广普及绿色消费模式；推进城市建设的绿色化、循环化、低碳化，实施绿色建筑行动和绿色交通行动，推进污染集中治理，实现新能源和可再生能源的规模化利用，将循环经济理念融入新型城镇化建设；加强公共服务体系建设，满足智慧城市建设需求，提升“互联网+循环经济”的发展水平。创新循环经济的体制机制，强化组织领导和决策，制定联席工作会议制度，发挥重点项目的引领作用，建立工作考核、数据统计和信息通报制度，健全投融资与政策引导机制，建立宣传教育与公众参与机制。

聊城市全面建成国家循环经济示范城市，打造成京津冀及周边地区雾霾治理示范区、江北平原地区水生态文明示范区、国家级生态农业示范区、工业绿色发展示范区和新能源规模化生产与利用示范区。

环科餐厨废弃物资源化利用和无害化处理

中通集团200台新能源汽车投入公交运行

国环生活垃圾发电厂

鲁西化工循环经济产业园区

东阿阿胶股份有限公司

全面推进国家循环经济示范市建设

洮南市人民政府

白城市副市长柴高峰一行调研洮南市新能源产业民展情况

洮南市市长薛智金调研重点项目建设

洮南市地处吉林西北端，是全国最具投资潜力中小城市百强县（市）、中国果菜无公害十强市、全国粮食生产先进单位，是我国重要的粮食主产区。2014 年成为吉林省循环经济试点单位，2016年1月被国家发改委、财政部、住建部三部委审核批准为第二批国家循环经济示范市。

洮南市依托自身特色资源优势，把着力推动循环经济建设，重点围绕农业及农畜产品深加工、绿色能源、纺织医药等主要产业，突出农业及工业废物综合利用，以示范企业、示范项目、示范园区为引领，循环经济发展取得了显著成绩，步入快速发展阶段，资源产出、资源消耗、资源综合利用、废物排放等指标得到显著提升，部分指标达到国内领先水平。

一、加快工业产业结构调整与集聚化升级发展，工业循环体系初步形成

一是打造出全市核心块状经济发展集聚区域，实现纺织服装、生物制药、有机食品、机械制造、清洁能源、粗精饲料和优质农产品深等产业协同发展的共生体系，完善软环境和经开区交通、水、电、气、绿化和“三废”集中处理为主的基础设施建设，提高循环化改造效率。二是重点培育并入大批龙头企业，成为全市发展循环经济的重要支撑。龙头企业的快速发展，对企业的绿色化、循环化带来了全新要求，成为全市构建循环经济产业链条的关键节点与支撑主体。

二、探索出特色作物工农乡复合型县域循环经济发展模式

洮南市积极推进种植业、养殖业、农产品加工业、生物质能产业、生物肥产业、休闲农业等产业循环链接，形成无废高效的跨企业、跨农户循环经济联合体，构建以特色农作物为核心的工农乡复合型循环经济发展模式。实现农业资源的全循环利用。初步建立了“辣椒种植—初级加工— 辣椒食品—辣椒红色素产品—加工剩余物综合利用”辣椒循环经济产业链条。形成了鸡、鸭、牛羊产品- 羽毛、骨- 羽毛粉、骨粉的废弃物循环利用产业链。初步建立了“育苗种植 →初加工→加工提取后产生的废料→养殖产生粪便→育苗种植”工农一体化的循环经济产业链条。引进雏鹰农牧集团发展规模化生猪养殖，计划在2016年达到存栏生猪40万头。今世能源开发有限公司充分利用雏鹰生猪养殖废污，实现污染物治理和资源化利用。

三、循环型农业渐成气候

一是积极探索秸秆综合利用的有效途径和方法，优选开发了秸秆还田、秸秆饲料、秸秆沼气、秸秆肥料、秸秆栽培食用菌等多项秸秆综合利用技术。二是大力推行“猪— 沼—菜”生态农业模式，涌现了多个生态家园富民典型和畜禽养殖场污染治理典型，市农村沼气利用户数达到 4946个，年产气量118.7万立方米。全市农作物秸秆综合利用率达到70%。利用秸秆制沼气广泛应用，18个乡（镇）农村沼气用户达到2万户，使农村沼气入户率达到21.5%以上。

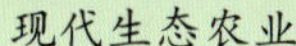
现代生态农业

工业园区

四、城市再生资源回收利用深入推进，主要再生资源回收率达到70%

处理生活垃圾能力260吨/日，生活垃圾无害化处理率为95.1%。2014 年工业固体废物综合利用率达到76% ，形成工业废渣、建筑垃圾-环保墙体材料的资源循环利用产业链。2014年污水处理厂总处理水量388.61万吨，日均1.06万吨，污水处理率为87.3%，COD消减1010吨，氨氮消减109吨，脱泥1301吨。

五、循环经济关键技术创新取得重要突破

一是在新能源、新型环保建筑材料、灰渣资源综合利用技术、生物质能开发、农业“猪-沼-菜”等为代表的一批循环经济技术取得实质性突破。二是大力推广应用先进成熟节能技术和产品取得了较为显著的效果。三是大力推广合同能源管理模式取得良好效果。

六、形成循环经济组织管理格局，循环经济制度体系初步建立

成立了由市政府主要领导任组长的循环经济领导小组，建立了发展循环经济综合协调机制，形成了各司其职、群策群力、密切配合、齐抓共管、共同推动循环经济发展的工作新格局。二是初步建立循环经济制度体系。开展了资源产出率统计工作，建立了一系列硬约束制度，在循环经济、清洁生产、节能降耗及污染物减排方面发布了20余部配套政策和措施。编制了《洮南市循环经济发展规划》、《洮南市国家循环经济示范市建设实施方案》等相关规划，制定了循环经济评价考核办法。

七、探索新能源产业推动能源生产与消费结构变革模式

一是在新能源、新型环保建筑材料、灰渣资源综合利用技术、生物质能开发、农业“猪-沼-菜”等为代表的一批循环经济技术取得实质性突破。二是大力推广应用余热回收利用技术、绿色照明、电机变频调速技术等先进节能技术和产品，取得了较为显著效果。三是大力推进节能创新，推广合同能源管理模式，取得良好效果。吉林省金世能源开发有限公司依托华润燃气（集团）有限公司稳定的天然气资源、多元化的购销渠道和雄厚的经济实力，结合本公司高纯生物质燃气生产能力，积极推动天然气、生物质燃气等清洁能源利用业务的增长，努力开拓天然气、生物质燃气等清洁能源综合利用的终端市场。

火红的辣椒啊产业链

雏鹰粪便制车用燃气

有机种养 三产联动 循环发展

蒲江县循环经济快速发展

县委书记刘兵在天星农业菌肥车间调研

嘉竹茶业蒲江雀舍生产线

蒲江县隶属四川省成都市，是成都市的西南门户，进藏出川的咽喉要道、交通枢纽和物资集散地。境内多条国道、成雅快速铁路、川西旅游环线、成新蒲快速路、成新蒲轻轨形成了快速的对外交通运输体系。

近年来，蒲江依托国家生态文明县建设契机，按照“减量化、再利用、资源化，减量化优先的原则”，以大生态为基础，深入推进有机农业基地、生态工业基地、健康休闲基地建设，依托猕猴桃、茶叶、柑桔等特有的农产品资源，以联想佳沃、绿昌茗、佳享食品、华高生物、天星农业等农业产业化龙头企业和高科技企业为支撑，形成了有机种养•三产联动•循环发展的雏形。2016年1月被国家发改委等三部委确定为国家循环经济示范县。

一、形成了农工复合型循环经济发展模式

蒲江县依托茶叶、柑桔等水果资源，以联想佳沃、绿昌茗、佳享食品、华高生物、天星农业等农业产业化企业和高科技企业为支撑，探索建立了茶叶、柑橘和生猪等三种以延伸农产品深加工产业链为主的现代农业循环经济模式，每年带动相关产业创造的产值52亿元以上，既带动农民致富，又带来了良好的经济和社会效益。

（一）依托农业基地建设，构建循环产业链条

构建了“茶叶种植——茶叶精深加工——茶叶提取物——肥料——茶叶、果蔬种植”链条。一是推进茶叶种植加工的标准化，制定了符合全县茶叶生产的11个配套标准和技术规程，基本建立完善了包括产前、产中、产后的茶叶生产标准体系，为茶叶标准化生产和后续高质量精深加工奠定了基础；二是促进废弃物的资源化利用，依托本县各类高技术企业，开发了从茶叶加工下脚料和茶园修葺枝叶等废料中提取茶多酚的技术，有效促进了废物资源的高值化利用，同时未能高值化利用部分转化为有机肥料处理，回用于茶园种植或其它果蔬种植。

构建了“柑桔种植——枳实提取——水果加工——肥料——茶叶、果蔬种植”链条。一是采取有机生产方式建立示范园区，采用品种改良、间伐修剪、增施用有机肥、配方施肥、生物防治等技术手段，保障生产过程有机化，不断向有机基地的方向迈进，为后续产品高值加工、认证等提供有力保障。二是加快枳实提取等精深利用，依托相关加工企业、利用柑桔的掉果（枳实）进行提取橙皮甙、辛弗林，与生物医药产业形成良好的循环链接，同时下脚料制作有机肥回用于有机种植。

构建了“生猪（鸡、鸭）养殖——屠宰——肉食品深加工——畜禽附产物加工——肥料——茶叶、果蔬种植”链条。一是养殖质量保障良好，县畜牧兽医管理体制健全，全县12个乡镇（街道）建有畜牧兽医站，132个涉农村（社区）配置了村级动物防疫员（兼疫情观察员），畜牧兽医硬件设施基本完善，确保了自2007年以来未发生重大动物疫情和畜产品质量安全事件；二是畜禽副产物得到有效利用，养殖场粪污经处理后用于浇灌有机种植基地，提升了果蔬及茶叶的种植品质。

构建了废弃物资源化产业链条。蒲江县充分利用本县及周边邛崃、名山、丹棱等地大小春秸秆和农村家禽畜养殖粪污等废弃物，探索建立了“秸秆、畜禽粪污—沼气—菌类种植（或蚯蚓养殖）—肥料—粮食、果蔬”循环经济发展链条。利用秸秆、畜禽粪污作为沼气原料，经厌氧发酵处理后作为无害化的优质高效有机肥料，对土壤改良、提高农产品品质具有显著作用。

（二）依托工业发展基础，构建农工复合模式

生物医药与有机农业复合发展。近年来，蒲江县加快生物医药产业转型升级，华高生物、新朝阳、伟晖生物、蜀西植物、鑫光生物、康晨生物等11家规模以上天然产物企业生产产品近百种，产业集聚效应初步显现。各类高新技术企业与蒲江县内的有机种植产业形成了良好互动。如成都华高生物制品有限公司利用蒲江种茶资源，提取茶多酚，远

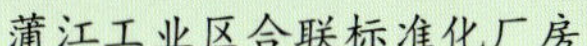
蒲江工业区合联标准化厂房

德国博世集团蒲江电动工具生产基地

蒲江县农民集中居住区垃圾回收点

销国内外市场；成都新朝阳生物科学有限公司为茶叶和水果种植提供土壤改良、作物医治和营养保健等服务。

其它工业与食品加工形成链接。蒲江县拥有机械电子企业49户，所生产的食品加工机械、包装机械等直接用于食品加工行业；同时，印刷包装产业能够为果蔬、茶叶、肉类等农副产品的加工提供纸塑、铝复合材料等各类型包装，加强了产业上下游间的本地承接，有效提升了区域产业发展的集聚水平与综合竞争力。

二、构建了生态引导型循环经济发展模式

（一）生态引导工业园区循环化国际化发展

园区承载能力不断提升。以生态化理念高标准建设园区，自2011 年以来，蒲江工业集中发展区累计投入基础设施投资近20亿元，完成了园区内主要道路和水、电、气、排污、排洪、通讯等基础设施建设。形成了“三纵四横”的道路体系，完成了招商中心、樱花岛公园、迎宾大道、寿安新城蒲江河防洪堤一期、二期工程等项目建设，园区生态承载能力获得较大提升。

国际合作步伐逐步加快。蒲江县基于良好的生态环境发展本底，吸引了欧美等国的知名企业入驻。2011年11月，世界500强企业德国博世集团强势入驻蒲江县；2014年2月，工业和信息化部中小企业发展促进中心与蒲江县共同推进“中德中小企业合作园”项目合作备忘录正式签订，标志着中德中小企业合作园正式启动，作为我国西部唯一的中德中小企业合作园，建成后将形成“东有太仓、西有蒲江”的格局，也标志着蒲江自此迈进深入对德开放合作的历史新时期。

（二）生态引导寿安新城特色化高端化建设

精准产业选择和发展定位。以绿色化和集约化生态发展理念作为指导，寿安新城在产业定位上突出精密机械、食品饮料两大产业；在发展方式上强调“项目集中布局、产业集群发展、资源节约利用、功能集合构建”；在发展路径上坚持以博世集团、伊藤忠集团、中食集团等高端标志性企业为支撑，着力引进和培育一批特色优势产业上下链互补型、延伸型、配套型项目；在发展目标上全力构建“结构高级化、发展集聚化、层次高端化”的现代产业体系，构筑三产联动的发展格局，打造蒲江县东部经济增长极，促进经济和生态的协调发展。

园区配套突出国际化高端化。成都合联新型产业园项目是工业集中发展区的精品园中园项目。园区规划为生态工厂区、商务休闲区、产业配套区、生活配套区等多功能配套的国际化高端产业配套综合体。致力于呈现一个集生产、办公、交易、研发、展示、文化、生活、娱乐等功能为一体的现代化生态产业园。

（三）生态引导美丽乡村清洁化、人文化发展

促进乡村环境面貌有效改善。蒲江县以创建“全国文明城市”和“国家生态文明县”为契机，多措并举推进城乡环境综合治理的新高潮，全县人居环境持续改善。一是通过强化联合执法，切实解决垃圾乱倒、车辆乱停、污水乱泼等现象；二是农村生活垃圾前端分类工作成典范，通过持续深入实施前端分类处置，积极推行再生资源回收利用交易制度，成为全市农村生活垃圾分类处置示范典型；三是创新农村面源污染治理方式，狠抓农村畜禽养殖污染和“四清”治理，同时采取“猪—沼—果”循环经济模式实现资源综合利用。

带动乡村旅游产业蓬勃发展。一是融合拓展，发展创意休闲农业。打造了光明官帽山、成佳茶乡、白云鹭鸶等各具特色的精品休闲农业和乡村旅游景点，推进了乡村创意休闲农业蓬勃发展。二是产业联动，举办系列节庆活动。连续举办了系列农事节会，推出了“中国采茶节”、“石象湖郁金香（百合花）旅游节”、“蒲江大溪谷樱桃节”、“蒲江乡村美食节”等大型休闲农业与乡村旅游节会活动，精心打造成都最佳乡村旅游品牌。

蒲江石象湖郁金香节

联想佳沃猕猴桃基地

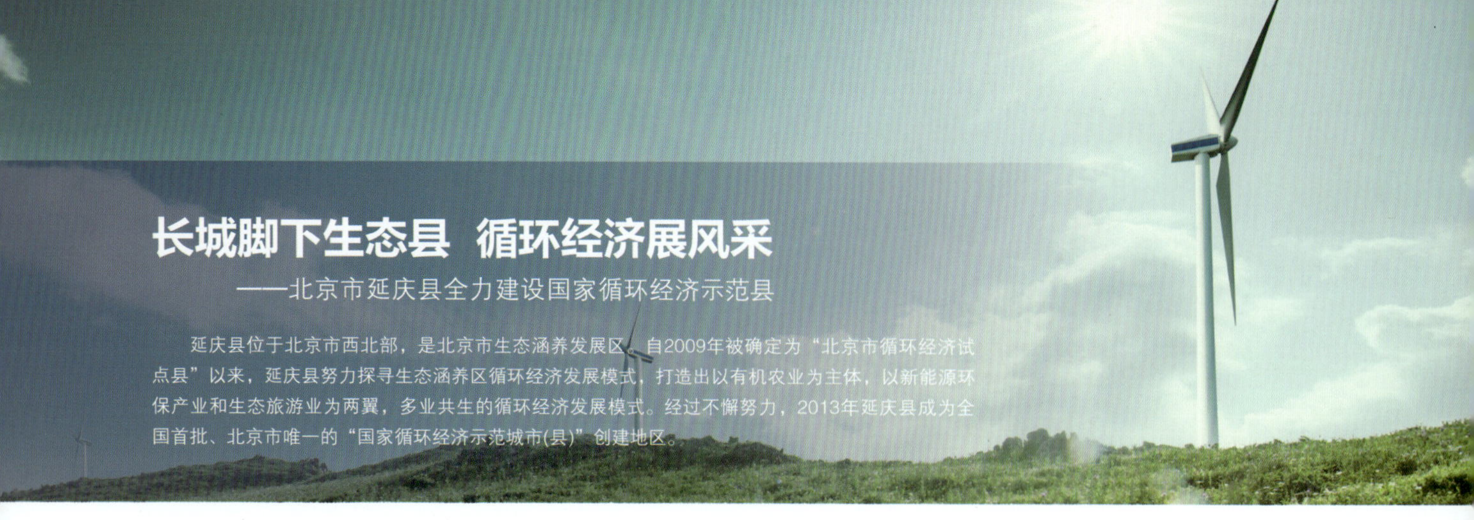

长城脚下生态县 循环经济展风采

——北京市延庆县全力建设国家循环经济示范县

延庆县位于北京市西北部，是北京市生态涵养发展区，自2009年被确定为“北京市循环经济试点县”以来，延庆县努力探寻生态涵养区循环经济发展模式，打造出以有机农业为主体，以新能源环保产业和生态旅游业为两翼，多业共生的循环经济发展模式。经过不懈努力，2013年延庆县成为全国首批、北京市唯一的“国家循环经济示范城市(县)”创建地区。

创新循环发展机制

2009年延庆县政府率先成立新能源与循环经济办公室，该办公室是当时北京市18个区县中唯一建立专门统筹循环经济发展的政府管理机构。为完成国家循环经济示范县创建任务，成立了国家循环经济示范县建设领导小组，明确各部门责任分工和年度任务，为示范县建设提供了有力的体制机制保障。先后出台了循环经济发展规划、有机循环农业中长期发展规划、新能源与可再生能源发展规划、低碳经济社会示范区规划、节能专项资金管理办法和新能源环保产业发展专项资金管理办法等多项文件，为全面提升和推进延庆县循环经济发展起到了政策保障作用。

形成新能源产业链

延庆县自2006年成为北京市新能源和可再生能源示范县和2010年国家绿色能源示范县以来，通过大力建设太阳能、生物质能、地热能、风能等一批可再生能源利用示范项目，可再生能源利用水平不断提高，到2015年达到30%，居北京市各区县首位，处于国内领先水平。特别是北京八达岭新能源产业基地，通过实施严格的环保项目准入制度，以新能源孵化器为平台，积极实行补链招商，吸引中材科技风电叶片、京仪绿能太阳能逆变器等众多新能源企业入驻，新能源产业链逐步完善。目前作为行业龙头的中材科技风电叶片形成了“设计研发——产品试验——叶片生产——销售应用——运行维护”完整循环产业链，具备年1000套兆瓦级以上风电叶片产能，引领延庆循环产业的发展。

构建循环农业链条

作为国家有机产品认证示范创建地区，延庆县遵循“减量化、再利用、资源化”的原则，通过农药化肥减量、秸秆综合利用、雨水污水回收利用、养殖场粪便建沼气站等面源污染的治理，大力发展有机农业。构建了“种植+养殖——农业废弃物+粪便——沼气——沼渣沼液——有机种植+养殖”等产业链，有机农业得到较快发展，到2014年实现有机农业产值4.59亿元，占农业总产值比重达19%。

完善生态旅游链条

以建设全国旅游综合改革示范县为契机，延庆依托一流的生态资源，率先引入新能源电动汽车，倡导绿色出行，发展生态旅游。将旅游业融入到新能源、有机农业、民俗文化、体育赛事、绿色大事、历史文化、景观景点等生态发展节点中，打造出“乘生态交通工具——游生态景观景点——食生态绿色食品——购生态无公害产品——住生态宾馆饭店——亮健康身心”等各具特色的吃住行游购娱生态旅游产业链，促进了经济、社会、生态三位一体发展。2014年，全县接待游客1971万人次，实现旅游综合收入54.06亿元，同比分别增长6.2%和6.7%。

建成资源回收网络

延庆充分认识垃圾分类回收的重要性，建立起再生资源和生活垃圾回收网络体系。再生资源回收方面，通过采取收编现有乡镇收购站点，改建闲置供销社为回收站点，新建回收站点及对县城26个社区采取定时、定点回收等措施，建立起“社区——乡镇——分拣中心——销售”网络体系。同时加强管理，按照统一服务公约及规定、统一标识、统一车辆，统一服装、统一收购价格、统一收购品种、统一计量的经营方式，突出再生资源网络化经营体系的统一特色；在生活垃圾回收方面，通过宣传、引导，发放分类桶，建设垃圾综合处理厂等措施，建成了“户分类——村（社区）收集——乡（镇）运输——县消纳”的回收网络。使废弃资源得到有效的回收利用，提升了全县的环境质量。

试点企业带动凸显

北京德青源农业科技股份有限公司以发展循环经济为己任，开拓创新，小鸡蛋做出大文章。2009年成为北京市循环经济试点企业以来，不断完善循环链条，沼气发电项目被联合国列为“全球大型沼气发电技术示范工程”，每年供应1400万度绿色电力，生产16万吨优质有机肥料，带动周边10万亩有机玉米种植，生产的绿色燃气为周边万户村民提供炊事用气。建立了“订单农业——生态养殖——食品加工——清洁能源——有机肥料——有机种植”的全产业链循环经济模式。2012年荣获首批国家循环经济教育示范基地称号，引领未来农场循环经济的发展。

“十三五”时期，延庆县将进一步探索生态涵养发展区循环经发展模式，全面建成国家循环经济示范县。

宁海：实施“两美”宁海战略 积极探索循环经济发展新模式

近年来，宁海县深入实施“两美”宁海战略，以创建国家级循环经济示范县为抓手，加快转变经济发展方式，落实节能减排措施，构建生态经济、生态环境、生态社会、生态文化等四位一体的生态文明体系，积极探索循环经济的发展新模式，并取得了显著成效。2014年共实施循环经济项目23个，其中工业循环经济4项、农业循环经济7项、服务业循环经济3项，循环经济基础设施类4项，海洋循环经济3项，清洁能源类2项。项目总投资30.6亿元，2014年计划投资8.2亿元，完成投资13亿元。至2014年底累计完成总投资19.6亿元，占总投资额64.23%。

在示范县创建中，宁海的餐厨垃圾示范试点工程于2015年正式拉开序幕，成为了国家级循环经济示范县创建工作领域又一新亮点。近日，宁海的加多美机械科技有限公司的年产2000台餐厨垃圾处理设备产业化项目获2015年中央预算内投资计划（第一批）项目投资安排690万元。该项目是宁海创建国家级循环经济示范县的重点支持A类项目，采用自主开发的油水残渣自动分离的厨房食物垃圾处理机技术和工艺，购置电液同步数控折弯机、液压数控剪扳机、电机转手注铝夜压机、精密磨床、数控车床等先进的生产、研发、检测和运输设备，新增用地24.77亩，新建厂房16488平方米，项目总投资8700万元，建设期为30个月，从2013年6月至2015年12月底。项目建成后，将形成年产2000台多种规格型号的餐厨垃圾处理设备的生产能力。

通过该项目成功投产，配合居民日常“零差错”垃圾分类，以实现餐厨垃圾绿色循环模式。宁波加多美机械科技有限公司是一家致力于餐厨垃圾处理设备研发和生产的科技型企业，可为宁海县餐厨垃圾示范试点工程提供各类餐厨垃圾就地处理降解设备。通过对垃圾进行分类，选取有机物再次分解利用，固体渣经过发酵降解变成有机肥料和水，再经过微生物降解变成有机肥料，油脂经过分解降解则可提供炼油公司制成柴油。加多美公司研发生产的餐厨垃圾降解设备能实现在源头对餐厨垃圾进行就近、就地、一站式处理，可减少垃圾在运输过程中可能会发生的二次污染问题，实现垃圾“无害化、减量化、资源化”。日常“零差错”垃圾分类则是通过 “一户一号”的方式给每户居民发放编号的垃圾袋和垃圾桶，并组织片区督查指导队进行不定期抽查来实现。目前，宁海县已成功以此模式设立了7个餐厨垃圾处理中心。

循环经济生产厂房

宁海三门湾

餐厨垃圾处理设备

托克托县 努力创建国家循环经济示范县

国家能源局副局长王禹民考察托克托县再生资源有限公司

呼和浩特市市委书记那顺孟和考察托电五期项目

托克托县是内蒙古自治区“呼包鄂为核心沿黄河沿交通干线经济带”的中心区域。2012年被列为内蒙古自治区循环经济示范县。2016年1月被国家发改委、财政部、住房城乡建设部批准为第二批国家循环经济示范县。

一、经济发展总体概况

自改革开放以来，托克托县工业化、城镇化建设不断加快，农业现代化同步推进，全县经济社会取得了跨跃式发展。2015年，全县地区生产总值预计增长9%。规模以上工业企业增加值预计增长11%。固定资产投资预计完成86亿元，同比增长26%。社会消费品零售总额预计完成29.9亿元，同比增长14%。公共财政预算收入预计完成13.1亿元，同比增长17%。城镇常住居民可支配收入预计完成30900元，同比增长10%。农村常住居民可支配收入预计完成13030元，同比增长10%。在2015年全国中小城市科学发展评价中，托克托县位列全国中小城市综合实力百强县56位和全国最具投资潜力中小城市百强县44位。

二、明确循环经济发展目标

托克托县经过三年的循环化改造和发展，以工业产业、农业产业、物流产业、旅游餐饮产业四大产业集群为主体的空间格局基本成型，以废弃物处理平台为两主链资源交换中心，农业生产、工业生产服务平台为辅助，达到闭环式循环型工业、闭环式循环型农业、开环型循环服务业有效连接的闭环式循环经济链条和废物代谢链构建完成，产业结构全面优化，资源综合利用率大幅度提高，主要污染物排放明显减少，循环经济支撑体系和长效工作机制建立完善，三次产业实现良性循环，最终把托克托县建设成为“经济持续发展、资源高效利用、环境优美清洁、生态良性循环”的循环经济示范县。到2018年，资源产出率达到5087 元/吨，比2014年增长13%。万元GDP综合能耗为1.22 吨标准煤，比2014年下降2%。

三、积极推进循环经济重点项目建设

托克托县在“十三五”期间将重点实施53个循环经济示范项目。其中重点支撑类项目9个，一般支撑类项目14个，自主实施类项目30个。

重点支撑项目中，煤—电—铝一体化循环经济产业链下游产业的项目5个，污水处理项目1个，服务业支撑项目2个，废弃物处理项目1个，合计总投资71.11亿元。项目建成后粉煤灰年综合利用率达到90%，安全处置率达到

东胜卫古城，明嘉靖中期，土默特部托克托驻牧此地，城因人名，称托克托城

总装机容量540万千瓦、亚洲最大的火力发电基地—大唐托克托发电厂

现代农业科技示范园区

100%，有效控制粉煤灰对生态环境的影响，粉煤灰综合利用产业年产值达109亿元，提供就业岗位1.5万个；更大幅度的减少水体的污染，为实现循环经济产业打下坚实的基础；改造和提升现有回收利用网络资源，使全县及周边80%以上的废旧商品实现规范化的交易和集中处理，培育龙头企业，基本构建起基础回收网络、集散市场有效衔接，回收、加工、利用三个环节有机链接。

一般支撑类项目中，固废资源化利用项目1个，农业循环经济项目2个，工业产业链项目4个，废弃物处理平台项目1个，新能源项目6个，合计总投资32.78亿元，项目建成后进一步补充完善托克托铝制品产业链；促进托克托县畜牧业畜产品加工业等一系列相关产业的发展；大大提高了能源利用率，减少了污染排放；加快了低碳经济的发展，实现了经济发展的模式转型，打造清洁能源综合示基地，促进光伏和设施农业结合的建设。

自主实施类项目中，固废资源化利用项目2个，煤—电—铝一体化循环经济产业链下游产业的项目1个，煤—电—铝一体化循环经济产业链的煤-电的环节核心项目1个，农业循环经济项目3个，基础设施项目6个，三产关键项目1个，服务业项目5个，旅游，餐饮项目2个，物流业项目4个，废弃物处理项目5个，合计总投资125.65亿元，项目建成后将改善内蒙古铝加工业结构，提高铝产品附加值，促进内蒙古铝业加工业发展；可改善灌溉面积20万亩或10万亩，使项目区土地资源优势得以充分发挥；增强托克托县粮食储备的实力，保证地区粮食安全；建立电子商务，整合企业物流、资金流和信息流；提升旅游档次和品质；消除污废水直接排放时对水域环境造成的污染。

四、打造四大产业聚集区

（一）农业产业集聚区

围绕发展特色农业和优势产业，调整优化种养殖结构和优势农副产品布局。以古城镇现代农业高科技示范园、伍什家镇高效农牧业循环示范园和新营子镇设施农业集中区建设为依托，大力发展高产、优质、高效、生态、绿色农业，大力发展双河镇黄河一溜湾现代观光农业、农家休闲假日游、生态游等产业，发展种子种苗、安全食品开发、生态观光农业、光伏农业、农产品加工等五大产业，打造专业化、标准化、规模化、集约化的农业产业集聚区。到2018年，农业灌溉水有效系数为0.56，比2014年增长1.8%；农业秸秆综合利用率达97 %，比2014年增长5%；绿色认证200亩，无公害认证1000亩，设施蔬菜有机、绿色和无公害设施蔬菜种植面积比率将达到5%：2.5%：12.5%；平均每亩农药使用公斤0.104公斤，低于平均值0.15公斤。

（二）工业产业集聚区

发挥重点产业的带动作用，打造优势产业集群。以科技创新和节能降耗为切入点，遵循高附加值、高利用率、高集群化、低耗能污染总则，努力打造世界最大的电力能源产业集群；培育新型产业集群，打造国家重要的新型绿色能源基地；调整生物制药产业结构和产品升级，形成高附加值、高效益、低污染的终端产品，打造国家重要的生物制药基地；发挥煤铝一体化优势，形成西部地区低成本、高效益的铝加工产业集群，最终建成集能源、冶金产业、生物制药产业为一体的工业产业集聚区。到2018年，工业固体废弃物再利用率达60%，比2014年增长42.5 %；工业用水循环利用率达95.5%，比2014年增长0.9 %。

（三）物流业集聚区

重点围绕托克托工业园区，在新营子镇发展煤炭、汽车物流产业，依托正在形成的公路、铁路等骨干交通网络及设施，建设形成连通“呼、包、鄂经济圈”、通向区内外的便捷、快速和大容量的现代化物流运输网络及物流发展平台，吸引相关物流大企业落户发展，实现大项目、大企业与中小物流企业互动发展。把托克托县打造成为内蒙古中西部地区重要的煤炭、粮食、医药等产品配送、仓储、中转、联运、集散中心。充分利用现代信息技术、建设以互联网为载体的公共物流信息平台，建设仓储管理、配送中心、运输、跟踪处理和营销五大物流服务系统，为物流企业和物流产业的发展提供重要依托和全程管理。“十三五”末，嘉和煤炭物流综合园区综合业务收入达到300—400亿元，全县电子商务交易总额突破10亿元，占社会消费品零售额比重的15% 。

（四）旅游餐饮集聚区

结合现有的旅游资源，深度挖掘托克托县的历史文化资源，打造独具特色的黄河文化旅游基地，将托克托县双河镇黄河一溜湾－南湖湿地－神泉旅游-葡萄酒庄园基地建成呼和浩特市具有影响力的旅游目的地。使旅游业成为托克托县新的支柱产业和动力产业，带动全县乃至周边旗县的经济发展。围绕神泉旅游景区的开发建设，依托旅游线路打造全区重点旅游集聚区。“十三五”末，旅游接待人数达到64.49万人，旅游收入达到2.66亿元，建成全区一流旅游目的地。

综合黄河风光、海眼神泉、库布其沙漠探险为一体的托克托县神泉旅游景区，已被国家旅游局批准为4A级旅游景区

黄河湿地垂钓已成为托克托县特色生态休闲体验旅游项目主要活动之一

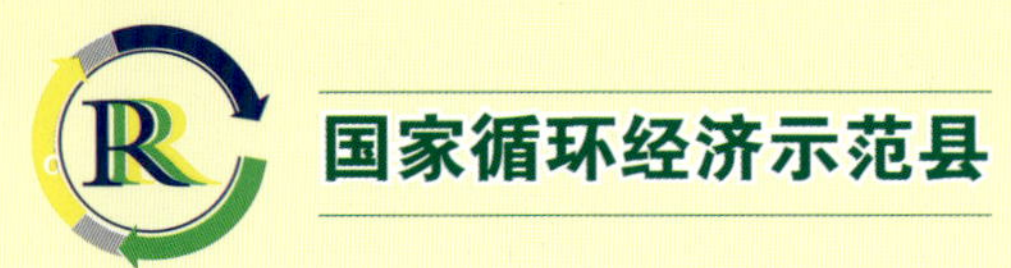

安乡县
构建现代农业循环经济发展模式

县委书记宋云文带头绿色出行

安乡县地处洞庭湖生态经济区核心圈层，为长江“三口”和澧水注入洞庭湖的必经之地，是全国重要的粮、棉、油、鱼生产基地县，全国棉花、油料生产百强县。安乡县高度重视生态建设，大力推进循环经济的发展。是湖南省循环经济示范县，国家可再生能源建筑应用示范县，国土资源部低碳国土试验区建设县。2016年1月被国家发改委、财政部和住房和城乡建设部确定为国家循环经济示范县。

一、发展循环经济的做法与成效

（一）建立循环经济决策领导和监督机制。安乡县已经成立县创建循环经济示范县工作领导小组。由县委书记担任组长，分管循环经济发展的副县长任副组长，领导小组下设办公室。编制了《安乡县国家级现代农业示范区建设总体规划（2013-2020年）》、《安乡县循环经济发展规划（2014-2020年）》，规划从工业、农业、服务业、社会层面提出发展循环经济的目标和任务，以引导循环经济全面发展。对循环经济完成情况进行问责督查。

（二）初步构建了农业为主的三大循环经济产业链，产业复合及产城融合的发展模式初具规模。一是以资源综合利用为重点的生物化工循环经济产业链，形成非木浆碱—碱、棉壳—颗粒饲料、棉籽—棉籽蛋白/低聚糖/肽、棉短绒—纤维素等资源化利用链条。二是以农业废弃物综合利用为重点的循环经济产业链，发展“猪—沼—农作物”、“鸡—肥—农作物”、“农作物—肥—菌”三位一体的种养循环经济发展模式，不断完善“粮蔬种植—畜禽养殖—废弃物处理再利用—粮蔬种植”循环链。三是以产业链延伸为重点的工农复合发展循环经济产业链。通过棉花、粮油、木材深加工，延伸农产品精深加工产业链，最大限度地利用农业资源，推行生物质燃料，建设利用农业废弃物生产食用菌、开发环保型造纸原料、功能性菌肥和菌剂、有机肥、生物质气化等项目，充分体现了农业、工业的协同循环化发展。

（三）以园区为依托，积极探索循环经济的标准化发展模式。一是建设生态农业循环产业区。主要突出水产清洁养殖及农业废弃物综合利用，创建了多种循环型农业经济模式及农业—加工业复合模式、秸秆综合循环利用模式、“猪—沼—鱼—果”循环模式、“蔬菜种植—水产养殖”综合立体循环模式、稻（莲）—鱼（蛙、鳅、虾、鸭、蟹）或牛—稻种养共生循环模式、水产养殖循环健康模式和开发畜禽养殖循环模式。二是建设工业循环产业区。欣瑞生物循环模式，综合高效利用棉籽，年加工棉籽30万吨，已建成4条脱酚棉籽蛋白生产线，可生产脱酚棉籽蛋白16万吨。引导3家化学制浆造纸企业转产再生纸，大幅度削减了工业企业COD的排放量。铸造行业基本完成改造。焦炉改造为电炉后，每年减排硫500吨、二氧化碳1000吨。机械制造行业的报废零部件、加工铁屑等工业废物已实现完全回收利用。

（四）建设休闲观光旅游循环产业区。主要开发以黄山头国家森林公园为主的自然生态旅游区；以汤家岗-南禅湾考古遗址公园为主的人文历史旅游区；以珊珀湖国家自然湿地保护区和书院洲国家湿地公园为主的现代休闲旅游区，有效保护和恢复湿地生态，建设水产健康养殖示范区，做到水资源保护与开发并重，发挥出生态、经济和社会的综合效益。

（五）建设国家低碳国土实验区。重点实施高标准基本农田建设项目、环洞庭湖基本农田建设重大工程项目、农田水利基本建设及设施改造工程、农村清洁工程和可再生能源建筑应用等低碳项目。

（六）再生资源回收体系基本形成。全县已形成以县城为中心，以乡镇码头为骨干，以社会及村组走村串户流动回收人员为补充的再生资源回收利用网络体系。据不完全统计，全县共有废品经营店107家，年收购额在4850万元以上。废品回收已成为覆盖城乡的一个重要产业。

二、发展规划与目标

通过推广种植业、养殖业各领域循环模式，构建形成农业大循环模式，创建循环经济试点示范企业，广泛推行循环型生产方式，推广普及绿色消费模式，推广可再生能源，提高可再生资源回收率，全面建立资源循环利用体系。到2019年，全县范围内实现水产养殖产业清洁化，安乡工业集中区发展循环化，资源产出率大幅提高，可持续发展能力显著增强，打造湖区农业大县循环经济发展样板。通过循环经济示范县创建，资源产出水平有较大幅度提高。到2019年，安乡县资源产出率达3400元/t，能源产出率达15000元/t，水资源产出率达248元/t，建设用地产出率达0.1484亿元/km^2。通过循环经济示范县创建，生产领域全面推行循环型生产方式，生产、流通、消费领域均实现减量化、再利用、资源化，生态环境水平进一步提升。

生态立体养殖

洞庭湖丰收

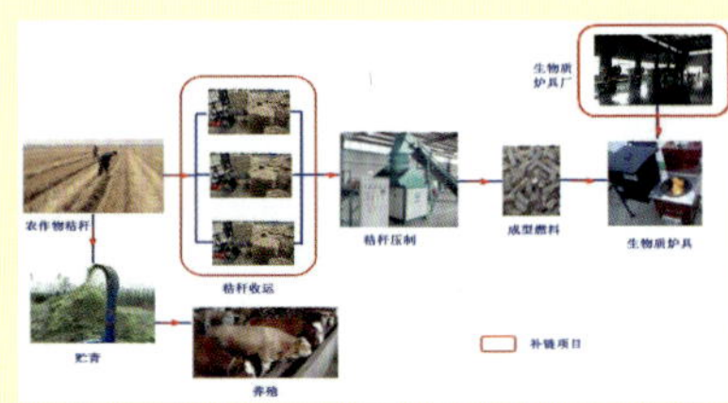
秸秆利用

走出新常态下循环经济发展的新路

鄯善县人民政府

鄯善县位于新疆天山东段吐鲁番盆地东缘，是“中国十大资源县之一”，先后多次获得“中国西部最具投资潜力百强”殊荣。2007年被新疆维吾尔自治区列为首批循环经济试点县，2016年1月被国家发改委、财政部、住房和城乡建设部批准为国家循环经济示范县。经过八年的循环经济试点和创建国家循环经济示范县，大力发展循环经济，走出了一条新常态下循环经济发展的新路子。

一、循环经济发展推动结构调整与节能减排

发展循环经济已经成为全县转方式、调结构、补短板，推进节能减排，实现可持续发展的重要途径和根本手段。鄯善县按照“布局优化、产业成链、企业集群、物质循环、创新管理、集约发展”的思路，把加快发展循环经济作为转变经济发展方式与结构调整的重要抓手，以循环经济理念布局全县经济发展的推进方向、重点领域和重大项目，经济结构得到逐步趋于合理，资源利用水平明显提高，超额完成了节能减排约束性目标。2015年全县实现生产总值120.76亿元，增长8.08%；工业增加值65.19亿元，增长10.74%；全县万元GDP能耗1.52吨标准煤/万元，“十二五”期间下降4.6%，圆满完成“十二五”节能减排目标任务。

二、初步构建了循环经济的政策体系与运行机制

县政府出台了《关于加快循环经济发展的若干意见》、《清洁生产审核办法实施细则》、《鄯善县石材矿山废小料综合利用优惠政策》、《化工产业发展循环经济专项资金管理暂行办法》等配套文件，组织编制了《鄯善县循环经济发展规划及循环经济试点实施方案》、《鄯善县节水型社会建设试点阶段实施方案》、《鄯善县石材工业园区循环化改造方案》、《鄯善县工业园区循环化改造方案》及两个省级工业园所属企业分别编制了《循环经济实施方案》。为推进循环经济发展节能减排任务落实，并将创建目标任务作为硬性指标纳入年度考核重要内容。

三、建立循环型工业、农业、城市三位一体的循环经济体系

循环型工业——以试点园区与试点企业带动工业循环经济的发展。鄯善工业园区、石材工业园区为自治区第三批循环经济试点园区，新疆金汇集团、新疆美汇特石化产品有限公司、鄯善华恒实业有限责任公司为自治区第三批循环经济试点单位。试点企业以产业集聚和优化升级为目标，着力优化资源利用方式，积极发展循环经济形成了骨干企业辐射能力强、规模效益和技术水平较高的态势，充分发挥示范引领作用，不断探索实现转型发展的新路子，切实推进相关区域和领域循环经济水平的整体提升。构建了煤电冶材、金属镁等循环经济产业链，建设了金属尾矿回收再利用、石粉加气混凝土砌块、利用菱镁矿渣粉煤灰生产新型轻质抗震隔墙板、石材边角料废料综合利用的项目，实现了资源的最大化利用；采取能源转型的有效措施，大力发展可再生能源，建设风光互补新能源产业园基地，已建成光伏发电站39万千瓦，风电场55万千瓦，减少了二氧化硫及氮氧化物的排放量，节约标准煤约62万吨。

循环型农业——初步形成葡萄、哈密瓜特色农产品精深加工资源最大化利用的农业循环经济发展模式，实现了工农业循环经济复合发展。

循环型城市——不断完善城市减排基础设施，推进城市餐厨、固废再生资源回收利用体系建设，加大既有建筑节能改造，大力推广可再生资源在城市发展中的应用。

党的十八届五中全会对发展循环经济、建设生态文明提出了新的更高的要求，鄯善县将贯彻“一个基础”、打造“三个版本”、建设“五个吐鲁番”的发展战略，大力发展循环经济，坚定不移地推进平安鄯善、实力鄯善、宜居鄯善、活力鄯善、美丽鄯善、幸福新鄯善建设，力争率先全面建成小康社会。

鄯善县非创余热发电项目

鄯善县2016循环经济工作部署会议

鄯善县光伏产业园

新疆天业循环经济之路

新疆天业（集团）有限公司

新疆天业集团是兵团大型国有企业集团，是兵团工业的支柱企业。拥有国家认定的企业技术中心、博士后科研工作站、国家节水灌溉工程中心、氯碱化工国家地方联合工程技术研究中心和院士专家工作站等企业高水平研发平台。目前，天业集团拥有年产180万千瓦热电、245万吨电石、140万吨聚氯乙烯树脂、100万吨离子膜烧碱、400万吨电石渣水泥、600万亩农业滴灌节水器材生产能力，是中国产业配套完整、竞争力强、技术领先、循环经济特征明显的电石法聚氯乙烯龙头企业，也是世界最大的节水滴灌器材生产企业。是首批″全国循环经济试点企业″、″全国信息化和工业化融合促进节能减排试点示范企业″、″资源节约型、环境友好型″企业创建试点企业、″国家技术创新示范企业″、循环经济示范教育基地、资源综合利用″双百工程″骨干企业和循环经济工作先进单位。目前，企业已经连续多年位列全国制造业500强、中国企业500强。

天业集团以科学发展为主题，以“安全、环保、品质”为基础，以加快转变经济发展方式为主线，致力于绿色发展、循环发展、低碳发展，构建现代产业发展新体系。

天业集团循环经济主要特色

天业集团立足新疆的优势资源，通过技术创新实现产业链的延伸，形成了国内第一套煤-电-电石-聚氯乙烯-电石渣水泥循环经济产业链，进一步发展下游塑料节水器材产业和高效农业，形成了特色鲜明、工农和谐发展的产业链大循环，成为区域绿洲经济发展的支柱。

在产业链大循环的基础上，不断突破技术瓶颈，实现废水、废气和废渣的资源化利用，构建了以废弃物资源化利用为核心的小循环体系，实现了主动环保，“三废”综合利用水平处于行业领先地位。在农业节水产业方面，突破了废旧滴灌带回收再利用技术，建立了农业节水滴灌器材生产与回收一体化循环经济产业链，生产出了中国农民用得起的滴灌节水器材，为我国节水农业的发展奠定了扎实基础。循环经济发展模式使企业主导产品成本居于国内领先水平，不仅解决了环保问题，更是企业提高核心竞争力的重要手段，具有巨大的推广价值。

循环经济工作已取得的主要成效

新疆天业是国家循环经济第一批试点企业，在试点过程中得到国家发改委的大力支持。重点工作是围绕氯碱化

工农和谐循环绿色发展

天蓝地绿环保工业园区

天业多元化循环经济园区

工和节水器材核心主业，通过不断构筑循环经济产业链，形成循环经济产业发展模式，实现企业的集约式增长。

新疆天业把循环经济贯穿于企业发展的全过程，提出了两个概念，一个是产业链大循环，一个是废弃物资源化再利用为核心的小循环。大循环构建两个产业链，一个是：资源（石灰石、煤、原盐）——发电——电石——聚氯乙烯——节水器材——高效农业——食品加工——农业产业化的产业链大循环，另一个是排放物的综合利用，即以“三废”资源化综合利用为核心的小循环。大、小循环的有机结合，上游企业的废物成为下游企业的原料，实现资源最有效利用。

一、“三废”循环增效益

在水资源综合利用方面，注重水资源梯级利用网络的建设。2006年，天业集团成功开发了干法乙炔、聚合母液水生化处理、含汞废酸深度解析、乙炔上清液闭式循环等节水新工艺。其中，聚合母液水COD去除率达到90%以上，处理后的母液水全部用作电厂冷却水；含汞废酸深度解析技术，实现了含汞废水的封闭式循环。以上节水技术的集中利用，每年实现节水800万方以上。

天业的基本思路，不仅要做到达标排放，更要注重回收利用，创造经济价值。在废气治理方面，通过变压吸附技术的集成创新，开发了氯乙烯尾气全回收技术，使氯乙烯尾气排放量下降了70%。废气综合回收利用网络的建立，改变了传统氯碱平衡，使聚氯乙烯综合能耗下降了10%，每年仅氯乙烯尾气回收就为企业创造直接经济效益5000万元以上；密闭电石炉气经除尘净化后，送至电厂作为发电的燃料，每年可节约标准煤15万吨；与浙江大学共同开发的大型热电机组电石渣烟气脱硫技术，以电石渣作为脱硫剂，脱硫效率达到95%以上，脱硫成本仅为国内传统工艺的50%，脱硫石膏全部回用于电石渣水泥生产，废渣利用率达到100%。

电石渣制水泥是天业循环经济产业链的突破与创新。2005年天业集团自主研发出先进的湿磨干烧工艺，并建成国内第一套年产35万吨熟料的电石渣水泥装置。2007年，天业集团率先在行业使用干法乙炔技术，同时建设年产120万吨熟料的电石渣新型干法水泥生产装置，与年产40万吨聚氯乙烯装置同步投产、满负荷运行，使天业成为国内第一家大规模运行干法乙炔装置、电石渣新型干法水泥装置的企业。目前，天业电石渣水泥生产能力达到400万吨，已经形成以电石渣、粉煤灰为主要固体废弃物的综合利用网络，每年获取的经济效益上亿元。2012年3月新疆天业“干法乙炔-电石渣干法水泥”循环经济示范工程被列入国家第一批工业循环经济重大示范工程。

近年来，天业开发出多项循环经济的关键支撑技术，申请了50多项国家发明专利，多项技术被列入国家清洁生产标准和行业推行清洁生产重点鼓励的技术，为推动我国氯碱化工产业的健康可持续发展做出了突出的贡献。

二、行业瓶颈技术汞污染防治得到突破性进展

电石法聚氯乙烯是我国需汞量最大的行业，年需求量超过我国汞供应量的60%。随着国际禁汞条约的实施和我国汞资源的日趋枯竭，我国电石法聚氯乙烯发展面临巨大的挑战。在聚氯乙烯汞污染防治工作上，天业集团未雨绸缪，以超前的战略眼光，率先实践。2007年，公司就组建了汞减排创新团队，建立了专门的实验室，相继成功开发固汞触媒、含汞废酸深度解析、含汞废水深度处理和高效气相汞回收等关键技术，在国内率先形成了工程化示范。天业集团自主开发的低固汞触媒被工信部列入2012年国家重点新产品目录，氯化汞含量≤6%，触媒使用寿命明显优于高汞触媒，汞的挥发损失大大降低，源头减汞效果显著，技术水平处于国内领先。这些经工业实践的成套技术，成为国家聚氯乙烯清洁生产和汞污染防治重点鼓励推广的技术。2010年8月17日，由中国石油和化学工业联合会、中国氯碱工业协会共同主办的“电石法聚氯乙烯汞污染防治现场会”在新疆石河子市召开，天业集团集中展示了汞污染防治取得的科技成果，对推动聚氯乙烯行业汞减排起到了关键性的作用。2011年天业集团自行设计建设的3000吨/年低固汞触媒生产装置顺利投产，为企业的汞污染防治工作提供了强大的技术支撑。2012年新疆天业电石法聚氯乙烯行业汞资源高效利用公共服务平台被评为“工信部工业转型升级公共服务平台”。减量化是过程、无汞化是

目标。在无汞触媒的开发上，天业集团更是不遗余力，建立了以企业为主体，国内多家院所共同参加的无汞触媒开发试验平台，部分研究成果已进入工业侧线试验阶段，整体研究水平处于国内领先。2012年，无汞触媒项目被科技部列入国家863项目，这将进一步推进无汞触媒的研发进程。

三、节水滴灌技术大范围推广

天业集团循环经济产业链，将化工与节水农业两个产业紧密结合，形成了具有鲜明特色的工农业相结合的产业链。目前，我们自主开发的膜下滴灌系统在全国累计推广面积达到6000万亩，节水增收效果显著。国务院研究室调研报告认为，石河子市建立了世界上规模最大、最先进的节水设备生产企业，实现了所有成型设备和工艺技术的国产化。我们历经多年开发的国家“863”项目滴灌水稻技术取得重大进展， 2012年大面积种植成功，经自治区农业专家组测定亩产最高达836公斤，平均亩产达到729公斤，居领先水平。通过大力发展节水农业，将节约的水资源用于发展工业和开垦拓荒，在很大程度上缓解了水资源短缺瓶颈，形成了工农业相互促进、和谐发展的新局面。

四、积极实施循环经济示范工程建设项目

天业集团在发展循环经济的同时，不断研发行业新技术，通过技术进步，不断拓展公司循环经济产业链。目前结合公司实际发展情况，在产业结构调整上，天业集团已经改变了单一发展电石法聚氯乙烯的产业格局，而是更加注重废弃物的高价值利用。”十二五”期间天业集团更加突出资源的高效转化和高值利用，以乙炔化工和电石炉气化工利用为切入点，积极探索并实践出一条水资源消耗少、资源转换效率高、二氧化碳排放量少、产品附加值高、市场竞争力强的新型煤化工技术路线。2012年新疆天业建成世界首套电石炉气制乙二醇和1,4-丁二醇装置，并在此基础上筹建20万吨乙二醇和17万吨1,4-丁二醇项目，使天业集团形成了电石炉气高值化利用与乙炔化工延伸发展、传统化工与新型化工有机结合的发展新格局。

循环经济辐射带动效益明显

天业循环经济发展模式推动了国内聚氯乙烯、节水滴灌行业的可持续发展，引起社会各界的广泛关注。2011年9月，天业集团助推的辽宁省1000万亩滴灌节水农业工程正式启动。通过大力发展节水农业，将节约的水资源用于发展工业和开垦拓荒，形成了工农业相互促进、和谐发展的新局面。2011年，天业《节水滴灌技术创新工程》获得国家科技进步二等奖、《电石乙炔法聚氯乙烯清洁生产关键技术集成与示范》获得中国石油和化学工业联合会科技进步一等奖，为推动农业节水及化工行业的技术进步和清洁生产做出了重要贡献。天业集团从“十一五”中期开始坚持贯彻自治区、兵团党委实施优势资源转换战略和坚定不移走新型工业化道路的战略策略，用循环经济理念，构建氯碱化工新的发展模式，连续多年保持40%的经济增长速度，实现了企业又好又快发展。天业的发展实践证明，循环经济发展模式不仅可以从根本上解决环保问题，更成为企业提高核心竞争力的重要手段，具有巨大的推广价值和发展前景。

循环经济发展展望

2011年新疆天业被评为全国首批循环经济教育示范企业，2013年7月通过国家发改委等四部委委托专家组的挂牌验收，循环经济教育示范企业建设期为五年。2015年6月，天业集团荣获全国能效领跑者标杆企业。

“十三五”期间，天业集团将继续把企业循环经济工作作为企业发展的主要支撑来抓，一方面做好循环经济教育示范基地建设，严格按照国家相关要求，进一步完善各项工作任务，抓好循环经济建设的同时，履行企业应尽的社会责任和义务。另一方面，根据市场需求调整产品结构链，加大高附加值产品项目的开发建设力度，如低温等离子氯化及氯乙烯项目，纳米碳酸钙改性PVC复合树脂项目，特种糊树脂项目，相信这些项目的逐步实施，在获得较好经济效益的同时进一步提升天业集团市场竞争力和抗风险能力，使公司走上一条“低消耗、低排放、高产出、高利润”、拥有自身特色的“绿色化工”之路。

丁二醇、乙二醇二期厂区

天智辰业灌装区

国家级再制造产业示范基地(示范园区)

上海临港再制造产业示范基地

上海临港再制造产业示范基地是国家发改委和工信部同时批复的国家级再制造产业示范基地(示范园区)，承担着探索建立具有中国特色的再制造产业体系、推动我国再制造产业又好又快发展的示范重任。

开发建设临港产业区是上海市政府面向新世纪全球经济发展，实现上海新的跨越发展所做出的重大战略决策。上海临港产业区规划面积247平方公里，地理位置优越，紧邻洋山保税港区，拥有国际公共口岸码头，交通物流非常便捷。以中船集团、中国商用飞机公司、中航工业集团、上海电气、上海汽车、卡特彼勒、西门子、沃尔沃等一批国内外大型龙头企业为核心，上海临港产业区已形成新能源装备、汽车整车及零部件、船舶关键件、海洋工程、工程机械、航空发动机等六大装备制造业基地，正在大力发展再制造、LED绿色照明、航空动力等战略性新兴产业，年总产值近千亿元。

目前，临港再制造基地已获得国家发改委“国家再制造产业示范基地”、工信部“国家机电产品再制造产业示范园”，质检总局“全国入境再利用产业检验检疫示范区”等部委批复。2015年，临港再制造基地获国家发改委批复为“国家循环化改造示范试点园区”、获上海市批复为“四新”经济创新示范基地。

临港再制造基地总规划面积2平方公里，采取统一规划、分期建设的思路，已引进卡特彼勒、戴姆勒奔驰、天物高盛、大陆激光、临仕激光、四惠等国内外再制造企业，主要开展发动机、变速箱等汽车关键零部件、工程机械等再制造，正在积极引进医疗器械、燃气轮机、航空发动机、船舶关键件再制造等业务。

为了打造完善的再制造产业链，为企业提供优质服务，临港再制造基地正在加快建设再制造检测认证中心（与上海出入境检验检疫局共建）、再制造技术研发中心、再制造人才实训基地、再制造信息数据中心和交易平台、再制造展示中心、再制造创新创业孵化中心等公共服务平台，并为企业的发展提供政策、专项资金等扶持。

临港再制造基地致力于建设全球一流的再制造产业集聚区，将以优质的服务，打造“政策环境一流、功能配套一流、技术创新一流、招商项目一流、生态环境一流”的国际再制造园区。

集中预清洗中心、再制造检测中心和技术研发中心

人才实训基地

临港再制造产业示范园区

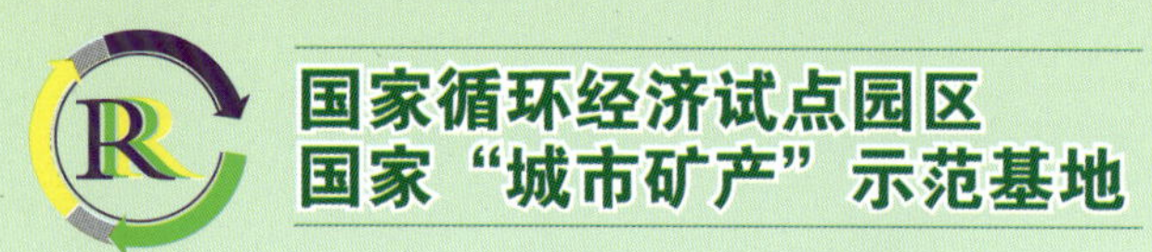

坚持绿色发展　打造“子牙模式”

天津子牙循环经济产业区管委会

天津子牙循环经济产业区位于天津市西南部，地处环渤海经济带和京津冀城市群的交会点，形成了京津“一小时经济圈”。园区是我国北方最大的循环经济园区，是国务院批准的全国第一家以循环经济为主导产业的国家级经济技术开发区。先后被国家发改委、财政部、环保部和工信部等部委批准为国家生态工业示范区、国家“城市矿产”示范基地、国家循环经济试点园区、国家进口废物“圈区管理”园区、国家新型工业化产业示范基地、国家循环经济标准化试点、国家级废旧电子信息产品回收拆解处理示范基地、国家循环经济教育示范基地和中国国际青少年交流中心等。园区已纳国家工信部发布的《京津冀及周边地区工业资源综合利用产业协同发展行动计划（2015-2017年）》，成为京津冀及周边地区再生资源回收利用重点建设园区之一。初步形成了“循环、生态、智慧、便捷、宜居、开放”的循环经济“子牙模式”，成为国家发改委向全国示范推广的循环经济典型模式案例之一。多位党和国家领导人莅临园区视察指导工作，对园区循环经济发展给予高度评价和充分肯定。

天津市高度重视园区循环经济产业发展并给予大力支持，市委市政府领导多次到园区考察指导工作，连续五年将园区建设纳入市委工作要点，并将园区发展纳入天津市“十一五”、“十二五”规划，“十三五”规划纲要中提出：“建设国家循环经济示范城市，构建循环经济产业体系，建设子牙循环经济产业区”。天津市政府相继印发《关于加快天津子牙循环经济产业发展的若干意见》、《关于促进天津子牙循环经济产业区（天津子牙经济技术开发区）加快发展的意见》和《天津子牙循环经济产业区管理办法》，在产业集聚、科技创新等方面给予政策扶持，为园区发展创造了良好的政策环境。2013年，园区被纳入天津市委、市政府发布的《美丽天津建设纲要》，纲要中特别指出，“大力发展循环经济，加快建设国家循环经济示范试点城市，建成子牙国家‘城市矿产’示范基地”。

14年来，园区认真贯彻国家发展循环经济的基本国策，结合国情和开发建设实际，在新常态下广泛学习借鉴国内外先进地区循环经济产业发展成功经验，积极探索新型工业化、城镇化、信息化、农业现代化和绿色化发展之路，具备了良好的地理位置和交通条件、较好的特色产业基础和技术创新能力，独特的监管服务和环境保护优势，开创了中国循环经济发展的新模式。

一、秉持规划引领理念，实现了开发开放的有序推进

园区不断提升开发建设水平超前、先进合理的规划，促进资源整合、凝聚开发合理，是增强园区持续竞争力的基础和前提。建设中严格执行《天津子牙循环经济产业区总体规划（2008-2020）》、《天津子牙循环经济产业区产业发展规划》及电力、热力、燃气等17个专项规划，稳步推进园区建设。园区总体规划面积135平方公里，目前开发建设50平方公里，基本形成工业区、林下农业循环经济示范区、科研服务居住区“三区联动”循环互补发展格局。园区“十三五”规划，确立“三、二、七、十”工作思路，即坚持“三大价值取向”；发展 “两大产业集群”；打造“七大核心产业链”；构建 “十大支撑体系”。

二、秉持动静结合理念，实现了主导产业的快速集聚

园区产业发展以实现动静脉产业的有机衔接为目标，在产业布局时充分考虑到产业链条间的无缝对接。坚持再生资源、精深加工再制造和节能环保新能源三大支柱产业与现代服务业等产业的协同发展，产业结构不断优化。围绕主导产业，全面实施强链补链机制，大项目建设作为推进经济快速发展的“发动机”、“加速器”，相继引进珠海格力、深圳格林美、淮海集团、TCL奥博等循环经济龙头企业的相继落户，初步形成了废旧物资回收、拆解、初加工、深加工、再制造等完整的绿色生态产业链，基本实现了天津市循环经济产业的集聚化、规模化、绿色化发展。入园企业302家，年处理加工各类工业固废150万吨，成为天津及环渤海地区的“城市矿山”基地，每年向市场提供再生铜45万吨、铝25万吨、铁30万吨、橡塑材料30万吨，其他材料20万吨，成为优质的新的再生资源。为引进循环经济项目提供完善的上下游物质供应链。

三、秉持亲商惠商理念，营造了产业有序发展的良好氛围

园区始终突出招商工作的龙头地位，拓展招商思路，构建招商网络，创新招商方式，严格按照产业目录做到精准招商。把精力集中到延伸产业链和可持续发展上，集中到下游精深加工及节能环保新能源产业上，集中到科技含量高、产业辐射带动能力强的项目上。园区注重追求招商实效，按照“干着一批、盯着一批，想着一批”的要求，形成了领导牵头抓招商的领导招商体系。设定专门的招商队伍，负责京津冀、长三角、珠三角地区及国外项目的招商引资工作，把服务招商作为硬任务落实到人。按照“待建项目抓落实，在建项目抓进度，竣工项目抓达产”的思路，扎实推进在建、待建项目建设。同时，紧紧抓住京津冀协同发展的机遇期，以天津市确定的“1+11”功能平台为抓手，充分发挥承接平台优势，积极做好首都及首都周边循环经济产业的疏解转移和承接工作，着力构建京津冀循环经济产业聚集区。

四、秉持绿色生态理念，实现了基础设施建设的快速推进

园区严格按照规划扎实推进基础设施建设，借鉴“需求未到，基础设施先行”的做法，按照“先规划后建设，先地下后地上的”开发建设原则，适度超前建设重点基础设施，全面提升园区整理承载能力。目前，基础设施已到达“九通一平”，累计投入建设资金120亿元，主要以道路及附属工程、市政公用设施、科研服务大厦、子牙新城、林下经济带等工程为重点。建筑面积13万平方米的32栋标准示范厂房已竣工投入使用。园区全面推进产城融合发展，建筑面积110万平方米的“子牙新城”已竣工，社区文化体育中心、中小学、公交场站等配套公建项目已竣工。园区加强公共环保设施建设，建有大型公用工程岛，统一建设集污水处理、中水回用、废弃物处理等为一体的综合节能环保系统。日处理量8万吨（一期1万吨）的新污水处理厂已竣工，水资源循环利用率、废弃物无害化处理率等均达到国内先进水平。

五、秉持创新驱动理念，实现了技术服务环境的整体提升

园区扎实推进公共服务平台建设，逐步实现了创新链与产业链的有效对接。先后与中科院、装甲兵工程学院、天津大学等一批国家级高校院所建立产学研合作关系，相继承担了国家863计划、天津市科技重大专项等科研项目，联合开发了废混合塑料精准识别分离装备等具有完全自主知识产权的设备。打造了再生资源研究所、循环经济标准化技术委员会、再制造院士专家工作站等一批科技创新平台，为园区技术装备水平提升、标准化引领提供支撑，促进了循环经济产业发展步入创新驱动、内生增长的轨道。园区大力发展科技型中小企业，以打造科技小巨人升级版为目标，通过金融服务、信息平台服务、公共技术平台服务等方面的政策“聚焦”，全面提升企业自主创新能力。截止目前，园区发展科技型中小企业186家，占企业总数的62%，科技小巨人企业20家，已成为推进产业结构优化升级的重要力量，为园区经济持续快速发展增添了强大的活力。

六、我们秉持两化融合理念，实现了“互联网+”与产业的有机衔接

园区积极将“互联网+”模式融入循环经济产业发展，利用大数据、互联网、云计算等现代信息手段促进园区产业发展。全面推进“智慧子牙”信息化中心项目建设，园区官网、再生资源数据库、经济发展数据库等相继投入使用。鼓励企业建立了“互联网+回收”的废旧商品回收模式，“百度回收站”、“回收哥”等互联网回收平台已相继投入使用。建立了大连再生资源交易所子牙再生资源交易中心，构建了线上线下一体化回收、环保化处理、电子化交易等全产业链新兴城市废物整体处理商贸模式，实现了废旧商品的线下传统交易与互联网线上电子商务的紧密结合。

七、我们秉持标准规范理念，引领了产业发展技术的快速提升

按照国家标准委、发改委循环经济标准试点建设的要求，园区围绕着报废汽车拆解加工及废塑料回收利用积极开展国家循环经济标准化试点建设工作，加快制定报废汽车拆解及废塑料资源化方面的技术规范及产品标准。并建立天津市循环经济标准化技术委员会，坚持以标准化引领和规范循环经济企业发展，提升资源综合利用水平，建立健全覆盖回收、分类、拆解、清洗、破碎、再生利用等方面的资源综合利用标准化体系，为园区技术装备水平提升、标准化引领提供支撑，园区循环经济产业在法制化制度化标准化轨道上实现健康发展。

八、秉持监管服务理念，确保了再生资源的封闭式管理

园区坚持转变观念，调整工作方式，健全工作机制，细化工作流程，提升了综合服务效能。园区设有天津子牙循环经济产业区管理委员会，依法对园区的建设实施统一规划、统一管理、统一指挥、三区联动、协调发展，实行“政府主导、市场运作”的政企分开管理模式。建成了一支政治合格、业务过硬、团结高效、作风优良的服务队伍。率先实现了封闭式管理，建有子牙海关检验检疫验放中心，建立了海关、检验检疫、环保、园区“四位一体”的联合监管体制和“全天候、无缝隙、保姆式”的服务体系，对生产过程实行全程跟踪，严格控制可能产生环境危害的各个环节，实现了封闭式管理。不断提升管理水平，园区高度重视生态环境保护和质量管理工作，已通过ISO14001、ISO9001管理体系认证。

九、秉持循环经济教育理念，实现了多措并举的践行社会责任

园区积极开展循环经济教育，向社会公众普及循环经济理念，园区建有集工业循环经济企业观光基地、农业循环产业基地、国际青少年活动中心（循环经济展馆、培训驻地）等于一体的国家循环经济教育示范基地。在工业观光基地内选取循环经济典型企业建立工业观光通道和循环经济展馆。并在农业循环产业基地内建设玻璃温室有机馆和阳光温室农家院。面向全国青少年及社会公众开展工业观光、农业实践、清洁生产等教育实践活动，已成为循环经济教育的摇篮和创新实践的沃土。

园区开发建设走过了艰苦奋斗的历程，取得了令人瞩目的成果，积累了行之有效的循环经济发展经验。十三五期间，园区将主动适应经济发展新常态，把握京津冀协同发展的大好机遇，以天津五大历史机遇叠加为契机，以建设国家生态工业示范园区为抓手，以全面深化综合配套改革和提升自主创新为动力，以提高园区综合经济实力和国际竞争力为根本，全力打造国际一流、国内领先的可推广、可复制的国家循环经济产业示范园区。

大同煤矿集团塔山循环经济园区

塔山循环经济园区概况

塔山循环经济园区是同煤集团根据循环经济“减量化、再利用、资源化”的基本原则，以“集约、绿色、多元、低碳”为特色，规划建设的第一个集高科技、高效益、现代化、规模化为一体的循环经济园区。也是迄今为止全国煤炭行业规划建设产业链最完整、建设速度最快、循环效益体现最明显的循环经济园区。2007年被列入山西省第一批循环经济试点园区。2011年被国家发改委确定为“中国循环经济典型模式案例”、“国家首批矿产资源综合利用示范基地”，并于同年获得“中国工业大奖表彰奖”。2012年被国家发改委评为“全国循环经济工作先进单位”。

塔山循环经济园区占地面积622公顷，总投资388亿元，形成目前15个项目的框架，分别是：年产1500万吨塔山煤矿、年入洗1500万吨塔山选煤厂、年产1000万吨同忻煤矿、年入洗1000万吨同忻选煤厂、塔山坑口电厂(一期2×600MW、二期2×660MW)、资源综合利用电厂（一期4×50MW、二期2×330MW）、年产60万吨甲醇项目、年产60万吨烯烃项目、年产10万吨煤基活性碳项目、年产2.4亿块煤矸石砖厂、年产5万吨高岭土加工厂、日产4500吨新型干法水泥熟料生产线、20MW光伏太阳能发电站、日处理能力4000立方米塔山污水处理厂和塔山同忻两个矿井水处理站、64.5公里铁路专用线。

园区产能

2014年塔山园区煤炭产能达2500万吨，电力装机容量达到207万千瓦，供热能力1000万吉焦，化工产能达到70万吨，建材产能达到345万吨。

正在建设和改造提升的煤炭产能2500万吨，电力装机容量134万千瓦，化工产能60万吨。

园区效益

从2007年建设雏形到2014年，园区共创造利润234.3亿元，上缴税费187亿元。其中，2012年园区工业总产值225.5亿元，销售收入157.5亿元，利润39.7亿元，上缴税费47.7亿元。2013、2014年，尽管受到经济下行、价格下滑严重的冲击，仍然取得较好的经济效益，园区工业总产值分别为175亿元、174亿元，销售收入分别为138亿元、139.3亿元，利润分别为36亿元、35.7亿元，上缴税费分别为34亿元、34.2亿元。

2014年，园区主要矿产资源产出率0.375万元/吨，比2009年提高83.8%；单位生产总值能耗1.081吨标煤/万元，比2009年降低46.8%；工业固废综合利用率13.688%，比2009年提高10.506%；园区产值利润率达20.51%，销售利润率达25.62%，煤炭就地转化率达40%，煤炭附加值提升到18.6%。塔山循环经济园区高科技、大规模、循环化、集聚效应，凸显了先进生产力的市场抗风险能力和竞争能力，成为经济效益、生态效益、社会效益的有机融合体，成为建设资源节约型和环境友好型社会的典范。

美丽的塔电

塔山铁路专用线

园区循环模式

园区建立完整的资源循环化产业链体系，以塔山和同忻煤矿为龙头，配套建设选煤厂，实现动力煤的洁净生产；选煤厂生产的精煤通过铁路专用线装车外运，筛分煤进入坑口电厂，洗中煤、末煤、煤泥供资源综合利用电厂发电以及煤化工项目生产甲醇，分选出来的煤矸石输送到煤矸石砖厂生产多孔煤矸石烧结砖；采煤过程中的伴生物高岭岩作为高岭土加工厂的原料生产高岭土；资源综合利用电厂实施热电联供，保障10万多户居民供暖；电厂排出的粉煤灰、脱硫石膏、炉渣作为水泥厂的原料生产水泥。各个生产单位首尾相接，环环紧扣，上一个生产单位产生的废料正好是下一个生产单位的原料，逐层减量利用，形成了“煤-电-热、煤-化工、煤-建材”三条完整的产业链，直至将煤炭资源利用最大化。

塔山循环经济园区发展模式的内涵特点

一、千万吨矿井高产高效集约集群发展，实现了煤矿新井建设规模从百万吨级向千万吨级的转型升级。塔山煤矿和同忻煤矿是同煤集团最早建设的2座千万吨级矿井，分别于2003年、2007年开建，于2008年、2010年投产。2008年至2014年，塔山煤矿创造利润140.33亿元，投资利润率达462.52% ，仅用两年半时间收回投资；2010至2014年同忻煤矿创造利润67.27亿元，投资利润率达182.02%，用近三年的时间收回投资。

千万吨矿井人均产量超万吨、人均产值五百多万元，改变了传统粗放的开采模式，实现了真正意义上的集约高效和安全绿色开采，标志着大同煤矿集团从此进入了一个特大型矿井的新时代，标志着煤矿开采实现由粗放型向集约高效型的转变。

二、煤电一体化高度融合，实现了煤炭能源由初级能源向清洁能源的转型升级。2014年塔山园区投产电力装机207万千瓦，在建的电力装机134万千瓦，全部建成后，园区总装机容量达341万千瓦。

煤电一体化高度融合、耦合共生，充分彰显了煤矿办电厂的内在优势，推动了煤炭的就地转化、自主转化，实现了真正意义上的输煤变输电、初级能源变清洁能源，实现了煤炭能源向清洁绿色能源的转型升级。

三、培育现代煤化工新引擎，实现煤炭产品由燃料向燃料、原料并重的转型升级。园区煤化工项目立足高水平、高起点，精选工艺、技术、装备和产品线路图。以煤炭为原料，合理规划下游深加工产品方案，通过煤基活性碳、煤基制甲醇、煤基甲醇制烯烃、烯烃衍生聚乙烯和聚丙烯，实现高技术集成、高效能循环，形成年产200万吨的煤基化工产业链。

煤化工一体化的培育和发展，将实现了煤炭产品由基础单一燃料向燃料和原料并重的转型升级。

四、资源分级分质梯级利用，实现了资源利用方式的转型升级。塔山园区通过“煤—电—热”、“煤—化工”和“煤—建材”三条循环经济产业链，将煤炭、电力、化工、建材、环保、新能源、现代服务等产业有机地耦合在一起，资源有效利用、生产高效清洁、环保生态修复，形成互联智能、清洁、高效、低碳、绿色的能源系统。2014年，园区能源产出率0.925万元/吨标准煤，比2009年提高88.39%；土地产出率2831.77万元/公顷，比2009年提高33.22%；单位生产总值能耗1.081吨标准煤/万元，比2009年降低46.87%；单位生产总值取水量2.27立方米/万元，比2009年降低50.32%。

五、提升自主创新能力，靠高新技术支撑了产业的转型升级。园区项目设备一流、技术先进，起点高、孵化作用明显，以国家科技进步一等奖“特厚煤层大采高综放开采成套技术与装备”为标志，据不完全统计，到2014年塔山园区共获得集团公司及以上科技奖项和荣誉481项，其中，国家级奖项23项，行业级奖项45项，省部级奖项71项。煤矿综采、数字化矿山、集成控制、专业化管理服务等技术、管理，通过园区的孵化、示范、引领作用，推广到集团其他园区、项目、单位，为煤炭产业转型发展提供了动力和支持。

六、以市场为导向，实现了园区建设管理方式和服务方式的转型升级。园区打破行业和企业间封闭、割据、垄断、壁垒，打破“大而全、小而全”的传统思维和定式，围绕生产辅助、生活后勤、服务管理、资源共享共用，从机制体制改革创新入手，主辅分离，推行市场化运作、专业化管理。

专业化的煤炭洗选公司、铁路公司、搬家准备公司、电力维修公司、劳务公司等，实现了采煤与洗选、外运、搬家准备、定检维修、后勤服务的分离。按照市场化运作方式，制定精细的工作标准，建立单价核算、惩罚条款等结算考核办法，构建合同式、契约化管理，主体单位服务外包、花钱购买服务，服务单位以专业化、精细化的服务获取收益。

塔山循环经济园区发展展望

“十三五”期间，塔山循环经济园区立足“以煤为基、多元发展”的原则，创新提升、延伸产业链，做大、做实“煤—电—热、煤—化工、煤—建材”三条产业链，努力实现“56255”发展目标。

- 通过技术改造、高产高效，园区煤炭产能达到5000万吨。
- 发展大容量、高载能电力，园区电力装机容量达到600万千瓦时以上。
- 延伸化工产业链，规划建设烯烃下游聚乙烯、聚丙烯项目，总产能达到200万吨/年。
- 园区总产值超过500亿元。
- 园区煤炭就地转化率达到50%以上。

“十三五”末，努力使塔山园区成为产值500亿、利润100亿、煤炭就地转化率50%以上，经济效益、生态效益、社会效益融合提升的典型示范园区。

60万吨甲醇

青岛董家口循环经济区

青岛董家口循环经济区位于青岛市最南端，近期规划面积284平方公里，面向黄海，与日韩隔海相望，是国家“一带一路”战略的重要节点；是黄河流域的主要出海通道；山东半岛蓝色经济区的九大核心区之一；青岛西海岸新区的重要组成部分。

自2009年青岛市委、市政府决策开发董家口以来，累计完成开发面积50平方公里，基础设施投资440亿元，实现了“九通一平”。经济区内基础设施配套完善、承载力强，能够支撑经济区产业的发展。

国家发改委正式批复《青岛董家口区域循环经济发展总体规划》后，经济区管委将创建国家循环经济示范区建设作为经济区发展的顶层设计统领经济区有关工作。在规划、招商、项目建设和运营等环节深入贯彻落实规划内容和国家批复精神。加快构建四大循环经济体系，即行业（组团）内部循环经济体系、产业间循环经济体系、区域间循环经济体系、公用设施循环经济体系，实现行业（组团）内部、产业间、区域间和公用设施完整的循环经济产业链。

截止目前，已经组织编制完成《青岛董家口区域循环经济发展总体规划实施方案》并通过专家评审，正在加快推进的青钢、海晶化工、润亿丰泰新材料、双星、益凯、华能热电、中法水务、海水淡化等循环经济单元，将在节能减排、资源循环利用等新技术应用方面发挥示范带动作用。如：青钢生产过程中产生的煤气供给润亿清洁能源公司发电，为青钢提供电力；产生的热水供给双星绿色轮胎等项目生产使用；产生的水渣、钢渣和煤渣等供应润亿丰泰新材料公司生产新型建筑材料；产生的混合煤气、蒸汽供给斯迪尔新材料公司生产高活性度炼钢冶金石灰、KR脱硫剂及部分烧结石灰粉面，供青钢生产过程使用；产生的废水，经董家口中法水务公司处理成为中水后，被青钢回收利用；

博丰化学公司生产的聚氯乙烯生产助剂供给海晶化工公司生产使用；海晶化工公司生产的烧碱供给东岳泡花碱公司生产偏硅酸钠使用；海晶化工公司生产过程产生的副产品氢气和盐酸供给GTM金红石项目生产人造金红石和铁红粉，铁红粉作为钢炉脱氧剂供给青钢炼钢使用；

青岛特殊钢铁项目

青岛董家口中法水务项目

青岛润亿丰泰新材料项目

青岛海晶化工项目

海晶化工公司为青岛碱业新材料公司提供工业蒸汽，青岛碱业新材料公司生产的苯乙烯供给益凯新材料公司作为生产合成橡胶的原料，益凯新材料公司生产的橡胶供给双星绿色轮胎项目生产橡胶轮胎使用；

华能热电公司为董家口经济区用户提供电力、蒸汽、热水的同时，其冷却系统产生的升温海水分别供给中石化青岛液化天然气公司气化 LNG和供给海水淡化项目生产淡水使用。

下一步经济区管委将继续在规划、招商、项目建设和运营等环节深入贯彻落实规划内容和国家批复精神，努力打造国家级循环经济区。

中石化青岛LNG接收站项目

董家口港区40万吨级矿石码头

华能董家口热电项目

青岛董家口循环经济区循环经济示意图

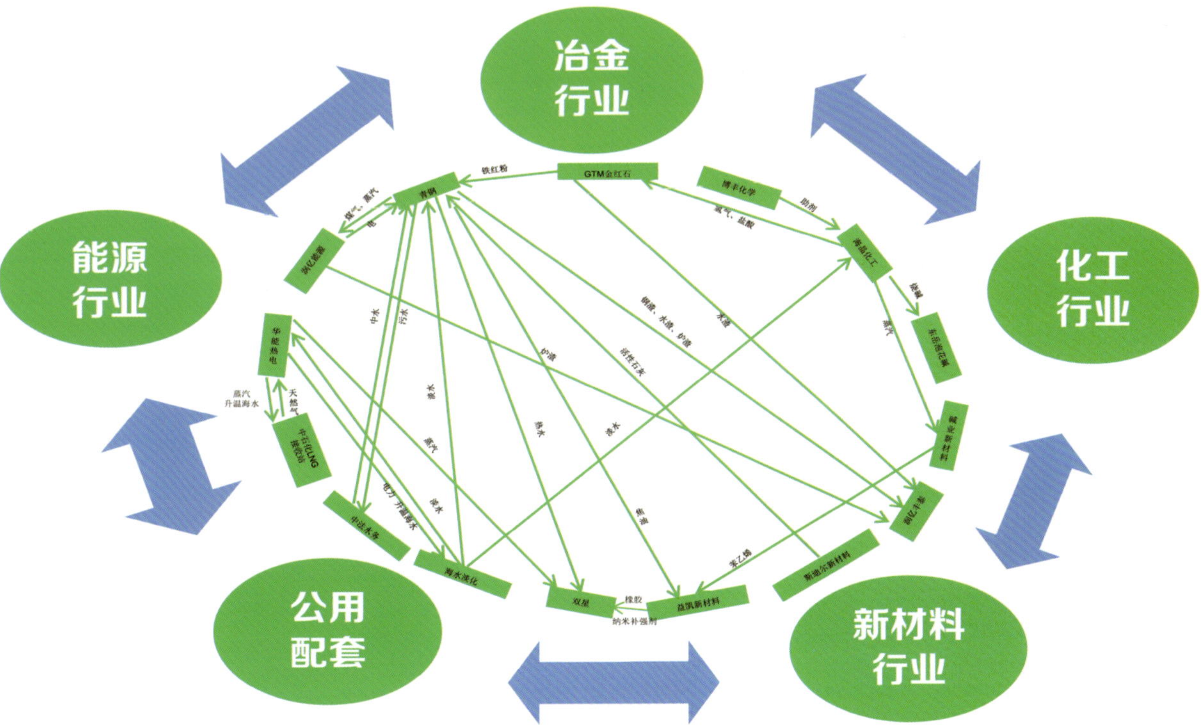

鞍山经济开发区

Anshan Economic Development Zone

开发区简介

鞍山经济开发区始建于2006年4月，位于鞍山城区西部，面积105平方公里,下辖宁远街道办事处和达道湾街道办事处，合计25个村、4个社区，现有户籍人口7.5万，流动人口8万。北有国际空港——桃仙机场，南有国际海港——营口港、大连港，沈大高速、哈大高铁“黄金线”横贯南北，将陆海空三位一体的快捷网络融会贯通。鞍山机场、鞍山职教城、鞍山奥体中心、沈大高速公路鞍山站和哈大高铁鞍山站均坐落在开发区。“十二五”以来，开发区全面实施工业立区、产城融合发展战略，已形成钢铁深加工、先进装备制造业（高端阀门）、精细化工和现代服务业等四大主导产业，致力于打造国家级钢铁深加工基地、国内重要的高端阀门制造基地、国内知名的煤焦油深加工基地和东北地区最具特色和吸引力的现代服务业集聚区，成为鞍山市经济发展的桥头堡和新引擎。2012年12月获批国家外贸转型升级专业型示范基地——精特钢出口基地，2015年5月获批国家园区循环化改造示范试点园区。

主要指标

2014年，开发区实现地区生产总值100亿元，比2010增长2倍，年均增长19.7%；全口径税收16亿元，比2010增长2倍，年均增长19.7%；地方财政公共预算收入13亿元，比2010增长2倍；到2014年，“十二五”的头四年里，开发区全社会固定资产投资累计完成720亿元，是 “十一五”5年累计完成全社会固定资产投资额的2.15倍。主要经济指标增幅、财税指标增幅居全市各县（市）区前列。

招商政策及产业布局

按产业发展方向，坚持推进产业结构优化和升级，鞍山经济开发区着力打造了鞍山高端阀门产业园、鞍山精细化工产业园和鞍山现代服务产业园。作为沈阳经济区十大重点产业区之一，鞍山经济开发区不仅具备西部地区、沿海城市和老工业基地原有的政策资源，还拥有沈阳经济区新的政策优势，鞍山市政府也将给予特殊的产业、资源和土地扶持政策，享受国债补贴、技改补贴、固定资产加速折旧等优惠措施。

鞍山高端阀门产业园总规划面积15.61平方公里，发展定位：高端化、成套化、国际化、总部化，成立了由中国工程院院士徐滨士主持装备再制造院士工作站，与大连理工大学共同组建“3D”数字化研发中心，共同打造“智能化、数字化、绿色化”的高端装备推广基地。以高端阀门及流体控制系统为重点产业，世界制造业500强企业丹麦丹佛斯集团、日本工装集团等国际阀门企业及上市公司福鞍集团等百余家国内外阀门制造领域顶尖企业入驻产业园。

鞍山精细化工产业园总规划面积11.5平方公里，拥有煤焦油资源近60万吨，粗苯资源15万吨，占全省资源总量的50%。集中加工优势明显，全省第一，国内领先，煤焦油及粗苯深加工水平居于全国一流。在原有54万吨煤焦油集中加工和15万吨粗苯加工能力的基础上，未来拟投资建成煤焦油集中加工100万吨、苯加氢30万吨能力，并对主要副产品焦化粗苯、沥青、酚油、萘油、洗油、蒽油进行深加工。国锐化工、中钢热能研究院等化工领域知名企业已入驻产业园并投产。

鞍山现代服务产业园总规划面积10.24平方公里，大力发展以现代流通业态为主导，以大项目、大企业、大集群、大产业为承载的现代服务业集聚区，构筑“管理现代化、成本最优化、服务产业化”的现代服务供应支撑平台。大力发展专业市场、城市综合体、大型游乐园、体育公园、文化创意产业、教育培训、会展、总部经济、中介服务、商贸等业态，带动CBD功能整合，促进产业能级的提升。北方钢铁交易中心、雨润农副产品物流交易中心、港龙城市广场综合体、凯兴冷藏物流中心、红星美凯龙、居然之家、宝润二手车交易中心、义乌小商品城等一大批世界级、国家级优质品牌项目汇聚其中。

循环经济情况

鞍山经济开发区作为国家园区循环化改造示范试点园区，循环经济发展以提高产业链循环化和资源综合利用程度为重点，围绕建设国家循环化改造示范区目标、打造 “三带二”循环经济体系、坚持“五个一体化”、 实施“七大任务”。通过延伸钢铁和精细化工循环产业链，共享基础设施和集成运行管理，全面实现能源资源综合利用水平、环境质量水平和经济综合实力的提升，促进鞍山经济开发区在企业、园区和社会三个层面建立“经济持续发展、资源高效利用、环境优美清洁、生态良性循环”的循环经济结构体系。

改革成果

“十二五”时期，开发区全面实施“工业立区、产城融合”发展战略，实现产业区、商贸区、生活区和事业区四轮驱动发展新格局，开发区产业结构更加合理，城乡一体化进程加快，工业化率和城市化率进一步提高，开发区职能定位更加科学，形成发展经济、管理社会、服务民生三位一体的工作新格局，成为产业突出、经济繁荣、社会和谐、人民生活幸福的新城区。

长寿经济技术开发区

长寿经济技术开发区于2010年11月由国务院批准升级为国家级经济开发区，其前身是2001年12月由重庆市政府批准成立的重庆（长寿）园区，累计开发面积35平方公里。

长寿经济技术开发区秉承产业项目、公用工程、物流配送、安全生管理服务“五个一体化”发展理念，经过十多年创新发展，已成为地区重要的综合性重化工基地，先后被国家发改委等多部委列为国环经济试点产业园区、国家循环化改造示范试点园区、国家循环经育示范基地。目前已落户企业317家，其中世界500强企业22户，合资超3000亿元，累计固定资产投资1735亿元，就业人员4.8万人。年，实现规上工业总产值747亿元，增长16.1%；完成固定资产投亿元，实现税收25亿元，增长25%。

五大主导产业

长寿经济技术开发区坚持集群发展、创新驱动、开放引领和生态发展念，已形成综合化工、新材料新能源、钢铁冶金、装备制造、电子信大产业集约集聚集群发展态势。拥有我国首批成套引进的四大化纤装一，甲醇、醋酸乙烯等产品畅销国内外；钢铁年产能达850万吨，船板产量跃居全国第一，成功入选中国钢产业示范基地；玻璃纤维产量国第二，是国家化工新材料高新技术产业化基地；建成MDI生产基地线产能全球最高，在建国内首套非光气法HDI；积极承接“两江汽车建设，车辆配套、机电设备等装备制造业异军突起；百亿级塑料光纤园已经落户。预计2020年工业总产值将超过2000亿元。

六大循环经济产业链

长寿经济技术开发区按照“减量化、再利用、资源化，减量化优先”略，加快发展生态经济、循环经济、低碳经济，促进产业快速发展的强调资源节约、环境保护和生态建设，构建6大循环经济产业链。

——天然气化工产业链。以天然气为原料形成天然气→乙炔→醋酸乙烯乙烯醇→纤维；天然气→甲醇→醋酸→醋酸酯；天然气→氢氰酸→草甘膦等产业链，综合利用天然气制乙炔副产尾气制备甲醇、合成氨，依托中石化先进技术实施PVA光学膜、EVA、EVOH、维纶高强高模纤维等关键补链、延链项目，提高产品附加值，延长产业链，提高资源利用率和天然气产出强度。

——化工新材料产业链。综合利用钢铁冶金产业副产粗苯，生产高纯度苯，并向下游MDI及聚氨酯等产品延伸，形成苯→MDI→聚氨酯组合料→汽车/家电/建筑材料；甲醇→甲醛→聚甲醛→改性工程塑料等产业链，主要产品有MDI、三聚甲醛、玻璃纤维及玻璃纤维织布、水性涂料、锂离子电池隔膜等。

——氯碱化工产业链。充分利用氯碱化工副产氯气资源下游产品延伸，形成30万吨/年氯碱→氯甲烷→四氯乙烯→R125/R410A新型制冷剂产业链，发挥氯碱化工优势与天然气化工和化工新材料耦合发展，提升园区循环经济产业关联度。

——钢铁冶金产业链。建成以重庆钢铁热轧、冷轧带钢产品延伸加工为主导的钢铁及金属压延产业生产基地，推行300万吨/年熔融还原炼铁技术，大力发展汽车高强钢、高品质线材、不锈钢、钢结构等下游钢铁产品，为本地钢铁关联产业发展提供配套服务，构建绿色钢铁产业集群，充分利用钢铁产业副产氢气发展化工和新材料产业，形成钢铁和化工产业偶和发展的良好态势。

——特色副产物H2、CO、HCL循环产业链。回收天然气制乙炔、氯碱化工、炼焦尾气以及富氢合成气副产氢气21.5万吨，用于加氢生物柴油、粗苯精制、MDI、双氧水及己二胺等项目利用量约达18.6万吨，利用率达86.5%；回收天然气化工、炼焦尾气副产一氧化碳用于用醋酸、MDI等项目，利用率达100%；回收MDI副产氯化氢23万吨/年，经吸收电解生产氯气18万吨/年全部回用生产MDI，利用率达100%。

——产业废弃物循环产业链。综合利用冶炼渣、炉渣、粉煤灰、脱硫石膏、煤矸石、化工废弃物、建筑废弃物等七大类产业废弃物1030万吨，综合利用率达84.7%，典型产业链如炭黑废渣→半补强炭黑→轮胎及橡胶制品；废旧轮胎→精细胶粉→轮胎及橡胶制品产业链；粉煤灰、冶炼渣、脱硫石膏→水泥等建材。建成资源综合利用“双百工程”示范基地。

青浦工业园区简介

上海青浦工业园区是1995年11月25日，经上海市人民政府批准成立的九大市级工业开发区之一。规划面积16.1平方公里，区域范围东至油墩港、南至上达河、西至青赵路、北至北青公路。是上海通往江苏、浙江两省的交汇点，不仅位于长三角“之”字型经济圈的交接处，而且是长三角制造业产业带的中心，具有承东启西、东联西进产业带的枢纽作用和对长三角、华东地区的辐射作用。

经过20年的发展，上海青浦工业园区基础设施配套完善，在园区已开发区域内的基础设施配套已达到“九通一平”的能力，开发建设已具有一定规模，并接近国际化标准水平,已成为上海西部地区中外客商最好的投资热土。目前,园区已形成了以德国海德堡印刷设备为代表的印刷传媒产业，以日立电梯设备为代表的精密机械产业，以腾讯云计算中心、日本NEC光电为代表的电子信息产业，以高田汽配为代表的汽车零部件产业，以美国英威达、日本尤尼佳为代表的纺织新材料产业，成功引进日本尤妮佳、日本天田等2个青浦区首家中国区总部，美国派克汉尼芬、南大苏富特等9个项目相继获得上海市高新技术产业化认定，为园区的转型发展奠定了扎实基础。为呼应产城联动，坚持高品质开发，引进深圳卓越集团对中央商务区进行开发，正打造成以卓越世纪中心为主体的业态合理、功能齐全、综合配套、环境高雅的商业商贸中心,进一步完善园区的产业发展环境和功能配套，优化园区的投资环境。园区综合实力、社会形象不断提升，连续两年被评为“上海市品牌园区”。

为适应新形势、谋求新发展，上海青浦工业园区提出大力发展总部经济和生产性服务业。将以上海淀山湖生产性服务业功能区为载体，以淀山湖总部基地城市规划为引领，以跨国公司地区总部和国内外龙头企业为标杆，依托园区坚实的内外资实体型企业和巨大的民营经济基础，将功能区打造成园区转型发展的示范区、经济效益的高产区、才智集聚的智慧之谷、力集聚的动力之湾、人气集聚的生态之园。截止2014年底,总部基地已累计实现投资145亿元,累计固定资产投资达到50元。2014年,总部基地企业合计完成营业收入121亿元,纳税9.4亿元。目前淀山湖总部基地一区项目正在全力推进中，预计2017年投运，这一项目的建成将进一步完善淀山湖生产性服务业功能区的配套，为研发总部项目提供物理空间。

目前，园区上下充分发扬“团结、高效、务实、奉献、廉洁”的园区精神，紧紧围绕创新驱动、转型发展，坚持突出重点不变调、攻克难点不懈怠、打造亮点不放松，以实干精神和认真态度，关注“三个转变”(在产业上向“优二强三进四”转变、在规划上向产城融合转变、在经营上向多元化投资转变)，做到重点项目有推进，重点区域出形象，重要指标稳增长。积极规划“一廊”、“一片”、“一区”、“一批”，使之成为园区产城融合的新地标、示范区、主战区和集聚区，打造一个富有活力、拥有实力、积聚潜力、彰显魅力的“升级版”园区。

宜昌循环经济示范园区

情况简介

2012 年 10 月，经国家发改委、财政部批准，宜昌经济技术开发区猇亭园区成为湖北省首家国家循环化改造示范试点园区。园区规划面积 22.4 平方公里，初步形成了精细化工、装备制造、新能源、新材料等优势产业集群。园区按照“空间布局合理化、产业结构最优化、产业链接循环化、资源利用高效化、污染治理集中化、基础设施绿色化、运行管理规范化”的总体原则，通过在资源消耗或废物产生量较大、污染较重的行业，组织实施一批减量化、资源化、再利用项目，促进产业链条延伸、资源综合利用、废物集中处理等，推进园区绿色低碳发展，提升园区综合竞争力和可持续发展能力，实现社会效益和经济效益双赢。

近年来，园区重点围绕构建磷化工、煤化工、盐化工、硅化工四条循环经济产业链，筛选确定循环化改造重点项目 28 个，计划总投资 44.68 亿元，其中国家专项扶持资金 2.63 亿元，已组织实施重点项目 20 个，完成投资 19.84 亿元。宜化集团以资源节约、废弃物减量和资源化、产业链延伸为重点，最大限度地实现了资源利用最大化；兴发

集团围绕磷化工、盐化工、硅化工产业链将废弃物转化为产品、能和原料，打造了行业循环经济魔环，成为我国精细磷化工行业发展环经济的典范；南玻硅材料公司采取闭路循环方式，实现了多晶硅产的零排放；南玻、兴发、宜化、华润等联合构建了化工产业间、兴产业与化工产业、资源综合利用产业三类共生产业链，形成了企链锁补缺、外部原材料及主导产品生产、副产品及废弃物的循环链接目前，园区产业集聚发展，产业间共生耦合，初步形成了“企业内环、产业间循环、园区大循环”的多维循环体系，园区资源产出率主要产品能耗水耗等多项指标达到国内先进水平。2014 年，园区万 GDP 能耗比 2013 年下降了 5.16%，工业用水重复利用率达到 95%。

“十三五”时期，园区将继续按照“创新中循环，循环中增效”的经济发展模式，进一步加大循环化改造项目组织实施力度，把园区成经济快速发展、资源高效利用、环境优美清洁、生态良性循环的家循环经济示范园区。力争全区 90% 以上的企业都在循环经济产业上发展，循环经济产业产值占到全区产业的 90% 以上。

铜川市董家河循环经济产业园

园区简介

铜川市董家河循环经济产业园是市委、市政府大力实施项目带动、工业强市、可持续发展道路，抢抓我市被国家列为资源型城市可持续发展试点城市、“关中-天水经济区”次核心城市，陕甘宁革命老区生态能源经济协调发展试验区成员城市，三大发展机遇，按照“大集团引领、大项目支撑、集群化推动、园区化承载”的战略部署，于2010年3月成立的市级工业园区。产业园按照“电做大、铝做强、产业链拉长”的总体思路，以壮大铝产业规模为主导，坚持走新型化工业道路，大力发展循环经济，积极推行清洁生产，全力打造“煤-电-铝-铝深加工-建材”联产联营循环经济产业链。力争到2020年，累计完成固定资产投资200亿元，工业总产值达到300亿元以上，工业增加值达到60亿元，年新增税收20亿元以上，最终建成国家新型工业化铝产业示范基地和国家循环经济示范园区。

产业园成立以来，受到了省、市领导的高度关注和亲切关怀，在铜川市委、市政府和耀州区委、区政府的正确领导和支持下，董家河循环经济产业示范园被列入了陕西省“十二五”固定资产投资和重大工程建设规划，循环经济产业集群项目是陕西省“十二五”重点实施的“58123工程”。2011年被确定为“陕西省新型工业化铝产业示范基地”，2012年列入“陕西省级循环经济试点单位”，2013年被确定为“陕西省重点建设县域工业集中区”，2014年被国家四部委确定为“国家循环经济教育示范基地”。2015年6月5日已被国家发改委、财政部确定为“国家循环化改造示范试点园区”。

产业园规划面积25.55平方公里，涉及耀州区永安路、锦阳路两个街道办事处和董家河、孙塬两个乡镇，210国道及铜黄一级公路穿境而过，产业园内现有规模以上企业17家，包括铜铝公司、西北耐等大中型国企,2014年实现总产值70.6亿元，完成增加值12.07亿元，完成税收约1.31亿元。

产业园按照“用煤发电，用电炼铝，铝进行深加工，电厂灰渣用作水泥生产原料”的思路，大力发展循环经济，实现资源多层次转化增值。产业园已落实循环经济产业集群项目8个，总投资200亿元，分别是：年产120万吨的冶平煤矿项目、年产30万吨的预焙阳极（炭素）项目、年产35万吨的铝镁合金项目、4×35万千瓦自备电厂项目、年产20万吨航汽铝项目、年吞吐量800万吨美鑫西北耐物流园项目、年产15万吨高性能特种工业铝型材项目、年产10万吨建筑铝型材项目，项目的最终建成，必将为铜川市“十三五”期间的提速转型发展和耀州区争创全省十强区做出重大的贡献。

贵州红果经济开发区

2015年4月22日省委副书记、省长陈敏尔率团在红果开发区调研

贵州红果经济开发区（两河新区）为省级开发区，位于盘县中西部。开发区包括两河乡的9个行政村及红果镇的沙坡、旧铺、花家庄3个行政村。开发区沿沪昆高速、毕水兴高速、沪昆高铁展开，优越的区位使得经开区受到多重经济区（圈、带）发展的辐射带动，是国家确定的“攀西——六盘水能源矿产资源富集区”的重要组成部分，是全国国土资源重点开发地区。

红果经济开发区按照“减量化、再利用、资源化”原则，按照“布局优化、产业成链、企业集群、物质循环、创新管理、集约发展”的要求，以提高资源产出率为目标，积极构建形成低消耗、低排放、高效率、能循环的现代产业体系；加强企业间的废物交换利用、能量梯级利用和废水循环利用；加强污染集中治理，推动再生资源利用产业化，达到源头减量、全过程控制污染物；优化园区管理体制，推进园区土地集约利用，提高园区综合竞争力，将开发区打造成为“经济快速发展、资源高效利用、环境优美清洁、生态良性循环”的循环经济示范园区。

重点项目：1. 年处理5000吨煤矸石提取铝钛等有价元素中试项目。形成实际产能后，年利润12000万元。2. 红果经济开发区瓦斯民用循环化改造项目。增加供气108801户，新增日用气量19.05万m^3。3. 黔桂天能焦化20600Nm3/h液化天燃气LNG生产项目。一期液化天然气产量14600Nm^3/h，二期产量20600Nm^3/h。副产品是富氢气和燃料气循环利用。4. 60万t/a煤焦油加工基地建设项目。5. 利用废弃秸秆年产10万吨木塑复合材料项目。6. LED绿色照明节能改造项目。每年节电600余万度，每年可节约电费480余万元。7. 循环技术孵化中心建设项目。项目主要建设包括循环技术孵化商务区（中心管理区）、产业孵化区、生活配套区。项目建设完成后，将成为开发区重要的高新技术企业的培育基地。8. 建筑垃圾再生利用项目。建成投产后，可年产轻集料混凝土小型空心砌块15万m^2、混凝土墙板20万m^2、再生骨料20万吨、年提供烧结砖厂原料9万吨。9. 环境监察监控能力建设项目。10. 污水集中治理及中水回用项目。本项目按正常年处理污水量600万立方米。11. 利用刺梨渣等有机废弃物年产10万吨饲料项目。

循环经济助推千亿产业 “城市矿产”撑起千年铜都

大冶有色再生资源循环利用产业园

时任中国有色矿业集团有限公司总经理罗涛在园区调研

大冶有色金属集团控股有限公司荣获全国文明单位称号

大冶有色金属集团控股有限公司2014中国企业500强

大冶有色再生资源循环利用产业园位于华夏青铜文化的发祥地——湖北省黄石市境内。黄石市市委、市政府把发展循环经济作为推动资源型城市转型和“两型社会”建设的重要抓手，于2012年12月批准成立了大冶有色再生资源循环利用产业园。园区总占地 4000余亩，由黄石市下陆区大冶有色冶炼厂区和大冶经济开发区的城西北开发区工业组团组成，园区主体企业大冶有色金属集团控股有限公司是全国四大铜原料基地之一，湖北省千亿元铜产业的龙头，也是省级循环经济试点企业。发展循环经济、承担社会责任、实现绿色转型，已成为企业文化中的核心价值。公司自2012年在香港上市以来，特别是中色集团控股以来，企业综合实力进一步增强，在中国企业500强排名位居157位。

产业园依托先进的铜冶炼和稀贵金属生产系统，致力于发展“城市矿产”项目，已先后取得了废弃电器电子产品处理、废旧汽车回收拆解、废弃机电产品回收拆解等资质。形成了以铜等有色金属和金、银等稀贵金属回收利用为特色、具备多种再生资源回收、处理、利用能力的多条循环经济产业链。建立了覆盖鄂东南地区及安徽、江西、广州等省市的废铜资源的回收利用网络渠道，年回收利用再生资源38.82万吨以上。园区实现固定资产投资8.5亿元，年加工利用废铜16万吨、废钢0.5万吨，再生资源加工利用率达42.5%。“城市矿产”循环利用产业在产业园已形成一定规模。产业园为打造好国家“城市矿产”示范基地，将在未来五年内建设13个循环经济发展项目，其中再生资源加工利用和废弃物资源化利用项目8个，资源回收体系建设项目2个，基础设施和公共服务平台项目3个，计划总投资7.9亿元。所有项目实施到位后，资源聚集总量为85万吨，最终将建成为华中地区最大的再生资源供应基地。

产业园将进一步借助黄石市较为完备资源综合利用体系和先进技术等有利条件，提升有色金属资源回收利用技术水平，以发展有色金属资源废料回收利用深加工为核心，逐步拓展再生资源产业链；通过建设辐射我国中部地区的 “城市矿产”集散交易大市场和构建多层次回收网络体系形成强大的“城市矿产”资源集聚能力；以先进技术与先进装备为依托，大力推行清洁生产，强化环保监管，不断延伸产业链条，努力将园区打造成以废弃电器电子产品、废弃机电产品、废旧汽车精细化拆解和有色金属精深加工为主体，具有国内一流“城市矿产”资源产出率水平的国家“城市矿产”加工利用和科技成果推广应用示范基地。

园区家电拆解生产线

国家优质工程奖、国家“十一五”节能减排重点项目大冶有色澳斯麦特铜冶炼炉

江苏戴南科技园区 全力打造“城市矿产”戴南模式

江苏戴南科技园区所属的戴南镇——中国不锈钢名镇，位于江苏省中部、里下河腹地的泰州市兴化，是全国25家经济发达镇行政管理体制改革试点镇之一，也是江苏省发改委“十一五”千亿级不锈钢产业集群的核心镇。

戴南镇回收利用废不锈钢历史悠久，从上世纪五六十年代开始，由最初的自发回收利用到政府规范引导，发展成为全国最大的废不锈钢回收利用网络体系，常年有两万人在全国各地从事废旧不锈钢回收和不锈钢制品销售，回收网点4000多个，年回收废旧不锈钢100多万吨。回收的废不锈钢80%以上实现镇内消化，形成了从废旧原材料收购，到熔炼、精炼、锻打、轧制，再到产品精深加工，产、供、销一条龙，科、工、贸一体化的完整产业链。

戴南镇拥有生产规模全国第一、世界第二的钢帘线生产企业江苏兴达钢帘线股份有限公司，以及新宏大、兴海、星火等产销超10亿的龙头企业，配套中小企业1000余家。依托戴南地区的不锈钢销售和物流系统，园区企业在全国范围内建设了废旧不锈钢回收网络和逆向物流系统，物流节点遍布全国中等以上城市。园区2014年生产加工不锈钢材料及制品超过135万吨，产值546亿元，实现工业增加值97.4亿元，并辐射带动周边县（市、区）产值1000亿元以上。园区坚持科技创新，积极探索多种形式的产学研合作，搭建院企合作平台，建成国家级不锈钢制品质量监督检验中心、江苏兴化特种不锈钢产业研究院、江苏（兴化戴南）不锈钢产业技术创新公共服务中心等一批国家级和省市级重点研发平台。

按照国家发展改革委、财政部提出的“七化”要求，江苏戴南科技园区将全力打造具有不锈钢特色的“城市矿产”示范基地，在未来五年内建设14个循环经济发展项目，其中回收体系建设项目2个，节能减排集中处理项目3个，资源化高值化利用产业链项目5个，公共服务项目4个，总投资11.76亿元。至2019年，全镇可形成年回收废旧不锈钢165万吨的规模，深加工利用量达到150万吨，成为全国最大的废旧不锈钢循环利用基地。

借助戴南的产业基础及产业优势，江苏戴南科技园区将以核心企业为支撑，利用互联网等现代电子信息手段，强化环保监管，全面提升再生资源回收规模和资源化利用、无害化处理水平；整合资源、优化布局，构建可持续发展的上中下游资源回收再利用产业链，实现最大限度的资源综合利用；以国家级不锈钢制品质量监督检验中心、江苏兴化特种不锈钢产业研究院为依托，政产学研同步发展，发挥龙头企业的带动作用，推动产业高质化、高值化发展，努力将戴南建设成为以废旧不锈钢循环利用为主的国家“城市矿产”教育示范基地。

江苏戴南循环经济产业园标准厂房透视图

海城后英集团

后英集团坐落于物华天宝、人杰地灵的世界镁都辽宁省海城市，环境优越、交通通讯十分便利。海城后英集团是省内大型民营企业，也是海城市镁制品生产的龙头企业。集团拥有镁质耐火材料系列制品、滑石系列、钢铁生产、房地产开发、建筑材料、生物工程、小贷公司共七大板块，下辖50余家子公司；集团现拥有职工1.6万人，总资产130亿，年销售收入达150亿元，连续多年蝉联辽宁省民营企业纳税榜首，集团自1984年始建以来，累计纳税额逾60亿元。

后英集团在30余年的发展过程中，严格执行“严、紧、细、勤、实”的工作方针，坚持“拼搏、创新、高效、一流”的经营理念，企业逐年壮大。现有大型镁矿山6处，年可开采高、中、低档镁矿石300万吨以上；年产各种高中低档镁质耐火材料及制品120万吨；集团的铁矿石储量1.2亿吨，年可开采铁矿石600万吨，加工精矿粉260万吨、生铁120万吨、钢坯200万吨，棒线材200万吨；集团拥有世界最优秀的滑石资源，年可开采优质滑石10万吨，可加工生产325～5000目滑石粉20万吨；大豆深加工产业年加工能力为30万吨，是全国大豆产业化的龙头企业。后英集团先后荣获“中国500强企业、全国诚信守法先进企业、全国出口创汇先进单位，辽宁省最具活力企业”等荣誉称号，拥有自营进出口权，“后英牌”商标是全国驰名商标。

后英集团大力发展循环经济，该项目投产后年可处理尾矿200万吨，完成产值和利润分别为31亿元、3亿元，达到生产无污染排放，后英集团为了充分合理开发利用资源投资18亿元，建设对尾矿集中加工项目，打造世界领先的镁制品加工园区。将劣质煤通过技术手段及设备转化为煤气用于悬浮炉加工镁粉，比传统老式轻烧窑用煤的污染物排放要低很多，而且能耗低，可逐步实现粉尘的零排放，资源再利用实现最大化。采取脱硫处理办法，每年减少二氧化硫排放量480吨。

后英集团海城钢铁有限公司专为炼钢、铸造等行业生产所用的高炉制钢铁和铸造铁，产品以低磷低硫的特点，受到国内大型钢铁企业的青睐和好评。后英集团海城钢铁有限公司大屯分公司拥有有高炉和转炉各两座和由精矿粉到炼铁到炼钢两条完整的生产线，年产棒线材120万吨，年产值可实现40亿元。

后英集团鞍山活龙矿业有限公司年采矿规模600万吨，选矿实行三段破碎六段磁选、细筛再磨流程，最终生产的铁精粉品位可达到65%～67%。

后英集团海城市建筑材料有限公司主要生产经营，各规格碎石、河沙、矿渣粉、水泥、商砼。年产碎石规模300万吨，商砼200吨、100万吨水泥和60万吨矿渣微粉。（题图：后英集团海城市建筑材料有限公司）

后英集团鞍山活龙矿业

后英集团鞍山活龙矿业有限公司

坚持循环发展　建设绿色园区

湖南岳阳绿色化工产业园的前身是岳阳市云溪区依托中石化长岭炼化
巴陵石化两大厂，于2003年8月经省人民政府批准创办的云溪工业园，
纳入省级经济技术开发区行列。2012年，为做大做强石化产业，岳阳市
请省委、省政府研究同意，以两大厂为龙头，整合云溪及周边石化产业
源，将云溪工业园更名为湖南岳阳绿色化工产业园，2015年挂牌湖南省
化化工产业园。园区规划52平方公里，现已开发15平方公里，引进各类
工及配套石化企业156家，有100多套石化生产装置、100多种石化产品
形成了炼油化工、催化剂及助剂、化工新材料及特种化学品、合成材料
加工等四大产业体系和碳四、芳烃、丙烯、碳一四条主循环产业链。园
一直秉持"低碳、循环、安全、高效"的绿色发展理念，落实减量化和
源再利用原则以及循环发展方针，逐步走出了一条现代化工产业集约化
专业化、绿色化发展的新路子，先后被评为国家高技术产业基地、国家
型工业化产业示范园区、国家火炬特色产业基地、国家循环化改造示范
点园区和国家首批低碳工业试点园区。

中共云溪区委常委、湖南岳阳绿色化工产业园管委会主任　余炯

● 构建了"纵横关联"的产业循环体系。

园区通过规划引导、入园评审、针对招商等举措，围绕促进石化副产品深加工和废弃物再生利用产业链延伸，导入产业链延伸关键项目，不断促进物料闭路循环，目前主要发展了两大产业链条链接模式：一是产业间的横向耦合关联。以芳烃产业链为例，长岭炼化和巴陵石化在生产过程中产生的芳烃主要包括苯、甲苯和邻二甲苯三种。苯一部分在巴陵石化加氢制环己烷，并氧化制成环己酮，进一步制成己内酰胺，再经过岳化化工制成尼龙6切片，最后制成纤维和塑料，这部分主要与煤气化产业链耦合；另一部分苯制成苯酚，进一步制成双酚A，再与丙烯产业链环氧氯丙烷制成环氧树脂，实现与丙烯产业链的循环。二是上下游的纵向延伸关联。如长岭炼化和巴陵石化等石化企业的副产品碳四混合物，可分离提纯产生正丁烯等产品，园区引进龙头企业中创化工以正丁烯为原料生产醋酸仲丁酯，再制成溶剂，构成纵向延伸的完整产业链，中创化工目前主要产品醋酸仲丁酯市场占有率达80%以上，岳阳总部公司年销售收入突破10多亿元。

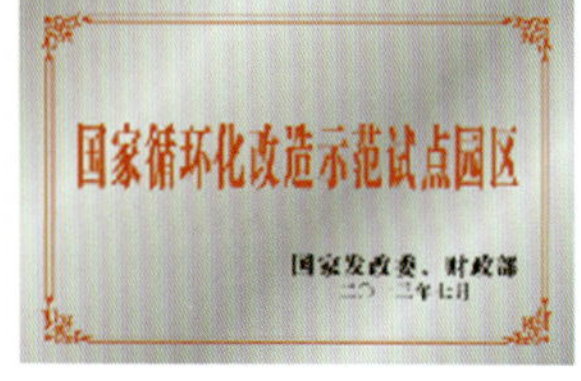

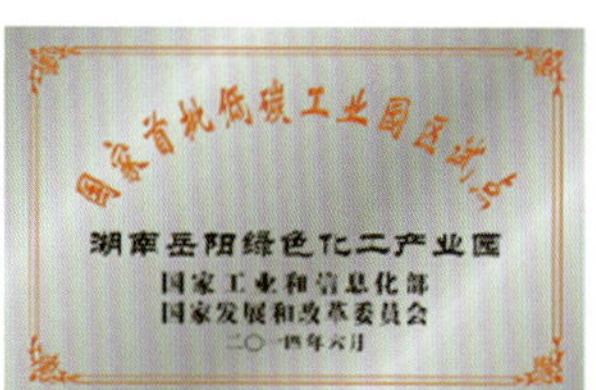

● 构建了"废物再生"的资源回收体系。

园区通过对石化废弃物的综合回收利用，一方面实现物尽其用、变
为宝，达到产品资源化的目的；另一方面减少废弃物综合排放，促进清
生产、零排放。目前主要建立了两大废物回收体系：一是废催化剂的再
化利用体系。目前华中（南）地区7家大型石化企业，年产生废催化剂
6.3万吨，其中园区炼化企业占到8千吨。为实现废催化剂综合利用，园
引进云剑、长旺等公司投资2.6亿元建设了废催化剂再生利用项目，总处
能力为6万吨/年，成为中南地区最大的废催化剂循环利用基地。通过
再利用，可再生催化剂重新供给炼化企业，不可再生催化剂综合利用进
下游产业链，实现了华中（南）地区70%的废催化剂集中在产业园进行
生利用。二是炼油尾气的资源化利用体系。长岭炼化及巴陵石化其制
置尾气年产生量约20万吨/年，尾气中富含二氧化碳及其他化学物质，
每年需要大量费用来处理，且难以彻底消除污染排放，自园区引入凯美
气体股份有限公司1.2亿元建设废气综合利用项目后，炼油尾气经处理后
生的甲烷主要作为燃料使用，氢气则重新供给炼化企业，一氧化碳一部
进入碳一产业链，一部分转化成二氧化碳提纯生成碳酸饮料、制成干冰
进入丙烯产业链。凯美特气体股份有限公司现已发展成为国内首家专业
气回收的上市公司和年产能最大的食品级液体二氧化碳生产企业。

● 构建了"梯级利用"的能量共享体系。

园区充分依托周边华能岳阳电厂热能资源，通过配套蒸汽管网建设
将电厂富余蒸汽源源不断地输向需热企业与用户，从而达到了节能与减
的双重效益。目前，已形成了完善的蒸汽三级利用体系。其中，一级高
中温蒸汽主要用于企业自身发电；二级富余热量通过热电联产改造生产
汽，再向产业园生产用热客户集中供热和蒸汽，供热规模为100吨/小时
供蒸汽总量60×104吨/天；三级低温余热则用来向周边住宅供热。通过
汽能量的梯级利用全覆盖，园区取缔原有分散的燃煤锅炉近70个，年节
标煤折合77160吨，年减排二氧化硫1235吨，年减排烟尘1157吨，年减
二氧化碳192300吨。2014年，园区二氧化硫、化学需氧量、氨氮和氮
化物排放量较5年前下降约60%。

武汉科技大学 绿色制造与节能减排科技研究中心

武汉科技大学绿色制造与节能减排科技研究中心成立于2008年，是国内首批成立的绿色制造专门研究机构之一。本中心主要承担科研、教学、人才培养任务，协助校科学技术发展院进行项目申报、成果转化等工作。

中心紧密围绕国家节能减排战略目标，以绿色制造与节能减排技术为支撑，依托武汉科技大学耐火材料与高温陶瓷国家重点实验室培育基地、冶金装备及控制湖北省重点实验室、煤转化与新型炭材料湖北省重点实验室等实验室和科研机构，集中整合学校钢铁冶金、材料、机械、化工、控制、医学等学科优势学科力量，开展资源综合利用及新能源、材料研究与开发利用、环境控制管理、绿色制造理论及技术、卫生健康与公共安全等研究领域的人才培养、队伍建设、国家重大项目组织申报等工作。

中心现有专职研究人员4人，其中教授（博导）3人，科研秘书1人，逐步形成了绿色制造、生物化工、环境保护等特色研究方向，每个方向均建有独立的多学科交叉的科研团队，其中之一为湖北省高等学校优秀中青年科技创新团队。近年来，中心主持和承担了国家863计划、国家自然科学基金等国家级及省部级项目20余项，校企合作横向项目10余项，获得了一批高水平的研究成果。通过项目合作，与国家发展与改革委员会、湖北省环保厅、重庆大学、华中科技大学、武汉钢铁（集团）公司、武汉巨正环保等职能部门、高校及企业等建立了良好的合作关系。

中心立足国内学术前沿，致力于高水平科研平台搭建和绿色制造与节能减排方向中青年人才培养。作为中英可持续制造联盟筹备单位之一，中心与英国利物浦大学、加拿大戴尔豪斯大学、美国普渡大学等建立了良好的交流平台与合作关系。作为中国工业节能减排大学联盟筹备者之一，积极参与美国能源基金会“地球村”项目。作为欧盟-世贸二期项目湖北试点组成单位之一，与湖北省商务厅、欧盟委员会企业与工业总司等建立了良好的关系，并合作开展了欧盟-世贸二期系列项目。另外，中心通过设立开放基金的形式，至2015年底共资助我校青年科研工作者开放基金项目109项，资助发表科研论文100余篇，其中SCI/EI检索30余篇，出版科技著作4部，资助申请国家专利20余项，授权11项。在开放基金基础上，申请到国家项目10余项，省部级项目4项及企业合作项目3项。以上工作促进了青年科研工作者的成长，拓展了项目申报范围，为学校绿色制造与节能减排研究成果在国际国内平台的交流与推广发挥了重要的作用。

中心坚持“开放、流动、联合、竞争”的运行机制，在学术委员会和专家领导小组的指导下，不断开拓进取，为我校培养绿色制造与节能减排科学领域人才，争取将中心建设成具有国家影响力的科学研究和人才培养核心基地。

地址：武汉市青山区和平大道947号武汉科技大学主楼0809#办公室
邮编：430081
网址：http://jnjp.wust.edu.cn/

珠海横琴新区

2009年8月14日，国务院正式批复《横琴总体发展规划》，将横琴岛纳入珠海经济特区，2009年12月，横琴新区正式挂牌成立，成为继天津滨海新区和上海浦东新区之后的中国第三个国家级新区。2015年4月23日，中国（广东）自由贸易试验区珠海横琴新区片区成立，在建设国际化、市场化、法治化营商环境方面，深入推进粤港澳服务贸易自由化，强化国际贸易功能集成，深化金融领域开放创新，增强自贸试验区辐射带动功能等方面明确了90项改革创新举措，取得了显著的成效。

中电投珠海横琴热电有限公司

在城市建设上，横琴新区明确了“山脉田园、水脉都市”的城市目标，确立了“双核、双环、绿楔交织”的城市绿网格局；土地利用上，将七成以上的土地列为禁建区和限建区，整个横琴岛占地面积106.46平方公里，只有余下的28平方公里的土地可以用来建设；城市规划上，坚持功能与景观并重的规划设计要求，深度实施了景观规划和城市设计，明确了城市天际线，重点推广运用曲线、连廊、骑楼等建筑构件，美化第五立面，有效融合了岭南特色和南欧风格。横琴专门实施了9个专题的《横琴“生态岛”建设总体规划》、《横琴低碳发展规划》、《横琴生态城区建设规划》，着力推进绿色建筑、低碳交通、低碳产业，在提高城市活力的同时，最大限度地提高城市的生态环保效益。大力推进总部经济建设，重点发展旅游休闲、商务服务、金融服务、文化创意、中医保健、科教研发和高技术等高端现代服务业，提出产业准入目录和条件，禁止一般工业和污染类项目入岛，引进一批符合横琴产业定位和功能的大项目、好项目，推动产业低碳化发展。

基础设施建设方面，在全国率先建设33.4公里的共同综合管沟，将城市各类市政管线集约化布置建设，横琴综合管廊分为一仓室、二仓室和三仓室三种类型，总长约33.4公里，可容纳电力、通讯、给水、中水、供冷、供热及垃圾真空系统7种市政管线，在岛内呈“日”字型分布，是目前国内单项工程建设长度最长、一次性投资最大的综合管沟，减少了对未来城市道路的开挖。横琴新区打造横琴滨海湿地公园，公园总面积约392公顷，包括芒洲湿地片区和二井湾红树林湿地片区。将建成珠江口区域珍稀的红树林湿地资源区、东亚及澳大利亚候鸟迁徙的舒适驿站，打造国际一流的精品湿地公园、鸟类生态家园。目前，滨海湿地公园修复工程项目建议书、性研究报告已获得批复，一期已种植红树林树种12万余株，二期工程正在抓紧实施。同时，横琴新区在市政道路、海堤、河道等的整治建设中，高标准落实了低冲击开发的开发建设理念，对原有生态体系给予了最大的尊重和保护，并规划建设了大面积的绿地。

在横琴新区引进了横琴多联供燃气能源站项目，统一推广多联供燃气清洁能源技术，将形成覆盖横琴新区，集电、热（冷）、汽、水多联供为特色的新型绿色能源基地，为全区提供集电，热（冷）汽、水多联供为特色的绿色清洁能源，将来整个全岛不使用煤炭，实现横琴“无煤岛”。该项目占地36万平方米，规划建设8台9F级燃气机组，总投资约120亿元，首期建设2台9F级390MW燃气-蒸汽联合循环机组目前已投入使用，该项目建成后将成为横琴全岛的能源供应中枢，除向南方电网供电外，它还将向岛内及其周边用户提供区域供冷、蒸汽和集中供热等服务。该项目利用清洁能源为初次燃料，通过对初次能源的梯度利用及用户负荷的统筹安排，有效地提高了能源利用效率及本地的供电安全性，并降低城市开发的初投资，体现了低碳高效的科学发展理念。

2012年，横琴新区成功申报为首批国家级海洋生态文明建设示范区和广东省首批低碳试点县（区），毗邻港澳，拥有保存完备的海洋、森林、湿地等三大生态系统，四周水体环绕，岸线优美，植被茂盛，原始生态保持十分完好，成为了国家低碳发展宏观战略案例研究区。2013年，经国家住建部验收审定，横琴全面启动了全国绿色生态城区创建工作。2014年，由我区组织编报的“全国优秀低碳园区”建设个案经国家发改委评审，已正式确认我区为全国2014年度优秀低碳案例（园区）。2015年4月，国家发改委等11部门联合发布《关于印发生态保护与建设示范区名单的通知》，横琴新区入选为国家级生态保护与建设示范区。8月，被列为首批国家低碳城（镇）试点名单，为全国新型城镇化和低碳发展提供实践经验，发挥引领和示范作用。

综合管廊

大事记

2014年中国循环经济大事记

一月

1月2日　国家发展改革委、环境保护部下发了《关于组织开展全国脱硫电价专项检查的通知》，部署开展全国脱硫电价专项检查工作，督促发电企业不断提高脱硫设施投运率，减少二氧化硫排放，促进大气污染状况进一步好转，加快推进生态文明建设。

1月6日　国务院法制办、环境保护部、农业部今日联合召开《畜禽规模养殖污染防治条例》学习贯彻工作电视电话会议。国务院法制办副主任甘藏春、环境保护部副部长李干杰、农业部副部长于康震，分别就学习贯彻《条例》作了讲话。

《条例》致力于解决畜禽养殖生产布局与环境保护不够协调、畜禽养殖者的污染防治义务不够明确、畜禽养殖废弃物综合利用的规范和要求不够具体、畜禽养殖污染防治和综合利用的激励机制不够完善等突出问题，本着源头控制、分类管理、综合利用、激励引导的原则，对畜禽养殖污染预防、综合利用与治理、激励扶持、法律责任等作了全面规定。《条例》坚持转变政府职能，解决好政府与市场、政府与社会的关系，着力于通过简政放权释放畜禽养殖产业发展活力，通过强化激励扶持促进废弃物综合利用，通过规范引导推动畜禽养殖产业转型升级。

1月3日　工业和信息化部印发《京津冀及周边地区重点工业企业清洁生产水平提升计划》。《计划》提出，到2017年底，京津冀及周边地区重点工业企业，通过实施清洁生产技术改造，实现年削减主要污染物二氧化硫25万吨、氮氧化物24万吨、工业烟(粉)尘11万吨、挥发性有机物7万吨。

《计划》提出，钢铁、有色金属、水泥、焦化等重点工业行业，将推广采用先进、成熟、适用的清洁生产技术和装备，实施工业企业清洁生产的技术改造，以削减二氧化硫、氮氧化物、烟(粉)尘和挥发性有机物产生量和控制排放量为目标，有效减少大气污染物的产生量和排放量，促进区域环境大气质量持续改善。

1月7日　为贯彻落实《大气污染防治行动计划》，环境保护部与全国31个省(区、市)签署了《大气污染防治目标责任书》，明确了各地空气质量改善目标和重点工作任务。除了明确考核PM2.5年均浓度下降指标外，目标责任书还包括《大气污染防治行动计划》中的主要任务措施。对于京津冀及周边地区6省(区、市)，目标责任书明确了煤炭削减、落后产能淘汰、大气污染综合治理、锅炉综合整治等各项工作的量化目标，并将工作任务分解至年度；对于其他省(区、市)，提出了任务措施的原则性要求。

各省（区、市）空气质量改善目标是目标责任书的核心内容。京津冀及周边地区（北京、天津、河北、山西、内蒙古、山东）、长三角、珠三角区域内的10个省及重庆市重点考核PM2.5年均浓度下降情况，其中，北京、天津、河北确定了下降25%的目标，山西、山东、上海、江苏、浙江确定了下降20%的目标，广东、重庆确定了下降15%的目标，内蒙古确定了下降10%的目标。其他20个省（区、市）重点考核PM10年均浓度下降情况，并根据各地环境质量状况，将空气质量改善目标划分为五档：PM10年均浓度远低于新空气质量二级标准的省份要求其持续改善，PM10年均浓度接近二级标准或超标的省份，根据超标程度，要求其分别下降5%、10%、12%、15%。除空气质量改善目标外，目标责任书还包括《大气污染防治行动计划》中的主要任务措施。对于京津冀及周边地区6省（区、市），目标责任书明确了煤炭削减、落后产能淘汰、大气污染综合治理、锅炉综合整治、机动车污染治理、扬尘治理、能力建设等各项工作的量化目标，并将工作任务分解至年度；对于其他省（区、市），提出了任务措施的原则性要求。目标责任书要求各地制定实施细则和年度计划，分解落实任务，细化到年度。

1月7日　长三角区域大气污染防治协作机制在上海召开第一次工作会议。中共中央政治局委员、上海市委书记韩正主持会议。周生贤、杨雄、李学勇、李强、王学军、丁向阳出席会议。会议指出，三省一市和国家八部委深入贯彻中央要求，以共识、共治、共赢为基础，不断完善落实“协商统筹、责任共担、信息共享、联防联控”的区域协作机制，各项工作取得良好开端。一是重点治理任务有效实施，主要体现在燃煤电厂污染治理全面落实，燃煤锅炉和炉窑清洁能源替代取得较快进展，黄标车和老旧车辆淘汰力度进一步加大，工业污染治理加快推进，秸秆禁烧和综合利用得到明显加强。二是以区域大气污染防治协作机制为平台，共同协商制定工作方案，成功保障南京青奥会环境质量。三是其他协作重点工作有序落实，出台《长三角区域空气重污染应急联动工作方案》；启动和加强区域空气质量预测预报体系和区域环境气象预报预警体系建设；启动“区域大气污染源解析”和“大气质量改善关键措施”两项区域大气重点科研项目；开展车、船等区域大气重点问题调研和重点行业排放标准对接的前期沟通。

1月10日　工业和信息化部日前印发《京津冀及周边地区重点工业企业清洁生产水平提升计划》，提出到2017年底，京津冀及周边地区重点工业企业，通过实施清洁生产技术改造，实现年削减主要污染物二氧化硫25万吨、氮氧化物24万吨、工业烟(粉)尘11万吨、挥发性有机物7万吨。

《计划》指出，据测算，2011年，京津冀及周边地区排放主要大气污染物二氧化硫638万吨、氮氧化物685万吨、烟(粉)尘421万吨，均占全国相应总排放量的30%左右。钢铁、有色金属、水泥、焦化等重点工业行业，将推广采用先进、成熟、适用的清洁生产技术和装备，实施工业企业清洁生产的技术改造，以削减二氧化硫、氮氧化物、烟(粉)尘和挥发性有机物产生量和控制排放量为目标，有效减少大气污染物的产生量和排放量，促进区域环境大气质量持续改善。

1月10日　住房和城乡建设部发出通知，要求各地积极推进在保障性住房建设中实施绿色建筑行动，同时具备政府投资等4项条件的率先实施。各地要本着经济、适用、环保、安全、节约资源的原则，统一规划，精心组织，分步实施。2014年起直辖市、计划单列市及省会城市市辖区范围内的保障性住房，同时具备政府投资、2014年及以后新立项、集中兴建且规模在两万平方米以上、公共租赁住房（含并轨后的廉租住房）4项条件的，应率先实施绿色建筑行动，至少达到绿色建筑一星级标准。

1月13日　国家发改委下发《关于组织开展重点企（事）业单位温室气体排放报告工作的通知》，明确了报告主体、内容、程序及相关保障措施。根据《通知》，构建国家、地方、企业三级温室气体排放基础统计和核算工作体系、实行重点企业直接报送能源和温室气体排放数据制度。

按照《通知》，开展重点单位温室气体排放的责任主体为：2010年温室气体排放达到13000吨二氧化碳当量，或2010年综合能源消费总量达到5000吨标准煤的法人、企（事）业单位，或视同法人的独立核算单位，需每年上报六种温室气体的排放情况。据粗略估计，按此门槛，全国纳入报告企业总数约在两万家以上。

《通知》要求，国家和地方主管部门应共同参与、协同推进重点单位温室气体排放报告工作。国家做好总体协调和顶层设计，明确报告要求和有关规范，地方负责具体的落实与实施，组织开展排放数据的报告、核查与汇总。

《通知》要求的报告内容包括二氧化碳（CO^2）、甲烷（CH_4）、氧化亚氮（N_2O）、氢氟碳化物（HFCs）、全氟化碳（PFCs）和六氟化硫（SF6）等六种温室气体的排放。如报告主体存在注册所在地之外的温室气体排放，还应单独报告温室气体排放情况。

1月17日　国家发展改革委环资司在湖南省长沙市召开墙体材料革新办公室主任座谈会，总结交流第一批县城“禁实”、城市“限粘”任务目标完成情况，研究推动实现“十二五”墙体材料革新“50、30、20”目标任务的政策措施。会上，湖南、北京、吉林、江苏、湖北、云南、陕西、河南八个省市墙体材料革新办公室进行了交流。国家发展改革委环资司提出：一是要以生态文明为引领，结合推进节能减排、城镇化、新农村建设等推进墙体材料革新工作，理清发展思路，抓住机遇，积极应对挑战；二是2014年要重点做好以下几项工作，一要深入开展“县城禁实、城市限粘”工作，在总结第一批的基础上，印发第二批“禁实”县城、“限粘”城市名单；二要加快推动新型墙体材料转型升级，加快对落后产能的淘汰步伐，提高产业化技术水平和产品质量；三要推动新型墙体材料生产能耗下降，确保实现新型墙体材料生产能耗降低20%，为节能减排作出积极贡献；四要积极组织新型墙体材料示范，促进新型墙体材料生产部品化、标准化，实现工厂化制造，组装式施工，满足建筑工业化、住宅产业化的需求；五要注重研究相关政策措施和长效机制，以及生产、产品、应用等相关标准；六要积极做好墙体材料革新以及节能的年度考核。

1月17日　为推进农村生态文明建设，打造国家级生态村镇的升级版，环境保护部印发《国家生态文明建设示范村镇指标（试行）》。

1月23日　国家发展改革委召开《普洱市建设国家绿色经济试验示范区发展规划》专家论证会。国家发展改革委副主任解振华主持并讲话。专家组对《普洱市建设国家绿色经济试验示范区发展规划》予以充分肯定，建议进一步修改完善后尽快批复实施。为我国生态环境基础好但经济欠发达的地区建设生态文明探索可行路径，为边疆民族地区脱贫致富、和谐发展提供经验。

二月

2月8日　科技部社发司在北京组织召开“废物资源化科技工程”重点专项工作会议，分别听取了“工业生物质废物热解气化制气装备研发与示范”等12个项目进展汇报，并就进一步做好重点专项工作提出了要求。根据《废物资源化科技工程“十二五”专项规划》，提出了再生资源利用技术、工业固废资源化技术、垃圾与污泥能源化资源化技术、废物资源化全过程控制技术、废物清洁循环利用理论研究、创新能力与人才队伍建设等六个方面的任务，

并在国家科技计划中启动了“废物资源化科技工程”重点专项。截止2013年底，科技部通过863计划、科技支撑计划等渠道，已在“废物资源化科技工程”中累积安排中央专项资金超过7亿元。该专项在工业生物质热解气化、城市生物质垃圾发酵气化、稀贵金属再生利用、废旧橡胶复合改性利用、冶炼废渣规模化消纳等技术研发、示范及产业化方面已经取得重要进展，为促进废弃物处理处置、提高资源产出率提供了有力的科技支撑。

2月8日　水利部、国家发展改革委、工信部、财政部等十部门近日联合印发《实行最严格水资源管理制度考核工作实施方案》，全面启动最严格水资源管理制度考核工作。其中明确，考核结果作为对各省级行政区人民政府主要负责人和领导班子综合考评的重要依据。目标完成情况主要考核用水总量、万元工业增加值用水量、农田灌溉水有效利用系数和重要江河湖泊水功能区水质达标率等4项指标。

2月11日　环境保护部在国务院新闻办公室举行的新闻发布会上称，《大气污染防治行动计划》目前各地、各部门正在全力落实中。近期环保部会同有关部门细化分解梳理了22项政策措施，其中包括6条能源结构调整政策、10项环境经济政策以及6个方面的管理政策。到2013年底，按照空气质量新标准开展监测的地级及以上城市达到161个，共884个国控监测点，实时发布PM2.5等6项指标的监测数据和空气质量指数。目前水污染物排放量远远超过环境容量，这些总量必须要削减30％至50％，水环境才会有根本性改变。新增城镇污水日处理能力超过1400万吨，1.9亿千瓦燃煤机组建成脱硝设施，500万千瓦燃煤机组脱硫设施实施增容改造，1.5亿千瓦现役机组拆除烟气旁路，新型干法水泥脱硝比例达60%。2013年批复项目环评文件241件，涉及总投资1.9万亿元，其中民生工程、基础设施、生态环保等项目106个，约占总投资的64%。对不符合要求的32个项目退回报告书、不予审批或暂缓审批，涉及总投资1184亿元。发布国家环保标准135项。全国共出动执法人员183万余人（次），检查企业71万余家（次），查处环境违法问题近6500件，挂牌督办1520多件。七大水系监测的577个国控断面中，Ⅰ~Ⅲ类水质断面占66.7%，劣Ⅴ类占10.8%，分别比2012年上升2.6个百分点，下降1.5个百分点。中央财政安排60亿元专项资金，支持农村环境综合整治。

2月12日　国务院总理李克强主持召开国务院常务会议，研究部署进一步加强雾霾等大气污染治理工作。会议认为，打好防治大气污染的攻坚战、持久战，是改善民生的当务之急，是转方式、调结构的关键举措，也是推进生态文明建设的重大任务。

会议要求在抓紧完善现有政策的基础上，进一步推出以下措施：

一是加快调整能源结构。实施跨区送电项目，合理控制煤炭消费总量，推广使用洁净煤。促进车用成品油质量升级，今年年底前全面供应国四车用柴油。推行供热计量改革，开展建筑节能，促进城镇污染减排。加快淘汰老旧低效锅炉，提升燃煤锅炉节能环保水平。提前一年全面完成“十二五”落后产能淘汰任务。二是发挥价格、税收、补贴等的激励和导向作用。对煤层气发电等给予税收政策支持。中央财政设立专项资金，今年安排100亿元，对重点区域大气污染防治实行“以奖代补”。制定重点行业能效、排污强度“领跑者”标准，对达标企业予以激励。完善购买新能源汽车的补贴政策，加大力度淘汰黄标车和老旧汽车。大力支持节能环保核心技术攻关和相关产业发展。三是落实各方责任。实施大气污染防治责任考核。健全国家监察、地方监管、单位负责的环境监管体制。完善水泥、锅炉、有色等行业大气污染物排放标准。规范环境信息发布。

2月12日　中国民用航空局航空器适航审定司在京向中国石化颁发了1号生物航煤技术标准规定项目批准书（CTSOA），这标志着备受国内外关注的国产1号生物航煤正式获得适航批准，并可投入商业使用。

生物航煤以植物油脂、餐饮废油、动物脂肪等可再生资源为原料生产。本次审定意味着中国生物航煤行业实现了从无到有的突破，中国石化由此成为国内首家拥有自主生物航煤生产技术且具有批量生产能力的企业，成为世界上少数几个掌握生物航煤自主研发生产技术的企业之一。

2月14日　国家发展改革委办公厅发出《关于开展资源综合利用认定工作专项检查的通知》（发改办环资[2014]342号）：国家发改委将分地区、分领域对重点资源综合利用企业、资源综合利用电厂认定情况进行抽查检查；各省、自治区、直辖市及计划单列市、新疆生产建设兵团资源综合利用认定主管部门要组织对本地区的资源综合利用认定情况进行全面自查，组织相关地市（区）进行交叉互查。

2月17日　商务部流通发展司召开座谈会，听取部分商务主管部门、有关行业协会及企业对再生资源回收行业现行税收政策的意见及建议。北京市商务委、中国物资再生协会、中国再生资源回收利用协会、中国废钢铁应用协会、中国有色金属工业协会再生金属分会、北京华京源公司、海淀物资回收公司、开源建贸公司等有关负责人参加。

2月24日　在有24个国家和地区的政府官员、专家学者参加的“第二届中国美丽乡村万峰林峰会”上，农业部正式对外发布“美丽乡村”建设十大模式，为全国的美丽乡村建设提供范本和借鉴。

“中国美丽”乡村建设十大模式为：产业发展型、生态保护型、城郊集约型、社会综治型、文化传承型、渔业开发型、草原牧场型、环境整治型、休闲旅游型、高效农业型。每种模式分别代表了某一类型乡村在各自的自然资源禀赋、社会经济发展水平、产业发展特点以及民俗文化传承等条件下，建设美丽乡村的成功路径和有益启示。

2013年7月农业部决定在全国广大农村关于开展“美丽乡村”创建活动，从全面、协调、可持续发展的角度，构建科学、量化的评价目标体系，建设一批天蓝、地绿、水净，安居、乐业、增收的“美丽乡村”，加快我国农业农村生态文明建设进程。

2月26日　为贯彻落实《清洁生产促进法》（2012年修正案），进一步形成统一、系统、规范的清洁生产技术支撑文件体系，指导和推动企业依法实施清洁生产，国家发展改革委会同环境保护部、工业和信息化部整合修编了《钢铁行业清洁生产评价指标体系》、《水泥行业清洁生产评价指标体系》（公告2014年第3号）发布，并于2014年4月1日起施行。

2月28日　住房城乡建设部建筑节能与科技司印发《2014年工作要点》。主要工作包括大力推进绿色建筑发展；实施“建筑能效提升工程”积极推广绿色建材；推动建筑产业现代化深化智慧城市试点，注重绩效成果；创建与应用继续做好国家科技重大专项实施与管理，切实完成“十二五”阶段目标任务；加强科技创新平台建设，进一步促进科技成果转化；深化国际科技交流与合作，做好住房城乡建设领域应对气候变化工作。

三月

3月3日　科技部召开雾霾治理科技工作情况新闻通气会，向媒体介绍了科技部开展大气污染与雾霾治理相关科技工作进展情况和下一步工作安排。科技部高度重视大气污染治理相关科技工作。2012年，科技部、环境保护部联合发布了《蓝天科技工程“十二五”专项规划》，启动了“蓝天科技工程”国家科技重点专项。2013年，科技部联合环境保护部、北京市政府启动了“首都蓝天行动”，推动能源结构调整、新能源汽车、工业和建筑节能、监测预警等领域的科技成果转化和示范应用。

3月4日　国家发改委副主任解振华与国家质检总局国家标准委主任田世宏一行进行了座谈，商谈进一步发挥标准的作用，促进节能减排。解振华副主任表示将全力支持、配合国家标准委开展节能减排标准化工作，建议滚动实施“百项能效标准推进工程”，围绕着节能减排的中心工作，加快制修订重要节能减排标准；完善节能减排标准体系，满足工作需求；建立节能减排标准动态更新的长效机制，不断提高国家标准的技术水平。

3月5日　国务院总理李克强在十二届全国人大二次会议政府工作报告中指出，2013年加快产业结构调整。鼓励发展服务业，支持战略性新兴产业发展，第四代移动通信正式商用。积极化解部分行业产能严重过剩矛盾。推进节能减排和污染防治，能源消耗强度下降3.7%，二氧化硫、化学需氧量排放量分别下降3.5%、2.9%。

李克强在政府工作报告中提出，努力建设生态文明的美好家园。

《报告》提出，生态文明建设关系人民生活，关乎民族未来。雾霾天气范围扩大，环境污染矛盾突出，是大自然向粗放发展方式亮起的红灯。必须加强生态环境保护，下决心用硬措施完成硬任务。

《报告》提出，出重拳强化污染防治。以雾霾频发的特大城市和区域为重点，以细颗粒物(PM2.5)和可吸入颗粒物(PM10)治理为突破口，抓住产业结构、能源效率、尾气排放和扬尘等关键环节，健全政府、企业、公众共同参与新机制，实行区域联防联控，深入实施大气污染防治行动计划。今年要淘汰燃煤小锅炉5万台，推进燃煤电厂脱硫改造1500万千瓦、脱硝改造1.3亿千瓦、除尘改造1.8亿千瓦，淘汰黄标车和老旧车600万辆，在全国供应国四标准车用柴油。实施清洁水行动计划，加强饮用水源保护，推进重点流域污染治理。实施土壤修复工程。整治农业面源污染，建设美丽乡村。我们要像对贫困宣战一样，坚决向污染宣战。

《报告》提出，推动能源生产和消费方式变革。加大节能减排力度，控制能源消费总量，今年能源消耗强度要降低3.9%以上，二氧化硫、化学需氧量排放量都要减少2%。要提高非化石能源发电比重，发展智能电网和分布式能源，鼓励发展风能、太阳能，开工一批水电、核电项目。加强天然气、煤层气、页岩气勘探开采与应用。推进资源性产品价格改革，建立健全居民用水、用气阶梯价格制度。实施建筑能效提升、节能产品惠民工程，发展清洁生产、绿色低碳技术和循环技术，提高应对气候变化能力。强化节水、节材和资源综合利用。加快开发应用节能环保技术和产品，把节能环保产业打造成生机勃勃的朝阳产业。

《报告》提出，推进生态保护与建设。继续实施退耕还林还草，今年拟安排500万亩。实施退牧还草、天然林保护、防沙治沙、水土保持、石漠化治理、湿地恢复等重大生态工程。加强三江源生态保护。落实主体功能区制度，探索建立跨区域、跨流域生态补偿机制。生态环保功在当代、利在千秋。各级政府和全社会都要进一步积极行动起来，呵护好我们赖以生存的共同家园。

3月10日　全国人大常委会委员长张德江在十二届全国人大二次会议今天举行第二次全体会议作全国人大常委

会工作报告指出，2013年，全国人大常委会加强对生态环境保护的监督。常委会听取审议了关于生态补偿机制建设工作情况的报告，开展了可再生能源法、气象法执法检查。常委会组成人员指出，保护生态环境、建设美丽中国需要全社会共同参与，要按照谁开发谁保护、谁受益谁补偿的原则，加快生态补偿机制建设，落实生态补偿政策。要依法加强对可再生能源发展规划的修编和管理，继续加大财政补贴和税收优惠力度，大力加强关键技术研发应用，为可再生能源发展提供有力支撑。要加强气象现代化建设，增强气象防灾减灾能力，提高气象预报和灾害性天气预警准确率，强化气候资源科学利用和有效保护。2014年全国人大常委会要修改环境保护法、大气污染防治法，完善严格监管所有污染物排放的环境保护管理制度，实行最严格的源头保护制度、损害赔偿制度、责任追究制度。

3月11日　为进一步做好秸秆综合利用工作，加强对秸秆禁烧的监管，国家发展改革委办公厅、环境保护部办公厅、农业部办公厅发出《关于全国秸秆综合利用和焚烧情况的通报》（发改办环资[2014]516号），通报2012年秸秆综合利用情况及2013年秸秆焚烧情况，进一步采取有力措施，深入推进秸秆综合利用，继续加大禁烧工作力度，切实减少秸秆焚烧对交通及环境产生的不良影响。

3月11日　《天津生态城建设国家绿色发展示范区实施方案》

通过国家发改委副主任解振华主持召开的专家评审会的评审。论证会上认为，中新天津生态城建设国家绿色发展示范区，符合绿色发展、循环发展、低碳发展的方向和中央建设生态文明的战略部署，示范区的创建将为我国推动城市绿色发展提供有效模式和可行路径，为探索集约、智能、绿色、低碳的新型城镇化道路发挥示范引领作用。专家评审认为，实施方案具备上报国务院审批的条件，一致通过评审。2013年，国务院批复同意天津生态城建设国家绿色发展示范区。

3月13日　国务院总理李克强在会见中外记者时强调，要向雾霾等污染宣战，向我们自身粗放的生产和生活方式来宣战。李克强强调，对包括雾霾在内的污染宣战，就要铁腕治污加铁规治污，对那些违法偷排、伤天害人的行为，政府决不手软，要坚决予以惩处。对那些熟视无睹、监管不到位的监管者要严肃追查责任。李克强表示，雾霾的形成有复杂的原因，治理也是一个长期的过程。但是我们不能等风盼雨，还是要主动出击，希望全社会，政府、企业、社会成员，大家一起努力，持续不懈地奋斗，来打这场攻坚战。

3月14日　工业和信息化部印发《2014年工业绿色发展专项行动实施方案》（工信部节〔2014〕109号），决定在2014年继续组织开展工业绿色发展专项行动。

《实施方案》提出，以提高能源资源利用效率、降低污染物排放为目标，在重点区域、重点领域制定专项工作方案，分解目标任务，强化标准约束，加强政策引导和监督管理，动员全系统力量，整合各方面资源，加强制度创新和模式创新，实施一批对全行业有重大影响、资源环境效益显著、推广前景广阔的试点示范工程，引领推动工业绿色发展。

《专项行动》的主要目标是：（一）组织京津冀及周边地区重点工业企业实施清洁生产技术改造，促进区域大气环境质量改善。（二）开展区域工业绿色转型发展试点，以节能减排工作为主线，推动结构调整和产业升级，探索工业绿色转型发展模式和途径。（三）组织开展电机生产企业贯标核查及高耗能落后电机淘汰情况专项监察，加快推广先进适用的电机系统节能改造技术。

3月14日　住房和城乡建设部、国家发展和改革委员会、财政部、环境保护部和商务部发出通知，决定组织开展生活垃圾分类示范城市（区）工作，明确工作目标、提出具体要求。通知明确，示范城市（区）应具备4个条件：制定生活垃圾分类管理方面的地方性法规，建立多部门分工协作的工作机制，已选取一定数量的居住区和企事业单位作为示范点，已开展非工业源危险废物回收、利用与处置工作。申报城市（区）人民政府可向所在地省级住房城乡建设（市容环卫）主管部门提交申报材料，由省级住房城乡建设（市容环卫）主管部门联合省级发展改革、财政、环境保护、商务部门商定推荐城市，数量一般不超过3个。五部委将组织专家对申报材料进行评审，择优确定示范城市（区）并批复实施方案。

3月14日　环境保护部向媒体公布中国人群环境暴露行为模式研究工作情况，这是我国在这一领域首次开展的全国性、大规模研究。

由于规划和产业布局原因，我国有1.1亿居民住宅周边1公里范围内有石化、炼焦、火力发电等重点关注的排污企业，1.4亿居民住宅周边50米范围内有交通干道，应尽快建立高风险地区的环境健康风险监测哨点，开展风险评估、预警工作。受经济发展水平制约，我国有5.9亿居民在室内直接使用固体燃料做饭，4.7亿居民在室内直接使用固体燃料取暖，2.8亿居民使用不安全饮用水，应加速实现生活用能清洁化和优质化，加快饮用水安全改造。

3月19日　国家统计局发布2005-2013年循环经济发展指数。数据显示，以2005年为基期计算，2013年我国循环经济发展指数达到137.6，平均每年提高4个点，循环经济发展成效明显。一是资源消耗减量化稳步推进。2013年我国资源消耗强度指数为134.7，比2005年提高34.7个点，年均提高3.8个点。与2005年相比，5个资源消耗指标中有4个明显下降：单位GDP用水量下降49.1%，单位GDP生物质资源消耗下降37.5%，单位GDP能源消耗下降26.4%，单位GDP非金属消耗下降17.4%，但由于金属资源消耗大幅增长，单位GDP金属消耗则上升13.2%。二是废物排放减量化效果明显。2013年我国废物排放强度指数为146.5，年均提高4.9个点。期间，由于工业固体废物等排放大幅增长，2011年的废物排放强度指数曾比2010年下降6个点，但2012年和2013年已明显回升。与2005年相比，2013年单位GDP主要污染物排放量和废水排放量下降明显，其中：单位GDP工业废水化学需氧量排放量下降60.3%，单位GDP工业废水氨氮排放量下降48.6%，单位GDP工业二氧化硫排放量下降62.8%，单位GDP废水排放量下降38.5%，但单位工业增加值固体废物产生量不降反升，比2005年上升10.7%。三是污染物处置水平大幅提高。2013年我国污染物处置率指数为174.6，指数逐年上升，年均提高7.2个点，在4个分类指数中增幅最大。与2005年相比，2013年污染物处置率各项指标均明显提高，其中：城市污水处理率提高37.3个百分点，城市生活垃圾无害化处理率提高37.6个百分点，工业废水化学需氧量去除率提高19.4个百分点，工业废水氨氮去除率提高34.4个百分点，工业二氧化硫去除率提高37.5个百分点。四是废物回用进展较慢。2013年我国废物回用率指数为108.2，在4个分类指数中增幅最小。2011年以来该指数连续下降，主要是由废钢等废旧资源回用率下降引起的。从各项指标来看，与2005年相比有升有降，其中：能源回收利用率提高0.5个百分点，工业用水重复利用率提高4.4个百分点，工业固体废物综合利用率提高5.5个百分点，废铅回用率提高8.8个百分点，但废钢回用率下降6.6个百分点，废铜回用率下降8.2个百分点，废铝回用率下降0.9个百分点。

3月21日　国务院总理李克强主持召开节能减排及应对气候变化工作会议，推动落实《政府工作报告》，促进节能减排和低碳发展，研究应对气候变化相关工作。国务院副总理马凯，国务委员杨晶、杨洁篪、王勇参加会议。

李克强强调，要加强政策引导，更多引入和运用市场机制，推进工业、建筑、交通运输、公共机构等重点领域和重点单位节能，加大污染特别是大气污染治理，努力改善重点地区雾霾状况。建立和实施能效“领跑者”等制度，增强全社会特别是企业节能减排的内在动力。李克强要求，必须用硬措施完成节能减排硬任务。要强化责任，把燃煤锅炉改造、淘汰黄标车、电厂脱硫脱硝除尘等任务指标分解到各地区，对完不成任务的，要加大问责力度。严格执法，对非法偷排、超标排放、逃避监测等“伤天害人”行为和监管失职渎职重拳打击，对相关企业、单位和责任人严惩不贷。

会议原则通过《2014—2015年节能减排低碳发展行动方案》，并研究讨论了我国应对气候变化的行动方案。5月15日，国务院办公厅发出《关于印发2014-2015年节能减排低碳发展行动方案的通知》（国办发〔2014〕23号），要求各省、自治区、直辖市人民政府，国务院各部委、各直属机构认真贯彻落实。

3月21日　2014年“清洁节水中国行一家一年一万升”宣传活动在京启动，倡导节水理念，呼吁市民“节水一家一年一万升”。本次宣传活动分为节水知识区、家庭节水演示区、国际儿童环保绘画比赛作品展示区以及公众参与区四个部分，将图文、实物展示与游戏互动相结合，并有数十名青年环境友好使者和“水滴娃娃”进行现场讲解。约有8000名市民参与了3月21日的活动，22～23日两天的活动预计将有三万名市民参与，影响超过8000个家庭。该活动还将于4月12～3日在广州、4月19-～20日在上海展开，带动更多家庭、社区、学校进行节水实践。

3月21日　国家发展和改革委员会发出《关于开展低碳社区试点工作的通知》（发改气候[2014]489号），在全国范围内组织开展低碳社区试点工作，重点结合国家保障性住房建设、新型城镇化建设和社会主义新农村建设，打造一批符合不同区域特点、不同发展水平、特色鲜明的低碳社区试点。到“十二五”末，全国开展的低碳社区试点争取达到1000个左右，择优建设一批国家级低碳示范社区。

本次低碳社区试点建设主要围绕低碳理念引领、低碳文化和低碳生活方式培育、低碳运营模式推行、绿色节能建筑推广、低碳基础设施建设、社区环境营造等六个方面开展创建活动。

3月24日　国家发展改革委、国家能源局和环境保护部三部委联合发布《能源行业加强大气污染防治工作方案》，对能源领域大气污染防治工作进行全面部署，要求按照“远近结合、标本兼治、综合施策、限期完成”的原则，通过加快重点污染源治理、加强能源消费总量控制、着力保障清洁能源供应以及推动转变能源发展方式等多种措施，显著降低能源生产和使用对大气环境的负面影响，为全国空气质量改善目标的实现提供坚强保障。

《能源大气方案》提出了能源行业大气污染防治工作的指导思想和总体目标，确定了4个方面13项重点任务。一是加强对火电、石化、燃煤锅炉以及分散燃煤等能源领域重点污染源的治理，突出解决目前较为严重和迫切的污染问题，减少能源生产和利用过程中的大气污染物排放。二是控制能源消费过快增长，逐步降低煤炭消费比重，通过强化能源消费总量控制来减轻日益增长的环境压力。三是通过加大向重点区域送电规模、推进油品质量升级、增加天然气供应、安全高效推进核电建设以及有效利用可再生能源等措施，大幅提高清洁能源供应能力，为能源结构调整提供保障。四是从长远出发，加快转变能源发展方式，重点推动煤炭高效清洁转化、促进可再生能源就地消纳、推广分布式供能方式和加快储能技术研发应用，实现能源行业与生态环境的协调和可持续发展。

《能源大气方案》提出建立国家有关部门、有关地方政府及重点能源企业共同参与的工作协调机制，要求进一步强化规划政策引导、加大能源科技投入、明确总量控制责任、推进重点领域改革、强化监管措施、完善能源价格机制以及加大财金支持力度，共同落实好能源领域大气污染防治各项任务。

国家能源局已部署和安排了增供外来电力、天然气供应、提前供应国V油品、核电以及可再生能源等一系列重大能源保障项目。相关部门还将陆续出台《商品煤质量管理暂行办法》、《燃煤发电机组环保电价及环保设施运行监管办法》、《煤电节能减排升级改造运行行动计划》、《京津冀散煤清洁化治理行动计划》、《关于天然气合理使用的指导意见》、《关于严格控制重点区域燃煤发电项目规划建设有关要求的通知》、《煤炭消费减量替代管理办法》、《大气污染防治成品油质量升级行动计划》、《加快电网建设落实大气污染防治行动计划实施方案》、《生物质能供热实施方案》、《清洁高效循环利用地热指导意见》等一系列配套政策，确保《能源大气方案》取得实效。

3月25日　环境保护部近日印发《关于落实大气污染防治行动计划严格环境影响评价准入的通知》。《通知》要求，要进一步发挥规划环境影响评价的调控、引领和约束作用，强调规划环境影响评价在促进产业结构调整和优化城市总体规划中的作用和地位。要以促进大气污染物减排、改善环境空气质量为重点，充分考虑大气环境承载力，进一步优化石化、火电等大气污染物排放重点产业、产业园区和城市总体规划的规模、布局和结构，推动形成与区域承载能力相适应的产业布局和国土空间开发格局。

《通知》首次明确了环境影响评价会商机制的具体实施范围。京津冀及周边地区、长三角、珠三角等大气污染防治的重点区域，以石化、化工等为主导的国家级产业园区和煤电基地规划都要实施环境影响评价会商。

《通知》还强调，要严格控制高耗能、高污染行业和产能严重过剩行业的新增产能项目，对此类项目建设要以产能的等量或减量置换为前提。对大气污染防治重点区域，禁止受理审批除热电联产以外的燃煤发电项目和自备燃煤发电项目。实行煤炭总量控制地区的新建耗煤项目，要有明确的煤炭减量替代方案。

3月27～28日　国家发改委应对气候变化司、全球碳捕集与封存研究院（简称GCCSI）主办的“二氧化碳捕集技术、装备及产业发展现场研讨会”在上海召开。与会代表就全球和国内二氧化碳捕集技术、装备和产业发展状况、经验和挑战进行了深入的讨论，并实地考察了中国华能集团上海石洞口第二电厂碳捕集装置。

3月30日　甘肃省委、甘肃省发展循环经济现场会在白银市召开。会议强调，建设国家循环经济示范区，思想认识要再深化。思路举措要再优化，工作保障要再强化。坚持把改革创新贯穿于各环节和全过程，进一步完善思路、强化举措，深入开展好“457”循环经济推进行动，着力加快资源节约型、环境友好型社会建设，确保如期实现国家循环经济示范区建设目标。

甘肃省委书记王三运、省长刘伟平出席会议并讲话，甘肃省政协主席、省循环经济协调推进领导小组组长冯健身通报了甘肃省循环经济总体规划中期评估结果。国家发改委环资司副巡视员马荣参加会议并讲话。

四月

4月2日　中新天津生态城联合工作委员会第六次会议在京召开。会议听取并审议通过了生态城工作报告，就生态城未来发展愿景和有关支持政策进行了讨论。住房城乡建设部部长、联合工作委员会中方主席姜伟新，新加坡国家发展部部长、联合工作委员会新方主席许文远等出席会议并讲话。

天津生态城作为中新两国政府间的重大战略合作项目，承担着在资源约束条件下探索城市可持续发展新路、为其他地区提供示范和样板的历史使命，中新两国领导人和人民始终给予关注和大力支持。

4月2日　住房城乡建设部办公厅发出《关于做好2014年全国城市节约用水宣传周工作的通知》，要以全国城市节约用水宣传周为契机，进一步加大城市节水工作力度。今年全国城市节约用水宣传周（5月11日至17日）的主题是：全面推进城市节水，点滴铸就生态文明。

4月8日　国家发展改革委办公厅、财政部办公厅发出《关于请组织推荐2014年园区循环化改造示范试点备选园区的通知》（发改办环资[2014]729号），要求各省、自治区、直辖市及计划单列市、新疆生产建设兵团循环经济综合管理部门、财政部门组织推荐循环化改造备选园区。

4月上旬环保部审议并原则通过锅炉大气污染物、生活垃圾焚烧污染物、工业污染物以及非道路移动机械用柴油机污染物的排放新标准。环保部表示，为防治大气污染，将对现行的《锅炉大气污染物排放标准》进行修订和完善。修订后的《锅炉大气污染物排放标准》增加了燃煤锅炉氮氧化物和汞及其化合物的排放限值，规定了大气污染物特别排放限值，取消了按功能区和锅炉容量执行不同排放限值的规定，以及燃煤锅炉烟尘初始排放浓度限值，提高了各项污染物排放控制要求。

同时，环保部对现行的《生活垃圾焚烧污染控制标准》进行修订和完善，新纳入了生活污水处理设施产生的污泥以及一般工业固体废物的专用焚烧炉的污染控制，增加了生活垃圾焚烧炉启动、停炉、故障或事故排放的控制要求，严格了生活垃圾焚烧厂颗粒物、二氧化硫、氮氧化物、氯化氢、重金属及其化合物、二恶英类等污染物排放标准。

环保部还将进一步修改《锡、锑、汞工业污染物排放标准》和《非道路移动机械用柴油机排气污染物排放限值及测量办法》。

4月21日　国家发展改革委办公厅、财政部办公厅《关于组织推荐第五批国家"城市矿产"示范基地备选产业园的通知》（发改办环资[2014]855号），组织开展第五批国家"城市矿产"示范基地建设工作。有关省、自治区和计划单列市（已有示范基地的直辖市、计划单列市，第四批和已有两个示范基地的地区除外）循环经济综合管理部门、财政部门要严格按照发改环资[2010]977号文件要求，组织推荐符合条件的再生资源产业园。

4月14日　国务院以国函〔2014〕46号文正式批复《洞庭湖生态经济区规划》，5月2日国家发展改革委印发《规划》。出台并组织实施《规划》，推动洞庭湖生态经济区建设，是深入实施促进中部地区崛起战略的重大举措，对于探索大湖流域以生态文明建设引领经济社会全面发展新路径，促进长江中游城市群一体化发展和长江全流域开发开放具有重要意义。

4月21日　受国务院委托，国家发展和改革委员会主任徐绍史向全国人大常委会作国务院关于节能减排工作情况的报告。《报告》强调，"十二五"节能减排目标是全国人大通过的、具有法律约束力的指标。按时保质实现节能减排目标，是政府对人民群众的庄严承诺，也是破解资源环境约束、实现可持续发展的必然选择。

《报告》指出，按2014至2015年GDP年均增长7.5%测算，要实现"十二五"节能目标，后两年需节能3.2亿吨标准煤。我国将把节能减排作为向环境污染和低效浪费宣战的有力武器，坚持用"铁规"和"铁腕"推进节能减排，采取多项措施确保实现"十二五"节能减排约束性指标。一是强化目标责任制和问责制。出台2014至2015年节能减排低碳发展行动方案，督促各地区制定具体实施办法，抓好工作落实一展节能减排目标责任评价考核，考核结果向社会公布，接受社会监督。二是对考核结果为未完成的地区，必要时由国务院领导同志约谈省级人民政府主要负责人，有关负责人在考核结果公布后1年内不得评优树先和提拔重用，暂停该地区新建高耗能项目的节能评估审查和新增主要污染物排放项目的环评审批。三是控制能源消费增量。据测算，在经济保持平稳增长的情况下，要实现节能减排约束性目标，2015年能源消费总量要控制在40亿吨标准煤以内。2013年全国能源消费总量为37. 5亿吨标准煤，按此计算，2014至2015年能源消费增量应控制在2. 5亿吨标准煤以内。四是加大结构调整力度。实现节能减排约束性目标，结构调整的贡献率须达到一半左右。下一步，将结合化解产能严重过剩矛盾和培育新的增长点，科学构建增连优化升级存量。五是大力推进污染治理。深入实施"大气十条"，制定配套政策措施，开展实施情况年度考核。落实能源领域大气污染防治工作方案，加快推进集中供热、煤改气、煤改电工程建设。根据报告，我国还将采取重点推进关键领域节能减排、完善激励约束机制、动员全民参与等措施，确保实现"十二五"节能减排目标任务。

4月22日　长三角区域大气污染防治协作小组办公室会议在南京召开，环境保护部副部长翟青出席会议。长三角区域大气污染防治协作小组办公室成员，三省一市分管省（市）长、副秘书长、环保厅长，三省相关地级市负责人和预警联动负责人，环境保护部相关司局、应急中心、华东环保督查中心负责人等出席了本次会议。

4月24日　十二届全国人大常委会第八次会议审议通过了新修订的《环境保护法》，于2015年1月1日施行。新修订的《环保法》贯彻了中央关于推进生态文明建设的要求，最大限度地凝聚和吸纳了各方面共识，是现阶段最有力度的《环保法》。环保法修订不仅将区域污染和流域污染，包括土壤污染等突出的环境问题纳入立法内容，另一方面最严格的执法手段和政策也用立法的形式明确。环保法修订中首次提及，面对重大的环境违法事件，地方政府分管领导、环保部门等监管部门主要负责人将"引咎辞职"。其中，将"推进生态文明建设，促进经济社会可持续发展"列入立法目的，将保护环境确立为基本国策，将"保护优先"作为第一基本原则，将"生态红线"等首次写入法律，明确提出对违法排污企业实行按日连续计罚，罚款上不封顶。专家们认为，修订后的环保法将成为"史上最严"的环保法律，对于保护和改善环境，保障公众健康，推进生态文明建设，促进经济社会可持续发展，具有重要意义。

4月25日　商务部新闻发言人就加快再生资源回收体系建设有关问题回答了记者提问。发言人称，近年来，国家采取一系列措施，大力推动循环经济发展，再生资源回收的理念渐入人心，再生资源回收行业规模明显扩大，对国民经济贡献度进一步提高。截至2013年底，全社会再生资源回收企业达10多万家，80%以上为中小企业。据初步统计，2013年废钢铁、废塑料、废有色金属、废纸、废轮胎、报废汽车、废弃电器电子产品7大品种回收量接近1.6亿吨，比2000年增长3倍多；回收总值接近6000亿元，比2000年增长12倍；废钢铁、废有色金属、废弃电器电子产

品的回收率达到70%以上。2013年的再生资源回收量，替代相应的原生资源，相当于节约能源1.7亿吨标准煤，减少二氧化碳排放超过4亿吨。

近年来，商务部发挥政府对市场的引导作用，建立工作机制、强化行业基础工作，开展了再生资源回收体系建设试点，目前已有3批共90个城市列入试点，运用中央财政服务业发展专项资金，支持试点城市新建和改扩建51550个网点、341个分拣中心、63个集散市场，同时支持了123个再生资源回收加工利用基地建设。北京、上海等试点城市推动自助废弃物交售、回收热线等新型回收模式。

商务部将继续积极发挥废旧商品回收体系部际联席会议牵头单位作用，重点做好以下方面工作：一是加快法规标准体系建设。完善再生资源回收法律法规，加快出台《再生资源回收体系中长期规划》，加大现有行业标准的贯彻落实力度，适当增加强制性标准的比例；制定再生资源回收利用目录，引导行业规范化发展。二是做好重点品种回收。按照分类管理的原则，对于废钢铁、废有色金属等价值高的品种，充分发挥市场机制作用；对于废玻璃、废弃节能灯等价值较低、靠市场机制难以发挥作用的品种，加大政策扶持力度，鼓励社会积极参与回收；对废铅酸蓄电池、废弃电器电子产品，按照相关法律法规的规定，配合相关部门落实生产者责任延伸制。三是着力提高行业组织化程度。推动行业组织建设，完善公共服务和社区服务；鼓励龙头企业以现代组织方式，按照市场经济规律整合中小企业和个体经营户，借助现代信息技术，提高再生资源回收行业规模化和组织化水平。四是鼓励企业技术创新。推动开发适合国情、具有自主知识产权的再生资源分拣、加工、处理利用等专业化技术和设备；加大企业信息化建设力度，研究建立行业管理信息系统。

4月28日　国家发展改革委办公厅、财政部办公厅、住房城乡建设部办公厅发出《关于组织推荐第四批餐厨废弃物资源化利用和无害化处理试点备选城市的通知》（发改办环资[2014]892号），决定选择部分具备开展餐厨废弃物资源化利用和无害化处理条件的设区城市或直辖市市辖区进行试点，国家循环经济示范城市和节能减排财政政策综合示范城市优先。中央财政将安排专项资金支持餐厨废弃物资源化利用和无害化处理试点，资金由地方政府统筹使用，专项用于餐厨废弃物资源化利用和无害化处理体系建设。

4月30日　国务院办公厅发出《关于印发大气污染防治行动计划实施情况考核办法（试行）的通知》（国办发〔2014〕21号），考核指标包括空气质量改善目标完成情况和大气污染防治重点任务完成情况两个方面。空气质量改善目标完成情况以各地区细颗粒物（PM2.5）或可吸入颗粒物（PM10）年均浓度下降比例作为考核指标。京津冀及周边地区（北京市、天津市、河北省、山西省、内蒙古自治区、山东省）、长三角区域（上海市、江苏省、浙江省）、珠三角区域（广东省广州市、深圳市、珠海市、佛山市、江门市、肇庆市、惠州市、东莞市、中山市等9个城市）、重庆市以PM2.5年均浓度下降比例作为考核指标。其他地区以PM10年均浓度下降比例作为考指标。大气污染防治重点任务完成情况包括产业结构调整优化、清洁生产、煤炭管理与油品供应、燃煤小锅炉整治、工业大气污染治理、城市扬尘污染控制、机动车污染防治、建筑节能与供热计量、大气污染防治资金投入、大气环境管理等10项指标。

4月30日　环保部发出关于《“十二五”主要污染物总量减排目标责任书》要求2014年完成的减排项目公告，称：为推进“六厂（场）一车”（火电厂、钢铁厂、水泥厂、污水处理厂、造纸厂、畜禽养殖场和机动车）重点减排工程建设，确保实现2014年度污染减排目标，现将国家《“十二五”主要污染物总量减排目标责任书》要求2014年完成的重点项目予以公告。

4月环保部审议并原则通过锅炉大气污染物、生活垃圾焚烧污染物、工业污染物以及非道路移动机械用柴油机污染物的排放新标准。修订后的《锅炉大气污染物排放标准》增加了燃煤锅炉氮氧化物和汞及其化合物的排放限值，规定了大气污染物特别排放限值，取消了按功能区和锅炉容量执行不同排放限值的规定，以及燃煤锅炉烟尘初始排放浓度限值，提高了各项污染物排放控制要求。环保部对现行的《生活垃圾焚烧污染控制标准》进行修订和完善。

五月

5月6日　国家发展改革委、科技部、工业和信息化部、财政部、环境保护部、住房城乡建设部、国家能源局发出《关于促进生产过程协同资源化处理城市及产业废弃物工作的意见》（发改环资[2014]884号），主要目标是：在水泥、电力、钢铁等行业培育一批协同处理废弃物的示范企业，在有废弃物处理需求的城市建成60个左右协同资源化处理废弃物示范项目，引导相关科研机构研发适合国情的成套技术装备，建立健全针对不同固体废弃物协同处理的技术规范和标准体系，保障协同处理过程的环境安全；完善废弃物的交易市场、监管体系和激励政策，逐步形成适合国情的运行机制和管理模式；开展试点示范；完善相关标准；突破关键技术；规范行业准入等。

5月8日　“APEC绿色发展高层圆桌会”在天津举行，环境保护部副部长李干杰和天津市常务副市长崔津渡出席会议并发表讲话。会议以“促进亚太地区绿色发展与绿色转型”为主题，旨在就亚太地区如何实践绿色经济、实现绿色发展进行交流研讨。

5月9日　生物质能源产业化推进会在青岛召开。与会专家结合我国的能源、资源、环境等方面特点，深入剖析了当前我国生物质能源产业化发展存在的主要问题，并从国家政策扶持、关键技术攻关、技术资本融合、商业化运行模式和人才队伍建设等方面，探讨并提出了下一步推动我国生物质能源产业化发展的策略和建议。

5月9～10日　国家“城市矿产”示范基地建设经验交流会在河南长葛举行。中国循环经济协会执行会长赵家荣、国家发改委环资司副巡视员马荣、财政部经建司副司长李方旺、商务部流通业发展司副司长王选庆、环保部科技标准司副司长胥树凡、中国银监会统计部副主任叶燕斐、河南省发改委副主任王旭等出席会议。

5月13日　国家发展改革委、教育部、科技部、工业和信息化部、环保部、住房城乡建设部等14个单位联合发出《关于2014年全国节能宣传周和全国低碳日活动安排的通知》（发改环资[2014]926号），决定今年6月8日至14日为全国节能宣传周，6月10日为全国低碳日。

5月13日　环境保护部通报了第四次全国环境保护相关产业基本调查相关情况。以2011年为数据基准年，当年全国环境保护相关产业从业单位23820个，从业人员319.5万人，营业收入30752.5亿元，营业利润2777.2亿元，出口合同额333.8亿美元。2004年到2011年，我国环保产品、环保服务和资源循环利用产品年营业收入的年平均增长速度分别为28.7%、30.5%和14.1%。环保产品和环保服务的分布呈现“一带一轴”的总体分布特征，即以环渤海、长三角、珠三角三大核心区域聚集发展的环保产业“沿海发展带”和东起上海沿长江至四川等中部省份的环保产业“沿江发展轴”。

5月15日　国务院办公厅印发《关于印发2014-2015年节能减排低碳发展行动方案的通知》（国办发〔2014〕23号）。5月25日国务院办公厅印发《2014－2015年节能减排低碳发展行动方案》，进一步硬化节能减排降碳指标、量化任务、强化措施，对今明两年节能减排降碳工作作出具体要求。

《行动方案》提出了今明两年节能减排降碳的具体目标：2014－2015年，单位GDP能耗、化学需氧量、二氧化硫、氨氮、氮氧化物排放量分别逐年下降3.9%、2%、2%、2%、5%以上，单位GDP二氧化碳排放量两年分别下降4%、3.5%以上。

《行动方案》从八个方面明确了推进节能减排降碳的三十项具体措施。一是大力推进产业结构调整。积极化解产能严重过剩矛盾，加大淘汰落后产能力度，加快发展低能耗低排放产业。调整优化能源消费结构，降低煤炭消费比重，推进煤炭清洁高效利用，大力发展非化石能源。严格实施能评和环评制度。二是加快建设节能减排降碳工程。大力实施节能技术改造、节能技术装备产业化示范工程。加快更新改造燃煤锅炉，实施燃煤锅炉节能环保综合提升工程。推进脱硫脱硝和污水处理设施建设，加大机动车减排力度，强化水污染防治。三是狠抓重点领域节能降碳。加强工业、建筑、交通和公共机构节能降碳工作，确保完成各领域节能目标任务。四是强化技术支撑。加强技术创新，实施节能减排科技专项行动。加快先进技术推广应用，完善节能低碳技术遴选、评定及推广机制。五是进一步加强政策扶持。完善价格政策，清理高耗能企业优惠电价政策，落实差别电价和惩罚性电价政策。强化财税支持，整合各领域节能减排资金，加大节能减排投入。落实税收减免政策。推进绿色融资。六是积极推行市场化节能减排机制。实施能效领跑者制度，定期发布领跑者目录。建立碳排放权、节能量和排污权交易制度，开展项目节能量交易。推行能效标识和节能低碳产品认证。强化电力需求管理。七是加强监测预警和监督检查。推进能耗和污染物排放在线监测系统建设，加强运行监测，强化统计预警。完善节能环保法规标准，强化执法监察。八是落实目标责任。

强化地方政府特别是节能减排降碳目标完成进度滞后地区和能耗排放大省的责任，严格控制地区能源消费增长，加强节能减排目标责任考核。强化企业主体责任，动员公众参与，共同做好节能减排降碳工作。

《行动方案》确定了今明两年能耗增量控制目标、燃煤锅炉淘汰任务、主要大气污染物减排工程任务、黄标车及老旧车辆淘汰任务分解落实到了各地区。同时，提出了重点任务分工及进度安排，将重点工作落实到国务院有关部门，并明确了时间要求。

5月15日　京津冀及周边地区并邀请长三角、珠三角有关省市参加的大气污染防治协作机制会议在京召开，中共中央政治局常委、国务院副总理张高丽出席讲话指出，要深入贯彻落实党中央、国务院关于加强大气污染防治工作的重要部署，要把治理大气污染和改善环境生态作为京津冀协同发展的重要突破口，抓住机遇、改革创新、攻坚克难，持续改善全国重点区域的空气环境质量。国家能源局会上与北京、天津、河北及中石油、中石化、神华集团分别签订《“煤改气”保供协议》和《散煤清洁化治理协议》。

5月16日　国家发展改革委副主任解振华主持召开第三届中国国际循环经济成果交易博览会组委会会议，科技部、工业信息化部、环保部、住房城乡建设部、农业部、中国人民银行、国务院国资委、中国贸促会、山东省政

府、青岛市政府等主办单位，中国中小企业协会、山东省经济信息化委、青岛市发展改革委等承办单位派人参加了会议。循环经济博览会组委会副主任、中国中小企业协会会长李子彬，组委会秘书长、青岛市市委常委、常务副市长牛俊宪分别介绍了博览会筹备有关情况。与会各单位围绕本届循博会的工作方案，就筹备工作的一些重点问题进行了研究讨论，提出了许多具有建设性的意见和建议，审议通过了《第三届中国国际循环经济成果交易博览会工作方案》。

第三届中国国际循环经济成果交易博览会的主题是："发展循环经济建设美丽中国"，核心理念是：创新、合力、责任、专业。重点设置展示、洽谈、论坛三个活动板块，展示重点设置循环经济成果展区、海外展区、循环经济技术产品展区、中小企业循环经济和高校绿色联盟展区和公共科普展区；组织循环经济领域企业技术交流、产品交易、投资贸易对口洽谈会等洽谈活动。

5月20日　环境保护部在浙江召开全国生态文明建设现场会。中共中央政治局常委、国务院副总理张高丽作出重要批示。在总结16个省和1000多个市、县多年开展生态示范创建工作的基础上，授予37个市（县、区）"国家生态文明建设示范区"称号，强调生态文明示范区建设应在更高层次、更高目标上全面推进，拓展提升，深化固化。

5月21日　全国人大常委会在北京组织召开了大气污染防治法执法检查组第一次全体会议，介绍了大气污染防治法执法检查工作安排，听取了环境保护部、科技部等有关部门关于大气污染防治工作情况的报告。全国人大常委会陈昌智、沈跃跃、艾力更•依明巴海三位副委员长出席了会议，会议由全国人大环资委王云龙副主任委员主持。

5月21日　2014电器电子产品回收处理技术及生产者责任延伸制度国际会议——暨中国废弃电器电子产品回收处理行业白皮书发布会在京召开，并于会上发布了《2013年中国废弃电器电子产品回收处理行业白皮书》。商务部流通业发展司在会上称：2013年废弃电器电子产品回收处理行业快速发展，经核准的全国废弃电器电子产品拆解处理企业共91家，年拆解能力超过1亿台，年实际拆解处理量超过4000万台，回收铁9.6万吨，铜2万吨，铝0.5万吨，塑料14.8万吨，CRT玻璃43万吨。规范的回收拆解处理有效减轻了环境污染，减少二氧化碳等温室气体排放超过100万吨。

5月26日　国家发展改革委、环境保护部召开全国节能减排和应对气候变化工作电视电话会议，部署2014～2015年节能减排低碳发展工作。国家发展改革委主任徐绍史、环境保护部部长周生贤出席会议并讲话，国家发展改革委副主任解振华主持会议。

徐绍史讲话指出，实现"十二五"节能减排降碳约束性目标形势十分严峻，部分指标进度滞后，环境事件时有发生，认识不完全适应新形势要求等。强调要多管齐下，扎实推进节能减排低碳发展：一是优化产业结构。遏止"两高"行业过快增长，大力发展服务业，加快发展节能环保产业。二是推动能源生产和消费方式变革。加快发展新能源和可再生能源，推进煤炭清洁高效利用。三是发展循环经济。推广循环经济典型模式，加快推动产业之间、生产和生活之间的循环式链接，开展资源综合利用，推行清洁生产。四是扭住重点企业、重点领域、重点地区。开展万家企业节能低碳行动，加强工业、建筑、交通运输、公共机构等领域节能减排，抓好节能减排进度滞后、京津冀等地区节能减排工作。五是治理环境污染。加大大气污染治理力度，改善水环境质量，加强土壤污染防治。六是积极应对气候变化。加强顶层设计，控制温室气体排放，确保我国应对气候变化各项目标任务实现，积极建设性参与气候变化国际谈判。

徐绍史要求，要以改革精神，开拓思路、对症下药，通过体制机制创新激发节能减排降碳内生动力。一要强化目标责任。二要控制能源消费总量。三要完善政策机制，发挥好价格、财税、金融等政策作用，引导各类资金进入节能减排降碳领域。四要健全管理制度，抓好节能评估审查、能效"领跑者"等制度的落实，加快推进碳排放权、节能量和排污权交易等市场化机制建设。五要加强能力建设，完善标准体系，强化统计监测。六要开展全民行动，倡导简约适度、绿色低碳、文明健康的生活方式和消费模式。

5月27日　中共中央宣传部、国家发改委召开节俭养德全民节约行动电视电话会议。中共中央政治局委员、中央书记处书记、中宣部部长刘奇葆出席会议并讲话。

刘奇葆讲话指出，勤劳节俭是中华民族的优良品德，是国家发展、社会进步的精神需求和实际需要，是社会主义核心价值观的重要内容。要广泛开展全民性节粮、节水、节电、节约钱物等活动，把节俭节约落实到生产建设各领域、体现到社会生活各方面。要把群众发动起来，让群众参与进来，形成全民节约、全面节约的生动局面，努力让勤俭节约在全社会蔚然成风。国家发展改革委主任徐绍史作了《深入开展全民节约行动加快凝聚节俭养德的正能量》讲话。

中宣部、国家发改委同时发出《开展节俭养德全民节约行动的通知》，要求深入进行节俭节约宣传教育，广泛开展多种形式的节俭节约实践活动，在全社会营造厉行节约、拒绝浪费的浓厚氛围。

六月

6月1日　由天津大学和山西易通环能科技集团有限公司自主研发的低温余热发电机组经过一年多的工艺改进，实现产品大型化生产。专家称，这一产品技术填补了国际上60～70℃的余热发电空白，具有巨大节能潜力和应用前景。技术得到广泛推广后，全国工业余热将被广泛有效利用，中国综合能耗率有望下降5个百分点，相当于节约3亿吨标煤。该技术是天津大学承担的国家“九七三”项目的研究成果，现已进入产业化阶段，单机规模最高500千瓦。

6月4日　国务院新闻办公室在京举行新闻发布会，发布《2013年中国环境状况公报》。一年来各地区、各有关部门和社会各方面的共同努力，环境保护工作取得了积极成效。全国化学需氧量排放总量为2352.7万吨，比上年下降2.9%；氨氮排放总量为245.7万吨，比上年下降3.1%。二氧化硫排放总量为2043.9万吨，比上年下降3.5%；氮氧化物排放总量为2227.3万吨，比上年下降4.7%。总的来看，全国环境质量状况有所改善，但生态环境保护形势依然严峻，还面临不少困难和挑战。

6月5日　交通运输部办公厅发出《关于交通运输行业贯彻落实〈2014—2015年节能减排低碳发展行动方案〉的实施意见》，提出工作目标：到2015年，交通运输能源利用效率显著提高，用能结构得到改善，交通环境污染得到有效控制，二氧化碳排放强度明显降低，绿色交通发展取得显著成效。与2013年相比，公路运输、水路运输单位周转量能耗分别下降4.7%、4.6%，港口生产单位吞吐量综合能耗下降4.9%。与2010年相比，化学需氧量（COD）、总悬浮颗粒物（TSP）等主要污染物排放强度下降20%。2014~2015年，公路运输实现节能量1100万吨标准煤，减少二氧化碳排放量2386万吨；水路运输实现节能量279万吨标准煤，减少二氧化碳排放量628万吨；港口实现节能量21万吨标准煤，减少二氧化碳排放量34万吨。

6月8～14日　由国家发展改革委等14个部门联合主办的主题为“携手节能低碳共建碧水蓝天”的我国第24个全国节能宣传周举行。宣传周期间，各地区、各部门通过举办展览展示、开展技术交流、组织现场体验等活动，通过发送短信、印制宣传品等多种形式，充分调动各方面力量积极参与生态文明建设和节能低碳行动，在全社会树立和普及生态文明理念，努力建设美丽中国。6月8日起国家发展改革委、北京市人民政府在北京展览馆举办第八届中国北京国际节能环保展览会。工业和信息化部将举办电子产品绿色消费知识讲座。国管局、教育部、共青团中央将举办厉行节约高校在行动主题宣传活动。交通运输部将举办节能低碳体验活动、交通运输节能减排大讲堂等系列宣传活动。同时，各有关部门和相关单位也将举办一系列节能宣传活动。

6月10日　交通运输部组织的绿色循环低碳公路建设现场交流会在江苏南京召开。与会代表参观了全国首批绿色循环低碳公路主题性试点项目之一的宁宣高速公路和全国首个高速公路节能减排示范工程——溧马高速公路荷叶山绿色服务区。作为立足于高速公路改建工程的主题性试点项目，宁宣高速公路创新集成应用了30余项节能减排新材料、新技术、新工艺，涉及路面工程、桥梁工程等9大项、分项的指标项目基本完成任务，总节能量达到12.7万吨标准煤，减排二氧化碳27.6万吨。

6月12日　环境保护部、国家发展改革委、工业和信息化部、司法部、住房和城乡建设部、国家工商总局、国家安全监管总局、国家能源局等国务院八部委在京联合召开电视电话会议，部署2014年全国整治违法排污企业保障群众健康环保专项行动。中共中央政治局常委、国务院副总理张高丽对今年环保专项行动作出重要批示。张高丽指出，要认真贯彻落实中央的决策部署，以大气、水、土壤等环境污染整治为重点，深入开展环保专项行动，持续加大执法力度，坚决打击违法排污行为，以实际行动践行党的群众路线，大力推进生态文明建设。

6月17日　商务部例行新闻发布会上正式对外发布《中国再生资源行业发展报告（2013）》。

《发展报告》围绕再生资源重点品种，通过国内外和地区间比较，展示了再生资源产业发展的全面情况和最新动态，并对2014年回收行业发展趋势进行了预测和展望。《发展报告》显示，近年来，在国家发展循环经济相关政策的推动下，再生资源回收行业稳步发展，2013年我国再生资源回收企业已达10多万家，从业人员约为1800万人，废钢铁、废有色金属、废塑料、废轮胎、废纸、废弃电器电子产品、报废汽车、报废船舶等八大类别的主要再生资源回收总量约为1.6亿吨，回收总值为4817.1亿元。但受宏观经济形势等因素影响，回收行业总体处于调整时期，市场信心尚未完全恢复，个别品种回收量略有下降。如废塑料回收量约1366万吨，同比下降14.6%；废纸回收量约4377万吨，同比下降2%。

《发展报告》研究显示，回收利用再生资源与利用原生材料相比，节能减排效果显著。按照回收总量计算，2013年回收再生资源可节能17272.5万吨标准煤，占全国总能耗量37.5亿吨标准煤的4.6%，减少废水排放1120136.7万吨，减少二氧化硫排放377万吨，减少固体废弃物排放357550.9万吨。

《发展报告》对2014年回收行业发展趋势也做出了预测。总体看，借助我国新农村建设和城镇化发展的有利政

策契机，再生资源回收行业长期趋势向好，有望走出目前的调整期，其中，园区集聚化发展将成为行业发展方向，废玻璃等低值品种将越来越受到重视。

6月23～27日　环境保护部部长周生贤率领中国政府代表团参加在内罗毕举行的联合国环境大会首届会议。周生贤针对“可持续发展目标与2015年后发展议程，可持续消费与生产”主题做了专门发言。周生贤强调，中国政府正大力推进生态文明建设，努力形成节约资源和保护环境的空间格局、产业结构、生产方式、生活方式。过去三年中国单位国内生产总值能耗和二氧化碳排放强度分别下降9.03%、10.68%，相当于减少二氧化碳排放8.4亿吨，化学需氧量、二氧化硫排放总量分别下降7.8%、9.9%。通过倡导绿色低碳生活，适度合理消费的社会风尚正在形成。来自160多个国家、20多个国际组织和非政府组织的1000多名代表出席会议。

6月24～25日　国家发展改革委、住房城乡建设部在江苏省苏州市联合召开“全国餐厨废弃物资源化利用和无害化处理现场会”，总结、交流试点经验，推广典型模式，推动餐厨废弃物资源化利用和无害化处理。国家发展改革委解振华副主任、江苏省副省长徐鸣出席会议并讲话。财政部、环境保护部、住房城乡建设部、农业部和食药监管总局的相关司局负责同志参加会议。

解振华总结了几年来餐厨废弃物资源化利用和无害化处理试点工作的经验和有效模式。住房城乡建设部代表详细总结了试点工作的进展情况。重庆市、大连市、深圳市、西宁市和苏州市作为试点城市代表交流了他们在试点过程中的典型经验。与会代表现场参观了苏州市餐厨废弃物的收运点、资源化利用项目工厂和政府的数字化监管平台。66个试点城市就餐厨废弃物资源化利用和无害化处理工作进行了深入交流和探讨，介绍了各自工作进展和面临的困难，建议国家加快制定餐厨废弃物管理和资源化利用条例，加大对地方的指导和支持力度。

6月27日　国家能源局印发《关于下达2014年煤电机组环保改造示范项目的通知》，明确2014年实施并完成环保改造的示范项目名单，共涉及天津、河北、山东、江苏、浙江、上海、广东等7省（市）的13台在役燃煤发电机组。

七月

7月2日　国家发展改革委环资司、财政部经建司、住房城乡建设部城建司发布关于第四批餐厨废弃物资源化利用和无害化处理试点拟选城市名单的公示。

7月7日　工业和信息化部、国家发展和改革委员会印发《关于印发国家低碳工业园区试点名单（第一批）的通知》（工信部联节[2014]287号）。经组织推荐、遴选和评审、公示，确定了第一批55家试点园区，要求试点园区组织编制实施方案。

7月22日　国家发展改革委、财政部、国土资源部、水利部、农业部、国家林业局发出《关于开展生态文明先行示范区建设（第一批）的通知》（发改环资[2014]1667号），原则同意北京市密云县等55个地区《方案》的思路与框架，并将此前国务院印发的《支持福建省深入实施生态省战略加快建设生态文明先行示范区的若干意见》（国发[2014]12号）；经国务院同意，六部委联合印发的《关于印发浙江省湖州市生态文明先行示范区建设方案的通知》（发改环资[2014]962号），一并纳入第一批生态文明先行示范区建设。《通知》要求，要抓好组织实施，推进制度创新，做好区域和流域协调，加强指导支持，开展考核评价。

7月30日　浙江省委、省人民政府召开湖州市生态文明先行示范区建设动员大会，国家发展改革委副主任解振华、浙江省人民政府省长李强出席会议并讲话。湖州方案是经国务院原则同意、六部门印发的唯一一个市级生态文明先行示范区建设方案，

7月　受国家发展改革委环资司、财政部经济建设司、工业和信息化部节能司、质检总局质量监督司委托，中国国际工程咨询公司向社会发布《再制造产品推广试点企业资格（再制造汽车发动机、变速箱）公开征集公告》，公开征集符合要求的再制造产品“以旧换再”推广试点单位。

八月

8月4日　商务部办公厅印发《关于进一步加强报废汽车回收拆解管理促进黄标车、老旧车淘汰有关工作的通知》（商办建函〔2014〕606号）。《通知》要求，加强报废汽车回收拆解行业管理，促进黄标车、老旧车淘汰进程；严格按照《报废汽车回收管理办法》、《机动车强制报废标准规定》要求，强化对报废汽车回收拆解企业及其回收网点的监管，做好经常性检查，形成常态化机制，督促和引导企业规范回收拆解行为，如实登记回收车辆信息，及时拆解报废车辆，防止已淘汰的黄标车、老旧车重新流入社会；进一步做好报废汽车回收拆解行业统筹规划，合理布局，完善回收服务网络；认真审核相关材料，保证补贴资金发放安全。

8月6日　商业部流通发展司召开再生资源回收体系与生活垃圾清运体系“两网协同”发展座谈会，研究“两网协同”工作必要性与具体做法。北京、天津、上海、广州、鞍山等地商务主管部门、有关回收体系建设龙头企业参加会议。

8月13日　工业和信息化部印发《工业和通信业节能与综合利用领域技术标准体系建设方案》。《方案》提出，持续推进2013-2015年标准制修订项目，提高标准水平；通过政策引导和市场推动加强标准宣贯，为工业绿色低碳发展提供标准化技术支撑。《方案》还提出，“十二五”期间，节能与综合利用领域将根据国家和产业发展规划以及产业发展要求，拟制修订工作计划共有1460项，其中国家标准304项，行业标准1156项；已经立项的标准共有531项，其中国家标准273项，行业标准258项。2013—2015年拟制定的1460项行业标准中，其中资源节约领域46项、能源节约领域369项、清洁生产领域180项、温室气体管理领域216项和资源综合利用领域345项标准。2013—2015年在研的258项行业标准中，其中资源节约领域3项、能源节约领域118项、清洁生产领域55项、温室气体管理领域5项和资源综合利用领域77项标准。

8月25日　商务部印发《关于厉行节约反对食品浪费有关工作的通知》。《通知》要求要配合宣传、发展改革等部门开展“资源循环利用行动”，加强餐厨废弃物特别是废弃油脂回收处理体系建设。推动商贸服务领域切实转变消费方式，倡导绿色消费，减少过度包装和一次性用品等使用，实现绿色循环低碳发展。要配合民政等部门开展“闲置物品共享行动”。借用互联网和移动互联网等传播手段，搭建网络流通平台，在社区提供适当场地，组织开展活动，方便人民群众交换和买卖闲置的日常生活用品。

九月

9月3日　工业和信息化部发布第三批废钢铁加工行业准入企业名单（2014年第57号公告）。

9月15日　国家发展改革委办公厅、财政部办公厅、工业和信息化部办公厅、商务部办公厅、质检总局办公厅发出《关于印发再制造产品“以旧换再”试点实施有关文件的通知》（发改办环资[2014]2202号）。下发了《再制造产品“以旧换再”推广试点企业评审、管理、核查工作办法》和《再制造“以旧换再”产品编码规则》，现印发你们，请按照执行。《工作办法》包括总则、评审、日常管理、核查与监督等；《编码规则》包括编码构成、编码标识规则和编码使用规则等。

9月17日　国家发展改革委、环境保护部、工业和信息化部发布2014年第16号公告，公布《清洁生产评价指标体系制（修）订计划（第一批）》。

9月22日　商务部发出《关于大力发展绿色流通的指导意见》，提出重点工作，推动流通企业绿色发展，创建绿色商场，培育绿色市场，创建绿色饭店，发展绿色物流；打造绿色商品供应链，倡导绿色采购，引导绿色消费，完善再生资源回收体系建设，推动旧货市场规范发展；建设绿色流通服务体系，推动绿色产品和技术认证，建立流通领域能源管理体系，加强绿色流通信息化、标准化建设。

9月25日　第三届中国国际循环经济成果交易博览会在青岛国际会展中心举行。国家发展改革委党组成员孙霖出席开幕式并致辞，宣布循博会开幕。

循博会围绕“发展循环经济建设美丽中国”主题，以成果展示和交易合作为重点，突出宣传党中央国务院关于发展循环经济、建设生态文明的战略部署，参展单位多、特色鲜明，已有500多家国内外展商参展，展示面积超过2万平方米，包括省市、园区、企业循环经济典型模式案例，节能环保、资源综合利用、再制造、污染物过程控制、能源过程管理、新能源、新材料等方面的技术设备，与百姓生活密切相关的循环经济产品。

循博会由国家发展改革委、科技部、工业和信息化部、环境保护部、住房城乡建设部、农业部、人民银行、国务院国资委、中国贸促会、山东省人民政府、青岛市人民政府共同主办，为期三天，将于9月27日结束。

9月25日　第三届中国国际循环经济博览会组委会在青岛市组织召开“建筑废弃物资源化利用研讨会”。国家发展改革委环资司副巡视员马荣、住房城乡建设部城建司副司长李如生出席研讨会并做主旨发言。专家学者、地方政府和企业代表分别作了专题讲座和典型发言，并进行了开放式研讨。

会议强调，构建建筑废弃物资源化利用政策管理体系需从四个方面统筹推进：一是强化宏观管理。要将建筑废弃物资源化利用纳入城市总体规划、土地利用规划和循环经济发展规划，明确分阶段目标，与相关领域协同配合、统筹发展。二是加强制度建设。要加强制度体系建设，理顺涉及建筑新建、拆除、分类、运输、资源化利用和无害化处置等诸多环节的利益关系。三是完善政策机制。要综合运用土地、财税、金融、信贷各种手段，提高建筑废弃物资源化利用的经济效益，降低企业成本，分担企业风险。四是加快技术创新。要在前期建筑设计阶段充分考虑减量化，尽量采用少产生建筑废弃物的结构设计，增加建筑物使用年限，要加强资源化技术研发力度，从提高分选水

平、处理能力、再生产品品质和质量稳定性、使用的施工工艺等技术环节入手，加大研发和推广力度。

各省、直辖市、自治区、计划单列市循环经济主管部门、建设部门、墙体材料革新部门，以及相关企业和单位、专家学者共计400余人参加了研讨。

9月30日　国家发展改革委、农业部、环境保护部发出《关于印发〈京津冀及周边地区秸秆综合利用和禁烧工作方案（2014-2015年）〉的通知》（发改环资[2014]2231号），要求北京市、天津市、河北省、山西省、内蒙古自治区、山东省发展改革委、农业（农牧）厅（局）、环境保护厅（局）结合本地区实际，认真贯彻执行。

9月　北京市率先在全国推行全领域清洁生产促进工作，230家企业完成清洁生产审核。截至2013年底，共实施清洁生产审核方案5674项，实际投资约7.04亿元，产生经济效益约8.47亿元，节水955.7万吨、节电2.33亿千瓦时，削减烟尘1400吨、SO2601.1万吨、COD511吨。

十月

10月初　国家发展改革委发布《中国资源综合利用年度报告（2014）》，全面反映了我国2013年以来各领域、各部门、各行业资源综合利用工作开展情况和取得成绩。报告在上一版基础上，新增了废矿物油、废气、报废汽车等三个领域，反映了我国共25类废弃资源综合利用情况。

《报告》指出，随着工业化、城镇化进程的加快，我国资源的刚性需求进一步加大，资源综合利用作为战略性新兴产业重要组成部分，重要意义突显。为贯彻落实党的十八大精神，大力推进生态文明建设，进一步促进循环经济发展，各地、各有关部门积极开展资源综合利用，利用规模逐步扩大，利用水平不断提升，资源环境效益进一步显现。

2013年，我国资源综合利用产值达1.3万亿元，部分矿山有色金属矿种的选矿回收率达到80%以上，工业固废综合利用量达20.59亿吨，主要再生资源回收量达1.6亿吨，回收总值4817亿吨，其中主要再生金属产量占当年十种有色金属总产量的26.6%。通过开展资源综合利用，减少堆存占地14万亩以上。

矿产资源综合利用方面，部分重点大中型露天煤矿、部分露天铁矿开采回采率达到95%以上，部分矿山有色金属选矿回收率达80%。

产业废物综合利用方面，工业固体废物综合利用量20.59亿吨，同比增长2%，利用率达到62.3%。尾矿、粉煤灰、煤矸石、工业副产石膏、建筑垃圾、冶炼废渣等大宗固废利用量超过21亿吨。

农林废物综合利用方面，农作物秸秆年利用量约6.4亿吨，生物质发电装机规模达到850万千瓦，年发电量达到370亿千瓦时。

再生资源回收利用方面，废钢铁、废有色金属、废塑料等主要再生资源回收总量达1.60亿吨，废钢铁利用量占当年粗钢产量的11%，废纸浆消耗量已占到总纸浆消耗量的65%以上。再生资源回收企业数已达10万余家，行业从业人员达到1800多万人。

10月9日　国家发展改革委办公厅发出《关于印发资源综合利用“双百工程”示范基地和骨干企业名单(第二批)及有关事项的通知》（发改办环资[2014]2387号），确定河北省魏县等19个地区和单位为第二批资源综合利用“双百工程”示范基地、中国建材集团泰山石膏股份有限公司等24家单位为第二批资源综合利用“双百工程”骨干企业。

建设内容：在尾矿、磷石膏等产生量大、利用难度大的产业废物综合利用和废旧纺织品、废弃木材等新兴典型和具有区域集聚特点的再生资源回收利用两个领域，建设一批资源综合利用示范项目，培育扶持一批资源综合利用技术研发中心，形成一批具有自主知识产权和核心竞争力的资源综合利用技术和产品，研究完善有利于资源综合利用、促进循环经济发展的体制机制和政策体系。

建设目标：通过第二批示范基地和骨干企业建设，到2018年，形成资源综合利用能力4.2亿吨/年，其中新增利用能力1.7亿吨/年，实现资源综合利用年产值2800亿元。

10月27日　为加快提升我国节能技术装备水平，培育节能产业，为提高全社会能源利用效率提供强有力的技术支撑，国家发展改革委工业和信息化部发出《关于印发重大节能技术与装备产业化工程实施方案的通知》（发改环资[2014]2423号）。

工程目标是：强化科技创新体系建设，形成一批支撑节能技术与装备研发的高水平、基础性、战略性和前沿性机构；研发、示范30项以上重大节能技术，在高效锅炉、电机系统、余热余能利用、节能家电等领域形成一批拥有自主知识产权和核心竞争力的重大装备与产品，显著提高节能装备核心元器件、生产工艺核心技术以及先进仪器仪表的国产化水平；支持、引导节能关键材料、装备和产品制造业做大做强，形成一批有国际竞争力的骨干企业；推广重大节能技术与装备，到2017年，高效节能技术与装备市场占有率由目前不足10%提高到45%左右，产值超过7500亿元，实现年节能能力1500万吨标准煤。

主要任务：一是培育节能科技创新能力，二是突破重大关键节能技术，三是推动形成节能装备制造产业集聚，四是加快节能装备推广应用，五是强化节能技术装备市场需求。

2014年工作：完善节能服务公司扶持政策，实行节能服务产业负面清单管理。培育一批“节能医生”、节能量审核、节能低碳认证等第三方机构。利用中央预算内资金支持13个重大节能技术装备产业化项目。落实《2014-2015年节能减排低碳发展行动方案》，发布《燃煤锅炉节能环保综合提升工程实施方案》。制定能效领跑者制度。组织发布第七批重点节能低碳技术推荐目录。组织实施工业能效提升计划，开展能效对标，加强工业企业能源管控中心建设。制定发布《能效信贷指引》。

《方案》还提出了2014年、2015年、2016年和2017年的工作与保障措施。

10月30日　全国政协主席俞正声主持召开全国政协第二十一次双周协商座谈会。国家发改委副主任解振华出席并就“利用水泥窑协同处置垃圾废弃物”问题做了专题汇报。

参加会议的政协委员、有关专家、国务院有关部门负责同志进行了充分讨论交流。委员们认为，在固体废弃物日益增多，“垃圾围城”日趋严重、污染治理设施不足的情况下，利用现有水泥窑协同处置生活垃圾和固体废弃物，是一件值得重视的好事，对化解水泥行业产能过剩、促进水泥行业绿色转型发展，保护生态环境、提升居民生活质量具有重要意义。但利用水泥窑协同处置垃圾废弃物不能代替垃圾焚烧，两者有竞争、有协同，必须统筹、协调推进，加大政策支持。

解振华在汇报时指出，协同处理是废弃物处理处置的一种可行方式，是对现有垃圾处理手段的有益补充，但必须在确保环境安全的基础上，结合地方、行业实际，稳步有序推进。国家发改委会同国务院有关部门出台了促进生产过程协同资源化处理废弃物的指导意见，并在开展试点示范、加强政策引导、完善标准规范、做好行业监管等方面积极开展工作，一些企业也开展了工程实践，取得了积极进展。但协同处理仍面临工艺技术不成熟、实践经验不充分、标准界限不明确、政策激励不到位等问题。下一步要加强统筹协调、实行分类指导、坚持分业施策、开展示范试点、实现技管并重和完善支持政策等。要在部门协调机制的框架下，研究解决制约协同处理废弃物的障碍，针对建材、钢铁、电力等行业特点以及不同类型废弃物的特征，出台针对性政策。要进一步加强技术研发和推广，完善监管措施，积极探索市场化运作模式，在试点的基础上以点带面逐步推广。

十一月

11月1日　“2014中国循环经济发展论坛”在北京召开。国家发展和改革委员会副主任解振华，全国政协经济委员会副主任石军等在论坛上发表主旨演讲。国务院参事室特约研究员、第十届全国人大环资委副主任冯之浚主持了高端对话，围绕“循环经济十年回顾与展望”这一主题，第十届全国人大环资委主任毛如柏，国务院参事室参事、科技部原副部长刘燕华，第十届全国人大环资委副主任委员、中国工程院院士、清华大学学术委员会主任钱易，中国工程院院士、清华大学教授金涌，国家发展改革委环资司司长何炳光，中国建筑材料集团有限公司副董事长姚燕等嘉宾进行了对话。国家和地方有关部门、行业协会、院士专家、有关机构、企业和媒体代表1200余人参加论坛。

解振华在题为“发展循环经济促进绿色转型”的主旨演讲中总结了我国十年来在推动循环经济发展方面取得的成功经验和有效做法：健全法律规范、强化制度约束；统筹规划、做好顶层设计；政策驱动、建立激励机制；科技支撑、注重技术引领；示范试点引路，带动全面发展。

解振华指出，要贯彻党的十八届四中全会精神，发挥法制的引领和规范作用，加快健全循环经济发展的制度、政策、机制。一是加强制度建设，抓紧修订《循环经济促进法》，加快建立生产者责任延伸制、押金回收制、再生产品标识管理、生产企业强制使用一定比例再生资源等制度；二是开展循环经济评价，建立以资源产出率为核心的评价指标体系，纳入经济社会发展规划；三是完善政策机制，研究完善促进循环经济发展的财政、税收、价格、产业、投资、金融等政策措施；四是强化技术支撑，加快关键共性技术研发和先进实用技术产业化，实现重点领域关键链接技术突破；五是加大示范推广，实施园区循环化改造、建筑垃圾资源化、餐厨废弃物资源化、生产过程协同处置废弃物、农业循环经济等示范工程，继续开展国家循环经济示范城市建设工作，选择1000家企业开展示范并实施资源产出率提升工程。

11月5日　国家发展改革委、环境保护部、科学技术部、工业和信息化部、财政部、商务部、国家统计局发出2014年第19号公告，公布通过验收的国家循环经济试点单位名单（第一批）。北京市、北京水泥厂有限责任公司、河北省曹妃甸循环经济示范区等84家试点省、市、县、园区和企业通过了验收。

根据《关于组织开展循环经济试点（第一批）工作的通知》（发改环资[2005]2199）、《关于组织开展循环

经济示范试点（第二批）工作的通知》（发改环资[2007]3420）的要求，国家发展改革委、环境保护部、科学技术部、工业和信息化部、财政部、商务部、国家统计局组织开展了国家循环经济试点示范单位的验收工作，

11月20-21日　国家发展改革委、农业部在安徽省阜阳市共同召开“全国农业循环经济现场会”，总结、交流、推广农业循环经济典型经验，研究探讨发展农业循环经济的措施，加快转变农业发展方式，提高农业生态文明水平。国家发展改革委副主任解振华出席会议并讲话，安徽省副省长杨振超致辞。农业部和国家林业局的相关司局同志参加会议。

解振华指出，发展农业循环经济，是破解农业资源约束、转变农业发展方式、提高农业现代化水平的根本途径，有助于解决农村面源污染，改善农村环境，有助于增加农民收入，繁荣农村经济，意义十分重大。

解振华总结了几年来农业循环经济工作的有效模式，提出要进一步强化问题导向，总结经验，抓住重点环节全面推进，着力源头减量，推动节水、节地、减肥、减药，提高农业资源利用率；着力推动农业废弃物的资源化利用，加强畜禽粪污、林木废弃物、废旧农膜的回收利用，减少资源浪费和环境污染；着力强化产业系统集成，构建农业内部、农业与林业间、农业、工业、服务业间和区域的循环产业链，形成多功能大循环农业体系。

解振华指出，国家将加大对农业循环经济的支持力度，研究支持农业循环经济发展的措施。重点从强化规划指导、完善政策机制、开展示范工程、创新组织形式、强化技术标准、健全服务体系和加强培训推广等方面开展工作。解振华副主任还专门强调了秸秆综合利用问题，对2015年秸秆综合利用工作进行了部署，要求确保实现“十二五”秸秆综合利用规划制定的秸秆综合利用目标任务。

11月22日　江西省委、省政府召开生态文明先行示范区建设启动大会，国家发改委副主任解振华出席会议并讲话。

解振华强调，要准确把握生态文明建设的基本遵循。一是坚持“五位一体”总体布局，将生态文明放在突出的战略位置，融入经济、政治、文化、社会建设的各方面和全过程，整体加以推进。二是坚持节约优先、保护优先、自然恢复为主的根本方针。在资源开发与节约中，把节约放在首位；在环境保护和发展中，把保护放在首位；在生态保护与修复中，以自然恢复为主。三是坚持绿色循环低碳发展的基本路经。四是坚持用严格的制度保护生态环境，推动生态文明建设走上法制化的轨道。

11月27～28日　工业和信息化部节能与综合利用司在甘肃省金昌市组织召开全国工业固体废物综合利用基地建设试点工作会。有关省市工业和信息化主管部门负责人，工业固体废物综合利用基地建设试点所在地工业和信息化主管部门负责人，有关协会、企业代表及专家参加会议。国务院发展研究中心等单位的专家就资源综合利用国家宏观政策、相关技术、有关法规等方面做专题报告。承德、朔州、鄂尔多斯、本溪、丰城、招远、平顶山、河池、攀枝花、贵阳、个旧、金昌等基地分别介绍基地建设情况进行了交流。与会省区市工业和信息化部门负责同志介绍了本省推进工业固废资源综合利用工作的做法、下一步思路和工作建议。与会代表就今后一个时期推进工业资源综合利用工作进行了深入讨论。

十二月

12月1日　由沪苏浙皖长三角三省一市和国务院八部委组成的“长三角区域大气污染防治协作机制”在上海召开第二次工作会议。会议在总结2014年工作的基础上，形成了《长三角区域大气污染防治协作2015年重点工作建议》。中央政治局委员、上海市委书记韩正同志主持会议。长三角三省一市和国务院有关部门的负责同志参加了会议。我委范恒山副秘书长出席了会议并发表了意见。

12月3日　国家发展和改革委员会2014年第20号公告2013年万家企业节能目标责任考核结果：国家发展改革委公布的万家企业共16078家，2013年参加考核企业14119家；有1959家企业因重组、关停、搬迁、淘汰等原因未参加考核。参加考核企业中，3975家考核结果为“超额完成”等级，占28.15%；7117家考核结果为“完成”等级，占50.41%；1836家考核结果为“基本完成”等级，占13.00%；1191家考核结果为“未完成”等级，占8.44%。2011-2013年，万家企业累计实现节能量2.49亿吨标准煤，完成“十二五”万家企业节能量目标的97.72%。

2013年，参加万家企业节能目标责任考核的中央企业和单位共1414家。其中，631家考核结果为“超额完成”等级，占44.63%；551家考核结果为“完成”等级，占38.97%；88家考核结果为“基本完成”等级，占6.22%；144家考核结果为“未完成”等级，占10.18%。

按照《关于印发万家企业节能目标责任考核实施方案的通知》（发改办环资[2012]1923号）要求，对节能工作成绩突出的企业（单位），各地区和有关部门要进行表彰奖励。对考核为未完成等级的企业，由所在地区节能主管部门组织进行强制能源审计，责令限期整改，整改结果要向社会公开通报。未完成等级的企业一律不得参加年度评奖、授予荣誉称号，对其新建高耗能项目能评暂缓审批；在企业信用评级、信贷准入和退出管理以及贷款投放等方面，由银行业监管机构督促银行业金融机构按照有关规定落实相应限制措施；对国有独资、国有控股企业的考核结果，由各级国有资产监管机构根据有关规定落实奖惩措施。

12月3日　2014年节能砖与农村节能建筑市场转化项目交流活动在湖北武汉举办。该项目实施4年来，推动和建立了10家节能砖示范企业和22家节能砖推广企业，形成了近9亿块节能砖的年生产能力，砖厂直接节能12万吨标煤，二氧化碳减排量30万吨；有近1.5万个农户住进了节能型新民居。通过在全国13个省（区、市）开展节能砖与农村节能建筑示范推广，不仅取得了显著的节能减排效果，还探索并形成了不同地区的节能砖生产与节能建筑建设和应用的示范模式，有力促进了我国砖瓦生产企业的升级转型和技术进步，同时把节能建筑建设与农村可再生能源综合利用相结合，探索了农村节能减排的新途径。

12月9日　中德动力电池回收利用项目工作组第三次工作组会议在天津市举行。会议上，中德双方分别介绍了本国动力电池发展及资源化有关进展及政策，并就电动汽车动力电池发展现状及趋势、动力电池回收利用体系案例、德国动力电池回收利用技术等进行了专题报告。会上，中德两国研究机构正式发布了《中国电动汽车动力电池回收利用可行性研究报告》。来自中国国家发展改革委、工业和信息化部、环境保护部、商务部；德国环境部、德国驻华使馆；中德双方支撑机构——中国汽车技术研究中心和德国经济合作机构（GIZ）以及中德两国相关研究机构、协会和企业代表共50余人参加了本次会议。

12月19日　国家发展改革委办公厅印发2014年资源综合利用发电机组认定名单，冀中能源峰峰集团有限公司五矿矸石热电厂等129家企业250台资源综合利用发电机组通过审核。通过审核认定的资源综合利用发电机组可按照有关规定申请享受国家资源综合利用相关优惠政策。

12月22日　国家发展改革委、科技部、工业和信息化部、财政部、国土资源部、环境保护部、住房城乡建设部、税务总局发出第18号令，公布《煤矸石综合利用管理办法（修订）》，自2015年3月1日起施行。1998年原国家经贸委等八部门联合发布的煤矸石综合利用管理办法（国经贸资[1998]80号）同时废止。

12月31日　根据国务院印发的《“十二五”国家战略性新兴产业发展规划》（国发[2012]28号）和《循环经济发展战略及近期行动计划》（国发[2013]5号）的总体部署，为提升我国资源循环利用领域的技术装备水平，壮大资源循环利用产业，促进我国战略性新兴产业发展，国家发展改革委、科技部、工业和信息化部、财政部、环境保护部、商务部六部门联合印发《重要资源循环利用工程（技术推广及装备产业化）实施方案》（发改环资[2014]3052号）。

工程总体目标是：到2017年，基本形成适应资源循环利用产业发展的技术研发、推广和装备产业化能力，攻克一批技术障碍，技术储备能力显著增强，企业重大科技成果集成、转化能力大幅提高，掌握一批具有主导地位的关键核心技术，部分达到国际先进水平，初步形成主要资源循环利用装备的成套化。

工程分项目标是：

城市矿产（再生资源）：到2017年，废钢铁、废有色金属（稀贵金属）、废塑料、废橡胶、废弃电器电子产品的资源化利用技术和成套装备产业化水平明显提升，形成拥有自主知识产权的成套化技术及装备20项，企业拥有及新申请相关专利50项以上。

再制造：到2017年，机械产品再制造损伤检测、体积修复等再制造技术攻关和装备研发取得突破，实现再制造成套装备的完全国产化和体系化，再制造纳米电刷镀技术装备、电弧喷涂等成熟表面工程装备得到大范围示范应用。

产业废弃物资源化利用：到2017年，在共伴生矿产资源、尾矿、粉煤灰、煤矸石、冶炼渣、工业副产石膏、赤泥、建筑废物等领域研发60-70项具有自主知识产权的技术、装备，推广50-60项先进适用技术、装备。

废旧商品回收体系建设：到2017年，在合理规划的基础上，建设一批分拣技术先进、环保设施完备和劳动保护措施健全的回收分拣中心和回收分拣集聚区，对电子废弃物等品种开展智能回收试点。

12月　山西省确定孝义市、永济市、介休市、洪洞县、清徐县5个县（市）为第一批循环经济示范县；确定山西潞安矿业（集团）有限责任公司、晋城无烟煤矿业集团有限责任公司、太原钢铁（集团）有限公司、山西焦化集团有限公司、山西阳煤丰喜肥业（集团）有限责任公司、孝义市金岩电力煤化工有限公司、山西平遥峰岩煤焦集团有限公司、朔州市润臻新技术开发有限公司、阳泉天元废旧电器回收处理有限公司、五台云海镁业有限公司10个企业为第一批循环经济典型企业。

数据资料

国家统计局统计数据

（国家统计局提供）

一、经济社会主要指标

表1-1　东、中、西部及东北地区国民经济和社会发展主要指标（2014年）

指　　标	全国总计	东部地区		中部地区		西部地区		东北地区	
		绝对数	占全国比重(%)	绝对数	占全国比重(%)	绝对数	占全国比重(%)	绝对数	占全国比重(%)
总人口(年末)　(万人)	136782	52169	38.3	36262	26.6	36839	27.0	10976	8.1
国内(地区)生产总值　(亿元)	636139	350101	51.2	138680	20.3	138100	20.2	57469	8.4
第一产业　(亿元)	58336	20132	34.5	15351	26.3	16433	28.2	6421	11.0
第二产业　(亿元)	271764	159086	49.6	68771	21.5	65441	20.4	27216	8.5
第三产业　(亿元)	306038	170883	55.9	54558	17.9	56227	18.4	23832	7.8
全社会固定资产投资额(亿元)	512021	206412	40.8	124250	24.6	129191	25.5	45899	9.1
房地产开发投资额　(亿元)	95036	47639	50.1	18308	19.3	21433	22.6	7656	8.1
社会消费品零售总额　(亿元)	271896	140948	51.8	56145	20.6	49850	18.3	24953	9.2
货物进出口总额　(亿美元)	43015	35411	82.3	2470	5.7	3342	7.8	1793	4.2
出口　(亿美元)	23423	18846	80.5	1584	6.8	2174	9.3	819	3.5
进口　(亿美元)	19592	16565	84.5	886	4.5	1168	6.0	974	5.0
地方一般公共预算收入(亿元)	75877	40814	53.8	13490	17.8	15875	20.9	5697	7.5
地方一般公共预算支出(亿元)	129215	51379	39.8	27612	21.4	38797	30.0	11428	8.8
主要农产品产量									
粮食　(万吨)	60703	14768	24.3	18248	30.1	16158	26.6	11529	19.0
棉花　(万吨)	618	132	21.4	106	17.1	380	61.5	0	0.0
油料　(万吨)	3507	813	23.2	1528	43.6	1001	28.5	167	4.7
主要工业产品产量									
原煤　(亿吨)	39	3	6.7	13	33.4	22	55.9	2	3.9
原油　(万吨)	21143	7866	37.2	549	2.6	7042	33.3	5686	26.9
天然气　(亿立方米)	1302	144	11.1	38	2.9	1053	80.9	66	5.1
水泥　(万吨)	249207	86388	34.7	68605	27.5	80972	32.5	13242	5.3

表1-1 东、中、西部及东北地区国民经济和社会发展主要指标（2013年）（续一）

指　　标	全国总计	东部地区		中部地区		西部地区		东北地区	
		绝对数	占全国比重(%)	绝对数	占全国比重(%)	绝对数	占全国比重(%)	绝对数	占全国比重(%)
粗钢（万吨）	82231	44502	54.1	16833	20.5	12647	15.4	8249	10.0
钢材（万吨）	112513	66665	59.3	20651	18.4	16350	14.5	8847	7.9
汽车（万辆）	2373	1102	46.5	385	16.2	526	22.2	360	15.2
发电量（亿千瓦小时）	56496	21272	37.7	11980	21.2	19943	35.3	3301	5.8
邮电业务总量（亿元）	21834	11790	54.0	3982	18.2	4656	21.3	1406	6.4
铁路营业里程（公里）	111821	26507	23.7	26040	23.3	43605	39.0	15669	14.0
公路里程（公里）	4463913	1102793	24.7	1193364	26.7	1793824	40.2	373935	8.4
#高速公路（公里）	111936	33364	29.8	29695	26.5	38272	34.2	10604	9.5
客运量（万人）	2209391	770852	35.5	644264	29.7	579062	26.7	176017	8.1
货运量（万吨）	4386800	1509972	35.1	1305709	30.4	1149799	26.8	330662	7.7
普通高等学校									
学校数（个）	2529	980	38.8	668	26.4	627	24.8	254	10.0
本专科招生数（万人）	721	280	38.8	199	27.6	178	24.7	64	8.9
本专科在校学生数（万人）	2548	998	39.2	695	27.3	621	24.4	235	9.2
本专科毕业生数（万人）	659	262	39.8	185	28.0	154	23.4	58	8.9
卫生机构数（个）	981432	319062	32.5	273276	27.8	312533	31.8	76561	7.8
#医院（个）	25860	8975	34.7	5968	23.1	8371	32.4	2546	9.8
卫生技术人员（万人）	759.0	309.2	40.8	185.1	24.4	201.7	26.6	62.0	8.2
#执业(助理)医师（万人）	289.3	119.7	41.4	71.7	24.8	73.2	25.3	24.6	8.5
医疗机构床位数（万张）	660.1	235.5	35.7	174.9	26.5	190.0	28.8	59.8	9.1
#医院（万张）	496.1	184.2	37.1	124.9	25.2	138.3	27.9	48.7	9.8
居民人均可支配收入（元）	20167	25954		16868		15376		19604	
城镇居民人均可支配收入(元)	28844	33905		24733		24391		25579	
农村居民人均可支配收入(元)	10489	13145		10011		8295		10802	

注：东部10省市、中部6省、西部12省市区和东北3省合计占全国的比重以全国各地区合计数为100计算。

表1-2 京津冀及长江经济带国民经济和社会发展主要指标(2014年)

指　　标	全国总计	京津冀地区		长江经济带	
		绝对数	占全国比重(%)	绝对数	占全国比重(%)
总人口(年末)　(万人)	136782	11052	8.1	58426	42.9
国内(地区)生产总值　(亿元)	636139	66479	9.7	284689	41.6
第一产业　(亿元)	58336	3806	6.5	23800	40.8
第二产业　(亿元)	271764	27290	8.5	132488	41.3
第三产业　(亿元)	306038	35383	11.6	128401	42.0
全社会固定资产投资额(亿元)	512021	44114	8.7	209459	41.4
房地产开发投资额　(亿元)	95036	9475	10.0	44283	46.6
社会消费品零售总额(亿元)	271896	26197	9.6	112693	41.4
货物进出口总额　(亿美元)	43015	6093	14.2	17568	40.8
出口　(亿美元)	23423	1506	6.4	10718	45.8
进口　(亿美元)	19592	4586	23.5	6850	35.1
地方一般公共预算收入(亿元)	75877	8864	11.7	32918	43.4
地方一般公共预算支出(亿元)	129215	12087	9.4	55136	42.7
主要农产品产量					
粮食　(万吨)	60703	3600	5.9	23024	37.9
棉花　(万吨)	618	47	7.6	108	17.6
油料　(万吨)	3507	151	4.3	1625	46.3
主要工业产品产量					
原煤　(亿吨)	39	1	2.0	6	15.2
原油　(万吨)	21143	3667	17.3	310	1.5
天然气　(亿立方米)	1302	51	4.0	266	20.5
水泥　(万吨)	249207	12496	5.0	119661	48.0
粗钢　(万吨)	82231	20820	25.3	28613	34.8
钢材　(万吨)	112513	31494	28.0	37796	33.6
汽车　(万辆)	2373	355	15.0	1018	42.9
发电量　(亿千瓦小时)	56496	3489	6.2	22681	40.1
邮电业务总量　(亿元)	21834	1959	9.0	9202	42.1

表1-2 京津冀及长江经济带国民经济和社会发展主要指标(2014年)(续)

指　　标	全国总计	京津冀地区		长江经济带	
		绝对数	占全国比重(%)	绝对数	占全国比重(%)
铁路营业里程　(公里)	111821	8508	7.6	32397	29.0
公路里程　(公里)	4463913	217159	4.9	1936515	43.4
#高速公路　(公里)	111936	7983	7.1	43191	38.6
客运量　(万人)	2209391	144088	6.6	1110908	51.2
货运量　(万吨)	4386800	286250	6.7	1871000	43.6
普通高等学校					
学校数　(个)	2529	262	10.4	1083	42.8
本专科招生数　(万人)	721	61	8.5	306	42.3
本专科在校学生数　(万人)	2548	227	8.9	1079	42.4
本专科毕业生数　(万人)	659	62	9.4	284	43.0
卫生机构数　(个)	981432	93523	9.5	381795	38.9
#医院　(个)	25860	2322	9.0	10619	41.1
卫生技术人员　(万人)	759.0	65.0	8.6	313.0	41.3
#执业(助理)医师　(万人)	289.3	27.1	9.4	119.4	41.3
医疗机构床位数　(万张)	660.1	49.4	7.5	289.5	43.8
#医院　(万张)	496.1	39.2	7.9	213.7	43.1

注：京津冀3省市及长江经济带11省市(上海、江苏、浙江、安徽、江西、湖南、湖北、重庆、四川、贵州、云南)合计占全国的比重以全国各地区合计数为100计算。

二、自然资源

表2-1 土地状况

项目	面积(万平方公里)
总面积	960
#耕地	135
园地	14
林地	253
牧草地	219
其他农用地	24
居民点及独立工矿用地	31
交通运输用地	3
水利设施用地	4

注：本表数据来源于国土资源部，为2013年全国土地变更调查数据。

表2-2 主要河流基本情况

名称	流域面积(平方公里)	河长(公里)	年径流量(亿立方米)
长江	1782715	6300	9857
黄河	752773	5464	592
松花江	561222	2308	818
辽河	221097	1390	137
珠江	442527	2214	3381
海河	265511	1090	163
淮河	268957	1000	595

注：本表数据由水利部提供，为2002年至2005年进行的第二次水资源评价数据。

表2–3 河流流域面积

流域名称	流 域 面 积(平方公里)	占外流河、内陆河流域面积合计
合计	9506678	100.00
外流河	6150927	64.70
黑龙江及绥芬河	934802	9.83
辽河、鸭绿江及沿海诸河	314146	3.30
海滦河	320041	3.37
黄河	752773	7.92
淮河及山东沿海诸河	330009	3.47
长江	1782715	18.75
浙闽台诸河	244574	2.57
珠江及沿海诸河	578974	6.09
元江及澜仓江	240389	2.53
怒江及滇西诸河	157392	1.66
雅鲁藏布江及藏南诸河	387550	4.08
藏西诸河	58783	0.62
额尔齐斯河	48779	0.51
内陆河	3355751	35.30
内蒙内陆河	311378	3.28
河西内陆河	469843	4.94
准嘎尔内陆河	323621	3.40
中亚细亚内陆河	77757	0.82
塔里木内陆河	1079643	11.36
青海内陆河	321161	3.38
羌唐内陆河	730077	7.68
松花江、黄河、藏南闭流区	42271	0.44

注：本表数据由水利部提供，为2002年至2005年进行的第二次水资源评价数据。

表2-4 主要矿产基础储量

项 目		2014
石油	(万吨)	343335.00
天然气	(亿立方米)	49451.78
煤炭	(亿吨)	2399.93
铁矿	(矿石，亿吨)	206.56
锰矿	(矿石，万吨)	21415.44
铬矿	(矿石，万吨)	419.75
钒矿	(万吨)	900.17
原生钛铁矿	(万吨)	21611.22
铜矿	(铜，万吨)	2836.36
铅矿	(铅，万吨)	1720.82
锌矿	(锌，万吨)	4034.06
铝土矿	(矿石，万吨)	98321.90
镍矿	(镍，万吨)	252.98
钨矿	(WO3，万吨)	233.30
锡矿	(锡，万吨)	110.58
钼矿	(钼，万吨)	836.55
锑矿	(锑，万吨)	53.23
金矿	(金，吨)	2016.66
银矿	(银，吨)	38503.99
菱镁矿	(矿石，万吨)	108366.98
普通萤石	(矿物，万吨)	3975.84
硫铁矿	(矿石，万吨)	133859.93
磷矿	(矿石，亿吨)	30.73
钾盐	(KCl，万吨)	59475.91
盐矿	(NaCl，亿吨)	831.70
芒硝	(Na2SO4，亿吨)	55.13
重晶石	(矿石，万吨)	3029.14
玻璃硅质原料	(矿石，万吨)	190392.05
石墨	(矿物，万吨)	4128.95
滑石	(矿石，万吨)	8395.39
高岭土	(矿石，万吨)	57521.17

注：本表资料由国土资源部提供。其中，石油和天然气的数据为剩余技术可采储量(下表同)。

表2-5 分地区主要能源、黑色金属矿产基础储量（2014年）

地　区	石　油（万吨）	天然气（亿立方米）	煤　炭（亿吨）	铁　矿（矿石，亿吨）	锰　矿（矿石，万吨）	铬　矿（矿石，万吨）	钒　矿（万吨）	原生钛铁矿（万吨）
全　国	343335.00	49451.78	2399.93	206.56	21415.44	419.75	900.17	21611.22
北　京			3.75	1.33				
天　津	3048.60	278.53	2.97					
河　北	26724.90	324.49	40.97	28.54	7.05	4.64	10.28	283.68
山　西		75.95	920.89	16.92	12.90			
内蒙古	8354.40	8098.14	490.02	25.32	567.55	56.29	0.77	
辽　宁	15777.40	156.57	27.57	51.67	1386.50			
吉　林	18122.30	667.81	9.71	4.67	0.40			
黑龙江	45373.80	1344.51	62.12	0.35				
上　海								
江　苏	2965.40	24.02	10.71	1.72			4.51	
浙　江			0.43	0.54			3.75	
安　徽	253.10	0.26	83.96	8.75	4.06		5.89	
福　建			4.22	3.24	132.04			
江　西			3.43	1.47			6.52	
山　东	32627.40	348.35	77.22	9.06				786.87
河　南	4876.80	70.79	86.49	1.36	0.82			0.46
湖　北	1284.90	4.42	3.19	4.51	657.44		29.22	1053.23
湖　南			6.68	1.78	1913.92		2.90	
广　东	13.80	0.50	0.23	1.00	75.23			
广　西	131.60	1.32	2.27	0.29	8486.60		171.49	
海　南	277.90	3.69	1.19	0.90				
重　庆	267.70	2456.55	18.03	0.13	1393.33			
四　川	661.80	11708.56	54.10	25.92	100.04		567.27	19438.13
贵　州		6.31	93.98	0.13	4417.10			
云　南	12.20	0.80	59.47	4.18	1152.27		0.07	3.12
西　藏			0.12	0.17		169.22		
陕　西	36300.80	8047.88	95.48	3.98	289.02		7.47	
甘　肃	21878.40	256.09	32.86	3.39	259.00	141.24	89.87	
青　海	7524.50	1457.94	11.82	0.03		3.68		
宁　夏	2180.60	272.76	38.04					
新　疆	58878.60	9746.20	158.01	5.21	560.17	44.68	0.16	45.73
海　域	55798.20	4099.34						

表2–6　分地区主要有色金属、非金属矿产基础储量（2014年）

地　区	铜　矿 (铜,万吨)	铅　矿 (铅,万吨)	锌　矿 (锌,万吨)	铝土矿 (矿石,万吨)	菱镁矿 (矿石,万吨)	硫铁矿 (矿石,万吨)	磷　矿 (矿石,亿吨)	高岭土 (矿石,万吨)
全　国	2836.36	1720.82	4034.06	98321.90	108366.98	133859.93	30.73	57521.17
北　京	0.02							
天　津								
河　北	13.54	23.69	72.92	28.01	882.34	1089.31	1.93	58.30
山　西	156.01	0.46	0.17	14481.50		1058.11	0.17	160.20
内蒙古	415.67	584.78	1178.88			14865.81	0.11	4813.18
辽　宁	29.26	13.19	46.74		92453.66	1240.03	0.81	536.93
吉　林	20.65	13.95	18.92		1.10	730.70		47.90
黑龙江	111.45	6.37	26.61			48.20		
上　海								
江　苏	5.75	24.34	40.51			566.97	0.13	148.99
浙　江	5.33	8.21	18.44			461.66		830.02
安　徽	167.01	13.27	12.63			14848.78	0.20	176.51
福　建	127.02	28.10	69.96			1160.20		5363.15
江　西	576.82	53.18	77.56			13996.05	0.62	2975.75
山　东	8.83	0.63	0.75	158.90	14793.49	3.18		314.08
河　南	11.23	57.74	46.37	14933.61		5960.77	0.03	
湖　北	102.14	5.13	20.23	502.87		4717.38	8.00	418.37
湖　南	10.11	51.13	73.12	311.43		728.04	0.24	1986.07
广　东	30.11	119.38	210.48			16013.29		5396.73
广　西	3.33	44.54	147.08	46644.67		6141.93		31906.65
海　南	3.52	6.68	16.99					1916.80
重　庆		5.41	17.30	6409.21		1453.10		0.40
四　川	67.77	99.28	231.42	51.60	186.49	37956.92	4.70	56.10
贵　州	0.28	9.53	85.24	13322.27		5721.90	6.64	15.00
云　南	295.59	213.43	905.84	1476.94		4878.86	6.48	311.10
西　藏	274.40	92.93	43.34					
陕　西	19.95	29.92	72.19	0.89		108.30	0.06	81.10
甘　肃	144.62	76.60	312.75			1.00		
青　海	25.08	51.58	109.74		49.90	50.08	0.60	
宁　夏							0.01	
新　疆	210.87	87.37	177.88			59.36		7.84
海　域								

三、土地利用与生态

表3-1 分地区耕地面积

单位：千公顷

地 区	2009	2010	2011	2012	2013
地方合计	135384.6	135268.3	135238.6	135158.4	135163.4
北 京	227.2	223.8	222.0	220.9	221.2
天 津	447.2	443.7	441.1	439.3	438.3
河 北	6561.4	6551.4	6565.0	6558.3	6551.2
山 西	4068.4	4064.2	4064.5	4064.2	4062.0
内蒙古	9189.3	9187.6	9189.4	9186.9	9199.0
辽 宁	5041.9	5031.2	5013.2	4998.9	4989.7
吉 林	7030.4	7017.4	7021.2	7013.7	7006.5
黑龙江	15865.9	15858.0	15849.1	15845.9	15864.1
上 海	189.8	188.2	187.6	188.2	188.0
江 苏	4612.9	4595.5	4587.8	4584.7	4581.6
浙 江	1986.7	1983.7	1981.6	1979.4	1978.5
安 徽	5907.0	5894.9	5886.5	5881.3	5883.1
福 建	1341.8	1338.3	1337.9	1338.4	1338.7
江 西	3089.1	3085.0	3085.3	3083.5	3087.3
山 东	7668.3	7658.1	7646.9	7635.7	7633.5
河 南	8192.0	8177.5	8161.9	8156.8	8140.7
湖 北	5323.0	5312.3	5301.5	5290.0	5281.8
湖 南	4135.0	4137.5	4138.0	4146.2	4149.5
广 东	2532.2	2569.4	2601.3	2614.4	2621.8
广 西	4430.5	4424.7	4421.5	4414.2	4419.4
海 南	729.8	729.9	726.6	726.7	726.7
重 庆	2438.4	2442.9	2449.7	2451.3	2455.8
四 川	6720.0	6720.1	6735.6	6732.1	6734.8
贵 州	4562.5	4566.2	4560.7	4552.2	4548.1
云 南	6243.9	6240.1	6233.5	6224.9	6219.8
西 藏	443.0	442.4	442.4	442.2	441.8
陕 西	3997.6	3991.7	3989.9	3985.5	3992.0
甘 肃	5410.2	5396.5	5388.0	5383.5	5378.8
青 海	588.0	587.9	588.3	588.5	588.2
宁 夏	1288.1	1286.7	1285.0	1282.7	1281.1
新 疆	5123.1	5121.5	5135.4	5148.1	5160.2

注：本表数据来源于国土资源部，2009年为《第二次全国土地调查》数据，其余年份为当年全国土地变更调查数据。

表3-2 分地区土地利用情况（2013年）

单位：万公顷

地 区	农用地	#园 地	#草 地	建设用地	城镇村及工矿用地	交通运输用 地	水域及水利设施用地
全 国	64616.8	1445.5	21951.4	3745.6	3060.7	334.5	350.4
北 京	115.1	13.6	0.02	35.3	30.1	3.2	2.1
天 津	70.1	3.0		40.6	32.5	2.7	5.3
河 北	1312.0	84.5	40.3	212.4	184.4	17.4	10.6
山 西	1003.6	40.9	3.4	100.1	86.8	9.6	3.7
内蒙古	8291.1	5.7	4958.9	157.6	130.9	20.0	6.7
辽 宁	1155.3	47.1	0.3	159.8	131.3	14.7	13.8
吉 林	1661.6	6.6	23.8	107.4	85.1	8.7	13.5
黑龙江	3993.6	4.5	109.9	160.0	120.9	15.0	24.1
上 海	31.7	1.7	0.000	30.2	27.0	2.9	0.3
江 苏	652.7	30.6	0.01	222.6	185.2	20.7	16.6
浙 江	864.2	59.8	0.03	124.1	96.7	13.5	13.9
安 徽	1118.5	35.3	0.1	194.3	161.0	12.7	20.7
福 建	1090.8	78.2	0.03	78.7	60.9	10.7	7.1
江 西	1447.3	32.9	0.1	122.3	92.4	9.6	20.2
山 东	1156.8	72.8	0.6	276.4	232.9	20.4	23.1
河 南	1272.5	22.3	0.03	251.9	216.4	16.9	18.6
湖 北	1582.3	48.8	0.2	163.2	125.8	10.9	26.4
湖 南	1822.5	67.2	1.4	158.2	129.8	13.2	15.2
广 东	1502.9	128.9	0.3	193.2	157.3	16.5	19.4
广 西	1959.0	108.9	0.5	118.1	87.4	12.8	17.9
海 南	298.1	92.8	1.4	33.2	25.3	2.2	5.7
重 庆	710.1	27.2	4.6	63.8	54.4	5.7	3.8
四 川	4223.5	74.0	1096.1	174.8	150.0	13.7	11.1
贵 州	1478.8	16.8	7.3	63.3	51.1	8.2	4.0
云 南	3299.5	164.3	14.8	99.4	81.2	10.3	7.9
西 藏	8724.5	0.2	7069.8	13.8	9.6	3.6	0.6
陕 西	1862.5	82.6	218.2	90.8	77.6	9.6	3.6
甘 肃	1855.6	25.9	592.3	86.4	75.1	7.5	3.8
青 海	4510.8	0.6	4081.5	33.7	23.0	4.5	6.2
宁 夏	381.1	5.2	150.1	30.0	25.7	3.4	0.9
新 疆	5168.7	62.7	3575.7	150.1	113.0	13.6	23.5

表3-3　分地区森林资源情况

地　区	林业用地面积（万公顷）	森林面积（万公顷）	#人工林	森林覆盖率（%）	活立木总蓄积量（万立方米）	森林蓄积量（万立方米）
全　国	31259.00	20768.73	6933.38	21.63	1643280.62	1513729.72
北　京	101.35	58.81	37.15	35.84	1828.04	1425.33
天　津	15.62	11.16	10.56	9.87	453.98	374.03
河　北	718.08	439.33	220.90	23.41	13082.23	10774.95
山　西	765.55	282.41	131.81	18.03	11039.38	9739.12
内蒙古	4398.89	2487.90	331.65	21.03	148415.92	134530.48
辽　宁	699.89	557.31	307.08	38.24	25972.07	25046.29
吉　林	856.19	763.87	160.56	40.38	96534.93	92257.37
黑龙江	2207.40	1962.13	246.53	43.16	177720.97	164487.01
上　海	7.73	6.81	6.81	10.74	380.25	186.35
江　苏	178.70	162.10	156.82	15.80	8461.42	6470.00
浙　江	660.74	601.36	258.53	59.07	24224.93	21679.75
安　徽	443.18	380.42	225.07	27.53	21710.12	18074.85
福　建	926.82	801.27	377.69	65.95	66674.62	60796.15
江　西	1069.66	1001.81	338.60	60.01	47032.40	40840.62
山　东	331.26	254.60	244.52	16.73	12360.74	8919.79
河　南	504.98	359.07	227.12	21.50	22880.68	17094.56
湖　北	849.85	713.86	194.85	38.40	31324.69	28652.97
湖　南	1252.78	1011.94	474.61	47.77	37311.50	33099.27
广　东	1076.44	906.13	557.89	51.26	37774.59	35682.71
广　西	1527.17	1342.70	634.52	56.51	55816.60	50936.80
海　南	214.49	187.77	136.20	55.38	9774.49	8903.83
重　庆	406.28	316.44	92.55	38.43	17437.31	14651.76
四　川	2328.26	1703.74	449.26	35.22	177576.04	168000.04
贵　州	861.22	653.35	237.30	37.09	34384.40	30076.43
云　南	2501.04	1914.19	414.11	50.03	187514.27	169309.19
西　藏	1783.64	1471.56	4.88	11.98	228812.16	226207.05
陕　西	1228.47	853.24	236.97	41.42	42416.05	39592.52
甘　肃	1042.65	507.45	102.97	11.28	24054.88	21453.97
青　海	808.04	406.39	7.44	5.63	4884.43	4331.21
宁　夏	180.10	61.80	14.43	11.89	872.56	660.33
新　疆	1099.71	698.25	94.00	4.24	38679.57	33654.09

注：1.本表为第八次全国森林资源清查（2009—2013)资料。
2.全国总计数包括台湾省和香港、澳门特别行政区数据。

表3–4　造林面积

单位：公顷

年　份 地　区	造林总面积	按造林方式分			按林种用途分				
		人工造林	飞播造林	无林地和疏林地新封山育林	用材林	经济林	防护林	薪炭林	特种用途林
2000	5105138	4345008	760130		1218461	1350277	2430834	82338	23228
2005	3647942	3231556	416386		607547	337816	2678214	16074	8291
2006	2717925	2446122	271803		481629	403322	1824687	4837	3450
2007	3907711	2738521	118671	1050519	610367	478417	2790172	7993	20762
2008	5354387	3684913	154065	1515409	782109	850774	3697812	4020	19672
2009	6262330	4156293	226337	1879700	801317	1002555	4407654	23705	27099
2010	5909919	3872762	195948	1841209	809937	1110896	3943432	18887	26767
2011	5996613	4065693	196931	1733989	1019320	1218281	3688827	36805	33380
2012	5595791	3820704	136409	1638678	774398	1101053	3650842	41145	28353
2013	6100057	4209686	154400	1735971	1057558	1233676	3748409	24898	35516
2014	5549612	4052912	108055	1388645	1092351	1139192	3238663	36950	42456
北　京	22937	22937				131	22482		324
天　津	7061	7061			1320	355	5386		
河　北	340042	274554		65488	50741	56183	232724		394
山　西	303501	233191	3333	66977	1887	85791	200489	15334	
内蒙古	559247	320254	57434	181559	9780	10285	538515		667
辽　宁	226471	126407		100064	13466	25443	187562		
吉　林	108523	108523			58331	7784	42399	9	
黑龙江	101079	49276		51803	7142	1794	91567	66	510
上　海	899	899				236	663		
江　苏	59209	59209			6660	11771	39685		1093
浙　江	39396	26720		12676	4930	9035	25328	1	102
安　徽	157745	150871		6874	51701	44584	54826	426	6208
福　建	44346	44346			28714	5677	7984	4	1967
江　西	131973	130751		1222	82696	29371	18232	1025	649
山　东	224972	223560		1412	43411	66219	113208		2134

表3–4 造林面积（续）

单位：公顷

年份 地区	造林总面积	按造林方式分			按林种用途分				
		人工造林	飞播造林	无林地和疏林地新封山育林	用材林	经济林	防护林	薪炭林	特种用途林
河　南	260003	201251	13334	45418	67178	48996	143082	667	80
湖　北	243799	168867		74932	85622	51338	105254	13	1572
湖　南	391942	229614		162328	203574	47356	134519	1393	5100
广　东	151473	133218		18255	43889	7793	98293	89	1409
广　西	143651	117985		25666	80908	30552	30496		1695
海　南	8802	8802			1483	4148	2425		746
重　庆	191001	138820		52181	45535	52923	82823	9700	20
四　川	98226	67812		30414	20366	30324	47128		408
贵　州	320000	233361		86639	96000	140800	73967	6833	2400
云　南	400355	334593		65762	72512	216588	108257	365	2633
西　藏	82668	32140		50528		17012	65656		
陕　西	335362	251125	32000	52237	10739	70697	253793	133	
甘　肃	214025	152502		61523	133	20451	184760	381	8300
青　海	132044	28444		103600		979	131065		
宁　夏	84191	49723		34468		4232	79959		
新　疆	151336	112763	1954	36619	3633	40344	106803	511	45

注：2014年全国合计造林面积中包括军事管理区人工营造的9333公顷防护林和4000公顷特种用途林。

表3–5　分地区草原建设利用情况（2013年）

单位：千公顷

地　区	草原总面积	可利用草原面积	累计种草保留面积	当年新增种草面积	草原鼠害		草原虫害		草原火灾受害面积
					危害面积	治理面积	危害面积	治理面积	
全　国	392832.7	330995.4	20867.1	6915.3	36776.0	7585.3	15307.3	4641.3	35.3
北　京	394.8	336.3	19.6	18.2					
天　津	146.6	135.4	9.0	8.3					
河　北	4712.1	4085.3	626.0	147.7	392.0	236.9	443.3	256.0	
山　西	4552.0	4552.0	434.9	147.9	412.7	114.7	434.7	100.0	
内蒙古	78804.5	63591.1	4499.4	1926.4	4835.3	1310.2	6103.3	1522.7	30.7
辽　宁	3388.8	3239.3	725.5	366.8	277.3	193.0	296.0	143.3	
吉　林	5842.2	4379.0	663.6	263.3	396.7	268.7	290.7	125.3	0.8
黑龙江	7531.8	6081.7	462.1	195.9	615.3	128.0	469.3	102.0	0.1
上　海	73.3	37.3	47.7	41.3					
江　苏	412.7	325.7	115.3	70.5					
浙　江	3169.9	2075.2	55.0	30.5					
安　徽	1663.2	1485.2	233.0	132.3					
福　建	2048.0	1957.1	168.2	68.8					
江　西	4442.3	3847.6	235.8	150.4					
山　东	1638.0	1329.2	238.5	97.8					0.4
河　南	4433.8	4043.3	224.4	42.6					
湖　北	6352.2	5071.5	48.4	37.0					
湖　南	6372.7	5666.3	89.1	24.2					
广　东	3266.2	2677.2	18.3	0.3					
广　西	8698.3	6500.3	94.7	42.8					
海　南	949.8	843.3	2183.4						
重　庆	2158.4	1867.2	620.7	158.7					
四　川	20380.4	17753.1	974.9	315.7	3016.0	935.0	868.7	382.0	
贵　州	4287.3	3759.7	154.4	64.8					
云　南	15308.4	11925.6	856.3	136.9					
西　藏	82051.9	70846.8	2828.5	537.3	7410.0	157.3	9.3	5.3	0.2
陕　西	5206.2	4349.2	1560.9	826.4	648.0	208.5	352.7	63.3	0.2
甘　肃	17904.2	16071.6	732.9	281.9	4596.7	884.7	1390.7	302.7	1.7
青　海	36369.7	31530.7	1712.9	731.0	8718.7	1129.3	1654.7	443.3	
宁　夏	3014.1	2625.6	233.6	49.7	335.3	589.1	446.0	118.0	0.8
新　疆	57258.8	48006.8	1767.6	586.9	5122.0	1429.9	2548.0	1077.3	0.5

表3–6 分地区湿地面积

地　区	湿地面积（千公顷）	天然湿地	近海与海岸	河　流	湖　泊	沼　泽	人工湿地	湿地面积占辖区面积比重（%）
全　国	53602.6	46674.7	5795.9	10552.1	8593.8	21732.9	6745.9	5.56
北　京	48.1	24.2		22.7	0.2	1.3	23.9	2.86
天　津	295.6	151.1	104.3	32.3	3.6	10.9	144.5	23.94
河　北	941.9	694.6	231.9	212.5	26.6	223.6	247.3	5.04
山　西	151.9	108.1		96.9	3.1	8.1	43.8	0.97
内蒙古	6010.6	5878.8		463.7	566.2	4848.9	131.8	5.08
辽　宁	1394.8	1077.7	713.2	251.5	2.9	110.1	317.1	9.42
吉　林	997.6	862.9		223.5	112.0	527.4	134.7	5.32
黑龙江	5143.3	4953.8		733.5	356.0	3864.3	189.5	11.31
上　海	464.6	409.0	386.6	7.3	5.8	9.3	55.6	73.27
江　苏	2822.8	1948.8	1087.5	296.6	536.7	28.0	874.0	27.51
浙　江	1110.1	843.3	692.5	141.2	8.9	0.7	266.8	10.91
安　徽	1041.8	713.6		309.6	361.1	42.9	328.2	7.46
福　建	871.0	711.2	575.6	135.1	0.3	0.2	159.8	7.18
江　西	910.1	710.7		310.8	374.1	25.8	199.4	5.45
山　东	1737.5	1103.0	728.5	257.8	62.6	54.1	634.5	11.07
河　南	627.9	380.7		368.9	6.9	4.9	247.2	3.76
湖　北	1445.0	764.2		450.4	276.9	36.9	680.8	7.77
湖　南	1019.7	813.5		398.4	385.8	29.3	206.2	4.81
广　东	1753.4	1158.1	815.1	337.9	1.5	3.6	595.3	9.76
广　西	754.3	536.6	259.0	268.9	6.3	2.4	217.7	3.20
海　南	320.0	242.0	201.7	39.7	0.6		78.0	9.14
重　庆	207.2	87.7		87.3	0.3	0.1	119.5	2.51
四　川	1747.8	1665.6		452.3	37.4	1175.9	82.2	3.61
贵　州	209.7	151.6		138.1	2.5	11.0	58.1	1.19
云　南	563.5	392.5		241.8	118.5	32.2	171.0	1.43
西　藏	6529.0	6524.0		1434.5	3035.2	2054.3	5.0	5.35
陕　西	308.5	276.2		257.6	7.6	11.0	32.3	1.50
甘　肃	1693.9	1642.4		381.7	15.9	1244.8	51.5	3.73
青　海	8143.6	8001.0		885.3	1470.3	5645.4	142.6	11.27
宁　夏	207.2	169.5		97.9	33.5	38.1	37.7	4.00
新　疆	3948.2	3678.3		1216.4	774.5	1687.4	269.9	2.38

注：1.本表为中国第二次湿地调查资料。
2.全国总计数包括台湾省和香港、澳门特别行政区数据。

表3-7　分地区自然保护基本情况（2014年）

地　区	自然保护区个数(个)	#国家级	自然保护区面积（万公顷）	#国家级
全　国	2729	428	14699.2	9651.6
北　京	20	2	13.4	2.6
天　津	8	3	9.1	3.8
河　北	44	13	70.5	25.3
山　西	46	7	110.3	11.7
内蒙古	182	29	1264.3	428.4
辽　宁	104	17	274.3	97.5
吉　林	48	20	245.2	110.7
黑龙江	250	36	747.4	303.1
上　海	4	2	13.6	6.6
江　苏	30	3	53.0	29.9
浙　江	33	10	19.9	14.7
安　徽	104	7	45.5	13.9
福　建	90	16	43.3	24.0
江　西	202	14	129.0	23.1
山　东	88	7	111.9	22.0
河　南	33	12	74.1	43.7
湖　北	70	18	101.7	42.8
湖　南	128	23	131.0	63.6
广　东	390	15	185.4	32.6
广　西	77	22	142.1	38.9
海　南	49	10	270.5	15.7
重　庆	57	6	83.8	27.5
四　川	168	30	829.8	293.6
贵　州	124	8	89.0	24.4
云　南	157	20	283.2	150.3
西　藏	47	9	4136.9	3715.3
陕　西	60	22	113.1	60.0
甘　肃	60	20	916.8	687.7
青　海	11	7	2166.5	2073.4
宁　夏	14	9	53.3	46.0
新　疆	31	11	1971.2	1218.9

表3–8　林业投资完成情况（2014年）

单位：万元

地　区	本年完成投资					
		生态建设与保护	林业支撑与保障	林业产业发展	林业民生工程	其他投资
全　国	43255140	19479662	2327390	16200261	1532407	3715420
北　京	2353682	1846078	96093	72172	18701	320638
天　津	203034	188278	5874	600	1410	6872
河　北	897626	636325	62486	108679	8654	81482
山　西	1465912	1166426	30636	22353	112431	134066
内蒙古	1513615	1082552	72233	2277	196776	159777
辽　宁	1227495	781595	39826	342937	12665	50472
吉　林	678177	367106	85035	39983	129695	56358
黑龙江	974013	723416	34022	12437	132519	71619
上　海	147768	134958	4125	4849		3836
江　苏	1493080	1011884	217647	242449	14191	6909
浙　江	876555	471349	71568	187851	46703	99084
安　徽	971859	696468	60251	172604	6771	35765
福　建	2643740	762165	9330	1716691	687	154867
江　西	973325	330446	212313	144681	123659	162226
山　东	3250914	1076388	391811	1702881	12949	66885
河　南	1102935	644795	19236	302224	6596	130084
湖　北	940769	424381	47151	359967	57451	51819
湖　南	1908333	834469	86544	761109	66085	160126
广　东	732897	447850	72347	37323	23780	151597
广　西	10861358	1298740	233678	8203230	290778	834932
海　南	136712	77869	17846	7658	10119	23220
重　庆	463092	321367	31913	43476	10254	56082
四　川	2403437	987846	80985	1137631	49254	147721
贵　州	402000	352282	11854	12000	2238	23626
云　南	904811	544312	82849	133286	17762	126602
西　藏	188309	128958	13830		44621	900
陕　西	1091744	693360	38482	137308	29548	193046
甘　肃	837211	396063	45636	158734	53156	183622
青　海	281662	203853	18069	26635	3900	29205
宁　夏	164160	132263	9345	15029	3472	4051
新　疆	730509	453909	66438	91207	12530	106425
大兴安岭	280982	231571	1856		33052	14503

四、能源

表4-1 能源生产总量及构成

年 份	能源生产总量(万吨标准煤)	占能源生产总量的比重（%）			
		原 煤	原 油	天然气	一次电力及其他能源
1978	62770	70.3	23.7	2.9	3.1
1980	63735	69.4	23.8	3.0	3.8
1985	85546	72.8	20.9	2.0	4.3
1990	103922	74.2	19.0	2.0	4.8
1991	104844	74.1	19.2	2.0	4.7
1992	107256	74.3	18.9	2.0	4.8
1993	111059	74.0	18.7	2.0	5.3
1994	118729	74.6	17.6	1.9	5.9
1995	129034	75.3	16.6	1.9	6.2
1996	133032	75.0	16.9	2.0	6.1
1997	133460	74.3	17.2	2.1	6.5
1998	129834	73.3	17.7	2.2	6.8
1999	131935	73.9	17.3	2.5	6.3
2000	138570	72.9	16.8	2.6	7.7
2001	147425	72.6	15.9	2.7	8.8
2002	156277	73.1	15.3	2.8	8.8
2003	178299	75.7	13.6	2.6	8.1
2004	206108	76.7	12.2	2.7	8.4
2005	229037	77.4	11.3	2.9	8.4
2006	244763	77.5	10.8	3.2	8.5
2007	264173	77.8	10.1	3.5	8.6
2008	277419	76.8	9.8	3.9	9.5
2009	286092	76.8	9.4	4.0	9.8
2010	312125	76.2	9.3	4.1	10.4
2011	340178	77.8	8.5	4.1	9.6
2012	351041	76.2	8.5	4.1	11.2
2013	358784	75.4	8.4	4.4	11.8
2014	360000	73.2	8.4	4.8	13.7

注：电力折算标准煤的系数根据当年平均发电煤耗计算(下表同)。

表4-2 能源消费总量及构成

年 份	能源消费总量（万吨标准煤）	占能源消费总量的比重（%）			
		煤 炭	石 油	天然气	一次电力及其他能源
1978	57144	70.7	22.7	3.2	3.4
1980	60275	72.2	20.7	3.1	4.0
1985	76682	75.8	17.1	2.2	4.9
1990	98703	76.2	16.6	2.1	5.1
1991	103783	76.1	17.1	2.0	4.8
1992	109170	75.7	17.5	1.9	4.9
1993	115993	74.7	18.2	1.9	5.2
1994	122737	75.0	17.4	1.9	5.7
1995	131176	74.6	17.5	1.8	6.1
1996	135192	73.5	18.7	1.8	6.0
1997	135909	71.4	20.4	1.8	6.4
1998	136184	70.9	20.8	1.8	6.5
1999	140569	70.6	21.5	2.0	5.9
2000	146964	68.5	22.0	2.2	7.3
2001	155547	68.0	21.2	2.4	8.4
2002	169577	68.5	21.0	2.3	8.2
2003	197083	70.2	20.1	2.3	7.4
2004	230281	70.2	19.9	2.3	7.6
2005	261369	72.4	17.8	2.4	7.4
2006	286467	72.4	17.5	2.7	7.4
2007	311442	72.5	17.0	3.0	7.5
2008	320611	71.5	16.7	3.4	8.4
2009	336126	71.6	16.4	3.5	8.5
2010	360648	69.2	17.4	4.0	9.4
2011	387043	70.2	16.8	4.6	8.4
2012	402138	68.5	17.0	4.8	9.7
2013	416913	67.4	17.1	5.3	10.2
2014	426000	66.0	17.1	5.7	11.2

4–3 综合能源平衡表

单位：万吨标准煤

项　目	1990	1995	2000	2005	2010	2012	2013
可供消费的能源总量	96138	129535	144234	254619	365588	407594	417415
一次能源生产量	103922	129034	138570	229037	312125	351041	358784
回收能		2312	3087	7452	8958		
进口量	1310	5456	14327	26823	57671	68701	73420
出口量(-)	5875	6776	9327	11257	8803	7374	8005
年初年末库存差额	-3219	-491	-2424	2564	-4363	-4773	-6784
能源消费总量	98703	131176	146964	261369	360648	402138	416913
在总量中：							
农、林、牧、渔、							
水利业	4852	5505	4233	6860	7266	7804	8055
工　业	67578	96191	103014	187914	261377	284712	291131
建筑业	1213	1335	2207	3486	5533	6337	7017
交通运输、仓储和							
邮政业	4541	5863	11447	19136	27102	32561	34819
批发、零售业和							
住宿、餐饮业	1247	2018	3251	5917	7847	10012	10598
其他行业	3473	4519	6118	10484	15052	18407	19763
生活消费	15799	15745	16695	27573	36470	42306	45531
在总量中：							
终端消费	94289	124252	140476	250877	337469	386888	403814
#工业	63239	89473	96871	177775	238652	269900	278514
加工转换损失量	2264	3634	2472	3882	14294	16763	15994
#炼焦	905		526	855	1595	2179	2433
炼油	326		781	1273	1960	2153	1899
回收能						11239	13333
损失量	2150	3289	4016	6610	8885	9726	10439
平衡差额	-2565	-1641	-2730	-6751	4940	5456	502

注：1.电力、热力按等价热值折算，因此加工转换损失量中不包括发电、供热损失量。村办工业包括在工业中(下表同)。

2.进口量包括我国飞机、轮船在国外加油量；出口量包括外国飞机、轮船在我国加油量。

表4-4 石油平衡表

单位：万吨

项 目	1990	1995	2000	2005	2010	2012	2013
可供量	11435.0	16072.7	22631.4	32539.1	44178.4	47864.7	49993.9
生产量	13830.6	15005.0	16300.0	18135.3	20301.4	20747.8	20991.9
进口量	755.6	3673.2	9748.5	17163.2	29437.2	33088.8	34264.8
出口量(-)	3110.4	2454.5	2172.1	2888.1	4079.0	3884.3	4176.7
年初年末库存差额	-40.8	-151.0	-1245.0	128.8	-1481.2	-2087.6	-1086.1
消费量	11485.6	16064.9	22495.9	32547.0	44101.0	47797.3	49970.6
在消费量中：							
农、林、牧、渔、							
水利业	1033.6	1203.2	788.5	1451.7	1382.5	1537.9	1650.3
工 业	7321.6	9349.3	11248.5	14030.4	18555.0	17753.2	17594.6
建筑业	327.3	242.8	840.6	1502.2	2483.1	2740.7	3090.6
交通运输、仓储							
和邮政业	1683.2	2863.6	6399.0	10928.5	15079.3	17863.634	18967.585
批发、零售业和							
住宿、餐饮业	77.6	333.9	247.0	375.6	481.0	542.4	565.4
其他行业	757.8	1390.3	1635.9	1974.2	2578.2	3067.8	3349.7
生活消费	284.5	682.0	1336.5	2284.4	3541.9	4291.6	4752.4
在消费量中：							
终端消费	9304.7	13676.3	19950.1	29495.6	41243.4	45080.7	47458.8
#工 业	5180.4	7095.5	8860.0	11107.5	15857.8	15160.4	15235.4
中间消费							
（用于加工转换）	1630.4	2230.0	2352.9	2896.0	2663.3	2534.6	2295.7
发 电	1234.4	1358.5	1178.2	1306.4	385.3	292.4	265.1
供 热	356.3	399.9	427.0	429.1	593.1	493.5	448.2
制 气	39.7	51.6	25.9	14.4			
炼油损失量	295.8	420.1	721.9	1146.1	1684.8	1748.7	1582.4
损失量	254.7	158.6	192.9	155.4	194.4	182.0	216.1
平衡差额	-50.6	7.8	135.4	-7.9	77.4	67.4	23.3

注：1.生产量为原油产量。

2.进口量包括我国飞机、轮船在国外加油量；出口量包括外国飞机、轮船在我国加油量。

表4–5 煤炭平衡表

单位：万吨

项 目	1990	1995	2000	2005	2010	2012	2013
可供量	102221.1	133461.7	131894.5	235507.7	355577.6	418654.4	425014.8
生产量	107988.3	136073.1	138418.5	236514.6	342844.7	394512.8	397432.2
进口量	200.3	163.5	217.9	2621.6	18306.9	28841.1	32701.8
出口量(-)	1729.0	2861.7	5506.5	7173.1	1910.6	927.5	750.8
年初年末库存差额	-4238.5	86.8	-1235.3	3544.6	-3663.4	-3772.0	-4368.4
消费量	105523.0	137676.5	135689.7	243375.4	349008.3	411726.9	424425.9
在消费量中：							
农、林、牧、渔、							
水利业	2095.2	1856.7	1050.9	1801.7	2147.1	2266.1	2450.6
工 业	81090.9	117570.7	121806.7	224766.1	329728.5	391191.2	403157.0
建筑业	437.6	439.8	536.8	603.6	730.6	766.7	811.4
交通运输、仓储							
和邮政业	2160.9	1315.1	882.2	811.2	639.2	614.3	615.4
批发、零售业和							
住宿、餐饮业	1058.3	977.4	1461.0	2626.7	3192.0	3752.0	3966.2
其他行业	1980.4	1986.7	1495.1	2727.3	3411.6	3883.2	4135.6
生活消费	16699.7	13530.1	8457.0	10039.0	9159.2	9253.4	9289.8
在消费量中：							
终端消费	60205.9	66156.1	50511.0	86385.6	114825.7	118957.0	119491.4
#工 业	35773.8	46050.3	36628.0	67776.3	95545.9	98421.3	98222.5
中间消费							
(用于加工转换)	41257.8	69487.6	81987.4	152207.7	222947.9	266015.9	282355.3
#发 电	27204.3	44440.2	55811.2	103662.9	153742.5	183531.0	195177.4
供 热	2995.5	5887.3	8794.1	13542.0	17553.1	23779.7	22709.5
炼 焦	10697.6	18396.4	16496.4	33445.7	49950.4	56768.4	62535.6
炼油及煤制油					213.4	378.0	459.3
制 气	360.4	763.7	960.0	1277.0	1040.1	848.6	845.6
洗选损耗	4059.3	2032.8	3191.2	4782.1	11234.6	26754.0	22579.2
平衡差额	-3302.0	-4214.8	-3795.1	-7867.8	6569.3	6927.5	588.8

注：生产量为原煤产量。

表4-6 电力平衡表

单位：亿千瓦小时

项 目	1990	1995	2000	2005	2010	2012	2013
可供量	6230.4	10023.4	13472.7	24940.8	41936.5	49767.7	54204.1
生产量	6212.0	10077.3	13556.0	25002.6	42071.6	49875.5	54316.4
水 电	1267.2	1905.8	2224.1	3970.2	7221.7	8721.1	9202.9
火 电	4944.8	8043.2	11141.9	20473.4	33319.3	38928.1	42470.1
核 电		128.3	167.4	530.9	738.8	973.9	1116.1
风 电					446.2	959.8	1412.0
进口量	19.3	6.4	15.5	50.1	55.5	68.7	74.4
出口量(-)	0.9	60.3	98.8	111.9	190.6	176.5	186.7
消费量	6230.4	10023.4	13472.4	24940.3	41934.5	49762.6	54203.4
在消费量中：							
农、林、牧、渔、							
水利业	426.8	582.4	533.0	776.3	976.5	1012.6	1026.9
工 业	4873.3	7659.8	10004.6	18521.7	30871.8	36232.2	39236.9
建筑业	65.0	159.6	159.8	233.9	483.2	608.4	675.1
交通运输、仓储							
和邮政业	105.9	182.3	281.2	430.3	734.5	915.4	1000.9
批发、零售业和							
住宿、餐饮业	76.2	199.5	418.7	752.3	1292.0	1691.5	1876.9
其他行业	202.4	234.2	623.2	1340.9	2451.8	3083.6	3397.6
生活消费	480.8	1005.6	1452.0	2884.8	5124.6	6219.0	6989.2
在消费量中：							
终端消费	5795.8	9278.9	12535.7	23233.8	39366.3	46866.5	51062.7
#工 业	4438.7	6915.3	9067.9	16815.2	28303.5	33336.1	36096.2
输配电损失量	434.6	744.5	936.7	1706.5	2568.2	2896.2	3140.7

表4–7 能源生产弹性系数

年 份	能源生产比上年增长（%）	电力生产比上年增长（%）	国内生产总值比上年增长（%）	能源生产弹性系数	电力生产弹性系数
1985	9.9	8.9	13.5	0.73	0.66
1990	2.2	6.2	3.9	0.56	1.59
1991	0.9	9.1	9.3	0.10	0.98
1992	2.3	11.3	14.3	0.16	0.79
1993	3.6	15.3	13.9	0.26	1.10
1994	6.9	10.7	13.1	0.53	0.82
1995	8.7	8.6	11.0	0.79	0.78
1996	3.1	7.2	9.9	0.31	0.73
1997	0.3	5.1	9.2	0.03	0.55
1998	-2.7	2.7	7.8		0.35
1999	1.6	6.3	7.6	0.21	0.83
2000	5.0	9.4	8.4	0.60	1.12
2001	6.4	9.2	8.3	0.77	1.11
2002	6.0	11.7	9.1	0.66	1.29
2003	14.1	15.5	10.0	1.41	1.55
2004	15.6	15.3	10.1	1.54	1.51
2005	11.1	13.5	11.3	0.98	1.19
2006	6.9	14.6	12.7	0.54	1.15
2007	7.9	14.5	14.2	0.56	1.02
2008	5.0	5.6	9.6	0.52	0.58
2009	3.1	7.1	9.2	0.34	0.77
2010	9.1	13.3	10.6	0.86	1.25
2011	9.0	12.0	9.5	0.95	1.26
2012	3.2	5.8	7.7	0.41	0.75
2013	2.2	8.9	7.7	0.29	1.16
2014	0.5	4.0	7.4	0.07	0.54

注：国内生产总值增长速度按不变价格计算（下表同）。

表4-8　能源消费弹性系数

年　份	能源消费比上年增长（%）	电力消费比上年增长（%）	国内生产总值比上年增长（%）	能源消费弹性系数	电力消费弹性系数
1985	8.1	9.0	13.5	0.60	0.67
1990	1.8	6.2	3.9	0.46	1.59
1991	5.1	9.2	9.3	0.55	0.99
1992	5.2	11.5	14.3	0.36	0.80
1993	6.3	11.0	13.9	0.45	0.79
1994	5.8	9.9	13.1	0.44	0.76
1995	6.9	8.2	11.0	0.63	0.75
1996	3.1	7.4	9.9	0.31	0.75
1997	0.5	4.8	9.2	0.05	0.52
1998	0.2	2.8	7.8	0.03	0.36
1999	3.2	6.1	7.6	0.42	0.80
2000	4.5	9.5	8.4	0.54	1.13
2001	5.8	9.3	8.3	0.70	1.12
2002	9.0	11.8	9.1	0.99	1.30
2003	16.2	15.6	10.0	1.62	1.56
2004	16.8	15.4	10.1	1.67	1.52
2005	13.5	13.5	11.3	1.19	1.19
2006	9.6	14.6	12.7	0.76	1.15
2007	8.7	14.4	14.2	0.61	1.01
2008	2.9	5.6	9.6	0.31	0.58
2009	4.8	7.2	9.2	0.53	0.78
2010	7.3	13.2	10.6	0.69	1.25
2011	7.3	12.1	9.5	0.77	1.27
2012	3.9	5.9	7.7	0.51	0.77
2013	3.7	8.9	7.7	0.48	1.16
2014	2.2	3.8	7.4	0.30	0.51

表4—9　按行业分能源消费量（2013年）

行　　业	能源消费总量(万吨标准煤)	煤炭消费量(万吨)	焦炭消费量(万吨)	原油消费量(万吨)	汽油消费量(万吨)
消 费 总 量	416913.02	424425.94	45851.87	48652.15	9366.35
农、林、牧、渔、水利业	8054.80	2450.57	69.17		198.72
工业	291130.63	403157.01	45693.96	48503.42	523.38
采掘业	23924.43	39164.74	281.78	1059.21	52.04
煤炭开采和洗选业	14179.99	36772.30	80.45	0.04	14.41
石油和天然气开采业	4088.42	481.14		1034.66	13.92
黑色金属矿采选业	2223.59	481.30	180.04		5.54
有色金属矿采选业	1280.19	205.92	10.22		7.15
非金属矿采选业	1380.16	1036.61	11.05		5.43
开采辅助活动	406.85	184.59	0.02	24.51	5.51
其他采矿业	365.22	2.88			0.08
制造业	239053.40	173152.33	45401.13	47441.96	437.57
农副食品加工业	3904.82	3211.25	9.94	0.24	32.98
食品制造业	1890.21	1961.39	2.27		12.59
酒、饮料和精制茶制造业	1609.55	1586.99	0.90		7.53
烟草制品业	255.72	62.47			0.74
纺织业	7365.72	2895.63	2.81	0.01	15.45
纺织服装、服饰业	971.28	315.29	1.58	0.02	13.94
皮革、毛皮、羽毛及其制品和制鞋业	652.33	184.71	0.81	0.05	7.55
木材加工和木、竹、藤、棕、草制品业	1521.85	620.98	0.39	0.16	7.66
家具制造业	247.05	70.80	2.39	0.01	5.27
造纸和纸制品业	4153.00	5302.65	0.61	0.09	8.29
印刷和记录媒介复制业	448.30	69.38	0.27		6.29
文教、工美、体育和娱乐用品制造业	368.36	110.37	4.08	0.01	7.77
石油加工、炼焦和核燃料加工业	19255.13	47649.32	67.53	44315.76	4.34
化学原料和化学制品制造业	44081.46	25788.71	3200.02	3123.70	39.47
医药制造业	2179.11	1381.54	0.99		11.46
化学纤维制造业	1909.22	1122.85	0.25		1.03

表4—9 按行业分能源消费量（2013年）（续一）

行业	能源消费总量(万吨标准煤)	煤炭消费量(万吨)	焦炭消费量(万吨)	原油消费量(万吨)	汽油消费量(万吨)
橡胶和塑料制品业	4350.01	1143.38	3.32	0.02	24.06
非金属矿物制品业	36561.02	31633.31	1047.55	1.08	33.15
黑色金属冶炼和压延加工业	68838.89	34531.35	39313.48	0.02	13.96
有色金属冶炼和压延加工业	16617.34	9377.69	585.90	0.24	7.83
金属制品业	4704.49	646.32	141.36	0.02	22.86
通用设备制造业	3571.03	411.80	694.73	0.07	34.73
专用设备制造业	1914.14	389.97	53.50	0.15	26.77
汽车制造业	3068.95	562.71	198.93	0.16	32.08
铁路、船舶、航空航天和其他运输设备制造业	1044.52	285.19	8.00	0.06	8.97
电气机械和器材制造业	2606.11	707.76	17.43	0.07	27.97
计算机、通信和其他电子设备制造业	2801.59	161.39	10.74		13.83
仪器仪表制造业	329.45	40.65	5.25	0.01	5.48
其他制造业	1597.33	850.37	0.33		1.78
废弃资源综合利用业	169.46	62.83	25.65		0.63
金属制品、机械和设备修理业	65.98	13.28	0.12	0.01	1.11
电力、煤气及水生产和供应业	28152.81	190839.94	11.05	2.25	33.77
电力、热力生产和供应业	26294.82	189848.48	6.60	2.25	27.28
燃气生产和供应业	697.09	934.96	4.40		2.92
水的生产和供应业	1160.90	56.50	0.05	0.00	3.57
建筑业	7016.97	811.39	7.69		326.46
交通运输、仓储和邮政业	34819.02	615.41	2.21	148.73	4381.80
批发、零售业和住宿、餐饮业	10598.16	3966.18	35.83		220.86
其他行业	19762.59	4135.56	4.97		1818.68
生活消费	45530.84	9289.83	38.04		1896.45

表4-9 按行业分能源消费量（2013年）（续二）

行业	煤油消费量（万吨）	柴油消费量（万吨）	燃料油消费量（万吨）	天然气消费量（亿立方米）	电力消费量（亿千瓦小时）
消费总量	2164.07	17150.65	3953.97	1705.37	54203.41
农、林、牧、渔、水利业	1.19	1441.53	2.05	0.69	1026.87
工业	27.41	1675.88	2421.05	1129.06	39236.88
采掘业	2.94	597.21	23.79	156.09	2573.16
煤炭开采和洗选业	2.43	211.58	0.71	9.50	955.77
石油和天然气开采业		61.01	19.20	138.23	414.36
黑色金属矿采选业	0.04	109.96	0.03	0.02	469.69
有色金属矿采选业	0.40	35.09	1.78	0.01	351.56
非金属矿采选业	0.07	71.67	0.17	0.08	240.79
开采辅助活动		107.61	1.90	8.25	24.60
其他采矿业		0.29			116.39
制造业	24.41	1001.40	2371.00	715.74	28987.01
农副食品加工业	0.18	51.17	4.10	2.19	574.03
食品制造业	0.04	20.65	5.09	7.32	230.47
酒、饮料和精制茶制造业	0.01	12.10	2.04	4.25	167.60
烟草制品业		3.18	0.74	1.76	53.73
纺织业	0.16	17.67	7.41	2.87	1532.86
纺织服装、服饰业	0.06	17.51	1.34	1.44	214.23
皮革、毛皮、羽毛及其制品和制鞋业	0.11	7.25	2.05	0.22	151.81
木材加工和木、竹、藤、棕、草制品业	0.12	13.84	0.17	0.39	268.93
家具制造业	0.05	7.61	0.25	0.77	49.55
造纸和纸制品业	0.13	19.90	13.21	5.66	599.23
印刷和记录媒介复制业	0.13	6.45	0.79	1.59	110.38
文教、工美、体育和娱乐用品制造业	0.06	9.29	0.71	2.20	69.12
石油加工、炼焦和核燃料加工业	0.17	20.32	1398.75	137.14	677.49
化学原料和化学制品制造业	3.22	73.11	614.58	305.42	4341.38
医药制造业	0.30	11.39	2.08	6.04	283.06
化学纤维制造业		1.74	5.18	2.62	349.66

表4-9 按行业分能源消费量（2013年）（续三）

行 业	煤油消费量（万吨）	柴油消费量（万吨）	燃料油消费量（万吨）	天然气消费量（亿立方米）	电力消费量（亿千瓦小时）
橡胶和塑料制品业	0.10	28.08	10.24	5.08	1098.91
非金属矿物制品业	1.27	282.38	213.88	80.30	3148.49
黑色金属冶炼和压延加工业	0.22	80.93	7.99	38.20	5704.23
有色金属冶炼和压延加工业	1.35	50.63	53.38	34.32	4113.91
金属制品业	1.12	36.92	8.39	11.86	1213.22
通用设备制造业	2.52	42.27	1.33	9.22	746.09
专用设备制造业	0.63	56.96	0.98	8.49	409.24
汽车制造业	0.92	39.05	1.26	18.46	673.68
铁路、船舶、航空航天和其他运输设备制造业	8.74	28.92	7.38	10.91	211.15
电气机械和器材制造业	0.41	28.88	4.25	7.56	650.46
计算机、通信和其他电子设备制造业	0.35	16.70	1.97	6.96	808.76
仪器仪表制造业	0.16	4.91	0.51	0.65	83.41
其他制造业	0.06	3.35	0.13	0.91	416.24
废弃资源综合利用业	0.01	5.14	0.39	0.38	23.51
金属制品、机械和设备修理业	1.81	3.10	0.43	0.56	12.20
电力、煤气及水生产和供应业	0.06	77.27	26.26	257.24	7676.71
电力、热力生产和供应业	0.06	73.54	26.04	244.47	7183.50
燃气生产和供应业		1.97	0.21	12.57	131.24
水的生产和供应业		1.76	0.01	0.20	361.97
建筑业	11.42	556.97	59.46	1.98	675.07
交通运输、仓储和邮政业	1998.18	10920.53	1428.99	175.78	1000.92
批发、零售业和住宿、餐饮业	13.39	233.51	19.07	39.31	1876.89
其他行业	84.56	1339.76	23.36	35.61	3397.62
生活消费	27.92	982.47		322.93	6989.16

表4—10　能源加工转换效率

单位：%

年　份	总效率	发电及电站供热	炼　焦	炼　油
1983	69.93	36.94	91.18	99.16
1984	69.16	36.95	90.08	99.17
1985	68.29	36.85	90.79	99.10
1986	68.32	36.69	90.63	99.04
1987	67.48	36.75	90.46	98.81
1988	66.54	36.34	90.77	98.76
1989	66.51	36.74	90.30	98.57
1990	66.48	37.34	91.28	90.19
1991	65.90	37.60	89.90	98.10
1992	66.00	37.80	92.70	96.80
1993	67.32	39.90	98.05	98.49
1994	65.20	39.35	89.62	97.48
1995	71.05	37.31	91.99	97.67
1996	70.19	36.63	94.07	97.46
1997	69.76	35.89	94.01	97.37
1998	69.28	37.09	94.97	96.41
1999	69.25	37.04	96.13	97.51
2000	69.38	37.78	96.20	97.32
2001	69.70	38.15	96.47	97.60
2002	68.99	38.67	96.63	96.73
2003	69.38	38.46	96.13	96.38
2004	70.60	38.64	97.10	96.48
2005	71.11	38.97	97.14	96.94
2006	70.87	39.08	97.02	96.90
2007	71.23	39.80	97.54	97.17
2008	71.46	40.47	98.46	96.22
2009	72.41	41.23	98.00	96.74
2010	72.52	41.99	96.38	97.00
2011	72.19	42.13	96.30	97.41
2012	72.68	42.81	95.65	97.11
2013	72.96	43.12	95.60	97.65

表4–11　平均每天能源消费量

能源品种	1990	1995	2000	2005	2010	2011	2012	2013
合计　（万吨标准煤）	270.4	359.4	401.5	716.1	988.1	1060.4	1098.7	1142.2
煤炭　（万吨）	289.1	377.2	370.7	666.8	956.2	1065.6	1124.9	1162.8
焦炭　（万吨）	18.9	29.4	29.6	68.8	106.0	115.2	122.4	125.6
原油　（万吨）	32.2	40.8	58.0	82.4	117.5	120.5	127.5	133.3
燃料油　（万吨）	9.2	10.2	10.6	11.6	10.3	10.0	10.1	10.8
汽油　（万吨）	5.2	8.0	9.6	13.3	19.1	20.8	22.3	25.7
煤油　（万吨）	1.0	1.4	2.4	3.0	4.8	5.0	5.3	5.9
柴油　（万吨）	7.4	11.8	18.6	30.1	40.3	42.8	46.4	47.0
天然气　（亿立方米）	0.4	0.5	0.7	1.3	3.0	3.7	4.1	4.7
电力　（亿千瓦小时）	17.1	27.5	36.8	68.3	114.9	128.8	136.0	148.5

表4–12　生活能源月消费量

能源品种	1990	1995	2000	2005	2010	2011	2012	2013
合计　（万吨标准煤）	15799	15745	16695	27573	36470	39584	42306	45531
煤炭　（万吨）	16700	13530	8457	10039	9159	9212	9253	9290
煤油　（万吨）	105	64	72	25	21	23	26	28
液化石油气　（万吨）	159	534	858	1329	1537	1607	1635	1846
天然气　（亿立方米）	19	19	32	79	227	264	288	323
煤气　（亿立方米）	29	57	126	145	167	146	137	107
热力　（万百万千焦）	8972	12637	23234	52044	67410	70044	77608	81472
电力　（亿千瓦小时）	481	1006	1452	2885	5125	5620	6219	6989

表4-13　人均生活能源消费量

年　份	平均每人生活消费能源（千克标准煤）	煤　炭（千克）	电　力（千瓦小时）	液化石油气（千克）	天然气（立方米）	煤　气（立方米）
1983	106.6	127.7	13.4	0.6	0.1	1.5
1984	113.5	134.9	15.3	0.6	0.4	1.6
1985	126.7	148.7	21.2	0.9	0.4	1.3
1986	127.3	148.3	23.2	1.1	0.6	1.3
1987	132.1	152.1	26.4	1.1	0.7	1.6
1988	141.0	159.1	31.2	1.2	1.4	1.6
1989	139.3	152.4	35.3	1.4	1.5	2.4
1990	139.2	147.1	42.4	1.4	1.6	2.5
1991	139.0	143.0	47.2	1.8	1.6	3.2
1992	134.2	126.9	54.9	2.1	1.8	4.4
1993	133.5	123.2	62.5	2.5	1.5	4.6
1994	129.3	109.5	72.7	3.2	1.7	6.3
1995	130.7	112.3	83.5	4.4	1.6	4.7
1996	120.5	83.0	87.7	5.9	1.7	6.4
1997	119.3	77.2	98.6	6.2	1.7	8.9
1998	119.0	73.1	104.2	6.9	1.9	9.7
1999	121.8	69.9	108.6	6.8	2.1	9.3
2000	132.0	67.0	115.0	6.8	2.6	10.0
2001	136.0	66.1	126.5	6.7	3.3	9.4
2002	146.0	65.7	138.3	7.6	3.6	9.8
2003	166.0	69.9	159.7	8.6	4.0	10.1
2004	191.0	75.4	184.0	10.4	5.2	10.7
2005	211.0	77.0	221.3	10.2	6.1	11.1
2006	230.0	76.6	255.6	11.5	7.8	12.7
2007	250.0	74.1	308.3	12.4	10.9	14.1
2008	254.0	69.1	331.9	11.0	12.8	13.9
2009	264.0	68.5	366.0	11.2	13.3	12.5
	273.0	68.5	383.1	10.5	17.0	12.5
2010						
2011	294.0	68.5	418.1	12.0	19.7	10.9
2012	313.0	69.0	460.4	12.1	21.3	10.2
2013	335.0	68.0	515.0	13.6	23.8	7.9

注：计算消费量所使用的人口数为平均人口数。

表4-14 分地区电力消费量

单位：亿千瓦小时

地　区	1995	2000	2005	2010	2013	2014
北　京	261.74	384.43	570.54	809.90	913.11	937.05
天　津	178.99	234.05	384.84	645.74	774.49	794.36
河　北	602.68	809.34	1501.92	2691.52	3251.19	3314.11
山　西	399.16	501.99	946.33	1460.00	1832.35	1822.63
内蒙古	186.83	254.21	667.72	1536.83	2181.90	2416.74
辽　宁	622.81	748.89	1110.56	1715.26	2008.46	2038.73
吉　林	267.60	291.37	378.23	576.98	653.85	667.81
黑龙江	409.38	442.28	555.85	747.84	845.20	859.42
上　海	403.27	559.45	921.97	1295.87	1410.60	1369.03
江　苏	684.80	971.34	2193.45	3864.37	4956.62	5012.54
浙　江	439.59	738.05	1642.31	2820.93	3453.05	3506.39
安　徽	288.97	338.93	582.16	1077.91	1528.07	1585.18
福　建	261.28	401.51	756.59	1315.09	1700.73	1855.79
江　西	181.21	208.15	391.98	700.51	947.11	1018.52
山　东	741.07	1000.71	1911.61	3298.46	4083.12	4223.49
河　南	571.48	718.52	1352.74	2353.96	2899.18	2919.57
湖　北	414.99	503.02	788.91	1330.44	1629.75	1656.54
湖　南	374.76	406.12	674.43	1171.91	1423.09	1430.88
广　东	787.66	1334.58	2673.56	4060.13	4830.13	5235.23
广　西	220.77	314.44	510.15	993.24	1237.74	1307.99
海　南	32.00	38.37	81.61	159.02	232.02	251.88
重　庆		307.61	347.68	626.44	813.26	867.24
四　川	582.85	521.23	942.59	1549.03	1948.95	2014.79
贵　州	203.70	287.78	486.97	835.38	1126.27	1173.74
云　南	223.71	273.58	557.25	1004.07	1459.81	1529.38
西　藏				20.41	30.65	33.98
陕　西	239.68	292.76	516.43	859.22	1152.22	1226.01
甘　肃	241.06	295.33	489.48	804.43	1073.25	1095.48
青　海	69.02	109.10	206.56	465.18	676.29	723.21
宁　夏	92.38	136.17	302.88	546.77	811.18	848.75
新　疆	119.67	182.98	310.14	661.96	1539.75	1900.24

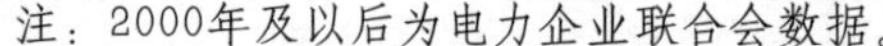
注：2000年及以后为电力企业联合会数据。

表4-15　发电装机容量

单位：万千瓦

年份	发电装机容　量	火电	水电	核电	风电	太阳能发电	其他
2000	31932	23754	7935	210	34		
2001	33849	25301	8301	210	38		
2002	35657	26555	8607	447	47		
2003	39141	28977	9490	619	55		
2004	44239	32948	10524	696	82		
2005	51718	39138	11739	696	106		
2006	62370	48382	13029	696	207		
2007	71822	55607	14823	908	420		
2008	79273	60286	17260	908	839		
2009	87410	65108	19629	908	1760	3	3
2010	96641	70967	21606	1082	2958	26	3
2011	106253	76834	23298	1257	4623	212	19
2012	114676	81968	24947	1257	6142	341	20
2013	125768	87009	28044	1466	7652	1589	8
2014	137018	92363	30486	2008	9657	2486	19

注：本表数据根据中国电力企业联合会统计数据整理。

表4–16　平均每万元国内生产总值能源消费量

年　份	万元国内生产总值能源消费量(吨标准煤/万元)	万元国内生产总值煤炭消费量(吨/万元)	万元国内生产总值焦炭消费量(吨/万元)	万元国内生产总值石油消费量(吨/万元)	万元国内生产总值原油消费量(吨/万元)	万元国内生产总值燃料油消费量(吨/万元)	万元国内生产总值电力消费量(万千瓦小时/万元)
国内生产总值按1980年可比价格计算							
1980	13.20	13.36	0.94	1.92	2.02	0.67	0.66
1981	12.37	12.60	0.82	1.94	1.82	0.59	0.64
1982	11.84	12.23	0.76	1.57	1.66	0.54	0.63
1983	11.36	11.82	0.71	1.44	1.56	0.49	0.61
1984	10.59	11.20	0.66	1.29	1.38	0.43	0.56
1985	10.10	10.74	0.62	1.21	1.25	0.37	0.54
1986	9.78	10.40	0.63	1.18	1.24	0.36	0.55
1987	9.39	10.06	0.62	1.12	1.16	0.34	0.54
1988	9.06	9.68	0.59	1.08	1.09	0.32	0.53
1989	9.07	9.68	0.60	1.08	1.09	0.32	0.55
1990	8.90	9.51	0.62	1.04	1.06	0.30	0.56
国内生产总值按1990年可比价格计算							
1990	5.32	5.69	0.37	0.62	0.63	0.18	0.34
1991	5.12	5.45	0.35	0.61	0.61	0.17	0.34
1992	4.72	4.93	0.34	0.58	0.57	0.15	0.33
1993	4.40	4.59	0.33	0.56	0.52	0.14	0.32
1994	4.12	4.31	0.31	0.50	0.47	0.12	0.31
1995	3.97	4.16	0.32	0.49	0.45	0.11	0.30
1996	3.69	3.83	0.32	0.48	0.43	0.10	0.29
1997	3.40	3.44	0.27	0.48	0.43	0.09	0.28
1998	3.16	3.13	0.27	0.46	0.40	0.09	0.27
1999	3.03	3.00	0.23	0.45	0.41	0.08	0.26
2000	2.89	2.80	0.22	0.45	0.42	0.08	0.27
国内生产总值按2000年可比价格计算							
2000	1.47	1.36	0.11	0.23	0.20	0.04	0.14
2001	1.44	1.32	0.11	0.21	0.18	0.03	0.14
2002	1.44	1.30	0.11	0.21	0.17	0.03	0.14
2003	1.52	1.42	0.12	0.21	0.18	0.03	0.15
2004	1.61	1.49	0.13	0.22	0.17	0.03	0.15
2005	1.64	1.53	0.16	0.20	0.17	0.02	0.16
国内生产总值按2005年可比价格计算							
2005	1.41	1.31	0.14	0.18	0.14	0.02	0.13
2006	1.37	1.29	0.14	0.17	0.13	0.02	0.14
2007	1.30	1.21	0.13	0.15	0.13	0.02	0.14
2008	1.22	1.15	0.12	0.14	0.12	0.01	0.13
2009	1.17	1.13	0.13	0.13	0.12	0.01	0.13
2010	1.14	1.10	0.12	0.14	0.12	0.01	0.13
国内生产总值按2010年可比价格计算							
2010	0.88	0.85	0.09	0.11	0.10	0.01	0.10
2011	0.86	0.87	0.09	0.10	0.09	0.01	0.10
2012	0.83	0.85	0.09	0.10	0.09	0.01	0.10
2013	0.80	0.82	0.09	0.10	0.09	0.01	0.10

五、气候变化与自然灾害

表5-1　主要城市平均气温(2014年)

单位：摄氏度

城　市	1月	2月	3月	4月	5月	6月	7月	8月	9月	10月	11月	12月	年平均
北京	-0.6	-0.4	10.1	17.1	22.2	25.1	28.1	26.3	21.0	14.0	6.4	-0.5	14.1
天津	-1.0		9.7	16.7	22.3	25.1	28.0	26.2	21.1	14.6	6.8	-1.1	14.0
石家庄	0.4	0.5	11.3	16.8	23.9	26.2	28.1	26.5	20.9	15.3	7.8	1.4	14.9
太原	-2.9	-2.3	7.8	13.7	19.5	22.4	23.2	21.3	17.4	12.1	3.3	-4.2	10.9
呼和浩特	-7.7	-5.9	3.6	12.1	15.5	20.0	21.9	19.4	14.8	9.5	-0.9	-10.2	7.7
沈阳	-8.5	-5.7	3.7	13.5	17.1	22.2	24.9	24.2	16.7	10.7	1.9	-10.3	9.2
长春	-13.0	-9.1	1.2	11.4	15.2	22.4	23.5	22.5	15.9	8.6	0.3	-13.2	7.1
哈尔滨	-18.3	-15.5	-1.0	10.3	14.3	22.9	23.1	21.9	15.5	6.4	-1.9	-16.9	5.1
上海	6.8	6.1	11.5	15.7	21.7	23.3	27.4	26.3	24.2	20.2	14.8	5.7	17.0
南京	5.6	4.7	11.8	16.3	22.6	24.6	27.1	25.3	23.2	18.9	12.6	4.6	16.4
杭州	7.0	6.0	12.7	17.0	22.5	24.7	28.4	26.7	24.6	20.3	14.1	6.4	17.5
合肥	5.2	3.8	12.1	16.6	22.9	25.4	27.6	25.7	23.2	19.0	11.9	4.6	16.5
福州	11.8	11.5	14.9	19.2	22.5	26.5	30.1	29.1	28.6	23.3	19.3	12.3	20.8
南昌	8.6	7.3	13.7	19.4	22.6	26.5	29.0	27.7	26.9	21.8	14.7	7.6	18.8
济南	2.9	1.9	12.4	17.2	24.1	25.0	27.3	25.3	21.1	16.9	9.0	1.5	15.4
郑州	4.0	2.6	13.0	17.1	24.1	26.8	28.8	25.8	21.2	17.6	10.1	4.5	16.3
武汉	5.3	5.1	12.9	17.3	21.9	25.7	27.7	26.1	23.7	18.6	11.7	4.8	16.7
长沙(望城)	9.2	6.5	13.6	18.8	22.6	26.1	29.2	27.5	25.2	21.7	14.4	8.4	18.6
广州	13.0	13.0	17.3	22.6	24.9	28.2	28.9	28.0	27.5	24.0	20.1	12.8	21.7
南宁	12.6	12.8	17.0	23.7	26.9	28.2	28.2	27.4	27.1	23.9	19.3	12.5	21.6
海口	17.7	18.1	22.6	25.9	28.8	29.3	28.8	28.5	27.9	26.3	24.1	17.9	24.7
重庆(沙坪坝)	8.5	9.2	14.5	19.7	21.2	24.1	29.7	27.5	24.7	20.4	14.0	9.1	18.6
成都(温江)	6.0	6.7	11.9	17.9	20.4	22.9	25.3	24.0	21.6	17.7	11.8	5.8	16.0
贵阳	6.2	4.3	10.3	16.4	18.0	21.0	23.0	22.7	21.4	17.3	10.6	5.3	14.7
昆明	8.9	12.3	15.6	19.3	21.1	21.2	20.7	20.1	19.8	16.0	13.1	8.5	16.4
拉萨		3.7	5.8	9.1	14.5	18.3	16.4	15.4	14.1	8.9	4.9	1.7	9.4
西安(泾河)	2.9	2.3	12.0	16.1	21.1	26.0	29.1	25.1	20.3	16.4	8.9	2.2	15.2
兰州(皋兰)	-7.5	-3.9	4.7	10.4	14.7	19.3	20.7	18.0	14.6	8.8	0.4	-7.8	7.7
西宁	-7.5	-4.0	2.9	7.9	11.7	15.4	17.1	14.8	12.6	7.0	-1.4	-7.9	5.7
银川	-3.9	-2.6	7.0	14.0	18.5	22.6	24.7	21.4	18.0	11.9	2.3	-5.6	10.7
乌鲁木齐	-10.9	-13.7	-0.2	10.4	17.7	22.1	24.3	23.4	16.9	9.3	-0.1	-10.8	7.4

注：从2004年1月份开始成都站被温江站替代、兰州站被皋兰站替代；从2006年1月份开始重庆被沙坪坝站替代、西安站被泾河站替代(以下相关表同)。

表5-2 主要城市平均相对湿度（2014年）

单位：%

城 市	1月	2月	3月	4月	5月	6月	7月	8月	9月	10月	11月	12月	年平均
北京	45	55	37	45	40	59	61	62	66	65	52	34	52
天津	60	62	52	49	45	63	66	69	71	67	58	41	59
石家庄	46	64	44	59	39	56	63	64	75	70	53	32	55
太原	37	64	45	59	39	57	72	74	80	71	61	38	58
呼和浩特	40	52	25	34	34	47	57	57	60	53	48	44	46
沈阳	55	49	49	38	59	72	72	71	64	57	55	62	59
长春	58	52	47	33	59	62	69	72	63	52	50	69	57
哈尔滨	65	65	58	42	66	63	73	74	67	55	54	69	63
上海	70	80	69	75	64	80	81	82	80	68	71	60	73
南京	66	80	67	73	62	76	83	87	85	74	76	59	74
杭州	66	81	69	74	67	78	78	83	82	68	76	56	73
合肥	69	86	71	78	67	77	81	85	85	74	78	59	76
福州	64	76	75	74	81	80	73	78	72	64	72	60	72
南昌	61	80	80	78	78	79	80	80	77	67	73	57	74
济南	48	57	39	52	34	60	66	71	76	58	57	37	55
郑州	48	68	52	61	45	56	61	69	79	66	62	33	58
武汉	73	82	76	80	76	78	81	84	85	82	82	70	79
长沙(望城)	56	78	76	74	72	76	70	72	75	62	69	51	69
广州	70	79	83	83	88	82	80	82	79	72	78	67	79
南宁	79	82	88	84	79	83	84	84	82	80	85	75	82
海口	79	87	87	86	80	79	82	81	83	78	85	84	83
重庆(沙坪坝)	82	78	76	80	78	85	68	75	82	80	87	82	79
成都(温江)	80	83	79	78	74	84	84	87	87	86	85	79	82
贵阳	74	86	86	83	83	88	84	79	81	81	89	77	83
昆明	64	50	49	44	56	73	78	76	77	77	72	71	66
拉萨	24	16	26	34	35	39	60	62	55	40	25	21	36
西安(泾河)	40	75	54	70	53	57	56	67	82	71	67	43	61
兰州(皋兰)	36	61	39	57	42	58	64	70	79	79	71	53	59
西宁	40	51	38	60	50	67	68	73	72	71	68	51	59
银川	38	56	31	45	30	49	54	62	64	62	64	41	50
乌鲁木齐	78	77	68	45	31	37	40	37	40	55	66	76	54

表5-3　主要城市降水量（2014年）

单位：毫米

城　市	3月	4月	5月	6月	7月	8月	9月	10月	11月	12月	全年
北京	0.9	20.8	33.7	91.8	119.8	50.1	127.6	12.0			461.5
天津	0.6	12.8	46.4	87.0	87.7	142.5	30.7	27.9	0.1	2.0	441.4
石家庄	0.9	24.9	28.7	38.7	80.9	12.3	86.6	14.8			294.8
太原	19.4	20.9	45.8	70.5	97.3	67.5	83.2	9.6	5.9		428.7
呼和浩特		16.3	45.4	49.9	108.9	57.0	81.7	25.7	2.3	0.2	394.8
沈阳	7.2		97.8	96.6	60.2	13.8	27.5	28.5	8.9	12.9	362.9
长春	27.7	1.8	79.2	78.6	116.7	49.5	62.1	5.7	6.7	11.8	446.0
哈尔滨	1.3	6.1	91.4	56.8	115.5	83.8	32.2	14.1	1.2	11.4	415.8
上海	59.6	139.4	61.5	175.9	192.2	229.3	196.0	37.3	34.6	5.8	1295.3
南京	68.4	97.6	26.3	111.8	263.5	158.8	89.2	32.0	97.9	3.8	1091.1
杭州	78.9	82.7	159.8	178.5	196.3	203.3	170.6	32.1	62.3	7.5	1359.9
合肥	47.4	186.7	61.4	116.2	217.0	162.0	91.5	48.5	103.1	1.7	1180.2
福州	88.5	167.6	304.1	261.7	210.0	363.6	42.0	3.6	27.3	34.6	1628.0
南昌	236.3	172.8	306.1	382.2	328.4	60.6	118.9	27.9	101.1	11.2	1890.5
济南		29.1	47.6	90.5	112.2	106.6	80.6	9.2	23.3	1.4	521.4
郑州	6.9	56.4	57.6	27.5	50.3	67.7	228.0	15.1	17.6	0.1	551.6
武汉	94.1	147.3	77.1	65.4	151.7	145.1	113.7	140.9	141.2	1.7	1208.6
长沙(望城)	210.0	107.3	226.3	158.7	250.1	127.6	40.6	53.4	79.3	14.9	1386.8
广州	274.6	177.1	542.9	300.7	199.8	513.1	96.1	1.2	35.9	58.2	2234.0
南宁	30.9	52.2	51.7	147.8	274.8	122.2	329.2	86.9	74.8	47.1	1234.7
海口	23.4	73.9	247.9	116.7	599.8	171.7	353.9	154.7	26.7	62.1	1861.3
重庆(沙坪坝)	187.5	110.3	120.4	252.7	107.0	239.0	233.0	73.4	88.5	18.4	1452.1
成都(温江)	13.0	46.2	51.9	132.2	389.5	180.8	51.6	77.8	16.5	5.7	975.0
贵阳	89.1	46.2	224.4	303.4	419.0	167.2	101.3	88.3	55.7	13.1	1562.0
昆明	8.1	16.2	79.1	276.7	182.9	271.5	149.9	29.8	31.8	5.9	1078.3
拉萨	5.7	13.3	9.5	55.8	258.9	213.8	75.0	2.3	2.3		637.8
西安(泾河)	13.9	65.6	53.4	62.7	80.3	96.8	230.3	20.7	19.5	0.5	660.2
兰州(皋兰)	7.0	59.0	12.9	50.6	66.0	42.4	80.8	28.2	1.1		355.6
西宁	1.9	48.0	26.1	109.3	86.4	59.3	71.6	32.2	9.4		446.5
银川		30.6	1.7	34.0	22.8	31.6	14.5	22.5	7.1		169.2
乌鲁木齐	26.4	68.1	32.5	6.1	21.3	6.1	29.9	24.0	31.6	22.2	297.0

表5-4　主要城市日照时数（2014年）

单位：小时

城　市	1月	2月	3月	4月	5月	6月	7月	8月	9月	10月	11月	12月	全年
北京	192.4	107.9	233.8	231.1	274.1	237.1	174.4	224.9	157.3	122.9	167.2	221.0	2344.1
天津	164.4	115.1	228.3	235.0	286.5	224.2	185.3	202.4	151.8	136.2	138.0	198.4	2265.6
石家庄	123.2	25.4	169.9	141.0	232.5	130.8	115.6	135.7	82.1	90.3	132.8	206.1	1585.4
太原	205.5	103.4	249.6	209.3	285.7	248.1	268.1	236.0	148.6	182.5	156.4	220.3	2513.5
呼和浩特	141.9	146.3	242.8	242.2	265.3	268.7	240.8	216.1	192.4	203.6	167.9	189.2	2517.2
沈阳	202.6	190.7	267.1	285.1	244.6	197.0	226.2	252.2	246.3	200.1	194.3	183.8	2690.0
长春	198.3	202.4	232.5	277.6	215.1	236.7	260.6	270.2	263.9	179.7	187.8	149.7	2674.5
哈尔滨	129.6	164.1	228.7	267.0	127.5	216.8	159.9	208.1	184.4	120.4	149.5	99.9	2055.9
上海	161.2	60.0	164.7	119.9	186.2	74.1	129.4	84.1	118.0	208.6	128.8	177.6	1612.6
南京	158.9	87.4	186.0	161.9	219.0	144.4	156.8	102.7	100.8	220.9	127.8	197.2	1863.8
杭州	143.8	55.3	127.2	106.4	142.7	90.0	155.8	88.2	77.6	166.9	94.7	158.6	1407.2
合肥	136.2	56.2	145.6	135.5	185.7	108.4	146.3	86.8	61.2	183.6	103.7	190.2	1539.4
福州	164.0	66.7	95.2	118.9	76.2	129.9	239.3	189.3	157.2	166.8	69.0	119.2	1591.7
南昌	150.8	63.6	112.7	129.5	120.5	110.0	200.0	183.9	206.6	235.3	103.6	194.0	1810.5
济南	157.8	118.5	207.1	193.8	302.3	191.1	194.1	170.6	103.3	191.2	141.2	197.0	2168.0
郑州	136.6	70.2	186.0	154.5	242.3	165.5	220.4	154.8	109.2	140.0	127.7	187.0	1894.2
武汉	143.0	62.5	145.5	113.0	141.2	102.0	171.5	142.0	126.3	183.2	98.5	167.6	1596.3
长沙(望城)	161.5	54.5	93.3	117.0	126.6	107.1	228.0	187.0	150.9	204.7	72.7	131.1	1634.4
广州	187.0	70.5	38.0	55.7	64.8	132.5	210.5	190.6	208.8	213.2	104.9	137.1	1613.6
南宁	141.2	35.5	9.3	21.1	168.4	119.6	173.8	185.0	196.4	177.6	73.1	115.4	1416.4
海口	196.8	90.8	114.2	118.5	246.5	242.2	258.3	234.6	234.4	204.3	114.4	57.0	2112.0
重庆(沙坪坝)	10.5	14.1	51.4	30.4	44.2	27.8	179.9	119.0	52.4	64.8	3.9		598.4
成都(温江)	98.1	13.0	45.1	88.8	102.0	55.5	145.8	86.1	56.8	63.2	39.2	82.2	875.8
贵阳	92.1	32.3	54.9	96.4	46.9	17.4	121.4	138.9	142.8	132.7	22.5	57.7	956.0
昆明	254.4	269.3	295.4	287.3	285.3	138.2	155.5	161.4	188.0	186.8	217.4	197.4	2636.4
拉萨	263.7	239.8	250.5	255.5	291.8	279.9	206.7	217.7	232.6	282.3	278.0	255.0	3053.5
西安(泾河)	181.5	55.4	162.5	126.0	209.3	193.9	288.0	191.4	112.0	105.0	141.0	175.8	1941.8
兰州(皋兰)	225.1	166.3	262.8	197.8	264.9	204.5	251.7	207.5	166.3	187.8	150.6	207.5	2492.8
西宁	224.7	206.3	271.4	209.5	248.7	206.1	252.8	197.7	196.7	186.7	165.3	205.4	2571.3
银川	202.3	151.4	244.6	194.7	297.6	267.8	312.9	250.9	206.6	225.7	169.1	215.2	2738.8
乌鲁木齐	139.7	127.8	245.9	273.9	338.2	330.9	325.5	327.5	285.1	261.2	177.3	153.9	2986.9

表5–5　分地区自然灾害损失情况(2014年)

单位：千公顷

地　区	农作物受灾面积合计		旱　灾		洪涝、山体滑坡、泥石流和台风		风雹灾害	
	受灾	绝收	受灾	绝收	受灾	绝收	受灾	绝收
全　国	24890.7	3090.3	12271.7	1484.7	7222.0	976.9	3225.4	457.7
北　京	53.3	11.3	26.1	6.8			27.2	4.5
天　津	10.3	4.3					10.3	4.3
河　北	1435.7	176.7	1027.9	107.8	48.4	4.5	254.2	26.3
山　西	1173.5	113.7	721.6	41.4	90.3	13.7	153.9	19.9
内蒙古	1878.3	258.9	1313.6	183.5	77.8	24.3	439.4	50.9
辽　宁	1931.4	550.6	1811.4	543.7	23.0	1.4	24.1	5.5
吉　林	689.3	117.8	568.3	97.3	24.3	6.1	89.2	14.4
黑龙江	810.0	114.3	61.8	10.8	513.3	68.8	234.9	34.7
上　海								
江　苏	554.1	39.8	473.9	34.5	23.4	0.3	56.3	5.0
浙　江	204.0	13.8			192.2	13.6	5.3	0.2
安　徽	641.3	22.0	283.3	16.5	307.2	5.4	9.8	
福　建	102.6	11.1			97.8	10.9	2.7	0.2
江　西	487.1	46.6			416.3	42.1	42.4	4.4
山　东	886.1	76.7	688.5	60.0	139.7	2.9	57.7	13.8
河　南	1905.2	210.4	1809.3	203.8	48.3	3.7	37.7	2.9
湖　北	1058.8	72.8	633.5	21.8	293.6	36.1	48.8	4.2
湖　南	1136.1	192.0			1041.5	182.9	21.4	4.2
广　东	842.4	159.5			821.8	158.8	15.3	0.6
广　西	1212.7	61.1	15.6	0.2	1167.2	58.9	14.8	1.1
海　南	309.4	110.8			309.4	110.8		
重　庆	280.9	34.4	7.6	1.1	250.9	31.0	20.7	2.0
四　川	919.3	80.9	576.8	21.3	292.5	52.1	29.8	5.0
贵　州	626.7	97.4	9.5		411.7	65.1	160.9	30.4
云　南	882.0	87.4	332.0	19.1	282.7	41.2	157.1	19.3
西　藏	12.9	4.6	4.1	1.5	3.9	1.1	4.7	2.0
陕　西	772.2	102.6	434.7	42.7	143.2	27.0	189.8	31.8
甘　肃	1618.4	66.8	644.2	13.9	155.3	8.0	143.1	22.1
青　海	169.8	18.1	23.9	0.1	14.1	2.8	67.5	9.7
宁　夏	438.3	38.8	227.8	12.9	1.6		94.2	23.1
新　疆	1848.6	195.1	576.3	44.0	30.6	3.4	812.2	115.2

注：死亡人口(含失踪)和直接经济损失含森林、海洋等灾害。

表5-5 分地区自然灾害损失情况（2014年）（续）

单位：千公顷

地 区	低温冷冻和雪灾		人口受灾		直 接
	受灾	绝收	受灾人口（万人次）	死亡人口（含失踪）（人）	经济损失（亿元）
全 国	2132.5	168.2	24353.7	1818	3373.8
北 京			32.1	1	10.5
天 津			3.7	1	1.3
河 北	105.2	38.1	1716.1	13	135.1
山 西	207.7	38.7	476.0	9	50.8
内蒙古	47.5	0.2	644.5	17	113.1
辽 宁	72.9		746.7	8	169.6
吉 林	7.5		545.5	1	117.4
黑龙江			257.4	11	55.8
上 海					
江 苏	0.5		548.4	1	14.0
浙 江	6.5		471.4	20	64.4
安 徽	41.0	0.1	1201.6	6	29.4
福 建	2.1		155.8	23	45.4
江 西	28.4	0.1	634.2	50	72.8
山 东	0.2		959.8	1	82.4
河 南	9.9		2491.0	10	118.7
湖 北	82.9	10.7	986.9	24	68.4
湖 南	73.2	4.9	1704.9	71	206.5
广 东	5.3	0.1	742.8	71	337.1
广 西	15.1	0.9	1100.5	60	191.7
海 南			621.4	34	177.4
重 庆	1.7	0.3	649.7	129	98.5
四 川	17.5	2.5	1611.9	63	205.4
贵 州	43.9	1.9	1493.8	146	198.0
云 南	74.5	5.0	1414.8	942	444.2
西 藏	0.2		17.6	18	1.9
陕 西	4.5	1.1	1208.5	37	93.4
甘 肃	675.8	22.8	1052.7	9	74.6
青 海	64.3	5.5	129.8	10	9.3
宁 夏	114.7	2.8	220.6	4	16.6
新 疆	429.5	32.5	513.6	28	170.1

注：死亡人口(含失踪)和直接经济损失含森林、海洋等灾害。

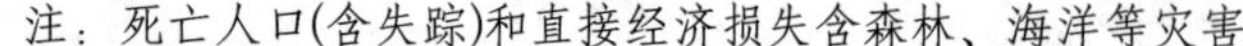

表5–6 地质灾害及防治情况

年份 地区	发生地质灾害数量(处)	#滑坡	#崩塌	#泥石流	#地面塌陷	人员伤亡(人)	#死亡人数	直接经济损失(万元)	地质灾害防治项目数(个)	地质灾害防治投资(万元)
2000	19653	13431	2945	1958	347	27697	1179	494201	429	33197
2005	17751	9367	7654	566	137	1223	578	357678	3179	166860
2006	102804	88523	13160	417	398	1227	663	431590	2914	193570
2007	25364	15478	7722	1215	578	1123	598	247528	3492	244885
2008	26580	13450	8080	843	454	1598	656	326936	5325	529939
2009	10580	6310	2378	1442	326	845	331	190109	28061	542368
2010	30670	22250	5688	1981	478	3445	2244	638509	28106	1159813
2011	15804	11504	2445	1356	386	413	244	413151	20871	928085
2012	14675	11112	2152	952	364	636	293	625253	26882	1024183
2013	15374	9832	3288	1547	385	929	482	1043568	36984	1235363
北京	40	3	32		5			44	42	10000
天津									6	701
河北	19	6	8		4	16	8	113	195	36188
山西	38	9	24		4	29	27	769	68	28979
内蒙古	2	1	1					100	4	4346
辽宁	95	40	3	48	4	4	2	30913	6	9000
吉林	76	34	16	22	4			1799	23	19553
黑龙江	2		2					600	23	10860
上海	1								2	4051
江苏	11	7	2		2			1190	91	15804
浙江	778	428	254	94	2	9	7	3830	1549	44167
安徽	261	147	108	3	3	2	1	2248	624	29280
福建	175	65	109			6	4	1981	1765	44967
江西	281	199	52	6	24	6	3	1395	106	17080
山东	29	7	12		10			19	109	33734
河南	29	2		1	25	1	1	135	27	9230
湖北	311	228	46	7	30	19	8	6511	228	87346
湖南	2140	1770	184	132	43	29	15	16322	422	56031
广东	2500	1463	944	22	42	45	34	20516	2283	81144
广西	481	152	275	4	47	63	35	2918	940	38546
海南	30	6	24					24	95	1319
重庆	347	268	52	2	24	5	2	6495	665	50498
四川	2758	1855	442	442	9	266	79	189587	24183	198007
贵州	98	63	21		9	53	36	7704	287	109372
云南	424	245	83	69	9	105	69	51672	2910	200001
西藏	138	50	13	75		83	66	16611	6	4926
陕西	345	168	149	12	12	70	29	9011	157	32957
甘肃	3860	2562	410	583	69	98	53	667296	130	33622
青海	37	21	10	6		16		668	21	19035
宁夏	32	27	2		3			2800	1	1697
新疆	36	6	10	19	1	4	3	298	16	2922

表5-7　森林火灾情况（2014年）

地　区	森林火灾次数（次）	一般火灾	较大火灾	重大火灾	特别重大火灾	火场总面积（公顷）	受害森林面积（公顷）	伤亡人数（人）	其他损失折款（万元）
全　国	3703	2080	1620	2	1	55340	19110	112	42512.8
北　京	1	1				1	1		
天　津	2	2				2	2		
河　北	93	78	15			1168	165	3	1.2
山　西	10		10			760	165	2	210.6
内蒙古	160	80	79		1	5950	3426	1	418.2
辽　宁	105	77	28			1045	378		16.5
吉　林	71	58	13			134	52	1	378.0
黑龙江	33	27	6			301	142		
上　海									
江　苏	31	29	2			45	5		8.5
浙　江	155	25	130			1749	786	9	
安　徽	140	72	68			749	265	1	5.4
福　建	130	10	120			1644	1145	2	33773.7
江　西	158	29	129			3635	1579	4	1401.5
山　东	25	7	18			272	160		
河　南	265	210	55			975	334	4	18.4
湖　北	235	208	27			1223	185	1	25.4
湖　南	259	78	181			3728	1935	5	369.4
广　东	128	36	92			2364	930	14	189.8
广　西	403	186	217			6244	1241	10	854.5
海　南	91	49	42			389	268		88.5
重　庆	9	6	3			16	3		5.8
四　川	442	365	77			4713	766	3	1113.8
贵　州	201	136	65			1982	488	7	253.7
云　南	365	164	199	2		15345	4236	34	3112.2
西　藏	1	1				0.4	0.1		0.3
陕　西	109	78	31			441	288	9	212.9
甘　肃	21	18	3			101	37		36.5
青　海	8	7	1			49	38		11.2
宁　夏	24	24				198	4		
新　疆	28	19	9			118	87	2	6.9

表5-8　林业有害生物防治情况

单位：万公顷

年份地区	合计			森林病害		森林虫害		森林鼠害		有害植物	
	发生面积	防治面积	防治率(%)	发生面积	防治面积	发生面积	防治面积	发生面积	防治面积	发生面积	防治面积
2000	851.86	574.19	67.4	93.45	61.95	669.28	456.59	89.12	55.65		
2005	961.03	640.75	66.7	101.20	70.62	726.09	498.51	133.73	71.62		
2006	1100.67	735.47	66.8	103.87	71.80	829.87	557.20	166.93	106.47		
2007	1209.68	801.20	66.2	110.95	85.88	887.72	604.53	211.02	110.79		
2008	1141.84	783.96	68.7	116.83	90.48	843.19	590.23	181.81	103.25		
2009	1141.97	819.38	71.8	103.12	81.88	850.30	638.14	188.55	99.36		
2010	1164.24	812.36	69.8	129.06	89.56	852.32	628.70	182.86	94.11		
2011	1168.14	728.50	62.4	119.72	79.23	845.91	546.58	202.51	102.69		
2012	1176.90	782.59	66.5	131.16	84.26	846.29	572.93	199.45	125.41		
2013	1223.05	766.83	62.7	139.17	89.88	847.46	589.56	224.25	82.97	12.16	4.43
2014	1206.45	787.43	65.3	137.28	86.71	841.28	599.54	211.60	96.03	16.29	5.16
北　京	3.96	3.96	100.0	0.20	0.20	3.76	3.76				
天　津	4.77	4.77	100.0	0.69	0.69	4.08	4.08				
河　北	53.18	44.61	83.9	2.79	2.44	46.01	38.45	4.38	3.71		
山　西	24.21	11.23	46.4	0.68	0.61	18.85	8.35	4.55	2.21	0.13	0.07
内蒙古	122.73	52.64	42.9	21.28	1.23	76.32	37.72	25.12	13.69		
辽　宁	65.90	51.35	77.9	6.39	4.86	59.16	46.15	0.35	0.34		
吉　林	26.34	15.70	59.6	2.61	2.34	21.08	11.03	2.66	2.33		
黑龙江	44.56	39.89	89.5	4.52	3.82	18.97	17.03	21.07	19.04		
上　海	0.50	0.49	98.9	0.04	0.04	0.46	0.45				
江　苏	9.24	8.72	94.4	1.03	0.99	8.21	7.73				
浙　江	10.25	9.46	92.3	1.41	1.25	8.84	8.22				
安　徽	38.42	31.27	81.4	5.58	2.98	32.85	28.29				
福　建	23.12	21.56	93.3	1.05	0.96	22.07	20.60	0.004	0.004		
江　西	26.59	17.78	66.9	5.63	3.59	20.96	14.18				
山　东	52.23	51.34	98.3	8.53	8.32	43.69	43.02				

表5–8　林业有害生物防治情况（续）

单位：万公顷

年份 地区	合计			森林病害		森林虫害		森林鼠害		有害植物	
	发生面积	防治面积	防治率(%)	发生面积	防治面积	发生面积	防治面积	发生面积	防治面积	发生面积	防治面积
河　南	57.30	48.12	84.0	11.17	9.86	46.13	38.26				
湖　北	39.35	23.46	59.6	4.27	2.34	24.48	17.74	0.22	0.19	10.38	3.19
湖　南	35.03	32.93	94.0	3.63	3.40	31.40	29.53				
广　东	30.67	11.43	37.3	1.29	0.87	26.88	9.68			2.49	0.87
广　西	34.89	9.68	27.7	3.91	0.94	30.94	8.70			0.04	0.04
海　南	2.07	0.79	37.9	0.04	0.021	0.80	0.72			1.23	0.05
重　庆	28.94	15.99	55.3	2.15	2.14	20.13	11.88	6.66	1.97		
四　川	74.40	52.09	70.0	9.10	4.44	61.17	44.75	4.12	2.90		
贵　州	23.46	20.52	87.5	1.35	1.12	21.47	18.83	0.64	0.57		
云　南	30.33	28.30	93.3	4.39	4.18	24.40	23.10	0.32	0.32	1.22	0.70
西　藏	27.72	16.34	58.9	8.76	4.96	13.13	8.78	5.83	2.59		
陕　西	42.95	34.23	79.7	3.03	2.79	30.90	23.68	9.02	7.76		
甘　肃	35.46	20.06	56.6	8.80	6.50	15.86	7.80	10.79	5.76		
青　海	22.52	9.28	41.2	0.05		7.81	1.52	14.67	7.76		
宁　夏	26.98	16.25	60.2	1.78	1.11	11.89	7.93	12.52	6.98	0.79	0.23
新　疆	173.30	79.88	46.1	9.24	6.99	82.74	56.97	81.32	15.91		
大兴安岭	15.08	3.31	22.0	1.89	0.72	5.83	0.60	7.35	1.99		

表5-9 主要海洋灾害情况（2014年）

灾　种	发生次数(次)	人员死亡、失踪(人)	直接经济损失(亿元)
合　计	100	24	136.14
风暴潮	9	6	135.78
赤　潮	56		
海　浪	35	18	0.12
海　冰			0.24

表5-10 全海域未达到第一类海水水质标准的海域面积(2014年)

单位：平方公里

项　目	第二类水质海域面积	第三类水质海域面积	第四类水质海域面积	劣于第四类水质海域面积
总　计	43280	42740	21550	41140
渤　海	8180	6600	3770	5750
黄　海	12510	13540	4990	2970
东　海	17470	10700	11200	28330
南　海	5120	11900	1590	4090

六、水资源与废水处理

表6-1　水资源情况

年　份 地　区	水资源总量 (亿立方米)				人均水资源量 (立方米/人)
		地　　表 水资源量	地　　下 水资源量	地表水与地下 水资源重复量	
2000	27700.8	26561.9	8501.9	7363.0	2193.9
2005	28053.1	26982.4	8091.1	7020.4	2151.8
2006	25330.1	24358.1	7642.9	6670.8	1932.1
2007	25255.2	24242.5	7617.2	6604.5	1916.3
2008	27434.3	26377.0	8122.0	7064.7	2071.1
2009	24180.2	23125.2	7267.0	6212.1	1816.2
2010	30906.4	29797.6	8417.0	7308.2	2310.4
2011	23256.7	22213.6	7214.5	6171.4	1730.2
2012	29526.9	28371.4	8416.1	7260.6	2186.1
2013	27957.9	26839.5	8081.1	6962.7	2059.7
2014	27266.9	26263.9	7745.0	6742.0	1998.6
北　京	20.3	6.5	16.0	2.2	95.1
天　津	11.4	8.3	3.7	0.6	76.1
河　北	106.2	46.9	89.3	30.1	144.3
山　西	111.0	65.2	97.3	51.4	305.1
内蒙古	537.8	397.6	236.3	96.1	2149.9
辽　宁	145.9	123.7	82.3	60.1	332.4
吉　林	306.0	251.0	120.2	65.2	1112.2
黑龙江	944.3	814.4	295.4	165.5	2463.1
上　海	47.1	40.1	10.0	2.9	194.8
江　苏	399.3	296.4	118.9	16.0	502.3
浙　江	1132.1	1118.2	231.8	217.9	2057.3
安　徽	778.5	712.9	178.9	113.3	1285.4
福　建	1219.6	1218.4	330.5	329.3	3218.0
江　西	1631.8	1613.3	397.2	378.7	3600.6
山　东	148.4	76.6	116.9	45.0	152.1
河　南	283.4	177.4	166.8	60.9	300.7
湖　北	914.3	885.9	282.0	253.6	1574.3
湖　南	1799.4	1791.5	434.1	426.2	2680.1
广　东	1718.4	1709.0	420.5	411.1	1608.4
广　西	1990.9	1989.6	403.0	401.7	4203.3
海　南	383.5	378.7	96.7	91.9	4266.0
重　庆	642.6	642.6	121.8	121.8	2155.9
四　川	2557.7	2556.5	606.2	605.1	3148.5
贵　州	1213.1	1213.1	294.4	294.4	3461.1
云　南	1726.6	1726.6	558.4	558.4	3673.3
西　藏	4416.3	4416.3	985.1	985.1	140200.0
陕　西	351.6	325.8	124.1	98.3	932.8
甘　肃	198.4	190.5	112.6	104.7	767.0
青　海	793.9	776.0	349.4	331.5	13675.5
宁　夏	10.1	8.2	21.3	19.4	153.0
新　疆	726.9	686.6	443.9	403.6	3186.9

表6-2 供水用水情况

年份 地区	供水总量(亿立方米)				用水总量(亿立方米)					人均用水量(立方米/人)
		地表水	地下水	其他		农业	工业	生活	生态	
2000	5530.7	4440.4	1069.2	21.1	5497.6	3783.5	1139.1	574.9		435.4
2005	5633.0	4572.2	1038.8	22.0	5633.0	3580.0	1285.2	675.1	92.7	432.1
2006	5795.0	4706.8	1065.5	22.7	5795.0	3664.4	1343.8	693.8	93.0	442.0
2007	5818.7	4723.9	1069.1	25.7	5818.7	3599.5	1403.0	710.4	105.7	441.5
2008	5910.0	4796.4	1084.8	28.7	5910.0	3663.5	1397.1	729.3	120.2	446.2
2009	5965.2	4839.5	1094.5	31.2	5965.2	3723.1	1390.9	748.2	103.0	448.0
2010	6022.0	4881.6	1107.3	33.1	6022.0	3689.1	1447.3	765.8	119.8	450.2
2011	6107.2	4953.3	1109.1	44.8	6107.2	3743.6	1461.8	789.9	111.9	454.4
2012	6141.8	4963.0	1134.2	44.6	6141.8	3880.3	1423.9	728.8	108.8	454.7
2013	6183.4	5007.3	1126.2	49.9	6183.4	3921.5	1406.4	750.1	105.4	455.5
2014	6094.9	4920.5	1116.9	57.5	6094.9	3869.0	1356.1	766.6	103.2	446.7
北京	37.5	9.3	19.6	8.6	37.5	8.2	5.1	17.0	7.2	175.7
天津	24.1	15.9	5.3	2.8	24.1	11.7	5.4	5.0	2.1	161.2
河北	192.8	46.8	142.1	4.0	192.8	139.2	24.5	24.1	5.1	262.0
山西	71.4	32.8	35.1	3.5	71.4	41.5	14.2	12.2	3.4	196.1
内蒙古	182.0	89.1	90.8	2.2	182.0	137.5	19.7	10.5	14.3	727.6
辽宁	141.8	80.0	58.4	3.3	141.8	89.6	22.8	24.4	4.9	322.9
吉林	133.0	87.5	44.9	0.6	133.0	89.8	26.8	12.8	3.6	483.3
黑龙江	364.1	196.3	167.6	0.2	364.1	316.1	29.0	17.7	1.3	949.7
上海	105.9	105.9	0.1		105.9	14.6	66.2	24.4	0.8	437.6
江苏	591.3	574.7	9.7	6.9	591.3	297.8	238.0	52.8	2.7	743.8
浙江	192.9	189.7	2.2	0.9	192.9	88.2	55.7	43.8	5.2	
安徽	272.1	239.9	30.3	1.8	272.1	142.8	92.7	31.9	4.7	449.3
福建	205.6	198.5	6.5	0.7	205.6	95.6	75.3	31.5	3.2	542.6
江西	259.3	248.3	9.1	2.0	259.3	168.6	61.3	27.4	2.1	572.2
山东	214.5	121.3	86.0	7.3	214.5	146.7	28.6	33.4	5.8	219.8
河南	209.3	88.6	119.4	1.3	209.3	117.6	52.6	33.4	5.7	222.1
湖北	288.3	279.1	9.2		288.3	156.9	90.2	40.7	0.6	496.5
湖南	332.4	314.6	17.8	0.02	332.4	200.2	87.7	41.8	2.7	495.1
广东	442.5	425.5	15.3	1.7	442.5	224.3	117.0	96.1	5.1	414.2
广西	307.6	295.2	11.6	0.8	307.6	209.2	56.8	39.2	2.4	649.4
海南	45.0	41.9	3.0	0.1	45.0	33.4	3.9	7.5	0.2	500.7
重庆	80.5	78.9	1.5	0.1	80.5	23.7	36.7	19.1	0.9	270.0
四川	236.9	217.9	17.3	1.7	236.9	145.4	44.7	42.5	4.2	291.6
贵州	95.3	90.9	2.8	1.7	95.3	50.4	27.7	16.6	0.7	271.9
云南	149.4	142.5	5.8	1.1	149.4	103.3	24.6	19.5	2.0	317.9
西藏	30.5	26.7	3.8		30.5	27.7	1.7	1.1	0.05	967.3
陕西	89.8	55.2	33.3	1.3	89.8	57.9	14.0	15.4	2.5	238.3
甘肃	120.6	90.9	28.1	1.6	120.6	97.8	12.8	8.2	1.8	466.2
青海	26.3	22.6	3.6	0.1	26.3	21.0	2.4	2.5	0.4	453.8
宁夏	70.3	64.7	5.5	0.2	70.3	61.3	5.0	1.7	2.3	1068.6
新疆	581.8	449.4	131.4	1.1	581.8	551.0	13.3	12.3	5.3	2550.7

注：1.生态用水仅包括部分河湖、湿地人工补水和城市环境用水。

2.2012年起，生活用水量中的牲畜用水量调整至农业用水量中。

表6–3　分地区废水中主要污染物排放情况（2014年）

地　区	废　水排放总量（万吨）	废水中主要污染物排放量					
		化学需氧量（万吨）	氨氮（万吨）	总氮（万吨）	总磷（万吨）	石油类（吨）	挥发酚（吨）
全　国	7161751	2294.59	238.53	456.14	53.45	16203.6	1378.4
北　京	150714	16.88	1.90	3.71	0.48	51.1	0.4
天　津	89361	21.43	2.45	3.68	0.47	58.8	1.1
河　北	309824	126.85	10.27	38.54	4.72	964.1	33.9
山　西	145033	44.13	5.37	9.25	1.03	957.6	653.5
内蒙古	111917	84.77	4.93	18.88	2.15	1226.5	183.5
辽　宁	262879	121.70	10.01	20.78	2.89	789.7	8.4
吉　林	122171	74.30	5.31	12.83	1.59	231.9	3.9
黑龙江	149644	142.39	8.49	27.56	2.84	223.3	4.3
上　海	221160	22.44	4.46	1.50	0.20	656.0	1.7
江　苏	601158	110.00	14.25	17.42	1.86	1160.1	44.8
浙　江	418262	72.54	10.32	9.59	1.16	506.2	5.0
安　徽	272313	88.56	10.05	18.62	2.00	709.8	5.4
福　建	260579	62.98	8.93	9.32	1.29	373.4	1.9
江　西	208289	72.01	8.60	11.24	1.52	687.5	14.2
山　东	514423	178.04	15.50	57.42	6.37	507.4	35.2
河　南	422832	131.87	13.90	42.72	5.08	1069.7	116.2
湖　北	301704	103.31	12.04	19.28	2.38	939.6	12.9
湖　南	309960	122.90	15.44	22.29	2.71	542.7	18.4
广　东	905082	167.06	20.82	18.82	2.83	450.5	10.0
广　西	219304	74.40	7.93	11.43	1.41	269.9	10.0
海　南	39351	19.60	2.29	4.09	0.52	47.3	0.1
重　庆	145822	38.64	5.13	5.44	0.68	328.8	8.5
四　川	331277	121.63	13.47	22.49	2.64	545.5	2.8
贵　州	110912	32.67	3.80	4.70	0.49	330.8	0.6
云　南	157544	53.38	5.65	7.67	0.77	319.3	2.1
西　藏	5450	2.79	0.34	0.62	0.05	0.8	5.4
陕　西	145785	50.49	5.82	10.00	1.00	621.6	5.3
甘　肃	65973	37.32	3.81	5.12	0.46	281.0	4.4
青　海	23001	10.50	0.98	0.79	0.08	339.3	1.0
宁　夏	37277	21.98	1.66	3.08	0.33	165.5	156.9
新　疆	102748	67.02	4.59	17.27	1.44	847.9	26.8

表6-3　分地区废水中主要污染物排放情况（2014年）（续）

地　区	废水中主要污染物排放量					
	铅（千克）	汞（千克）	镉（千克）	六价铬（千克）	总铬（千克）	砷（千克）
全　国	73184.7	745.9	17251.1	34925.3	132797.4	109729.8
北　京	41.2	0.1	0.6	157.4	266.6	8.0
天　津	95.5	5.4	2.9	67.3	299.4	12.5
河　北	321.7	2.5	14.5	2619.3	5650.0	52.4
山　西	299.3	42.8	52.0	19.3	802.2	264.5
内蒙古	7057.9	44.0	760.5	37.1	88.7	15637.9
辽　宁	130.5	6.8	24.3	199.2	684.8	71.1
吉　林	165.1	6.3	30.2	135.0	216.4	889.8
黑龙江	44.0	1.6	3.9	40.2	100.3	12.8
上　海	131.6	8.2	6.9	1108.8	2523.9	71.4
江　苏	1204.1	3.9	26.5	3553.8	9676.5	307.6
浙　江	454.3	6.5	244.4	4708.7	12902.6	185.5
安　徽	1345.4	6.4	144.9	221.4	757.9	2244.6
福　建	3727.2	12.6	633.9	2145.6	10390.5	3754.0
江　西	6145.3	74.8	1769.5	570.7	922.3	7355.3
山　东	876.6	11.2	1050.7	509.0	7859.6	2400.0
河　南	3138.0	20.3	784.2	966.0	27844.0	1083.9
湖　北	5881.8	35.6	1039.0	10223.9	13538.7	12448.0
湖　南	21609.3	151.7	6536.5	1252.5	5918.9	35794.2
广　东	2277.9	20.3	396.3	3278.8	13355.1	855.8
广　西	5009.3	90.6	953.8	132.2	1353.4	5012.2
海　南	2.5	3.7	0.5	0.3	101.0	13.2
重　庆	112.7	0.5	4.8	352.2	706.0	63.4
四　川	1208.8	15.3	86.2	751.2	1790.4	1678.7
贵　州	396.6	9.9	197.4	70.3	9351.4	276.3
云　南	4846.4	16.4	845.7	105.5	189.7	7354.1
西　藏	5.0	0.1	1.0	0.6	2.0	5203.5
陕　西	1426.1	28.9	512.1	165.5	696.0	1017.5
甘　肃	4382.2	88.1	824.4	498.7	3406.1	3265.5
青　海	692.7	8.3	244.1	5.5	12.6	1479.0
宁　夏	30.5	1.8	2.5	20.1	105.3	70.0
新　疆	125.1	21.6	56.9	1009.3	1285.2	847.1

表6–4　主要城市废水中主要污染物排放情况（2014年）

城　市	工业废水排放量（万吨）	工业化学需氧量排放量（吨）	工业氨氮排放量（吨）	城镇生活污水排放量（万吨）	生活化学需氧量排放量（吨）	生活氨氮排放量（吨）
北　京	9174	6050	328	141374	82194	13672
天　津	19011	28269	3708	70303	80459	15456
石家庄	24024	36695	4527	34127	1940	1898
太　原	3975	4042	436	20407	8385	2895
呼和浩特	7249	15174	652	13654	19111	2908
沈　阳	9134	9614	842	38668	12955	12185
长　春	5564	11968	1406	21590	31659	7144
哈尔滨	5188	7588	1070	34472	83290	12784
上　海	43939	24766	1798	176940	163438	39438
南　京	21561	21568	1221	55336	58525	12860
杭　州	35370	30639	1260	59060	36603	7798
合　肥	6920	7828	337	43809	45502	6318
福　州	4681	4837	360	33077	65889	9315
南　昌	8656	7539	380	34736	41110	6308
济　南	7880	5289	346	31005	28704	4909
郑　州	13039	12548	568	53122	21398	7888
武　汉	17097	14874	1388	71572	82571	11705
长　沙	4397	13253	409	49006	51021	8021
广　州	22444	23341	1565	142149	104238	17374
南　宁	9097	22204	1231	27436	58843	7621
海　口	776	750	54	11677	6978	3691
重　庆	34968	53360	3453	110705	212663	35407
成　都	10064	11600	773	112228	100515	12638
贵　阳	2895	9070	319	22427	28180	4875
昆　明	3747	7001	201	44520	14154	4973
拉　萨	326	592	27	2385	8049	1117
西　安	6340	20137	1583	44770	61593	10386
兰　州	4563	4006	2648	13773	35269	5243
西　宁	2555	15821	490	7633	17007	3560
银　川	5496	13995	2563	12951	3872	2737
乌鲁木齐	4849	5352	650	19735	11074	4330

七、废气排放及处理

表7-1　分地区废气中主要污染物排放情况（2014年）

单位：万吨

地　区	二氧化硫	氮氧化物	烟(粉)尘
全　国	1974.42	2078.00	1740.75
北　京	7.89	15.10	5.74
天　津	20.92	28.23	13.95
河　北	118.99	151.25	179.77
山　西	120.82	106.99	150.68
内蒙古	131.24	125.83	102.15
辽　宁	99.46	90.20	112.07
吉　林	37.23	54.92	47.51
黑龙江	47.22	73.06	79.35
上　海	18.81	33.28	14.17
江　苏	90.47	123.26	76.37
浙　江	57.40	68.79	37.97
安　徽	49.30	80.73	65.28
福　建	35.60	41.17	36.79
江　西	53.44	54.01	46.23
山　东	159.02	159.33	120.81
河　南	119.82	142.20	88.21
湖　北	58.38	58.02	50.40
湖　南	62.37	55.28	49.62
广　东	73.01	112.21	44.95
广　西	46.66	44.24	40.29
海　南	3.26	9.50	2.32
重　庆	52.69	35.50	22.61
四　川	79.64	58.54	42.86
贵　州	92.58	49.11	37.79
云　南	63.67	49.89	36.68
西　藏	0.42	4.83	1.39
陕　西	78.10	70.58	70.91
甘　肃	57.56	41.84	34.58
青　海	15.43	13.45	23.99
宁　夏	37.71	40.40	23.92
新　疆	85.30	86.28	81.39

表7-2 主要城市废气中主要污染物排放情况（2014年）

单位：吨

城　市	工业二氧化硫排放量	工业氮氧化物排放量	工业烟(粉)尘排放量	生活二氧化硫排放量	生活氮氧化物排放量	生活烟尘排放量
北　京	40347	64400	22710	38475	14109	31556
天　津	195395	216947	112187	13767	9517	21072
石家庄	156030	159807	104277	15564	5755	7271
太　原	83648	92979	59441	35647	6738	19408
呼和浩特	91360	98837	67616	9832	5359	16777
沈　阳	131344	80459	83226	7251	2564	13115
长　春	56210	96025	70944	7344	1600	17800
哈尔滨	60028	88163	130401	59983	20798	100594
上　海	155360	228621	131433	32765	18734	4017
南　京	103949	103633	96177	1750	400	1000
杭　州	80349	61627	70346	633	335	135
合　肥	42364	61923	106284	2790	413	3317
福　州	56385	71392	105713	1279	169	547
南　昌	37049	16511	29435	615	59	244
济　南	67842	64861	90082	29270	3629	13828
郑　州	90859	115866	46037	13744	1845	16150
武　汉	84481	84202	119433	5720	1416	1001
长　沙	19576	14357	17323	3097	203	2869
广　州	61059	51607	22136	2363	720	214
南　宁	32077	37286	27563	8748	1068	4631
海　口	1773	172	998	15	19	229
重　庆	474805	233690	214774	52129	4310	4106
成　都	50754	45249	25574	4814	2071	651
贵　阳	70533	28177	29669	36557	1806	2848
昆　明	61457	44683	26161	4847	586	1711
拉　萨	865	2407	2576	727	85	320
西　安	62604	31823	21985	29806	11698	15131
兰　州	67616	66026	64214	6385	2831	5569
西　宁	66772	47286	71622	8259	2059	22027
银　川	67563	69085	27473	5637	1248	3316
乌鲁木齐	71251	92239	77076	7018	1495	5161

表7-3　分地区城市生活垃圾清运和处理情况（2014年）

地　区	生活垃圾清运量（万吨）	无害化处理厂数（座）	#卫生填埋	#焚　烧	#其　他	无害化处理能力（吨/日）	#卫生填埋	#焚　烧	#其　他
全　国	17860.2	818	604	188	26	533455	335316	185957	12182
北　京	733.8	25	16	3	6	21371	12121	5200	4050
天　津	215.9	8	4	4		9400	5100	4300	
河　北	614.1	40	32	7	1	17184	10524	6500	160
山　西	445.0	23	17	5	1	10525	7115	3350	60
内蒙古	324.6	26	24	1	1	11190	9890	1200	100
辽　宁	917.1	29	25	2	2	22657	20075	1780	802
吉　林	504.6	17	14	3		10893	7443	3450	
黑龙江	553.4	22	16	3	3	10995	8355	1000	1640
上　海	608.4	12	5	5	2	20530	11230	8300	1000
江　苏	1352.4	58	29	28	1	50574	20257	29817	500
浙　江	1229.1	59	26	32	1	45981	16076	29705	200
安　徽	464.8	26	20	6		15153	10203	4950	
福　建	598.9	27	13	13	1	18149	5349	12300	500
江　西	308.5	17	17			9273	9273		
山　东	958.5	59	41	16	2	35171	19211	14700	1260
河　南	832.8	43	39	4		23207	19257	3950	
湖　北	739.3	39	28	11		24016	13066	10950	
湖　南	600.8	34	32	2		21609	20009	1600	
广　东	2214.2	65	40	21	4	64901	39906	23235	1760
广　西	338.9	19	17	2		8091	7491	600	
海　南	144.2	9	6	3		3880	2230	1650	
重　庆	399.4	16	14	2		8710	5110	3600	
四　川	780.0	40	32	8		21677	14217	7460	
贵　州	273.8	14	14			5545	5545		
云　南	349.5	23	16	7		9943	3583	6360	
西　藏	30.8								
陕　西	517.9	17	16		1	15047	14897		150
甘　肃	253.0	16	16			4475	4475		
青　海	77.6	5	5			2110	2110		
宁　夏	118.4	8	8			2980	2980		
新　疆	360.6	22	22			8218	8218		

表7–3 分地区城市生活垃圾清运和处理情况（2014年）（续）

地 区	无害化处理量（万吨）	#卫生填埋	#焚 烧	#其 他	粪 便清运量（万吨）	粪便无害化处理量（万吨）	生活垃圾无害化处理率（%）
全 国	16393.7	10744.3	5329.9	319.6	1552.0	692.0	91.8
北 京	730.8	488.6	156.1	86.2	216.1	197.4	99.6
天 津	208.7	102.1	106.6		32.7	14.0	96.7
河 北	531.9	376.3	150.5	5.1	96.9	14.2	86.6
山 西	409.7	292.2	117.5		34.1	0.7	92.1
内蒙古	311.8	286.4	24.5	0.9	48.1	9.7	96.1
辽 宁	840.0	737.3	70.6	32.1	90.4	18.3	91.6
吉 林	312.4	216.2	96.2		65.1	42.7	61.9
黑龙江	325.7	277.6	12.3	35.9	134.8	29.7	58.9
上 海	608.4	328.8	238.5	41.2	199.9	59.3	100.0
江 苏	1326.9	455.2	871.6		82.4	41.3	98.1
浙 江	1229.0	460.4	768.6		71.0	57.4	100.0
安 徽	462.5	333.0	129.5		18.5	4.4	99.5
福 建	586.1	188.5	376.9	20.7	4.0	2.9	97.9
江 西	287.1	287.1			8.1	8.1	93.1
山 东	958.5	533.9	386.9	37.6	127.2	57.5	100.0
河 南	773.1	635.8	137.3		44.4	12.7	92.8
湖 北	666.6	322.4	344.2		19.5	4.6	90.2
湖 南	599.0	568.4	30.6		14.4	7.3	99.7
广 东	1912.7	1196.0	661.7	55.1	85.1	51.6	86.4
广 西	323.3	311.2	12.0		9.8	3.2	95.4
海 南	144.0	82.3	61.6		5.3		99.8
重 庆	396.2	261.0	135.2		67.0	17.3	99.2
四 川	743.9	494.2	249.7		18.0	7.0	95.4
贵 州	255.3	255.3			4.2	3.0	93.3
云 南	323.2	132.0	191.2		16.1	7.0	92.5
西 藏							
陕 西	496.1	491.1		4.9	16.0	6.6	95.8
甘 肃	158.4	158.4			17.6	11.4	62.6
青 海	67.0	67.0			1.3		86.3
宁 夏	110.4	110.4			3.9	2.7	93.3
新 疆	295.3	295.3			0.4	0.3	81.9

表7-4　环保重点城市空气质量情况（2014年）

城　市	二氧化硫年平均浓度(μg/m³)	二氧化氮年平均浓度(μg/m³)	可吸入颗粒物(PM10)年平均浓度(μg/m³)	一氧化碳日均值第95百分位浓度(mg/m³)	臭氧(03)日最大8小时第90百分位浓度(μg/m³)	细颗粒物(PM2.5)年平均浓度(μg/m³)	空气质量达到及好于二级的天数(天)
北　京	22	57	116	3.2	200	86	168
天　津	49	54	133	2.9	157	83	175
石家庄	62	53	206	4.2	161	124	97
唐　山	73	60	163	4.7	169	101	133
秦皇岛	54	49	113	3.5	114	61	239
邯　郸	57	51	186	3.9	147	115	93
保　定	67	55	224	5.4	178	129	79
太　原	73	36	138	3.2	125	72	197
大　同	46	32	95	3.6	114	43	300
阳　泉	88	44	154	2.8	101	71	96
长　治	38	39	116	3.5	102	67	235
临　汾	60	32	94	4.2	95	63	240
呼和浩特	50	44	122	4.0	117	46	240
包　头	54	46	151	3.3	140	55	187
赤　峰	56	25	112	1.6	108	47	257
沈　阳	82	52	124	2.0	165	74	190
大　连	30	39	85	1.4	110	53	276
鞍　山	57	38	133	3.8	146	76	198
抚　顺	38	37	103	2.2	165	58	240
本　溪	46	40	97	4.0	126	61	239
锦　州	62	42	102	2.4	155	63	236
长　春	41	47	118	1.5	132	68	239
吉　林	24	38	109	2.5	141	66	240
哈尔滨	57	52	111	1.6	111	72	241
齐齐哈尔	29	21	63	1.5	92	39	300
牡丹江	25	32	91	1.7	119	59	264
上　海	18	45	71	1.3	149	52	278
南　京	25	54	124	1.6	183	74	188
无　锡	29	45	106	1.7	182	68	210
徐　州	38	37	119	2.0	152	67	238
常　州	36	40	104	1.7	171	67	231
苏　州	25	53	86	1.5	164	66	227

表7-4　环保重点城市空气质量情况（2014年）（续一）

城　　市	二氧化硫年平均浓度(μg/m³)	二氧化氮年平均浓度(μg/m³)	可吸入颗粒物(PM10)年平均浓度(μg/m³)	一氧化碳日均值第95百分位浓度(mg/m³)	臭氧(O3)日最大8小时第90百分位浓度(μg/m³)	细颗粒物(PM2.5)年平均浓度(μg/m³)	空气质量达到及好于二级的天数(天)
南　通	26	40	96	1.3	153	62	257
连云港	30	35	111	2.0	145	61	250
扬　州	34	37	106	1.5	130	65	222
镇　江	24	46	107	1.6	147	68	240
杭　州	21	50	98	1.3	169	65	216
宁　波	17	41	73	1.4	140	46	302
温　州	17	50	75	1.7	134	46	299
湖　州	22	48	87	1.4	166	64	222
绍　兴	36	50	96	1.4	167	63	228
合　肥	23	31	113	1.6	69	83	151
芜　湖	27	28	96	1.9	72	67	249
马鞍山	29	35	108	2.1	105	67	247
福　州	8	36	65	1.3	137	34	310
厦　门	16	37	59	1.0	128	37	344
泉　州	9	24	68	1.2	96	34	346
南　昌	25	33	85	1.6	129	52	294
九　江	30	31	86	1.4	136	46	280
济　南	69	57	172	2.4	190	87	107
青　岛	38	45	107	1.6	154	58	236
淄　博	123	67	171	3.1	187	97	91
枣　庄	74	47	170	1.8	195	92	103
烟　台	28	40	84	1.6	152	52	246
潍　坊	59	42	146	2.2	209	78	123
济　宁	73	47	154	2.2	184	88	125
泰　安	50	46	132	2.6	146	76	193
日　照	31	38	112	2	148	62	231
郑　州	43	51	158	3.1	116	88	135
开　封	34	37	128	3.2	130	83	150
洛　阳	49	42	129	3.3	143	74	151
平顶山	56	46	141	2	146	88	171
安　阳	58	54	154	4.9	160	97	113
焦　作	62	46	134	3.7	166	80	181
三门峡	56	40	130	2.9	165	76	188
武　汉	21	55	114	1.8	156	82	177
宜　昌	49	36	137	2.1	110	93	173
荆　州	43	39	150	2.3	138	88	173
长　沙	24	42	84	1.8	117	74	224
株　洲	36	39	102	1.7	139	74	229
湘　潭	34	45	108	1.7	131	73	219
岳　阳	30	29	130	2.2	74	58	271
常　德	36	25	101	2.9	98	71	227

表7-4 环保重点城市空气质量情况（2014年）（续二）

城市	二氧化硫年平均浓度（μg/m³）	二氧化氮年平均浓度（μg/m³）	可吸入颗粒物(PM10)年平均浓度（μg/m³）	一氧化碳日均值第95百分位浓度(mg/m³)	臭氧(03)日最大8小时第90百分位浓度（μg/m³）	细颗粒物(PM2.5)年平均浓度（μg/m³）	空气质量达到及好于二级的天数(天)
张家界	18	18	91	2.6	114	65	229
广州	17	48	67	1.5	165	49	282
韶关	33	31	66	2.7	152	49	269
深圳	9	35	53	1.4	126	34	348
珠海	11	33	53	1.4	138	34	321
汕头	14	22	63	1.3	133	40	328
湛江	13	15	47	1.6	134	29	318
南宁	15	37	84	1.6	126	49	292
柳州	32	30	92	1.7	155	67	240
桂林	22	28	86	2	136	66	250
北海	13	14	58	1.9	144	29	322
海口	6	16	42	0.9	102	23	346
重庆	24	39	98	1.8	146	65	246
成都	19	59	123	2	147	77	216
自贡	22	26	108	1.5	75	74	217
攀枝花	51	32	83	3.2	99	40	336
泸州	25	38	93	1.5	137	65	262
德阳	21	35	89	1.8	141	62	264
绵阳	16	39	82	1.4	131	56	270
南充	25	35	108	1.5	76	73	241
宜宾	27	31	97	3.3	138	66	245
贵阳	24	31	74	1.3	103	48	301
遵义	25	31	91	1.2	103	57	281
昆明	20	36	70	1.5	111	35	350
曲靖	27	21	58	1.8	118	35	353
玉溪	28	22	53	3.4	122	30	337
拉萨	10	20	59	1.8	134	25	321
西安	32	47	152	3	128	77	172
铜川	35	40	118	3.4	148	69	219
宝鸡	24	36	120	3.4	120	70	220
咸阳	31	38	132	2.3	131	71	202
渭南	35	37	127	2.3	122	75	202
延安	35	51	121	3.8	138	53	254
兰州	29	48	126	2.7	108	61	247
金昌	59	20	118	2.5	132	41	276
西宁	41	38	121	2.5	89	63	261
银川	69	42	112	2.4	124	53	255
石嘴山	81	31	127	1.8	151	51	230
乌鲁木齐	25	56	146	3.4	109	61	202
克拉玛依	8	28	78	2.2	123	42	179

表7–5　按地区类别及路边情况划分的大气质量(2014年)

单位：微克/立方米

地区类别及路边	全年平均大气污染浓度			
	二氧化硫	二氧化氮	微细总悬浮粒子	可吸入悬浮粒子
市区①	13	57	30	43
新市镇②	9	47	28	42
郊区③	9	10	27	44
路边④	9	102	32	50

注：①包括葵涌、中西区、深水　、观塘、东区及荃湾。
②包括大埔、沙田、元朗及东涌。
③包括塔门。
④包括铜锣湾、中环及旺角。

表7–6　按种类划分的日均产生的固体废物量

单位：吨（每日计）

种　　类	2010	2011	2012	2013
于堆填区弃置的固体废物				
都市固体废物①				
家居废物②	6135	5973	6286	6359
商业废物③	2352	2360	2260	2408
工业废物④	627	663	732	780
小计	9114	8996	9278	9547
整体建筑废物①⑤	3584	3331	3440	3591
特殊废物⑥	1119	1131	1127	1173
总计	13817	13458	13844	14311
已回收都市固体废物⑦	9872	8272	5909	5503

注：①都市固体废物包括运往弃置设施的家居废物、商业废物及工业废物，但不包括建筑废物及已回收都市固体废物。

②家居废物包括使用后的住宅固体废物，以及由公共洁净服务收集的废物。

③商业废物包括所有类型的商业活动产生的固体废物。

④工业废物包括由工业活动产生的固体废物，但不包括化学废物及建筑废料。自2007年开始，运往堆填区处置并包括在工业废物类别的废弃混凝土已被重新归类于整体建筑废物，有关的数量已从工业废物类别中扣除。

⑤建筑废物包括由建筑及拆卸活动所产生的废物，但不包括可运往公众填土区作填海用途的物料。在堆填区弃置的整体建筑废物包括来自建筑地盘的建筑废物，以及在建筑地盘以外设立的混凝土配料厂和水泥/砂浆生产厂所产生的废弃混凝土。

⑥特殊废物包括弃置于堆填区的动物尸体、屠房废物、报废货物、滤水厂及污水处理后的污泥、污水处理厂的隔滤物、禽畜废物、医疗废物及化学废物。

⑦都市固体废物回收后会在本地或香港以外地方循环再造。

八、城市建设

表8-1 全部地级及以上城市数(2014年)

单位：个

地　区	合　计	按城市市辖区年末总人口分组					
		400万以上	200-400万	100-200万	50-100万	20-50万	20万以下
全部地级及以上城市	292	17	35	91	98	47	4
北　京	1	1					
天　津	1	1					
河　北	11	1	1	2	7		
山　西	11		1	1	7	2	
内蒙古	9			3	3	3	
辽　宁	14	1	1	2	9	1	
吉　林	8		1	1	3	3	
黑龙江	12	1		2	8	1	
上　海	1	1					
江　苏	13	1	8	4			
浙　江	11	1	2	3	4	1	
安　徽	16		2	7	5	2	
福　建	9		2	2	3	2	
江　西	11		1	3	4	3	
山　东	17		5	11	1		
河　南	17	1		8	6	2	
湖　北	12	1	1	4	5	1	
湖　南	13		1	5	5	2	
广　东	21	2	4	8	5	2	
广　西	14		1	6	4	3	
海　南	3			1	1		1
重　庆	1	1					
四　川	18	1		12	5		
贵　州	6		1	1	2	2	
云　南	8	1	1		2	3	1
西　藏	3					1	2
陕　西	10	2		2	5	1	
甘　肃	12		1	2	3	6	
青　海	2				1	1	
宁　夏	5			1		4	
新　疆	2		1			1	

注：本表为公安部的户籍人口数(下表同)。

表8-2　省会城市和计划单列市主要经济指标（2014年）

城市名称	年　末 总人口 (万人)	地区生产总值 (当年价格) (亿元)				客运量 (万人)	货运量 (万吨)	公共财政收入 (万元)
			第一产业	第二产业	第三产业			
北　京	1333	21330.8	159.0	4544.8	16627.0	71715	26697	40271609
天　津	1017	15726.9	199.9	7731.9	7795.2	19600	49751	23903518
石家庄	1025	5170.3	487.5	2417.5	2265.2	6932	24538	3434745
太　原	370	2531.1	38.9	1012.3	1479.9	4441	18540	2588527
呼和浩特	238	2894.1	125.5	848.2	1920.4	1346	16330	2115389
沈　阳	731	7098.7	325.3	3541.1	3232.3	25397	23488	7855020
大　连	594	7655.6	441.8	3697.4	3516.4	13580	43670	7808645
长　春	755	5342.4	332.0	2813.6	2196.8	12378	10544	3973249
哈尔滨	987	5340.1	626.5	1784.0	2929.5	13989	10169	4235203
上　海	1439	23567.7	124.3	8167.7	15275.7	20762	90128	45855536
南　京	649	8820.8	214.3	3623.5	4983.0	16088	30904	9034890
杭　州	716	9206.2	274.3	3845.6	5086.2	24070	29335	10273169
宁　波	584	7610.3	275.7	3980.4	3354.2	16722	40406	8606109
合　肥	713	5158.0	257.6	2872.0	2028.3	20094	42194	5003420
福　州	675	5169.2	415.9	2352.2	2401.1	13785	23093	5108707
厦　门	203	3273.6	23.7	1460.3	1789.5	7916	23545	5437986
南　昌	518	3668.0	162.7	2017.0	1488.2	6970	12709	3422065
济　南	622	5770.6	290.3	2261.7	3218.6	4241	19558	5431278
青　岛	781	8692.1	349.6	3890.4	4452.1	9854	26061	8952450
郑　州	938	6777.0	147.1	3487.1	3142.7	18413	22737	8338761
武　汉	827	10069.5	350.1	4785.7	4933.8	28145	48530	11010207
长　沙	671	7824.8	311.9	4241.2	3271.7	12745	30251	6327992
广　州	842	16706.9	218.7	5591.0	10897.2	98062	95645	12431035
深　圳	332	16001.8	5.6	6812.0	9184.2	15113	29384	20824400
南　宁	730	3148.3	369.6	1251.5	1527.2	8697	33582	2748517
海　口	165	1091.7	57.1	217.5	817.1	6898	12319	1001174
重　庆	3375	14262.6	1061.0	6529.1	6672.5	70056	97287	19220159
成　都	1211	10056.6	357.1	4508.5	5191.0	21523	28051	10251696
贵　阳	383	2497.3	108.0	976.6	1412.7	72527	26421	3315962
昆　明	551	3713.0	181.6	1538.5	1992.9	13237	27703	4779736
拉　萨	53	347.5	12.9	127.8	206.8	724	1010	829378
西　安	815	5492.6	214.6	2194.8	3083.3	25719	42039	5837888
兰　州	375	2000.9	52.4	824.9	1123.6	5673	11147	1523299
西　宁	203	1065.8	37.4	530.7	497.7	2232	6219	838821
银　川	196	1388.6	52.8	750.2	585.6	4062	15711	1535998
乌鲁木齐	267	2461.5	27.4	906.0	1528.0	3030	13688	3406243

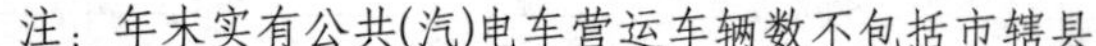
注：年末实有公共(汽)电车营运车辆数不包括市辖县。

表8-2　省会城市和计划单列市主要经济指标（2014年）(续一)

城市名称	公共财政支出（万元）	固定资产投资总额（万元）	城乡居民储蓄存款年末余额（万元）	在岗职工平均工资（元）	年末邮政局(所)数（处）	年末固定电话用户数（万户）	社会消费品零售总额（万元）
北　京	45246690	75114785	241584000	103400.4	953	831.1	96379959
天　津	28846993	116262649	79168974	76920.6	876	360.6	47386543
石家庄	5664878	48839608	43876724	48272.1	259	151.5	24234663
太　原	3226934	17460868	33257782	57770.6	140	121.0	14501658
呼和浩特	3109084	17364557	14808828	50468.9	111	82.8	12560778
沈　阳	9143712	65640596	51476332	56589.6	226	250.5	35701083
大　连	9894552	67736333	46667061	63609.4	240	240.3	28284239
长　春	6758377	37463792	33801096	56977.0	205	181.7	22175471
哈尔滨	7400780	41759761	37688193	51554.1	368	225.3	30708871
上　海	49234377	60129660	212693000	92189.8	537	840.2	93034907
南　京	9212047	54307699	50557718	77286.3	179	282.5	41671947
杭　州	9611771	49527010	66945512	70823.4	281	311.1	42014577
宁　波	10008563	39894626	47803126	70227.6	271	270.0	29920297
合　肥	6987901	53026372	25394998	59648.4	188	171.1	16667504
福　州	5748081	43886168	34837219	58838.1	237	194.6	30629431
厦　门	5482525	15621577	19720201	63062.5	91	135.9	10722833
南　昌	4731561	34342514	21493277	51848.1	161	111.6	13048814
济　南	5714138	30634425	35413602	62322.6	216	176.9	30876494
青　岛	10747138	57660308	44358964	62096.8	270	206.6	33617217
郑　州	9185111	52596482	48392619	49756.0	238	225.1	29136117
武　汉	11751039	69625338	53521348	60624.5	261	255.0	43693155
长　沙	8023838	54357478	38667891	61846.6	235	194.7	31620746
广　州	14362226	48895026	128256427	74246.1	244	502.9	71444503
深　圳	21661400	27174226	99740100	73492.4	687	529.5	48439983
南　宁	4657759	28866773	25298556	54330.3	193	103.5	16169020
海　口	1509200	8215298	11194789	50652.5	58	56.9	5412718
重　庆	33043884	131062188	107741199	56851.3	1720	583.0	57106660
成　都	13400037	66203700	89769401	63201.4	480	438.4	44688846
贵　阳	4486298	23360600	20105843	59330.5	185	102.9	8885848
昆　明	5936558	31381657	34958025	58153.4	301	126.3	19058927
拉　萨	7158535	4553866	5592769	72468.0	44	21.0	1803277
西　安	8195366	58245332	56874866	54097.7	280	306.7	30938909
兰　州	2801041	12741436	22629407	54008.4	150	80.3	9448645
西　宁	2481367	11520755	10930883	54914.1	105	64.4	4140886
银　川	2639036	13719186	10898949	59079.7	97	53.0	3824721
乌鲁木齐	4048053	15263119	19748400	61617.4	188	144.6	10699649

注：年末实有公共(汽)电车营运车辆数不包括市辖县。

表8–2　省会城市和计划单列市主要经济指标（2014年）（续二）

城市名称	货物进出口总额（万美元）	年末实有公共(汽)电车营运车辆数（辆）	剧场、影剧院（个）	普通高等学校在校学生数（人）	医院、卫生院（个）	执业(助理)医师（人）	工业废水排放量（万吨）
北　京	41553810	23667	251	594614	672	89590	9174
天　津	16084657	11164	27	505795	631	33340	19011
石家庄	1440000	4764	20	393559	386	25523	24024
太　原	1067105	3071	24	400915	240	19306	3975
呼和浩特	219500	2643	14	232481	161	5600	7249
沈　阳	1580029	5573	49	399694	340	23815	9134
大　连	6577426	5155	6	286224	295	17914	40150
长　春	2072875	4750	35	414582	301	18818	5564
哈尔滨	680796	6270	80	506425	456	20400	5188
上　海	46662226	16155	81	506644	637	48981	43939
南　京	5722077	8134	63	805338	207	21602	21561
杭　州	6799775	8656	78	474700	307	31977	35370
宁　波	10470406	4516	90	150854	233	20984	16546
合　肥	2008700	4251	49	497305	481	17163	6920
福　州	3466317	3686	36	320844	230	17847	4681
厦　门	8355311	4345	5	158346	56	9185	27380
南　昌	1222643	3219	9	554360	198	12349	8656
济　南	1050014	5099	30	700394	265	24783	7880
青　岛	7988833	6515	43	313486	297	24946	10989
郑　州	4643090	6297	14	783240	313	28912	14704
武　汉	2642887	7767	123	962106	266	29523	17097
长　沙	1256130	5517	16	547514	276	24340	4397
广　州	13058980	13610	53	1019291	255	40715	19181
深　圳	48776501	31349		87674	124	26858	12115
南　宁	481410	2866	21	356236	211	21174	9087
海　口	340090	1515	9	180565	105	6883	776
重　庆	9545024	8641	12	740534	1510	58007	34968
成　都	5584439	11447	9	729338	746	48200	10064
贵　阳	1511409	2855	22	359318	249	12935	2895
昆　明	2939432	5462	40	409933	380	22595	3747
拉　萨	207629	338	4	24936	67	1718	
西　安	2498297	7769	62	766373	381	24820	6340
兰　州	455649	2769	22	414182	167	12252	4563
西　宁	159674	1915	12	67257	114	7243	2555
银　川	450000	1616	17	93508	92	7059	5496
乌鲁木齐	828458	4567	4	167580	173	12976	4849

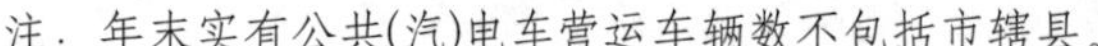

注：年末实有公共(汽)电车营运车辆数不包括市辖县。

表8-3　城市公用事业基本情况

本表各项指标按全社会范围计算。

项　　目	1990	1995	2000	2010	2013	2014
城市建设						
城区面积　（平方公里）	1165970	1171698	878015	178692	183416	184099
建成区面积　（平方公里）	12856	19264	22439	40058	47855	49773
城市建设用地面积（平方公里）	11608	22064	22114	39758	47109	49983
城市人口密度（人/平方公里）	279	322	442	2209	2362	2419
城市供水、燃气及集中供热						
全年供水总量　（亿立方米）	382.3	481.6	469.0	507.9	537.3	546.7
#生活用水	100.1	158.1	200.0	238.8	267.6	275.7
人均生活用水　（吨）	67.9	71.3	95.5	62.6	63.3	63.4
用水普及率　(%)	48.0	58.7	63.9	96.7	97.6	97.6
人工煤气供气量　（亿立方米）	174.7	126.7	152.4	279.9	62.8	56.0
#家庭用量	27.4	45.7	63.1	26.9	16.8	14.6
天然气供气量　（亿立方米）	64.2	67.3	82.1	487.6	901.0	964.4
#家庭用量	11.6	16.4	24.8	117.2	185.4	196.9
液化石油气供气量　（万吨）	219.0	488.7	1053.7	1268.0	1109.7	1082.8
#家庭用量	142.8	370.2	532.3	633.9	613.1	586.2
供气管道长度　（万公里）	2.4	4.4	8.9	30.9	43.2	47.5
燃气普及率　(%)	19.1	34.3	45.4	92.0	94.3	94.6
集中供热面积　（亿平方米）	2.1	6.5	11.1	43.6	57.2	61.1
城市市政设施						
年末实有道路长度　（万公里）	9.5	13.0	16.0	29.4	33.6	35.2
每万人拥有道路长度　（公里）	3.1	3.8	4.1	7.5	7.8	7.9
年末实有道路面积(亿平方米)	10.2	16.5	23.8	52.1	64.4	68.3
人均拥有道路面积　（平方米）	3.1	4.4	6.1	13.2	14.9	15.3
城市排水管道长度　（万公里）	5.8	11.0	14.2	37.0	46.5	51.1
城市公共交通						
年末公共交通车辆运营数(万辆)	6.2	13.7	22.6	38.3	46.1	47.6
每万人拥有公交车辆　（标台）	2.2	3.6	5.3	11.2	12.8	13.0
出租汽车数　（万辆）	11.1	50.4	82.5	98.6	105.4	107.4
城市绿化和园林						
城市绿地面积　（万公顷）	47.5	67.8	86.5	213.4	242.7	252.8
人均公园绿地面积　（平方米）	1.8	2.5	3.7	11.2	12.6	13.1
公园个数　（个）	1970	3619	4455	9955	12401	13037
公园面积　（万公顷）	3.9	7.3	8.2	25.8	33.0	35.2
城市环境卫生						
生活垃圾清运量　（万吨）	6767	10671	11819	15805	17239	17860
粪便清运量　（万吨）	2385	3066	2829	1951	1682	1552
每万人拥有公厕　（座）	3.0	3.0	2.7	3.0	2.8	2.8

注：1.2006年以前“城区面积”为“城市面积”。

2.计算人均和普及率指标所使用的人口数2006年以前为城市人口，2006年起为城区人口与城区暂住人口之和，以公安部门的户籍统计和暂住人口统计为准。

表8-4 分地区城市建设情况（2014年）

地 区	城区面积（平方公里）	建成区面积（平方公里）	城市建设用地面积（平方公里）	本年征用土地面积（平方公里）	城市人口密度（人/平方公里）
全 国	184098.6	49772.6	49982.7	1475.9	2419
北 京	12187.0	1385.6	1586.4	14.4	1525
天 津	2363.1	797.1	786.8	16.6	3328
河 北	6412.4	1833.2	1719.1	33.0	2540
山 西	2729.0	1097.4	1034.3	25.3	3974
内蒙古	6764.6	1184.8	1265.7	25.2	1291
辽 宁	14084.2	2422.0	2444.9	70.0	1615
吉 林	3642.9	1362.8	1281.8	36.1	3171
黑龙江	2786.8	1785.1	1773.7	24.3	4946
上 海	6340.5	998.8	2915.6	35.5	3826
江 苏	14609.8	4019.8	4067.9	146.9	2038
浙 江	11094.6	2489.2	2532.0	105.5	1828
安 徽	5929.7	1835.2	1830.1	107.3	2416
福 建	4318.1	1326.4	1208.1	75.6	2627
江 西	2114.8	1201.3	1123.5	39.7	4671
山 东	21310.9	4400.1	4278.5	88.1	1426
河 南	4662.5	2374.7	2232.9	36.7	5149
湖 北	7680.6	2077.6	2422.7	115.3	2448
湖 南	4285.8	1540.2	1479.5	48.9	3402
广 东	17036.4	5398.1	4415.6	78.8	2999
广 西	5886.6	1192.8	1141.3	62.0	1684
海 南	1276.7	303.1	258.3	5.8	2069
重 庆	6643.4	1231.4	1028.8	88.6	1872
四 川	6426.2	2216.6	2138.5	50.8	3068
贵 州	2643.6	723.8	635.7	16.1	2393
云 南	2903.3	977.0	910.5	40.3	2853
西 藏	361.6	126.3	124.7		1857
陕 西	1610.3	967.6	946.4	22.5	5474
甘 肃	1554.8	779.3	756.6	39.4	3682
青 海	635.8	165.8	156.5	4.2	2604
宁 夏	2111.0	441.3	376.4	2.9	1295
新 疆	1691.8	1118.4	1110.1	19.9	4280

表8–5　分地区城市供水情况（2014年）

地　区	年末供水综合生产能力（万立方米/日）	年末供水管道长度（公里）	全年供水总　量（万立方米）	#生活用水	#生产用水	用水人口（万人）	人均日生活用水量（升）
全　国	28673.3	676727	5466613	2756911	1623837	43476.3	173.7
北　京	2439.8	27286	182419	127239	27472	1859.0	187.5
天　津	447.2	14369	81249	35691	30036	786.5	124.3
河　北	809.0	15528	151478	69005	59074	1617.1	116.9
山　西	453.7	9727	83155	44695	29995	1068.6	114.6
内蒙古	425.5	10619	73864	32268	27554	854.2	103.5
辽　宁	1338.1	36706	272641	108025	93146	2245.6	131.8
吉　林	680.2	11764	106813	48546	28097	1083.2	122.8
黑龙江	811.1	14120	150272	56401	59771	1325.9	116.5
上　海	1137.0	35068	317260	165034	53542	2425.7	186.4
江　苏	2961.6	78477	488062	227293	184371	2970.7	209.6
浙　江	1720.5	53604	308411	145737	115740	2026.7	197.0
安　徽	1074.8	22247	167781	85973	49957	1412.8	166.7
福　建	717.2	16539	156464	74539	41633	1128.4	181.0
江　西	457.7	13714	106053	63007	16056	965.9	178.7
山　东	1725.2	47373	347781	153802	144396	3036.3	138.8
河　南	1083.6	20590	191001	87546	68254	2232.5	107.4
湖　北	1354.3	29644	269558	142701	66115	1856.4	210.6
湖　南	1031.8	20498	192647	104817	42044	1414.9	203.0
广　东	3555.4	95463	840259	448943	220198	4969.3	247.5
广　西	644.6	15857	162236	80236	61421	935.5	235.0
海　南	153.4	3864	42580	23035	8073	259.1	243.5
重　庆	506.9	11601	112859	64190	29474	1203.4	146.1
四　川	950.5	27461	221021	141622	41278	1796.3	216.0
贵　州	246.2	8685	55793	34822	7598	597.6	159.7
云　南	357.0	9587	77708	38183	18430	810.6	129.1
西　藏	64.5	1059	12437	7182	1933	59.8	329.0
陕　西	379.4	6820	92911	47734	30292	849.0	154.1
甘　肃	380.8	5265	54565	29015	19420	543.6	146.3
青　海	95.0	2231	25031	10638	9824	165.1	176.5
宁　夏	146.8	2309	30343	14425	11635	266.0	148.6
新　疆	524.7	8652	91961	44570	27008	710.7	171.8

表8-6 分地区城市燃气情况（2014年）

地区	人工煤气生产能力（万立方米/日）	管道长度（公里）			全年供气总量			用气人口（万人）		
		人工煤气	天然气	液化石油气	人工煤气（万立方米）	天然气（万立方米）	液化石油气（吨）	人工煤气	天然气	液化石油气
全国	2102.1	29043	434571	10986	559513	9643783	10828490	1757.0	25972.9	14378.4
北京			20574	414		1136874	546293		1424.6	434.5
天津			16108	184		301000	43154		771.6	14.9
河北	88.1	3145	12760	271	56763	257439	161923	172.7	1028.4	334.2
山西	10.0	3952	6520	275	46851	177638	69557	85.2	826.5	126.9
内蒙古	164.0	507	6713	73	3500	110922	63069	41.2	504.7	260.1
辽宁	338.0	5835	13468	679	63604	126814	492406	591.3	995.7	601.1
吉林	88.1	1881	6330	84	12827	115404	184553	117.2	538.6	406.5
黑龙江	122.8	783	7261	28	7783	116623	214429	94.2	725.7	368.7
上海	146.6	2109	26057	516	31379	696093	418013	35.0	1553.9	836.8
江苏	38.0	270	55594	720	612	842071	651779	9.0	2125.0	828.9
浙江	1.8	112	25647	3330	478	328121	701812	4.3	937.2	1082.6
安徽			17155	270		219684	752627		1083.1	303.6
福建	8.0	321	7499	216	2977	132312	298252	21.4	375.2	724.4
江西	67.0	1059	8314	112	30991	69115	237316	18.4	473.7	448.2
山东	11.6	361	40616	560	9438	627532	395521	18.5	2280.1	724.6
河南	327.7	573	17412	17	59436	305240	223532	28.8	1448.9	533.2
湖北			20893	265		309438	350092		1174.9	605.6
湖南		440	11741	19	2765	217162	189230	32.0	761.2	537.0
广东			25541	2338		1291347	3684390		1618.7	3319.1
广西	10.6	463	3377	12	4739	28510	267632	47.4	266.4	607.8
海南			2201	18		27635	89419		127.9	127.0
重庆			17973			321485	95672		1070.9	101.3
四川	511.0	601	31382	148	165113	610050	175131	50.3	1595.2	146.3
贵州	102.0	2954	965	125	16034	29011	76043	127.5	138.0	217.1
云南	10.0	3164	1173	230	40722	4414	210629	239.1	110.3	281.7
西藏			1350	1		16	62481		8.2	30.2
陕西			10527			285839	28635		766.9	71.2
甘肃	10.8	400	2087		1676	159230	59662	15.5	298.0	164.4
青海			1061			129793	6250		126.7	20.4
宁夏		42	4123		70	218700	19885	3.2	188.3	52.5
新疆	46.0	71	12147	81	1752	448271	59105	5.0	628.7	67.7

表8-7　分地区城市集中供热情况（2014年）

地　区	供热能力		供热总量		管道长度		供热面积（万平方米）
	蒸　汽（吨/小时）	热　水（兆瓦）	蒸　汽（万吉焦）	热　水（万吉焦）	蒸　汽（公里）	热　水（公里）	
全　国	84664	447068	55614	276546	12476	174708	611246
北　京	300	40445	166	35300	44	12038	56786
天　津	3769	22596	1538	11254	362	17352	34240
河　北	7142	29554	5684	19144	1094	10040	52296
山　西	1225	26412	834	15067	49	8339	42916
内蒙古	342	38000	182	27585	28	9224	41967
辽　宁	12776	69158	7505	44083	1373	32045	96587
吉　林	1598	41998	457	22465	294	17309	45006
黑龙江	4874	44551	2497	35482	423	16797	57656
上　海							
江　苏							
浙　江	8914	20	10857		1196		8001
安　徽	4493	20182	2870	46	606	15	2304
福　建							
江　西							
山　东	23396	43427	14020	25005	3442	30787	83003
河　南	6088	9544	3150	5572	1484	3583	18993
湖　北	2080	278	1279	44	237	20	1765
湖　南							
广　东							
广　西							
海　南							
重　庆							
四　川							
贵　州		240		132		38	191
云　南							
西　藏	13		130		620		22
陕　西	3708	11428	2150	5872	311	1630	19825
甘　肃	200	14146	88	9175	101	4313	15270
青　海		348		290		179	456
宁　夏	1687	7138	985	4109	713	2428	8757
新　疆	2060	27604	1221	15920	100	8572	25205

表8-8　分地区城市市政设施（2014年）

地　区	年末实有道路长度（公里）	年末实有道路面积（万平方米）	城市桥梁（座）	城市排水管道长度（公里）	城市污水日处理能力（万立方米）	城市道路照明灯（千盏）
全　国	352333	683028	61872	511179	15123.5	23019.1
北　京	8107	13834	2244	14290	442.0	248.7
天　津	7275	13144	869	18748	262.6	309.9
河　北	12859	30113	1378	15924	523.2	624.6
山　西	7107	14470	640	7428	208.5	436.7
内蒙古	8612	18432	374	12123	189.5	746.5
辽　宁	16692	28997	1663	16783	783.8	1562.2
吉　林	8922	16887	750	9870	262.8	500.7
黑龙江	12252	18359	1032	9922	690.8	622.2
上　海	4851	9964	2439	20972	788.0	523.8
江　苏	39070	71151	14013	66256	1622.4	3198.4
浙　江	19382	37323	9732	35960	838.5	1392.1
安　徽	12932	29124	1441	24580	616.2	809.8
福　建	7987	15436	1799	12709	434.4	689.6
江　西	7250	15578	659	10814	242.4	602.3
山　东	39404	78308	5109	49554	935.1	1789.7
河　南	11627	28017	1287	19348	562.8	825.5
湖　北	18209	31145	1917	21484	610.4	641.7
湖　南	10947	20062	728	12612	551.3	642.8
广　东	38213	67446	6377	50320	1857.5	2124.0
广　西	7638	15614	735	8771	672.2	590.7
海　南	2188	4747	151	3522	87.6	169.0
重　庆	6893	14528	1379	11081	257.8	449.6
四　川	12488	26264	2027	20606	527.6	929.4
贵　州	3295	6531	573	5577	140.8	401.3
云　南	7338	14182	653	10136	233.5	413.2
西　藏	585	970	10	610	6.2	28.8
陕　西	6170	13557	678	7237	280.5	622.2
甘　肃	4151	8758	445	5016	161.0	265.5
青　海	925	1835	127	1469	34.2	115.8
宁　夏	2134	6332	183	1460	65.5	227.0
新　疆	6831	11917	460	5997	234.4	515.9

表8-9 分地区城市公共交通情况（2014年）

地区	年末公共交通车辆运营数（辆）	公共汽、电车	轨道交通	运营线路总长度（公里）	公共汽、电车	轨道交通	公共交通客运总量（万人次）	公共汽、电车	轨道交通	出租汽车（辆）
全国	476255	458955	17300	620051	617235	2816	8495033	7228457	1266576	1074386
北京	28331	23667	4664	20776	20249	527	815848	477180	338668	67546
天津	11770	11144	626	15028	14881	147	181072	151011	30061	31940
河北	15977	15977		20305	20305		205342	205342		50435
山西	8301	8301		13658	13658		131496	131496		30401
内蒙古	6836	6836		11109	11109		107099	107099		38347
辽宁	21872	21386	486	23603	23462	141	440165	405165	35000	80951
吉林	11723	11343	380	13129	13074	55	176867	169206	7661	55725
黑龙江	15706	15640	66	17930	17913	17	251360	245973	5387	65068
上海	19832	16155	3677	24475	23897	578	549257	266530	282727	50738
江苏	36016	34745	1271	54797	54484	313	506163	442725	63438	53488
浙江	27048	26532	516	50273	50186	87	357679	341776	15903	36732
安徽	13915	13915		12319	12319		211631	211631		38792
福建	13426	13426		19675	19675		225977	225977		20380
江西	7307	7307		11718	11718		129185	129185		13369
山东	34138	34138		59238	59238		403854	403854		60119
河南	20417	20267	150	20866	20840	26	263819	257033	6786	46247
湖北	18249	17671	578	18541	18446	95	367410	331786	35624	35182
湖南	15745	15649	96	14698	14676	22	280807	276227	4580	25846
广东	56862	53866	2996	94568	94131	437	1089333	757868	331465	66135
广西	7774	7774		10699	10699		130990	130990		16592
海南	2879	2879		4758	4758		43815	43815		6105
重庆	11769	10881	888	12191	11989	202	292391	240681	51710	19629
四川	22797	22407	390	20883	20824	59	413075	390383	22692	34304
贵州	5834	5834		6269	6269		142596	142596		15967
云南	9334	9100	234	16679	16620	59	152878	147956	4922	17746
西藏	451	451		997	997		8380	8380		1554
陕西	11647	11365	282	9470	9419	51	269246	239293	29953	23766
甘肃	5488	5488		5872	5872		113738	113738		20337
青海	2113	2113		1978	1978		34971	34971		7269
宁夏	3296	3296		5890	5890		42744	42744		12831
新疆	9402	9402		7663	7663		155845	155845		30845

表8-10 分地区城市绿地和园林(2014年)

地区	城市绿地面积(公顷)	#公园绿地	公园(个)	公园面积(公顷)	建成区绿化覆盖率(%)
全国	2527962	576817	13037	352423	40.2
北京	68438	23223	245	13294	49.1
天津	25307	7652	94	2124	34.9
河北	79393	23541	479	16373	41.9
山西	40448	12253	259	9417	40.1
内蒙古	57372	16423	260	12090	39.8
辽宁	121982	26406	374	13829	40.1
吉林	45263	13912	183	6231	35.8
黑龙江	76346	16681	331	9626	36.0
上海	125741	17789	161	2301	38.4
江苏	265543	42901	883	21879	42.6
浙江	132619	26155	1106	15949	40.8
安徽	89512	18909	348	11303	41.2
福建	60396	14475	557	11402	42.8
江西	50809	13955	310	8596	44.6
山东	205208	51952	790	32621	42.8
河南	85661	23834	306	12002	38.3
湖北	75546	20866	329	11206	37.9
湖南	57273	14355	247	9555	38.6
广东	421884	83195	3408	70151	41.4
广西	72414	11086	196	7767	39.3
海南	14672	3437	58	2074	41.3
重庆	52515	21107	307	10751	40.6
四川	82116	22191	466	12369	37.5
贵州	35721	7906	63	5066	34.0
云南	37309	9113	646	6673	38.1
西藏	4195	725	59	723	43.8
陕西	36354	10999	191	5417	40.5
甘肃	22342	7320	116	4079	30.8
青海	5340	1786	29	949	31.6
宁夏	23195	4897	73	2282	38.0
新疆	57050	7774	163	4325	36.8

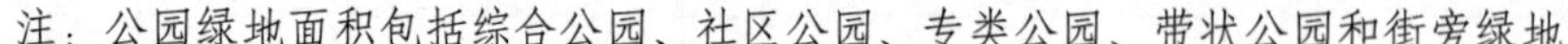
注：公园绿地面积包括综合公园、社区公园、专类公园、带状公园和街旁绿地。

表8-11　分地区城市市容环境卫生情况（2014年）

地　区	清扫保洁面　积（万平方米）	生活垃圾清运量（万吨）	粪　便清运量（万吨）	市容环卫专用车辆设备总数（台）	公共厕所（座）	#三类以上
全　国	676093	17860.2	1552.0	141431	124410	93086
北　京	15104	733.8	216.1	10255	5429	5429
天　津	10879	215.9	32.7	3036	1206	786
河　北	24549	614.1	96.9	4820	6391	3743
山　西	15527	445.0	34.1	4895	3234	1576
内蒙古	18207	324.6	48.1	2717	4075	1864
辽　宁	33721	917.1	90.4	6097	5353	1896
吉　林	14504	504.6	65.1	5973	3729	1061
黑龙江	22716	553.4	134.8	6887	7064	2560
上　海	17490	608.4	199.9	5371	6168	4967
江　苏	55132	1352.4	82.4	11227	11178	9255
浙　江	36843	1229.1	71.0	6483	8026	6441
安　徽	26370	464.8	18.5	3116	3192	2684
福　建	16243	598.9	4.0	2578	3113	3092
江　西	12893	308.5	8.1	1630	1982	1524
山　东	65422	958.5	127.2	10324	6084	5266
河　南	27197	832.8	44.4	4203	7218	6545
湖　北	30527	739.3	19.5	8851	5130	4171
湖　南	18032	600.8	14.4	3642	3373	2611
广　东	84873	2214.2	85.1	11729	9666	9076
广　西	14065	338.9	9.8	3442	2129	2035
海　南	6084	144.2	5.3	1503	484	474
重　庆	12304	399.4	67.0	2448	2843	2234
四　川	28574	780.0	18.0	4436	4280	3040
贵　州	5129	273.8	4.2	2352	1375	1142
云　南	15547	349.5	16.1	2314	2374	1995
西　藏	2413	30.8		251	303	172
陕　西	15338	517.9	16.0	2938	3794	3707
甘　肃	7478	253.0	17.6	1717	1430	1153
青　海	2529	77.6	1.3	475	669	302
宁　夏	7482	118.4	3.9	1099	687	576
新　疆	12921	360.6	0.4	4622	2431	1709

表8-12 分地区城市设施水平（2014年）

地区	城市用水普及率(%)	城市燃气普及率(%)	每万人拥有公共交通车辆（标台）	人均城市道路面积（平方米）	人均公园绿地面积（平方米）	每万人拥有公共厕所（座）
全国	97.64	94.57	12.99	15.34	13.08	2.79
北京	100.00	100.00	24.84	7.44	15.94	2.92
天津	100.00	100.00	18.14	16.71	9.73	1.53
河北	99.29	94.26	11.34	18.49	14.45	3.92
山西	98.54	95.77	8.85	13.34	11.30	2.98
内蒙古	97.79	92.28	9.01	21.10	18.80	4.67
辽宁	98.72	96.19	11.79	12.75	11.61	2.35
吉林	93.79	91.98	10.32	14.62	12.05	3.23
黑龙江	96.20	86.23	12.78	13.32	12.10	5.13
上海	100.00	100.00	11.97	4.11	7.33	2.54
江苏	99.75	99.49	15.08	23.89	14.41	3.75
浙江	99.93	99.81	15.46	18.40	12.90	3.96
安徽	98.63	96.81	11.60	20.33	13.20	2.23
福建	99.49	98.83	13.33	13.61	12.76	2.74
江西	97.78	95.18	8.56	15.77	14.13	2.01
山东	99.92	99.49	13.17	25.77	17.10	2.00
河南	92.99	83.76	9.75	11.67	9.93	3.01
湖北	98.75	94.71	11.91	16.57	11.10	2.73
湖南	97.05	91.24	12.46	13.76	9.85	2.31
广东	97.26	96.64	13.28	13.20	16.28	1.89
广西	94.40	92.99	9.19	15.75	11.19	2.15
海南	98.10	96.49	11.97	17.97	13.01	1.83
重庆	96.78	94.27	11.18	11.68	16.97	2.29
四川	91.12	90.89	14.22	13.32	11.26	2.17
贵州	94.47	76.30	10.61	10.33	12.50	2.17
云南	97.85	76.18	12.36	17.12	11.00	2.87
西藏	89.07	57.13	8.43	14.44	10.80	4.51
陕西	96.31	95.08	15.85	15.38	12.48	4.30
甘肃	94.95	83.48	9.67	15.30	12.79	2.50
青海	99.71	88.81	14.40	11.08	10.78	4.04
宁夏	97.26	89.23	13.17	23.16	17.91	2.51
新疆	98.15	96.87	15.54	16.46	10.74	3.36

注：人均和普及率指标按城区人口与暂住人口之和计算，以公安部门的户籍统计和暂住人口统计为准。

表8-13 分地区县城市政公用设施水平(2014年)

地　区	人口密度（人/平方公里）	人均日生活用水量（升）	用水普及率（%）	燃气普及率（%）	建成区供水管道密度（公里/平方公里）	人均道路面积（平方米）	建成区排水管道密度（公里/平方公里）
全　国	1958	118.23	88.89	73.24	10.12	15.39	7.97
北　京							
天　津	1880	99.89	100.00	100.00	13.49	17.12	9.62
河　北	2277	113.00	95.77	87.37	8.67	21.32	7.53
山　西	3468	83.90	96.02	70.77	11.36	13.97	8.85
内蒙古	750	76.92	92.30	77.66	9.73	24.14	6.88
辽　宁	1532	96.82	85.19	71.60	12.65	10.92	5.81
吉　林	2890	102.70	74.97	76.56	10.56	9.07	6.37
黑龙江	2856	80.84	79.01	48.48	9.34	11.95	5.33
上　海							
江　苏	1950	131.76	99.63	98.21	14.93	18.92	11.40
浙　江	911	155.84	99.74	98.36	23.36	20.09	14.30
安　徽	1836	120.94	91.57	80.98	10.90	18.90	10.00
福　建	2325	164.05	97.17	95.45	11.38	13.11	10.00
江　西	4760	114.97	93.61	82.33	9.88	16.80	9.19
山　东	1183	125.73	97.57	91.03	7.56	23.14	9.58
河　南	2448	117.63	67.81	42.35	5.93	13.34	7.29
湖　北	3122	126.82	91.47	79.65	9.01	14.46	6.76
湖　南	3873	140.10	88.66	75.31	11.34	12.77	8.70
广　东	1247	142.61	89.25	81.03	14.95	9.83	6.38
广　西	1549	161.62	88.58	77.35	10.53	13.04	8.38
海　南	3091	154.85	95.21	90.18	8.11	20.03	4.72
重　庆	1905	102.02	91.70	91.42	13.08	9.43	12.79
四　川	1214	132.84	84.16	74.88	10.88	10.26	7.56
贵　州	2339	101.38	85.10	41.19	7.61	9.01	5.06
云　南	3978	109.86	89.30	46.91	12.36	12.22	9.97
西　藏	1275	164.98	46.79	23.38	3.90	9.46	2.54
陕　西	3795	84.70	89.85	73.17	6.56	12.45	6.38
甘　肃	4709	63.17	89.83	52.99	8.43	12.67	5.94
青　海	1840	102.29	94.24	45.92	8.84	15.29	5.01
宁　夏	2956	87.31	89.41	68.31	7.53	30.41	5.44
新　疆	3097	115.19	92.79	81.51	10.02	19.10	5.78

表8－13　分地区县城市政公用设施水平（2014年）（续）

地　区	污水处理率(%)	污水处理厂集中处理率	人均公园绿地面积(平方米)	建成区绿化覆盖率(%)	建成区绿地率(%)	生活垃圾处理率(%)	生活垃圾无害化处理率
全　国	82.12	80.19	9.91	29.80	25.88	85.66	71.60
北　京							
天　津	88.00	88.00	12.36	40.10	34.65	75.81	75.81
河　北	92.95	92.91	10.69	36.55	32.17	87.54	79.82
山　西	84.30	84.30	11.00	37.37	32.01	59.54	54.86
内蒙古	88.29	88.29	18.15	29.16	25.50	88.42	85.53
辽　宁	91.46	91.46	8.71	18.01	16.05	78.58	48.75
吉　林	73.98	73.98	7.88	25.19	20.81	81.25	39.74
黑龙江	70.89	70.19	9.84	19.88	16.42	35.46	12.89
上　海							
江　苏	81.69	77.17	11.72	40.83	37.91	98.72	83.67
浙　江	85.56	82.35	12.60	39.51	35.85	99.86	99.74
安　徽	92.05	90.88	10.21	31.83	27.45	95.22	72.01
福　建	84.20	83.14	13.25	42.20	38.81	96.36	87.18
江　西	72.35	72.35	13.54	40.40	36.48	99.69	60.51
山　东	94.80	94.73	15.03	39.36	33.63	99.18	99.18
河　南	83.74	83.74	6.01	18.03	14.78	79.61	79.61
湖　北	74.92	70.38	8.39	25.34	22.67	70.50	52.17
湖　南	88.14	85.53	8.04	32.64	28.02	97.78	96.84
广　东	81.01	73.30	11.59	32.96	29.71	95.28	60.18
广　西	83.29	78.95	7.79	28.97	24.65	93.96	86.69
海　南	66.40	66.40	8.84	31.82	27.21	99.28	99.28
重　庆	94.66	94.66	13.10	36.47	32.84	99.40	99.40
四　川	68.86	65.23	8.59	30.23	26.07	85.25	74.02
贵　州	70.36	70.36	4.11	13.59	10.34	60.59	60.59
云　南	74.82	74.38	7.94	28.25	24.48	91.96	74.66
西　藏			2.17	11.17	9.23	15.61	
陕　西	86.09	86.09	8.21	27.88	23.85	91.94	84.43
甘　肃	61.39	61.39	6.92	16.63	13.49	90.31	60.87
青　海	33.86	33.86	4.16	13.81	9.63	92.43	53.65
宁　夏	62.39	50.49	11.80	27.97	21.22	74.38	15.85
新　疆	71.45	59.57	10.73	30.71	27.74	90.53	32.52

表8-14　分地区建制镇市政公用设施水平（2014年）

地　区	人口密度（人/平方公里）	人均日生活用水量（升）	供水普及率（%）	燃气普及率（%）	人均道路面积（平方米）	排水管道暗渠密度（公里/	人均公园绿地面积（平方米）	绿化覆盖率（%）	绿地率（%）
全　国	4937	98.68	82.77	47.77	12.63	5.94	2.39	15.90	8.96
北　京	3973	106.00	87.59	56.28	15.26	6.71	5.86	23.49	15.22
天　津	4304	87.73	94.14	70.21	14.72	6.00	1.14	18.78	7.62
河　北	4608	68.38	77.30	35.62	10.52	2.68	0.45	9.45	4.18
山　西	5088	75.39	87.39	15.97	13.01	5.01	0.91	19.95	7.90
内蒙古	3124	57.35	65.39	15.76	11.93	2.24	0.16	9.77	4.65
辽　宁	3644	90.88	72.41	30.68	12.79	4.18	1.12	13.24	3.58
吉　林	3797	79.91	73.67	20.82	10.87	1.99	0.88	5.51	2.14
黑龙江	3687	66.63	83.54	18.59	15.61	2.31	1.16	5.40	2.44
上　海	5083	143.19	93.86	87.08	9.89	4.59	2.11	16.34	10.93
江　苏	5790	103.85	96.72	86.80	17.89	10.50	6.10	26.98	20.17
浙　江	5076	127.74	78.85	51.96	13.14	7.38	2.34	14.91	9.67
安　徽	4880	102.35	70.41	43.55	11.66	7.23	2.94	19.44	11.21
福　建	5885	117.43	89.33	66.50	13.42	6.44	7.34	25.87	16.32
江　西	4367	95.45	68.40	33.95	10.21	4.67	0.98	8.70	4.67
山　东	4555	75.79	91.64	63.74	18.17	8.05	5.47	26.34	16.74
河　南	5544	82.34	75.71	8.42	11.59	4.74	1.54	21.65	4.49
湖　北	4825	97.59	86.25	41.90	10.28	5.84	0.92	15.23	7.89
湖　南	5056	103.13	72.34	35.08	9.28	4.62	1.11	14.68	8.17
广　东	5124	136.41	87.41	68.87	13.74	6.94	2.49	14.89	9.48
广　西	6959	106.61	86.02	70.55	11.45	8.10	0.44	8.69	4.13
海　南	3792	101.66	85.50	76.09	14.05	5.20	1.92	20.15	12.20
重　庆	6901	93.94	90.28	57.03	7.64	6.94	0.41	8.04	4.42
四　川	5299	94.02	81.12	48.91	10.39	6.16	0.70	8.16	4.02
贵　州	4840	96.36	78.97	12.10	10.61	4.13	0.27	10.25	3.86
云　南	5865	90.26	85.29	13.53	8.90	4.49	0.71	6.20	3.87
西　藏									
陕　西	4965	57.34	78.83	17.09	9.52	4.86	0.66	7.70	3.14
甘　肃	4163	56.15	71.52	5.62	12.23	2.97	0.63	6.58	3.13
青　海	4175	62.26	72.24	18.16	10.47	2.38	2.09	10.80	6.55
宁　夏	3365	77.54	72.14	31.91	12.87	6.38	0.59	7.76	4.44
新　疆	3109	80.79	82.39	13.70	19.29	2.35	1.26	15.63	11.54

表8-15 分地区乡市政公用设施水平(2014年)

地　区	人口密度(人/平方公里)	人均日生活用水量(升)	供水普及率(%)	燃气普及率(%)	人均道路面积(平方米)	排水管道暗渠密度(公里/	人均公园绿地面积(平方米)	绿化覆盖率(%)	绿地率(%)
全　国	4428	83.08	69.26	20.32	12.63	3.83	1.07	12.98	5.50
北　京	5862	65.77	95.24	80.46	5.35	4.59	0.37	21.55	12.80
天　津	3205	83.28	92.67	36.18	10.58	2.28	0.02	27.53	0.34
河　北	4167	67.48	65.08	21.59	11.50	1.64	0.40	9.39	3.64
山　西	4479	65.93	82.49	10.37	13.45	3.46	1.25	19.69	7.88
内蒙古	2781	53.69	54.21	12.24	11.70	0.94	0.36	7.48	3.52
辽　宁	3812	83.20	47.56	13.54	14.68	3.01	0.53	12.19	2.35
吉　林	3181	75.85	49.22	11.11	14.99	1.47	0.41	5.42	2.58
黑龙江	3142	65.33	76.33	10.00	21.52	1.39	0.56	5.77	2.57
上　海	3302	138.05	99.12	99.12	17.44	12.61	10.50	37.50	28.55
江　苏	5189	107.47	97.07	79.18	16.62	8.79	4.46	24.87	16.09
浙　江	4878	116.43	80.76	45.31	15.00	7.85	1.37	11.12	6.51
安　徽	4561	94.95	61.13	40.27	12.40	5.25	3.27	19.30	11.18
福　建	6493	107.38	88.16	60.82	14.45	7.34	7.76	27.82	15.32
江　西	4496	92.54	63.32	30.45	12.20	5.83	0.77	10.05	5.50
山　东	4063	79.48	85.48	45.02	18.94	7.80	1.64	18.85	8.52
河　南	5771	75.87	67.83	4.24	12.01	4.88	1.02	22.32	4.51
湖　北	4219	94.75	77.72	27.44	10.55	4.68	0.88	10.51	4.84
湖　南	3992	101.74	54.24	24.89	10.12	3.78	0.71	14.85	6.77
广　东	3357	119.62	81.35	53.33	19.80	7.81	1.44	18.72	4.47
广　西	7239	99.40	83.76	55.42	10.52	6.40	0.36	10.31	5.71
海　南	2627	83.18	93.77	77.10	19.86	3.37	0.52	31.19	19.35
重　庆	5872	84.29	78.72	23.06	11.48	8.15	0.48	8.88	4.74
四　川	4365	78.53	65.07	17.82	9.66	3.96	0.07	6.77	1.67
贵　州	4346	87.00	79.05	5.94	10.83	2.81	0.47	9.43	4.12
云　南	5151	93.71	81.51	9.60	10.62	5.01	0.29	5.63	2.93
西　藏									
陕　西	4202	53.45	65.37	3.23	9.90	3.14	0.28	4.76	2.08
甘　肃	3716	54.10	51.14	2.97	13.84	2.65	0.38	8.65	3.21
青　海	5236	61.40	46.78		11.15	0.56		6.04	2.47
宁　夏	3913	60.73	73.13	18.84	15.73	4.33	0.20	9.89	4.59
新　疆	3064	76.14	77.62	5.45	22.82	1.05	1.30	16.23	11.50

表8-16　农村水电建设和发电量、农村用电量

年份 地区	本年完成投资额（万元）	年末发电设备容量（千瓦）	#本年新增发电设备容量	在建电站规模（千瓦）	#当年新开工电站规模	发电量（万千瓦时）	农村用电量（亿千瓦时）
1978							253.1
1980							320.8
1985							508.9
1990	348848	13978100	791000			4181100	844.5
1995	1321689	18721073	1207854	10760000		6316247	1655.7
2000	2220993	27487791	2060127	7459500	2384000	8755014	2421.3
2005	4343826	43090145	4964672	17727677	4284511	13571702	4375.7
2006	4604296	47196651	6403520	20653424	4501575	14835889	4895.8
2007	5117926	53855597	6578193	20944545	4498420	16346041	5509.9
2008	4568884	51274371	4194106	21239258	3787365	16275902	5713.2
2009	4563240	55121211	3807072	12890100	2194445	15672471	6104.4
2010	4398453	59240191	3793551	13700560	2425973	20444256	6632.3
2011	4243988	62123430	3277465	10309266	1585709	17566867	7139.6
2012	3671548	65686071	3399616	9947388	1658258	21729246	7508.5
2013	3457047	71186268	2460601	9477045	1357859	22327712	8549.5
2014	3171306	73221047	2553873	9666971	939855	22814929	8884.4
北　京		42920				2714	50.6
天　津		5800	3300			1819	109.0
河　北	17451	388728	15645	34000	800	46936	631.3
山　西	9846	191296	19340	66090	2390	30859	97.1
内蒙古		93475				16885	63.1
辽　宁	6425	435243	7870	26515	10400	79344	433.1
吉　林	68833	572280	57860	202290		140707	48.8
黑龙江	7510	294425		119220	6000	75986	69.6
上　海							885.6
江　苏	2676	36512	640	640		5318	1834.9
浙　江	123759	3924061	36725	67095	9380	1061271	905.3

表8-16　农村水电建设和发电量、农村用电量（续）

年份 地区	本年完成投资额（万元）	年末发电设备容量（千瓦）	#本年新增发电设备容量	在建电站规模（千瓦）	#当年新开工电站规模	发电量（万千瓦时）	农村用电量（亿千瓦时）
安　徽	39118	1076280	178125	25640	6630	236293	147.5
福　建	43476	7341376	48640	36570		2426558	367.7
江　西	35418	3103986	71210	206210	13945	886115	97.6
山　东		83887	235			2781	480.0
河　南	28997	490987	11495	2235	2235	69586	313.2
湖　北	206894	3416222	62340	360390	7540	877254	142.2
湖　南	178685	5921007	94000	254080	47220	1854824	123.8
广　东	34296	7272926	43741	137960	10930	1931347	1314.0
广　西	237036	4292311	124220	429785	106330	1392894	76.2
海　南		403120	7495	41990		139429	10.9
重　庆	93288	2255419	54365	531830	13230	688512	78.3
四　川	569782	10760671	465970	2383215	78125	4099217	169.6
贵　州	318372	3152760	190530	821736	133360	1048995	71.3
云　南	572985	11072770	521010	2085970	398155	3479164	87.1
西　藏	85505	313419	11700	54600	4000	85386	1.2
陕　西	109824	1308112	155845	430340	38075	363783	109.0
甘　肃	216878	2376698	130352	830220	12100	863394	51.3
青　海	60695	954245	71260	239660	23400	364192	5.0
宁　夏		5440				1800	13.6
新　疆	103556	1519771	159160	298670	37980	496591	96.5
水利部							
直属		114900	10800			44976	

注：本表由水利部农村水电及电气化发展局提供。农村水电是以小水电为主体，直接为农村经济社会发展服务的水电站及其供电网络。

2014年农村水电统计制度变化，“完成投资额”统计项只包括装机5万及5万千瓦以下的水电站及其配套电网的投资资金。

九、交通运输

表9–1 交通运输业基本情况

指　　标	2011	2012	2013	2014
运输线路长度　　（万公里）				
铁路营业里程	9.32	9.76	10.31	11.18
公路里程	410.64	423.75	435.62	446.39
#高速公路	8.49	9.62	10.44	11.19
内河航道里程	12.46	12.50	12.59	12.63
定期航班航线里程	349.06	328.01	410.60	463.72
管道输油(气)里程	8.33	9.16	9.85	10.57
客运量总计　　（万人）	3526319	3804035	2122992	2209391
铁路	186226	189337	210597	235704
公路	3286220	3557010	1853463	1908198
水运	24556	25752	23535	26293
民航	29317	31936	35397	39195
旅客周转量总计　（亿人公里）	30984.0	33383.1	27571.7	30097.4
铁路	9612.3	9812.3	10595.6	11604.8
公路	16760.2	18467.5	11250.9	12084.1
水运	74.5	77.5	68.3	74.3
民航	4537.0	5025.7	5656.8	6334.2
货运量总计　　（万吨）	3696961	4100436	4098900	4386800
铁路	393263	390438	396697	381334
公路	2820100	3188475	3076648	3332838
水运	425968	458705	559785	598283
民航	557.5	545.0	561.3	594.1
管道	57073	62274	65209	73752
货物周转量　（亿吨公里）	159324	173804	168014	185837
铁路	29466	29187	29174	27530
公路	51375	59535	55738	61017
水运	75424	81708	79436	92775
民航	173.9	163.9	170.3	187.8
管道	2885	3211	3496	4328

表9-1　交通运输业基本情况（续）

指　　标	2011	2012	2013	2014
民用汽车拥有量　（万辆）	9356.32	10933.09	12670.14	14598.11
#私人汽车	7326.79	8838.60	10501.68	12339.36
其他机动车拥有量　（万辆）	11549.16	11322.30	10546.65	9852.40
民用运输船舶拥有量　（艘）	179242	178591	172554	171977
机动船	157950	158309	155340	154974
驳船	21292	20282	17214	17003
沿海规模以上港口货物吞吐量（万吨）	616292	665245	728098	769557

注：1.2004年起内河航道里程为内河航道通航里程数(以下各表同)。

2.2005年起公路里程包括村道(以下各表同)。

3.2008年公路、水路运输量统计口径有调整(以下各表同)。

4.从2009年起，沿海规模以上港口统计范围为年吞吐量1000万吨以上的沿海港口，内河规模以上港口统计范围为年吞吐量200万吨以上的内河港口(以下各表同)。

5.2011年起民航航线里程改为定期航班航线里程(以下各表同)。

6.2013年，管道运输统计口径在原中国石油天然气集团公司、中国石油化工集团公司基础上增加中国海洋石油总公司，2012年管道数据按同口径调整(以下各表同)。

7.2013年公路水路客货运输数据，源自2013年交通运输业经济统计专项调查，统计范围口径有所调整(以下各表同)。按可比口径计算，

2013年公路客运量、旅客周转量、货运量、货物周转量比上年分别增长4.2%、1.0%、10.9%和11.2%；水运客运量、旅客周转量、货运量、货物周转量比上年分别增长3.0%、2.9%、10.4%和4.8%。

表9–2　运输线路长度

单位：万公里

年份	铁路营业里程	#国家铁路电气化里程	公路里程	#高速公路	内河航道里程	定期航班航线里程	#国际航线	管道输油(气)里程
1978	5.17	0.10	89.02		13.60	14.89	5.53	0.83
1980	5.33	0.17	88.83		10.85	19.53	8.12	0.87
1981	5.39	0.17	89.75		10.87	21.82	8.28	0.97
1982	5.33	0.18	90.70		10.86	23.27	9.99	1.04
1983	5.46	0.23	91.51		10.89	22.91	9.99	1.08
1984	5.48	0.30	92.67		10.93	26.02	10.74	1.10
1985	5.52	0.41	94.24		10.91	27.72	10.60	1.17
1986	5.58	0.44	96.28		10.94	32.31	10.76	1.30
1987	5.60	0.46	98.22		10.98	38.91	14.89	1.38
1988	5.62	0.57	99.96	0.01	10.94	37.38	12.83	1.43
1989	5.70	0.64	101.43	0.03	10.90	47.19	16.64	1.51
1990	5.79	0.69	102.83	0.05	10.92	50.68	16.64	1.59
1991	5.78	0.78	104.11	0.06	10.97	55.91	17.74	1.62
1992	5.81	0.84	105.67	0.07	10.97	83.66	30.30	1.59
1993	5.86	0.89	108.35	0.11	11.02	96.08	27.87	1.64
1994	5.90	0.90	111.78	0.16	11.02	104.56	35.19	1.68
1995	6.24	0.97	115.70	0.21	11.06	112.90	34.82	1.72
1996	6.49	1.01	118.58	0.34	11.08	116.65	38.63	1.93
1997	6.60	1.20	122.64	0.48	10.98	142.50	50.44	2.04
1998	6.64	1.30	127.85	0.87	11.03	150.58	50.44	2.31
1999	6.74	1.40	135.17	1.16	11.65	152.22	52.33	2.49
2000	6.87	1.49	167.98	1.63	11.93	150.29	50.84	2.47
2001	7.01	1.69	169.80	1.94	12.15	155.36	51.69	2.76
2002	7.19	1.74	176.52	2.51	12.16	163.77	57.45	2.98
2003	7.30	1.81	180.98	2.97	12.40	174.95	71.53	3.26
2004	7.44	1.86	187.07	3.43	12.33	204.94	89.42	3.82
2005	7.54	1.94	334.52	4.10	12.33	199.85	85.59	4.40
2006	7.71	2.34	345.70	4.53	12.34	211.35	96.62	4.81
2007	7.80	2.40	358.37	5.39	12.35	234.30	104.74	5.45
2008	7.97	2.50	373.02	6.03	12.28	246.18	112.02	5.83
2009	8.55	3.02	386.08	6.51	12.37	234.51	91.99	6.91
2010	9.12	3.27	400.82	7.41	12.42	276.51	107.02	7.85
2011	9.32	3.43	410.64	8.49	12.46	349.06	149.44	8.33
2012	9.76	3.55	423.75	9.62	12.50	328.01	128.47	9.16
2013	10.31	3.60	435.62	10.44	12.59	410.60	150.32	9.85
2014	11.18	3.69	446.39	11.19	12.63	463.72	176.72	10.57

十、固体废物与生活垃圾处理利用

表10-1 分地区固体废物处理利用情况（2014年）

单位：万吨

地区	一般工业固体废物产生量	一般工业固体废物综合利用量	一般工业固体废物处置量	一般工业固体废物贮存量	一般工业固体废物倾倒丢弃量	危险废物产生量	危险废物综合利用量	危险废物处置量	危险废物贮存量
全国	325620.02	204330.25	80387.54	45033.19	59.38	3633.52	2061.80	929.02	690.62
北京	1020.76	894.98	125.92	0.01		14.83	8.21	6.61	0.02
天津	1734.62	1723.94	10.64	0.05		12.11	3.99	8.15	
河北	41927.59	18227.68	22926.89	1511.75		38.95	19.52	19.14	0.52
山西	30198.69	19680.89	7716.43	2867.26		22.24	17.24	4.76	0.33
内蒙古	23191.30	13259.98	8272.22	2255.74	0.44	112.54	34.71	38.30	40.21
辽宁	28666.32	10719.24	9421.72	8725.33	5.93	98.08	33.41	49.76	16.41
吉林	4944.11	3477.91	1115.57	592.51		104.94	62.10	42.02	0.82
黑龙江	6312.27	4069.40	1557.91	776.08	3.29	31.38	8.50	22.51	0.53
上海	1924.79	1876.86	47.01	1.51	0.03	62.84	26.79	35.73	1.13
江苏	10924.73	10577.77	278.92	182.75	0.29	243.33	125.25	113.07	7.02
浙江	4541.72	4302.79	204.89	41.16	0.00	157.92	62.35	89.83	11.39
安徽	12000.00	10466.33	1078.81	893.34		78.08	65.08	13.18	0.61
福建	4834.90	4277.69	585.08	51.38	0.04	28.23	10.47	14.11	5.00
江西	10821.21	6120.56	232.02	4475.97	3.15	46.91	29.51	17.70	1.62
山东	19199.44	18380.19	581.74	428.35	0.00	709.77	639.77	62.77	12.39
河南	15917.40	12319.32	3012.83	716.85	0.01	66.98	39.75	26.76	0.54
湖北	8006.35	6139.42	1700.93	221.03	0.46	73.41	37.77	29.77	6.20
湖南	6933.77	4410.16	1876.26	707.30	0.59	260.64	232.54	7.49	22.74
广东	5665.09	4893.04	630.56	149.95	1.89	169.41	85.77	82.80	1.29
广西	8037.55	5057.71	1454.36	1791.72	0.37	105.71	71.82	27.52	9.24
海南	515.42	273.93	34.47	207.03		2.22	0.17	2.08	0.19
重庆	3067.78	2648.22	407.45	72.37	6.70	37.62	21.92	14.99	1.04
四川	14246.37	6185.29	5512.35	2848.98	1.12	133.39	68.89	66.23	1.42
贵州	7394.22	4312.91	1382.22	1818.57	1.46	32.95	24.81	5.97	3.07
云南	14480.63	7215.67	4632.60	2826.08	6.73	240.00	137.08	28.58	79.93
西藏	383.09	8.03	34.36	357.57					
陕西	8682.50	5464.23	2136.13	1092.66	0.03	63.70	21.21	34.78	10.02
甘肃	6140.54	3086.26	2044.09	1013.74		35.00	9.81	19.83	6.37
青海	12423.29	6998.64	3.22	5448.90	0.03	325.68	146.03	5.00	176.81
宁夏	3693.91	2927.59	563.15	329.34		5.34	3.08	2.13	0.16
新疆	7789.67	4333.62	806.79	2627.91	26.84	319.33	14.26	37.44	273.60

表10-2 主要城市固体废物处理利用情况(2014年)

单位：万吨

城　　市	一般工业固体废物产生量	一般工业固体废物综合利用量	一般工业固体废物处置量	一般工业固体废物贮存量
北　京	1020.76	894.98	125.92	0.01
天　津	1734.62	1723.94	10.64	0.05
石家庄	1500.93	1480.33	18.84	57.30
太　原	2449.53	1353.83	954.27	143.75
呼和浩特	1129.90	447.84	625.58	75.06
沈　阳	813.14	768.47	12.37	32.30
长　春	582.86	582.42	0.44	
哈尔滨	684.71	671.50	16.76	
上　海	1924.79	1876.86	47.01	1.51
南　京	1750.68	1608.11	42.95	99.66
杭　州	719.86	656.21	61.06	2.82
合　肥	1001.22	931.37	8.13	62.96
福　州	782.14	750.62	31.21	0.32
南　昌	194.69	186.72	8.01	0.02
济　南	1022.86	1019.40	4.43	0.02
郑　州	1400.13	1027.25	333.14	39.96
武　汉	1407.06	1285.83	139.79	18.00
长　沙	106.95	91.48	12.20	4.34
广　州	495.88	468.47	24.71	2.71
南　宁	361.15	346.57	147.36	1.10
海　口	5.22	4.02	1.19	
重　庆	3067.78	2648.22	407.45	72.37
成　都	452.74	441.13	10.80	0.07
贵　阳	1097.79	546.14	549.46	11.97
昆　明	2152.03	801.21	1330.82	39.57
拉　萨	285.88	8.03	9.35	272.37
西　安	249.37	233.23	14.55	1.61
兰　州	638.58	628.73	7.22	2.67
西　宁	542.21	551.66	3.20	14.85
银　川	652.46	518.27	75.57	58.61
乌鲁木齐	962.36	901.31	25.30	35.76

十一、环境污染治理投资

表11–1 环境污染治理投资

指　　标	2010	2011	2012	2013	2014
环境污染治理投资总额(亿元)	7612.2	7114.0	8253.5	9037.2	9575.5
#城镇环境基础设施建设投资	5182.2	4557.2	5062.7	5223.0	5463.9
#燃气	357.9	444.1	551.8	607.9	574.0
集中供热	557.5	593.3	798.1	819.5	763.0
排水	1172.7	971.6	934.1	1055.0	1196.1
园林绿化	2670.6	1991.9	2380.0	2234.9	2338.5
市容环境卫生	423.5	556.2	398.6	505.7	592.2
工业污染源治理投资	397.0	444.4	500.5	849.7	997.7
当年完成环保验收项目环保投资	2033.0	2112.4	2690.4	2964.5	3113.9
环境污染治理投资总额占国内生产总值比重(%)	1.86	1.47	1.55	1.54	1.51

注：城镇环境基础设施建设投资中增加了县城基础设施建设投资。

表11-2　工业污染治理投资完成情况

单位：万元

年份 地区	工业污染治理完成投资	治理废水	治理废气	治理固体废物	治理噪声	治理其他
2000	2347895	1095897	909242	114673	13692	214390
2005	4581909	1337147	2129571	274181	30613	810396
2006	4839485	1511165	2332697	182631	30145	782848
2007	5523909	1960722	2752642	182532	18279	606838
2008	5426404	1945977	2656987	196851	28383	598206
2009	4426207	1494606	2324616	218536	14100	374349
2010	3969768	1295519	1881883	142692	14193	620021
2011	4443610	1577471	2116811	313875	21623	413831
2012	5004573	1403448	2577139	247499	11627	764860
2013	8496647	1248822	6409109	140480	17628	680608
2014	9976511	1152473	7893935	150504	10950	768649
北　京	75695	2957	62281	408	27	10023
天　津	220923	12218	151108			57597
河　北	889518	59925	779803	2324	36	47430
山　西	311477	34594	230646	12587	180	33470
内蒙古	775439	20939	708403	17731	1042	27325
辽　宁	382184	25256	326098	2350	332	28148
吉　林	163707	2795	153382	928	299	6304
黑龙江	177572	5544	160834	1290		9903
上　海	177859	62702	98400	8	43	16706
江　苏	485096	75936	383361	411	557	24832
浙　江	675944	175141	414013	3157	390	83243
安　徽	176220	21612	149590	2008	210	2800
福　建	423817	117694	183548	8699	720	113157
江　西	123466	18646	101458	745	112	2506

表11-2 工业污染治理投资完成情况

单位：万元

年份 地区	工业污染治理完成投资	治理废水	治理废气	治理固体废物	治理噪声	治理其他
山东	1416464	82522	1281351	8365	1531	42695
河南	554592	60750	464979	140	20	28703
湖北	262884	19609	232512	2752	104	7906
湖南	173424	23655	133227	3605	35	12903
广东	378641	62914	271987	4619	418	38703
广西	178909	32927	106049	17201		22731
海南	56152	90	55649		83	330
重庆	50284	4954	34278	4296	132	6624
四川	232452	54168	164883	1689	3929	7783
贵州	184765	13117	169146	665		1837
云南	244003	31218	134079	33521	215	44971
西藏	10283	7723	1453	260		847
陕西	334478	23732	255980	2306	498	51962
甘肃	176244	19548	137981	230		18485
青海	74508	11752	48768	3328		10659
宁夏	272967	30829	219777	14840		7522
新疆	316542	37007	278911	42	38	543